MW01323372

DICTIONNAIRE DE PROVERBES ET DICTONS

DICTIONNAIRE DE PROVERBES ET DICTONS

CHOISIS ET PRÉSENTÉS PAR

FLORENCE MONTREYNAUD
AGNÈS PIERRON
FRANÇOIS SUZZONI

Édition : GILLES FIRMIN

Maquette : GONZAGUE RAYNAUD, assisté de CHRISTIAN LAUCOU

25, avenue Pierre-de-Coubertin, 75013 PARIS.

ISBN 2-84902-238-1

Les proverbes sont les lampes des mots.

(Proverbe arabe.)

Les proverbes ressemblent aux papillons :
on en attrape quelques-uns, les autres s'envolent.

(Proverbe allemand.)

Un bon proverbe ne frappe pas aux sourcils,
mais dans les yeux.
Sans angles, pas de maison ;
sans proverbes, pas de paroles.

(Proverbes russes.)

Les proverbes disent ce que le peuple pense.

(Proverbe suédois.)

NOTE PRATIQUE

A l'intérieur de chacune des trois parties du Dictionnaire *(Proverbes français, Dictons de langue française* et *Proverbes du monde entier)* les proverbes sont numérotés d'une façon continue. Les numéros qui accompagnent les proverbes permettront de les retrouver à partir des deux index placés à la fin de l'ouvrage.

La référence abrégée placée en bout de ligne ou sous la ligne des *Proverbes français* renvoie à la bibliographie du début de l'ouvrage.

A la fin de la Présentation des *Dictons de langue française,* un calendrier indiquant les dates traditionnelles des fêtes des saints permettra de retrouver les dictons qui leur sont attachés.

Dans les *Proverbes du monde entier,* certains proverbes sont immédiatement suivis d'un numéro entre parenthèses et en italiques : il s'agit d'un renvoi à un proverbe de langue française ayant la même signification, que l'on retrouvera donc sous ce numéro dans la première partie de l'ouvrage.

PRÉFACE

par

Alain REY

Pauvre proverbe ! Après des siècles de révérence, où on l'enregistrait avec piété, où on le commentait avec gravité, où on en avait plein la bouche, le voici délaissé, moqué, accusé de mesquinerie plate, d'ennui répétitif. Finies, les braves discussions sans issue où une forte vérité d'antan clouait le bec à l'adversaire. Finies, les lourdes paroles sentencieuses écoutées en hochant la tête : ah là là, on a bien raison de le dire... c'est ma foi vrai...

Aujourd'hui, s'il n'est pas promu objet d'étude, le proverbe est souvent dénoncé comme résidu déplaisant de traditions ridicules. Les esprits modernes dénoncent ses platitudes. On le trouve volontiers niais, réac, petit bourgeois... Mais voici que la contestation est contestée. La sempiternelle sagesse des nations devient objet d'ironie et de tendresse ; on y découvre des trésors poétiques. Le proverbe est devenu cible de choix pour le jeu du rétro. On le ressort des vieux tiroirs. Il fleure la lavande sèche des armoires de campagne ; avec les robes fanées, les dentelles et les poupées de porcelaine, on l'extrait des malles d'osier du grenier de grand-mère.

Dans son habit archaïque, ce bon vieux proverbe, que sa mine soit grave ou joyeuse, allongée ou rubiconde, apparaît comme un compagnon un peu ridicule et charmant, que l'on est tout content de retrouver. Sa platitude est souvent feinte, le bon sens tout gros qu'il instaure se colore du charme vieillot et rural après quoi le prisonnier des villes modernes aspire avidement. Son prosaïsme n'exclut pas la rêverie, sa redondance satisfaite, après la valse étourdissante des idées reçues, repose et provoque un sourire où la connivence tend à remplacer la moquerie.

Pour nous, par rapport aux autres expressions d'une prétendue sagesse, le proverbe échappe à la critique par un trait fondamental : il est populaire. Parole ancienne, stable, usée, mais parole collective, enracinée dans une histoire dépouillée de toute anecdote, dans une pratique où le dire métaphorique est chargé de multiples fonctions.

Celles-ci ont disparu ou se sont transmuées, Pour les évoquer, il faut poser cette question préalable, avant d'ouvrir le présent recueil : qu'est-ce donc qu'un proverbe, qu'un dicton ?

D'éminents spécialistes[1] ont soutenu qu'il s'agissait de notions indéfinissables, du fait de leur complexité. En effet, une série de mots : *proverbe, dicton, maxime, aphorisme, adage, sentence, locution, citation*... sont plus ou moins fréquemment confondus, au moins dans certains de leurs emplois, en français. Il en va de même en d'autres langues, chacune orientant les désignations du domaine selon ses catégories de pensée et les traits de sa culture.

En grec, Socrate définit la parole proverbiale des Spartiates comme « des manières de dire courtes et mémorables ». Bien qu'il soit question de sagesse philosophique, dans le *Protagoras* de Platon, ces formules sortent de la bouche du « plus modeste des Spartiates ». Ainsi, dès les origines connues de notre culture, le proverbe est vu comme une sagesse véhiculée par un usage populaire. Dès Platon et jusqu'aux modernes, c'est la « manière de dire », la forme, qui caractérise la *paroimia* grecque (terme repris dans les mots techniques désignant l'étude des proverbes : parémiologie, parémiographie), le *proverbium* latin, notre *proverbe*, le *refrán* espagnol, le *Sprichwort* allemand, etc. Par là, une confusion possible avec la « locution » de caractère proverbial, que nous distinguons du proverbe. Alors même qu'Aristote met en rapport *paroimia* (proverbe) et *gnomê* (maxime), que les Latins rapprochent *proverbium* et *adagium* (adage), soulignant ainsi l'importance du contenu, la tradition antique et classique identifie aussi fortement le proverbe à une mise en forme. Un auteur latin médiéval, Eustathius, commentant Homère, a cette formule stimulante : pour lui, la *fabula* (récit imaginé, fable) est un « proverbe déplié ». Le contenu effectif de « sagesse », le pouvoir implicite d'un récit caché, reliant le proverbe au discours mythique, tels sont les caractères propres du genre, pour l'Antiquité et le Moyen Âge. Mais ce contenu ne possède de pouvoir social que par une forme, qui condense et organise du sens, qui frappe la mémoire.

La tradition chrétienne et l'humanisme de la Renaissance, mettant l'accent sur la sagesse dite, finissent par effacer les propriétés du dire proverbial. Érasme, dans ses *Adagia* (1500), mêle à ce que nous nommons « proverbes » des aphorismes, des sentences et des maximes. Le proverbe se perd dans l'ensemble des formules exprimant brièvement une assertion générale proposée comme vérité intellectuelle ou morale.

À d'autres époques, le proverbe est noyé dans une définition linguistique trop vaste. Dans le dictionnaire de Furetière (1690), « on dit proverbialement » s'applique à toute manière ancienne, populaire et métaphorique de s'exprimer, qu'il s'agisse d'une locution ou d'un proverbe. Pour la France classique, le proverbe emporte surtout l'idée d'un usage social traditionnel et populaire, souvent déprécié, du langage.

Ajoutons que la mode littéraire, après les modes intellectuelles, fait du proverbe, au XVIIIe et au XIXe siècle, le prétexte d'un genre mondain, souvent scénique, comparable à la charade. Musset est le talentueux témoin de cette mode, illustrée moins heureusement par des milliers de professionnels et d'amateurs.

Ces tiraillements contradictoires où l'usage des mots, la sagesse philosophique, l'exploitation littéraire tirent à eux la couverture du genre proverbial, montrent combien ce genre est une réalité complexe. On ne peut la saisir qu'en distinguant ses divers aspects.

1. Notamment Archer Taylor.

D'abord, le proverbe est un fait de langue. Plus précisément, une phrase, complète ou elliptique. Ceci suffit à opposer *proverbe* et *locution*[2]. Cette phrase est assez brève et possède des caractères particuliers, archaïsme[3], structure régulière. Avant même de percevoir cette structure, on est frappé par des traits moins essentiels, mais très fréquents : quant à la forme, par des assonances, répétitions, échos, quant au lexique par un choix de mots usuels, souvent brefs. L'emploi de la métaphore, qui transfère le sens de la phrase d'un élément concret servant de prétexte à une valeur abstraite, est extrêmement fréquent, alors que, dans le dicton, elle est rarissime. Or, la métaphore sert de support à un riche contenu de symboles qui relie le proverbe à tout le champ du discours symbolique. La signification du proverbe est, dans l'ensemble, sans surprise : il s'agit d'une vérité générale, d'une constatation donnée pour universellement vraie (alors que la vérité du dicton est locale et temporelle), ou bien d'un conseil, d'une prescription.

Ces divers caractères suffisent, sinon à définir strictement le proverbe, du moins à le reconnaître, et à fabriquer à loisir sa semblance :
« Les cordonniers sont toujours les plus mal chauffés » (Balzac) ;
« Les tigres de la colère sont plus sages que les chevaux de la persuasion » (William Blake, cité par Claude Roy) ;
« Fisc affamé n'a pas d'oreilles » ;
« Qui n'a guère n'a guerre », etc.

Ces simulacres manquent pourtant à d'autres nécessités. Le proverbe doit être transmis et reçu par une tradition ; mais, à la différence de la citation, il n'a pas besoin d'être rapporté à un texte précis. Le statut véritablement proverbial doit être refusé aux citations homériques ou bibliques, ces dernières fussent-elles extraites du *Livre des Proverbes* : si les proverbes de Salomon sont proverbes, c'est qu'ils échappent à leur auteur supposé et sont le fruit d'une tradition hébraïque. Le proverbe s'oppose à la sentence, à l'adage, à la maxime par le poids historique et social d'une transmission anonyme et collective, plus encore que par les différences de contenu. Même si la source du proverbe était individuelle et hautaine (quelque penseur ou philosophe), sa transmission et son usage continu doivent être humbles et collectifs.

Défini par le linguiste et le poéticien comme une phrase structurée par des lois formelles et rhétoriques (il est lapidaire, rythmé, allitéré, etc.), par le sémanticien comme un énoncé « à armature symétrique »[4] caractérisé par un système d'oppositions, le proverbe n'est pas encore suffisamment cerné. Reste à décrire exactement son « message de sagesse », ce qui est l'affaire du descripteur parémiologue, mais aussi de l'historien, du sociologue, du folkloriste. Malgré d'évidentes différences culturelles, tous les proverbes ont en commun un type de contenu. Leurs assertions sont générales ou généralisables, ce que marque en français l'emploi d'articles définis (« Quand *le* chat n'est pas là... »), l'absence

2. Celle-ci peut s'insérer dans la phrase en jouant le rôle d'un nom, d'un verbe, d'un adverbe, etc. : c'est le plus souvent un « syntagme ». Seules les locutions-phrases, relativement peu nombreuses, peuvent être considérées comme « proverbiales », et nombreuses sont celles qui ne présentent pas ce caractère. La locution proverbiale, comme toute locution, est un fait de langue qui s'insère dans le discours sans le rompre : le proverbe est envisagé comme un tout autonome, une phrase citée, figée dans sa forme certes, mais utilisée pour son contenu. On peut traduire le proverbe : témoin cet ouvrage ; non la locution. C'est pourquoi le *Dictionnaire des expressions et locutions* de cette collection ne concerne et ne peut concerner que la langue française.

3. « À première vue », écrit A. J. Greimas, « les traits archaïques des proverbes les renvoient à l'époque de leur formation. Une étude historique plus poussée, permettant leur datation exacte, montrerait probablement que *la forme archaïsante leur est nécessaire*, qu'elle constitue un de leurs traits distinctifs nécessaires » (« Idiotismes, proverbes et dictons », *Cahiers de lexicologie*, n° 2, 1960, p. 59).

4. Selon George B. Milner, qui postule, semble-t-il avec raison, une structure quadripartite d'oppositions quant aux éléments de sens (in *L'Homme*, t. IX, n° 3).

d'article («Bon chien chasse de race»), l'usage d'autres déterminants («Tel maître, tel valet»). Ils concernent des catégories logiques simples (implication, exclusion, etc.). Quand il n'affirme pas (utilisant alors un verbe au présent ou effaçant le verbe, pour marquer l'absence de temps historique), le proverbe conseille ou ordonne, utilisant l'impératif, la forme *il faut*, etc. La description de ces caractères, leurs classements formels ont été tentés par les spécialistes[5] : ce n'est pas ici le lieu de s'y étendre. Il suffira d'ajouter que tout proverbe exprime une logique du jugement (par oppositions), une logique de l'action et souvent une morale, que son attitude est généralement acceptante par rapport aux systèmes de valeurs dominants dans la société, que son ton est souvent ironique et désenchanté («Il n'est si belle rose qui ne devienne gratte-cul»).

Donc, le proverbe est presque toujours conservateur, alors même que les conflits de classe peuvent y être reflétés par les valeurs qui s'y confrontent. Il est universellement misogyne, ce qui mérite considération.

En France, le proverbe exprime la vérité de groupes sociaux ruraux ou bourgeois – au sens médiéval du terme – groupes qui s'opposent avec obstination à l'évolution des rapports hommes-femmes, et notamment à une valorisation féminine tentée par l'aristocratie post-féodale (la courtoisie). Notre littérature du XIIIe au XVIe siècle, et d'une autre manière nos classiques, témoignent de ce clivage.

De ce point de vue aussi, le proverbe français est incurablement «bourgeois», dans un sens plus général. Pourtant, d'autres cultures présentent d'autres rapports sociaux. Si le proverbe est partout conservateur, s'il est misogyne, c'est qu'il représente le produit d'une parole assignable. Il est parole du mâle, de l'homme mûr, parole de mari et de chef de famille. Parole de laïc, au moins en France, et souvent parole de propriétaire.

Ces assignations, hypothétiques quant au donné de l'histoire, car le proverbe est anonyme, sont évidentes si l'on tient compte de son contenu social. Le moindre paradoxe du genre proverbial n'est pas que le locuteur collectif et anonyme, qui se donne pour le détenteur et le porte-parole de la sagesse de tous, est en fait un être physiologique et social beaucoup plus particulier, détenteur de la parole sociale et de la vision du monde qui prévaut dans sa société, colporteur du «bon» sens, du «bien» jugé, déjà jugé, préjugé.

Par un autre paradoxe, c'est par les femmes que cette parole masculine assure son pouvoir. La vitalité proverbiale, dans la campagne russe, anglaise ou française, était ou est assurée et maintenue (quand elle l'est), à travers les bouleversements de mœurs, par le personnage traditionnel de la vieille. Pour le dicton, comme le souligne ici Agnès Pierron, la chose est plus évidente encore.

Ce caractère du proverbe illustre bien la rupture entre la source de la parole, dont on voit qu'elle est garantie par un pouvoir social élémentaire, et un usage, un fonctionnement qui suppose mise en mémoire et répétition commune. En ceci, le proverbe fonctionne comme la citation, sur le mode du «comme dit l'autre». Mais l'opposition est flagrante. La

---

5. Les travaux modernes les plus remarquables, de Kuusi, Permiakov, G. B. Milner..., sont répertoriés dans les bibliographies de la troisième partie de ce volume. Il faudra sans doute y ajouter l'important travail, de nature sémiotique, de Zoltan Kanyo, que m'a signalé le professeur Roland Posner.

citation, qui peut être analogue au matériel proverbial par son contenu et sa forme (maxime, aphorisme...), provient d'un « autre » repéré, même si ce repérage est fictif (Homère) ou incomplet. Pour notre objet, il s'agit de « comme on dit », c'est-à-dire, étymologiquement, de « comme dit l'Homme ».

Il est impossible de parler du proverbe et du dicton, et d'abord de les définir, si l'on oublie que ce ne sont pas des objets inertes, conservés dans des archives, étudiés comme une collection d'insectes morts. Comme toutes les productions collectives de discours (contes, mythes, récits, comptines, blagues et jeux de toute sorte...), ils n'existent que par leurs emplois vivants. Et c'est pourquoi nous nous interrogeons en vain sur l'essence, la qualité, la beauté, la signification sociale du proverbe, si nous oublions qu'il s'agit aujourd'hui, pour nous, d'un grand malade, d'un moribond. Un recueil de proverbes a toujours, en Europe occidentale, une certaine allure nostalgique ; il n'en va pas de même dans les sociétés à forte composante rurale préservée (par exemple en Europe centrale), encore moins dans les pays d'Islam. La vitalité des proverbes arabes et persans est notoire. Mais on ne possède guère de renseignements sur cette vitalité de la reprise, comme sur celle de la créativité, absolument morte chez nous, ou remplacée par le slogan[6], alors que la vitalité phraséologique, qui forme sans cesse de nouvelles locutions, est remarquable. Il est évident que le proverbe, en nombre de cultures, se porte bien, en tout cas mieux que chez nous. Les camions brésiliens, ornés de ces phrases familières, en sont une preuve étonnante.

C'est à l'évidence le rapport entre un contenu issu de conditions sociales disparues, et un usage qui doit s'accommoder des conditions actuelles du discours, qui fait le succès ou le déclin du proverbe dans une société donnée. Mais ce rapport est compliqué par les possibilités inattendues de la rhétorique. Le proverbe peut être interprété, car il est souvent, grâce à la métaphore, ambigu et gros de plusieurs sens ; il peut être transféré, déformé, repris dans l'ironie, distancié, simulé... Il peut être aussi utilisé dans le projet littéraire, soit pour caractériser des usages particuliers du langage (un proverbe bien choisi, comme une locution, caractérise un personnage : le théâtre et le roman ne s'en privent pas), soit pour former le noyau d'une réflexion, voire d'une narration. Des études systématiques et d'une ampleur impressionnante tentent de répertorier les proverbes dans les textes littéraires, et quelques spécialistes y ont même perdu le sens de leur objet. Certes, les références littéraires ont leur importance pour la vie du proverbe, certes elles permettent de repérer et de retrouver de nombreuses formules qui, sans elles, seraient perdues, mais, à confondre un fonctionnement second, élitaire, stylistique, avec l'utilisation collective et spontanée, on oublie complètement la nature de la circulation proverbiale.

Pourtant, il ne s'agit pas d'opposer le talent littéraire à la médiocrité commune du *dit* populaire. La bouche anonyme et cachée qui le profère applique en effet les règles du jeu poétique ; elle sait manier la rhétorique et ses figures ; et aussi bien que la main de l'écrivain.

En effet, d'un réel issu de l'expérience, où la nature est le décor et le représentant de la pratique humaine, où la culture est acceptée comme un reflet de la nature, la création proverbiale tire ses images et ses abstractions avec un art admirable.

---

6. Qu'il soit propagandiste ou publicitaire, le slogan, malgré sa parenté formelle, se distingue du proverbe par les intentions et surtout par le fonctionnement social.

Pour s'en assurer, il suffit de considérer un proverbe français connu, d'ailleurs aisé à dénoncer dans sa prudente platitude.

Pierre qui roule n'amasse pas mousse est en effet, dans sa brièveté, remarquablement bâti. Deux segments s'y opposent : le premier, au consonantisme rugueux *(p-r-k-r)* à peine atténué par le *l* final, est comme amorti par les labiales et les sourdes du second *(n-m-s-p-m-s).* Le jeu des voyelles est également notable, l'ensemble formant un jeu d'échos *(roule-mousse ; amasse-mousse).* Le sens des mots, très concrets, évoque une image poétisable. La pierre moussue, valorisée par la métaphore, est une richesse délicate, objet de méditation esthétique. Le proverbe est un minuscule tableau, indiqué et nié, de l'eau vive qui court sur une chevelure verte et l'endiamante, ou bien de la fine et douce parure du sous-bois, dans une immobilité préservée. Beauté silencieuse, supprimée par le chaos du minéral entrechoqué. Les oppositions formelles de la phrase expriment en quelques syllabes ce microcosme où la pierre moussue et son univers apaisé sont supprimés par la négation du lent processus qui les rendent possibles.

Que le proverbe soit usé, qu'il ait roulé, comme la pierre qu'il évoque, jusqu'à perdre pour nous sa mousse poétique, ne change rien à l'affaire.

Qualités formelles et vertus métaphoriques disparaissent souvent, il est vrai ; mais l'absence du jeu sémantique est parfois compensée par l'intensité du jeu formel. Le proverbe-calembour, fréquent au Moyen Âge, en administre la preuve : *argent art* [= brûle] *gens*, fonde une morale peu discutable sur le hasard inconscient des mots.

Je ne cherche pas ici à justifier la sagesse figée dans nos proverbes, mais à interroger la sévérité extrême avec laquelle des écrivains et des critiques de talent les jugent. Le proverbe, entend-on dire, exprime une enfilade de platitudes, de lieux communs et de bassesses conformistes[7] ; il est en outre pétri de contradictions qui pulvérisent sa prétention burlesque à la vérité (« Tel père, tel fils » et « À père avare, fils prodigue »). Retournant le sens de maints proverbes, on montre facilement que la « vérité » ainsi produite n'est pas moins « sage » (ou inepte) que son inverse. Mais Lautréamont ne fait-il pas de même en parodiant et contredisant Pascal, les romantiques ou Dante ? « Les grandes pensées viennent de la raison », « Vous qui entrez, laissez tout désespoir », lit-on dans les *Poésies*, et, sitôt après : « C'est ici que demeure la sagesse des nations ». Lautréamont vise la maxime et la « belle pensée » ; les visant, il atteint les « Grandes Têtes molles », penseurs et philosophes, moralistes et poètes. Comme tout vrai critique, c'est en remplaçant qu'il détruit.

C'est avec plus de tranquillité que l'homme d'esprit s'en prend au proverbe. Des formules comme : « Tant va la cruche à l'eau qu'à la fin elle s'emplit » (Beaumarchais), ou « Qui a ceinture dorée ne manque guère de renommée » (Diderot) ont pour effet de ridiculiser une pensée, mais aussi de jouer sur une forme, de manière à enrichir des

---

7. Voici ce qu'écrit Claude Roy, dans un des plus jolis textes écrits dans notre langue à la honte (et aussi à la gloire) du proverbe : « si la France c'était ses proverbes, il faudrait se résoudre à haïr la France. Les proverbes français sont contre Jeanne d'Arc et contre Rimbaud, contre Pascal et contre Napoléon, contre Fabrice del Dongo et contre Claudel. Ils sont pondérés, circonspects, avares. Ils sont affreux. Ils sont gâteux » *(Préface* à *La Sagesse des nations).* Claude Roy nous permettra de penser que l'hostilité du proverbe contre un terrible conquérant et tueur de peuples n'est pas forcément à sa honte. Plus mesurée, cette appréciation d'un érudit oriental : « Les proverbes français m'ont paru être de bons gros bourgeois, et non des élégants. Ils parlent dans une langue correcte, concise, sans apprêts... Ce sont des pensées de grand-mères » (Tcheng-Ki-Tong, *Les Chinois peints par eux-mêmes*, 1884).

significations. Plus modestement, le travail anonyme sur le proverbe (« Il ne faut pas remettre au lendemain ce que l'on peut faire le surlendemain ») et même le calembour (« Il ne faut pas remettre à demain ce qu'on peut faire avec une seule main ») ont pour fonction d'illustrer, plutôt que de contester, le genre proverbial.

Révolutionnaires de la pensée et de la plume, les surréalistes devaient s'élever contre la répétition des idées reçues. Éluard et Péret, en produisant leur *125 Proverbes mis au goût du jour*, montrent la productivité d'une admirable machine, autant qu'ils dénoncent la fadeur de ses produits. Cela donne, par exemple, « Il faut battre sa mère tant qu'elle est jeune », phrase qui manifeste simplement la pluralité des valeurs du verbe *battre* et les possibilités d'une structure de phrase (« Il faut battre sa coulpe quand elle est molle », « Il faut battre le fort quand il est chu », « Il faut battre la campagne quand il fait chaud », etc., exploiteraient d'autres possibilités).

À juger du contenu des proverbes comme on jauge la valeur d'une pensée de philosophe ou d'une maxime de moraliste, on perd de vue sa nature. À jouer sur sa forme, au contraire, on révèle ses pouvoirs.

On s'étonnerait peu du caractère mesuré, pondérateur, frileux, économe, mesquin de la sagesse proverbiale, si l'on se souvenait que la société où elle a vu le jour était de démesure dans le malheur, de violence sans frein, de froid et de famine. Société impitoyable où une absolue stabilité, dans les moments acceptables, semblait seule capable de garder le peuple de la catastrophe, de l'épidémie, de la guerre, du massacre, de la terreur et de la mort. Si le proverbe chinois est volontiers philosophique, le japonais étonnamment poétique, l'africain évocateur de mythes, on refusera d'y voir la marque d'une infériorité de l'Europe ou de la France médiévales, mais bien celle d'une répartition différente entre parole commune et discours individuel, entre parole transmise, ancestrale, et discours de la nouveauté.

Le plus beau proverbe du monde ne peut donner que ce qu'il a, qui lui vient d'une histoire. Il ne détient pas tous les pouvoirs fulgurants du langage ; mais il sait, avec patience, avec économie, dire les peines et les joies, les petitesses et les espoirs de la condition d'animal humain.

*

Comme on le verra aisément en feuilletant cet ouvrage, la littérature sur les proverbes et les dictons est immense. Il ne s'agit pas ici d'y ajouter une furtive référence, d'autant que les trois auteurs de ce recueil ont explicité clairement les objectifs et les méthodes de leurs choix[8].

Il ne me reste qu'à montrer l'unité de l'entreprise et les articulations entre ses trois parties.

Plus de 2 000 proverbes et plus de 1 500 dictons de langue française (non compris les variantes), 6 000 proverbes traduits venant de plus de 120 langues reflètent ici l'extraordinaire foisonnement du genre. L'échantillonnage, on s'en doute, a demandé un travail énorme : dépouillement des sources, élaboration et application des principes du choix. Puis, il fallait mettre le tout en ordre.

8. Voir la « Présentation » des proverbes de langue française par François Suzzoni (1re partie), celle d'Agnès Pierron sur les dictons de langue française (2e partie), et les réflexions de Florence Montreynaud sur les proverbes du monde (3e partie).

Le parti général est linguistique. Considérant que le matériel n'avait pas les mêmes propriétés selon qu'il se présentait originellement en français ou dans une autre langue, lorsqu'il concernait une sagesse générale, le plus souvent métaphorique, ou des vérités de situation, dans le temps et l'espace (dictons), nous avons réparti le matériel en trois boîtes. La boîte à proverbes français est tributaire d'une riche tradition descriptive, échelonnée du XIIIe au XXe siècle ; une dette particulière doit être reconnue au remarquable ouvrage d'Adrien-Jean-Victor Le Roux de Lincy[9], qui épargne au chercheur moderne bien des tourments. Mais, comme la plupart des érudits du XIXe siècle, Le Roux de Lincy s'est modérément soucié d'organiser, et point du tout de commenter. Le grand mérite de François Suzzoni, outre un choix exigeant au sein d'un ensemble excessif par sa redondance, a été de proposer une ordonnance où les domaines exploités de la métaphore sont successivement parcourus, dans une progression allant de l'expérience la plus quotidienne, celle du milieu de vie, du corps, des organes, à la perception des rapports sociaux et finalement à l'abstraction.

La longue histoire du proverbe français, puisqu'on en parlait en français, pouvait être évoquée par l'évolution de la langue même : c'est pourquoi de nombreuses variantes anciennes, rendues lisibles par la forme moderne, ont été retenues, améliorant souvent la qualité expressive de l'ensemble.

Un problème très délicat est celui des variantes locales des proverbes français. L'image qu'en donnent les grands recueils philologiques et notamment celui de Le Roux de Lincy est, sinon déformée, du moins simplifiée. En effet, pour le sociologue et l'historien des discours, le proverbe est lié à la variété des usages régionaux, et souvent des dialectes. Les proverbes du Moyen Âge sont formellement différents, selon qu'ils proviennent de Picardie, de France (c'est-à-dire de l'Île-de-France), de Normandie, de Champagne, etc. Ils le sont plus encore quand ils sont élaborés dans les parlers de langue d'oc ou du « franco-provençal ». À ce sujet, il va de soi qu'il fallait considérer l'occitan comme langue de culture non française, et le faire figurer, de pair avec le catalan ou l'espagnol, dans la série romane des « proverbes du monde », en traduction. Il en va de même pour les proverbes créoles, même lorsqu'il s'agit de créole « français », langue dont seul le lexique est historiquement apparenté à la langue française, et dont les structures, la grammaire, sont totalement différentes. Cela ne nous empêchait pas de considérer aussi le proverbe créole en traduction française, dans la mesure où il peut circuler sous cette forme dans les communautés bilingues (créole et français) d'Haïti, de Guadeloupe ou de Martinique. De même, on a traité le proverbe franco-canadien, québécois ou acadien, comme une variante locale lointaine du proverbe de France. Celui-ci, dans cet ouvrage, est une réalité francophone, neutralisée par l'unité profonde d'une culture, comme sont neutralisées les variantes régionales si nombreuses et très pertinentes des proverbes italiens, allemands, etc., et les variantes nationales de l'hispano-américain. Il n'est d'ailleurs que de consulter les recueils consacrés aux proverbes belges ou québécois pour constater qu'une imposante majorité de formes est identique à celles que l'on connaît aussi en France. Peut-être est-ce dû en partie à la trop grande importance accordée aux sources littéraires ou du moins écrites, par rapport à la collecte orale ; mais notre

---

8. Ce chartiste, né en 1806, fut un grand bibliophile et un éminent bibliothécaire. Spécialiste du Moyen Âge et de ses légendes, il consacra une grande partie de sa vie à l'étude des chants populaires et des proverbes. Son *Livre des proverbes français* (1842-1859) bénéficie d'une connaissance approfondie des manuscrits et incunables médiévaux consacrés au domaine.

sentiment est que chaque grande civilisation élabore un fond proverbial commun, sans doute à partir de sources infiniment différenciées. Il en va de même pour les dictons, encore que leur caractère spatio-temporel plus précis les voue à une variété plus évidente.

D'ailleurs, un classement régional des proverbes français supposait que l'on citât (comme on a cité l'ancien français) dialectes et patois avec leur traduction française, ce qui eût considérablement alourdi l'ouvrage, qui n'est pas destiné aux anthropologues, et posé des problèmes insolubles, étant donné l'imperfection des connaissances. Cependant, la référence du proverbe de langue française nettement repéré comme propre à un seul usage local le précise.

Du côté des dictons, qui complètent la description du fonds français, Agnès Pierron a dégagé de grands domaines, dont le plus remarquable concerne la météorologie. Le temps qu'il fait et qu'il fera, la longueur du jour, le rapport entre le ciel et la terre des hommes ont toujours préoccupé une société rurale, rythmée par les dieux païens qui souvent se cachent derrière les fêtes de chrétienté. Ici, le classement ne pouvait être rhétorique, puisque la dimension métaphorique était absente. Mais il pouvait être, commodément et suggestivement, chronologique. Le calendrier des dictons parcourt allègrement l'année, en formulant avec une gentillesse parfois truculente (« saint Médart, grand pissart... ») ses vérités occasionnelles sur les vertus et les vices des jours, que règlent les astres et les saints patrons, en une petite cosmogonie ici rendue portative. Les vertus d'une poétique populaire s'illustrent alors avec vivacité. Pour ces dictons du temps, la collaboration de R. de Boissard de Senarpont nous a été précieuse. M. de Boissard nous a confié un recueil inédit et remarquable, notamment parce qu'il y avait rassemblé des dictons observés de nos jours en milieu rural, notamment morvandiau et picard.

Après le calendrier, le bestiaire et les plantes. Autre série de vignettes où l'observation d'un détail de la vie des champs est prétexte à prévision plus ou moins sérieuse. Puis, retour aux météores, lorsque les dictons ne sont plus liés à un moment précis de l'année. Enfin, quelques exemples de dictons concernant des noms propres illustrent la mise en formule des querelles de clochers.

On est ici assez loin de la sagesse, assez loin du discours sentencieux du proverbe. Dans ces dictons, la polémique la plus occasionnelle et les jugements particuliers prennent volontiers des allures de ronde enfantine.

On comprendra sans peine qu'à moins de consacrer au sujet une vaste bibliothèque, il n'était pas question de réunir des dictons du monde entier. Enregistrées ou non, les formulettes rengorgées ou moqueuses qui caractérisent une ville, un village ou une région sont innombrables, dans de nombreuses cultures. Les citer en traduction peut détruire leur principale qualité, qui est formelle. Deux exemples suffiront, l'un andalou :

Qui no a visto Sevilla
No a visto maravilla
Qui no a visto Granada
No a visto nada[10].

10. « Qui n'a vu Séville n'a vu merveille ; qui n'a vu Grenade n'a rien vu. »

L'autre américain, et, paraît-il, de race noire, malgré son vocabulaire raciste :

Baltimore for its oysters
Boston for its beans
New-York for its pretty girls
And for niggers – New Orleans[11].

Quant aux dictons de la pluie et du beau temps, du froid ou de la canicule, des semailles et de la moisson, des bêtes et des herbes, ils fleurissent dans le monde entier, se ressemblent à l'intérieur de chaque culture, mais varient profondément selon les langues, les façons de dire, les traditions, les mythes, les religions, et naturellement les climats.

Cette variété, s'agissant de proverbes, est limitée par l'intention de dire *le* vrai. Cette prétention à l'universel aboutit à des réactions communes, que varient les moyens d'expression, les références culturelles, les attitudes. Mais la société qui produit le proverbe est toujours rurale, pré-capitaliste, plus souvent sédentaire que nomade ; on y travaille la terre, on y élève du bétail ; on y craint le puissant, on y respecte et on y hait le riche, on y critique la femme. D'où cette impression de cohérence, qui permet une présentation d'ensemble.

Florence Montreynaud, comme l'attestent ses pertinentes bibliographies, a dépouillé la plupart des recueils disponibles dans les grandes langues de culture européennes (anglais, allemand, italien, espagnol, russe, polonais, etc.), trouvant ainsi accès à un vaste ensemble de proverbes en 126 langues.

Il n'était plus question, dans ce domaine, de préserver le rapport intime entre forme et sens, ni de restituer, autrement que par approximation, la force poétique de certains proverbes. D'où le parti pris de présenter un maximum de proverbes, dans un ordre constant. Cet ordre, à la différence de celui qui organise les proverbes français, n'est pas celui des métaphores, surtout pertinent dans la langue d'origine, mais celui du contenu global des proverbes qui permet de souligner la cohérence de l'ensemble, et d'en faire sentir les différences.

L'unité de l'ouvrage découle de la nature même de son objet. Si les proverbes français sont présentés selon leurs champs métaphoriques, cet arrangement ne sera pas perdu pour les proverbes étrangers : un index permet de repérer les proverbes mettant en scène le chat, le bœuf, le chêne, etc., et de les confronter à ceux qui utilisent le chameau, l'éléphant, le manioc ou l'igname. Complémentairement, l'ordre des thèmes (jeunesse et vieillesse, richesse et avarice, vie et mort, etc.), organisant les proverbes traduits, sera lui aussi indexé pour les proverbes français.

Enfin, des renvois entre proverbes français et étrangers évoqueront les nécessaires comparaisons entre cultures. On trouvera d'ailleurs dans le texte introductif des proverbes étrangers (troisième partie) des exemples très riches de ces répertoires d'expression d'une même idée, de variantes d'un même thème, qui structurent le trésor proverbial universel.

Sans vouloir impudemment vanter la marchandise, il nous a semblé que la rencontre d'une information sérieuse quant aux sources, d'une doctrine précise quant aux choix et à l'ordonnance, et d'une richesse d'information raisonnée donnait à ce recueil un caractère unique parmi les ouvrages en français consacrés aux proverbes et aux dictons.

---

11. « Baltimore pour ses huîtres, Boston pour ses haricots, New York pour ses jolies filles, et pour les négros New Orleans (prononcé *O'lins'* et rimant avec *beans*). »

BIBLIOGRAPHIE

sur les proverbes et dictons de langue française
(pour la première et la deuxième partie)

1. MANUSCRITS ET OUVRAGES ANONYMES

Almanach prov.,
1745 *Almanach des proverbes*, 1745.

Almanach nouveau,
1812 *Almanach nouveau*, V. Bouquet éditeur, Paris, 1812.

Almanach perpétuel...,
1774 *Almanach perpétuel, pronosticatif, proverbial et gaulois*, Desnos éditeur, Paris, 1774.

Anthologie prov. fr.,
XVIIe s. *Anthologie ou Conférence des proverbes français, italiens, espagnols*, etc., XVIIe siècle.

Comédie prov.,
1654 *La Comédie des proverbes*, pièce comique, La Haye, 1654.

Dits des philosophes,
XVe s. « Les Dits des philosophes » in *Recueil de proverbes*, XVe siècle.

Ill. Proverbes
1665 *Les Illustres Proverbes nouveaux et historiques*, R. Guignard éditeur, 1665, 2 vol.

Manuscrit de Cambridge,
XIIIe s. Manuscrit de Cambridge (du Corpus Christi College), XIIIe siècle.

Nomenclatures...,
1668 *Nomenclatures, Dialogues, Proverbes*, Paris, 1668.

Plaisants Devis...,
1593 *Plaisants Devis des suppôts du seigneur de la Coquille*, 1593.

Prov. au vilain,
XIIIe s. *Proverbes au vilain*, XIIIe siècle, publiés par M. Crapelet :
1) *Dit de l'Apostoile* (dictons populaires) ;
2) *Proverbes au vilain* (attribué au comte de Bretagne) ;
3) *Les Proverbes de Marcoul et Salomon.*

Prov. gallica,
XVe s. « *Proverbia gallica* », in *Recueil des proverbes français avec des commentaires latins*, XVe siècle.

Prov. gallicana,
1558 *Proverbia gallicana*, Benoît Rigaud éditeur, 1558 (contient le recueil précédent et une version en latin due à Jean Gilles, de Nuits, en Bourgogne).

Prov. ruraux...,
XIIIe s. *Proverbes ruraux et vulgaux*, XIIIe siècle.

Roman des philosophes,
XIIIe s. *Roman (le) des philosophes*, XIIIe siècle.

2. BIBLIOGRAPHIE DES AUTEURS

Académie,
1835 *Dictionnaire de l'Académie*, éd. de 1835, éd. de 1878.

Backer (G. de),
1710 *Dictionnaire des Proverbes français*, 1710.

Baïf (Jean-Antoine de),
1597 *Mimes, Enseignements et Proverbes*, Paris, 1597.

Barjavel (Casimir),
1849-53 *Dictons et sobriquets, patois des villes, bourgs et villages du Vaucluse*, Carpentras, 1899-1853.

Baroja (Julio Caro),
1979 *Le Carnaval*, Gallimard, 1979.

Barret (Pierre), Gurgaud (Jean-Noël) et Tiévaut (Claire),
1979 *Almanach de la mémoire et des coutumes*, Hachette, 1979.

Beauquier (Charles),
1897 *Blason populaire de Franche-Comté, sobriquets, dictons, contes relatifs aux villages du Doubs, du Jura et de la Haute-Saône*, Paris, 1897.
1910 *Faune et Flore populaires de la Franche-Comté*, Leroux, Paris, 1910.

Bescherelle (Les frères),
1845-46 *Dictionnaire national ou Dictionnaire universel de la langue française*, 1845-1846, 2 vol.

Bidault de l'Isle (G.),
1952 *Vieux dictons de nos campagnes*, Nouvelles Éditions de la Toison d'or, Paris, 1952, 2 vol.

Bladé (Jean-François),
1881 «Proverbes et Devinettes populaires recueillis dans l'Armagnac et l'Agenais», in *Recueil des travaux de la société d'agriculture, sciences et arts d'Agen*, Agen, 1881.

Boissard de Senarpont (R. de),
Deux mille proverbes, dictons et préceptes relatifs à la prévision du temps, aux mois, à la culture ou à la vigne, recueil inédit.

Bonnaud (L.),
1970 «Un recueil de proverbes limousins», in *Bulletin de la Société archéologique du Limousin*, 1970.

Bovelles (Ch. de),
1557 *Proverbes et Dits sentencieux*, Paris, 1557.

Boxus (Robert),
1954 *La Météorologie et l'Agronomie en Wallonie*, Lessines, 1954.

Cahier (Père Ch.),
1856 *Quelque six mille proverbes et aphorismes usuels*, Paris, 1856.

Canel (Alfred),
1971 *Blason populaire de la Normandie*, Brionne, 1971.

Carmontelle,
1768-81 *Proverbes dramatiques*, Paris, Merlin, 1768-1781, 8 vol.
1811 *Nouveaux Proverbes dramatiques*, Paris, 1811, 2 vol.

Chassany (Jean-Philippe),
1970 *Dictionnaire de Météorologie populaire*, Maisonneuve et Larose éditeurs, Paris, 1970.

Chrétien (L. J.),
1835 *Usages, préjugés, dictons, proverbes et anciens prots de l'arrondissement d'Argentan*, Alençon, 1835.

Collectif,
1978 *L'Homme et son Corps dans la société traditionnelle*, Paris, 1978.

Combes (Anacharsis),
1844 *Proverbes agricoles du Sud-Ouest de la France*, Toulouse, 1844.

Cotgrave,
1611 *Dictionnaire*, 1611.

Coulogne (B.),
1897 *Recueil de Proverbes*, Chaumont, 1897.

Crapelet (M.),
1831 *Proverbes et Dictons populaires*, 1831.

Dallet (G.),
1887 *La Prévision du temps et les Prédictions météorologiques*, Paris, 1887.

Dejardin (J.),
1891 *Dictionnaire des spots ou proverbes wallons*, Liège, 1891.

Delsol (Paula),
1970 *La Météorologie populaire*, Mercure de France, 1970.

Desruisseaux (Pierre),
1976 *Dictionnaire de la météorologie populaire au Québec*, Éditions de l'Aurore, Montréal, 1976.
1976 *Le Livre des proverbes québécois*, Hurtebise éditeur, Montréal, 1979.

Dethare,
1868 *Chroniques du folklore berrichon*, Paris, 1868.

Doyon (Madeleine),
1949 « Dictons et Remarques sur les sucres », *in* Publications de l'Université de Montréal : *Les Archives de folklore*, n° 4, 1949.

Du Fail (Noël), pseud. Eutrapel et Léon Ladulphi, Sr de la Mérissaye,
1547 *Les Propos rustiques*, J. de Tourmes, Lyon, 1547 ; rééditions au XVIe siècle, et : Lemerre, Paris, 1878.
1585 *Les Contes et discours d'Eutrapel*, Rennes, 1585 ; rééditions aux XVIe et XVIIe siècles et : *Les Baliverneries et les Contes d'Eutrapel, Lemerre, 1894.*

Dufour (L.),
1946 *La Météorologie populaire en Belgique*, Bruxelles, 1946.

Duplessis (M. G.),
1897 *Bibliographie parémiologique*, Paris, 1847.
1851 *La Fleur des proverbes français*, Paris, 1851.

Estienne (Henri),
1591 *Précellence du langage français*, 1591.
1594 *Prémices (...) ou Premier livre des proverbes*, 1594.

Finbert (Elian-J.),
1962 *Dictons français de tous les jours*, Robert Morel éditeur, Forcalquier, 1962.
1965 *Dictionnaire des proverbes du monde*, Paris, 1965.

Fleury de Bellingen,
1656 *Étymologie des proverbes français*, La Haye, 1656.

Furetière (Antoine),
1690 *Dictionnaire universel*, 3 vol., 1690 ; réédité par Le Robert, 1978, 3 vol.

Gaignebet (Claude),
1974 *Le Carnaval*, Payot, 1974.

Gibault (Georges),
1897 *Les Erreurs et les Préjugés dans l'ancienne horticulture*, extrait du «Journal de la Société nationale d'horticulture de France», cahier de mars 1897.

Gringore (P.),
1533 *Notables Enseignements, Adages, Proverbes*, Lyon, 1533.

Gruter (J.),
1610 *Florilège*, 1610.

Guibernatis (A. de),
1878 *La Mythologie des plantes*, Paris, 1878.

Guillaume (Alfred),
1971 *L'Âme du Morvan en patois*, Contes, légendes, chansons, prières, proverbes et dictons, croyances, coutumes, préjugés..., Avallon. 1971.

Hayet (Armand),
1971 *Dictons, Tirades et Chansons des anciens de la voile*, Denoël, 1971.

Kérespert (Félix),
Météorologie du matelot, Paris, sans date, probablement vers 1920.

Klipffel (Luc),
1976 *Prévoir le temps par les dictons marins*, Arthaud, 1976.

Laisnel de la Salle,
1875 *Croyances et légendes du Centre de la France*, Paris, 1875.

Lallement (Abbé Louis),
1913 Contes rustiques et folklore de l'Argonne, coutumes, blason populaire et patois, Paris, 1913.

Lamesangère,
1821 *Dictionnaire des Proverbes français*, Paris, 1821, 2e édition.

Lartigue (Robert),
1978 *Les Dictons météorologiques de nos campagnes*, présentés par Albert Simon, Jean-Pierre Delarge éditeur, 1978.

Lateur (M.),
1934 *Un peu de folklore. 400 locutions et dictons de nos régions minières de l'Artois*, Hénin-Liétard, 1934.

La Véprie (Jean de),
1495 *Proverbes communs*, 1495.

Lavigne (L.),
1940 *Le Patois de Cunières et du Verdunois*, Verdun, 1940.

Le Bon (J.), dit l'Hétropolitain.
Adages et Proverbes de Solon de Voge, N. Bonfons, Paris, sans date.

Ledieu (Alcius),
1906 *Blason populaire de la Picardie*, Paris 1906, t. I.
1910 *Blason populaire de la Picardie*, Paris 1910, t. II.

Le Gai (H.),
1852 *Encyclopédie des Proverbes français*, Paris, 1852.

Le Roux (P. J.),
1718 *Dictionnaire comique*, 1718; rééditions 1752, 1786, 2 vol.

Le Roux de Lincy (Adrien-Jean-Victor),
1842 *Le Livre des proverbes français*, Paulin, 1842, 2 vol.; réédition Slatkine, Genève, 1968. – N. B. Cet ouvrage fondamental est la principale source du présent choix.

Lespy (V.),
1876 *Proverbes du Béarn*, Montpellier, 1876.

Levezier (M. A.),
1907 *Recueil de pronostics normands et français, dictons, proverbes et maximes*, Paris, 1907.

Littré (Émile)
1863-72 *Dictionnaire de la langue française*, 1863-1872, 4 vol. (et 1877, Supplément).

Loisel (Antoine),
1607 *Institutes coutumières*, Paris, 1607 ; nouvelle édition, 1846.

Loubens (D.),
1888 *Proverbes et Locutions de la langue française*, Paris, 1888.

Loux (Françoise) et Richard (Philippe),
1978 *Sagesses du corps (la santé et la maladie dans les proverbes français)*, Maisonneuve et Larose, 1978.

Macé (H.),
1533 *Mots et Sentences dorés du maître de sagesse Caton*, Lyon, 1533.

Madrelle (A.),
1928 « Les Dictons météorologiques et agricoles en Touraine », in *Météorologie*.

Maloux (M.),
1960 *Dictionnaire des Proverbes, Sentences et Maximes*, Larousse, Paris, 1960.

Marcel-Robillard (Charles),
1966 *Le Folklore de la Beauce*, Maisonneuve et Larose éditeurs, 1966, 6 vol. Voir spécialement le 3e tome : « Dictons, propos et rubriques ».

Merlet (Lucien),
1892 *Dictons populaires pour les différentes époques de l'année*, Chartres, 1892.

Méry (M. C. de),
1828 *Histoire générale des proverbes, adages, sentences, apophthegmes*, Paris, 1828, 3 vol.

Meurier (G.),
1568 *Recueil de Sentences notables et Dictons communs*, Anvers, 1568 ; réédition en 1617 « Trésor des sentences ».

Mielot (J.),
1456 « Proverbes français de Jehan Mielot », in *Proverbes français par ordre alphahétique*, 1456.

Miquet (François),
1890 *Sobriquets patois et dictons des communes et hameaux de l'ancien Genevois*, Annecy, 1890.

Moisant de Brieux,
1672 *Les Origines de quelques coutumes anciennes*, 1672.

Morawski (J.),
1925 *Proverbes antérieurs au XVe siècle*, Champion éditeur, Paris, 1925.

Moreux (Abbé Théophile),
1919 *Comment prévoir le temps*, Paris, 1919.

Oudin (A.),
1640 *Curiosités françaises*, Paris, 1640 ; rééditions 1649 et 1666 ; réédition Slatkine, Genève, 1971.

Panckoucke (J.),
1749 *Dictionnaire des proverbes français*, Paris, 1749.

Pineaux (Jacques),
1973 *Proverbes et Dictons français*, P. U. F., « Que sais-je ? » Paris, 1973.

Pluquet (Frédéric),
1834 *Contes populaires, préjugés, patois, proverbes, noms de lieux de l'arrondissement de Bayeux*, Rouen, 1834.

Pourrat (Henri),
1945 *Sous le pommier (les Proverbes de la terre, ou le Commencement de la Sagesse)*, Albin Michel, 1945.
1960 *Le temps qu'il fait*, Albin Michel, 1960.

Quitard (P. M.),
1842 *Dictionnaire étymologique, historique des proverbes...*, Paris, 1842 ; réédition Slatkine, Genève, 1968.
1860 *Études historiques littéraires et morales sur les proverbes*, Paris, 1860.

Ravesteyn (P. de),
1611 *Le jardin de récréation*, Amsterdam, 1611.

Richard (Gabriel),
1963 « Les sobriquets en Lorraine dans la première partie du XIXe siècle », in *Annales de l'Est*, Nancy, 1963.

Rolland (Eugène),
1876 *Flore populaire ou Histoire naturelle des plantes dans leurs rapports avec la linguistique et le folklore*, Maisonneuve éditeur, 1876, 11 vol.
1877 *Faune populaire de la France*, Maisonneuve éditeur, 1877, 13 vol.

Rozan (Charles),
Les Animaux dans les proverbes, Ducrocq éditeur, Paris, sans date, 2 vol.

Saintyves (Pierre),
1919 *Les notions de temps et d'éternité dans la magie et la religion*, Paris, 1919.
– Texte repris dans *L'Astrologie populaire*, Paris, 1937.
1937 *L'Astrologie populaire étudiée spécialement dans les doctrines et les traditions relatives à l'influence de la lune*, Paris, 1937.

Sébillot (Paul),
1898 *Littérature orale de l'Auvergne*, Paris, 1898.
1904 « Le Ciel et la Terre », in *Le Folklore de France*, Paris, 1904.
1905 « La Mer et les Eaux douces », in *Le Folklore de France*, Paris, 1905.
1906 « La Faune et la Flore », in *Le Folklore de France*, Paris, 1906.

Soland (A. de),
1858 *Proverbes et Dictons de l'Anjou*, Angers, 1858.

Soulié,
1892 *Sentences et Proverbes*, Paris, 1892.

Tuet (Abbé),
1789 *Matinées senonaises ou Proverbes français*, Paris, 1789.

Tournier (Michel),
1975 *Les Météores*, Gallimard, 1975.

Van Gennep (Arnold),
1932-33 *Le Folklore du Dauphiné*, Maisonneuve éditeur, 1932-1933, 2 vol.
1937-38 *Manuel de folklore français contemporain*, Auguste Picard éditeur, Paris, 1937-1938, t. III et IV.
1946 *Le Folklore des Hautes-Alpes*, Maisonneuve éditeur, 1946, t. I.
1948 *Le Folklore des Hautes-Alpes*, Maisonneuve éditeur, 1948, t. II.

Vibraye (H. de),
1934 *Trésor des proverbes français*, Paris, 1934.

Yard (F.),
1930 *Almanach normand*, Rouen, 1930.
Mélusine (revue).
R.T.P. : Revue des Traditions populaires.

PREMIÈRE PARTIE

PROVERBES DE LANGUE FRANÇAISE

choisis et présentés par

François SUZZONI

PRÉSENTATION

Le destin des proverbes français peut-il se lire à travers les avatars de leur histoire lexicographique ? Les clercs et les copistes anonymes du Moyen Âge qui nous ont laissé, en pleine période de vitalité des proverbes, des listes abondantes de ces formules familières et pourtant déjà suffisamment énigmatiques pour susciter l'intérêt philologique naissant, percevaient-ils la menace de fossilisation qui guettait un genre aussi dépendant de la tradition orale et de modes de vie en voie de bouleversement ?

Avec l'apparition des ouvrages imprimés, les intentions des auteurs de recueils se manifestent plus clairement. Depuis les humanistes du XVIe siècle, soucieux, dans le sillage d'Erasme, de reconnaître et consacrer les multiples formes du discours, jusqu'aux philologues positivistes de la deuxième moitié du XIXe siècle, les proverbes sont l'objet de plusieurs études notables. Mais cet intérêt érudit est déjà le signe d'un déclin. Une coupure, en effet, s'instaure entre un usage proverbial vivant et encore productif, abandonné au peuple illettré et voué à l'archaïsme culturel, et une pratique lexicographique, diversement inspirée, mais conduisant à l'élimination progressive du proverbe de la langue « bien » parlée, celle des savants et de la Cour.

En cela, le XVIIe siècle porte un témoignage et une responsabilité exemplaires. Après l'euphorie du siècle précédent, où l'essor de l'imprimerie, l'intérêt porté aux langues vernaculaires, le renouveau d'une sagesse antique et évangélique – mais l'adage et la sentence commencent à concurrencer le proverbe proprement dit – se conjuguent en une sorte d'œcuménisme philologique favorable aux proverbes et qui leur assure une large diffusion livresque, l'usage langagier va connaître, on le sait, sa grande période d'assagissement et de normalisation.

On commence à s'apercevoir que la langue française n'est pas toujours bien fréquentée et que les proverbes sont au nombre des mauvaises rencontres qu'on peut y faire. Ce constat entraîne des réactions différentes : alors que certains, comme Nicole ou le Père Bouhours, ou encore Vaugelas, condamnent les proverbes à un oubli méprisant, d'autres, tel Oudin (1640), invoquent l'argument de la curiosité ou même de l'utilité pour proposer des recueils de ces étranges expressions qui rendent parfois si pittoresques et amusants, mais presque déjà incompréhensibles pour l'homme du monde, les parlers populaires. D'autres, enfin, se livrent à un véritable détournement du genre proverbial, au profit de divertissements de bonne compagnie – c'est l'époque des ballets (Bensérade) ou des comédies de proverbes, dont la mode se poursuivra au XVIIIe siècle avec Carmontelle et jusqu'à certains titres des comédies de Musset.

Mais l'engouement mondain ou l'intérêt linguistique rejoignent ici la réaction puritaine du janséniste Nicole : ce qui est nié, et refoulé, c'est la force et la vitalité du proverbe, son emploi et sa nécessaire présence dans la spontanéité de la parole ; exclusion volontaire ou inconsciente que ne peuvent masquer ni la curiosité et l'audace un peu effrayée de l'interprète du Roi, Oudin, ni le succès parodique que connaissent les proverbes dans les milieux de la Cour. Le sort du genre semble joué dans le titre significatif de l'ouvrage de P. J. Le Roux, paru au début du XVIIIe siècle : *Dictionnaire comique, satirique, critique, et burlesque, libre et proverbial* ; que de précautions pour amener le dernier terme !

Les *Fables* de La Fontaine ne doivent pas faire illusion. Elles participent elles aussi de cette entreprise de confiscation du discours populaire que fut, souvent, le siècle de Louis XIV (un autre exemple célèbre est celui des *Contes* de Charles Perrault). Une grande partie de leur succès social est due aux expressions proverbiales qu'elles contiennent, mais en retour, beaucoup de proverbes nous sont restés connus et familiers grâce aux *Fables*, et non par le jeu attendu de la transmission orale : bel exemple de survie paradoxale, le proverbe devenant alors citation littéraire.

Au XIXe siècle, les dictionnaires se veulent historiques et étymologiques (Quitard, 1842 ; Le Roux de Lincy, 1859). Une nouvelle mutation s'est accomplie. Le proverbe d'objet de curiosité et de divertissement est devenu objet d'archive. Il y gagne en respectabilité. La sage rigueur du dictionnaire désamorce le défi inconvenant des origines roturières et de l'expression triviale. Les proverbes sont recueillis comme les témoins d'un monde qui s'éloigne, d'une langue au vocabulaire désuet, aux tournures vieillies. Ce nouveau zèle positiviste n'est pas dénué de parti pris : ces ouvrages consacrent la réconciliation d'un peuple que l'on découvre sage (la « sagesse des nations », un vieux mythe qui a la vie dure !) et d'une tradition féodale et monarchique. De quoi satisfaire les exigences d'un nationalisme à la recherche de ses fondements historiques. D'autre part, le fonds proverbial s'est enrichi au cours des siècles des adages de la tradition antique, grecque et latine, de citations devenues proverbiales, de préceptes évangéliques, d'aphorismes et de sentences d'une morale laïque plus récente. Entre une métaphore évangélique et une maxime de La Rochefoucauld le proverbe s'est assagi et purifié. Une sagesse universelle et éternelle égalise et récupère des énoncés venus souvent de milieux et d'époques bien différents, unifie les niveaux de langue, le discours savant et le parler populaire.

Sans doute, ces considérations n'intéressent qu'un nombre restreint d'utilisateurs de la langue. Le destin d'une tradition proverbiale aussi ancienne et enracinée dans le discours et l'imagerie populaires ne saurait dépendre de la décision d'un censeur ou d'une pratique lexicographique. Pendant cette longue période, les proverbes continuent de peupler le langage quotidien de l'immense majorité des Français : mais qui peut nier qu'en définitive la situation consciente et apparente de la langue française ne soit davantage déterminée par l'action délibérée de quelques grammairiens du Grand Siècle, que par son lent cheminement à travers la succession des générations ?

De même s'agit-il là de phénomènes linguistiques, encore que trahissant à l'évidence l'intention idéologique. Il faudrait, pour expliquer l'appauvrissement du fonds proverbial actuel et de son usage, évoquer des mutations plus larges et plus complexes ; économiques d'abord : transformations du monde rural, développement des villes, division, parcellisation du travail, recul et ruine de l'artisanat, remplacé par l'activité industrielle ; autant de bouleversements qui font exploser les cadres traditionnels. Cadres de la culture : alphabétisation, enseignement primaire, puis secondaire, diffusion de la grande littérature classique, extension triomphante du genre romanesque..., cadres scientifiques et technologiques enfin, qui rendent désuet tout un monde d'objets, d'outils et de techniques, familier de la littérature proverbiale.

D'autres raisons de l'abandon progressif du proverbe tiennent aux conditions de son emploi, et apparaîtront mieux si on compare sa situation actuelle à la vitalité de la locution (attestée par le dictionnaire de A. Rey et S. Chantreau paru dans la même collection). Proverbes et locutions puisent à un fonds lexical commun et leur origine repose sur des processus très voisins de la créativité de la langue. Mais là s'arrêtent les similitudes. La locution se glisse dans la phrase comme simple élément verbal ou nominal, en perdant le plus souvent un contenu sémantique propre et la force de son étymologie ; connotant tout au plus un niveau de langue ou une intention particulière du locuteur ; et son succès se nourrit de cette perte du sens...

Le proverbe, au contraire, est un énoncé fini, une phrase complète, dont le contenu résiste et garde une efficacité propre et intentionnelle. Il énonce, sous forme de citation non référencée, un jugement, une observation ou une argumentation. De plus, il véhicule de façon prescriptive et répétitive un savoir étroitement lié à la mentalité de ses créateurs et premiers utilisateurs, c'est-à-dire à une vision du monde délibérément fixiste. L'expérience humaine y est jugée assez stable, assez définitive pour être mise en formules susceptibles de répondre à toutes les concurrences de la communication linguistique. Le proverbe semble ainsi voué, d'entrée, à l'archaïsme culturel et ne peut bénéficier de la neutralité de la locution.

Or, les beaux esprits, pas plus aujourd'hui qu'hier, ne veulent vivre de recettes. À la condamnation d'expressions jugées triviales et populaires s'ajoute le refus d'une « sagesse » perpétuant sa loi sous forme d'une mise en fiche proverbiale du comportement de l'individu.

Ces réflexions nous ont guidé dans le choix du classement proposé ici. Nous avons écarté un classement thématique et abstrait, dont le mérite aurait peut-être été de tenter une actualisation de l'emploi et de la signification des proverbes. Mais les rubriques auraient davantage relevé de catégories de pensée modernes (morales, psychologiques, sociales, etc.) que d'une fidélité illusoire à l'environnement socio-culturel de nos ancêtres créateurs et consommateurs de proverbes. Quant à l'ordre alphabétique des mots-clés, rigoureux et plus objectif, il rend la lecture ingrate et voue le commentaire à la discontinuité et à la répétition. Il nous a semblé que l'intérêt d'un ouvrage de ce type, s'agissant des proverbes français dont le fonds est plus archaïque et surtout moins usité que celui d'autres cultures (voir la troisième partie de ce dictionnaire), était de mettre l'accent non sur l'emploi ou même la signification de ces proverbes, mais sur le problème de la production du sens, et de la métaphore.

Les proverbes tirent leur origine de l'observation du monde sensible et de l'expérience humaine. Il est possible, à partir de cette constatation, de délimiter des catégories stables et cohérentes (monde vivant, bestiaire, monde du travail, relations, échanges...), ordonnées dans une sorte de parcours anthropologique englobant tout le champ de l'expérience humaine. Nous avons choisi ces catégories comme première structure large et orientée de notre classement. À l'intérieur de chaque rubrique, notre souci principal a été de mettre en lumière le rôle de la métaphore.

L'expression imagée est, en effet, la caractéristique la plus fréquente et la plus attendue de l'énoncé proverbial. Nous avons donc classé les proverbes en prenant pour base le « lexème » (mot, expression) support de la métaphore (animal, objet usuel, partie du corps humain...) ; un rapide commentaire initial souligne l'exploitation métaphorique à laquelle se prête le motif central, et évoque les possibilités qui se trouvent réalisées dans les exemples qui suivent le commentaire. Un nouveau classement intervient alors, qui groupe, par séries, les proverbes concernés par le lexème de base, suivant le « trait pertinent » (métaphoriquement pertinent) retenu dans l'énoncé-occurrence (mœurs d'un animal, usage de tel objet, détail anatomique...).

Une telle démarche nous éloigne d'une saisie, illusoire (parce que soumise à des déterminations socioculturelles révolues), de la « signification », que nous distinguerons ici du « sens » du proverbe, sans vouloir trop jouer sur les mots. La première est liée à l'emploi du proverbe, c'est-à-dire à son actualité, le second à sa production et à sa qualité d'objet-signe dans le discours.

Le sens est nécessaire à la saisie de la métaphore et il se trouvera précisé toutes les fois que le vieillissement du vocabulaire ou de la syntaxe risquera de le rendre incompréhensible. En outre, il réapparaît dans un index final. En revanche, nous ne rappelons l'emploi du proverbe qu'occasionnellement, lorsque cela peut éclairer sa place dans la rubrique, ou lorsque ce sens est l'objet d'un commentaire intéressant de l'auteur du recueil de référence.

Il faut remarquer d'ailleurs que le déclin des proverbes s'est accompagné d'un renoncement progressif à la métaphore. Les proverbes attestés plus récemment dans les recueils s'éloignent du domaine concret pour évoquer plus littéralement, et sur un mode abstrait, le monde moral ou affectif. Il ne s'agit pas de prétendre que les proverbes à base métaphorique sont toujours antérieurs aux autres, encore moins qu'ils sont les seuls authentiques ; le reste (adages, aphorismes, sentences...) n'étant que parents pauvres, annexions tardives.

En effet, beaucoup d'énoncés abstraits et moralisateurs sont attestés dès les premiers manuscrits (« L'homme propose et Dieu dispose » par exemple, ou bien : « Qui aime bien châtie bien ») mais là encore, ce qui est perdu avec le temps, ou parfois par la modernisation syntaxique, c'est la force de la formule, sa « frappe » (prosodie, rime, etc.), comme si celle-ci jouait le même rôle que la métaphore dans les autres énoncés : celui d'une griffe authentifiant le proverbe. L'appauvrissement du fonds proverbial français va de pair avec la perte d'une exigence rhétorique, comme si désormais plus rien du savoir humain ne pouvait se mettre en images ou en formules.

D'une façon générale, les proverbes non métaphoriques, largement représentés dans le choix que nous proposons, ne sauraient être considérés comme de simples doublets des autres, qu'ils expliciteraient sur un mode abstrait et forcément appauvri : « Bien mal acquis ne profite jamais » n'a pas la même valeur que « Ce qui vient de la flûte retourne au tambour » ou que « Farine du Diable retourne en son », même si ces trois proverbes se rejoignent dans leur emploi. Ces proverbes abstraits, opérant dans un domaine spécifique (monde moral, intellectuel, affectif), proviennent vraisemblablement de milieux linguistiques et sociologiques différents et relèvent d'autres intentions pédagogiques et moralistes. Pour toutes ces raisons, nous avons préféré les isoler et les grouper dans leur propre domaine de validité anthropologique. Mais une autre considération nous a conduit à privilégier le sens du proverbe plutôt que son emploi – que le classement thématique de l'index illustre mieux – c'est celle de l'*actualité* du proverbe, si l'on peut encore risquer ce terme après les analyses qui précèdent.

La publication d'un tel dictionnaire peut-elle se soutenir d'autres arguments que ceux de la curiosité, de l'intérêt archéologique – si légitime et nécessaire soit-il – ou, plus simplement de la fidélité à une pratique lexicographique ancienne ? On ne peut raisonnablement se référer au petit nombre de proverbes français encore en usage aujourd'hui pour justifier un recueil où les trois quarts des expressions citées échappent à la compétence linguistique courante.

C'est qu'il nous reste à interroger notre modernité, et à nous demander pourquoi elle est incompatible avec l'usage et surtout la productivité du proverbe, à la lumière de ce qui, jadis, rendait sa vitalité nécessaire.

Nous avons rappelé, comme éléments de réponse, l'évidence de mutations décisives. Les proverbes nous parlent d'une époque et d'un monde où l'intimité et la complicité de l'homme avec l'univers sensible, les objets, les animaux, étaient telles que le regard porté sur les choses et les êtres y découvrait la force de l'exemple et de la durée. Tout objet (le sac, la table, l'écuelle...) était lui-même et tous les autres ; le monde culturel renvoyait à l'homme l'image de sa propre permanence : le cheval n'ira jamais plus vite, l'âne ne pourra porter plus lourde charge, l'écuelle sera pleine ou désespérément vide, et le voisin ne sera jamais plus loin que la prochaine maison. Ces évidences ont une fonction : rappeler l'homme à la fatalité, à l'immuable. Aujourd'hui la qualité du regard a changé : nos yeux ne se fixent plus sur un univers immobile ; la source de la métaphore est, sur ce plan, tarie. Les animaux des proverbes ont disparu, les objets usuels ont l'existence éphémère et incertaine des signes et non la force tranquille des choses. Où le regard de l'homme se reposerait-il ? Comment une automobile – aujourd'hui l'objet le plus familier – servirait-elle de support à la métaphore ? Quelle est sa « vraie » nature ? économique ? fonctionnelle ? technique ? Nous percevons surtout en elle ce qui la distingue des autres automobiles : puissance, confort, vitesse, moteur, carrosserie, etc. Nous voyons des différences et non plus des similitudes. La technologie, le jeu du marché, la distinction sociale, toute une série de représentations secondaires, médiatisent notre rapport à l'environnement.

Le langage populaire, d'où jaillissait autrefois la métaphore proverbiale, a été le premier touché par cette mutation. Une uniformisation linguistique que le rôle des médias actuels accélère de plus en plus a fait disparaître cette opposition féconde qui faisait que deux individus appartenant à des milieux culturels très éloignés pouvaient parler le monde – leurs mondes –, chacun dans son propre registre : l'un dans la spontanéité naïve et poétique du proverbe, l'autre dans l'abstraction savante de l'adage ou de la sentence. On connaît le destin du discours théorique et scientifique, sa marche de plus en plus solitaire ; le langage populaire d'aujourd'hui semble réduit à en balbutier les retombées pratiques, techniques. La fréquentation des proverbes français peut nous faire méditer sur le sens de cette parole perdue, de ce regard oublié.

François SUZZONI

chapitre I

LA NATURE

D'une façon générale les proverbes français ne traduisent pas une inspiration particulièrement cosmique, encore moins animiste, contrairement à certaines cultures auxquelles on pourra les comparer avec intérêt sur ce point.

Le domaine de la nature qu'ils exploitent n'offre que quelques emplois très urbanisés (le soleil équivaut à la grandeur du Prince, par exemple). Les phénomènes naturels, comme le vent, la pluie ou le tonnerre ne sont que des acteurs modestes sur la scène des rivalités humaines et du profit.

Bien entendu, le lexique des éléments (eau, feu, etc.) est lui-même très productif; mais il s'agit là encore d'un monde investi davantage par les préoccupations pratiques des hommes, et souvent bien mesquines, que par les rêveries poétiques, avec lesquelles Bachelard nous a familiarisés.

LE SOLEIL

1 Le soleil luit pour tout le monde.
cf. Le ciel est bleu partout.

2 Rien de nouveau sous le soleil.
Origine biblique : Ecclésiaste I, 10.

3 En parlant du soleil on voit ses rayons.
Québec.
Doublet laudatif du célèbre :
Quand on parle du loup on en voit la queue.

4 Le soleil n'échauffe que ce qu'il voit.
Méry, 1828.
Les faveurs du Prince ne vont pas à ceux qui sont absents de sa cour.

5 On adore plutôt le soleil levant que le soleil couchant.
« On s'attache plutôt à faire la cour à un jeune prince qu'à un vieux » (Le Roux, 1752).

LA TERRE ET LES MONTS

6 Vantez les terres élevées mais tenez-vous sur les terres basses.
Suisse.
Admirez les héros mais ne les imitez pas.

7 Nulle montagne sans vallée.
Meurier, 1568.
cf. Nul jour sans soir.

8 Deux hommes se rencontrent bien,
Mais jamais deux montagnes point.
Adages français, XVIe s.
var. régionale : Deux rochers ne se rencontrent pas mais bien deux hommes.
Dauphiné.
Se dit en menaçant quelqu'un de représailles ou, plus généralement, pour signifier qu'il ne faut sous-estimer l'amitié ni la haine de personne.

9 Pierre qui roule n'amasse pas mousse.
var. ancienne :
Pierre souvent remuée
De la mousse n'est vellée.
Meurier, 1568.

On ne gagne rien à courir le monde ; cf., dans un sens inverse, le n° 42. — Ce proverbe existe aussi en lituanien.

10 Fange sèche envy [difficilement] s'attache. Meurier, 1568.
À l'adresse de ceux qui ont le cœur sec.

LES MÉTÉORES ET LES INTEMPÉRIES

11 Contre le tonnerre ne pète. Baïf, 1957.
Image d'une grande force persuasive, dont on trouve des variantes, comme :
À pisser contre le vent, on mouille sa chemise.

12 Toutes les fois qu'il tonne le tonnerre ne tombe pas. Académie, 1835.
Les menaces ne sont pas toujours suivies d'effet.

13 Quand il tonne, il faut écouter tonner.
Adages français, XVIe s.
Il faut laisser passer l'orage.

14 Toujours ne dure orage ne guerre.
La Véprie, 1495.
Les plus mauvaises situations ont leur fin (cf. 17).

La pluie

15 Petite pluie abat grand vent.
var. ancienne :
À pou de pluie chiet grand vens
Et grand orgueil en pou de tens.
Prov. ruraux..., XIIIe s.
Il suffit de peu de chose parfois pour faire cesser une grande querelle (Littré). — Ce proverbe existe en danois.

16 Pluie du matin n'arrête pas le pèlerin.
Une difficulté initiale ne décourage pas l'homme décidé.

17 Après la pluie le beau temps.
La Véprie, 1495.
Cf. ci-dessus le n° 14.

18 Plus il gèle, plus il étreint. Panckoucke, 1749.
Pour les malheureux exposés à un sort de plus en plus pénible.

La neige

19 Quand la neige est sur le mont,
On ne peut attendre que le froid aux vallées.
L'approche de la vieillesse, signalée par les cheveux blancs.

20 La neige qui tombe engraisse la terre.
Dicton employé métaphoriquement.

21 On ne voit cygne noir, ni nulle neige noire. Meurier, 1568.
Motifs familiers des anciennes fatrasies, invoqués ici à l'appui d'une vision prudente et conservatrice, et donc très peu poétique, du monde et de l'homme. Voir ci-dessous le n° 198 :
cf. Nul lait noir, nul blanc corbeau.

Le vent

22 Le vent de prospérité change bien souvent de côté. *Almanach perpétuel...*, 1774.
Image des vicissitudes du sort.

23 Ou vente ou pleut, si vet qui estuet.
Ancien proverbe, XIIIe s.
Qu'il vente ou qu'il pleuve, celui qui doit aller va.
cf. Besoin fait vieille trotter.

24 Le vent nettoie le froment
Et les vices le châtiment.
Almanach perpétuel..., 1774.
Le châtiment nettoie les vices comme le vent enlève la balle du froment.

25 Tant vente qu'il pleut. Bovelles, 1531.
Dicton à usages métaphoriques variés : la constante porte sur le changement de situation et la causalité !

26 Le vent n'entre point s'il ne voit par où il pourra sortir. Méry, 1828.

L'EAU

L'eau est un des champs métaphoriques les plus féconds : image du mouvement et de l'abondance (fleuve, mer), du changement et du mystère (eaux calmes, troubles, profondes), du danger (noyade) et surtout de l'efficacité la plus évidente liée au processus d'action le plus insignifiant (la goutte d'eau), elle permet d'illustrer par ses multiples aspects l'ambiguïté et la suspicion qui entourent l'activité économique : enrichissement rapide, épargne obstinée, profit illégitime, etc.

La mer, les rivières et les ruisseaux

27 Goutte à goutte la mer s'égoutte.
Meurier, 1568.
L'océan même n'est fait que de gouttes (cf. aussi 38 et 39).

28 Les rivières retournent à la mer.
« Ce que les officiers prennent aux princes, retourne à la fin dans leurs coffres », explique Oudin (1640). — Plus généralement :
cf. L'argent va à l'argent.
var. : L'eau court toujours en la mer.
Meurier, 1568.

29 Il passera bien de l'eau sous le pont...
... avant qu'un événement se produise.

30 Les rivières ne deviennent jamais grosses qu'il n'y entre de l'eau.
Lamesangère, 1823.
Il n'y a pas d'effet sans cause et, plus particulièrement, il n'y a pas de fortune rapide sans qu'on ne puisse en soupçonner l'origine.
var. régionale : Les eaux grossissent mais pas sans être troublées. Agen.

31 Les petits ruisseaux font les grandes rivières. Gruter, 1610.

Les petites économies font les grandes fortunes. Plus généralement correspond à :

Petite cause grands effets.

32 On ne se baigne jamais deux fois dans le même fleuve.

Proverbe d'origine grecque (Héraclite).

Le caractère de l'homme, comme la situation où il se trouve, est toujours changeant.

33 Le monde est rond :
Qui ne sait nager va au fond. Meurier, 1568.

Seuls les habiles peuvent se tirer d'affaire.

34 Il n'est que de nager en grande eau.

Adages français, XVIe s.

Il suffit de vivre dans l'abondance.

35 Bons nageurs sont à la fin noyés.

Adages français, XVIe s.

var. : Les meilleurs nageurs se noient.

Méry, 1828.

36 Un noyé s'accroche à un brin d'herbe.

37 Dedans la mer de l'eau n'apporte.

Baïf, 1597.

Il est inutile d'apporter quelque chose là où elle est en abondance (cf. n° 501).

Les propriétés de l'eau

38 Goutte à goutte l'eau creuse la pierre.

Image de la persévérance infinie et de l'efficacité. — Ce proverbe existe en vietnamien.

39 Goutte à goutte on emplit la cuve.

Meurier, 1568.

cf. Maille à maille se fait le hautbergeon.

40 Il n'est pire eau que l'eau qui dort.

Ancien proverbe, XIIIe s.

var. anciennes :

Il n'est si périllouse eau que la coye.
Aigue coye ne la croye [ne te fie pas à l'eau calme].

Il faut se méfier des tempéraments doux et calmes.

41 La dernière goutte d'eau est celle qui fait déborder le vase.

Ce proverbe tire parti du contraste entre l'insignifiance de la cause (dernière goutte) et l'effet produit (débordement du vase) pour signifier les changements subits et violents qui peuvent se produire chez certaines personnes lorsqu'elles sont poussées à bout.

42 Eau qui court ne porte point d'ordure.

Prov. gallica, XVe s.

Sur le modèle de « Pierre qui roule n'amasse pas mousse » (cf. 9), mais avec une signification inverse. — Ce proverbe existe en créole et en malayalam.

43 L'eau trouble est le gain du pêcheur.

Meurier, 1568.

On peut tirer parti d'affaires mal gérées ou malhonnêtes.

44 Les eaux calmes sont les plus profondes.

Proverbe d'origine latine : Les fleuves les plus profonds sont ceux qui coulent avec le moins de bruit (Quinte-Curce, liv. VII).

L'eau du puits, la source et la fontaine

45 Quand le puits est à sec, on sait ce que vaut l'eau. Panckoucke, 1749.

Sur le thème : « bien perdu, bien connu ».

46 Il faut puiser quand la corde est au puits.

Il faut profiter de l'occasion qui s'offre.

47 C'est folie puiser l'eau au cribleau [avec un crible].

Se donner inutilement du mal.

48 Il ne faut pas puiser au ruisseau quand on peut puiser à la source. Panckoucke, 1749.

Il faut se servir directement à la source du profit.

49 À petite fontaine boit-on à son aise.

Prov. ruraux..., XIIIe s.

Commodité du profit ; rapport entre le sujet et l'objet.

50 Il ne faut jamais dire : « Fontaine, je ne boirai pas de ton eau ». Quitard, 1842.

LE BOIS, LA FORÊT, L'ARBRE ET LE FRUIT

Le bois est d'abord nature vivante et animée, espace à parcourir et parfois à déchiffrer. N'oublions pas l'omniprésence de la forêt dans le paysage de l'ancienne Europe et les dangers aussi qu'elle représentait.

L'arbre est à la fois symbole de puissance et de solidité (le chêne, le vieil arbre, le gros de l'arbre), mais aussi l'image de la grandeur déchue et dépouillée (arbre abattu, arbre charmé). Associé au fruit, il renforce la vision fataliste qui domine dans les proverbes français, par l'image qu'il offre du déterminisme génétique le plus évident (« Tel arbre, tel fruit » : « Tel père, tel fils »).

Quant au fruit lui-même, doublement exploité dans sa constitution (noyau, amande) et son processus de maturation, il est une des nombreuses illustrations du profit (le fruit mûr) et de son mode d'acquisition.

N.B. On trouvera regroupés sous la rubrique commune *bois/feu* d'autres proverbes concernant le bois, matière première source d'énergie, que la langue française, on le sait, ne différencie pas lexicalement.

Le bois

51 Le bois a des oreilles et le champ des yeux. Meurier, 1568.
var. ancienne : Bois a orelles et plain [plaine] a eus [yeux]. Morawski, 1925.
Aujourd'hui on dit : « Les murs ont des oreilles » pour signifier qu'on n'est jamais assez prudent avec les indiscrets. Dans la langue médiévale, c'est la nature même qui est peuplée de témoins indésirables.

52 Qui craint les feuilles n'aille point au bois. Le Roux, 1752.
var. : Qui a peur du loup n'aille pas au bois. Régional.
Existe aussi en russe.
cf. Qui craint le danger n'aille pas sur la mer.

53 Pour néant [pour rien] va au bois qui bois ne connaît. La Véprie, 1495.
Sans savoir préalable, l'expérience est un échec.

L'arbre

54 Vieil arbre d'un coup ne s'arrache. Baïf, 1597.
var. ancienne : Au premerin coup ne chiet [tombe] pas li chasnes. *Prov. ruraux...*, XIIIe s.

55 Le dernier coup abat le chêne. Manuscrit de Cambridge, XIIIe s.

56 Quand l'arbre est tombé, tout le monde court aux branches. Quitard, 1842.
Image de la puissance déchue et dépouillée.

57 Quand l'acoma est tombé, tout le monde dit que c'est du bois pourri. Martinique.

58 Les branches des arbres trop chargés se rompent.
cf. Trop de profit crève la poche.

59 L'arbre tombe toujours du côté où il penche. Québec.
On agit toujours selon ses inclinaisons. Le français de France connaît la locution : « Pencher du côté qu'on va tomber ». — Ce proverbe existe en russe et en rwanda.

60 Il faut se tenir au gros de l'arbre. Le Roux, 1752.
« C'est-à-dire au parti juste et fort », selon Le Roux.

61 On ne jette de pierres qu'à l'arbre chargé de fruits. Quitard, 1842.
On ne médit que de ceux qu'on envie.

62 D'un petit gland sourd [naît] un grand chêne. Baïf, 1597.
Équivaut à :
Les petits ruisseaux font les grandes rivières.

63 Il ne faut pas mettre le doigt entre l'arbre et l'écorce. Quitard, 1842.
Sens restreint : il ne faut pas intervenir dans les querelles des autres (scènes de ménage, par exemple).

64 Arbre trop souvent transplanté
Rarement fait fruit à planté [en abondance]. Meurier, 1568.
cf. Pierre qui roule n'amasse pas mousse (cf. 9).

65 Il n'y a si petit buisson qui ne porte son ombre. Oudin, 1640.
Il n'y a pas si petit ennemi qui ne puisse faire tort. — Ce proverbe existe aussi en allemand.
cf. Un poil fait ombre.

66 Il vaut mieux être mûrier qu'amandier.
« L'amandier est considéré comme le symbole de l'imprudence, parce que sa floraison hâtive l'expose aux gelées du printemps ; et le mûrier comme celui de la sagesse, parce qu'il fleurit à une époque où il ne peut éprouver aucun dommage » (Quitard, 1842).

L'arbre et le fruit

67 Tel arbre tel fruit. Meurier, 1568.
cf. « Tel père tel fils » et ci-dessous : « De noble plante... ».

68 Bon fruit vient de bonne semence. Mielot, 1456.

69 De noble plante, noble fruit. Meurier, 1568.
La nature illustre les déterminismes de la naissance. Le thème est plus général : il provient de la tradition évangélique (Matthieu 7, 15-20, etc.) ; cf. aussi 307-308.

70 Il n'y a si dur fruit et acerbe qui ne mûrisse. Meurier, 1568.
cf. Mauvaise graine croît toujours.

71 Mauvais est le fruit qui ne mûrit point. MS, XIIIe s.

72 Avec la paille et le temps
Se mûrissent les nefles et les glands. Meurier, 1568.
Tout arrive avec le temps.

73 Entre deux verres la tierce est meure. Ancien proverbe, XIIIe s.
Entre deux fruits verts le troisième est mûr.

La poire

74 Quand la poire est mûre, il faut qu'elle tombe. Carmontelle, *Proverbes* (*in* Maloux, 1960).

75 Il faut garder une poire pour la soif. Le Roux, 1752.
Il faut garder quelque chose pour le besoin.

La pomme

76 La pomme ne tombe jamais loin de l'arbre.

Le produit n'est jamais bien loin de sa source; il n'y a pas d'effet sans cause. — Ce proverbe existe en allemand.

77 Toujours siet [sied, convient] la pomme au pommier.
Appariement logique.

Autres fruits

78 Les hommes sont comme les melons :
Sur dix, il y en a un de bon. Régional, Agen.

79 Il ne faut pas confondre le coco et [l'abricot :
Le coco a de l'eau, l'abricot un noyau.
Martinique.
Toute comparaison est odieuse.

80 Il faut casser le noyau pour en avoir l'amande. Tuet, 1789.
Pas d'avantage, de profit sans effort. — Ce proverbe existe en anglais.

81 Biaux noiaux gist sos foible escorce [Beau noyau gît sous faible écorce].
Ancien proverbe, XIIIe s.

82 Au fond du taillis sont les mûres.
MS, XIIIe s. (*in* Maloux, 1960).
Ces trois proverbes évoquent l'idée de l'effort à accomplir pour obtenir un bien désiré. En outre, 81 rappelle qu'il ne faut pas se fier aux apparences.

Plantes et fleurs

83 Mauvaise herbe croît soudain.
Meurier, 1568.
var. : Mauvaise graine est tôt venue.
La Fontaine, *Fables*, I, 8.

84 Le lierre meurt où il s'attache.
Ancien proverbe, XVe s. (*in* Maloux, 1960).
Le lierre est le symbole de la fidélité.

85 Ce cuide li lierre
Que tuit soyent ses freres.
Ancien proverbe, XIIIe s.
Le lierre croit trouver des frères partout, Le sentiment de l'identité incite aux rapports étroits.

86 Nulle rose sans épines. Meurier, 1568.
cf. Nul bien sans peine.

87 Il n'est si belle rose qui ne devienne gratte-cul.
« Tout enlaidit avec l'âge » (Oudin, 1640). — Ce proverbe existe aussi en danois.

88 L'épine en naissant va la pointe en avant. Quitard, 1842.
« Le naturel du méchant se manifeste dès sa plus tendre enfance » *(ibid.)*.

LE BOIS ET LE FEU

Exemple privilégié de la relation *cause/effet*, il permet d'illustrer symboliquement le résultat de certaines activités humaines, appréciées à la qualité de l'effort produit ou au mérite de leurs auteurs. La même relation se retrouve dans le couple métaphorique *feu/fumée*, comme dans le proverbe bien connu :

Il n'y a pas de fumée sans feu.

Autre emploi métaphorique; le feu couvert signifiant la passion cachée mais ardente. Notons enfin l'avantage que peut tirer l'énoncé proverbial, dans sa recherche de la concision et de la force expressive de l'image, de cette dernière particularité : une simple différence d'intensité pouvant transformer une situation confortable en son contraire : chaleur et brûlure :

De trop près se chauffe qui se brûle.

89 Il n'est feu que de gros bois. Meurier, 1568.
La vigueur de l'âge mûr.

90 Il n'est feu que de bois vert.
var. ancienne : Verde büche fait chaut feu.
La Véprie, 1495.
La *flamme* de la jeunesse.

91 Le bois tordu fait le feu droit.
var. anciennes : Bûche tortue fait bon feu.
Meurier, 1568.
De torte bûche fait l'en droit feu.
Ancien proverbe, XIIIe s.
Peu importent certains défauts si le résultat est atteint; et aussi : il ne faut pas se fier aux apparences.

92 Quand il n'y a pas de bois mort on en fait.
Se dit à propos des arbres charmés (Littré).

93 En un coup se fend la bille.
Le résultat s'obtient d'un coup, même après de longs efforts; les plus résistants cèdent d'un seul coup.

94 Fagot a bien trouvé bourrée. Baïf, 1597.
Contrairement au *fagot*, la *bourrée* est uniquement composée de menus branchages.
cf. Il n'est si méchant pot qui ne trouve son couvercle.

95 Il y a fagot et fagot.
Molière, *Le Médecin malgré lui*.
Il y a gens et gens... Thème de l'individualité à l'intérieur de l'espèce.

96 Chacun buchet fait son tison.
Prov. gallica, XVe s.
Bûchet ou *bûchette :* petite bûche.

97 Tison brûle tison. Bovelles, 1531.

98 Petite étincelle engendre grand feu.
La Véprie, 1495.
cf. Petite cause grands effets.

99 En petite cheminée fait on bien grand feu. La Véprie, 1495.

Ce n'est pas la taille qui compte.

Le feu et la fumée

100 On ne saurait faire le feu si bas que la fumée n'en sorte. *Adages français*, XVIe s.

101 Il n'y a pas de fumée sans feu.

Il y a toujours quelque chose de vrai dans les racontars. – Ce proverbe existe aussi en anglais.

102 Il n'est jamais feu sans fumée. *Adages français*, XVIe s.

Ce proverbe est mieux attesté dans les recueils anciens que le précédent ; il pouvait s'entendre aussi dans le même sens (Le Roux, 1752).

103 Toujours fume le mauvais tison.

Image du naturel vicieux.

104 La flamme suit de près la fumée.

Ici, la fumée correspond aux signes et aux effets décevants d'une activité, mais qui précèdent de peu le résultat attendu.

105 Il ne faut pas jeter de l'huile sur le feu.

Il ne faut pas attiser les querelles.

106 Le feu le plus couvert est le plus ardent. La Véprie, 1495.

Les plus fortes passions sont les plus secrètes.

107 Feu ne sera ja bien couvert là où il y a autrui sergent. *Prov. gallica*, XVe s.

Le feu ne sera jamais bien couvert là où il y aura le serviteur d'un autre.

cf. On n'est jamais si bien servi que par soi-même.

108 Qui a besoin de feu, avec le doigt il le va querre [chercher]. Vibraye, 1934.

Quand on a vraiment besoin de quelque chose... La force de l'image vient ici de ce que le feu est à la fois l'objet désiré et la cause du mal.

109 De trop pres se chauffe qui se brûle. Meurier, XVIe s.

var. ancienne : Tex cuide chauffer qui s'art [Tel pense se chauffer qui se brûle]. Ancien proverbe, XIIIe s.

110 Ce que vous avez perdu dans le feu, vous le retrouvez dans la cendre. Martinique.

Rien n'est jamais définitivement perdu. – Ce proverbe existe en créole.

chapitre II

LE BESTIAIRE

« Les bêtes, c'est comme les gens », dit un proverbe que nous aimerions prendre pour un instant dans un sens un peu différent de son emploi habituel. Il semble justifier par avance toute l'entreprise proverbiale. Car, c'est bien en s'autorisant d'une telle analogie que l'homme des proverbes et d'une certaine littérature a investi le monde animal du soin d'expliciter les mécanismes de son être social et culturel, invoquant, devant son image confuse et insaisissable, la garantie représentative d'une nature animale fidèle et immuable.

Nous présentons, groupés dans cette rubrique, un premier lot de proverbes dont la base métaphorique est tirée du bestiaire. Bien que l'homme soit la visée unique et ultime de tous ces proverbes, il nous a semblé indispensable, dans la perspective globalement anthropologique de notre classement, de distinguer l'animal familier de l'environnement domestique et du travail de l'homme de l'animal que l'on dira, pour aller plus vite, plus lié à l'élément naturel qu'au domaine humain : animal « sauvage », c'est-à-dire lointain et parfois dangereux, animal nuisible ou inquiétant.

Deux groupes spécifiques sont essentiels, ceux des oiseaux et des poissons, auxquels nous avons joint, par souci de simplification, un certain nombre de proverbes concernant l'activité de la chasse et de la pêche.

On se reportera aussi au « bestiaire » des dictons (IIe partie, chapitre II) et au chapitre IV de cette partie : l'âne, le cheval, le bœuf, la vache, le mouton, les volailles s'y retrouvent avec le chat et le chien.

LES BÊTES : PROVERBES GÉNÉRAUX

111 Les bêtes, le baptême mis à part, sont comme les gens. Régional, Savoie.
Une bête peut souffrir tout comme un homme, et, implicitement, l'appartenance religieuse, liée à l'humanité, ne suffit pas à la définir.

112 Deux bêtes paissent bien en un pré. Le Gai, 1852.
Il y a de la place pour deux personnes qui convoitent la même chose.

113 Deux loups mangent bien une brebis
Et deux cordeliers une perdrix.

114 Morte la bête, mort le venin.
Un ennemi mort ne peut plus nuire.

115 En la queue et en la fin
Gît de coutume le venin. Meurier, 1568.
Proverbe latin : *In cauda venenum.*

116 Quand Jean Bête est mort, il a laissé bien des héritiers. Panckoucke, 1749.
Il y a encore bien des ignorants et des sots au monde...

117 Quand le soleil est couché, il y a bien des bêtes à l'ombre. Oudin, 1640.
Même signification que le précédent.

ANIMAUX SAUVAGES

Le roi des bêtes : le lion

118 À l'ongle on connaît le lion. Quitard, 1842.

Proverbe d'origine grecque, « Il suffit d'un seul trait pour faire connaître un homme de grand talent ou d'un grand caractère » (Quitard).

119 Il n'y eut jamais peau de lion à bon marché. G. Herbert, 1656 (*in* Maloux, 1960).

Autrement dit : ce qui est rare est cher.

120 La fièvre quarte sied bien au lion.

« Les maladies rendent l'orgueilleux plus sensé » (Méry, 1828).
— Voir aussi : la souris au n° 138.

La belette

121 Il faut se méfier même d'une belette morte. Méry, 1828.

Le crapaud et la grenouille

122 Au diable tant de maîtres, dit le crapaud à la herse. MS, XIIIe s.

Effet comique dû aux dents multiples de la herse.

123 Qui crapaud aime lunette lui ressemble. Ancien proverbe, XIIIe s.

Lunette = petite lune : terme admiratif, puissance de l'amour ! (cf. 395).

124 Il n'y a pas de grenouille qui ne trouve son crapaud. Régional, Centre.

125 Le naturel de la grenouille
Est qu'elle boit et souvent gazouille.
Meurier, 1568.

126 Il y a raine et reine. Suisse, Jura.

Jeu homonymique sur le thème : « il ne faut pas confondre... ».
— *Raine*, du latin *rana* = grenouille ; cf. *rainette*.

Le hérisson

127 Parez un hérisson, il semblera baron. Cotgrave, 1611.

Le rat

— Voir ci-dessous, chap. IV : le chat et le rat.

Le serpent

128 Couleuvre lovée ne peut être grasse. Guadeloupe.

Une couleuvre qui dort trop ne peut pas engraisser.

129 Serpent qui change de peau est toujours serpent. Martinique.

Le lézard

130 Si l'anoli était de la bonne viande, il ne se promènerait pas sur les barrières. Guadeloupe.

L'*anoli* est un petit lézard.

131 L'anoli sait sur quel arbre il monte. Guadeloupe.

cf. Bien sait le chat quelle barbe il lèche.

Le loup, le renard

— Voir chap. IV : la brebis et le loup ; et ci-dessous, le paragraphe qui leur est réservé.

Le singe

132 La pomme est pour le vieux singe. Quitard, 1842.

L'avantage va à celui qui a le plus d'expérience.

133 Ce n'est pas à un vieux singe qu'on apprend à faire la grimace.

134 Un singe vêtu de pourpre est toujours un singe.

135 Plus le singe s'élève, plus il montre son cul pelé. Quitard, 1842.

Une position brillante révèle davantage les défauts et les limites d'un parvenu.

136 À force de caresser son petit le macaque l'a tué. Martinique.

À vouloir trop bien faire...

La souris

137 La souris qui n'a qu'un trou est bientôt prise. Le Roux, 1752.

var. ancienne :
Dolente la souris
Qui n'a qu'un seul pertuis [trou].
Ancien proverbe, XIIIe s.

138 Mieux vaut être tête de souris que queue de lion. Québec.

Ce proverbe existe en espagnol et en romani.
— Voir ci-dessous, chap. IV : le chat et la souris.

LE LOUP ET LE RENARD

Le loup et le renard doivent leur succès dans l'imagerie populaire à la complémentarité exemplaire de leurs mœurs. Dans la peinture franche et souvent brutale que les proverbes français nous proposent des rapports de force qui régissent les relations humaines, ils se partagent équitablement les rôles principaux : au premier la force affichée et cruelle, au second la ruse.

On s'aperçoit que de telles images servent moins à illustrer (on serait tenté de dire à « personnifier », si le mot ici ne faisait sourire) ces mécanismes abstraits, la force et la ruse, qu'à les fonder légitimement en nature. L'ordre naturel n'est pas requis par la métaphore proverbiale pour expliciter les phénomènes sociaux ou inter-individuels, le culturel en général, mais pour le dénoncer comme leurre, leurre idéologique et symbolique.

Le « naturel » du loup est suffisamment connu pour qu'il ne soit pas nécessaire d'en préciser les emplois proverbiaux. Remarquons seulement que l'intérêt ne réside pas tant dans le rappel de son application au domaine humain que dans l'usage qui en est fait : l'important n'est pas de dire qu'il y a des hommes qui se conduisent comme des loups, ou comme des renards, mais qu'on ne saurait être déchargé de toute responsabilité quand on devient leur victime, tellement leurs intentions sont claires et connues. C'est la leçon des proverbes et bien souvent aussi celle des *Fables* de la Fontaine :

Quiconque est loup agisse en loup.

La scène sociale serait plus fréquentable si chacun acceptait d'assumer son rôle, fût-ce celui du méchant.

Le naturel du loup

139 En la peau où le loup est, il y meurt.
Adages français, XVIe s.
var. ancienne : En tel pel comme li lous vait en tel le convient morir.
Ancien proverbe, XIIIe s.

140 Le loup change de poil, mais non de naturel. Lamesangère, 1821.
Ce proverbe existe aussi en bulgare.
var. ancienne : Le loup alla à Rome et y laissa son poil mais non ses coutumes.

141 Tant vit le loup qu'il devient vieux.
Bruscambille, XVIIe s.

142 Jamais loup ne vit son père.
Fleury de Bellingen, 1656.
Le loup désigne ici le bâtard.

143 Les loups ne se mangent pas entre eux.
Académie, 1835.
var. ancienne : Un loup ne mange point l'autre. La Véprie, 1495.

144 Au loup ne faut [manque] la rage à prendre. Baïf, 1597.

Le loup et sa proie

145 On crie toujours le loup plus grand qu'il n'est. La Véprie, 1495.
On a toujours tendance à exagérer l'importance du péril.

146 Le dernier, le loup le mange. Gruter, 1610.

147 Qui se fait bête, le loup le mange.
Oudin, 1640.
Les gens trop dociles ou trop patients sont des proies faciles pour ceux qui cherchent à leur nuire.

148 Homme seul est viande [nourriture] à loups. *Adages français*, XVIe s.
Thème de la solidarité nécessaire.

149 Où le loup trouve un agneau
Il y en cherche un nouveau. Meurier, 1568.

150 À mal berger qui loup aime.
Proverbe ancien, XIIIe s.
Le berger qui aime le loup est un mauvais berger. Altération probable du suivant.

151 À mol bergier chi lous laine.
Prov. ruraux..., XIIIe s.
À berger indolent le loup prépare du tourment.

152 Il ne faut pas mettre le loup berger.
Régional, Agen.
var. : Il ne faut pas donner de brebis à garder au loup.
Ce proverbe existe en langue indienne.

153 Quiconque est loup agisse en loup.
La Fontaine, *Fables*, III, 3 : « Le Loup devenu berger ».

154 Il faut hurler avec les loups. Meurier, 1568.
Il faut adopter les mœurs de ceux que l'on fréquente.

155 La faim fait sortir le loup du bois.
Meurier, 1568.
var. ancienne : La faim enchace le loup du bois. Ancien proverbe, XIIIe s.

156 Quand on parle du loup on en voit la queue. La Véprie, 1495.
Se dit lorsque survient une personne dont on est précisément en train de parler, presque toujours dans une acception péjorative qui fait pendant à :
Quand on parle du soleil on en voit les rayons.

157 Tandis que le loup chie, la brebis s'enfuit. Lamesangère, 1821.
« Ce proverbe signifie que ni la force ni l'agilité ne dispensent de se tenir sur ses gardes » *(ibid.)*.

Le loup chassé et pris

158 Quand le loup est pris, tous les chiens lui lardent les fesses. Oudin, 1640.
cf. Quand l'arbre est tombé, tout le monde court aux branches.

159 Tel loup tel chien.
cf. À bon chat bon rat.

160 Si on savait où le loup passe, on irait l'attendre au trou. Régional, Savoie.
Supposition absurde.

161 Si on savait les trous, on prendrait les loups. Régional.
Si on connaissait toutes les données d'un problème, on le résoudrait facilement.
— Voir dans le chapitre des animaux domestiques : la brebis et le loup.

Le renard

162 En sa peau mourra le renard.
Le Roux, 1752.

Même signification que le suivant.

163 Le renard change de poil mais non de naturel. Quitard, 1842.

« Et que le vieux renard toujours reprend demeure
Bien qu'il change de poil, de place et de demeure. »
(Bruscambille, *Voyage d'Espagne*).

164 Enfin les renards se trouvent chez le pelletier.

« On est enfin puni de ses méchancetés » (Oudin, 1640).

165 À la fin le renard sera moine.
Cotgrave, 1611.

À long terme tout est possible ; ou : Le temps réunit les contraires.

166 Chaque renard porte sa queue à sa manière. Régional.
cf. Chacun ses goûts.

167 À renard endormi ne vient bien ni profit.
var. : À renard endormi ne lui chest [tombe] rien en la gorge. La Véprie, 1495.

168 Il est avis au renard que chacun mange poule comme lui. Méry, 1828.

Chacun (et notamment le méchant) juge les autres par lui-même.

La ruse du renard

169 Un bon renard ne mange jamais les poules de son voisin.

« Quand on veut faire quelque chose de mal, il ne faut pas être en pays de connaissance ». (Le Roux, 1752.)

170 Un renard ne se laisse pas prendre deux fois à un piège.

171 Avec le renard on renarde. Baïf, 1597.
var. : À renard renard et demy.
Meurier, 1568.
cf. Il n'y a si fin renard qui ne trouve plus finard.

172 Il faut coudre la peau du renard avec celle du lion. Le Roux, 1752.

Il faut savoir allier la force avec la ruse.

173 Il ne faut pas se confesser au renard.

Il ne faut pas faire de confidence à celui qui est susceptible d'en tirer parti (cf. 478).

174 Le renard cache sa queue.

L'homme habile dissimule ses intentions.

LES OISEAUX

La multiplicité des espèces engendre une utilisation proverbiale nombreuse et variée selon les types, les mœurs (aigles, coucous, etc.), les motifs métaphoriques attendus (la cage, le nid, les plumes), ou encore la valeur gastronomique (alouettes).

D'une façon générale, l'oiseau se prête bien à la vision fixiste ou déterministe qui prévaut dans les proverbes français.

On trouvera en fin d'énumération les proverbes qui concernent la chasse (gibier à plume). Nous les avons regroupés, parce qu'ils illustrent une activité humaine spécifique, à la technique délicate et aux résultats incertains, symbolisant toute une conception de l'action et surtout des rapports humains ; le vieil oiseau (comme, on vient de le voir, le vieux singe) valant pour l'homme âgé et expérimenté qui ne se laisse pas abuser par des ruses grossières.

L'oiseau en cage

175 La belle cage ne nourrit pas l'oiseau.
Académie, 1835.

176 Quand la cage est faite, l'oiseau s'envole. Oudin, 1640.
cf. Quand la maison est achevée de bâtir, le maître meurt (cf. 179).

177 Mieux vaut être oiseau de bocage que de cage. Meurier, 1568.

L'oiseau et son nid

178 C'est un vilain oiseau que celui qui salit son nid.

Celui qui médit de sa propre maison est méprisable.
cf. Il faut laver son linge sale en famille.

179 Nid tissu et achevé
Oiseau perdu et envolé. Meurier, 1568.

Même signification que plus haut, avec l'image de la cage (cf. 176).

180 Petit à petit l'oiseau fait son nid.
Académie, 1835.

Image de l'obstination et de la persévérance.

181 À chacun [chaque] oiseau son nid semble beau. *Prov. ruraux...*, XIIIe s.

Ce proverbe existe aussi en allemand.

La plume

182 La belle plume fait le bel oiseau.

183 Plume nourrit.
Plume détruit. Meurier, 1568.

On mange les oiseaux et on se sert de leurs plumes pour fabriquer des flèches. Ce proverbe a pu s'appliquer à l'écrivain.

184 Il n'y a pas de plume tombée sans oiseau plumé.

Sur le « motif » proverbial de : *il n'y a pas d'effet sans cause.* S'y ajoute ici l'idée qu'il n'y a pas de bonne affaire sans victime.

185 Plus l'oiseau est vieux, moins il veut se défaire de sa plume. Oudin, 1640.

Les plus vieux sont les plus difficiles à tromper.

Les ailes

186 Oiseau ne peut voler sans ailes.
La Véprie, 1495.

Le chant

187 L'oiseau l'on connaît au chanter.
Baïf, 1597.

On reconnaît l'oiseau à son chant.

L'œuf

188 De put oef, put oisel [De méchant œuf, méchant oiseau]. Ancien proverbe, XIIIe s.

Proverbe de la causalité morale; cf. ci-dessous, n° 195, le corbeau, par une détermination inverse.
— Voir aussi : l'œuf et la poule.

L'aigle

189 L'aigle ne chasse point aux mouches.
Quitard, 1842.

Ce proverbe existe aussi en Inde.

190 L'aigle n'engendre pas la colombe.

La colombe

191 Craignez la colère de la colombe.
Quitard, 1842.
cf. Quand les brebis enragent, elles sont pires que les loups.

L'alouette

192 Les alouettes rôties ne se trouvent pas sur les haies.
var. : Les alouettes rôties ne tombent pas dans la cheminée. Suisse.

193 Si le ciel tombait, il y aurait bien des alouettes de prises. Quitard, 1842.
var. : Si les nues cheoit, les aloes sont toutes prises. *Prov. gallica*, XVe s.
var. : Si la mer bouillait, il y aurait bien des poissons cuits.

Type de la supposition absurde :
Avec des si, on mettrait Paris dans une bouteille.

194 Faute de froment, les alouettes font leur nid dans le seigle. Finistère.

Le corbeau et la corneille

195 De mauvais corbeau, mauvais œuf.
Oudin, 1640.

Quitard (*Dictionnaire des proverbes*, 1842) rappelle, comme étymologie légendaire de ce proverbe, la mésaventure de Corax le Syracusain (grec : *Corax*, corbeau), dépassé en subtilité rhétorique et abusé par son propre élève.
Il est évident qu'il n'est pas nécessaire de recourir à une telle explication; ce proverbe illustre comme beaucoup d'autres la vision déterministe de la «nature» humaine qui prévaut dans les proverbes français.

196 Jamais un corbeau n'a fait un canari.
Régional, Savoie.

197 Les corbeaux ne crèvent pas les yeux aux corbeaux. Meurier, 1568.

Dans le *Trésor des sentences*, on trouve aussi la précision explicative : «Corbeaux avec corbeaux ne se crèvent jamais les yeux, non plus que les brigands.» — Ce proverbe existe aussi en bulgare et en grec.
cf. Les loups ne se mangent pas entre eux.

198 Nul lait noir, nul blanc corbeau.
Bovelles, 1557.

Le proverbe français est peu enclin à la fatrasie, mais il en utilise souvent le procédé *a contrario*. Cf. ci-dessous le thème de la neige noire, etc.

199 Ce que chante la corneille,
Si [ainsi] chante le cornillon.
Prov. gallica, XVe s.

Concerne le mimétisme servile. On trouve une variante avec : «... le moine, ... le moinillon.»

200 Chaque corneille pique sa noix.
Régional, Poitou.
cf. Chaque bœuf connaît son piquet.

Le coucou

201 Les coucous ne font pas les merles.
Guyenne.

202 Les coucous pondent toujours dans le nid des autres. Régional, Agen.

Le busard

203 On ne peut faire un épervier d'un busard. Le Roux, 1752.

«... faire d'un ignorant un habile homme, d'un fat un homme d'importance» *(ibid.)*.

L'étourneau

204 Les étourneaux sont maigres, parce qu'ils vont en troupes.

Le «collectivisme» n'a pas bonne réputation dans les proverbes français, issus d'une société fondée — après la féodalité — sur la propriété rurale privée. — Ce proverbe existe aussi en langue d'oc.

L'hirondelle

205 Une hirondelle ne fait pas le printemps.
Le Roux, 1752.

«Un exemple ne suffit pas pour autoriser quelque chose» *(ibid.)*.

Le merle

206 Or commence le merle à faire son nid.
Prov. gallica, XVe s.

Il faut commencer par le commencement.

La perdrix

207 Perdrix qui court étend les ailes.
Quitard, 1842.

Le pic

208 Ce sont les plus vieux pics qui ont le bec le plus dur.
Suisse.

La pie

209 Il ne fut une pie qui ne ressemblât de la queue à sa mère
Du Fail, 1585.

Le pigeon

210 Le pigeon saoul [gavé, repus] trouve les cerises amères.
Cotgrave, 1611.

Le rouge-gorge

211 Il n'y a qu'un rouge-gorge par jardin.
Certains oiseaux ont un territoire qu'ils occupent seuls. Mais le rouge-gorge est ici valorisé et lié au thème de la répartition des richesses.

La chasse aux oiseaux

212 Au premier son, on ne prend la caille.
MS, XVe s.
L'appeau n'agit pas du premier coup : le succès requiert une certaine persévérance.

213 On ne prend pas les oiseaux à la tarterelle.
Ancien proverbe, XIIIe s.
La *tarterelle* est une crécelle.

214 On ne prend pas les vieux moineaux avec de la paille.
Régional.
Ce proverbe existe en lituanien.

215 On ne prend pas les vieux merles à la pipée.

216 Vieil oiseau ne se prend à rets.
Cotgrave, 1611.
Thème de l'expérience, comme le précédent.

217 Le moineau dans la main vaut mieux que la grue qui vole.
Méry, 1828.
cf. Un « tiens » vaut mieux que deux « tu l'auras ».
Ce thème proverbial est universel.

218 Un bon oiseau se dresse de lui-même.
Panckoucke, 1749.
Un bon naturel n'a pas besoin d'instruction.

LES POISSONS ET LA PÊCHE

En dehors d'un petit nombre de proverbes, variations sur des thèmes communs et familiers, c'est le domaine de la pêche qui fournit ici la meilleure spécificité métaphorique, avec ses deux caractéristiques dominantes :

a) La pêche, technique délicate symbolisant un certain savoir-faire dans le domaine des relations humaines, tout particulièrement la conquête des femmes difficiles (la pêche à l'anguille).

b) Le rôle de l'appât : nécessité de sacrifier un petit bien pour en obtenir un grand.

On trouvera à la rubrique « table-nourriture » les proverbes qui concernent l'aliment poisson.

Les poissons

219 Au poisson à nager ne montre.
Baïf, 1597.
On n'apprend pas à nager au poisson.

220 Le grand poisson mange le petit.
Meurier, 1568.

221 Tous les poissons mangent les gens,
C'est le requin seul qu'on blâme.
Martinique.
On accuse toujours les mêmes. Équivaut aux emplois métaphoriques de : « On ne prête qu'aux riches. »

222 Les meilleurs poissons nagent près du fond.
Ils sont plus difficiles à prendre.

223 Si la mer bouillait, il y aurait bien des poissons cuits.
Supposition absurde, sur le thème : « Avec des si... ».

La pêche

224 L'eau trouble est le gain du pêcheur.
Cf. la locution « Pêcher en eau trouble » qui est entrée dans la langue.

225 Toujours pêche qui en prend un.
La Véprie, 1495.
Celui qui en prend un (poisson), qui réussit, c'est qu'il pêche, qu'il travaille toujours.

226 Il faut perdre un vairon
Pour pêcher un saumon.
Gruter, 1610.
Vairon : petit poisson de rivière utilisé comme appât. Thème du sacrifice nécessaire (cf. 231). — Ce proverbe existe en néerlandais.

227 La caque sent toujours le hareng.
Meurier, 1568.
cf. Toujours sent le mortier les aux [l'ail].
Fatalité des origines basses ou des mauvaises fréquentations. La *caque* est le récipient où l'on conserve les harengs.

228 On chatouille la truite pour mieux la prendre.
Quitard, 1842.
cf. On caresse la vache pour la traire mieux.

229 Ne criez pas « des moules » avant qu'elles ne soient au bord. Belgique.
Sur le thème : « Il ne faut pas vendre la peau de l'ours... ».

230 Beau boucaut, mauvaise morue. Guadeloupe.
Le *boucaut* est une barrique contenant la morue salée. Le thème est : Il ne faut pas se fier aux apparences.

231 Il faut toujours tendre un ver pour avoir une truite. Régional, Auvergne.
Même signification que 226.

La pêche à l'anguille

232 La nuit on prend les anguilles. A. Brizeux, *Prov. bretons*, 1860.
Se dit des femmes difficiles qui ne se laissent approcher que la nuit.

233 Qui tient l'anguille par la cue il ne l'a mie. Ancien proverbe, XIIIe s.
Qui tient l'anguille par la queue, il ne l'a pas.

234 Quand on serre trop l'anguille on la laisse partir. *Prov. vosgiens*, 1792.
Il ne faut pas « trop en faire »

235 À grand pêcheur échappe anguille. La Véprie, 1495.
Même l'homme expérimenté peut échouer.

LES CRUSTACÉS

Le crabe

236 Il n'y a pas deux crabes mâles dans un même trou. Guadeloupe.
Deux fortes personnalités ne peuvent collaborer dans une même affaire.

237 Tous les crabes connaissent leur trou. Martinique.
Chaque bœuf connaît son piquet.

238 C'est trop parler qui a fait que le crabe n'a pas de tête. Guadeloupe.
Les méfaits du bavardage.

LES INSECTES

L'abeille

239 La douceur du miel ne console pas de la piqûre de l'abeille. Régional.

240 Compter les ruches à miel porte malheur. Régional, Landes.
Vieille crainte superstitieuse :
Brebis comptées, le loup les mange.

241 Si tu aimes le miel, ne crains pas les abeilles. Régional.
Pour d'autres proverbes concernant le miel, voir aussi la rubrique table-nourriture.

242 Une abeille vaut mieux que mille mouches. Régional.
Thème de la qualité et de la quantité. À noter que l'abeille est une « mouche (à miel) ».

243 Chique n'a pas de réserve. Guadeloupe.
La *chique* est un insecte parasite qui se loge sous la peau.

244 La mouche se brûle à la chandelle. Bovelles, 1557.
Quand on cède à la tentation, on en pâtit.

245 La mouche va si souvent au lait qu'elle y demeure. Gruter, 1610.
Même signification que le précédent, l'humour en plus.

246 On prend plus de mouches avec du miel qu'avec du vinaigre. Académie, 1835.
Plus fait douceur que force. — Ce proverbe existe en danois et en turc.
var. plus courante : On ne prend pas les mouches avec du vinaigre.

247 Les vieilles mouches ne se laissent pas engluer ni prendre aisément. Littré.

248 Il ne faut pas émouvoir les frelons. Panckoucke, 1749.
Il ne faut pas se faire d'ennemis, quelque petits qu'ils soient.

249 Où la guêpe a passé, le moucheron demeure. Régional, Bourbonnais.
On ne prend que les petits voleurs.

250 Chaque luciole éclaire pour elle-même. Martinique.
Sur le thème : « Chacun pour soi... ».

251 Le plus beau papillon n'est qu'une chenille habillée. Limousin.

252 Puce en l'oreille
L'homme réveille. Bovelles, 1557.

LA CHASSE

Nous regroupons ici quelques proverbes sur la chasse du gibier à poil (voir plus haut, la chasse aux oiseaux). La chasse peut signifier par métaphore un jeu social plus compliqué et plus ambitieux, mais elle permet surtout, dans les proverbes, d'évoquer les déconvenues qui accompagnent les entreprises humaines quand elles se proposent un but aussi délicat et fuyant que le profit, ainsi que le danger de vouloir anticiper sur un résultat favorable.

C'est le thème de la fable bien connue de La Fontaine, « L'Ours et les Deux Compagnons », qui a d'ailleurs fourni sur ce sujet un des proverbes les plus usités (n° 256).

253 Qui va à la chasse perd sa place.
var. ancienne : Qui se remue son lieu perd.
Manuscrit de Cambridge, XIIIe s.

Peut-être d'après une comptine :

C'est aujourd'hui la Saint-Lambert,
Qui quitte sa place la perd ;
C'est aujourd'hui la Saint-Laurent,
Qui quitte sa place la reprend.

254 Il ne faut pas laisser la proie pour l'ombre. Panckoucke, 1749.
Proverbe illustré par La Fontaine dans sa fable : « Le Chien qui lâche sa proie pour l'ombre » (VI, 18).

255 Il ne faut pas vendre la peau de l'ours avant qu'on ne l'ait mis à terre.
« Il ne faut marchander la peau de l'ours devant que la beste soit prise et morte » (Commines, l. IV, ch. III). Cf. aussi La Fontaine, *Fables*, V, 20.

256 Gibier oublie, piège n'oublie pas.
Martinique.

257 Qui fuit, il trouve qui le chasse.
Ancien proverbe, XIIIe s.
Contredit d'autres proverbes (voir plus loin) sur l'opportunité de la fuite.

258 Qui fait la trappe qu'il n'y cheie. Baïf, 1597.
Que celui qui fait la trappe prenne garde d'y tomber.

259 Sers comme serf ou fuis comme cerf.
Le Roux de Lincy, 1859.
Homonymie heureuse dont on a sans doute un exemple non explicité dans la fable de La Fontaine, *L'Œil du Maître* (IV, 20) ; cf. 418.

La chasse au lièvre

260 Il ne faut pas courir deux lièvres à la fois. Quitard, 1842.
var. ancienne : Qui deux choses chace, ne l'une ne l'autre ne prent.
Ancien proverbe, XIIIe s.

261 Il ne faut pas mettre le lièvre en sauce avant de l'avoir attrapé. Régional, Agen.
Cf. la peau de l'ours, 255.

var. : C'est viande mal prête que le lièvre en buisson.
var. ancienne : Ce n'est chose prest le lièvre en genesté.
Manuscrit de Cambridge, XIIIe s.

262 Lièvre qui court n'est pas mort.
Régional, Bourbonnais.

263 On n'attrape pas de lièvre avec un tambour. Régional, Auvergne.
Lorsqu'on est engagé dans une entreprise délicate, on ne crie pas sur les toits ses intentions.

264 Les uns lèvent le lièvre, les autres le tuent.
cf. L'un a battu les buissons,
L'autre a pris les oisillons.
Thème de l'inégalité des chances, ou du profiteur tardif ; cf. la locution « Tirer les marrons du feu ».

265 Tant que le chien pisse, le lièvre s'enfuit. Belgique.
Thème de l'occasion perdue par négligence.

266 Le lièvre revient toujours à son gîte.
Le Roux, 1752.
On sait où, tôt ou tard, on retrouvera celui que l'on recherche.

267 Il n'y a pas de méchant lièvre ni de petit loup.
Tout lièvre est bon à prendre et un loup, même jeune, est toujours un danger. Thème de la nature des choses et des gens.

268 Avoine pointant, lièvre gisant.
Panckoucke, 1749.

269 Quand on a mangé du lièvre, on est beau sept jours de suite. Lamesangère, 1821.
Équivoque sur les mots latins : *lepus, leporis* (lièvre) et *lepos, leporis* (charme).

chapitre III

LE TRAVAIL DE LA TERRE

Les proverbes français, nés pour la plupart au sein d'une population paysanne ou dépendante de l'activité des campagnes (première bourgeoisie urbaine), illustrent abondamment les grands aspects et stéréotypes de l'économie rurale.
Nous dégageons ici quelques couples métaphoriques privilégiés.

1. L'HOMME ET LA TERRE :
   a) Attachement à la propriété.
   b) Nécessité de la présence vigilante du maître.
   c) Valeur comparée de la terre et de l'effort humain (mérite).

2. SEMER ET MOISSONNER :
   a) Pressus logique (logique de l'action et du profit).
   b) Vision morale : vicissitudes du sort, résultats aléatoires des actions humaines.

3. LA PAILLE ET LE GRAIN :
   a) Variations sur le thème antique, cf. « La paille des mots et le grain des choses ».
   b) Vision déterministe : fatalité des origines.

4. LE FOUR ET LE MOULIN :
   a) Lieux familiers de rencontre : échange d'informations.
   b) Usage commun au service des intérêts particuliers (« Chacun moud pour son propre compte »).

   N.B. Avec, en ce qui concerne le four, la connotation sexuelle connue ; voir également pot, marmite, etc.

   On trouvera à la rubrique *Table* (nourriture, boisson), les proverbes concernant le pain.

5. LA VIGNE ET LE VIN :
   a) Thèmes du lieu à protéger et dépendant du bon vouloir de la nature.
   b) Thème des qualités et des vertus du vin. Ce thème est traditionnel depuis l'Antiquité dans les pays de vigne (cf. Ecclésiaste 31, 25-31).

L'HOMME ET LA TERRE

La propriété

270 L'homme est en enfer qui ne peut plus mettre une borne en un petit pré.

Adages français, XVIe s.

L'enfer du collectivisme, toujours dénoncé dans nos proverbes.

271 L'œil du fermier vaut fumier.

Moisant de Brieux, 1672.

Version imagée et paronymique du thème général de l'œil du maître. Chez La Fontaine : « Il n'est pour voir que l'œil du maître » (liv. IV, fable 21).

var. : L'œil du maître vaut plus que deux mains. Bourbonnais.

var. guadeloupéenne : Jardin loin, gombo gâté.

Il faut avoir l'œil sur ses affaires.

272 Celui qui laboure le champ le mange.

Légitimité, mais aussi limite du profit.

273 Mieux vaut terre gâtée que terre perdue. Ancien proverbe, XIIIe s.

Le travail de la terre

274 Tant vaut l'homme, tant vaut la terre.

Ancien proverbe, XIIIe s.

On peut juger chacun aux effets de son activité.

275 Force paist [nourrit] le pré.

Manuscrit de Cambridge, XIIIe s.

cf. « Mais le vilain nous a conté
Que force paist le pré. »

Roman du Comte de Poitiers, XIIIe s.

La *force* est le dur travail.

276 Au paresseux laboureur
Les rats mangent le meilleur.

Almanach de Mathieu Laensberg, XVIIe s.

277 Labeurs sans soins,
Labeurs de rien.

278 À faible champ fort laboureur. Baïf, 1597.

Il faut un dur travail si le champ est petit ou si la terre est pauvre.

279 Le sillon n'est pas le champ. Suisse.

Il y a commencer et finir.

280 C'est la faux qui paye les prés. Baïf, 1597.

Sans le travail de l'homme, la terre est de peu de profit.

281 Après rastel n'a métier fourche.

Prov. ruraux..., XIIIe s.

Signifie : après le râteau la fourche est inutile.

282 En petit champ croît bon blé.

Adages français, XVIe s.

Comme beaucoup de proverbes, signifie que le mérite n'est pas proportionné à la taille.

283 Jardin entamé n'est plus respecté.

Guadeloupe.

Il faut réparer dès que le mal commence. Se dit de l'honneur des filles.

SEMER, MOISSONNER ET GLANER

284 De saison tout est bon. Meurier, 1568.

Équivaut à : « Chaque chose en son temps » (cf. 287).

285 Saison tardive n'est pas oisive.

Les printemps tardifs sont les meilleurs.

286 En temps de moisson, on se sert de putes et de larrons. Savoie.

On ne choisit pas la main-d'œuvre quand le travail presse.

287 Le semer et la moisson
Ont leur temps et leur saison.

Meurier, 1568.

Chaque chose en son temps (cf. 284).

288 Il faut semer qui veut moissonner.

Meurier, 1568.

var. ancienne : Qui ne sème ne cuilt.

Prov. gallica, XVe s.

289 En vain plante et sème
qui ne clost et ne ferme. Meurier, 1568.

Alors que les proverbes précédents exaltaient le travail fait en son temps en tant que source de tout profit, celui-ci requiert la protection jalouse de la propriété terrienne.

290 Il ne faut pas laisser de semer par crainte des pigeons. Académie, 1835.

Si l'on redoutait toujours des conséquences fâcheuses, on ne ferait jamais rien. — Ce proverbe existe en danois et en italien.

291 Qui sème en pleurs
Recueille en heur [bonheur]. Meurier, 1568.

Un travail pénible aboutit à d'heureux profits. Ce proverbe a sans doute été inspiré par le célèbre psaume 125, v. 5-6 :

« Les semeurs qui sèment dans les larmes
moissonnent en chantant.
On s'en va, on s'en va en pleurant,
on porte la semence ;
on s'en vient, on s'en vient en chantant,
on rapporte les gerbes. »

292 Qui sème le vent récolte la tempête.

Panckouke, 1749.

293 Qui partout sème ne récolte nulle part.

Manuscrit de Cambridge, XIIIe s.

Thème de la dispersion des efforts.

294 Vienne qui plante. Oudin, 1640.

Équivaut à : « Advienne que pourra ».

295 Moisson d'autrui plus belle que la sienne. Gruter, 1610.

Le bien d'autrui parait toujours préférable au sien propre. — Ce proverbe existe aussi en danois.

296 L'on ne doit pas mettre la faux en autrui blé [dans le blé d'autrui].

Prov. gallica, XVe.

Il ne faut pas prendre bien d'autrui.

297 Chacun se plaint que son grenier n'est pas plein.

298 À la grange vet [va] li blez [le blé].

Ancien proverbe, XIIIe s.

Signifie surtout : « L'argent va à l'argent », comme un autre proverbe de formulation voisine.

L'eau court toujours à la mer.

299 Par nuit semble tout blé farine.
La Véprie, 1495.
Illusion du travail fait et du profit assuré.

300 Farine du Diable retourne en son.
Québec.
cf. Bien mal acquis ne profite jamais.

Glaner

301 Épi sur épi fait la glane. Suisse.
Glane : épis tombés dans le champ au moment de la moisson et traditionnellement abandonnés aux nécessiteux, à certaines conditions (attendre que les gerbes soient enlevées, par exemple), ce qui explique le suivant :

302 Ne fait pas ce qu'il veut qui glane.
Ancien proverbe, XIIIe s.
cf. Ne fait pas ce qu'il veut qui son pain sale.

LA PAILLE ET LE GRAIN

303 Chaque grain a sa paille. Gruter, 1610.
cf. Pas de roses sans épines.

304 Il y a plus de paille que de grain.
Oudin, 1640.

305 Bon grain périt, paille demeure.
Panckoucke, 1749.

306 Le bon blé porte l'ivraie.
D'après l'Évangile, en arrachant l'ivraie on risque d'enlever en même temps le bon grain. Il faut les laisser croître ensemble : c'est au moment de la moisson que se fait le tri.

307 De mauvais grain jamais de bon pain.
Meurier, 1568.
Déterminisme de l'origine, comme le suivant. Thème évangélique (cf. 69).

308 Bonne semence fait bon grain
et bons arbres portent bons fruits.
Bible de Guyot, XIIIe s.

309 Il faut déshabiller un maïs pour voir sa bonté. Guadeloupe.
Thème de l'apparence et des vertus réelles.

LE FOUR ET LE MOULIN

310 À mal enfourner on fait les pains cornus. *Prov. ruraux*..., XIIIe s.
Nicot, dans son dictionnaire, commente : « Comme un boulanger, en voulant enfourner un pain qui doit être rond, le rend cornu, s'il vient à heurter à l'entrée du four, lorsqu'il est tendre, de même quand on commence mal on gâte tout ».

311 Un vieux four est plus aisé à chauffer qu'un neuf.
La connotation sexuelle de four est traditionnelle. Le proverbe signifie qu'une femme mûre s'enflamme plus facilement qu'une jeune.

312 Le premier venu engrène.
Le premier venu au sens de « le premier arrivé ».
cf. Premier levé, premier chaussé.

313 Qui bien engrène bien finit.
Le bon début d'une entreprise est garant du succès final.

314 Qui fuit la meule fuit la farine.
Celui qui fuit le travail fuit également le profit.

315 Assez va au moulin qui son âne y envoie. Meurier, 1568.
Quand on peut faire faire le travail par un autre... Mais on n'est pas moins concerné par les conséquences.

316 Qui entre dans un moulin, il convient de nécessité qu'il enfarine. Vibraye, 1934.

317 Moulin de çà, moulin de là,
Si l'un ne meult, l'autre meuldra.
Prov. gallica, XVe s.
Si l'on ne réussit pas d'une manière il faut essayer d'une autre.

318 Chacun moulin trait [tire] l'eau à lui.
Ancien proverbe, XIIIe s.
Ce proverbe existe aussi en Corse.
var. : Chacun tire l'eau à son moulin.
Meurier, 1568.
cf. Chacun prêche pour sa paroisse [*ou* pour son saint].

319 Il faut tourner le moulin lorsque souffle le vent.
Opportunité de l'action.

320 Au four et au moulin oyt l'en [on entend] les nouvelles. *Prov. gallica*, XVe s.

321 On ne peut être ensemble au four et au moulin. Cotgrave, 1611.
On ne peut exécuter deux tâches en même temps.

322 Le four appelle le moulin brûlé.
Dictionnaire de Nicot.
Cf. la parabole évangélique de la paille dans l'œil du voisin... (Luc 6, 39-42).

323 Qui au soir ne laisse levain, ja [jamais] ne fera au matin lever paste. Rabelais, III, 3.
Imprévoyance du lendemain.

324 Il fait bon pétrir près de la farine.
Manuscrit de Cambridge, XIIIe s.
Commodité du geste et du profit.

325 En four chaud ne croît point d'herbe.
Trop de passion fait obstacle à la réussite.

LA VIGNE, LES VENDANGES ET LE VIN

326 Jamais ne grêle en une vigne
Qu'en une autre il ne provigne.
Le Roux, 1752.
Thème de la justice distributive.

327 Il ne pleut que sur la vendange. *Adages français*, XVIe s.

La nature fait bien les choses.

328 Adieu paniers ! Vendanges sont faites. Rabelais, I, 27 ; Le Roux, 1752.

329 De bois noué courent grandes vendanges. Baïf, 1597.

Un petit homme peut réussir de grandes choses.

330 Vigne double si elle est close. Baïf, 1597.

Elle rapporte doublement si elle est à l'abri des voleurs ; cf. ci-dessus : En vain plante et sème... (n° 289).

331 La peur garde la vigne. Bas-Limousin.

Se dit de la vertu des femmes.

332 On ne fait pas de processions pour tailler les vignes.

Chacun est seul concerné par son propre travail.

Les qualités du vin

333 Jamais vin à deux oreilles
Ne nous fit dire des merveilles. Fleury de Bellingen, 1656.

« Si après avoir bu, j'avais branlé les deux oreilles et tourné et remué la tête à droite et à gauche, j'airais montré par ce signe dédaigneux que le vin ne m'agréait pas » *(Les Illustres Proverbes).*

334 Vin aigre nuit aux dents. Bovelles, 1557.

335 De bon vin bon vinaigre. Fleury de Bellingen, 1656.

Les meilleures choses deviennent les pires. Cette interprétation antiphrastique n'est pas évidente : le proverbe peut équivaloir au thème du « bon arbre et du bon fruit » (cf. 68, 69, 307, 308).

336 Chaque vin a sa lie. Oudin, 1640.
cf. Toute médaille a son revers.

337 À bon vin ne faut point d'enseigne. La Véprie, 1495.
var. : À bon vin il ne faut pas de bouchon.

Le *bouchon* était un faisceau de branches vertes, qui servait d'enseigne aux débits de boisson. Ce proverbe semble dire qu'un bon produit n'a pas besoin de publicité : sa qualité suffit.

338 On ne connaît pas le vin au cercle. Meurier, 1568.

Vin en cercle : vin en barique. Il ne faut pas se fier aux apparences.

339 Toujours le vin sent son terroir. MS, XIIIe s.

On est toujours marqué par ses origines ou ses fréquentations.

340 Vin à la saveur et pain à la couleur.

Dicton : on reconnaît le vin à son goût et le pain à son apparence.

L'homme et le vin

341 Bon vin, mauvaise tête. Meurier, 1568.

Les effets du bon vin sur l'humeur.

342 Qui bon l'achète bon le boit. Du Fail, 1585.

Quand la marchandise est bonne, il ne faut pas regretter son argent.

343 Bon vin, bon éperon. Oudin, 1640.
var. : Bon vin, bon cheval

« Après un bon repas on poursuit son chemin plus agréablement » (Le Roux, 1752).

344 Tu as bu le bon, bois la lie. Baïf, 1597.

Il faut subir les vicissitudes du sort.

345 Quand le vin est tiré, il faut le boire. Quitard, 1842.
var. ancienne : Vin versé, il faut le boire. Baïf, 1597.

346 On ne doit servir à boire qu'à une main. *Adages français*, XVIe s.

347 Vin versé n'est pas avalé. Lamesangère, 1821.

Sur le thème : Il y a loin de la coupe aux lèvres.

348 Qui a bu boira.

On ne se corrige pas de ses défauts.

349 À la trogne on connaît l'ivrogne. Meurier, 1568.

350 Vin sans ami, vie sans témoins. Meurier, 1568.

Le vin et la santé

351 Le vin est le lait des vieillards. Tuet, 1789.

352 Lait sur vin est venin
Vin sur lait est souhait. Meurier, 1568.
var. plus récente :
Vin sur lait c'est santé
Lait sur vin c'est venin. Le Roux, 1752.

De l'enfance à l'âge d'homme et de santé en maladie.

353 Un verre de vin tire souvent mieux que deux bœufs. Régional, Savoie.

354 Un bon verre de vin enlève un écu au médecin. Régional, Agen.

355 Qui vin ne boit après salade
Est en danger d'être malade. Estienne, 1594.

356 On voit plus de vieux ivrognes que de vieux médecins.

357 Rouge le soir, blanc le matin
C'est la journée du pèlerin. Fleury de Bellingen, 1656.

Parodie des paroles de Jésus aux Pharisiens et aux Saducéens concernant l'état du ciel et la prévision du temps (Matthieu l6, 1-4). L'interprétation par le vin (rouge et blanc) semble propre au XVIIe siècle. Il s'agit fondamentalement d'un dicton météorologique.

358 Les méchants sont buveurs d'eau. Quitard, 1842.

359 Toute boisson enivre ; c'est le rhum qui a bon dos. Antilles.

On accuse toujours les mêmes.

chapitre IV

LES ANIMAUX DOMESTIQUES

L'ÂNE

L'âne est une figure privilégiée de l'imagerie proverbiale où s'exprime le besoin d'identification de types humains stables, psychologiques ou sociaux, selon que l'on considère :

a) Le couple (âne, ânier) : rapport primaire de possession, mais aussi complicité peu flatteuse pour l'homme.

b) L'image exemplaire de l'humilité sociale : l'âne, c'est le paysan, le vilain, avec une intention d'autodérision, ou le reniement des origines, dans une société déjà urbanisée.

c) Le « naturel » supposé de l'âne, comiquement transféré à l'homme : vulgarité, ignorance entêtée, balourdise.

L'âne et l'ânier

360 À rude âne rude ânier. *Adages français*, XVIe s.

361 À qui est l'âne, si le tienne par la queue. La Véprie, 1495.

Inquiétude du possesseur légitime, qui, pour assurer sa maîtrise, s'expose aux ruades de l'âne (et aux moqueries de l'assistance).

362 Qui bâte la bête la monte.

Sens restreint et misogyne : « Celui qui habille une femme en obtient les faveurs » (Le Roux, 1752).

363 Compte plutôt sur ton âne que sur le cheval de ton voisin. Auvergne.

364 Qui dit du mal de l'âne le voudrait à la maison.

Ruse bien connue de celui qui déprécie une marchandise pour l'acquérir à meilleur prix.

365 Ce que pense l'âne ne pense l'ânier. *Prov. gallica*, XVe s.

var. ancienne : Une panse li asne et autre li asnier. Ancien proverbe, XIIIe s.

L'entêtement légendaire de l'âne, illustrant ici une mésentente entre deux personnes très liées.

366 Ce que ne veut Martin veut son âne. Gomes de Trier, *Jardin des Récréations*, XVIe s.

Même remarque que pour le proverbe précédent.

367 Le meilleur âne garde toujours un coup de pied pour le maître. Auvergne.

368 Pour un point Martin perdit son âne.

var. ancienne : Par un soul poynt perdi Bretoun sa asnesse. Manuscrit de Cambridge, XIIIe s.

L'étymologie la plus souvent proposée et la plus plaisante est la suivante : Un abbé nommé Martin avait fait écrire sur le portail de son abbaye appelée *Asello* (en latin, *asellus* : petit âne) la phrase suivante :

PORTA, PATENS ESTO. NULLI CLAUDARIS HONESTRO.

(Porte, reste ouverte. Ne sois fermée à aucun homme honnête.)

Mais, par mégarde, le point avait été mal placé et mis après *nulli :*

PORTA, PATENS ESTO NULLI. CLAUDARIS HONESTO.

(Porte, ne reste ouverte pour personne. Sois fermée à l'homme honnête.)

Le pape passant par là fut indigné de cette incivilité et priva Martin de son abbaye. D'où le dicton : *Pro solo puncto caruit Martinus asello* (Pour un seul point Martin perdit son âne) par confusion du nom de l'abbaye avec le mot latin signifiant « âne ».

On trouve une autre variante de ce proverbe, sans doute plus récente :

Pour un point, Martin perdit son âme.

369 Qui ne peut frapper l'âne, frappe le bât.

Image du dépit.

L'âne, symbole de la condition servile

370 Tous les ânes ne portent pas sac.

« Toutes personnes ne sont pas d'une même condition », glose Oudin (1640).

371 L'âne de la communauté est toujours le plus mal bâté. Quitard, 1842.
On néglige ce que l'on possède en commun.

372 Âne convié à noces, eau et bois y doit apporter. *Anthologie prov. fr.*, XVIIe s.
On n'invite les pauvres que pour en tirer service. — Ce proverbe existe en bulgare.
var. : L'âne de la montagne porte le vin et boit de l'eau. Quitard, 1842.

373 La surcharge abat l'âne.
Manuscrit de Cambridge, XIIIe s.
Une exploitation abusive peut contrarier le profit de l'exploiteur.

374 Qui ne veut selle, Dieu lui doint [donne] bast.
« Ce proverbe s'applique à ceux qui, en quittant une condition qu'ils ne trouvent pas bonne, s'exposent à tomber dans une pire. » (Lamesangère, 1821).

375 Âne avec le cheval n'attèle. Baïf, 1597.
Il ne faut pas atteler l'âne avec le cheval : il ne faut pas apparier des personnes de condition différente. La Bible mentionnait déjà cette interdiction (Deutéronome 22,10).

L'âne et les relations humaines

376 L'âne frotte l'âne.
Proverbe d'origine latine *(Asinus asinum fricat)* pour dire que les sots se complimentent mutuellement.

377 Qui à âne tient à âne vient. La Véprie, 1495.
var. ancienne : Ki asne bée asne vient [Qui âne désire âne devient].
Ancien proverbe, XIIIe s.

378 Mangeant du foin, vous sentez l'âne.
Correspond à : « On est toujours marqué par ses fréquentations », sur une base métaphorique analogue à : « La caque sent toujours le hareng ».

379 Quand il n'y a plus de foin au râtelier les ânes se battent.
Rivalité des gueux. Même proverbe avec les chevaux : 415, les chiens : 590.

380 Près des ânes l'on attrape des coups de pieds. Régional, Agen.
Danger des mauvaises fréquentations.

381 Si vous donnez de l'avoine à un âne, il vous paiera avec des pets. Régional, Agen.
var. ancienne : Chantez à l'âne, il vous fera des pets. Meurier, 1568.
Altération probable de : « Chantez à l'âne, il vous ferra [frappera] des pieds ». *Adages français*, XVIe s.

382 Deux Jean et un Pierre font un âne entier. Meurier, 1568.
Moquerie paysanne.

383 Il y a plus d'un âne à la foire qui s'appelle Martin. Le Roux, 1752.
Il y a plus d'une personne qui porte le même nom.

384 On ne dit guère Martin qu'il n'y ait d'âne.
Il y a toujours quelque chose de vrai dans les commérages.
cf. Il n'y a pas de fumée sans feu.

385 À laver la tête d'un âne l'on n'y perd que la lessive. *Adages français*, XVIe s.
var. régionale, Dauphiné : Savonnez un âne noir, vous ne le rendrez jamais blanc.
Il y a des personnes trop sottes ou trop entêtées pour qu'on puisse espérer les convaincre. — Ce proverbe existe en néerlandais.

Le naturel de l'âne

386 Sous la peau est l'âne. Auvergne.

387 Qui est âne et veut être cerf se connaît au saut du fossé. Méry, 1828.
L'épreuve se charge de révéler la sottise des prétentieux.

388 Un âne chargé ne laisse pas de braire.
Le Roux, 1752.
La richesse ne peut masquer la sottise.

389 D'un âne on ne peut pas demander de la viande de bœuf.

390 Le miel n'est pas fait pour les ânes.

391 Un âne n'entend rien en musique.
La Véprie, 1495.

392 Amour apprend aux ânes à danser.
La puissance de l'amour peut améliorer un naturel grossier.

393 La patience est la vertu des ânes.
Panckoucke, 1749.

394 Qui a le cul pailleux a toujours peur que le feu n'y prenne.
Vulnérabilité et timidité des malheureux. Le point de départ est l'âne ou le bœuf.

395 À l'âne l'âne semble très beau. Baïf, 1597.
Relativité des goûts.

396 Un âne affamé ne se soucie pas des coups.

397 Les chevaux courent les bénéfices et les ânes les attrapent. Quitard, 1842.
On n'accorde pas toujours les places ou les faveurs à ceux qui les méritent. En outre, la patience et l'humilité peuvent obtenir ce que l'activité brillante recherche.

398 Quand un âne va bien, il va sur la glace et se casse une patte.
Thème de la malchance obstinée.

399 Un âne ne trébuche pas deux fois sur la même pierre.
Thème de l'expérience qui rend sages les moins doués.

400 Un baudet périt toujours par les pattes.
Belgique.
C'est l'organe qui fonctionne le plus qui est usé le premier.

401 Le pré convie l'âne.

402 Nul ne sait mieux que l'âne où le bât le blesse.
Chacun est le mieux placé pour apprécier son propre dommage. *Savoir où le bât blesse* est devenu une locution courante.

403 Tout âne qui tombe et qui se relève n'est pas une rosse.
Le travail (la persévérance, le courage) ennoblit.

404 Une petite mouche fait péter un bel âne. Régional, Agen.
À petite cause, effet... sonore.

405 À vieille mule, frein doré. La Véprie, 1495.
Il faut parer la marchandise pour s'en défaire.

LE CHEVAL

Le cheval est une figure aussi productive que l'âne, mais sa valeur métaphorique est plus « mobile ». Le « naturel » de l'âne réserve peu de surprise puisqu'il est toujours dévalorisé. S'y ajoutent pour le cheval, image exemplaire du travailleur à la peine, mais aussi animal infiniment plus précieux pour le paysan comme pour le seigneur et le soldat, les incertitudes sur la valeur, les risques d'une mauvaise affaire (le bon et le mauvais cheval).

Au Moyen Âge, le cheval prend progressivement la place du bœuf dans l'attelage; mais si son efficacité est plus grande, sa docilité est moins assurée. Les proverbes témoignent des inquiétudes du paysan à son sujet.

Condition et rapports humains

406 Si le cheval se connaissait cheval, il voudrait être homme. Bovelles, 1557.

407 Il vaut mieux être cheval que charrette. Lamesangère, 1821.
Il vaut mieux commander que d'obéir.

408 Aux chevaux maigres vont les mouches. Baïf, 1597.
Le sort frappe d'abord les plus démunis.

409 Le cheval qui traîne son lien n'est pas échappé. Meurier, 1568.
var. : N'est pas libre qui traîne son lien.
Se dit d'un homme qui n'est pas tout à fait échappé d'un danger ou d'une mauvaise affaire » (Le Roux, 1752).

410 On touche toujours sur le cheval qui tire.
« On charge toujours les plus incommodés » (Oudin, 1640). *Toucher* signifie ici : frapper légèrement.

411 Souvent celui qui travaille mange la [paille,
Celui qui ne fait rien mange le foin.
Régional, Agen.

412 Tout cheval a besoin d'éperon.
« Chacun a besoin d'être sollicité » (Oudin, 1640).

413 À méchant cheval bon éperon.
Il faut être ferme dans les affaires difficiles.

414 Il n'y a pas de cheval auquel on ne puisse mettre la bride. Régional, Bas-Valais.

415 Quand le foin manque au râtelier, les chevaux se battent. Quitard, 1860.
S'est appliqué aux querelle de ménage lorsque l'argent manque, mais est susceptible d'un emploi plus extensif, cf. le même proverbe avec les ânes : 379, les chiens : 590.

416 On ne sait qui mord ni qui rue.
« On ne sait pas ce qui peut arriver » (Oudin, 1640).

417 Jamais coup de pied de jument ne fit mal à un cheval. Académie, 1835.
Les injures de la femme ne sauraient atteindre l'homme.

Le cheval, symbole de valeur, de profit

418 L'œil du maître engraisse le cheval. Meurier, 1568.
Variation sur le thème « l'œil du maître ». — Ce proverbe existe aussi en corse et en indien.

419 En fait de chevaux, on tromperait son père.

420 On achète les bons chevaux à l'écurie. Belgique.
Sens restreint : Une jeune fille qui a du mérite n'a pas besoin de courir les bals pour trouver un mari.

421 À cheval donné, ne lui regarde pas en la bouche. Meurier, 1568.
var. ancienne : Cheval donné ne doit-on en dents regarder. *Prov. ruraux...*, XIIIe s.
On connaît l'âge du cheval en examinant ses dents. — Il ne convient pas de se montrer difficile devant un cadeau ou une bonne affaire. Ce proverbe existe aussi en allemand et en tchèque.

422 Quand la jument est sortie, il n'est plus temps de fermer l'étable. Régional, Rouergue.

423 Qui que saille notre jument, le poulain en est nôtre. La Véprie, 1495.

424 Qu'importe la jument pourvu que le poulain tête. Régional, Agen.

425 À bon cheval, bon gué. *Prov. gallica*, XVe s.

426 Un bon cheval va bien tout seul à l'abreuvoir.
« Se dit quand on se lève de table pour se verser soi-même à boire » (Le Roux, 1752).

427 Un bon étalon pète en pissant. Belgique.
On peut faire deux choses à la fois.

428 Il n'est cheval qui n'ait sa tare.

429 Il n'est si bon cheval qui ne bronche. Oudin, 1640.
Les plus habiles sont sujets à se tromper. — Ce proverbe existe aussi en anglais.

430 Il n'est si bien ferré qui ne glisse.
Meurier, 1568.

431 Il n'est si bon cheval qui ne devienne rosse
Mais on dit aussi : « Jamais bon cheval ne devient rosse. »

432 Ce que poulain prend en jeunesse
Il le continue en vieillesse. La Véprie, 1495.
var. ancienne :
Qu'apprend le poulain en denture
Tenir le veult tant comme il dure.
Gautier de Coincy, *Fabliaux*, XIIIe s.

433 Celui qui ne travaille pas poulain
À coup sûr travaillera « rossin » [vieux].
Régional, Agen.

434 Méchant poulain peut devenir bon cheval.

435 À jeune homme vieux cheval
À jeune cheval vieil homme. Le Gai, 1852.

436 Jamais cheval ni méchant homme
N'amenda pour aller à Rome.
On ne se corrige pas en voyageant.

437 Cheval fait et valet à faire.
var. : Cheval fait et femme à faire.
« Il faut prendre un cheval tout dressé, et un valet que l'on puisse instruire à sa fantaisie » (Oudin, 1640). Le raisonnement vaut, *mutatis mutandis*, pour la femme. — Ce proverbe existe en anglais.

438 Qui contre aguilon regimbe, deux fois se point. Ancien proverbe, XIIIe s.
Celui qui regimbe contre l'aiguillon deux fois se pique. Ce proverbe n'est pas un encouragement à la rébellion !

439 L'avoine fait le cheval. Régional, Agen.

440 Cheval d'aveine [d'avoine], cheval de peine.
Cheval de foin, cheval de rien.
Dicton.

441 L'écurie use plus le cheval que la course.
Se dit de ceux qui restent, oisifs, à la maison.

442 Cheval qui piaffe n'avance guère.

443 Qui ne peut galoper qu'il trotte. Baïf, 1597.

444 Trop piquer le cheval le fait rétif.
Cotgrave, 1611.

445 Mors doré ne rend pas le cheval meilleur.

446 Entre bride et l'éperon
De toutes choses gît la raison.
Meurier, 1568.
Il faut conduire sa vie comme on maîtrise l'allure d'un cheval.

447 Entre deux selles chiet-on [on tombe] à terre. Ancien proverbe, XIIIe s.
Entré dans la langue sous la forme : Être (assis) entre deux chaises (*ou* deux selles)...

LES BOVINS

Le bœuf, la vache et le veau ont des emplois assez bien délimités : les proverbes exploitent surtout l'aspect physique du bœuf (masse, lenteur, etc.) et, bien sûr, le compagnon humble et résigné du laboureur ; tandis que la vache et le veau offrent une image de la richesse et du profit (peau, lait), et sont associés dans quelques proverbes pour manifester l'opposition *jeunesse/vieillesse* et signifier la menace aveugle et égalitaire du destin... et du boucher ; ainsi :

Autant meurt veau que vache.

Le bœuf

448 Bœuf lassé va souef. La Véprie, 1495.
Un bœuf va doucement quand il est las.

449 On a beau mener le bœuf à l'eau, s'il n'a pas soif. La Véprie, 1495.
L'image massive du bœuf exprimant avec bonheur le refus tranquille et définitif qu'opposent les personnes entêtées à tout effort de persuasion.

450 Là où la barrière est basse le bœuf enjambe. Guadeloupe.
On passe la haie là où elle est la plus basse.

451 Un seul bœuf chie plus que cent hirondelles.

452 Quand le bœuf ne veut pas entrer dans le bois, il dit que ses cornes sont trop longues. Martinique.

453 Si le bœuf ne connaissait pas la largeur de son derrière, il n'avalerait pas le noyau de l'abricot. Martinique.
Chacun, attentif à ses propres intérêts, est le mieux informé à leur sujet.

454 Quand on a avalé le bœuf, il ne faut pas s'arrêter à la queue.

455 Dieu donne le bœuf et non les cornes.
Meurier, 1568.
Thème du cadeau : on ne peut demander plus que ce qui est donné.

456 Chaque bœuf connaît son piquet.
Martinique.
Chacun connaît sa place, sa situation.

Le labour

457 Vieux bœuf fait sillon droit.
Force de l'âge et de l'expérience... mais aussi de la résignation. — Ce proverbe existe en espagnol.

458 Les grands bœufs ne font pas les grands labours. Régional, Savoie.
var. : Ce ne sont pas les plus gros bœufs qui labourent toutes les terres.
Thème des apparences trompeuses.

459 Il ne faut pas mettre la charrue avant les bœufs.
var. : Mettre le char devant les bœufs.
« Ce serait certes grans eschars [mépris] devant les buefs iroit li chars » (Roman de Tristan).
Exemple proverbial du comportement illogique et improductif.

460 Ce n'est pas pour un mauvais pas qu'on tue un bœuf. Régional, Savoie.

461 La misère du bœuf n'est pas une peine pour le cheval. Martinique.
var. : Le bœuf de la vallée ne connaît pas les souffrances du bœuf de la colline.

La vache et le veau

462 Il ne faut pas acheter la corde avant d'avoir le veau.
var. : Il ne faut pas faire l'étable au veau avant qu'il soit né.
Variation sur le thème connu : « Le profit qu'on espère n'est jamais sûr ».

463 D'un veau on espère un bœuf,
Et d'une poule un œuf.
On proportionne ses désirs à ses moyens.

464 À la fraise, on connaît le veau.
Anthologie prov. fr., XVIIe s.
La fraise de veau est la membrane qui enveloppe l'intestin. Dès que la mode de la fraise (collerette plissée) s'est instaurée au XVIe s., le proverbe a reçu une valeur plaisante.

465 De veaux comme de vaches
Vont les peaux à la place.

466 Autant meurt veau que vache.
Prov. ruraux..., XIIIe s.
Le destin frappe aveuglément jeunes et vieux.

467 Mieux vaut laisser la peau que le veau.

468 Pour être bien battue la peau n'en sera jamais vendue. *Prov. gallica*, XVe s.

469 Vache qui vient de loin a gros pis.
Illusion du désir.

470 Les bonnes vaches ne vont pas à la foire. Régional, Agen.
On ne souhaite pas s'en défaire ; et toute marchandise est dès l'abord suspecte : c'est la loi tacite de l'échange, du moins dans cette communauté rurale, qu'évoquent les proverbes.

471 S'il ne tient qu'à jurer, la vache est à nous. Oudin, 1640.
Un serment ne coûte rien.

472 Il vient un temps que les vaches ont besoin de leur queue.
« L'occasion vient que l'on a besoin de ceux que l'on méprise » (Oudin, 1640).

MOUTONS ET BREBIS

La brebis connaît dans les proverbes trois emplois métaphoriques assez bien délimités ; ordonnés suivant les caractéristiques suivantes :

a) L'uniformité et l'obstination crédule de son cri : satire du langage, dénoncé comme perte de temps et surtout marque de confiance trop naïve envers celui qui écoute et qui se tait.

b) Ses mœurs grégaires : la brebis galeuse.

c) Son caractère exceptionnellement docile, justifiant l'exploitation qu'elle subit et qui en fait une proie facile pour le loup.

Enfin, il arrive que l'opposition *agneau/brebis* vaille pour *jeunesse/âge mûr*, comme dans le couple *veau/vache*.

473 Brebis qui bêle perd sa goulée.
Meurier, 1568.
Se dit à ceux qui perdent leur temps en paroles.

474 La brebis bêle toujours d'une même sorte. Le Roux, 1752.
Thème de la force du naturel.

475 Les brebis qui bêlent le plus ne sont pas les meilleures. Régional, Agen.
Ceux qui parlent le plus ne sont pas ceux qui agissent.

476 Chaque oueille [brebis] cherche sa pareille. Cotgrave, 1611.
cf. Qui se ressemble s'assemble.

477 Il ne faut qu'une brebis galeuse pour gâter un troupeau. Académie, 1835.
Ce proverbe existe aussi en danois.
var. : Un mouton sale a envie de salir les autres.

Le loup et la brebis

478 Folle est la brebis qui au loup se confesse. Meurier, 1568.
Ce proverbe existe aussi en allemand.
cf. La poule ne doit pas se confesser au renard.

479 Brebis comptées, le loup les mange.
Meurier, 1568.
Proverbe inspiré par le latin : *Non ovium curat numerum lupus* (Virgile, 7e *Églogue*). — L'excès de précaution n'empêche pas qu'on soit trompé et, même, selon une conception magique, il attire le malheur qu'il évoque en prétendant l'éviter.
cf. Compter les ruches à miel porte malheur.

480 Quand les brebis enragent, elles sont pires que les loups. Régional.
cf. Craignez la colère de la colombe.

La brebis, animal docile et exploité

481 Brebis trop apprivoisée de trop d'agneaux est têtée. Baïf, 1597.

482 Il n'est pas toujours saison de brebis tondre. *Adages français*, XVIe s.

483 Il faut tondre les brebis et non pas les écorcher. Le Roux, 1752.

Comme le précédent, ce proverbe signifie qu'il faut savoir doser et modérer le profit que l'on tire de victimes résignées, sous peine de le voir tarir.

484 Sur la peau d'une brebis on écrit ce que l'on veut. Méry, 1828.

Peau de brebis : parchemin.

cf. Le papier souffre tout.

L'agneau

485 Il va plus au marché peaux d'agneaux que de vieilles brebis. *Prov. gallica*, XVe s.

La jeunesse est plus vulnérable et plus exposée aux convoitises du destin.

486 Ne confiez pas votre agneau à qui en veut la peau. Manuscrit de Cambridge, XIIIe s.

487 D'où vient l'agneau là retourne la peau. Gruter, 1610.

Variante métaphorique sur le thème : Bien mal acquis ne profite jamais.

488 Le mouton boit, c'est le cabri qui est saoûl. Martinique.

Ce sont toujours les mêmes qu'on accuse. Mais le cabri (chevreau) est aussi le petit, le jeune.

489 Il ne faut pas faire cuire l'agneau dans le lait de sa mère.

Interdiction d'origine biblique (Exode 23, 19; Deutéronome 14, 21).

LA CHÈVRE ET LE COCHON

On attendrait sur la chèvre une littérature proverbiale plus fournie et plus variée; la chèvre (lat. *capra*) n'est-elle pas à l'origine du mot *caprice?* En fait, les proverbes se contentent de faire référence à un appétit peu difficile et à un aspect physique suffisamment caricatural pour représenter une des nombreuses images parodiques de la femme. Aux Antilles, les proverbes créoles opposent le cabri au mouton.

En revanche on ne s'étonnera pas de constater que le cochon n'offre à l'imagination proverbiale que la ressource d'exploiter une alternative très simple : graisse ou saleté.

La chèvre

490 Tant gratte chèvre qui mal gît. *Roman de Renart*, XIIIe s.

À force de rechercher ses aises, on finit par se retrouver dans une situation inconfortable. «Cette façon de parler tire son origine du vieux conte qu'on fait d'une chèvre, laquelle en grattant la terre découvrit un couteau duquel elle fut égorgée, pour être offerte en sacrifice» (Fleury de Bellingen, 1656).

491 Où la chèvre est liée, il faut qu'elle broute. *Adages français*, XVIe s.

Il faut s'accommoder de ce qu'on a, ou de la situation dans laquelle on est engagé. — Ce proverbe existe en banen.

492 On n'a jamais vu une chèvre morte de faim. Quitard, 1842.

Quand on n'est pas difficile, on survit.

493 À la chandelle, la chèvre semble demoiselle. Meurier, 1568.

cf. La nuit, tous les chats sont gris.

494 La chèvre a pris le loup.

«En parlant de ceux qui pensant perdre ou tromper les autres, demeurent eux-mêmes pris» (Le Roux, 1752).

495 Le Bon Dieu donne des cornes à biquette comme elle peut les porter. Régional, Franche-Comté.

Thème de la providence divine.

496 La chèvre a mordu les cailloux, les dents du mouton sont tombées. Martinique.

497 Comme tu me feras je te ferai, dit la chèvre au chevreau. Suisse.

498 La chèvre est la vache du pauvre.

499 On ne peut ménager la chèvre et le chou. Le Roux, 1752.

On ne peut pas contenter tout le monde, ni éviter tous les inconvénients.

500 Les affaires du cabri ne sont pas celles du mouton. Martinique.

Chacun son métier et les vaches seront bien gardées. — Ce proverbe existe aussi en créole.

Le cochon

501 On ne doit pas à gras pourceau le cul oindre. La Véprie, 1495.

Il est inutile d'ajouter à l'abondance.

cf. Dedans la mer l'eau n'apporte.

502 C'est la graisse du cochon qui a cuit le cochon. Martinique.

Du bâton que l'on tient souvent on est battu.

503 On n'engraisse pas les cochons avec de l'eau claire. Régional.

Ce proverbe existe aussi en anglais.

504 C'est folie de semer les roses aux pourceaux. Meurier, 1568.

Variante de la parole évangélique : «Ne jetez pas vos perles aux pourceaux» (Matthieu 7,6) sur la propagation de la doctrine.

505 Aux cochons la merde ne pue point. Furetière, 1690.

506 Mieux aime truie bren que rose.

var. : Une truie songe toujours à merde. Oudin, 1640.

507 Le cochon ne défèque pas là où il dort.
Martinique.

508 Il ne faut pas regarder la saleté du cochon pour en manger. Martinique.

509 Fais du bien à un cochon et il viendra chier sur ton balcon. Québec.
cf. Oignez vilain il vous poindra.

L'ŒUF ET LA POULE

Une solide tradition populaire fait de la poule un des personnages les moins flattés du bestiaire proverbial.

Relevons quelques-uns des rôles qu'elle assume :

a) l'infériorité de la femme dans le ménage ;

b) le rôle de victime mystifiée par le voleur rusé et adroit (« plumer la volaille ») ;

c) un comportement vil (gratter la terre).

C'est cependant l'œuf, qui connaît la meilleure utilisation proverbiale, soit que, associé à la poule, il permette de lier commodément le producteur et le produit dans une même dynamique de l'avoir ou du profit, soit qu'il offre à l'imagination l'aubaine d'une remarquable disponibilité métaphorique : objet physique et économique très maniable, mot idéalement assonancé avec « bœuf », pour un jeu d'oppositions multiples, enfin signe d'une double fonction de nourriture et de reproduction.

La poule

510 Jamais géline [poule] n'aima chapon.
Meurier, 1568.
Rappelons que le chapon est un coq châtré.

511 Quand on tient la poule, il faut la plumer.
Il faut profiter de l'occasion qui s'offre.

512 Il faut plumer la poule sans la faire crier. Fleury de Bellingen, 1656.
Il faut voler l'autre avec discrétion, avec une « prudence mondaine ».

513 Poule égarée est bonne pour le renard.
Régional, Agen.
cf. Homme seul est viande à loup.

514 Chaque poule vit de ce qu'elle gratte.
Auvergne.

515 Qui naît poule aime à gratter.
H. Estienne glose : « Qui est extrait de géline, il ne peut qu'il ne gratte » *(Précellence du Langage français)*.

516 Qui suit les poules apprend à gratter.
Cotgrave, 1611.
Danger des mauvaises fréquentations.

517 Quand le blé vient à moisson, si haut soit-il, les poules l'attrapent.
Régional, Savoie.
Les plus grands finissent par trouver leur maître.

518 Le ravet ne peut rien devant une poule.
Guadeloupe.
Ravet : gros cafard dont les poules sont friandes,

Le coq

519 Un bon coq n'est jamais gras.
Ce proverbe existe aussi en russe.

520 Un coq est bien fort sur son fumier.
Panckoucke, 1749.
L'assurance que donne la légitimité. — Ce proverbe existe aussi en hongrois.
cf. Un chien est fort à la porte de son maître.

521 Qui monte ma poule est mon coq.
Bourbonnais.

522 La poule ne doit pas chanter devant le coq.
Molière *(Les femmes savantes)* met ici en forme un proverbe ancien :
C'est chose qui moult me déplaist
Quand la poule parle et coq se taist.
Roman de la Rose, XIIIe s.
Thème de la supériorité de l'homme dans le ménage, traité avec une certaine dérision. — Ce proverbe existe aussi en dialecte corse et au Rwanda.

523 Coq chante ou non, viendra le jour.
Baïf, 1597.
var. ancienne : Si ja [jamais] ne chante le coq, si [pourtant] vient le jour.
La Véprie, 1495.
L'inéluctable n'a pas besoin de prophètes. — Ce proverbe existe en alsacien.

L'œuf et la poule

524 Noire géline pond blang œf.
Ancien proverbe, XIIIe s.
« Une poule noire pond un œuf blanc » : double thème des apparences et de la causalité. — Ce proverbe existe en gaélique.

525 Plus on a de poules
plus on a d'œufs. Suisse.

526 Il ne faut pas tuer la poule pour avoir l'œuf.
Il ne faut pas sacrifier le plus pour le moins. Le thème mythique de la poule aux œufs d'or dérive de cette constatation de bon sens.

527 Ne comptez pas les œufs dans le derrière d'une poule. Guadeloupe.
Construire sur des suppositions est imprudent.

528 Celui qui mange des œufs ne sait pas si la poule a mal au derrière. Martinique.
Ce proverbe existe en créole.

529 Les poules qui gloussent le plus fort ne sont pas les meilleures pondeuses.
Languedoc.
Ceux qui font le plus de bruit ne sont pas les plus utiles ; cf. la locution : « Faire plus de bruit que de besogne. »

530 C'est la poule qui chante qui a fait l'œuf. Bourbonnais.
Mais on dit aussi : « La première poule qui chante, ce n'est pas celle qui a fait l'œuf » (Régional, Agen).

L'œuf

531 Mieux vaut œuf donné que œuf mangé.
Prov. gallica, XVe s.
Un don peut être un bon placement.

532 Un œuf aujourd'hui vaut mieux qu'un poulet pour demain. *Almanach perpétuel...*, 1774.
Sur le thème : Un « tiens » vaut mieux que deux « tu l'auras ». — Ce proverbe se rencontre dans de très nombreuses langues.

533 Mieux vaut promptement un œuf que demain un bœuf.
var. : Mieux vaut en paix un œuf qu'en guerre un bœuf. Meurier, 1568.
Variations sur le thème de : Un « tiens » vaut mieux que deux « tu l'auras ».

534 Au pauvre, un œuf vaut un bœuf.
Meurier, 1568.

535 Qui vole un œuf vole un bœuf. Bladé, 1881.

536 Il ne faut pas mettre tous ses œufs dans le même panier Quitard, 1842.
Il faut diversifier ses biens, ses ressources, ses possibilités...

537 À l'aventure met-on ses œufs à couver.
Gruter, 1610.
On se lance dans des entreprises dont le succès n'est pas toujours assuré.

LE CHAT

Le chat est avec le chien l'animal familier de l'environnement domestique. Plus autonome par rapport à l'homme, il offre à l'invention proverbiale moins de signes aisément exploitables :

a) le coup de griffe : agressivité soudaine et imprévue ;

b) le chat et la souris : image, avec tant d'autres, des rapports de force qui régissent les sociétés humaines.

L'image de l'animal mystérieux, objet de toute une mythologie superstitieuse, n'apparaît guère dans les proverbes qui suivent. En revanche, quelques emplois ont des connotations sexuelles, peut-être favorisées par une certaine rencontre homonymique avec le vocabulaire érotique *(chas)*.

Le chat et la souris

538 À bon chat bon rat.
La défense vaut l'attaque.

539 À vieux chat, jeune souris.

540 Quand le chat n'est pas là, les souris dansent.
var. anciennes :
Absent le chat, les souris dansent.
Baïf, 1597.
Là où le chat n'est, souris y révèle.
Ancien proverbe, XIIIe s.
Euphorie insouciante, quand on ne se sent plus surveillé ou menacé. — On trouve ce proverbe en créole, baoulé, oubykh, et chez les juifs du Yémen.

541 Qui naquit chat court après les souris.
Quitard, 1842.
Le naturel l'emporte toujours.

542 Chat ganté ne peut pas rater.
Rater : prendre ou chasser les rats. — Ce proverbe existe en catalan.
var. anciennes :
Chat emmouflé ne prend souris.
Baïf, 1597.
Chat engaunté ne surrirera ja bien.
Manuscrit de Cambridge, XIIIe s.
Il ne faut pas renoncer à ses moyens « naturels ».

543 Qui ne nourrit pas le chat nourrit le rat.
En voulant s'épargner un dommage on risque de s'en préparer un plus grand. — Ce proverbe existe en langue d'oc.

544 Bon chaton tourne en petit lieu.
Un bon chat chasse sur une petite surface. Ce proverbe est peut-être l'altération d'un plus ancien :
Bon charron [charretier] tourne en petit lieu.

Autres thèmes

545 À laide chatte, beaux minous.
var. régionale : Aux vilains matous les belles chattes. Champagne.

546 Bien sait li chas quel barbe il lèche.
Ancien proverbe, XIIIe s.
Signifie que le rusé est toujours prudent :
« Bien sait chat cui barbe il laiche.
Bien s'aperçoit li veziez [le rusé]
les quiex il puet avoir sous piez. » Marie de France, XIIIe s.

547 Il n'est si petit chat qui n'égratigne.
Il n'y a pas de petit ennemi.
cf. Il n'est si petit buisson qui ne porte son ombre.

548 Chat échaudé craint l'eau froide.
var. anciennes :
Chat eschaudez iave [eau] creint.
Ancien proverbe, XIIIe s.
Eschaudez eve crient. Roman de Renart, XIIIe s.
On est doublement prudent après une première expérience malheureuse.

549 La nuit tous les chats sont gris.
Quitard, 1842.
La nuit efface les différences : « Dans l'obscurité on ne distingue pas une belle femme d'une laide » (Quitard).

550 Il ne faut pas acheter chat en poche.
Il faut examiner l'affaire avant de conclure. — Ce proverbe existe aussi en danois.

551 Inutile de landangier [gronder] le chat, quand le fromage est mangé.
cf. Quand la jument est sortie, il n'est plus temps de fermer l'étable.
Thème de l'inutilité des regrets tardifs.

552 Il ne faut pas réveiller le chat qui dort.
Meurier, 1568.
Au XIIIe siècle, il s'agissait du chien qui garde la maison.

553 Occasion trouve qui son chat bat.
La Véprie, 1495.
cf. Qui veut noyer son chien l'accuse de la rage.

554 Personne ne veut attacher la sonnette au cou du chat.
« On n'ose pas être le premier à entreprendre une affaire dangereuse » (Oudin, 1640). La langue courante connaît dans ce sens la locution : *attacher le grelot.* Dans sa fable (II, 1) : « Conseil tenu par les Rats », La Fontaine met en scène cette situation.

555 Quand les chats siffleront,
À beaucoup de choses nous croirons.
Régional, Agen.
Supposition absurde.

556 Ce que l'homme épargne de sa bouche,
Le chat ou le chien vient qui l'embouche.
Meurier, 1568.

LE CHIEN

Animal le plus populaire des proverbes, il possède des traits distinctifs nombreux susceptibles de significations multiples et variées. Par exemple :

a) sa dépendance vis-à-vis de l'homme (le chien et son maître) valant pour certaines relations humaines ;

b) l'aboiement, signe à déchiffrer, thème de « l'apparence et la réalité » dans la connaissance d'autrui : la menace et l'acte (la morsure) ;

c) un naturel parfois querelleur : rivalité entre gens de condition inférieure ;

d) l'égoïsme glouton : le chien et l'os correspond à l'âpreté de la lutte pour le profit.

D'autres valeurs s'expliquent par la présence familière du chien dans l'environnement de l'homme.

Naturel et comportement du chien

557 On ne peut empêcher les chiens d'aboyer et les menteurs de mentir.

558 Chien qui aboie ne mord pas. Baïf, 1597.
var. ancienne : Chacun chien qui aboye ne mort pas. Ancien proverbe, XIIIe s.
Ceux qui menacent beaucoup ne sont pas les plus dangereux. — Ce proverbe existe en cambodgien.

559 Jamais bon chien n'abboye [aboie] à faute. Oudin, 1640.
var. : Jamais bon chien n'aboie à faux.
Quitard, 1842.
Se dit d'un homme qui ne menace pas sans frapper.

560 Gardez-vous de l'homme secret et du chien muet.

561 À chien qui mord il faut jeter des pierres.

562 Haïssez un chien, dites que ses dents sont blanches. Guadeloupe.
Reconnaissez les qualités de celui que vous haïssez.

563 Le petit chien conduit le gros chien à le mordre. Martinique.

564 Il ne faut pas se moquer des chiens qu'on ne soit hors du village. Le Roux, 1752.

565 Le chien attaque toujours celui qui a les pantalons déchirés.
Thème de la malchance des malheureux. — Ce proverbe existe en vietnamien.

566 Chien hargneux a toujours l'oreille déchirée.
Vers de La Fontaine, *Fables*, X, 9 : « Le Chien à qui on a coupé les oreilles ». — Ce proverbe existe en langue d'oc et en russe.
var. ancienne : Chien rioteur [batailleur] a volontiers les oreilles tirées.
Adages français, XVIe s.

567 De maigre poil âpre morsure.
La Véprie, 1495.
var. : En maigre poil a morsure.
Adages français, XVIe s.
var. : De maigre poil aspre pointure.
Manuscrit de Cambridge, XIIIe s.

568 Les poils du chien guérissent la morsure du chien. Martinique.
cf. La lance d'Achille blesse et guérit.
Le mal se guérit par le mal.

569 Le chien a quatre pattes, mais il n'est pas capable de prendre quatre chemins. Créole antillais.
On ne peut pas tout faire à la fois. — Ce proverbe existe aussi au Congo.

570 Ce sont des pièces de rencontre
Que les chiens vont pisser contre.
Belgique.
Ce sont des choses vulgaires.

571 Lavez chien, peignez chien,
Toutefois n'est chien que chien.

572 Qui hante chien, puces remporte.
Baïf, 1597.
Avec les chiens on ne gagne que des puces : « Il n'y a rien à profiter avec les imbéciles et les ignorants » (Oudin, 1640).

573 En lit de chien ne quers ja soyn.
Ancien proverbe, XIIIe s.
Ne cherche pas la propreté dans un lit de chien.

574 Bon chien chasse de race. Quitard, 1842.

575 Il n'est chasse que de vieux chiens.
Quitard, 1842.

576 Chaque chien lèche sa queue selon son goût. Martinique.

577 Les chiens ne font pas des chats.
cf. L'aigle n'engendre point la colombe.

Le chien et son maître

578 Qui veut noyer son chien l'accuse de la rage. Molière, *Les Femmes savantes*, II, 5.
var. ancienne : Qui son chien veut tuer la raige li met seuze. Ancien proverbe, XIIIe s.
Quand on veut rompre avec quelqu'un on trouve toujours un prétexte. La forme actuelle du proverbe est chez Molière (*Les Femmes savantes*, II, 5).

579 Qui aime Martin aime son chien.
Bourbonnais.
var. : Qui m'aime aime mon chien.

580 Tout chien est fort à la porte de son maître. Guadeloupe.
L'assurance que donne la légitimité. — Ce proverbe existe en gaélique.
cf. Un coq se sent fort sur son fumier.

581 Pour l'alouette le chien perd son maître. Bovelles, 1557.

582 Qui chasse le chien chasse le maître.
Régional, Agen.

583 Quand un chien se noie, tout le monde lui offre à boire. Vibraye, 1934.
On n'a souvent aucune pitié pour ceux auxquels il arrive malheur. — Ce proverbe existe aussi en anglais.

Le chien et l'os

584 Il faut flatter le chien pour avoir l'os.
Régional.

585 Par un os en bouche
Se tait qui grouche [gronde]. Bovelles, 1557.

586 Chien en cuisine
Son pair n'y désire.
var. ancienne : Chien en cosyn compagnie ne désire. Manuscrit de Cambridge, XIIIe s.

587 Querelles de chiens, ils se raccommodent à la soupe. Belgique.

588 Le chien peureux n'a jamais son saoûl de lard. Régional, Savoie.
Sur le thème : « La fortune sourit aux audacieux ».
cf. Jamais honteux n'eut belle amie.

589 Là où il y a un os, c'est là qu'on trouve les chiens. Martinique.

590 Deux chiens à un os ne s'accordent.
Ce proverbe existe aussi en anglais.
cf. Deux gloutons ne s'accordent pas en une même assiette.

591 Jamais à un bon chien, il ne vient un bon os.
Le bien ne va pas au mérite. « Ceux qui ont bonne envie de travailler n'en trouvent pas les occasions » (Le Roux, 1752).

Emplois divers

592 Chien en vie vaut mieux que lion mort.
Ce proverbe existe en anglais.
cf. Goujat [valet d'armes] debout vaut mieux qu'empereur enterré.

593 Il n'est pas permis de tuer le chien pour sauver la queue de la chatte. Québec.

594 La lune est belle lorsque le chien l'espère. Régional, Savoie.

595 Un chien qui pisse fait pisser l'autre.
Belgique.
Thème de la contagion des attitudes (cf. 696).

596 Les chiens qui ont la queue coupée n'ont pas peur de faire voir leur cul.
Régional, Savoie.
Quand on a pris l'habitude de vivre mal, on finit par ne plus se cacher.

597 Le chien n'aime pas la banane et il ne veut pas que la poule en mange.
Martinique.
On n'aime pas voir un autre accepter ce qu'on dédaigne.

chapitre V

L'HOMME :
le corps, les actes, la vie

LE CORPS

Les différents organes et parties du corps désignent d'abord, par le jeu métonymique courant de la langue, les fonctions physiologiques qu'ils assurent : bouche = parole ; dent, ventre = alimentation, nourriture, etc.

Ils sont ensuite autant de signes qui renvoient à un monde intérieur, moral, intellectuel ou affectif, dont ils dessinent métaphoriquement une sorte d'anatomie mythique (bouche = *vérité/mensonge*; œil = intelligence, etc.).

Souvent même, la combinaison de deux éléments *(dent/langue ; main/pied)* dynamise ce monde moral par un jeu d'opposition ou de complémentarité transformant le corps humain en une scène où viennent s'écrire le débat moral, la relation affective, le vécu personnel de l'individu.

L'abondance des proverbes concernant le corps et la santé est remarquable ; dans une superbe et savante étude très récente : *Sagesses du corps*, Françoise Loux et Philippe Richard ont commenté non moins de 4 718 proverbes sur ce thème (voir la bibliographie au début de ce dictionnaire).

598 D'un petit homme souvent grand ombre. Meurier, 1568.
Petitesse physique, grandeur morale, les proverbes français recourent volontiers à de tels contrastes établissant en quelque sorte une loi de compensation.

599 Quand on regarde quelqu'un, on n'en voit que la moitié. Régional, Artois.
Les lois de l'optique justifient la méfiance (cf. 715).

La beauté

600 Chacun en sa beauté se mire. Baïf, 1597.

601 Quand beau vient sur beau, beau perd sa beauté. La Véprie, 1495.
var. ancienne : Quand bel vient sur bel si pert bel saison. Ancien proverbe, XIIIe s.

602 Beauté n'est qu'image fardée. *Adages français*, XVIe s.

603 Beauté sans bonté est comme vin éventé. Meurier, 1568.

604 Belle montre et peu de rapport. Tuet, 1789.
Montre : action de montrer. Thème de l'apparence flatteuse et trompeuse.

605 Il est assez beau qui a tous ses membres. *Bonum spatium*, XIVe s. (*in* Maloux, 1960).
Ce proverbe souligne la fréquence des infirmités et mutilations dans la société médiévale.

606 Sous la crasse, la beauté s'y cache. Régional, Nantes.

La tête

607 Grosse tête, peu de sens. Quitard, 1842.
var. antonymique : En petite tête gît grand sens. *Adages français*, XVIe s.

608 Qui a bonne tête ne manque pas de chapeaux. Quitard, 1842.
« L'homme habile trouve toujours le moyen de se procurer ce qui lui est nécessaire » *(ibid.)*.

609 Qui n'a pas de tête n'a que faire de bonnet.

Le visage

610 Chère [visage] d'homme fait vertu.
var. : Face d'homme porte vertu.
« La présence d'un homme sert bien ses affaires » (Littré).

611 Au vis [visage] le vice. Fleury de Bellingen, 1656.
Le vice se voit au visage. De même le suivant :

612 Au semblant cognoit-on l'homme.
Ancien proverbe, XIIIe s.

613 Homme à deux visages
N'agrée en villes ni villages. Meurier, 1568.

614 Belle chère [beau visage] et cœur arrière Meurier, 1568.
Des dehors affables peuvent dissimuler un cœur sec.

615 Une oreille coupée a toujours son conduit. Martinique.
Les apparences sont parfois trompeuses.

616 Un grand nez ne gâte jamais beau visage. Le Roux, 1752.
Mais on dit aussi :
Beau visage n'a jamais eu vilain nez.

Les yeux

617 Les yeux sont le miroir de l'âme. Littré.
var. rhétorique : Les yeux sont les fenêtres de l'âme.

618 Un bon avis vaut un œil dans la main.
Quitard, 1842.

619 Œil luisant vaut argent. Régional, Auvergne.

620 Bon pied, bon œil !

621 Orgueil n'a pas bon œil. Cotgrave, 1611.
L'orgueil est un mauvais conseiller.

622 On ne doit pas avoir les yeux plus grands que le ventre. *Prov. gallica*, XVe s.
On ne doit pas désirer plus qu'on ne peut garder. — Ce proverbe existe en anglais.

623 Loin des yeux [*ou* de l'œil], loin du cœur. Gruter, 1610.

624 Ce que les yeux ne voient pas ne fait pas mal au cœur.
Tant qu'on ignore son infortune, on n'en souffre pas.

625 Œil un autre œil voit et non soi.
Bovelles, 1557.
L'image de l'œil qui ne peut se voir lui-même est une illustration commode de la méconnaissance de soi, thème évoqué par de nombreux autres proverbes.

626 À l'œil malade, la lumière nuit.
Cotgrave, 1611.

627 C'est le nez qui reçoit le coup et ce sont les yeux qui pleurent. Martinique.
Pour signifier que l'épreuve qui frappe quelqu'un cause du chagrin à ses proches.

628 Œil pour œil, dent pour dent.
Panckoucke, 1749.
La loi du talion (édictée dans la Bible : Exode 21, 24, par exemple, et abrogée dans l'Évangile : Matthieu 5, 38).

Les lunettes, signe de l'âge

629 Bonjour lunettes, adieu fillettes. Méry, 1828.

630 Les lunettes et les cheveux gris sont des quittances de l'amour. Lamesangère, 1821.

Les lunettes et la vue

631 Chacun voit avec ses lunettes. Littré.
Chacun pense à sa manière. Thème de la « manière de voir », du « point de vue » personnel.

Les cheveux et le poil

632 Tous nos cheveux sont comptés.
Reprise de la parole évangélique : « Ne craignez rien... Vos cheveux même sont tous comptés » (Matthieu 10, 31).

633 Cheveu fin, cheveu malin.
Régional, Orléanais.
Analogie fondée sur le double sens de *fin*.

634 On ne peut prendre un homme rasé aux cheveux.

635 Un poil fait ombre. Cotgrave, 1611.
Il n'y a pas d'ennemi ou de danger insignifiants.

La barbe

636 La barbe ne fait pas l'homme.

637 Du côté de la barbe est la toute-puissance.
L'homme est le maître dans le ménage. Voir l'utilisation parodique que fait Molière de ce proverbe dans *L'École des Femmes*.

638 En la grande barbe ne gît pas le savoir. Ancien proverbe, XIIIe s.

639 Barbe rousse, noir de chevelure,
Est réputé faux par nature. Meurier, 1568.
Thème très ancien de la méfiance à l'égard des roux, illustré par des locutions (méchant comme un âne rouge, etc.).

La bouche

640 Main droite et bouche ronde
Pour aller par tout le monde. Gruter, 1610.

641 En bouche close n'entre mouche.
Gruter, 1610.
var. régionale : Dans bouche fermée rien ne rentre. Agen.
Vertu du silence : qui se tait ne s'expose pas. — Ce proverbe existe aussi en espagnol.

642 La vérité sort de la bouche des enfants.

643 La bouche n'a pas de dimanche.

644 De l'abondance du cœur la bouche parle.
Citation évangélique (Matthieu 12, 34). « Nos cœurs sont comme les archives d'où nos lèvres tirent tout ce qu'elles expriment » (Fleury de Bellingen).

645 Bouche en cœur au sage,
Cœur en bouche au fou. Bovelles, 1557.
Le sage sait tenir secret ses désirs, le fou les clame imprudemment.

646 Miel sur la bouche,
Fiel sur le cœur. Régional.
Le contraste *bouche/cœur* (paroles/sentiments) est ici souligné par l'heureuse assonance *(miel/fiel)*.

Les dents

647 Qui ferme la bouche ne montre pas les dents. Régional.

648 Bonnes sont les dents qui retiennent la langue. *Anthologie prov. fr.*, XVIIe s.

649 La langue va où la dent fait mal.
Quitard, 1842.
var. ancienne : La langue va où deult la dent. Ancien proverbe, XIIIe s.
On parle volontiers de ses peines.

650 Il ne sert à rien de montrer les dents lorsqu'on est édenté. Régional, Agen.
Il ne faut pas menacer sans moyen d'agir. — Ce proverbe existe aussi en yiddish.

651 À pain dur, dent aiguë. Meurier, 1568.
Il faut proportionner les moyens à la difficulté de la tâche.

652 Tel a du pain quand il n'a plus de dents.
Anc. Théâtre français.
var. : Le pain nous vient lorsqu'on n'a plus de dents.

653 Dents aiguës et ventre plat
Trouve tout bon qu'est au plat.
Gazette française, XVIIe s.

Les épaules

654 Les épaules aiment le dos à la folie, le dos ne le sait pas. Martinique.
Image de l'amour non partagé.

655 Pendant que la bâton va et vient, les épaules se reposent. Quitard, 1842.
« Il n'est point de peine si persistante qui n'ait quelque légère intermission » *(ibid.)*.

Les mains

656 Une main lave l'autre. Académie, 1835.
L'image connote la complicité plus que la solidarité.

657 Mains blanches sont assez lavées.
Meurier, 1568.

658 Les mains noires font manger le pain blanc.
Le travail enrichit.

659 Ce que le gantelet gagne, le gorgerin le mange. Le Roux, 1752.
Gorgerin : partie de l'armure qui recouvrait la gorge.

660 Au paresseux, le poil lui pousse dans la main.
Quitard, 1842.
Locution familière : « Avoir un poil dans la main. »

661 Les mains sont faites avant les couteaux.
« On se sert de ces mots en prenant de la viande ou du sel avec les doigts pour excuser son incivilité » (Oudin, 1640). C'est l'idée de *la fourchette du père Adam* (locution).

662 Aux innocents les mains pleines.
Se dit par dépit, au jeu de cartes par exemple, lorsque la chance favorise l'adversaire.

663 De mains vides, prières vaines.
Meurier, 1568.
var. ancienne : De wide main, wide prière.
Prov. ruraux..., XIIIe s.
cf. On ne prête qu'aux riches.

664 Longue langue, courte main. Meurier, 1568.
Qui parle beaucoup agit peu.

665 Froides mains, chaudes amours.
Les mains froides considérées comme un signe de la passion : opposition du physiologique et du psychique.
var. antonymique : Main chaude, amour froid. Régional, Auvergne.

666 Il faut plutôt prendre garde à ses mains qu'à ses pieds. Oudin, 1640.
Il ne faut pas céder à la tentation de dérober.

667 Ce que tu jettes aujourd'hui avec le pied, tu le ramasses demain avec la main. Martinique.

Les doigts

668 Les doigts d'une main ne s'entresemblent pas. *Prov. gallica*, XVe s.
Thème de la proximité dans la diversité.

669 Un seul doigt ne prend pas de puce.
Martinique.
Ce proverbe existe en abé (voir, en tête des index, le tableau des différentes langues).

670 Quand ce n'est pas mon pouce c'est mon doigt. Régional, Artois.
Pour signifier des ennuis ou des importuns auxquels on ne peut échapper. « Quand ce n'est pas l'un, c'est l'autre. »

Le ventre, l'estomac

671 Ventre plein donne de l'assurance.
Régional, Auvergne.

672 Après la panse vient la danse.
Le Roux, 1752.
Mais déjà employé par Villon dans *Le Testament.*
var. : De la panse vient la danse.
Régional, Auvergne.

var. : Après la panse, la danse. Quitard, 1842.
Rapport de successivité entre deux plaisirs : la nourriture (oralité) précède d'autres plaisirs ludiques (et, implicitement, érotiques comme le prouvent les locutions figurées : «La danse du loup», etc.).

673 Si l'estomac pouvait parler, il dirait carotte. Régional.

674 Ventre affamé n'a point d'oreille.
Fleury de Bellingen, 1656.

675 Jamais la cornemuse ne dit mot si elle n'a le ventre plein. *Adages français*, XVIe s.

676 Douleur de tête veut manger,
Douleur de ventre veut purger.
Dicton médical, illustrant une symbolique des fonctions *(ingestion/excrétion)* et des thérapeutiques.

677 Corps vide, âme désolée;
Et bien repu, âme consolée. Meurier, 1568.

Le cœur

678 En petit ventre, gros cœur.
Adages français, XVIe s.
Le cœur est ici le courage, la vaillance à l'action; le ventre symbolise les appétits matériels.

679 À pauvre cœur petit souhait.

680 Cœur blessé ne peut aider. Bovelles, 1557.

681 Cœur qui soupire n'a pas ce qu'il désire.

682 Mauvais cœur et bon estomac.
Quitard, 1842.
Devise des égoïstes : «... en étouffant sa sensibilité et digérant très bien, on évite beaucoup de souffrances morales et physiques» (Quitard).

683 Cœur étroit n'est jamais au large.
Étroit connote avarice et *large* générosité.

684 Main serrée, cœur étroit.

La poitrine

685 Les seins ne sont jamais trop lourds pour la poitrine. Martinique.
Sur le thème : la nature est bien faite.

Les pieds

687 Meilleur nus pieds
Que nuls pieds. Bovelles, 1557.

ACTIVITÉS PHYSIOLOGIQUES

Le rire et les larmes

L'association contrastée du rire et des larmes en une même formule expressive est un lieu commun proverbial. Leur succession dans l'énoncé, rendue possible logiquement par l'intervention de la dimension du temps, désamorce et dédramatise l'opposition pour signifier le thème banal des vicissitudes humaines. Elle traduit aussi une profonde méfiance devant les réactions brutales et émotionnelles, dont le temps se charge de montrer la vanité.

688 Tel qui rit vendredi, dimanche pleurera.
var. ancienne : Cil qui rit au matin qui au soir pleure. La Véprie, 1495.

689 Rira bien qui rira le dernier.
Florian, *Fables*, IV, 18.
var. ancienne : Il rit assez qui rit le dernier. A. de Montluc, *La Comédie des Proverbes*, 1616.

690 Rien ne sèche plus vite que les larmes.
Quitard, 1842.

691 Mieux vaut pleurechante que chantepleure.

Autres activités physiologiques

692 Qui son nez mouche ne peut prendre mouche. Le Roux de Lincy, 1859.

693 Les morveux veulent toujours moucher les autres.

694 Qui se sent morveux se mouche.
Baïf, 1597.

695 Qui se sent galeux se gratte. Oudin, 1640.
Dans ces deux proverbes *mouche* et *gratte* s'entendent habituellement comme des subjonctifs. Ces proverbes se disent de celui qui se sent concerné par l'allusion qu'on vient de faire.

696 Un bon bâilleur en fait bâiller deux.
Quitard, 1842.

697 Jamais teigneux n'aima le peigne.
Meurier, 1568.

698 À un chacun sent bon sa merde.
Baïf, 1597.
Cf. aussi 505.

699 Plus on remue la merde, plus elle pue.
Le Roux, 1752.
Mise en garde à l'adresse de ceux qui veulent éclaircir une affaire louche; cf. l'expression : «Mettre son nez dans...». — Ce proverbe existe aussi en grec.

700 Mieux vaut suer que grelotter.
Ces deux réactions opposées du corps indiquent une rupture de l'équilibre physiologique due à une modification de l'environnement, mais *grelotter* connote un état de misère, tandis que *suer* serait plutôt le signe d'un surcroît d'abondance et de confort.

LES INFIRMITÉS

Les diverses infirmités du corps connaissent une faveur bien attestée dans les proverbes français. Celle-ci s'explique sans doute, en grande partie, par l'image familière de l'infirme dans les communautés d'autrefois, mais elle reflète aussi certaines croyances superstitieuses dans le pouvoir maléfique de ces êtres dont le corps témoigne symboliquement de la noirceur des intentions.

La bosse et le bossu

701 Bigle, borgne, bossu, boiteux,
Ne t'y fie si tu ne veux. *Adages français*, XVIe s.

702 À bossu la bosse. Oudin, 1640.
Oudin commente : « Malheur aux méchants. »

703 Chacun est bossu quand il se baisse.
On peut toujours contracter un défaut.

704 Bossu ne voit pas sa bosse. Martinique.

705 Il ne faut pas vingt ans pour qu'un bossu entre dans un cercueil droit. Martinique.

Le boiteux

706 Il ne faut pas clocher devant les boiteux. Meurier, 1568.
var. : Clochier ne faut devant boiteux. Mielot, 1456.
Oudin (1640) explique : « Il ne faut pas user de finesse devant les méchants ou rusés. »
cf. Il ne faut pas parler latin devant un cordelier.

707 Un boiteux ne veut aller avec plus boiteux que lui. *Adages français*, XVIe s.

Les aveugles et les borgnes

708 Au royaume des aveugles, les borgnes sont rois. Gruter, 1610.

709 Si un aveugle en conduit un autre, ils tomberont tous les deux.
Citation de l'Évangile (Matthieu 15, 14).

Les sourds

710 Il n'est pire sourd que celui qui ne veut pas entendre.
var. ancienne : N'est si mal sourd comme cil qui ne veut ouïr goutte. Jean de Meung, XIIIe s.

GESTES, ATTITUDES, MOUVEMENTS

La mobilité et le dynamisme du corps sont la base de plusieurs proverbes très pittoresques. Les connotations morales courantes du lexique du mouvement (tomber, reculer, monter, descendre) permettent de passer aisément de l'image physique simple à la peinture de situations morales moins évidentes et le plus souvent inconfortables, de la constatation de certaines apories physiques élémentaires, telle :

On ne peut humer et souffler ensemble jusqu'à la mise en garde moralisatrice et moqueuse à l'adresse de ceux dont l'ambition oublie la modestie ou la faiblesse des moyens,

comme le montre le premier proverbe cité ici :

711 On ne saurait péter plus haut que le cul. Oudin, 1640.
Pour remettre à leur place les gens prétentieux ou ambitieux sans moyens.

712 L'on ne peut humer et souffler tout ensemble.
var. : L'on ne peut courir ensemble et corner. Meurier, 1568.
Sur le thème : On ne peut pas faire deux choses à la fois.

713 Qui crache en l'air reçoit le crachat sur soi. Bovelles, 1557.
Ce proverbe existe en alsacien, en basque, en grec.
cf. À pisser contre le vent, on mouille sa chemise.

714 Il ne faut jamais trembler qu'on ne voie sa tête à ses pieds.
« Il ne faut point avoir peur sans sujet » (Oudin, 1640).

715 Mal est caché à qui l'on voit le dos.
var. ancienne : Mal se musse à qui le cul pert. Lamesangère, 1821.
« Ce proverbe s'applique aux poltrons : ayant tourné le dos, les voilà connus pour des lâches et, pour cette raison, exposés à de nouvelles attaques » *(ibid.)*. Cf. aussi 599.

716 Qui n'a pas de siège s'accote contre le mur.

Tomber

717 Qui plus haut monte de plus haut chiet [tombe]. Ancien proverbe, XIIIe s.
var. : Cil prend mal coup qui trop haut monte. Chanson sur Hugues Aubriol, XIVe s.

718 Ce n'est pas honte de choir mais de trop gésir. Ancien proverbe, XIIIe s.
La honte n'est pas de tomber mais de ne pas se relever assez tôt.

719 Tout ce qui branle ne tombe pas.
Il ne faut pas se fier aux apparences : les personnes les plus fragiles d'aspect peuvent être très résistantes.

720 On se heurte toujours où l'on a mal. Quitard, 1842.
C'est-à-dire que, ailleurs, les heurts, étant moins douloureux, passent inaperçus.

721 Mieux vaut ployer que rompre. Meurier, 1568.
Voir la fable : « Le Chêne et le Roseau » (La Fontaine, I, 22).

Monter et descendre

722 Il en est ainsi en ce monde
Quand l'un descend l'autre monte.
Prov. gallica, XVe s.
Vicissitudes et justice distributive.

723 Il est plus facile de descendre que de monter.

724 Il vaut mieux allonger le bras que le cou. Bruscambille, XVIIe s.
Il vaut mieux mendier que s'exposer à être pendu (ou décapité) pour avoir volé.

725 Qui trop embrasse mal étreint.
Le Roux, 1752.
Qui veut entreprendre ou faire trop de choses à la fois risque de ne rien réussir.
var. ancienne : Qui trop embrasse peu estraind. XIVe s.

Se lever, se coucher

726 Paris appartient à ceux qui se lèvent tôt. Maloux, 1960.

727 Premier levé, premier chaussé.
Meurier, 1568.

728 Qui perd sa matinée perd les trois quarts de sa journée. Régional, Agen.

729 Coucher de poule et lever de corbeau
Écartent l'homme du tombeau.
Régional, Franche-Comté.
var. ancienne : Couchier à dix, lever à six.
Mielot, 1456.

730 Ce n'est pas le tout de se lever matin, il faut encore arriver à l'heure.
var. ancienne : Au matin lever ne gist mie tous li esplois. Ancien proverbe, XIIIe s.

731 A beau se lever tard qui a bruit [réputation] de se lever matin. Duplessis, 1856.
Les premières impressions qu'une personne donne d'elle-même sont difficiles à chasser.

732 Puce en l'oreille
L'homme réveille. Bovelles, 1557.
Cf. la locution : « Mettre la puce à l'oreille », dont le sens initial est érotique.

733 Comme on fait son lit on se couche.
var. ancienne :
Qui mal fait son lit,
Mal couche et gist. Meurier, 1568.
Il faut subir les conséquences de sa conduite. — Ce proverbe existe aussi en grec.

734 Le lit est l'écharpe de la jambe.
Le Roux, 1752.
Quand on a mal à la jambe, il faut garder le lit.

735 Un bon coup de coussin
Fait mieux que le médecin. Régional.
Thème fréquent des bienfaits du sommeil.

736 L'oreiller porte conseil. Régionale, Auvergne.
Variante de : « La nuit porte conseil ».

737 Mieux vaut user des souliers que des draps.
Mieux vaut être debout que couché. — Ce proverbe existe aussi en italien.

738 On est plus couché que debout.
Le Roux, 1752.
On passe plus de temps couché en terre que vivant ; de plus le lit est parfois pris comme image de la mort.

739 Il ne faut pas se dépouiller avant de se coucher. Oudin, 1640.
Il ne faut pas se dessaisir de ses biens avant sa mort.
cf. Homme vif n'a pas d'héritier.

740 Le plus beau lendemain ne nous rend pas la veille.
Ce proverbe existe aussi en chinois.

LA SANTÉ ET LA MALADIE

Des proverbes qui traitent du thème général de la santé, et qui expriment çà et là les banalités attendues, crainte et prudence superstitieuses, on retiendra surtout le retour fréquent de l'image du médecin. À une époque où l'art de guérir est encore si peu sûr et efficace, le médecin apparaît comme un des personnages les plus familiers de la vie sociale. Il est vrai que son évocation dans les proverbes est presque toujours négative : il partage avec l'avocat le privilège d'être le « professionnel » le plus décrié des proverbes français. Il faut y voir le signe d'une pratique très tâtonnante mais lucrative, dont la satire est un lieu commun de l'imagerie populaire et littéraire (voir Molière), mais également une sorte de manœuvre quasi magique destinée à éloigner la maladie : se moquer du médecin, c'est essayer de conjurer magiquement la maladie et la mort.

Le médecin vient en fait perturber le système de la nature, où les rapports entre physique et moral, leur connaissance et leur respect, qui se traduit par une modération dans l'« usage du corps », assurent un heureux équilibre. Ces proverbes étaient encore très employés à la fin du XIXe siècle (voir F. Loux et Ph. Richard : *Sagesses du corps, la santé et la maladie dans les proverbes français*).

741 Celui qui a la santé est riche. Régional.

742 C'est une belle baronie que santé.
Adages français, XVIe s.

743 Qui a la santé a tout,
Qui n'a pas la santé n'a rien.

744 Quand le bâtiment va, tout va.
Maloux, 1960.
Phrase du discours d'un ouvrier, Martin Nadaud, à l'Assemblée nationale en 1848. Dans ce proverbe, *bâtiment* est employé métaphoriquement pour *corps* (de métier). Mais la phrase est en général employée au sens propre de *bâtiment*.

745 Plus le corps est faible, plus il commande ;
Plus il est fort, plus il obéit.

746 De fortune et de santé il ne faut jamais se vanter. Régional, Savoie.
Prudence superstitieuse.

747 Deux bras et la santé font le pauvre aisé. Régional.

748 Loin de cité, loin de santé.
Ce proverbe, qui paraît aujourd'hui étrange, sinon ironique, fait allusion à la solidarité sociale (*cité* s'emploie au XVIIe s. pour « ensemble des citoyens »).

749 Mal sur mal n'est pas santé. Vibraye, 1934.
On ne guérit pas le mal par un autre mal.

750 Qui demande au malade s'il veut la santé ? La Véprie, 1495.

Les maladies

751 Les maladies viennent à cheval et s'en retournent à pied.
On tombe subitement malade et on guérit très lentement. — Ce proverbe existe aussi en suédois.

752 Tout paraît jaune à qui a la jaunisse.
Cahier, 1856.
Une plaisante illustration de l'égocentrisme.

753 Au mal de la goutte
Le mire [médecin] n'y voit goutte.
Quitard, 1842.

754 Goutte tracassée est à demi pansée.
L'exercice est un bon remède pour la goutte ; cf. la fable « La Goutte et l'Araignée » (La Fontaine, III, 8).

755 Le rhumatisant a un almanach dans sa tête. Régional.

756 À œil ou nez malade, ne touche que du coude. *Anthologie prov. fr.*, XVIIe s.
N'y touche pas du tout.

757 Remède contre la peste et meilleur art :
Tôt et loin s'écarter et tourner tard.
Meurier, 1568.

Les remèdes

758 Il vaut mieux prévenir que guérir.
Panckoucke, 1749.

759 Aux grands maux les grands remèdes.
Académie, 1835.

760 À vieux corps, point de remède.
Régional, Bourbonnais.

761 Contre la mort, point de remède.
Adages français, XVIe s.

762 La guérison n'est jamais si prompte que la blessure. Cahier, 1856.

763 Selon le bras, fais la saignée. Baïf, 1597.
Il faut adapter les exigences au possible. — Le terme *saignée* invite à appliquer plus particulièrement le conseil au domaine de la fiscalité.

764 Dieu qui donne la plaie donne le remède. Régional.
var. : Dieu donne la gale, mais il donne aussi des ongles pour la gratter.
Martinique.
Une façon d'envisager le rôle de la providence divine.

765 Où il n'y a point de mal il ne faut point d'emplâtre. Le Roux, 1752.

766 « Pardon » ne guérit pas la bosse.
Guadeloupe.
Quand on a heurté quelqu'un, une excuse ne répare pas le mal.

Le médecin

767 Mieux vaut condamnation de médecin que de juge.
En effet, le médecin se trompe souvent, même dans son pronostic.

768 Trompez le médecin le malade reste.
Guadeloupe.

769 Il n'est permis de mentir qu'au médecin. Fleury de Bellingen, 1656.

770 Si on avait toujours des cerises et des raisins, on pourrait se passer de médecin. Régional, Savoie.

771 Il vaut mieux aller au moulin qu'au médecin. Régional, Champagne.

772 Hippocrate dit oui et Galien non.
Adages français, XVIe s.
Quand les médecins ne sont pas d'accord entre eux.

773 Médecin, guéris-toi toi-même.
Académie, 1835.
Ce proverbe est déjà cité dans l'Évangile (Luc 4, 23). « Se dit de celui qui se mêle de donner des remèdes ou des conseils aux autres, et qui lui-même en a besoin » (Le Roux, 1752).

774 Médecin de Salamanque
Guérit l'un et l'autre manque.
Proverbes en Rimes, XVIIe s.

775 Les médecins et les maréchaux
Tuent les gens et les chevaux.
La Véprie, 1495.

776 La faute du médecin
La terre la recouvre. Auvergne.
var. : Médecins et paveurs de rue, la terre recouvre leur faute.

777 Trop de docteurs, peu de médecins.
Beaucoup se prétendent savants, mais peu guérissent.

778 Un médecin soigne, deux estropient, trois tuent. Régional.

779 De jeune médecin, cimetière bossu. Gruter, 1610.
var. : Les médecins font les cimetières bossus.
L'image pittoresque du cimetière bossu revient souvent dans les proverbes français pour désigner les conséquences (mortelles) de certaines interventions humaines. Pour une autre profession, on utilisait ce proverbe voisin :
De jeune avocat, héritage perdu.

780 C'est folie de faire de son médecin son héritier. Meurier, 1568.

781 Dieu guérit le médecin encaisse. Régional.

782 Après la mort, le médecin. Pièces sur le Connétable de Luynes, XVIIe s.
Le médecin arrive toujours trop tard. Le rapport entre médecin et mort est illustré autrement dans l'expression : «En dépit des médecins nous vivons jusqu'à la mort».
cf. Après le dîner, la moutarde.

LES ÂGES DE LA VIE : LA MORT

Nous avons rangé dans cette rubrique les proverbes non métaphoriques qui concernent les âges de la vie et la mort. Ils font preuve d'un fatalisme prudent.

L'opposition *jeunesse/vieillesse* y est traitée sur le mode pessimiste et désabusé, et l'évocation directe de la mort dévie curieusement vers des considérations sur l'égoïsme humain :

Chaque vieille son deuil plaint.

783 L'âge n'est fait que pour les chevaux.
Cf. le dicton médical : «On a l'âge de ses artères.» Cf. aussi 423.

784 On ne peut pas être et avoir été. Panckoucke, 1749.

785 Qui vivra verra. La Véprie, 1495.

786 Qui a le temps a la vie. Panckoucke, 1749.

787 Chaque âge a ses plaisirs.
Formule implicitement déceptive.

788 Tant qu'il y a de la vie il y a de l'espoir.

789 Homme vif n'a point de heir. Le Roux, 1752.
Un homme vivant n'a point d'héritier.

La jeunesse, la vieillesse

790 Jeunesse oiseuse, vieillesse disetteuse.
Une jeunesse oisive prépare une vieillesse démunie.

791 Le vieil meurt, le jeune oublie. Vibraye, 1934.

792 Si jeunesse savait,
Si vieillesse pouvait. Meurier, 1568.

793 Le vieux n'y voit pas assez pour marte-
[ler la faux
Et le jeune ne sait pas l'affiler. Régional.

794 Pour vivre longtemps il faut être vieux de bonne heure. Régional.

795 En conseil écoute le vieil. Meurier, 1568.

796 Il faut que jeunesse se passe.
Pour excuser les excès et les fredaines de la jeunesse.

La vie et la mort

797 Ce qu'on apprend au berceau dure jusqu'au tombeau. Quitard, 1842.
var. ancienne : Ce qui s'apprend au ber dure jusqu'au ver.
Ce proverbe existe en allemand.

798 Ventre pointu n'a jamais porté chapeau. Lamesangère, 1821.
Proverbe concernant les femmes enceintes : un ventre qui n'est pas rond n'annonce qu'une fille.

799 Aujourd'hui en chair,
Demain en bière.

800 Le lange l'a apporté
Le linceul l'emportera. Régional.

801 Ce qui vient avec le béguin
S'en retourne avec le suaire. Régional.

802 Quand tu es né rond, tu ne meurs pas pointu. Martinique.
On ne change pas.

803 On ne sait ni qui meurt ni qui vit. Duplessis, 1856.
Adage de droit : On n'est jamais sûr de rien.

804 On ne meurt qu'une fois.
var. ancienne : On ne peut mourir que d'une mort. *Adages français*, XVIe s.

805 De mauvaise vie mauvaise fin. *Prov. gallica*, XVe s.

La mort

806 Il faut mourir chacun pour soi.
var. ancienne : Chascun por sei morir estuet. Quitard, 1842.

807 Chaque vieille son deuil plaint. Ancien proverbe, XIIIe s.

808 Tous vont au convoi du mort et chacun pleure son deuil. Quitard, 1842.
Ce proverbe existe aussi en espagnol.

809 Les candélabres coûtent plus cher que l'enterrement. Martinique.
Signifie que les moyens sont disproportionnés aux fins.

810 Contre la mort point de remède.

811 La mort n'a pas d'ami. Vibraye, 1934.

812 Les morts avec les morts, les vifs à la toustée. *Prov. gallica*, XVe s.

chapitre VI

LA VIE DOMESTIQUE

On trouvera, classés dans cette rubrique à la dénomination assez large, un ensemble de proverbes traitant de l'individu dans son intimité familiale ou plus largement domestique : la maison, le ménage, les enfants... ; l'individu, c'est-à-dire l'homme. S'il se trouve que la femme occupe la plus grande place dans ces proverbes, c'est d'abord que l'homme en est l'énonciateur anonyme, mais aisément reconnaissable, tandis que la femme est l'objet privilégié et obsédant de ce discours.

Remarquons aussi, sur ce point, que l'homme est le plus souvent saisi à travers la métaphore (bestiaire ou éléments), alors que la femme est directement nommée, en dehors des emplois particuliers, mais très clairement connotés par l'usage, de certains objets usuels, le pot, le four par exemple, où c'est l'allusion sexuelle qui réclame la médiation métaphorique.

D'autre part, c'est en grande partie la femme qui détermine par sa conduite ménagère l'ordre et la sécurité économique de la famille et l'on ne s'étonnera pas alors de voir tel ou tel proverbe juger la femme avec le cynisme d'un boutiquier appréciant une bonne ou une mauvaise affaire.

D'une façon générale, ces proverbes sont à l'évidence misogynes (on dirait aujourd'hui sexistes), mais ils révèlent bien davantage la peur de l'homme devant les pouvoirs et les mystères de la femme, qu'un langage outrancier et parodique essaie maladroitement de conjurer.

L'HABITAT

Le pays, la maison

813 Le pays est là où l'on se peut vivre.

Prov. gallica, XVe s.

814 À l'entrée de la ville sont les premières maisons. La Véprie, 1495.

Lapalissade et conseil de sagesse : il faut chercher les choses là où elles peuvent se trouver.

815 Les maisons empêchent de voir la ville.

Le Roux, 1752.

« Se dit quand on voit tant de belles choses ensemble, qu'on n'a pas le loisir de les considérer en particulier » *(ibid.)*.

var. : L'arbre cache la forêt.

816 Gardez votre maison, elle vous gardera.

817 Mal se guête [garde] du larron qui l'enclôt dans sa maison.

Ancien proverbe, XIIIe s.

Les voisins

818 Qui a bon voisin a bon matin.

Meurier, 1568.

« Il n'a pas de mauvaise surprise à son réveil. » — Une autre interprétation s'appuie sur un jeu de mots : *matin/mâtin*. Dans cette hypothèse, le proverbe signifierait : « celui qui a un bon voisin est bien gardé, bien protégé », et s'écrirait :

var. : Qui a bon voisin a bon mâtin.
autre variante : Qui a maul voisin si a maul matin. Ancien proverbe, XIIIe s.

819 Si ton voisin va se noyer, tu ne dois point pour tant aller.
Bonum spatium, XIVe s. (*in* Maloux, 1960).

820 Si tu vois la barbe de ton voisin brûler, tu peux mettre la tienne à tremper.
Régional, Agen.
Le malheur ne saurait tarder à te frapper à ton tour.

LA VIE DOMESTIQUE

821 Que chacun balaie devant sa porte et les rues seront nettes.
cf. Chacun son métier et les vaches seront bien gardées.

822 Il faut laver son linge sale en famille.

823 Il faut qu'une porte soit ouverte ou fermée. Brueys et Palaprat, *Le Grondeur*, 1691.
Pas de demi-mesures.

824 Le dernier venu ferme la porte.
Meurier, 1568.
Oudin (1610) glose ainsi ce proverbe : «qui s'amuse perd l'occasion».

825 Trois déménagements valent un incendie.

826 On n'est jamais si riche que quand on déménage. Méry, 1828.
Mot attribué à Fontenelle, à l'issue d'un examen de conscience. Rappelons que Fontenelle est mort centenaire.

827 Charbonnier est maître chez soi.
Fleury de Bellingen, 1656.
Affirmation (même pour un charbonnier) des droits liés à la propriété privée.

828 Un petit chez soi vaut mieux qu'un grand chez les autres. Régional, Bourbonnais.

829 Suivant l'oiseau, le nid;
Suivant l'homme, le logis. Régional, Agen.

830 De bonne maison bon brason [foyer];
En pauvre maison bas tison. Bovelles, 1557.

831 Maison sans flamme,
Corps sans âme. Bovelles, 1557.

832 Quand la maison est trop haute, il n'y a rien au grenier. Bescherelle, 1846.
L'intelligence est inversement proportionnelle à la taille. – Ce proverbe existe en russe.

833 Parois blanches, parois fendues.
Bovelles, 1557.
Il ne faut pas se fier aux apparences.

834 De grand train
Sur l'estrain [la paille]. Meurier, 1568.
Proverbe d'économie.

835 Farine fraîche et pain chaud font la ruine de la maison. Suisse.
Ils se consomment trop vite.

836 Grand chère, petit testament.
Cotgrave, 1611.
var. : Grasse cuisine maigre testament.
Gruter, 1610.

837 Petite cuisine,
Grosse famille. Québec.

838 Jamais bon cuisinier n'a rendu son maître savant.

839 Épargne de bouche vaut rente de pré.

840 Cuisine étroite fait bâtir grande maison. *Adages français*, XVIe s.
Antonyme de «Grasse cuisine, maigre testament». Voir aussi 836.

841 Quand le malheur entre dans une maison, faut lui donner une chaise. Québec.
... car il s'installe pour longtemps.

Le mariage

842 Il y a plus de mariés que de contents.
Régional, Morvan.

843 Fiançailles vont en selle et repentailles en croupe.
«L'on se marie promptement et puis l'on se repent à loisir» (Oudin, 1640).

844 L'année où l'on se marie :
Plutôt gale que métairie.

845 Un homme mal marié, il vaudrait mieux qu'il fût noyé. Régional, Auvergne.

846 Ne prends jamais femme chez un cafetier,
Ni une vache chez un meunier.
Régional, Savoie.
Elles seront l'une et l'autre dépensières.

847 Qui loin se va marier
Sera trompé ou veut tromper.
Meurier, 1568.
«En mariage, trompe qui peut» (Quitard, 1852).

848 Qui épouse la femme épouse les dettes.
Académie, 1835.

849 La terre fait marier bouse. Régional, Savoie.
Une femme qui a des terres trouve facilement un mari, même la plus défavorisée.

850 Maison faite et femme à faire.
Quitard, 1842.
Il faut acheter une maison toute faite et épouser une femme dont le caractère ne soit pas encore formé.
var. : Cheval fait et femme à faire.

851 Homme de paille vaut une femme d'or.
Meurier, 1568.
Ce proverbe est l'extrême de la misogynie : rien ne peut faire que la femme vaille l'homme.

852 L'homme est pour le purgatoire, la femme pour l'enfer. Martinique.

853 La femme et l'œuf un seul maître veut.
Prov. gallicana, 1558.

Le ménage, l'épouse

854 Le fuseau doit suivre le garreau.
Meurier, 1568.
« Si l'homme travaille aux champs, la femme ne doit pas chômer à la ville » *(ibid.)*. — *Fuseau* et *garreau* (ou *garrot*) sont des bâtons de bois mais le premier sert aux femmes pour filer à la quenouille et les hommes utilisent le second pour assujettir avec des cordes le chargement d'une charrette.

855 L'homme ne doit rien à sa femme s'il n'est en sa maison. *Adages français*, XVIe s.

856 Les femmes sont comme les omelettes, elles ne sont jamais assez battues.

857 Souvent les jupons se moquent du pantalon.

858 Le ménage va mal quand la poule chante plus haut que le coq.
var. : Malheureuse maison et méchante
Où coq se tait et poule chante. Gruter, 1610.
Proverbe utilisé par Molière dans *Les Femmes savantes* (cf. 522).

859 Fumée, pluie et femme sans raison
Chassent l'homme de sa maison.
Meurier, 1568.

860 Qui femme a, noise a.
var. : Où femme il y a, silence il n'y a.
Meurier, 1568.
Se rappeler l'épigramme :
« Deux femmes font un plaid,
Trois un grand caquet,
Quatre un plein marché. »

861 Vides chambres font femmes folles.
Lamesangère (1821) explique : « Le désir d'avoir des nippes fait commettre aux femmes de grandes fautes. »

862 Femmes couchées et bois debout,
Homme n'en voit jamais le bout.
« C'est dans le lit qu'une femme fait paraître sa force... » (Fleury de Bellingen, 1656).

863 Patience de Griselidis
Met à bout bien des maris.
Prov. en Rimes, XVIIe s.
D'après une nouvelle du *Décaméron* de Boccace, dont Griselidis était l'héroïne, maltraitée par son mari qui doutait à tort de sa fidélité.

864 À qui Dieu veut aider, sa femme meurt.
Adages français, XVIe s.

865 Beauté de femme n'enrichit homme.
Bovelles, 1557.
cf. La beauté ne sale pas la marmite.

866 Belle femme, mauvaise tête;
Bonne mûle, mauvaise bête. Meurier, 1568.

867 Contre femme point ne débattre.
Baïf, 1597.

868 Une femme ne cèle que ce qu'elle ne sait pas. *Adages français*, XVIe s.
var. ancienne : Ne dire à ta femme ce que tu celer veus. Ancien proverbe, XIIIe s.

869 Pas de samedi sans soleil
Ni de femme sans conseil. Régional, Agen.
Le samedi est toujours ensoleillé pour permettre à la Sainte Vierge de faire sécher le linge de l'enfant Jésus.

870 Prends le premier conseil de la femme, non le second. Bovelles, 1531.
Éloge ironique de l'intuition féminine.

871 Femme bonne vaut couronne.

872 Femme avisée est toujours modérée.

873 Quand vous êtes bien habillé, vous ne rencontrez pas votre belle-mère.
Guadeloupe.

LA FEMME

874 Il n'est si fort lien que de femme.
var. ancienne : N'est nus si fort loiens comme de femme. Ancien proverbe, XIIIe s.

875 Femme sait un art avant le Diable.
Prov. gallica, XVe s.

876 Ce que femme veut Dieu le veut.
Méry, 1828.

877 Souvent femme varie
Bien fol est qui s'y fie.
Attribué par Brantôme à François Ier.
var. : Foi de femme est plume sur l'eau.
Quitard, 1842.

878 La femme tombe sept fois et toujours se relève. Martinique.

879 Femme et melon à peine les connaît-on.
Gruter, 1610.

880 Femme et vin ont leur venin. Meurier, 1568.

881 Des femmes et des chevaux il n'y en a point sans défaut.

882 Il faut se garder du devant d'une femme, du derrière d'une mule et d'un moine de tous côtés.
Les Bigarrures et Touches du Seigneur des Accords (1662).

883 Femme, feu, messe, vent et mer
Font cinq maux de grand amer.
Meurier, 1568.

884 À toute heure
Chien pisse et femme pleure. Meurier, 1568.
var. : Femme rit quand elle peut
Et pleure quand elle veut.
Thème des excrétions : une petite fille est une «pisseuse».

885 Femme qui prend, elle se vend ;
Femme qui donne s'abandonne.
Adages français, XVIe s.

886 Dites une seule fois à une femme qu'elle est jolie, le Diable le lui répétera dix fois par jour. Le Gai, 1852.

887 Le fard ne peut d'Hécube faire Hélène.
Le fard ne peut «réparer des ans l'irréparable outrage».

888 À femme avare, galant escroc.
La Fontaine, *Contes*, livre II.

889 Femme sotte se connaît à la toque.
Gruter, 1610.
On connaît la sottise d'une femme à son habit.

890 Hasard qui tocque, femme qui pêle n'est pas morte.
«Se dit quand on est près à hasarder quelque chose» (Oudin, 1640).

891 D'une bonne vigne prenez le plant ;
D'une bonne mère prenez la fille.
Régional, Limousin.

892 Il faut aux filles des hommes ou des murailles. Régional, Limousin.
Le mariage ou le couvent, sort des femmes.

893 Jolie fille porte sa dot au front.
La beauté est une dot suffisante ; ce proverbe signifie aussi peut-être que la richesse, la situation sociale ne se voient pas clairement.

894 La plus belle fille du monde ne peut donner que ce qu'elle a.
Chamfort, *Maximes et pensées*.

895 Fille cachée,
Fille cherchée. Régional, Bourbonnais.

896 Poires et femmes sans rumeur
Sont en prix et grand honneur.
Meurier, 1568.

897 Belle fille et méchante robe
Trouve toujours qui les accroche.

La conduite des filles

898 Fille qui trop se mire, peu file. Gruter, 1610.
Se mirer : se regarder dans un miroir.

899 Les filles et les poules se perdent de trop courir. Régional, Limousin.

900 Fille qui trotte et géline qui vole de légier sont adirées. *Prov. gallica*, XVe s.
Elles sont facilement enlevées.

901 Les tisons relevés chassent les galants.
Quitard, 1842.
Dicton fondé sur un usage symbolique très ancien. Une jeune fille signifiait par là à un jeune homme qu'elle refusait de l'épouser. *Tisons relevés*, foyer mort.

LES ENFANTS, LES RELATIONS DE FAMILLE

902 Nourriture passe nature. Cité dans Brantôme.
L'éducation peut corriger la nature. Contredit un grand nombre de proverbes qui affirment la force toujours victorieuse des inclinations naturelles, et le plus souvent en mauvaise part.

903 Bien labeure qui chastoie son enfant.
Ancien proverbe, XIIIe s.
Signifie exactement : «Bien travaille qui élève son enfant». Sous sa forme moderne : «Qui aime bien châtie bien», le verbe *châtier* s'entend plutôt dans le sens de punir, ce qui donne au proverbe un sens bien différent du précédent.

904 Un père peut nourrir cent enfants mais cent enfants ne nourriraient pas un père. Régional, Savoie.
Thème de l'ingratitude des enfants.

905 Une maman est un bon bol à couvercle.
Martinique.
Elle s'emploie à cacher les défauts de son enfant.

906 Folle mère pour enfant. *Prov. gallica*, XVe s.
La mère peut faire des folies pour son enfant.

907 Le dernier venu est le mieux aimé.
Mielot, 1456.

908 Il vaut mieux laisser son enfant morveux que de lui arracher le nez.
«Il vaut mieux souffrir un petit mal que de l'augmenter par un remède» (Le Roux, 1752).

909 Enfant haï est toujours triste.

910 Enfant aime moult qui beau l'appelle.
Prov. gallica, XVe s.
L'enfant aime ceux qui le flattent.

911 Enfant par trop caressé,
Mal appris et pis réglé. Meurier, 1568.

912 Ce que l'enfant dit au foyer
Est tôt connu jusqu'au moustier [monastère].
Meurier, 1568.

913 Celui qui n'a qu'un enfant n'en a aucun.
Régional, Agen.
Une progéniture nombreuse est la promesse d'aide et de ressources futures pour un ménage modeste. Il faut se souvenir aussi de la forte mortalité enfantine qui frappait les familles.

914 Mal enfant berce qui le Diable endort.

Mielot, 1456.

C'est un mauvais enfant celui qui est bercé par le Diable. L'expression était très usitée autrefois pour désigner un mauvais caractère : « Quand il dort, le Diable le berce. »

915 Il est mon oncle qui mon ventre me comble. *Bonum spatium*, XIVe s. (*in* Maloux, 1960).

Jusqu'au XIIIe s. environ, la relation *oncle/neveu* est privilégiée dans les structures de la parenté. — Il s'agit du frère de la mère (l'*avunculus* latin). On retrouve cela dans certaines expressions populaires, comme « la vigne à mon oncle... », et dans des dictons.

916 Enfant nourri de vin,
Femme parlant latin,
Rarement font bonne fin.

Régional, Auvergne.

Relation père-fils et père-fille

917 La gelée ne faut [manque] au grésil
Non plus que le père au fils. Bovelles, 1531.

918 Tel père, tel fils.

Ce proverbe est contredit par les deux suivants :

919 À père amasseur, fils gaspilleur.

Cotgrave, 1611.

920 À père avare, fils prodigue.

Ce proverbe existe aussi en espagnol.

921 Qui a des filles est toujours berger.

... il doit garder son troupeau.

922 Quand ma fille est mariée, tout le monde la demande.

« Après une affaire conclue, quantité de personnes se présentent pour traiter. » (Oudin, 1640).

var. : Quand notre fille est mariée, nous trouvons trop de gendres. Le Roux, 1752.

923 Entre promettre et donner,
Doit-on sa fille marier. Meurier, 1568.

Le gendre

924 Amitié de gendre, soleil d'hiver.

Meurier, 1568.

C'est une amitié rare et capricieuse. — Ce proverbe existe aussi en espagnol et en langue d'oc.

925 Morte la fille, mort le gendre. Baïf, 1597.

926 Aux gars on promet,
Aux filles on donne. Régional, Beauce.

La fille doit avoir une dot.

Les frères

927 Courroux de frères,
Courroux de Diable d'enfer. Meurier, 1568.

928 Tantôt frère,
Tantôt larron. Suisse.

Tantôt ami, tantôt ennemi.

chapitre VII

LA NOURRITURE, LA TABLE

Comme toutes les activités essentielles de l'existence (la sexualité mise à part, qui fait l'objet dans les proverbes d'un traitement indirect), la satisfaction du besoin alimentaire donne lieu à des énoncés nombreux et variés.

On retrouvera l'analogie attendue entre l'expression de la faim et de l'appétit et celle plus générale du désir humain, de ses perversions (avouables) ou de ses frustrations.

On ne s'étonnera pas non plus que le pain soit l'aliment le plus souvent sollicité. Dans une société marquée par la rareté et la cherté des produits alimentaires de base, le pain doit à son universalité, au circuit familier mais aussi aux incertitudes de sa production, de signifier par excellence le résultat, positif ou négatif, des visées humaines : gain ou richesse domestique, aisance née du travail...

Certaines nourritures ont une spécificité métaphorique plus marquée : comme le miel ou le beurre symbolisant le profit ou la tentation du profit, ou le lard, dont l'usage était plus précieux et plus répandu que de nos jours. D'une façon générale les proverbes évoquent les habitudes alimentaires ou gastronomiques d'une société déjà bien loin de nous.

N.B. On trouvera, classés à la rubrique « vie domestique, train de vie », d'autres proverbes concernant la table ou la cuisine, intéressant plus précisément l'économie domestique.

La table

929 On ne vieillit point à table. Quitard, 1842.

930 Table vaut bien école. Bovelles, 1531.

931 La paix engraisse plus que la table. Régional, Gascogne.

932 Il faut manger pour vivre et non vivre pour manger. Molière, *L'Avare*.
Proverbe d'origine latine.

933 À petit manger bien boire. Académie, 1835.
La boisson abondante compense la médiocrité de la nourriture.

934 Le manger fait réveiller le boire. Gruter, 1610.

935 Où nous avons dîné, nous souperons. Mielot, 1456.

936 Qui dort dîne. Quitard, 1842.
« Le sommeil fait oublier la faim. » Littré voit dans ce proverbe « une manière plaisante de rappeler que la paresse est le moyen de n'avoir pas à manger ».

937 Bien jeûne le jour qui le soir a assez à manger. *Prov. gallica*, XVe s.

938 Mal soupe qui tard dîne. Cotgrave, 1611.
Celui qui dîne [déjeune] tard n'a plus d'appétit pour le souper.

939 Courte messe et long dîner,
C'est la joie du chevalier. *Prov. gallica*, XVe s.
var. : Court sermon et long dîner. Mielot, 1456.

940 On ne va point aux noces sans manger. Québec.

Il faut accepter les conséquences.

var. : On ne dîne point quand on est de noces le soir. Québec.

La faim

941 Qui a faim ne peut manger bellement. Lamesangère, 1821.

Pas de gastronomie pour les affamés.

942 À qui a faim, tout est pain. Suisse.

943 À bon goût et faim
N'y a mauvais pain. Meurier, 1568.

944 Le bâillement ne ment pas : faim, sommeil ou ennui. Régional, Gascogne.

945 Faim fait dîner,
Passe temps souper. Bovelles, 1557.

946 La faim étouffe l'orgueil. Régional, Savoie.

Le goût et les goûts

947 Tous les goûts sont dans la nature. Le Roux, 1718.

948 Des goûts et des couleurs on ne discute pas.

Proverbe scolastique : *De gustibus et coloribus non disputandum.*

949 Morceau avalé n'a plus de goût. Académie, 1835.

var. : Les premiers morceaux nuisent aux derniers.

Cette variante est ainsi glosée par Oudin : « Quand on a bien mangé, on ne saurait plus rien manger. »

950 Mange à ton goût et habille-toi au goût des autres.

Appétit a une valeur plus large qu'aujourd'hui et équivaut à *désir* (cf. *appétance*).

L'appétit

951 L'appétit vient en mangeant. Mielot, 1456.

952 Il n'est sauce que d'appétit. Meurier, 1568.

L'appétit est le meilleur des assaisonnements.

953 Pain dérobé réveille l'appétit. Tuet, 1789.

Cf. La Fontaine :
Pain dérobé que l'on mange en cachette
Vaut mieux que pain qu'on cuit ou qu'on achète.

954 Changement de corbillon, appétit de pain bénit.

« La nouveauté est une espèce de ragoût » (Le Roux, 1752).
Corbillon : petite corbeille dans laquelle on mettait le pain bénit.

La gourmandise

955 Trop à manger,
Peu d'appétit. Régional, Agen.

956 La gourmandise tue plus de gens que l'épée. Tuet, 1789.

957 Les gourmands font leur fosse avec leurs dents. Estienne, 1593.

958 Deux gloutons ne s'accordent point en une même assiette. Quitard, 1842.

cf. Deux chiens à un os ne s'accordent.

Le pain

959 Pain coupé n'a point de maître. Le Roux, 1752.

Se dit quand on prend à table le pain d'un autre, mais ce proverbe peut s'entendre évidemment dans un sens beaucoup plus large.

960 Nul pain sans peine. Cotgrave, 1611.

Ce proverbe existe en polonais.

961 Il ne fait pas ce qu'il veut qui son pain sale. *Adages français*, XVIe s.

... qui en est réduit à saler son pain pour tout accompagnement.

cf. Ne fait pas ce qu'il veut qui glane.

962 Celui qui est né pour un petit pain n'en aura jamais un gros. Québec.

Thème de l'inégalité des chances et de la malchance des miséreux.

963 Le pain d'autrui est amer. Littré.

Celui que l'on doit à la générosité ou à la protection d'un autre.

964 Là où pain fault [manque], tout est à vendre. La Véprie, 1495.

965 Les peines sont bonnes avec le pain. Régional, Auvergne.

966 Les mains noires font manger le pain blanc.

« Le travail procure l'aisance » (Littré).

967 Après blanc pain,
Le bis ou la faim. Meurier, 1568.

968 Si tu manges ton pain blanc en premier,
Tu manges ton pain noir plus tard. Québec.

Variante, moins pessimiste, du précédent.

969 Pain criez ne crieve ventre [Le pain vendu à la criée ne crève pas le ventre]. Ancien proverbe, XIIIe s.

970 Il vaut mieux pain sans nappe que nappe sans pain. Régional.

971 À l'autre huys [à l'autre porte], on donne deux pains. Mielot, 1456.

Moquerie un peu méchante à l'adresse des quémandeurs.

972 De tel pain telle soupe. La Véprie, 1495.

« Les choses sont bonnes selon la matière qu'on y met » (Le Roux, 1752).

973 Croûte de pâté vaut bien pain. La Véprie, 1495.

Le meilleur peut toujours remplacer le bon.

974 Jamais pains à deux couteaux
Ne furent ni bons ni beaux.
Fleury de Bellingen, 1656.
« On appelle pain à deux couteaux celui qui, étant trop humide ou mal essuyé, laisse le couteau pâteux après qu'on l'a coupé » *(ibid.)*.

975 Le pain et le vin sont le commencement d'un festin. Régional, Savoie.

976 Pain tant qu'il dure,
Mais vin à mesure. Meurier, 1568.

977 Mettre le pain à l'envers empêche les amours. Régional, Touraine.

Les aliments, la viande et le poisson

978 Peu et bon. Lamesangère, 1821.

979 La chair [viande] nourrit la chair.

980 Telle chair, telle sauce.

981 Bonne chair [viande] fait le cœur lie [content]. Mielot, 1456.

982 Toute chair n'est pas venaison. Oudin, 1640.

983 Vieille viande fait bonne soupe.

984 Qui chapon mange
Chapon (*ou* perdrix) lui vient. Oudin, 1640.
L'argent va à l'argent.

985 Qui veut jouir d'aile, il lui faut lever la cuisse.
« C'est par équivoque *d'elle*, qui veut jouir d'une femme ; autrement pour bien trancher l'aile d'un chapon il faut premièrement en lever la cuisse » (Oudin, 1640).

986 Aile de perdrix, cuisse de bécasse,
Dos de carpe, ventre de brochet.
Panckoucke, 1749.
Dicton gastronomique.

987 Faute de grives, on mange des merles.
var. : Faute de poires, on ronge des trognons. Régional, Savoie.
var. : Faute de morue, on mange du poulet. Martinique.
Pour cette dernière variante, le proverbe est retourné : lorsqu'on a épuisé une nourriture ordinaire, on consomme ce qu'on avait de plus précieux.

988 Mieux vaut ta propre morue que le dindon des autres. Martinique, créole.
var. québécoise : Une tartine de sirop chez nous est parfois meilleure qu'un banquet ailleurs.
Il s'agit du *sirop d'érable*.

989 Chair de mouton
Manger de glouton. Lamesangère, 1821.
D'un temps où on se nourrissait surtout de bœuf ou de porc.

990 Jamais ne demeure chair à la boucherie. Meurier, 1568.

991 Jeune chair et vieux poisson. Oudin, 1640.
Conseil gastronomique... et connotation grivoise.

992 Jamais poisson à deux mains
Ne fut du goût des humains.
Fleury de Bellingen, 1656.
Poisson à deux mains : qu'il faut manger en s'aidant des deux mains, c'est-à-dire avec beaucoup d'arêtes.

Les assaisonnements

993 La sauce fait passer le poisson. Oudin, 1640.

994 Sans de l'aigreur la sauce est fade.
Baïf, 1597.
Perversité du goût, et du désir en général.

995 C'est la sauce qui fait manger la grôle.
Régional, Bourbonnais.

996 Table sans sel, bouche sans salive.
Gruter, 1610

997 Trop de sel gâte la soupe. Martinique.

Le beurre et le lard

998 Qui approche le beurre du feu ne l'empêche pas de fondre.
À trop vouloir risquer...

999 On ne saurait manier le beurre qu'on ne s'en graisse les doigts.
« On profite toujours à manier de l'argent » (Le Roux, 1752).

1000 Il ne faut pas tant de beurre pour faire un quartron. Oudin, 1640.
Quarteron : la quatrième partie d'une livre.

1001 Pour connaître quelqu'un, il faut avoir mangé un minot de sel avec lui. Méry, 1828.
C'est-à-dire avoir souvent dîné avec lui : l'avoir fréquenté longtemps.

1002 Toute la pluie n'enlève pas la force d'un piment. Guadeloupe, créole.
Force du naturel.

1003 Après le dîner, la moutarde. Baïf, 1597.
var. ancienne : Après manger, nappe.
Prov. ruraux..., XIIIe s.
Pour dire qu'une chose arrive quand on n'en a plus besoin.

1004 On ne peut pas avoir le lard et le cochon. Régional, Bourbonnais.
Sur le thème : on ne peut pas tout avoir.

1005 Ce n'est pas le tout que des choux, il faut du lard pour les cuire. Suisse romande.

1006 À la fin saura-t-on qui a mangé le lard.
La Véprie, 1495.
var. explicative : En la fin connaît-on le bon et la fin. Gruter, 1610.

1007 Jamais lard ni cuit ni cru
N'a fait le cimetière bossu. Littré.
Le lard n'a jamais tué personne.

1008 Qui a mangé le lard ronge l'os.
Cotgrave, 1611.

Le fromage

1009 Après la chair [viande] vient le fromage. Mielot, 1456.

1010 Nul ne pèle son fromage qu'il n'y ait perte ou dommage. *Adages français*, XVIe s.

1011 Entre le fromage et la poire,
Chacun dit sa chanson à boire.
Le Roux, 1752.

Cf. la locution : « Entre la poire et le fromage... »

1012 Au fromage et jambon,
Connaît-on voisin et compagnon.
Meurier, 1568.

Autres aliments

1013 Ris du riz, tu pleures pour des lentilles.
Guadeloupe.

Proverbe créole.

1014 Soupe aux choux
Au médecin ôte cinq sous.

1015 Un bouillon de chou
Fait perdre au médecin cinq sous.
Régional, Anjou.

1016 Veau mal cuit et poulet cru
Font les cimetières bossus. Estienne, 1591.

Dicton : il faut manger l'un et l'autre bien cuits.

Le miel

1017 Nul miel sans fiel. Gruter, 1610.

Heureuse assonance sur le thème : « Nul plaisir sans peine » ; cf. aussi 965.

1018 Au dégoûté le miel est amer. Meurier, 1568.
var. : À ventre saoül cerises amères.
Lamesangère, 1821.

1019 Qui manie le miel s'en lèche les doigts.
Méry, 1828.

La tentation de celui qui manie l'argent des autres.

1020 Trop achète le miel qui sur épine le lèche.
La Véprie, 1495.

C'est payer trop cher le miel que de le lécher sur des épines.

1021 Ce n'est mie comparaison de suie à miel.

Il faut comparer les choses comparables.

La cuisine

1022 C'est aux épluchures qu'on reconnaît la ménagère. Régional, Artois.

1023 On ne fait pas de rien grasse potée.

« On ne fait pas de bonne chair sans dépenser » (Oudin, 1640).

1024 On ne fait pas d'omelette sans casser d'œufs. Académie, 1878.

Pour justifier les abus et dommages qu'entraîne un changement radical.

1025 La tourte est bonne qui garde la fourme [la forme]. La Véprie, 1495.

1026 Avec une crêpe manquée
On fait une bonne gaufre. Belgique.

1027 Les premières gaufres sont pour les enfants. La Véprie, 1495.

Se dit au jeu de cartes à propos des premières levées.

chapitre VIII

LES OBJETS USUELS

La richesse symbolique d'objets usuels tels que le pot, la marmite, l'écuelle, le sac, et surtout le jeu métonymique auquel ils se prêtent, leur proximité dans l'environnement domestique et leur permanence sous le regard ou la main de l'homme dans les moments essentiels (travail, échanges, nourriture) expliquent la fréquence et la variété de leur emploi dans l'énoncé proverbial.

Cette proximité de l'environnement matériel permet d'associer commodément les objets de la vie courante pour signifier certains aspects des relations humaines (par exemple : *marmite/chaudron, pelle/fourgon, torchon/serviette*).

On peut distinguer trois séries de signification, axées sur :

1. le rapport *contenant/contenu*, valant pour
a) l'apparence et la réalité,
b) la taille et le mérite,
c) l'âge et la valeur;
2. le rapport *possesseur/objet* (ou *intérêt privé*);
3. l'opposition *rempli/non rempli* (biens, *avoir/privation*).

L'écuelle, le plat

1028 En grande écuelle peut-on faire mauvaise part. *Prov. gallica*, XVe s.

L'écuelle, comme le pot, la marmite (voir plus loin) signifie symboliquement le profit le plus personnel et le moins partagé.

1029 Qui est loin de son écuelle est près de son dommage. *Prov. gallica*, XVe s.
cf. Loin de ses biens, près de sa ruine.

Thème de « L'œil du maître ».

1030 Qui s'attend à l'écuelle d'autrui a souvent mauvais dîner. Académie, 1835.
var. ancienne : À tart prend qui a autrui s'atent. *Prov. ruraux...*, XIIIe s.
cf. Ne t'attends qu'à toi seul; c'est un proverbe commun.
La Fontaine, IV, 21 : « L'Alouette et ses petits... »

1031 Au chaudron des douleurs, chacun porte son écuelle. Estienne, 1594.

Thème de la justice distributive.

1032 Le plat du bas est toujours vide. *Adages français*, XVIe s.

Commodité du profit.

1033 À ronde table n'y a débat
Pour être près du meilleur plat. Meurier, 1568.

1034 Il vaut mieux changer de plat que d'assiette.

Plat désigne ici le contenu. *Changer de plat :* abondance de bien, ou du moins variété; *changer d'assiette* : on est à la merci d'autrui.

1035 Deux gloutons ne s'accordent pas à une même assiette. Quitard, 1842.
cf. Deux chiens à un os ne s'accordent.

1036 J'aime mieux mon écuelle vide que rien dedans. Cité par Littré.

J'aime mieux n'avoir rien (et le savoir) que d'avoir une chose en apparence et rien en réalité (d'après Littré).

Le chaudron et la marmite

1037 Chacun sait ce qui bout dans sa marmite. Martinique.

1038 Il y a assez à faire de regarder ce qui cuit dans sa marmite, sans aller regarder ce qui cuit dans celle du voisin. Savoie.

1039 C'est le couvercle qui sait ce qu'il y a dans la marmite. Guadeloupe.
Couvercle-marmite : une des nombreuses métaphores des liens de parenté.

1040 La marmite dit au chaudron : « tu as le derrière noir ». Guadeloupe.
Aveuglement de certaines critiques ; cf. le thème : la paille et la poutre. — Ce proverbe existe en créole.

1041 Le meilleur médecin est la marmite. Savoie.

1042 La beauté ne sale pas la marmite.
La beauté de la femme (dont le rôle est de préparer le repas) n'assure pas du résultat.

1043 Chaque chaudron trouve son couvercle. Québec.
Thème de l'appariement, surtout appliqué au couple.

1044 Petit chaudron, grandes oreilles.
« Se dit des enfants qui écoutent avidement tout ce qui se dit » (Lamesangère, 1821).

1045 Le chaudron machure la poêle. Cotgrave.
Machurer : barbouiller de noir. Cf. le thème : la paille et la poutre ; voir aussi 1110.

1046 À Carême-Prenant, chacun a besoin de sa poêle. Tuet, 1789.
Se dit en réponse à une sollicitation importune. Il s'agit ici de la poêle à crêpes.

1047 Qui tient la poêle par la queue, il la tourne par où il lui plaît. La Véprie, 1495.
Celui qui tient la queue de la poêle : expression familière pour désigner le nanti.

1048 Mieux vaut tenir la queue de la poêle que de l'avoir dans le dos. Beauce.
Avec parfois la variante : « ... dans le cul ».

Le pot

1049 Tant va la cruche à l'eau qu'à la fin elle se brise.
var. anciennes :
Tant va le pot à l'ève que se brise.
Roman de Renart, XIIIe s.
Tant va le pot au puis que il quasse.
Ancien proverbe, XIIIe s.

1050 À chaque pot son couvercle. Meurier, 1568.
var. : Il n'y a si méchant pot qui ne trouve son couvercle. Oudin, 1640.
Ce proverbe existe en alsacien, en turc, en vietnamien. — Se dit d'une femme à la recherche d'un mari.

1051 Petit pot tient bien pinte.
Adages français, XVIe s.
Valorisation, fréquente dans les proverbes, des personnes de petite taille.

1052 Dans les vieux pots, les bonnes soupes.
Oudin, 1640.
« C'est la réponse des femmes âgées lorsqu'on les appelle vieilles, qu'elles ont des attraits ou des douceurs aussi bien que les jeunes » (Oudin). — Par attraction des proverbes sur les « petites boîtes » ou les « petits sacs » (voir plus loin), on entend aussi :
Dans les petits pots, les bons onguents.

1053 Bien pert au tes ques li pot furent.
Ancien proverbe, XIIIe s.
« On reconnaît bien aux tessons quels furent les pots » *(ibid.)*.

1054 À un pot rompu, on ne peut mal faire.
Meurier, 1568.

1055 Les pots fêlés sont ceux qui durent le plus. Quitard, 1842.
S'emploie pour marquer l'admiration devant la résistance des personnes malades.
var. : Ce n'est pas la tasse fêlée qui casse.
Martinique.

1056 Je sais à mon pot comment les autres bouillent. *Adages français*, XVIe s.
« Lorsque qu'un homme fait subsister le ménage d'autrui, on dit qu'il fait bouillir le pot » (Le Roux, 1752).

1057 Il n'est que d'être là où on fait le pot bouillir. *Adages français*, XVIe s.
Commodité du profit.

1058 Au fond des pots sont les bons mots.
Le Roux, 1756.

1059 Entre les pots changer propos.
Bovelles, 1557.

1060 Quand on a un pot de chambre en argent les bords en sont minces.
Quitard, 1842.
Inconvénients du luxe.

1061 Les cornichons ne sont pas tous dans les pots. Québec.

Vases, bouteilles et verres

1062 Les tonneaux vides sont ceux qui font le plus de bruit. Lamesangère, 1821.
var. ancienne : Un vaisseau [vase] vide sonne plus haut que le plein. Bovelles, 1557.
Les ignorants prétendent parler plus haut que les autres.

1063 En grand huitille [baril] ce qu'on veut, en petit met-on ce qu'on peut.
Ancien proverbe, XIIIe s.

1064 Tel vaisseau, tel vin. Meurier, 1568.

1065 De mauvais vaisseau ne sortira ja [jamais] bon boire. *Prov. gallica*, XVe s.

1066 Il n'y a qu'une bonne pinte de vin en un vaisseau [récipient]. Mielot, 1456.

1067 À bon buveur, telle bouteille.
La bouteille doit être telle que le buveur.

1068 Le jeu et les bouteilles [*ou* la bouteille] rendent les hommes égaux.

1069 Si vous cassez la bouteille vous n'y boirez plus. Oudin, 1640.
Oudin commente sans vergogne : « Nous disons ceci à qui nous frappe sur les fesses. »

1070 On pardonne au vin, mais on pend la bouteille.
Thème de la responsabilité et du poids des apparences.

1071 Il n'y a que la première pinte de chère. Oudin, 1640.
Il n'y a que le premier pas qui coûte.

1072 À grand homme, grand verre. La Véprie, 1495.

1073 Qui casse les verres les paie. Académie, 1835.
Pour éviter qu'un autre ne paie « les pots cassés » ; et cf. « Les casseurs seront les payeurs ».

1074 Il souvient toujours à Robin de ses flûtes. Lamesangère, 1821.
Robin est un ivrogne assagi, mais le nom évoque le paysan, le berger, d'où le jeu de mots sur *flûte* qui peut être un verre.

1075 Il y a loin de la coupe aux lèvres.
var. anciennes :
Entre bouche et cuiller,
Vient bien encombrier [ennui, difficulté]. Ancien proverbe, XIIIe s.
De la main à la bouche
Se perd souvent la soupe. Meurier, 1568.
Même les succès les plus sûrs en apparence peuvent être compromis.

Le couteau

1076 Un couteau aiguise l'autre. Bovelles, 1531.
Image de la solidarité entre complices.
cf. Une main lave l'autre.

1077 Couteau qui ne fait pas le tour du tronc n'emporte pas le chou.
Il faut achever ce qu'on a commencé ; et d'abord choisir un moyen adapté à la tâche.

1078 Trop tranchant ne coupe pas,
Trop pointu ne perce pas.
Ce qui est excessif est insignifiant et inefficace.

Les ciseaux

1079 Il n'est rien comme les vieux ciseaux pour couper la soie. Québec.
Pour les travaux délicats, rien ne vaut l'expérience.

Torchons et serviettes

1080 Un torchon trouve toujours sa guenille.
Thème de l'appariement. Signifie aussi que « On trouve toujours plus mal loti que soi ».

1081 Serviette damassée devient torchon de cuisine.
Vicissitudes des conditions, plus particulièrement à propos du statut social de la femme. — Ce proverbe existe en créole.
var. : La serviette se change en torchon, Le torchon en serviette.

1082 Il ne faut pas mêler (mélanger, confondre) les torchons et les serviettes. XIXe s.
La serviette symbolise le monde bourgeois, le torchon représente le service domestique.

Le mortier

1083 Dans un mortier de l'eau ne pile. Baïf, 1597.
Image de l'effort inutile.

1084 Il est bon avoir aucune chose sous le mortier. *Prov. gallica*, XVe s.
Il est bon d'avoir quelque chose en réserve.

1085 Toujours sent le mortier les aux. *Prov. gallica*, XVe s.
Aux : pluriel de *ail*. — Fatalité des origines ou des mauvaises fréquentations.
cf. La caque sent toujours le hareng.

Le sac

Ce thème métaphorique s'articule sur l'opposition *plein-vide* et sur le rapport entre contenant visible (ou apparence) et contenu caché (ou réalité).

1086 Sac plein dresse l'oreille. Oudin, 1640.
Euphorie de la richesse ou de l'ivresse.

1087 Sac vide ne tient pas debout. Guadeloupe.
S'applique en particulier à l'homme qui a faim et s'affaiblit. — Ce proverbe existe en alsacien, en anglais, en avikam.

1088 On lie bien le sac avant qu'il soit plein. Ancien proverbe, XIIIe s.
Il faut savoir borner ses projets et se limiter.

1089 Le sac ne fut oncques si plein
Qu'il n'y entrât bien un grain. Meurier, 1568.

1090 Oncques souhait n'emplit le sac. Meurier, 1568.
var. : En souhaitant nul n'enrichit. *(ibid.)*.

1091 Ce qui est au sac part du sac. Baïf, 1597.

1092 Il ne sort du sac que ce qu'il y a.
var. ancienne : Il ne peut issir [sortir] du vaissel [récipient] fors ce qu'on y a mis. Ancien proverbe, XIIIe s.

1093 Dans les petits sacs sont les fines épices. Fleury de Bellingen, 1656.
Thème de l'excellence des personnes de petite taille.
cf. Dans les petits pots, les bons onguents.

1094 Il ne faut pas juger le sac à l'étiquette.
Dénonciation des apparences, souvent trompeuses ; image analogue avec la ficelle (voir ci-dessous).

1095 L'on ne peut cacher aiguille en sac.
Meurier, 1568.
var. ancienne : Alène ne se puet celer en sac.
La vérité finit par « percer ».

1096 D'un sac à charbon il ne saurait sortir blanche farine. Académie, 1835.

1097 Autant pèche celui qui tient le sac que celui qui met dedans.
Les receleurs sont aussi coupables que les voleurs.

1098 Un sac percé ne peut tenir la graine.
Se dit de celui qui ne sait pas garder son argent. Voir l'expression : « Un panier percé ».

La corde, les liens

1099 Trop tirer rompt la corde. Meurier, 1568.
Échec des ambitions ou abus du profit.

1100 Quand on tire trop, on fait deux bouts.
La concision expressive de ce proverbe évoque bien la surprise de celui à qui arrive pareille mésaventure.

1101 Il ne faut pas juger un paquet d'après ses ficelles.
cf. Il ne faut juger du sac sur l'étiquette.
Thème des apparences et de la réalité ; voir aussi le suivant :

1102 Le lien ne fait pas le fagot.
Il ne faut pas se fier aux apparences.

Objets divers

1103 Dans les petites boîtes, les bons onguens. Le Roux, 1752.
« Se dit quand on veut flatter les personnes de petite taille » *(ibid.)*.
cf. Dans les petits sacs, les fines épices.

1104 La chandelle qui va devant éclaire mieux que celle qui va derrière.
Du Fail, 1585.
Il vaut mieux faire du bien de son vivant.

1105 Il ne faut pas cacher la lampe sous le boisseau. Le Roux, 1752.
Proverbe évangélique : il ne faut pas cacher la Vérité ou les qualités qu'on possède.

1106 La clé dont on se sert est toujours la plus chère. Panckoucke, 1749.
var. : La clé dont on se sert est toujours claire. Quitard, 1860.
Ces deux proverbes se comprennent également bien ainsi : cette clé est plus précieuse que les autres et son usage fréquent la rend lisse et brillante.

1107 La clé d'or ouvre toutes les portes.
Mais il s'agit d'une clé plus rare... — Ce proverbe existe aussi en allemand.

1108 Un clou chasse l'autre.
« Une passion chasse l'autre » (Oudin, 1640). — Ce proverbe existe aussi en anglais.

1109 Le miroir porte en soi l'image laquelle il ne voit. Bovelles, 1557.

1110 La pelle se moque du fourgon.
Le Roux, 1752.
Thème de l'aveuglement de la critique ; cf. plus haut :
La marmite dit au chaudron : « Tu as le derrière noir ».
Voir aussi 1045.

chapitre IX

LE DRAP ET L'HABIT

La langue courante a limité aujourd'hui l'usage le plus courant du mot *drap* dans un emploi très particulier *(le drap de lit)*, mais, en ancien français, le mot valait comme terme générique pour désigner la marchandise de première nécessité qu'est le produit du tissage. De même le tissage était une technique familière qui parlait à l'imagination de chacun.

Le lexique du vêtement trouve dans les proverbes français une utilisation originale, caractérisée par les bases métaphoriques suivantes :

a) la déchirure : image de la rupture entre deux amis ou de l'échec dans l'action ou l'ambition;

b) la qualité de l'étoffe : diversité des conditions sociales;

c) la convenance de l'habit : légitimité du bien;

d) les couples : *peau/chemise* et *chemise/habit* : jeu d'appariements, très sollicité dans les proverbes, servant à exprimer des rapports de contiguïté plus ou moins forts, une relation de parenté ou d'intimité, par exemple.

Le drap, le tissu

1111 Au bout de l'aune faut [manque] le drap. Quitard, 1842.
Il n'y a rien qui ne vienne à son terme. Le drap se mesurait à l'unité dite *aune*, soit 1,18 m, puis 1,20 m.

1112 La lisière est pire que le drap. Académie, 1835.
La lisière est le bord de l'étoffe, tissé plus serré. Peut s'entendre de toute sorte de surenchère entre deux personnes alliées ou deux populations voisines; par exemple : les gens de la frontière sont pires que ceux de l'intérieur.

1113 On ne peut avoir le drap et l'argent.
On ne peut pas tout avoir.

1114 Dieu donne le froid selon le drap.
cf. Dieu mesure le froid à la brebis tondue. Estienne, 1594.
Dieu proportionne les épreuves à l'endurance de l'individu.

1115 Dieu donne fil à toile ourdie. Estienne, 1594.
Sur le thème : «Aide-toi, le ciel t'aidera». L'ourdissage consiste à réunir les fils de chaîne et de trame, avant de procéder au tissage.

1116 Il ne faut pas ourdir plus qu'on ne peut tisser.
Il ne faut pas préparer, engager, plus qu'on ne peut faire.

1117 De peu de drap, courte cape. Meurier, 1568.

1118 Il faut tailler son manteau selon son drap.
Il faut limiter ses désirs à ses moyens. — Ce proverbe existe en indien.

1119 De forte couture, forte déchirure. Mielot, 1456
Plus forte est la relation, plus violente est la rupture.

1120 Quand le camelot a pris son pli, c'est pour toujours. Quitard, 1842.
Le *camelot*, à l'origine, est une étoffe de poil de chameau.
Se dit d'une personne incorrigible.

1121 Bureau vaut bien écarlate.
var. ancienne :
Aussi bien sont amourettes
Sous buriaus cum sous brunettes.
Ancien proverbe, XIIIe s.

Le *bureau*, dérivé de *bure*, est une étoffe grossière, alors que l'*écarlate*, étoffe teinte en rouge, était réservée aux « cardinaux », aux « présidents » (Furetière) ; la *brunette* était une étoffe fine. Le proverbe n'affirme pas l'égalité des conditions mais simplement l'analogie des situations.

L'habit

1122 L'habit, c'est l'homme.

« Le caractère des hommes ne se montre jamais mieux que dans les choses qui paraissent indifférentes » (Lamesangère, 1821). Cette valeur spéciale permet au proverbe d'échapper à la contradiction avec : « L'habit ne fait pas le moine ».

1123 L'habit volé ne va pas au voleur.

Quitard, 1842.

1124 D'habits d'autrui mal on s'honore.

Baïf, 1597.

On ne se flatte pas de ce qui nous vient de la générosité d'autrui.

1125 Tout habit sied bien à qui en a besoin.

Méry, 1828.

var. ancienne : Tout habit au pauvre duit [convient].

1126 Riche habit fait fol honorer.

1127 Habit de velours, ventre de son.

Duplessis, 1851.

Se dit de ceux qui épargnent sur la nourriture et s'habillent avec luxe.

1128 Il vaut mieux avoir trou ou reprise aux cotillons que pli au ventre.

Régional, Auvergne.

Fait pendant au précédent.

1129 Que celui à qui le bonnet fait, le mette.

Québec.

À bon entendeur, salut !

cf. Que celui qui se sent morveux se mouche !

1130 Mieux vaut belle panse que belle manche. Régional, Artois.

1131 Joli dessus, vilaine doublure. Régional, Agen.

1132 Sous les haillons sont les louis d'or.

Régional.

1133 On doit plaire par mœurs
Et non par robe de couleur.

Le cuir

1134 D'autrui cuir, large courroie.

Prov. ruraux..., XIIIe s.

var. ancienne : D'ottre cuir large curreie.

Manuscrit de Cambridge, XIIIe s.

On est libéral du bien d'autrui.

1135 Qui cuir voit tailler courroie demande.

Ancien proverbe, XIIIe s.

Il ne faut pas montrer ses richesses si l'on veut éviter la convoitise d'autrui.

Le manteau, le pourpoint...

1136 Les beaux habits servent fort à la mine.

« Proverbe mis en vers par Régnier » (Furetière, 1690).

1137 On connaît bien pourpoint au collet.

Meurier, 1568.

var. : Au col on connaît l'habit.

1138 Qui trop étend son mantel, la penne en ront [l'étoffe se rompt]. MS, XIIIe s.

Mauvaise surprise des frileux... et des ambitieux.

1139 Un vieux manteau est plus nécessaire qu'un nouveau. Régional, Bourbonnais.

1140 Plus on se découvre, plus on a froid.

Lamesangère, 1821.

On ne gagne rien à dévoiler ses misères aux autres. Un proverbe ancien dit :

Ceil ton duel et conte ta joie [cache ton chagrin et dit ta joie]. Morawski, 1925.

1141 Manche désirée fait court bras.

On essaie de « raccourcir » le bras pour que la manche, signe de distinction ou de luxe, paraisse plus large.

Chausses, chaussures et souliers

1142 À courte chausse, longue lannière.

Mielot, 1456.

var. ancienne : À courtes hoeses longues lanières. *Prov. ruraux...*, XIIIe s.

1143 Chacun sait où son soulier le blesse.

Fleury de Bellingen, 1656.

Chacun est le mieux placé pour apprécier le dommage qu'il a subi. — Ce proverbe existe en allemand, en russe, en tchèque.

1144 Beau soulier vient [devient] laide savate. Baïf, 1597.

cf. Il n'est si belle rose qui ne devienne gratte-cul.

1145 En attendant les souliers des morts, on peut aller longtemps pieds nus.

Régional, Bourbonnais.

Il ne faut pas escompter l'héritage.

1146 Selon la jambe, la chausse. Meurier, 1568.

Thème de l'appariement nécessaire ou souhaitable.

1147 Regardez vos chaussures et vous verrez le trou de vos bras.

La chemise

1148 L'homme heureux n'a pas de chemise.

Nostalgie d'un âge d'or où l'on ignore les soucis de la propriété.

1149 La chemise est plus proche que le pourpoint. Lamesangère, 1821.

var. ancienne : Pres est ma coste [cotte], plus pres ma chemise. *Prov. gallica*, XVe s.

« Nos parents ont plus de droits à notre bienveillance que nos amis » (Lamesangère, 1821).

1150 La peau est plus proche que la chemise.

Quitard, 1842.

var. ancienne : Plus pres m'est char que m'est chemise.

Les intérêts personnels passent avant les intérêts d'autrui. — Ce proverbe existe aussi en portugais.

1151 Ta chemise ne sache ta guise.

Lamesangère, 1821.

On n'est jamais assez prudent pour garder le secret sur une affaire.

1152 Entre la chair et la chemise, il faut cacher le bien qu'on fait. La Fontaine.

chapitre X

RELATIONS HUMAINES

L'AMOUR

Le sujet ne convient guère au génie proverbial français. Aussi s'emploie-t-on souvent dans les proverbes à le dévaloriser, soit par le voisinage critique de l'argent :

Amour fait tout, argent vainc tout.

soit en lui associant un élément de comparaison concret et trivial, qui, sous le prétexte d'expliciter son mystère et sa force, contribue à le dépoétiser et à le ramener à une représentation parodique, familière et rassurante.

1153 Il n'est pas de belles prisons ni de laides amours. Oudin, 1640.

1154 Le temps est cher en amour comme en guerre. La Fontaine, *Contes*, II.

1155 Qui bien aime tard oublie.
«... n'oublie que longtemps après».

1156 Les amoureux ont toujours un œil aux champs et l'autre à la ville.
Montluc, *Comédie des proverbes*, 1616.
Ils ne peuvent pas penser à autre chose qu'à leur amour.

1157 Jamais honteux [timide] n'eut belle amie.

1158 On revient toujours à ses premières amours. Quitard, 1842.

1159 Vieilles amours et vieux tisons
S'allument en toutes saisons.
Bruscambille, XVIIe s.

1160 Des soupes et des amours
Les premières sont les meilleures.
Meurier, 1568.

1161 Amour, toux, fumée et argent
Ne se peuvent cacher longtemps.
Meurier, 1568.
Assimilation de deux situations individuelles (amour, richesse) à des signes extérieurs, à des signaux.

1162 L'or, la gale et l'amour
Ne peuvent pas durer toujours.
Régional, Agen.

1163 Lorsque la faim est à la porte
L'amour s'en va par la fenêtre.
var. ancienne :
Quand la pauvreté entre par la porte
Amour s'en va par la fenêtre. Méry, 1828.
Ce proverbe existe aussi en allemand et en roumain.

1164 Amour vainct tout
Et argent fait tout. Meurier, 1568.
Peut-être repris du latin : *Omnia vincit amor...* (Virgile).

1165 Mieux vaut aimer bergères que princesses. Quitard, 1842.

1166 L'amour fait passer le temps et le temps fait passer l'amour.
Lamesangère, 1821.

1167 L'amour, c'est pisser dans un sabot et le jeter dehors. Belgique.
Proverbe phallocratique par sa symbolique et plaisanterie cynique.

La jalousie

1168 La jalousie est pire que la sorcellerie.
Suisse.
Elle est plus efficace dans les «sorts» qu'elle jette.

L'AMITIÉ

Les proverbes concernant l'amitié sont pour beaucoup d'entre eux antérieurs à l'idéal humaniste de la Renaissance française. Aussi évoquent-ils une image de l'amitié plus encombrée de considérations pratiques (services, argent, besoin) que de grandes déclarations abstraites. Mais, avec cet aspect utilitaire, l'amitié reste une des valeurs humaines les plus respectées par les proverbes.

Les proverbes plus récents expriment une vision plus « noble » et plus désintéressée de l'amitié.

1169 Amis valent mieux qu'argent.
La Véprie, 1495.
var. : Loyauté vaut mieux qu'argent.

1170 Loyauté dort.
Bonum spatium, XIVe (*in* Maloux, 1960).

1171 Les vieux amis et les vieux écus sont les meilleurs. Académie, 1835.
On trouve des variantes avec d'autres éléments bonifiés par le temps, notamment le bon vin.

1172 Mieux vaut ami en voie
Que deniers en courroie.
Jean de Meung, XIIIe s.
En voyage, la compagnie d'un ami est plus utile que de l'argent dans sa bourse.

1173 Le cérémonial est la fumée de l'amitié.
Maloux, 1960.

1174 Au besoin l'ami. Meurier, 1568.
var. ancienne : Au besoin voit-on son ami.
Roman de Renart, XIIIe s.

1175 Bien servir fait amis
Et vrai dire ennemis. Meurier, 1568.
Mieux vaut ne pas trop dire ce qu'on pense... Le proverbe valorise l'action *(bien servir)* au détriment de la parole, même juste *(vrai dire)*.

1176 Mieux vaut prochain ami que long [lointain] parent. La Véprie, 1495.
Il vaut mieux un ami proche qu'un parent éloigné.
var. : Mieux vaut son bon voisin que longue parenté. *Prov. gallica*, XVe s.

1177 Entre deux amis n'a que deux paroles.
La Véprie, 1498.

1178 Les petits présents entretiennent l'amitié. Tuet, 1789.
var. : Les petits cadeaux entretiennent l'amitié.

1179 Un ami en amène un autre. Quitard, 1842.

1180 Les amis de nos amis sont nos amis.
Quitard, 1842.

1181 Si ton ami est borgne, regarde de profil. Panckoucke, 1749.

1182 Petit bol va, petit bol vient, l'amitié reste. Martinique.
Les objets vont et viennent et les échanges portent sur des choses transitoires, alors que les sentiments sont stables.

1183 L'amitié descend plus souvent qu'elle ne monte. Belgique.
Celle des parents est plus fidèle que celle des enfants.

1184 Affection aveugle raison. Gruter, 1610.

1185 Qui cesse d'être ami ne l'a jamais été.
Quitard, 1842.

1186 Aujourd'hui ami, demain ennemi.
Gruter, 1610.
Ce proverbe pessimiste contredit le précédent.

1187 Il n'est meilleur ami ni parent que soi-même.
La Fontaine, *Fables* : « L'Alouette et ses petits... ».

1188 On n'est jamais trahi que par les siens.
Prov. gallica, XVe s.

1189 Ami de plusieurs, ami de nully [personne]. Meyrier, 1568.
On ne peut entretenir qu'une véritable relation d'amitié ; l'amitié vraie ne se divise pas, ne se partage pas ; cf. aussi 1444.

1190 Rien n'est si dangereux qu'un ignorant ami.
Mieux vaudrait un sage ennemi.
Vers proverbiaux de La Fontaine, *Fables*, VIII, 10 : « L'Ours et l'Amateur des jardins ».

L'inimitié, l'ennemi

1191 Homme haï est demi-mort.
Prov. gallica, XVe s.

1192 Plus de morts, moins d'ennemis.
À son confesseur qui lui demandait de pardonner à ses ennemis, R. M. de Narváez (1800-1868), agonisant, répondit : « Je n'ai pas d'ennemis. Je les ai tous fusillés ».

1193 Ennemi ne dort. *Adages français*, XVIe s.

1194 De son ennemi réconcilié, il faut se garder. Bovelles, 1557.

1195 Il faut faire un pont d'or à l'ennemi qui fuit. Méry, 1828.

1196 Notre ennemi, c'est notre maître.
La Fontaine, *Fables*, IV, 9 : « Le Vieillard et l'Âne ».

LA COMPAGNIE, LES RENCONTRES, LES ÉCHANGES

Connaissance d'autrui

1197 Au semblant connaît-on l'homme.
Ancien proverbe, XIIIe s.

1198 Homme hutineux [querelleur]
Et cheval coureur,
Flacon de vin
Ont tôt leur fin. Meurier, 1568.

1199 Chassez le naturel, il revient au galop.
Destouches, *Le Glorieux*, 1732.

1200 Dis-moi qui tu fréquentes, je te dirai qui tu es.

Ce proverbe existe aussi en espagnol.

var. ancienne : Entre tels, tel deviendras.

La Véprie, 1495.

1201 Qui se ressemble s'assemble. Bovelles, 1557.

1202 Les beaux esprits se rencontrent.

Tuet, 1789.

Se dit, plutôt ironiquement, lorsqu'une même pensée vient à l'esprit de deux interlocuteurs.

var. parodique : Les grands esprits se rencontrent... sur le chemin de l'imbécillité.

1203 On ne peut rester longtemps dans la boutique d'un parfumeur sans en emporter l'odeur. Méry, 1828.

var. : Qui se frotte à l'ail ne peut sentir la giroflée.

cf. Le mortier sent toujours les aux [l'ail].

Effet des mauvaises fréquentations.

1204 Qui a compagnon il a maître.

Ancien proverbe, XIIIe s.

1205 Il vaut mieux être seul que mal accompagné. La Véprie, 1495.

1206 Il vaut mieux péter en compagnie que crever seul. Régional, Auvergne.

L'hôte

1207 L'hôte et la pluie après trois jours ennuient. MS, XIIIe s.

1208 De mauvais hoste tost en ost[e].

Meurier, 1568.

On fuit très vite le mauvais hôte.

1209 De douce assemblée, dure desservée.

Ancien proverbe, XIIIe s.

Desservée : séparation.

1210 Ne mesurez pas autrui à votre aune.

Aune : ancienne unité de mesure.

1211 Fais à autrui ce que tu voudrais qu'on te fît. Ancien proverbe, XIIIe s.

Repris d'un texte évangélique (Luc 6, 31).

var. : Ce que l'oie ne se laisse pas faire, elle ne doit pas le faire au canard.

Martinique.

1212 Passez-moi la rhubarbe, je vous passerai le séné. Quitard, 1842.

On peut s'épargner des critiques réciproques, ou échanger des compliments.

1213 On a souvent besoin d'un plus petit que soi. La Fontaine, *Fables*, II, 11 : « Le Lion et le Rat ».

1214 L'union fait la force. Panckoucke, 1749.

LES RAPPORTS DE FORCE ET DE RUSE

Si la peinture des relations humaines à fort investissement affectif, comme l'amour ou l'amitié, ou de certains sentiments complexes (la jalousie, l'envie...) supportent difficilement la netteté expressive de la métaphore, on peut considérer en revanche que les proverbes suivants, qui évoquent les rapports de force régissant les sociétés humaines, explicitent sur le mode littéral et sentencieux des jugements déjà illustrés à leur manière par bien des proverbes des séries métaphoriques précédentes (image du loup et de la brebis, etc.).

« Rapports de ruse », devrait-on dire plutôt ; en effet, le recours à la force est exclu comme peu efficace et d'ailleurs incompatible avec le jeu social, alors que la ruse est jeu social, c'est-à-dire expression policée de la violence. L'autre est toujours un trompeur potentiel qu'il vaut mieux supposer plus rusé que soi ; et les proverbes nous entraînent dans une surenchère permanente de la ruse :

Homme rusé tard abusé.

Tard... mais sûrement !

Les éloges

1215 L'art de louer commença l'art de plaire.

Lamesangère, 1821.

1216 Sans la liberté de blâmer, il n'est pas d'éloge flatteur.

Beaumarchais, *Le Mariage de Figaro*.

1217 Un mauvais los [éloge] vaut un grand blâme. *Prov. gallica*, XVe s.

1218 On ne donne rien de si bon marché que les compliments.

Montluc, *Comédie des proverbes*, 1616.

Plaire et déplaire

1219 On ne peut complaire à tous.

La Véprie, 1495.

1220 On ne peut contenter tout le monde et son père.

La Fontaine, *Fables*, III, 1 : « Le Meunier, son Fils et l'Âne ».

Le mépris

1221 La familiarité engendre le mépris.

Le Roux, 1752.

Cf. « Il n'y a pas de grand homme pour son valet de chambre ».

1222 Il n'y a point de dette si tôt payée que le mépris. Le Roux, 1752.

Les injures

1223 Les injures s'écrivent sur l'airain et les bienfaits sur le sable. Le Roux, 1752.

1224 Le meilleur remède des injures c'est de les mépriser. Quitard, 1842.

L'envie

1225 Il vaut mieux faire envie que pitié. Le Roux, 1752.
var. ancienne : Mieux vaut être envié qu'apitoyé. Meurier, 1568.

1226 Envieux meurent, mais envie ne meurt jamais. *Adages français*, XVIe s.
Cf. «Les envieux mourront mais non jamais l'envie» (Molière, *Le Tartuffe*).

Hostilité, lutte, vengeance

1227 La vie est un plateau de rats. Martinique.
Équivaut au «panier de crabes» de la phraséologie française.

1228 Il peut bien peu qui ne peut nuire. *Prov. gallica*, XVe s.

1229 Où manque la police abonde la malice. Gruter, 1610.
Malice : volonté de nuire, méchanceté et malveillance. *Police* : la loi, l'ordre.

1230 Le méchant est comme les mouches qui ne s'arrêtent qu'aux plaies.

1231 Méchanceté porte sa peine. Quitard, 1842.

1232 La raison du plus fort est toujours la meilleure.
La Fontaine, *Fables*, I, 10 : «Le Loup et l'Agneau».

1233 La vengeance est un plat qui se mange froid.
Il vaut mieux prendre le temps de préparer et réussir sa vengeance.

1234 Qui s'y frotte s'y pique. Devise de Louis XII.

La ruse et la tromperie

1235 Mieux vaut ruse que force. Meurier, 1568.
var. ancienne : Mieux vaut engins [ruse] que ne fait force. *Roman de Renart*, XIIIe s.

1236 À force faut [manque] industrie. Gruter, 1610.
Ici l'*industrie*, c'est la ruse.

1237 Plus fait douceur que violence. Méry, 1828.

1238 Il est plus de trompeurs que de trompettes. *Adages français*, XVIe s.
En général on évite de se vanter publiquement de ses fourberies.

1239 À trompeur trompeur et demi. *Adages français*, XVIe s.

1240 À corsaire corsaire et demi.

1241 Aujourd'hui trompeur, demain trompé. Gruter, 1610.

1242 Celui qui rit toujours trompe souvent. Meurier, 1568.

1243 Cil qui n'entend pas mon sens me trouble,
Et qui entend me double. Bible de Guyot, XIIIe s.
Celui qui ne me comprend pas me trouble et celui qui me comprend me trompe. Le proverbe dénonce les pièges du langage.

1244 Fin contre fin n'est pas bon à faire doublure. Lamesangère, 1821.
Lamesangère commente ce proverbe en citant La Bruyère : «Avec les gens qui par finesse écoutent tout et parlent peu, parlez encore moins.»

1245 Le plus fin n'est pas celui qui chante, c'est celui qui écoute. Régional, Agen.

1246 Homme rusé, tard abusé. Gruter, 1610.

1247 Tel est pris qui croyait prendre.
var. anciennes :
Tel cuide engeigner autrui qui s'engeigne lui-même. Manuscrit d'Oxford, XIIIe s.
Qui croit guiller Guillot, Guillot le guille. *Farce de maître Pathelin*.

Le bâton

Le bâton appartient à la symbolique du jeu social ; sa vertu est d'ailleurs moins répressive que pédagogique.

1248 Le bâton est le roi du monde.

1249 Du bâton que l'on tient souvent on est battu.
var. ancienne :
... dou fust
c'on kint sovent est-on batu.
Roman de Renart, XIIIe s.
Cf. la locution proverbiale : «Donner les verges pour se faire battre.»

1250 Autant pleure mal battu que bien battu. La Véprie, 1495.

1251 Bats le méchant, il empirera ;
Bats le bon, il s'amendera. Meurier, 1568.

chapitre XI

LES ÉCHANGES ET LES BIENS

Bien des métaphores, tirées des différents domaines de l'expérience sensible ou du bestiaire, illustrent dans les proverbes déjà cités les rapports – de jouissance, de désir, de frustration – qui lient l'homme à ce qu'il possède ou voudrait avoir. Il s'agit toujours de l'intérêt le plus personnel : la notion de bien commun n'a guère cours, sinon pour être moquée ou rejetée, dans une société où le profit est si directement fonction du travail et de l'effort fournis par l'individu et où ce qui est commun est « banal », c'est-à-dire propriété du seigneur.

Les proverbes poursuivent, sur les biens, un discours plus abstrait et moralisateur, donc moins riche. Leur ordre n'est pas rigoureusement défini par les mots, bases métaphoriques, mais suit plutôt une thématique générale du profit (convoitise, estimation quantitative, jugement moral), où réalisme et bon sens essayent de conjurer la force reconnue du désir.

LES BIENS ET LEUR POSSESSION

Le bien commun

1252 Commun n'est pas comme un.

Meurier, 1568.

1253 Qui donne au commun
Ne donne à pas un.

1254 Bien en commun ne fait pas monceau.

Baïf, 1597.

cf. L'âne de la communauté est toujours le plus mal bâté.

Tous les proverbes généraux sur la communauté des biens sont négatifs.

Les biens et la convoitise

1255 Belle chose est tôt ravie.

Adages français, XVIe s.

1256 Ce qu'on aime est toujours beau.

Cf. entre autres 123 et 395.

1257 Tout nouveau, tout beau.
var. : De nouvel tout m'est bel.

Ancien proverbe, XIIIe s.

1258 Rien n'agrée sans belle mine.

1259 Chose défendue, chose désirée.

Gruter, 1610.

cf. Pain dérobé réveille l'appétit.

1260 Chose accoutumée rarement prisée.

Meurier, 1568.

cf. Chose trop vue n'est pas chère tenue.

1261 Désir promet plus que jouissance ne tient.

1262 Désir ne peut mourir. Bovelles, 1557.

1263 Espoir de gain diminue la peine.

Gruter, 1610.

1264 Le plus sûr moyen de vaincre la tentation, c'est d'y succomber.

Ce proverbe, qui s'applique à la convoitise des biens, a évidemment un champ plus vaste, qui relève de la morale générale. Helvétius glose ainsi ce proverbe : « En s'abandonnant à son caractère, on s'épargne du moins les efforts inutiles qu'on fait pour y résister ».

1265 Qui plus a plus convoite.
Ancien proverbe, XIIIe s.

1266 Cil [celui] qui tout convoite tout perd.
Roman de Renart, XIIIe s.
Ce proverbe existe aussi en arabe.

1267 Glout [glouton] a tout, ou il perd tout.
Prov. gallica, XVe s.

L'estimation des biens

1268 Chacun aime le sien. Meurier, 1568.

1269 À chacun le sien n'est pas trop.
Le Roux, 1752.

1270 Trop n'est pas assez. Quitard, 1842.

1271 Il n'y a point assez, s'il n'y a trop.
Quitard, 1842.

1272 Il y a deux sortes de trop : le trop et le trop peu.
var. ancienne : Nul trop n'est bon, nul peu n'est assez. *Prov. ruraux...*, XIIIe s.

1273 Mieux vaux moins mais mieux.
Sur le thème de l'opposition *quantité/qualité.*

1274 Mieux vaut peu que rien. Meurier, 1568.

1275 Tant as, tant vaux et tant te prise.
Ancien proverbe, XIIIe s.
Te prise : première personne, pour « Je te prise ».

1276 Bien perdu, bien connu. Meurier, 1568.
cf. Quand le puits est à sec, on sait ce que vaut l'eau.

1277 Assez à qui se contente.

1278 Contentement passe richesse.
Meurier, 1568.
Un homme qui se contente de ce qu'il a est plus heureux que le riche toujours insatisfait.

1279 Mieux vaut corps que bien. Régional.

1280 On a toujours plus de bien que de vie.

Logique du profit

1281 De rien, rien. *Adages français*, XVIe s.

1282 Rien ne fait pas d'enfants. Guadeloupe.

1283 De petit petit et d'assez assez.
Adages français, XVIe s.

1284 Qui ne risque rien n'a rien. La Véprie, 1495.

1285 Qui reste dans son désert,
Si rien n'y gagne, rien n'y perd.

1286 Il vaut mieux tenir que quérir.
Le Roux, 1752.
cf. Un « tiens » vaut mieux que deux « tu l'auras ».

1287 Acquérir et jouir sont deux. Baïf, 1597.

1288 On n'est jamais riche si l'on ne met du bien d'autrui avec le sien.
Les proverbes, et les inventeurs sont indifférents à la notion de « croissance économique ».

1289 Il faut prendre les bénéfices avec les charges. Le Roux, 1752.
Il faut savoir accepter les avantages d'une affaire avec les inconvénients.

1290 Abondance de bien ne nuit pas.
Quitard, 1842.
Se dit quand on accepte, par mesure de prévoyance, une chose dont on a déjà suffisamment.

1291 Provision, profusion. Lamesangère, 1821.

1292 Trop de profit crève la poche. Martinique.
cf. Les branches des arbres trop chargés rompent.

La perte des biens

1293 Aseür [tranquille] dort qui n'a que perdre.
Prov. gallica, XVe s.

1294 On ne peut homme nu dépouiller.
Meurier, 1568.
var. anciennes :
Homme nu ne puet nus home despouillez. Ancien proverbe, XIIIe s.
Homme ne peut rien prendre là où n'a rien. *Prov. gallica*, XVe s.

1295 L'on ne peut perdre ce que l'on n'eut onc [jamais]. Meurier, 1568.

1296 Pour un perdu, deux retrouvés.
Manuscrit de Cambridge, XIIIe s.

1297 Nul ne perd qu'autrui ne gagne.
Prov. gallica, XVe s.
Justice distributive.

1298 À tout perdre n'a qu'une fois. Baïf, 1597.
C'est au moins une expérience malheureuse [tout perdre] qui ne se répète pas.

La morale des biens

1299 Bien mal acquis ne profite jamais.
var. : De bien mal acquis courte joie.
Meurier, 1568.

1300 D'injuste gain juste daim [dommage].
Meurier, 1568.

1301 Du gain, l'odeur à bonne saveur.
Gruter, 1610.

1302 Ce qui vient par la rapine.
S'en va par la ruine. Suisse.

LES ÉCHANGES

Dans le système des échanges qui caractérise la société rurale, l'emprunt (la dette) et surtout le don sont des pratiques familières et attestées par de nombreux proverbes, mais qui n'en constituent pas moins de « petits scandales » économiques.

Nous sommes aussi loin du privilège aristocratique de la dépense que de la mobilité fructueuse des valeurs des sociétés bourgeoises. La dette est d'abord inconfort et dépendance, et l'intention généreuse – quelques timides sentences chrétiennes mises à part – est limitée dans le meilleur des cas par l'exigence de la réciprocité, et presque toujours par le risque d'obliger un ingrat ou d'humilier celui qui reçoit ou reçoit mal « la façon de donner... ».

D'autre part, les variations pessimistes sur le thème : *promettre/tenir* sont une des nombreuses formes de l'opposition, fondamentale dans les proverbes, entre la parole et l'acte.

Services et bienfaits

1303 On n'est jamais si bien servi que par soi-même.
var. ancienne : Nully ne fait si bien l'œuvre que celui à qui elle est. La Véprie, 1495.

1304 Biax service taut pain de main.
Ancien proverbe, XIIIe s.

1305 Assez donne qui bien sert. Cotgrave, 1611.
Un bon service est un véritable don.

1306 Un brochet fait plus qu'une lettre de recommandation. *Adages français*, XVIe s.
Quand on sollicite une faveur, un cadeau consommable (poisson, volaille) est plus efficace.

1307 Une bonté autre requiert.
« Courtoisie qui ne vient que d'un côté ne peut longuement durer » (Lamesangère, 1821).

1308 Qui prend s'oblige.
var. ancienne : Li don qu'on prend lient la gent. Ancien proverbe, XIIIe s.
Recevoir des présents, c'est contracter des obligations envers ceux qui les font.

1309 Un bienfait n'est jamais perdu.
Adages français, XVIe s.

1310 Dont me tient me souvient.
Ancien proverbe, XIIIe s.
Il me souvient de qui me tient.

1311 Qui oblige fait des ingrats.

1312 En souhaitant nul n'enrichit. Meurier, 1568.
var. : Le roi des souhaits est mort à l'hôpital.

1313 Obliger un ingrat, c'est acheter la haine. Quitard, 1842.
Ne pouvant ou ne voulant pas rendre le bienfait, il se mettra à vous haïr.

1314 Obliger un ingrat, c'est perdre un bienfait. Quitard, 1842.

Le don

1315 Tel don, tel donneur. Meurier, 1568.

1316 Qui donne au commun
Ne donne à pas un.
« Signifie que personne ne vous sait gré de ce que vous donnez au public » (Le Roux, 1752).

1317 Ce que l'on garde [*var.* : mange] pourrit,
Ce que l'on donne fleurit. Auvergne.

1318 On ne donne rien pour rien.
Panckoucke, 1749.

1319 Petit don est le haim [hameçon] du plus grand don. Bovelles, 1557.

1320 Qui tout me donne tout me nie.
Prov. au vilain, XIIIe s.
L'offre est trop peu sérieuse pour qu'on y croie.

1321 Donner et retenir ne vaut. Loisel, 1607.
Proverbe juridique.

1322 Le don humilie rocher et mont.
Meurier, 1568.

1323 La façon de donner vaut mieux que ce qu'on donne. Corneille, *Le Menteur*, XVIIe s.
Le proverbe est peut-être antérieur, mais on ne le connaît que sous sa forme cornélienne.

1324 Qui tôt l'accorde donne deux fois.
Baïf, 1597.
var. ancienne : Qui donne tost, il donne deux fois. Ancien proverbe, XIIIe s.
Proverbe d'origine latine.

1325 Quand on fait un cadeau à plus riche que soi, le diable s'en moque.
Régional, Savoie.
On trouve ce proverbe également en langue juive.

1326 Petit présent trop attendu
N'est point donné mais bien vendu.
Lamesangère, 1821.
La réitération de la demande et une longue attente l'ont bien chèrement payé.

1327 Un « tiens » vaut mieux que deux « tu l'auras ». Ancien proverbe, XIIIe s.
Ce proverbe connaît, dans toutes les cultures, une grande expansion métaphorique.

1328 Donner l'aumône n'appauvrit personne. Gruter, 1610.

1329 La petite aumône est la bonne.
Prov. gallica, XVe s.
Un don infime peut avoir une grande valeur morale ou spirituelle, cf. « L'obole de la veuve » dans l'Évangile (Luc 21, 1-4).

1330 Charité bien ordonnée commence par soi-même. Le Roux, 1752.
Se dit souvent en mauvaise part lorsqu'on attire l'attention de quelqu'un sur ses propres défauts.

La promesse : promettre et tenir

1331 Promettre et tenir sont deux. Loisel, 1607.

1332 On promet comme on veut
Et l'on tient comme on peut.

1333 Mieux vaut donner sans promettre que promettre sans tenir.

1334 Chose promise, chose due.

L'emprunt et la dette

1335 Qui prête à l'ami perd ou double.
Il perd à la fois son argent et son ami.

1336 Ami au prêter, ennemi au rendre.
Le Roux, 1752.
var. : Au prêter cousin, au rendre fils de putain. Oudin, 1640.
var. : Au prêter ange, au rendre Diable.
Cotgrave, 1611.

1337 Prêter argent fait perdre la mémoire.
Adages français, XVIe s.

1338 Qui prête son aiguille sans gage en perd l'usage. Régional, Limousin.

1339 Emprunt n'est pas avance.
« Il est plutôt retard ; car les intérêts qu'il faut payer retiennent plus longuement l'emprunteur dans la gêne » (Quitard, 1842).

1340 Il ne choisit pas qui emprunte.
La Véprie, 1495.

1341 Qui doit n'a rien à soi. Régional, Auvergne.
var. ancienne : Qui a cent et cent doit, nul n'en a sien. *Prov. gallica*, XVe s.

1342 Les mauvais débiteurs font les mauvais prêteurs. *Prov. gallica*, XVe s.

1343 Cent livres de mélancolie ne payent un sou de dettes. *Anthologie prov. fr.*, XVIIe s.

1344 Qui nous doit nous demande.
« C'est-à-dire qu'on est souvent attaqué par ceux que nous devrions attaquer » (Le Roux, 1752).

1345 Mieux vaut vieilles dettes que nouveau melon. *Prov. gallica*, XVe s.
Les proverbes ont souvent recours à la saveur problématique du melon pour signifier les incertitudes des choses humaines.

1346 Qui paie ses dettes s'enrichit.
var. ancienne : Qui paie sa dette fait grand acquêt. Meurier, 1568.

1347 Ce qui est bon à prendre est bon à rendre.
« On peut toujours restituer ce qu'on a pris par mécompte » (Oudin, 1640).

LE COMMERCE

Les proverbes considèrent le plus souvent l'échange commercial du point de vue de l'acheteur, dont ils nous dessinent une mentalité familière caractérisée par :

a) la conscience du risque encouru à chaque échange ;

b) la méfiance devant l'habileté (pour ne pas dire plus) du marchand, et le bon marché, dénoncé comme un leurre ;

c) l'obsession du compte juste.

1348 De marchand à marchand il n'y a que la main. Le Roux, 1752.
Il leur suffit de toucher dans la main pour conclure un marché, sans aucun écrit.

1349 Il n'est pas marchand qui toujours gagne. Pierre Gringore, 1533.

1350 Fou est le marchand qui déprise sa denrée. Meurier, 1568.

1351 Marchand d'oignons se connaît en ciboules.

Acheter et vendre

1352 Au soir danse
Qui matin hanse [vend]. Bovelles, 1557.

1353 Qui vend le pot dit le mot. Loisel, 1607.
Le vendeur doit parler le premier.

1354 Marchandise qui plaît est à moitié vendue. Oudin, 1640.

1355 Un quartier fait vendre l'autre.
La Véprie, 1495.

1356 On vend au marché plus de harengs que de soles. Le Roux, 1752.
Les biens modestes et usuels sont économiquement plus importants que les produits de luxe : l'image donne lieu à diverses métaphores.

1357 À l'encan se vend autant bran que farine. *Anthologie prov. fr.*, XVIIe s.
Le *bran* est le son, mais aussi la merde ; l'*encan* est la vente publique à l'enchère, où l'on propose des marchandises de toutes qualités.

1358 Chez toi priser [estimer], au marché vendre. Baïf, 1597.
Il faut estimer chez soi, au calme, la valeur de la marchandise.
var. : À la maison acheter, au marché vendre. *Proverbes rustiques*, XIIIe s.

1359 Il n'y a que les bons marchés qui ruinent. Académie, 1835.
var. anciennes : Bons marchés traict argent de bourse. Ancien proverbe, XIIIe s.
Bon marché fait argent débourser.
Adages français, XVIe s.

1360 On n'a jamais bon marché de mauvaise marchandise. Panckoucke, 1749.
On achète toujours trop cher ce qui ne vaut rien.

1361 Bon marché vide le panier mais il n'emplit pas la bourse. Panckoucke, 1749.
Le panier et la bourse du vendeur.

1362 Cherté foisonne. Le Roux, 1752.
On ménage les choses quand elles sont chères.

1363 Chaque chose a son prix.

1364 Le prix s'oublie, la qualité reste.
Proverbe marchand, utilisé comme slogan publicitaire.

1365 On ne s'en va pas des foires comme du marché.
Le *marché* est celui du village, donc familier ; tandis que la *foire* est éloignée, se tient dans les villes. Le risque y est plus grand.

1366 Si tu vas à la foire sans argent,
Lève le nez et retourne-t'en. Auvergne.

1367 La marchandise est bonne où l'on gagne la moitié. *Prov. gallica*, XVe s.

1368 Mieux vaut acheter qu'emprunter.
Adages français, XVIe s.

1369 À trop acheter il n'y a qu'à revendre.

1370 Acheter ce dont on n'a pas besoin, c'est le moyen d'aller de tout à rien. Belgique.

1371 Il est plus facile acheter que payer.
Meurier, 1568.

1372 On ne peut avoir le drap et l'argent.
cf. On ne peut avoir le lard et le cochon.

Payer

1373 En bon payeur on ne perd que l'attente.
Henri Estienne, *Proverbes épigrammatisés*, XVIe s.

1374 Qui paie mal paie deux fois.

1375 Les conseilleurs ne sont pas les payeurs. Meurier, 1568.

1376 Quand on quitte un maréchal [maréchal ferrant], il faut payer les vieux fers. Panckoucke, 1749.

Les comptes

1377 Payer une fois et compter deux.

1378 Erreur ne fait pas [*ou* n'est pas] compte.

1379 À vieux comptes, nouvelles disputes.
Cahier, 1856.

1380 Qui compte sans son hôte, il compte deux fois.
Il sera obligé de recompter en sa présence.

1381 Le denier oublié ou mesconté grace ne gré. *Prov. gallica*, XVe s.

1382 À tout bon compte revenir. Le Roux, 1752.
On peut recompter sans crainte quand on n'a pas trompé la première fois.

1383 Les bons comptes font les bons amis.
Quitard, 1842.

Les affaires

1384 Les affaires font les hommes. Le Roux, 1752.

1385 Les affaires, c'est l'argent des autres.
Le Moyen de Parvenir, 1610.

1386 Pousse tes affaires que ce ne soit pas elles qui te poussent.

1387 À nouvelles affaires, nouveaux conseils.
« Pour répondre à ceux qui prévoient trop d'inconvénients » (Le Roux, 1752).

1388 Quand on est seul on devient nécessaire. Quitard, 1842.
Quand on n'a pas de concurrents...

LE LARRON

1389 Au plus larron la bourse. Le Roux, 1752.

1390 Larron est le nom d'un homme.
Adages français, XVIe s.
Peut rappeler que le malfaiteur est aussi un homme et inviter au pardon, ou suggérer que tout homme est un larron en puissance.

1391 L'occasion fait le larron. Tuet, 1789.
var. : Le trou et l'occasion invitent le larron. Meurier, 1568.

1392 Grand bandon [abandon] fait les gens larrons. *Adages français*, XVIe s.

1393 Bien est larron qui larron emble [vole].
Quitard, 1842.
La forme et le vocabulaire sont médiévaux, mais on ne rencontre pas ce proverbe dans les anciens recueils.

1394 De larron à larron il n'y a que la main.
Académie, 1835.

1395 Larrons perdus,
Biens perdus. Meurier, 1568.

1396 À gros larron, grosse corde. La Véprie, 1495.
... pour le pendre.

1397 Pèlerin qui chante
Larron épouvante. Bovelles, 1531.

L'ARGENT

Le discours que les proverbes français tiennent sur l'argent, ou son représentant métonymique usuel, la bourse (avec l'avantage de spécifier alors l'idée de propriété), expriment le dilemme attendu : nuisance morale et efficacité pratique.

Quand l'argent manque, on espère peu de la générosité d'autrui ; on le dépense ou on l'épargne presque toujours avec excès.

La paronomase *bourse/bouche* permet d'illustrer l'opposition entre les désirs (paroles) et les moyens (argent).

1398 Il faut prendre le temps comme il vient,
Les gens pour ce qu'ils sont,
Et l'argent pour ce qu'il vaut.
Almanach de Mathieu Laensberg, XVIIe s.

1399 Argent comptant porte médecine.
Quitard, 1842.

var. ancienne :
Argent porte médecine
À l'estomac et poitrine. Meurier, 1568.

1400 Pas d'argent, pas de Suisses.
Adages français, XVIe s.

Allusion à la défection des mercenaires suisses au cours de l'expédition du Milanais en 1522.
var. ancienne : À point d'argent, point de varlet [valet]. *Prov. gallica*, XVe s.

1401 L'argent est le nerf de la guerre.
Le Roux, 1752.

1402 Monnaie fait tout. Le Roux, 1752.

1403 Qui a de l'argent a des pirouettes.
Oudin, 1640.

Il peut satisfaire tous ses caprices.

1404 L'argent ne pousse pas sur les arbres.
Québec.

1405 Si vous voulez savoir le prix de l'argent, essayez d'en emprunter... Quitard, 1842.

1406 Argent d'autrui
Nul n'enrichit. Bovelles, 1557.

1407 Il vaut mieux deux sous ici que quatre ailleurs.

Dans un emploi régional, correspond à : il vaut mieux se marier dans son village.

1408 L'argent ne reste pas dans la main de la personne qui sue. Martinique.

1409 Prêter argent fait perdre la mémoire.
Adages français, XVIe s.

1410 Argent changé
Argent mangé.

1411 Beau gain fait belle dépense. Meurier, 1568.

1412 Qui plus despend qu'il n'a vaillant,
Il fait la corde où il se pend. Le Gai, 1852.

1413 Jour ouvrier [ouvrable] gagne denier,
Jour de feste despensier. Meurier, 1568.

1414 L'argent n'a pas de queue.

On ne peut pas rattraper l'argent jeté.

1415 L'argent c'est de l'éther. Martinique.

Il « s'évapore ».

1416 L'argent est rond pour rouler ;
L'argent est plat pour s'entasser.
Quitard, 1842.

Pour signifier la dépense ou l'épargne.

La bourse

1417 Belle tête, peu de sens ;
Belle bourse, peu d'argent.

1418 La bourse ouvre la bouche. Meurier, 1568.

L'argent délie les langues.

1419 Gouverne ta bouche selon ta bourse.
Oudin, 1640.

Dépense selon tes moyens, et, plus généralement, comporte-toi en société, notamment par la parole, selon ta condition, ta position sociale.

1420 Avant de consulter ta fantaisie, consulte ta bourse.

L'épargne et l'avarice

1421 Qui n'épargne pas un sou n'en aura jamais deux. Auvergne.

1422 C'est avec des cents qu'on fait des piastres. Québec.

Piastre se dit encore au Québec pour « dollar ».
cf. Les petits ruisseaux font les grandes rivières.

1423 Bonne la maille qui sauve le denier.
Baïf, 1597.

Maille : ancienne monnaie de cuivre qui valait la moitié d'un denier. — Souvent une petite dépense en temps utile permet d'en éviter une plus importante.

1424 Il n'y a pas de petites économies.

1425 L'avare crierait famine sur un tas de blé.

1426 Jamais chiche [avare] ne fut riche.
Meurier, 1568.

1427 Autant dépend chiche que large.
Panckoucke, 1749.

L'excès d'économie ne fait que remettre ou déplacer la dépense.

La morale de l'argent

1428 L'argent n'a point d'odeur. Quitard, 1842.

1429 Quand la bourse se rétrécit la conscience s'élargit. Du Fail, 1585.

1430 L'argent ne fait pas le bonheur.

On ajoute avec bon sens : « ... mais il y contribue », ou bien on sous-entend : « L'argent *des autres...* ».

1431 L'argent est un bon serviteur, mais c'est un mauvais maître. Tuet, 1789.
Proverbe d'origine latine.

1432 Plaie d'argent n'est pas mortelle. Quitard, 1842.

1433 Argent fait perdre et prendre gens. Meurier, 1568.
var. ancienne : Argent ard [brûle] gent. Gruter, 1610.

1434 Où il y a un écu, il y a un diable
Où il n'y en a pas, il y en a deux.
Progression diabolique mais réaliste.

1435 Au jugement, crotte de chat vaudra autant que marc d'argent. Oudin, 1640.
Il s'agit évidemment du Jugement dernier.

L'or

1436 Or qui a or vaut. Ancien proverbe, XIIIe s.
Celui qui a de l'or vaut de l'or.

1437 La clé d'or ouvre toutes les portes.
Ce proverbe existe aussi en allemand.

1438 Nul or sans écume [scorie]. Meurier, 1568.

1439 En la balance l'or et le fer sont un. Meurier, 1568.
Thème des apparences vaines et de la vanité.

1440 Tout ce qui brille n'est point or.
var. anciennes :
N'est pas tot or ice qui luist
Et tiex ne peut aidier qui nuist.
Roman de Renart, XIIIe s.
Ce n'est pas tout or ce qui reluit
Ne farine ce qui blanchit. Meurier, 1568.
Les belles apparences ou les mines avenantes sont souvent trompeuses.

1441 À la touche [pierre de touche], on éprouve l'or.

chapitre XII

MÉTIERS ET MONDE DU TRAVAIL

La division du travail artisanal en différents métiers spécialisés sert d'illustration métaphorique à l'un des thèmes les plus constants des proverbes français, celui de l'individualisme et de la primauté de l'intérêt privé :
Chacun son métier et les vaches seront bien gardées.

Dans un champ métaphorique plus restreint, l'évocation du travail du fer ou du bois, associant la résistance du matériau ou l'image de l'outil à l'habileté technique et à la persévérance de l'artisan, évoque :

tantôt l'âpreté de certaines relations sociales, où :

Il faut être enclume ou marteau,

tantôt l'obstination qui vient à bout des résistances les plus tenaces :

Au long aller la lime mange le fer,

parfois même au-delà du souhaitable :

En limant on fait d'une poutre une aiguille.

L'image de l'ouvrier est également présente, confrontée souvent à celle du maître. Il s'agit de proverbes qui sont le plus souvent empreints d'une sagesse moralisatrice et déjà toute laïque, à l'usage des classes laborieuses.

1442 Chacun travaille à son métier.
Fleury de Bellingen, 1656.

1443 Chacun son métier et les vaches seront bien gardées. Le Roux, 1752.

1444 Ouvrage de commun, ouvrage de nul.
Cotgrave, 1611.
Thème de la valorisation de l'individuel, de l'unique ; cf. aussi, dans le domaine des sentiments, 1189.

1445 Il n'y a pas de sots métiers, il n'y a que de sottes gens. Le Roux de Lincy, 1842.

1446 Il n'est si petit métier qui ne nourrisse son maître. Quitard, 1842.

Le barbier

1447 Un barbier rase l'autre. Oudin, 1640.
Illustration de la solidarité (complicité) professionnelle.

1448 Oncques punais ne fut bon barbier.
Meurier, 1568.
Punais : qui rend par le nez une odeur infecte.

1449 Jeune barbier, vieux médecin :
S'ils sont autres ne valent pas un brin.
Meurier, 1568.
C'est-à-dire, si c'est l'inverse.

Le maçon

1450 Il n'est pas bon maçon qui pierre refuse. Meurier, 1568.
Ce proverbe existe aussi en néerlandais.
cf. Fou est le prêtre qui blâme ses reliques.

1451 C'est au pied du mur qu'on voit le maçon.
var. : À l'ouvrage connaît-on l'ouvrier.
Meurier, 1568.

var. : À l'œuvre on connaît l'artisan.
La Fontaine, *Fables*, I, 21.

Le mercier

1452 Il n'est pas mercier qui ne sait faire sa loge. Lamesangère, 1821.
Loge : boutique foraine.

1453 Chaque mercier prise ses aiguilles et son panier. Meurier, 1568.
cf. Chaque prêtre loue ses reliques.

1454 À petit mercier petit panier.
Prov. ruraux..., XIIIe s.

1455 Qui fait les paniers fait les corbeilles.
Régional, Savoie.

1456 Les cordonniers sont toujours les plus mal chaussés. Oudin, 1640.
« Se dit de ceux qui, travaillant pour autrui, sont négligents à travailler pour eux-mêmes » (Le Roux, 1752).

1457 Tout faiseur de journaux doit tribut au malin. La Fontaine, *Lettres*, XIV.

1458 Le potier au potier porte envie.
Fleury de Belligen, 1656.
Les gens de même état sont envieux les uns des autres.

1459 Oncques tripière n'aima harengère.
Meurier, 1568.

1460 Gros vent et sage-femme ne courent pas pour rien. Régional, Savoie.
La sage-femme fait payer très cher ses services.

1461 Le tavernier s'enivre bien de sa taverne. *Adages français*, XVIe s.
cf. Il faut que le prêtre vive de l'autel.

1462 Il sait trop de chasse qui a été veneur.
Prov. gallica, XVe s.

Le maître et l'ouvrier

1463 Apprenti n'est pas maître.

1464 Il est maître qui se sait aider de sa maîtrise. *Adages français*, XVIe s.

1465 Ce n'est pas maîtrise de faire comme les autres. *Prov. gallica*, XVe s.

1466 Il n'est ouvrage que de maître.
Meurier, 1568.

1467 Il est plus d'ouvriers que de maîtres.
Meurier, 1568.

L'ouvrier

1468 Un bon ouvrier n'est jamais trop chèrement payé. Cotgrave, 1611.

1469 Bon ouvrier ne viendra jamais tard à son travail. Manuscrit de Cambridge, XIIIe s.

1470 Mauvais ouvrier ne trouve jamais bon outil. *Prov. ruraux...*, XIIIe s.

La besogne, le travail et la paresse

1471 Oisiveté est mère de tous les vices.
Quitard, 1842.

La besogne, l'art, le travail.

1472 Qui ne sait l'art sert la boutique.
Meurier, 1568.
Il se rend utile en nettoyant la boutique.

1473 Besogne qui plaît est à moitié faite.

1474 Naquit un Dimanche ou fête
Qui n'aime que besogne faite.
Almanach perpétuel..., 1774.

1475 Chose bien commencée est à demi achevée. Meurier, 1568.

1476 À toute peine est dû salaire.
Le Roux de Lincy, 1842.
var. : Toute peine mérite salaire.

Le travail du fer

1477 C'est en forgeant qu'on devient forgeron.
var. ancienne : En forgeant devient-on febvre. La Véprie, 1495.
Proverbe d'origine latine.

1478 Il faut battre le fer tandis [tant] qu'il est chaud. Meurier, 1568.

1479 Tant chauffe-t-on le fer qu'il rougit.
Gruter, 1610.

1480 À dure enclume marteau de plume.
Meurier, 1568.
« Les coups du malheur deviennent légers pour l'homme armé de patience ou de résignation, comme le seraient ceux d'un marteau de plume sur une enclume solide » (Quitard, 1842).

1481 Il faut être enclume ou marteau.
Académie, 1835.

1482 Il vaut mieux être marteau qu'enclume.
Le Roux, 1752.
Il vaut mieux battre qu'être battu. S'emploie lorsqu'on ne peut éviter de faire du mal ou d'en souffrir. – Ce proverbe existe aussi en allemand.

1483 Entre l'enclume et le marteau, il ne faut pas mettre le doigt. Académie, 1835.
cf. Entre l'arbre et l'écorce, il ne faut pas mettre le doigt.

1484 Au long aller la lime mange le fer.
Cahier, 1856.
Thème de la persévérance, de l'obstination.

1485 En limant on fait d'une poutre une aiguille. Régional, Bourbonnais.
Ce proverbe existe aussi en espagnol.

Autres techniques

1486 De l'arbre d'un pressoir
Le manche d'un cernoir.

Cernoir : petit couteau. « Ce proverbe s'applique à ceux qui faisant quelque ouvrage, le touchent et le retouchent tant qu'ils le réduisent quasi à rien » (Nicot, *Proverbes expliqués*).

1487 Il ne faut pas jeter le manche après la cognée. Meurier, 1568.

Ici, la *cognée* désigne le fer (emmanché).

1488 De méchant fondement jamais bon bâtiment. Meurier, 1568.

Méchant signifie « mauvais », mais se prête à des métaphores morales.

chapitre XIII

LA COMMUNICATION

LE LANGAGE

Il n'y a qu'un mot qui serve.

Ce proverbe, malgré le champ restreint de son emploi, exprime assez justement la conception que les proverbes se font du langage, plus exactement de la parole, car l'écrit, par sa rareté, mais aussi par la netteté et la solennité de son usage (droit, commerce), offre des garanties suffisantes à la profonde méfiance qui préside à la communication.

Le mensonge n'est pas la moindre infirmité de la parole : celle-ci est constamment menacée de débordements incontrôlés, du risque de se trahir, de favoriser le partenaire plus prudent, qui sait se taire : le fou parle trop, le sage se tait.

Les vertus que l'on reconnaît au silence (prudence, sagesse, ruse) sont celles mêmes qui garantissent le succès de toute entreprise.

Quant à la vérité, elle apparaît dans les proverbes français comme une sorte d'instance qui transcende le discours humain et se fait entendre malgré lui : lorsque parler c'est déjà se trahir, qui prendrait le risque supplémentaire de parler vrai ?

1489 Langage ne paist [nourrit] pas gens. *Prov. gallica*, XVe s.

1490 En demandant on va à Rome.
var. : Quand langue a, à Rome va. Meurier, 1568.

1491 Salive d'homme tous serpents domme [dompte]. Bovelles, 1557.

1492 La langue est un bon bâton. Guadeloupe.
Les paroles peuvent blesser.

1493 Juge l'oiseau à la plume et au chant,
Et au parler l'homme bon ou méchant. Meurier, 1568.
var. : À la plume et au chant l'oiseau,
Et au parler le bon cerveau.

1494 On lie les bœufs par les cornes et les hommes par les paroles.
Les hommes s'engagent en donnant leur parole.

1495 L'usage est le tyran des langues. Académie, 1835.
L'usage prévaut sur les règles.

1496 Puisque la parole est issue du corps, elle n'y peut jamais entrer. *Prov. gallica*, XVe s.

1497 Il faut tourner sept fois sa langue dans sa bouche avant de parler. Académie, 1835.

1498 Il ne faut pas parler latin devant un cordelier. Quitard, 1842.
Les cordeliers avaient la réputation d'être de très bons latinistes.

1499 Il ne faut point parler de corde dans la maison d'un pendu [*ou* devant un pendu].
C'est-à-dire devant un ancien condamné qui a échappé miraculeusement à la mort (si la corde rompait pendant l'exécution, le condamné était absous).

1500 Trop gratter cuit, trop parler nuit. Ancien proverbe, XIIIe s.
Quand on cède aux excès de la démangeaison ou au bavardage.

1501 Faute de parler, on meurt sans confession. Régional, Franche-Comté.

1502 Paroles vieillies, paroles sages. Régional.

1503 Les belles paroles n'écorchent pas la langue.
« Il faut parler avec courtoisie plutôt qu'avec arrogance » (Oudin, 1640).

var. anciennes : Douce parole n'écorche pas la bouche. Meurier, 1568.
Bien parler ne conchie bouche.

1504 Qui parle sème, qui écoute récolte.
Ce proverbe existe en persan.

1505 La parole est d'argent, mais le silence est d'or.
Ce proverbe existe en arabe.

1506 À paroles lourdes, oreilles sourdes.
Meurier, 1568.

1507 Méchante parole jetée va partout à la volée. Cotgrave, 1611.
La calomnie se répand plus vite que toute autre parole.

1508 Petit homme abat grand chêne.
Et douce parole grande ire [colère].
Oudin, 1640.
cf. Petite pluie abat grand vent.

1509 À coup de langue écu d'oreille.
Ancien proverbe, XIIIe s.
L'écu est un bouclier, une protection; l'oreille doit se fermer aux propos qui peuvent blesser, faire mal.

1510 À sotte demande, il ne faut pas de réponse. *Adages français*, XVIe s.

1511 Il n'y a qu'un mot qui serve. Académie, 1835.
Parlons clair, en choisissant le seul mot qui convient.

1512 Qui ne dit mot consent.
Thème de l'interprétation positive du silence; cf. « Pas de nouvelles, bonnes nouvelles ».

1513 L'entente est au diseur.
« Il s'entend bien mais il ne se fait pas comprendre » (Lamesangère, 1821).

1514 Les paroles dites au matin
N'ont pas au soir même destin.
Le Roux de Lincy, 1842.

1515 Ce n'est pas tout Évangile
Ce qu'on dit parmi la ville. Meurier, 1568.

1516 Les longs propos font les courts jours.
Adages français, XVIe s.

1517 Changement de temps
Entretien de sot. Tuet, 1789.
Ce proverbe existe en anglais.

1518 Pas de nouvelles, bonnes nouvelles.
Panckoucke, 1749.

1519 De longues [lointaines] terres longues nouvelles. Ancien proverbe, XIIIe s.
Celui qui revient de loin a beaucoup à dire.

1520 À beau mentir qui vient de loin. Tuet, 1789.
Personne ne pourra contester les dires de celui qui vient de loin.

Le secret

1521 Secret de trois, secret de tous.
Cotgrave, 1611.
Ce proverbe existe aussi en espagnol.

1522 Rien ne pèse tant qu'un secret.
Cahier, 1856.

1523 Un mot dit à l'oreille est entendu de loin.
Ce proverbe existe aussi en chinois.

La comparaison

1524 Comparaisons sont odieuses.
Adages français, XVIe s.
On n'aime pas s'entendre comparer aux autres.

1525 Comparaison n'est pas raison.
Ancien proverbe, XIIIe s.
Une comparaison n'est pas une preuve. — Ce proverbe existe en allemand.

Les « si »

1526 Avec des « si », on mettrait Paris dans une bouteille.
var. : Si la mer bouillait, il y aurait bien des poissons (de) cuits.
var. : Si le ciel tombait, il y aurait bien des alouettes (de) prises.
var. : Si les chiens chiaient des haches, ils se fendraient le cul. Québec.

1527 Il n'est homme ni femme où il n'y ait un « si ». *Prov. gallica*, XVe s.

1528 Au cas que Lucas n'ait qu'un œil, sa femme aurait épousé un borgne.
Le Roux, 1752.
Se dit pour se moquer de ceux qui posent trop de conditions.

La vérité

1529 La vérité sort de la bouche des enfants.

1530 La vérité comme l'huile vient au-dessus.
Gruter, 1610.
Ce proverbe existe en espagnol.

1531 La vérité est cachée au fond du puits.
Le Roux, 1752.
Proverbe d'origine grecque.

1532 Toutes les vérités ne sont pas bonnes à dire.
var. ancienne : Tuit voir ne sont pas bel à dire. Ancien proverbe, XIIIe s.

1533 Il n'y a que la vérité qui blesse.
Le Roux, 1752.
Lorsqu'on s'indigne devant un reproche, c'est qu'il est mérité.

Le mensonge

1534 À dire vérités et mensonges, les vérités seront les dernières crues. Régional, Agen.

1535 Beaux mensonges aident.
Prov. ruraux..., XIIIe s.

1536 Peut-être empêche les gens de mentir.
Panckoucke, 1749.

1537 Un démenti vaut un soufflet.
« Ce proverbe ... signifie deux choses : l'une, que quiconque a donné un démenti à quelqu'un, mérite de [s'expose à ?] recevoir un soufflet ; l'autre qu'autant vaudrait donner un soufflet à quelqu'un qu'un démenti » (Lamesangère, 1821).

1538 Il faut qu'un menteur ait bonne mémoire. Duplessis, 1851.
Pour ne pas se trahir. — Ce proverbe existe aussi en indien.

1539 De grands langages, grandes baies [mensonges]. Baïf, 1597.

L'écrit

1540 Ce qui est écrit est écrit. Le Roux, 1752.
On ne peut rien y changer. Parole de Pilate citée dans l'Évangile (Jean 19, 22).

1541 Les paroles s'en vont, les écrits restent.
Proverbe d'origine latine : *verba volant, scripta manent.*

1542 Le papier souffre tout.
« On écrit sur le papier tout ce qu'on veut » (Le Roux, 1752).
cf. Sur la peau d'une brebis [parchemin], on écrit ce que l'on veut.

1543 Papier parle quand gens se taisent.
Cahier, 1856.

1544 Les mots ne se battent sur le papier.
Finbert, 1965.

1545 Écris comme les habiles et parle comme tout le monde. Cahier, 1856.

1546 À mal exploiter bien écrire.
« Quand les sergents ont fait des fautes dans leurs exécutions, ils les couvrent en faisant de faux exploits, auxquels on ajoute foi. » (Panckoucke, 1749).

LA PAROLE ET L'ACTION

Déjà bien suspecte en elle-même, la parole, confrontée à l'action, révèle non plus ses dangers, mais ses limites. Un proverbe comme :

Aussitôt dit, aussitôt fait,

est aussi remarquable par sa structure et son emploi familiers que par son isolement dans la rubrique. La parole est presque toujours vantardise, illusoire promesse d'action, impuissance :

Les paroles sont femelles et les faits sont mâles.

La tentation était grande de transformer en contraires des termes aussi couramment associés dans le discours, de s'autoriser de l'intervalle chronologique et logique entre deux activités normalement complémentaires *(parole/action)* pour les opposer dans une dénonciation, chère aux proverbes, des apories et des illusions humaines.

1547 Aussitôt dit, aussitôt fait. Le Roux, 1752.

1548 Les paroles sont femelles et les faits sont mâles. Meurier, 1568.
Plutôt qu'une symbolique philosophique, ce proverbe trahit une mentalité misogyne : la parole (volontiers mensongère) est rapportée à la femme et au fou, le silence au sage (qui est un homme), l'action à l'homme.

1549 Il est plus facile de dire que de faire.
Meurier, 1568.

1550 À beau parler qui n'a cure de bien faire. Lamesangère, 1821.

1551 De grands vanteurs petits faiseurs.
La Véprie, 1495.

1552 Au parler ange, au faire change.
Meurier, 1568.
Celui qui parle comme un ange peut agir de toute autre façon.

1553 Bien dire fait rire, bien faire fait taire.
Quitard, 1842.

1554 Fais ce que je dis, ne fais pas ce que je fais. Quitard, 1842.

LE JEU

Nous avons regroupé dans cette rubrique un ensemble assez disparate de proverbes traitant de diverses activités ludiques.

Le jeu proprement dit, avec ses règles et conventions, ce qu'il exige chez le joueur de sens du risque, de l'opportunité, de maîtrise de soi, de ruse, explicite un code du comportement social, que la morale commune évoque d'habitude plus pudiquement.

D'autre part, des activités de divertissement comme le chant ou la danse n'ont pas bonne réputation dans les proverbes ; réaction attendue d'une communauté de paysans ou d'artisans qui ne peut y voir que perte de temps ou insouciance :

Jamais danseur ne fut bon clerc,

ou tentative de dissimulation d'une réalité qui se prête rarement à de telles manifestations ; celles-ci supposent l'aisance ou la sécurité. Sinon :

Tel chante qui ne rit pas.

1555 Le jeu ne vaut pas la chandelle.
Quitard, 1842.
Les frais ou la peine exigés sont disproportionnés au but poursuivi.

1556 À beau jeu beau retour.
« Chacun trouve occasion de se venger à son tour » (Le Roux, 1752).

1557 Qui en jeu entre jeu consente.
Ancien proverbe, XIIIe s.
Si l'on veut participer au jeu (à une tentative collective), il faut en accepter les règles. Voir le suivant :

1558 Les fautes sont faites pour le jeu.
« En toutes choses il y a des règles qu'il faut observer » (Littré).

1559 Au bout du jeu voit-on qui a gagné.
Pièces contre Luynes, XVIIe s., *in* Le Roux de Lincy.
cf. À la fin saura-t-on qui a mangé le lard.

1560 À mauvais jeu, bonne mine. Gunter, 1610.
La bonne mine est destinée à dissimuler le mauvais jeu. — Ce proverbe existe aussi en allemand.

1561 Au vrai dire perd-on le jeu. La Véprie, 1495.
Qui veut gagner doit cacher la vérité : définition médiévale du bluff.

1562 À bourse de joueur n'a point de loquet.
Prov. ruraux..., XVIe s.

1563 La balle cherche le joueur. Académie, 1835.
var. ancienne : À bon chouleur la pelote lui vient. La Véprie, 1495.
Chouleur, joueur de paume.

1564 Il faut prendre la balle au bond.

1565 De deux regardeurs il y en a un qui devient joueur. Méry, 1828.

Chanson et danse

1566 Tel chante qui ne rit pas.
var. : Chacun n'est pas aise qui danse.
Le Roux de Lincy, 1842.

1567 En une chanson il n'y a qu'un mot.
Le Roux de Lincy, 1842.

1568 La chanson du ricochet, toujours à recommencer. Littré.
Se dit d'un homme qui dit ou fait toujours la même chose.

1569 Qui bien chante et bien danse
Fait un métier qui peu avance.
Le Roux de Lincy, 1842.

1570 Toujours va qui danse. Le Roux, 1752.
Faire bien ou mal mais faire de son mieux.

1571 Un harpeur danse à la harpe
Bovelles, 1531.

1572 Tout finit par des chansons.
Refrain du vaudeville du *Mariage de Figaro*, caractérisant la frivolité d'une époque (et des Français).

1573 Quand la cornemuse est gonflée, on n'en chante que mieux. Panckoucke, 1749.

1574 Ce qui vient de la flûte retourne au tambour. Meurier, 1568.
Variante métaphorique de : « Bien mal acquis ne profite jamais ».

Les échecs

1575 Dame touchée, dame jouée. Oudin, 1640.

1576 Dame blanche a le cul noir.
Panckoucke, 1749.
Le motif s'offrait ici bien commodément à la plaisanterie grivoise.

1577 Au jeu d'échecs, les fous sont les plus près du roi. Le Roux, 1752.
Aux échecs et... à la cour.

chapitre XIV

LOGIQUE DES ACTIONS

Les proverbes qui suivent évoquent une problématique de l'action, où la référence au temps est constante et impérieuse. Le temps est, à la fois, principe souverain de décision, agissant indépendamment de la volonté humaine, fixant ses limites et autorisant ses espoirs, et, plus logiquement, ce milieu de genèse où s'organisent la finalité et le déroulement des actions, dans leurs différents aspects (commencement, fin, moyens), et qui contraint l'individu à toute une stratégie de l'attente, de l'opportunité et de l'évaluation des moyens et du possible.

Au nombre de ces moyens attendus, figurent la prudence et même une certaine lâcheté bien comprise :

Bonne honte sort de danger.

La casuistique du XVIIe siècle a opposé, à une morale rigide de l'action attestée dans quelques proverbes anciens comme :

Le fait juge l'homme,

une morale de l'intention (c'est l'intention qui compte), ouvrant de nouvelles possibilités pour combler – et justifier – l'écart culpabilisant entre la volonté de l'homme et le sort hasardeux de ses actes.

Le temps

1578 Selon le temps, la manière.

Ancien proverbe, XVIIIe s.

Définition de l'opportunisme.

1579 Le temps est un grand maître.

Corneille, *Sertorius*, 4.

1580 Le temps n'épargne pas ce qui se fait sans lui.

1581 Les béquilles du temps font plus que la massue d'Hercule. Méry, 1828.

1582 Il faut attendre le boiteux. Quitard, 1842.

Il faut attendre la confirmation d'une nouvelle avant d'y croire.

1583 Il n'y a que le provisoire qui dure.

Les mesures dites provisoires durent souvent très longtemps. Le proverbe exprime aussi l'idée que la durée d'une chose ne dépend pas de la volonté humaine.

1584 Il y a commencement à tout.

« Cela se dit à un qui commence à souffrir quelque incommodité » (Oudin, 1640).

L'attente

1585 Bien attend qui parattend.

Ancien proverbe, XIIIe s.

Qui *parattend* : qui attend jusqu'au bout.

1586 Tout vient à point qui sait [peut] attendre. Meurier, 1568.

Nous dirions : « ... à celui qui sait attendre ».

1587 La patience vient à bout de tout.

1588 Mieux vaut bon fuir que mauvaise attente. Ancien proverbe, XIIIe s.

1589 Il n'est pas perdu quanques au péril gît.

Tout ce qui est en péril n'est pas perdu.

La fin, le but

1590 Qui veut la fin veut les moyens. Littré.
Proverbe dont l'attestation semble récente et qui se fait l'écho, sur le mode pragmatique, du grand débat moral engagé autour du problème de la fin et des moyens ; cf. « La fin justifie les moyens ».

1591 Bonne fin attrait bonne fin.
Adages français, XVIe s.
Un succès en entraîne un autre.

1592 En toute chose, il faut considérer la fin.
La Fontaine, *Fables*, III, 5 : « Le Renard et le Bouc ».

1593 La fin couronnera le tout.
Plaisants devis..., 1593.

1594 Tout est bien qui finit bien.
Se dit quand une entreprise est menée à bon terme, après avoir donné beaucoup d'inquiétude.

Temps et action

1595 Ce qui est fait est fait. Le Roux, 1752.
var. : Ce qui est fait n'est plus à faire.
« C'est-à-dire que, quand on peut faire une chose, il ne faut pas la différer à un autre temps » *(ibid.)*.

1596 Mal fait qui ne parfait. Cotgrave, 1611.
Il faut mener à bien ce qu'on a commencé.

1597 Rome [*ou* Paris] ne s'est pas faite en un jour.
Meurier, 1568.
var. ancienne : On ne fait pas tout en un jour. La Véprie, 1495.

1598 Qui ne fait quand il peut ne fait pas quand il veut. La Véprie, 1495.

1599 Rien ne sert de courir, il faut partir à point.
La Fontaine, *Fables*, VI, 11 : « Le Lièvre et la Tortue ».
var. ancienne : Ce n'est pas tout de courir, il faut partir à temps. Gruter, 1610.

1600 Ne remets pas au lendemain ce que tu peux faire le jour même.
var. ancienne :
Ce que tu peux faire au matin,
N'attends vêpres le lendemain.
Prov. gallica, XVe s.

1601 C'est peu de se lever matin, il faut encore arriver à l'heure.

1602 Qui vient tard les autres il regarde.
Baïf, 1597.
Cf. le proverbe latin : *Tarde venientibus ossa* (c'est-à-dire : les os sont pour ceux qui arrivent en retard).

1603 Il vaut mieux tard que jamais.
La Véprie, 1495.
var. formelle : Mieux vaut tard que jamais.

1604 Il n'est jamais trop tard pour bien faire.
var. : Il n'est jamais tard à bien faire.
Meurier, 1568.

L'art et la manière

1605 La manière fait tout. *Prov. gallica*, XVe s.

1606 Ce qu'art ne peut, hasard achève.
Baïf, 1597.

1607 Il faut laisser quelque chose au hasard.
Littré.
Ce proverbe exprime l'idée que l'homme ne saurait tout maîtriser ou décider par sa seule volonté et que cela n'est d'ailleurs pas souhaitable.

1608 L'art est de cacher l'art. Lamesangère, 1821.
Pour mieux plaire...

1609 Prudence [méfiance] est mère de sûreté.

1610 Deux précautions valent mieux qu'une.
Cf. « Deux sûretés valent mieux qu'une
Et le trop en cela ne fut jamais perdu. » La Fontaine,
Fables, IV, 14 : « Le Loup, la Chèvre et le Chevreau ».

1611 Un homme averti en vaut deux.
Estienne, 1594.
var. : Un bon averti en vaut deux.

1612 Dans le doute abstiens-toi. Quitard, 1842.

1613 Bonne honte sort de danger. Baïf, 1597.
Bonne honte : entendons une honte opportune.

1614 Un peu de honte est bientôt bue.
Cahier, 1856.

1615 Il y en a toujours qui aimeront mieux sauver que passer les seaux.
Régional, Beauce.
Il y en a qui, dans un incendie, choisiront de mettre les biens à l'abri plutôt que de combattre le feu.

Le conseil et l'action

1616 À parti pris point de conseil.
Il est inutile de vouloir informer et conseiller celui qui a pris sa décision.

1617 À chose faite, conseil pris.
Après l'action, il n'est plus temps de conseiller ; c'est ce qu'exprime plus prosaïquement :
cf. Après le dîner, la moutarde.

1618 Après le fait ne faut souhait. Meurier, 1568.

1619 Colère n'a conseil. Ancien proverbe, XIIIe s.

1620 Rien ne se donne si libéralement que les conseils.

1621 Ce que chacun sait n'est pas conseil.
Prov. gallica, XVe s.
Un conseil doit nécessairement apporter une information qui ne soit pas un lieu commun.

Morale et logique de l'action

1622 Le fait juge l'homme.
Manuscrit de Cambridge, XIIIe s.

1623 Fais ce que tu dois, advienne que pourra. La Véprie, 1495.

1624 C'est l'intention qui compte.
var. anciennes :
L'intention vaut l'action.
L'intention est réputée pour l'action.
Héritage proverbial de la casuistique du XVIIe s. On voit que l'idée est bien différente de celle qui est exprimée dans les deux proverbes, plus anciens, qui précèdent.

1625 Quand orgueil chevauche devant,
Honte et dommage suivent de près.
Commynes, *Mémoires*.

Le possible et l'impossible

1626 À l'impossible nul n'est tenu. Tuet, 1789.

1627 La fortune aide aux audacieux.
Le Roux, 1752.
Proverbe d'origine latine : *Audaces fortuna juvat.*

1628 À cœur vaillant rien d'impossible.
La Véprie, 1495.
Devise de Jacques Cœur, argentier du roi Charles VII.

1629 Qui peut le plus peut le moins.
Panckoucke, 1749.

1630 Ce qu'on ne peut empêcher, il faut le vouloir.
Conseil plutôt de résignation que d'héroïsme.

1631 Qui peut et n'empêche, pèche.

1632 Qui est propre à tout n'est propre à rien.
« Celui qui prétend tout savoir faire n'est bon à rien. Il faut avoir une spécialité » (Dictionnaire de l'Académie, 1798).
var. moderne : Bon à tout, bon à rien.

LE SAGE ET LE FOU

Si la sagesse, à défaut d'une définition bien précise, jouit d'un statut consacré dans le discours moraliste et humaniste traditionnel comme dans le langage du sens commun, la folie, dans l'attente de son destin médical, est une notion aussi vague que familière.

En fait, est fou celui qui agit comme un fou, c'est-à-dire qui manifeste un comportement incompatible avec l'intérêt « bien compris » de l'individu : excès de langage, naïveté, confiance, franchise, insouciance..., autant de « défauts », on le voit, qui donnent au fou le rôle de victime toute désignée dans le jeu social, qui en font une proie facile pour l'homme sage, c'est-à-dire pour l'homme rusé.

Le sage et le fou constituent dans les proverbes un couple fonctionnel, désignant ses rôles (qui d'ailleurs peuvent s'échanger, s'inverser) et non des types psychologiques distribués individuellement.

Le fou

1633 Au miroir de la vanité, un fou s'est toujours regardé. Régional, Agen.

1634 Au ris connaît-on le fol et le niais.
Meurier, 1568.
Cf. l'expression : « Rire comme un fou ».

1635 Châtier fol est coup en ewe [eau].
Manuscrit de Cambridge, XIIIe s.
Il est illusoire de corriger un fou.

1636 De fol folie, de cuir courroie.
Ancien proverbe, XIIIe s.
D'un fou on ne peut attendre qu'acte de fou.

1637 Fol promettant,
Nuée non pleuvant. Bovelles, 1557.
Promesse de fou est comme nuage sans pluie, elle n'est pas suivie d'effet.

1638 Fol s'y fie, musard attend. La Véprie, 1495.
Musard signifie ici : sage, prudent.

1639 À barbe de fou, on apprend à raire [raser]. La Véprie, 1495.
On devient habile dans son métier aux dépens des naïfs et des inconscients.

1640 À chaque fou sa marotte. Le Roux, 1752.
Ce proverbe existe aussi en espagnol et en allemand.

1641 À conseil de fol, cloche de bois.
Meurier, 1568.
Il ne faut pas donner suite.

1642 À la presse vont les fous.
Les fous se précipitent dans la cohue. Emploi restreint : « Il ne faut pas s'empresser d'acheter les marchandises, tandis que tout le monde en veut avoir » (Le Roux, 1752).

1643 À la quenouille, le fol s'agenouille.
Meurier, 1568.
Il se plie aux volontés d'une femme.

1644 Après la fête, le fou en blanc reste.
Quand la fête est terminée, le fou (et lui seul) garde son habit de fête. – Ce proverbe existe aussi en espagnol.

1645 Fol et avoir ne se peuvent entr'avoir.
Lamesangère, 1821.
Folies et richesses sont contradictoires.

1646 Il y a plus de fols acheteurs que de fols vendeurs. Loisel, 1607.

1647 Il n'y a que les fous [*ou* les imbéciles] qui ne changent pas d'avis.

1648 Les plus courtes folies [*ou* plaisanteries] sont les meilleures.

1649 Muraille blanche, papier de fol.
Meurier, 1568.

Condamnation des... graffiti.

1650 Plus on est de fous, plus on rit.
Le Roux, 1752.

1651 Qui fol envoie, fol attend.
Ancien proverbe, XIIIe s.

1652 Tête de fou ne blanchit jamais.
Le Roux, 1752.

Le fou reste toujours enfant.

1653 Bouche en cœur au sage,
Cœur en bouche au fou. Quitard, 1842.

Opposition entre la réserve prudente du sage et la précipitation (mais aussi la sincérité) du fou.

1654 Ce sont les fous qui troublent l'eau et ce sont les sages qui pêchent.

Thème analogue à celui de : « Tirer les marrons du feu » ; on agite l'eau pour déranger les poissons avant de pêcher.

1655 Les fols font les banquets et les sages les mangent. *Adages français*, XVIe s.

1656 Les fous inventent les modes et les sages les suivent. Le Roux, 1752.

Ces trois proverbes expriment la même idée... sur l'utilité des fous.

1657 Un fol avise bien un sage.

« J'ai souvent ouï en proverbe vulgaire qu'un fol enseigne bien un sage » (Rabelais, III, 37).

1658 N'est pas sage qui n'a peur d'un fol.
Fleury de Bellingen, 1656.

1659 Il n'est pas si grande folie que de sage homme. Le Roux de Lincy, 1842.

1660 Il n'est si sage qui ne foloie.
Roman de Renart, XIIIe s.

1661 Qui ne sait être fou n'est pas sage.
Quitard, 1842.

1662 C'est être fou que d'être sage selon raison contre l'usage. Baïf, 1597.

1663 Fol semble sage quand il se tait.
Meurier, 1568.

Ce proverbe existe aussi en espagnol.

Le sage

1664 De sage homme sage demande
Ancien proverbe, XIIIe s.

1665 Le plus sage se tait. *Adages français*, XVIe s.

1666 Sage est qui fait de son tort droit.
Roman de Renart, XIIIe s.

Sage et surtout... rusé.

1667 Les astres peuvent l'homme incliner,
Le sage les peut dominer.
Almanach perpétuel..., 1774.

Le sage peut vaincre son étoile, le destin.

1668 En une étroite couche
Le sage au milieu se couche. Meurier, 1568.

Image expressive pour illustrer l'opportunisme et le sens pratique que les proverbes associent à la sagesse.

1669 Le temps et l'usage
Rendent l'homme sage. Gruter, 1610.

1670 Le doute est le commencement de la sagesse.

1671 Tout le monde sait être sage après coup.

1672 La sagesse n'est pas enfermée dans une tête.

« Les plus sages ont besoin des conseils » (Le Roux, 1752).

1673 Mieux vaut une once de fortune qu'une livre de sagesse. Cotgrave, 1611.

chapitre XV

CONDITIONS ET MILIEUX SOCIAUX

Les proverbes qui mettent en scène les différents milieux sociaux, le monde des grands et des privilégiés, la cour, la hiérarchie en général, sont ceux dont on attend qu'ils reflètent le plus directement la situation sociale et l'idéologie de leurs inventeurs et utilisateurs ; dans la mesure du moins où l'on peut attribuer une certaine cohérence et unité à une énonciation proverbiale qui s'étale sur une longue période difficile à délimiter.

L'évocation craintive et respectueuse du seigneur, ou de la figure mythique et lointaine du roi, fait contraste avec l'image violemment parodique et décriée du vilain ; il est vrai qu'il s'agit là d'un thème banal de la littérature satirique et comique au Moyen Âge et jusqu'au XVIIe siècle.

On pourrait déduire de cette opposition qu'une idéologie courtoise dominante a imprégné les mentalités de cette population mi-paysanne, mi-bourgeoise au sein de laquelle la plus grande et la plus ancienne partie de nos proverbes a vu le jour. Mais, dans ce domaine, toute interprétation ne peut être avancée qu'avec prudence.

Le seigneur

1674 À tout seigneur, tout honneur. *Prov. ruraux...*, XIIIe s.

À chaque seigneur, l'honneur qui lui est dû. S'emploie pour revendiquer un avantage justifié.

1675 Nulle terre sans seigneur. Le Roux, 1752.

1676 Tant vaut le seigneur, tant vaut la terre. Le Roux, 1752.

1677 Au surnom connaît-on l'homme. Mielot, 1456.

À partir du XIe siècle, l'usage du surnom se généralise chez les nobles. Il s'étendra plus tard aux autres catégories sociales.

1678 Tel seigneur, tel mesnye [maison]. La Véprie, 1495.

1679 À grands seigneurs, peu de paroles. Le Roux, 1752.

« Il ne faut pas abuser de leur audience. »

1680 Les paroles des grands ne tombent jamais à terre. Lamesangère, 1821.
cf. Les sottises des grands sont des sentences.

1681 Seigneur ne plaide jamais saisie. *Adages français*, XVIe s.

1682 Un grand seigneur, un grand clocher et une grande rivière sont trois mauvais voisins. Le Roux, 1752.

« Car ils emportent toujours quelque chose de l'héritage voisin ».

1683 Le plus grand est le plus pourri. La Véprie, 1495.

1684 Amour de seigneur n'est pas héritage. La Véprie, 1495.
var. : Promesse d'un grand n'est pas héritage.

1685 Foi de gentilhomme, un autre gage vaut mieux. *Adages français*, XVIe s.

1686 Grand chevalier ne va mie seus.
Ancien proverbe, XIIIe s.
Un grand chevalier ne va jamais seul.

La noblesse : nobles et princes

1687 Noblesse oblige. Académie, 1835.

1688 Nul noble sans noblesse.

1689 Longueur de temps n'éteint noblesse ni franchise. Loisel, 1607.

1690 Bon sang ne peut mentir.
var. ancienne : Nature ne peut mentir.
Prov. ruraux..., XIIIe s.

1691 Noble est qui noblesse ne blesse et n'oublie. Gruter, 1610.

1692 Jeu de prince, qui ne plaît qu'à celui qui le fait. Oudin, 1640.
Jeu de prince, cf. « Ce sont là jeux de prince... » (La Fontaine, *Fables*, IV, 4 : « Le Jardinier et son Seigneur »).

1693 Nouveaux maîtres, nouvelles lois.
Méry, 1828.
var. ancienne : De nouveau roi nouvelle loi.

Le roi

1694 Qui aura de beaux chevaux si ce n'est le roi ? Académie, 1835.

1695 Les rois ont les mains longues.
Le Roux, 1752.
Proverbe d'origine latine (Ovide).

1696 Abattez bois, le roi se baigne. Mielot, 1456.

1697 Il ne parle pas au roi qui veut.
La Véprie, 1495.

1698 Les trésoriers sont les éponges du roi.
« ... Le financier s'étant par les vols et les concussions qu'il a faits, rend tout ce qu'il a pris, lorsque le Prince vient à le presser » (Manuscrit de Gaignères).

1699 Qui mange l'oie du roi, cent ans après il en rend les plumes. Méry, 1828.
var. : Qui mange la vache du roi, à cent ans de là en paie les os. Le Roux, 1752.
Ceux qui ont manié les finances royales sont souvent l'objet de poursuites.

1700 Il ne faut pas être plus royaliste que le roi. Chateaubriand, 1816.
Se dit quand on manifeste plus de zèle que ne l'exige la cause que l'on défend.

1701 Les lys ne filent point.
Le royaume de France ne passe point aux femmes.

La cour

1702 À chaque cour son traître. Meurier, 1568.

1703 À la cour le roi, chascuns y est pour soi.
La Véprie, 1495.
À la cour du roi, chacun œuvre pour lui-même.

1704 Qui s'éloigne de la cour, la cour s'éloigne de lui. La Véprie, 1495.

1705 On a plus de mal à suivre la cour qu'à se sauver. *Adages français*, XVIe s.
Se sauver : faire son salut.

1706 Il avient sovent à cort [cour] qui ne pêche si [encourt]. Ancien proverbe, XIIIe s.
Il arrive souvent qu'à la cour on poursuive celui qui n'a rien à se reprocher. Cf. La Fontaine : « Selon que vous serez puissant ou misérable... ».

Le maître et le serviteur

1707 Nul ne peut servir deux maîtres.
Académie, 1835.
Citation tirée de l'Évangile (Matthieu 6, 24).

1708 Tel maître, tel valet. Meurier, 1568.
Ce proverbe existe aussi en lituanien.

1709 Bon maître, bon serviteur. Gruter, 1610.

1710 Les bons maîtres font les bons serviteurs. Académie, 1835.

1711 Au sénéchal de la maison
Peut-on connaître le baron.
Prov. ruraux..., XIIIe s.

1712 À telle dame telle chambrière.
Ancien proverbe, XIIIe s.

1713 Le bon écuyer fait le bon chevalier.
La Véprie, 1495.

1714 Il n'y a point de grand homme [*ou* héros] pour son valet de chambre.
Quitard, 1842.

1715 Quand le vassal dort, le maître veille.
Panckoucke, 1749.
Le seigneur peut se venger de la négligence du vassal en saisissant le fief.

1716 Valet à prince, per [pair, égal] à baron.
Prov. gallica, XVe s.

1717 Autant de valets, autant d'ennemis.
Quitard, 1842.
Proverbe d'origine latine : *Quot hostes tot servi*.

1718 Libre n'est celui qui sert autrui.
Gruter, 1610.

1719 Qui avec son seigneur mange poires, il ne choisit pas les meilleures.
La Véprie, 1495.
Mieux vaut donc manger avec des égaux ou des inférieurs.

1720 Il ne faut pas trop se jouer à son maître. Du Fail, 1585.

1721 Ce que maître donne et valet pleure, ce sont larmes perdues. *Adages français*, XVIe s.

1722 À passage et à rivière :
Laquais devant, maître derrière.
Le Roux, 1752.
Le risque est toujours pour l'inférieur.

1723 Liberté et pain cuit. Littré, 1865.
Indépendance et subsistance.

Le vilain

1724 À vilain, vilain et demi. Le Roux, 1752.
Le vilain (rustre, grossier, ou méchant) en trouve toujours un pire que lui.

1725 À vilain, charbonnée d'âne. Oudin, 1640.
Charbonnée : grillade de viande. Il faut traiter un vilain comme il le mérite.

1726 Jeu de main, jeu de vilain. Le Roux, 1752.
Les querelles de manants finissent par des coups. *Vilain* ayant pris un sens moral, le proverbe a changé de domaine et s'applique aux attouchements érotiques.

1727 Jamais vilain n'aima noblesse.
Adages français, XVIe s.

1728 Vilain ne sait ce que valent éperons.
Quitard, 1842.

1729 Graissez les bottes d'un vilain il dira qu'on les lui brûle. Académie, 1835.

1730 Dépends le pendart, il te pendra ;
Oigne vilain, il te poindra. Meurier, 1568.
var. ancienne :
Oignez vilain, il vous poindra ;
Poignez vilain, il vous oindra.
Cité par Rabelais.

1731 Donnez le pied à un nègre, il prend la main. Martinique.

1732 Mieux vaut un courtois [homme de cour] mort qu'un vilain vif [vivant].
Meurier, 1568.
var. ancienne :
Il est voirs [vrai] que muis vaut
Uns mort cortois c'uns vilain vis.
Roman de Renart, XIIIe s.

1733 Vilain enrichi ne connaît parent ni ami. Meurier, 1568.
Thème éternel du « nouveau riche ».

1734 Il n'est chère [repas] que de vilain.
« Pour dire qu'un avare, quand il donne à manger, le fait avec profusion » (Lamesangère, 1821).
var. : Il n'est chère que d'avaricieux.
Furetière, 1690.

1735 Peine de vilain est comptée pour rien.
Le Roux, 1752.

Conditions sociales diverses

1736 Mieux vaut goujat [valet d'armes] debout qu'empereur enterré.
La Fontaine, *La Matrone d'Éphèse*.
cf. Chien en vie vaut mieux que lion mort.

1737 Bâton porte paix facquin faix.
Meurier, 1568.

1738 Les mûlatres se battent, ce sont les cabris qui meurent. Créole.
Se dit lorsque de personnes faibles ou inférieures subissent les effets des querelles des grands ; c'est un thème universel.

1739 Quand un Blanc a pété, c'est le Nègre qu'on met dehors. Créole, Martinique.

1740 Jamais bâtard ne fit bien.
Adages français, XVIe s.

1741 Bâtard est bon, c'est aventure [hasard] ;
Étant mauvais, c'est de nature.
Meurier, 1568.

1742 À gens de village, trompette de bois.
« Il faut proportionner les choses aux personnes » (Le Roux, 1752).

1743 Selon la ville les bourgeois. La Véprie, 1495.

1744 Si souhaits fussent vrais,
Pastoureaux seraient rois. La Véprie, 1495.

1745 Haine du populaire,
Supplice gref [pénible] et aigre.
Meurier, 1568.

1746 Cent ans bannière, cent ans civière.
« C'est-à-dire qu'avec le temps on déchoit de la plus haute noblesse » (Le Roux, 1752). *Bannière* (ban) : marque seigneuriale de la propriété féodale ; la *civière* servait à porter les charges, entre autres le fumier.

1747 Hier vacher, huy [aujourd'hui] chevalier. Gruter, 1610.
var. : Aujourd'hui roi, demain rien.

1748 Faveurs, femmes et deniers
Font de vachers chevaliers. Meurier, 1568.
Ce proverbe existe aussi en allemand.

Riches et pauvres

1749 Les pauvres ont la santé les riches les remèdes. Régional, Agen.

1750 Au riche homme souvent sa vache vèle,
Et du pauvre le loup veau emmène.
Meurier, 1568.
La fortune sourit aux riches et la malchance accable les malheureux.

1751 Les modes rendent les riches pauvres.
Parce qu'on ne les distingue plus ?

1752 Pour être beau chaque jour, on est ou très pauvre ou très riche. Régional.
Ou bien ça vous coûte trop, ou ça ne vous coûte rien.

1753 Suffisance fait richesse
Et convoitise fait pauvresse.
Roman de la Rose.
L'opposition *pauvreté/richesse* se trouve transposée du domaine social où elle s'observe au domaine individuel et moral où elle se justifie.

1754 Pauvreté n'est pas vice. Loisel, 1607.
Une affirmation sympathique, mais était-elle vraiment convaincue ? Se rappeler des expressions comme « pauvre *mais* honnête ». Voir aussi les proverbes qui suivent.

1755 En grande pauvreté ne gît pas grande loyauté. *Adages français*, XVIe s.

1756 Pauvre homme n'a point d'amis.
Prov. gallica, XVe s.
Ce proverbe existe aussi en haoussa.

1757 À pauvre gens la pâte gèle au four.
Anthologie prov. fr., XVIIe s.
Image très expressive de la malchance qui accable les malheureux.

1758 Au pauvre, un œuf vaut un bœuf.
Meurier, 1568.

1759 À pauvres, enfants sont richesses.
Meurier, 1568.

1760 Il n'est orgueil que de pauvres enrichis.
Estienne, 1594.
La même idée est sans doute implicite dans le proverbe suivant.

1761 Il vaut mieux qu'un clocher se démo- [lisse
Plutôt qu'un pauvre gueux devienne [riche.
La stabilité sociale doit régner, fut-ce au prix de l'injustice.

1762 Un pauvre en grand tènement
Vaut mieux qu'un serf à grand argent.
Ancien proverbe, XIIIe s.
Tènement : métairie dépendante d'une seigneurie mais exploitée librement (cf. *tenancier* et *tenure*).

1763 Les malheureux n'ont point de parents.
Panckoucke, 1749.
var. : Les malheureux sont seuls au monde.

1764 La susceptibilité est interdite aux malheureux.

1765 Qui avec malheureux couche, il a froid quoiqu'il lui touche. Bovelles, 1531.

1766 Le gibet n'est fait que pour les malheureux. Panckoucke, 1749.

1767 Faute de bien
Va sur le fien [fumier]. Bovelles, 1557.

Gueux et truands

1768 Les gueux ne sont jamais hors de leur chemin. Quitard, 1842.
Parce qu'ils n'ont pas une demeure fixe où se diriger.

1769 Les gueux se réconcilient à la gamelle.
Panckoucke, 1749.
Ce proverbe existe aussi en allemand.

1770 Deux truands [mendiants] ne s'entraimeront ja [jamais] à un huis [porte].
cf. Deux chiens à un os ne s'accordent.

1771 Au gueux, la besace. Maloux, 1960.
Formule de mépris.
cf. À bossu, la bosse.

1772 À coquin honteux, plate besace.
Adages français, XVIe s.
cf. Jamais honteux n'eut belle amie.

1773 Besace bien promenée nourrit son maître. Panckoucke, 1749.

Les riches, la richesse

1774 Que le riche dîne deux fois ! Quitard, 1842.
Proverbe d'origine latine. Défi du pauvre (sûr de son appétit) au riche rassasié.

1775 Il est plus facile à un chameau de passer par le trou d'une aiguille qu'à un riche d'entrer dans le royaume de Dieu. Ancien proverbe, XIIIe s.
Citation évangélique (Matthieu 19, 24).

1776 Les sottises du riche sont des sentences.
Régional, Bourbonnais.
cf. Les paroles des grands ne tombent jamais à terre.

1777 Les riches mangent de l'or et chient du plomb. Régional, Auvergne.

1778 Le plus riche n'emporte qu'un linceul.
La Véprie, 1495.

chapitre XVI

VOYAGES

Nous présentons ici une série largement métaphorique concernant le thème du voyage. À l'époque des proverbes – et s'agissant de communautés rurales peu mobiles par nature – les voyages étaient rares, longs, dangereux, et généralement inconfortables. Autant de caractéristiques qui se prêtent bien à la description métaphorique de l'entreprise *risquée* et de ses différentes modalités :

Commencement, décision : le premier pas (celui qui coûte);

Méthode : lenteur et précipitation;

Circonstances : le bon et le mauvais chemin;

Dangers et obstacles : les voyages en mer, la haie, le fossé;

Aides : compagnons de route, aides utiles et inutiles (« La cinquième roue de la charrette »).

LES PAS DU VOYAGEUR

Hâte et lenteur

1779 Pas à pas on va bien loin. Meurier, 1568.
var. ancienne : Petit à petit on va bien loing. Ancien proverbe, XIIIe s.

1780 Il n'y a que le premier pas qui coûte. Quitard, 1842.
cf. Il n'y a que la première pinte de chère.

1781 La peur a bon pas. Tuet, 1789.
var. : La peur donne des ailes.

1782 Qui va doucement va sûrement. Meurier, 1568.
Équivalent français du célèbre adage italien : *Chi va piano va sano.*

1783 Plus me hâte et plus me gâte. Bovelles, 1531.

1784 Qui trop se hâte reste en chemin. Quitard, 1842.

1785 Hâtez-vous lentement. Tuet, 1789.
Voir la fable de La Fontaine, *Le Lièvre et la Tortue :* « Elle se hâte avec lenteur ».

1786 Qui va pieds nus ne sème pas d'épingles.
var. ancienne : Qui veut aller pieds nus ne doit pas semer des épines.

1787 Celui qui n'a pas bon pied part avant. Guadeloupe.
Quand on connaît ses faiblesses ou ses limites on prend ses précautions à l'avance.

1788 Quand on n'avance pas, on recule. Le Roux, 1752.
Se dit dans certaines circonstances où il faut garder l'initiative des opérations.

1789 Rien ne chet à qui rien ne porte. Baïf, 1597.
Celui qui ne porte rien ne laisse rien tomber.
var. ancienne : Qui riens apporte riens ne li chiet. Ancien proverbe, XIIIe s.
Conseil de prudence... ou humour consolateur à l'adresse des démunis et des travailleurs (celui qui ne fait rien ne fait pas d'erreurs).

1790 On marche toujours de travers sur un plancher qui ne nous appartient pas. Québec.

Position inconfortable de ceux qui dépendent de l'aide ou de la générosité des autres.

1791 Les voyages forment la jeunesse.

Proverbe très usité, que contredit le proverbe suivant, non moins célèbre mais plus ancien :

1792 Pierre qui roule n'amasse pas mousse.

Celui-ci est compris généralement comme une mise en garde à l'adresse des jeunes trop aventureux. — Ce proverbe existe aussi en lituanien.

1793 On ne gagne pas beaucoup à courir le monde. Suisse.

Même valeur que le précédent.

1794 On ne trouva jamais meilleur messager que soi-même. Le Roux, 1752.

1795 On sait bien quand on part, mais jamais quand on revient. La Véprie, 1495.

1796 Partir, c'est mourir un peu.

Quand on part, on laisse toujours quelque chose derrière soi.

1797 Grand aise d'avoir la clé des champs.

Ancien proverbe, XIIIe s.

La clé des champs : la liberté.

1798 Avec le florin, la langue et le latin,
Par tout l'univers on trouve son chemin.

Le *florin* était la monnaie de Florence. Ancien et bel exemple d'unité monétaire et linguistique européenne.

1799 Il vaut mieux arriver en retard qu'arriver en corbillard. Québec.

1800 On va bien loin encore quand on est las.

«S'applique ironiquement à certains personnages qui affectent de regarder comme un fardeau la haute position qu'ils occupent» (Duplessis, 1851).

1801 C'est bien allé quand on revient.

1802 Qui va lèche, qui repose sèche.

Le Roux, 1752.

Il faut aller soi-même faire ses affaires.

cf. Qui sied il sèche. Baudoin de Condé.

1803 Qui bête va à Rome, tel en retourne.

Meurier, 1568.

Ce proverbe existe aussi en catalan.

1804 Bien venu qui apporte. Duplessis, 1851.

Le voyage en mer

1805 Qui craint le danger, ne doit pas aller sur la mer. Le Roux, 1752.

cf. Il ne doit pas aller au bois qui craint les feuilles.

Ces proverbes incitent tous ceux qui connaissent leurs limites à ne pas chercher à les franchir.

1806 Il ne faut pas s'embarquer sans biscuits. Panckoucke, 1749.

1807 À barque désespérée Dieu fait trouver le port. Duplessis, 1851.

Ce proverbe existe aussi en espagnol.

1808 Qui est sur la mer il ne fait pas des vents ce qu'il veut. La Véprie, 1495.

1809 Recours à Dieu, l'ancre est rompue.

Baïf, 1597.

1810 Il n'y a pas de mauvais pilote quand le vent est bon.

On n'a pas beaucoup de mérite à réussir quand la fortune vous sourit.

1811 Selon le vent, la voile. Académie, 1835.

var. : On tend les voiles du côté que vient le vent.

Une façon de désigner l'opportunisme.

Le chemin

1812 Bonne terre, mauvais chemin.

var. : De grasse terre, méchant chemin.

Gruter, 1610.

var. : Bon pays, mauvais chemin.

Meurier, 1568.

La plupart des avantages sont mêlés d'inconvénients.

1813 En tout pays il y a une lieue de méchant chemin.

«Dans toutes les entreprises il y a un moment difficile» (Littré).

1814 À chemin battu ne croît point d'herbe.

Quitard, 1842.

Il faut éviter les professions trop encombrées ; on n'y fait pas fortune.

1815 Aller et retourner fait le chemin frayer.

La Véprie, 1495.

1816 Il ne faut pas aller par quatre chemins.

Oudin, 1640.

Il faut se décider...

1817 Mieux vaut la vieille voie que le nouveau sentier. La Véprie, 1495.

var. ancienne : Meuz valent les veilles veyes que les noves.

Manuscrit de Cambridge, XIIIe s.

1818 À longue voie paille pèse. Mielot, 1456.

Le moindre fardeau pèse quand la route est trop longue.

1819 À haute montée le fais [fardeau] encombre. La Véprie, 1495.

1820 Bien foloie qui à mi-voie se retourne.

Ancien proverbe, XIIIe s.

C'est sottise que de faire demi-tour quand on a fait la moitié du chemin.

LES OBSTACLES

Le fossé, la haie, la boue

1821 Au bout du fossé la culbute. Quitard, 1842.

Conséquence d'une hardiesse imprudente.

1822 Ce qui tombe dans le fossé est pour le soldat. Académie, 1835.
Ce qui est tombé appartient à tout le monde.
cf. Pain coupé n'a point de maître.

1823 Mieux vaut faire le tour du fossé que d'y tomber.

1824 Qui conduit dans le fossé, tombe le premier.

1825 On passe la haie par où elle est la plus basse. *Prov. gallica*, XVe s.
cf. Le plat du bas est toujours vide.

1826 On n'est jamais sali que par la boue. Duplessis, 1851.

1827 Il n'est que d'être crotté pour affronter le bourbier.
« Après avoir fait quelques taches à son honneur, on ne craint plus d'y en ajouter de nouvelles » (Quitard, 1842).

LA MONTURE

1828 Qui veut voyager loin ménage sa monture.
Mis en forme par Racine dans *Les Plaideurs*.

1829 Il est bien aise d'aller à pieds qui tient son cheval par la bride.
var. ancienne : A eise va à pié qui son cheval maine en destre. *Prov. ruraux...*, XIIIe s.
On peut se permettre de prendre des risques (modérés) lorsqu'on a des arrières assurés.

1830 Celui qui ne s'aventure n'a ni cheval ni voiture. Régional, Agen.
cf. Qui ne risque rien n'a rien.

1831 On emballe sa monture afin de la maîtriser. Cahier, 1856.

LES VÉHICULES

1832 Du char, la plus méchante roue est celle qui crie toujours. Baïf, 1597.
Le plus gênant est celui qui se fait le plus remarquer. C'est aussi une reprise du thème : « Beaucoup de bruit, peu de besogne ».
var. : C'est la plus mauvaise roue qui fait le plus de bruit.
cf. Le tonneau creux résonne le plus.

1833 La cinquième roue de la charrette gêne plus qu'elle n'aide. Maloux, 1960.
Thème de « La cinquième roue du carrosse ».

1834 Compagnon bien parlant vaut en chemin chariot branlant. Estienne, 1594.
Un *chariot branlant* est un chariot suspendu.

1835 Il n'est si bon chartier [charretier] qui ne verse. *Adages français*, XVIe s.
cf. Il n'est si bon cheval qui ne bronche.

chapitre XVII

LE DROIT ET LA JUSTICE

La première partie de cette rubrique est constituée par un ensemble de proverbes sur le droit en général ou la loi. Il est trop hétéroclite et lacunaire pour offrir une image représentative des croyances populaires sur ce sujet. En dehors de quelques proverbes connus sur la fragilité du Droit ou la confusion de l'autorité de la loi avec la volonté du Souverain, il ne s'agit que d'adages ou d'aphorismes coutumiers, très usités mais qui nous font sortir du cadre des proverbes proprement dits.

Plus cohérente et significative est la série de proverbes qui évoquent le monde de la justice et des procès (acteurs, procédure). Image familière et violemment satirique (personnages du juge, de l'avocat), qui montre combien le débat judiciaire («civil») était au centre des préoccupations des individus. Les proverbes témoignent à la fois de l'importance, de la fréquence des procès et du peu de confiance que l'opinion leur accordait. Le procès, perdu ou gagné, est toujours une mauvaise affaire :

Gagne assez qui sort de procès.

De tous les rôles qui animent la scène judiciaire, celui d'avocat est le plus décrié : les proverbes ne voient dans cette fonction qu'un moyen habile de s'enrichir aux dépens des autres. Cependant, comme nous le remarquions à propos du médecin, pareillement maltraité, ces critiques ne traduisent pas tant la réalité des mœurs de l'époque (médecine, justice) qu'une réaction rancunière de défoulement contre ceux auxquels il faut avoir recours pour faire valoir des droits aussi essentiels et naturels que la santé du corps et la sécurité des biens.

La loi

1836 Un Dieu, un roi, une loi. Le Roux, 1752.

1837 Que veut le roi
Le veut la loi. La Véprie, 1495.
Loisel (1607) commente : «le Roi ne veut que ce que veut la loi».
var. : La loi dit ce que le roi veut.
var. : Tel roi, telle loi. Meurier, 1568.

1838 Nécessité n'a point de loi. Académie, 1835.

1839 Force passe droit. *Adages français*, XVIe s.

1840 Convenances rompent loi. *Anthologie prov. fr.*, XVIIe s.
var. : Convenant ley veynt. Manuscrit de Cambridge, XIIIe s.

La coutume

1841 Accoutumance est loi bien dure. Baïf, 1597.

1842 Coutume dure
Vaut nature. Bovelles, 1557.
var. : Coutume est une autre nature. Baïf, 1597.
L'habitude est une seconde nature.

1843 Une fois n'est pas coutume.
Adages français, XVIe s.

1844 De mauvaises coutumes naissent les bonnes lois.

Le bon droit

1845 Force passe droit. *Adages français*, XVIe s.
Ce proverbe existe aussi en néerlandais.

1846 Droit ne se remue. *Prov. gallica*, XVe s.

1847 Bon droit a besoin d'aide. La Véprie, 1495.
Il ne suffit pas qu'une cause soit juste pour qu'elle soit gagnée. — Ce proverbe existe aussi en néerlandais.

La justice

1848 On aime la justice en la maison d'autrui. Quitard, 1842.
C'est-à-dire : quand elle est respectée à votre avantage.

1849 La justice est comme la cuisine, il ne faut pas la voir de trop près.
Régional, Touraine.

La règle juridique

1850 Il n'est règle qui ne faille.
Adages français, XVIe s.

1851 L'exception confirme la règle.
Élément d'un adage juridique latin, qui en éclaire le sens : l'exception prévue permet l'application de la règle pour tous les cas qui ne sont pas explicitement énumérés comme exceptionnels.

1852 Mieux vaut règle que rente. Cotgrave, 1611.

Le procès

1853 Peu de chose peu de plaid.
Fleury de Bellingen, 1656.
Il n'est pas nécessaire de plaider longuement une petite affaire. — Ce proverbe existe en turc.

1854 En grands plaids petits faits. Meurier, 1568.

1855 Gagne assez qui sort de procès.
Anthologie prov. fr., XVIIe s.
cf. Un mauvais arrangement vaut mieux qu'un meilleur [*ou* bon] procès.

1856 Qui gagne son procès est en chemise ;
Qui le perd est tout nu. Régional, Dauphiné.
Ce proverbe existe en serbo-croate.

1857 En plaid n'a point d'amour.
Ancien proverbe, XIIIe s.
Les sentiments n'ont pas cours dans un procès.

1858 Homme plaideur, homme menteur.
Meurier, 1568.

1859 Chiche plaideur perdra sa cause.
Baïf, 1597.
Il faut savoir dépenser, proportionner les moyens à l'objectif.

1860 Les belles offres font perdre les bons procès.
Offres : terme de jurisprudence, désignant la proposition de régler l'affaire à l'amiable.

1861 Jamais homme ne gagne qui plaide à son maître. *Adages français*, XVIe s.

1862 Nul ne doit être témoin en sa cause.
Prov. gallica, XVe s.
Adage de droit.

1863 Témoins passent [l'emportent sur] lettres.
Adage de droit. *Lettres* : il s'agit des titres ou des actes écrits.

1864 Pour témoins jamais ennemis n'y soit reçus, ni moins amis. Meurier, 1568.

1865 Les absents ont toujours tort. Quitard, 1842.
Il faut être présent pour défendre ses intérêts.
var. ancienne : Les os sont pour les absents.

1866 Absent n'est point sans coulpe, ni présent sans excuse. Quitard, 1842.
On trouve toujours des torts aux absents et des excuses pour ceux qui sont présents pour défendre leurs intérêts.

1867 Les morts ont tort. Tuet, 1789.

1868 Qui mieux abreuve mieux preuve.
Loisel, 1607.
Celui qui mieux abreuve les témoins en obtient des témoignages très fermes, irrécusables.

1869 Qui prouve trop ne prouve rien.
L'insistance devient suspecte...

1870 Les querelles ne dureraient pas longtemps si les torts n'étaient que d'un côté.

1871 Contre fort et contre faux
Ne valent lettres ni sceaux.
Olivier de la Marche, *Mémoires*, XVe s.

1872 Tel juge, tel jugement. Meurier, 1568.

1873 De fol juge brève sentence. La Véprie, 1495.
Les ignorants décident sans examiner.

1874 On ne peut être à la fois juge et partie.
Méry, 1828.
Adage de droit.

1875 De jeune procureur, cas mal entendu.
Gruter, 1610.
Sur le même thème que 779, 1449...

1876 De part et d'autre la balance. Baïf, 1597.
Justice distributive.

L'avocat

1877 De bon avocat, courte joie. Gruter, 1610.

1878 Barbe d'avocat qui croît par article,
Barbe de jardinier qui croît par bouquet.
« Une barbe qui vient inégalement en quelques endroits du menton ou de la joue » (Oudin, 1640).

1879 Quand l'avocat prête, il achète.
Adages français, XVIe s.

1880 Le vent n'entre jamais dans la maison d'un avocat. *Adages français*, XVIe s.
Un avocat n'est jamais dans la gêne.

1881 Le gentilhomme chasse pour l'avocat.
Adages français, XVIe s.

1882 Les avocats sont des lèche-plats;
Les procureurs sont des voleurs.
Régional, Bourbonnais.

1883 Bon avocat, mauvais voisin. Gruter, 1610.
Il vous cherchera chicane avec succès.
Humour des proverbes :
Pour une fois qu'un avocat est bon, il se retrouve contre vous.

1884 Aux notaires et aux meuniers l'entrée du paradis est interdite.
Régional, Bourbonnais.

Gain, héritage, usage

1885 Usage rend maître.
Manuscrit de Cambridge, XIIIe s.
Adage de droit.

1886 De gage qui mange nul ne s'en arrange.
Meurier, 1568.

1887 Gagnage [gain] n'est pas héritage.
Maloux, 1960.

1888 De petit gage gros gagnage [gain].
Bovelles, 1557.

1889 Achat passe louage. Le Roux, 1752.
L'acquéreur peut évincer le locataire.

1890 Il n'est si bel acquet que de don.
Loisel, 1607.

1891 Un troisième héritier ne jouit pas des biens mal acquis. Quitard, 1842.
Adage de droit d'origine latine.

Taxes, amendes, peines

1892 Où il n'y a pas de quoi,
Le roi perd son droit. *Adages français*, XVIe s.
var. : Où les reitres ont passé, on n'y doit point de dismes.

1893 En mal fait ne gît qu'amendes.
Adages français, XVIe s.

1894 Le battu paye l'amende.
D'après une coutume de Lory, en Gâtinais. Se dit quand on condamne celui qui a raison, Fleury de Bellingen propose une étymologie fantaisiste de ce proverbe : « Le bas-tu ? Paie l'amende ».

1895 Amende surannée ne doit pas être payée. *Prov. gallica*, XVIe s.
Surannée : de l'année passée, périmée.

1896 Qui fait la faute la boit. Quitard, 1842.
var. : Qui a fait la faute si la boive.
Oudin, 1640.
Boire la faute : être obligé d'endurer les conséquences de ses actes.

1897 Le gibet ne perd jamais ses droits.
Quitard, 1842.
Les criminels sont punis tôt ou tard. Mais on dit aussi :
Le gibet n'est fait que pour les malheureux.

chapitre XVIII

LA GUERRE ET LES ARMES

La problématique de la guerre est bien étrangère au personnage moyen des proverbes, qui subit les conflits sans trop les comprendre, et pour qui l'ennemi est plutôt le voisin fourbe ou procédurier (voir le chapitre XVII : « Justice »). Un proverbe comme : « Si tu veux la paix, prépare la guerre » n'est pas populaire et fait partie de la tradition antique (latine).

Le soldat est une image plus familière et volontiers parodique ; mais c'est avec le lexique des armes que le génie inventif retrouve ses droits (voir aux n°s 1929-1932 : « Arc »). L'épée et le fourreau, le couteau et la gaine sont de beaux exemples de variations métonymiques sur les thèmes connus : « manifeste *vs* caché » ou « apparence *vs* valeur réelle ».

LA GUERRE

1898 À la guerre comme à la guerre.
« Se dit généralement quand on balaie les dernières hésitations » (Le Roux, 1752).

1899 La guerre nourrit la guerre. Académie, 1835.
Les troupes vivent du pillage sur les terres qu'elles occupent.

1900 Guerre est marchandise.
Adages français, XVIe s.
La guerre est un trafic : elle entraîne échanges, dépenses et profits. À noter qu'une expression du XVIIe s. oppose *guerre* (relations violentes) et *marchandise* (échanges amiables).

1901 Il ne faut pas aller à la guerre qui craint les horions. Meurier, 1568.
Quand on connaît ses limites, il ne faut pas essayer de les franchir.

1902 Qui terre a, guerre a.
var. : Qui a terre ne vit sans guerre.
Meurier, 1568.
Se dit à propos de querelles de voisinage, de contestations sur les héritages ou les limites des propriétés, et de procès...

1903 Homme mort ne fait pas la guerre.
Meurier, 1568.

1904 Il n'est guerre que de loyaux amis.
Adages français, XVIe s.

Guerre et paix

1905 Qui a fait la guerre, fasse la paix.
Meurier, 1568.

1906 De guerre mortelle fait-on bien paix.
La Véprie, 1495.

1907 Si tu veux la paix prépare la guerre.
Proverbe d'origine latine : *Si vis pacem, para bellum.*

1908 Mieux vaut paix que victoire.

L'ennemi

1909 Ennemi ne dort. *Adages français*, XVIe s.

1910 Plus de morts, moins d'ennemis.

1911 De son ennemi réconcilié il faut se méfier. Bovelles, 1531.

1912 Il faut faire un pont d'or à l'ennemi qui fuit. Méry, 1828.

Sièges et batailles

1913 Ville qui parlemente est à demi rendue.
Baïf, 1597.
Emploi restreint : « Une femme qui écoute des cajoleries et des propositions se laisse bientôt persuader » (Le Roux, 1752).

1914 Ville gagnée, château perdu.
Adages français, XVIe s.

var. : Ville prise, château rendu.
Cette variante du XVIIe s. indique qu'on ne peut plus défendre le château quand la ville (où il se trouve et qu'il défend) est envahie.

1915 Château pris n'est plus secourable.
Baïf, 1557.
Implique qu'il ne faut pas attendre pour agir.

1916 Soleil à la vue, bataille perdue.
Bovelles, 1557.

L'armée

1917 Les vivres suivent l'ost [l'armée].
L'intendance suit.

1918 Où le peuple vit, le camp y peut bien vivre. *Adages français*, XVIe s.

Le soldat

1919 La soupe fait le soldat. Carmontelle, 1781.

1920 Le soldat combat et c'est l'officier qui porte les galons. Martinique.

1921 Bon capitaine, bon soldat. Gruter, 1610.

1922 Cartes et dés, table de capitaine.
Adages français, XVIe s.

1923 À bon gendarme, bonne lance.
Meurier, 1568.
Thème des outils qui caractérisent l'ouvrier.

1924 La crainte [*ou* peur] du gendarme est le commencement de la sagesse.
Panckoucke, 1749.

1925 Talon de gens d'armes,
Talon de fromage. *Adages français*, XVIe s.
Le *talon* du fromage est la partie durcie, près de la croûte.

1926 Au danger on connaît les braves.

LES ARMES

1927 Les armes sont journalières. Le Roux, 1752.
La fortune change souvent de camp.

1928 Chaque chevalier parle de ses armes.
cf. Chaque prêtre loue [fait l'éloge de] ses reliques.

L'arc

L'arc est un thème métaphorique exemplaire : composé d'éléments simples et que l'on peut commodément isoler (la flèche, la corde, l'arc proprement dit), avec un mouvement en deux temps également bien distincts (tension, relâchement), il donne au petit nombre de proverbes qui suit l'avantage d'embrasser la totalité du domaine métaphorique.

1929 Débander l'arc ne guérit pas la plaie.
Manuscrit de Gaignières.
« Il ne suffit pas, pour réparer ou pour guérir le mal qu'on a fait, de renoncer au moyen d'en faire » (Quitard, 1842).
cf. Arco per lentare, piaga non sana.
Devise attribuée au roi René.
cf. Pardon ne guérit pas la bosse.

1930 Il faut avoir deux cordes à son arc.
Bovelles, 1531.

1931 Arc trop tendu, tôt lâché ou rompu.
Gruter, 1610.

1932 L'on ne peut faire de bois tord droite flèche. *Prov. gallica*, XVe s.
var. : Bois tordu ne se redresse pas.

L'épée

1933 À vaillant homme courte épée.
Le Roux, 1752.

1934 L'épée use le fourreau.
Se dit en parlant d'un homme dont la grande activité altère la santé.

Le couteau

1935 En une belle gaine d'or,
Couteau de plomb gît et dort.
Meurier, 1568.

1936 Tel couteau, tel fourreau. Meurier, 1568.

1937 Le couteau n'apaise pas l'hérésie.
Adages français, XVIe s.

1938 Ceux qui portent les longs couteaux
Ne sont pas tous queux [cuisiniers] ni bourreaux. Meurier, 1568.

La lance

1939 Qui a la lance au poing,
Tout lui vient à point. Meurier, 1568.

1940 Tel cuide férir qui tue. Ancien proverbe, XIIIe s.
Tel croit blesser qui tue.

L'armure

1941 Harnois [harnais] ne vaut rien s'il n'est défendu. *Adages français*, XVIe s.

1942 Maille à maille se fait le haubergeon.
Haubergeon : petite cotte de mailles.

1943 Ce que le gantelet gagne, le gorgerin le mange. Le Roux, 1752.
Gorgerin : partie de l'armure qui recouvre le cou, la « gorge ». On ne met guère à profit le gain qui se fait à l'armée.

L'étendard

1944 À l'étendard tard va le couard.
Meurier, 1568.

1945 Il n'est ombre que d'étendard.
Le Roux de Lincy, 1842.

1946 Tambour lointain n'a pas de son.
Martinique.
On ne croit pas au danger éloigné ni à la menace lointaine.

chapitre XIX

LA RELIGION

DIEU ET LE DIABLE

Les proverbes illustrant le nom et l'image de Dieu sont innombrables (on n'en a cité ici que quelques exemples caractéristiques); ils sont empreints d'une foi prudente, et respectueuse qui répugne à une métaphorisation trop familière. Ces proverbes ne « s'animent » un peu que dans la série :

Aide-toi, le ciel t'aidera,

où il n'échappe à personne, et surtout pas au commentateur chrétien, que l'initiative ou tout simplement l'égoïsme de l'homme sont plus concernés que l'intervention souhaitée de la providence divine.

En revanche, le Diable se prête remarquablement à la manipulation métaphorique : il ne sollicite guère le respect, et la crainte qu'il inspire se trouve conjurée par l'humour et la familiarité de l'expression ou de l'image. Il est dès lors très présent dans le discours proverbial, où il se glisse (c'est son mode d'approche le plus habituel), avec autant de facilité qu'il met de ruse à intervenir dans tous les moments de la vie humaine. Il est donc plus populaire et surtout moins distant que son rival, ce qui est d'ailleurs conforme à la mythologie et à la dramaturgie chrétiennes du Moyen Âge.

Dieu

1947 Aide-toi, Dieu te aidera. La Véprie, 1498.

Cf. La Fontaine : « Aide-toi, le ciel t'aidera » (*Fables*, VI, 8). Henri Estienne censure l'ironie un peu sacrilège de ce proverbe : « Comme s'il n'était pas nécessaire de commencer par l'invocation de Dieu à notre aide » (*Proverbes épigrammatisés*, 1594).

1948 Chacun pour soi et Dieu pour tous. Meurier, 1568.

1949 Ce que Dieu trempe, Dieu le sèche. Régional, Auvergne.

Ce proverbe existe en danois et en russe.

cf. Dieu donne la gale, mais il donne aussi des ongles pour se gratter.

1950 Dieu donne fil à toile ourdie. Cotgrave, 1611.

Cf. « Aide-toi, le ciel t'aidera ».

1951 Dieu mesure le froid à la brebis tondue. Estienne, 1594.

var. : Dieu donne le froid selon le drap.

Ces trois proverbes illustrent le thème de la providence de Dieu qui proportionne les épreuves à l'endurance de chaque personne.

1952 Qui sert à Dieu, il a bon maître.

1953 Recours à Dieu, l'ancre est rompue. Baïf, 1597.

Dans les circonstances critiques, il faut bien s'en remettre à Dieu.

1954 L'homme propose et Dieu dispose. Meurier, 1568.

1955 En peu d'heures
Dieu labeure. Ancien proverbe, XIIIe s.

Henri Estienne (1594) précise que ce proverbe se dit à propos de celui qui manifeste une conversion soudaine.

1956 Là où Dieu veut, il pleut. La Véprie, 1495.

var. ancienne : Où Diex veut se pleut. Ancien proverbe, XIIIe s.

1957 L'on ne peut bien servir à Dieu et au monde. *Prov. gallica*, XVe s.

Thème évangélique : « Nul serviteur ne peut servir deux maîtres... vous ne pouvez servir Dieu et l'argent » (Luc 16, 13).

1958 Voix du peuple, voix de Dieu. Meurier, 1568.

Traduction du célèbre adage latin : *Vox populi, vox Dei.*

Le diable

1959 Dieu fait les gens et le diable les accouple. Lespy, 1892.

1960 Quand Dieu donne de la farine,
Le diable clôt [*ou* enlève] le sac.
Se dit d'une occasion manquée, Henri Estienne, dans *Proverbes épigrammatisés* (1594) corrige l'irrespect de la formule en donnant au présent une valeur inchoative, « il tâche de clore le sac ».

1961 Il y a toujours un diable pour empêcher la procession de passer. Martinique.
Ce joli proverbe montre bien la fonction oblique et impertinente du diable, sans doute la plus familière.

1962 Le diable ne dort jamais. Meurier, 1568.

1963 Ce qui vient du diable, retourne au diable.
Correspond à « Bien mal acquis ne profite jamais ». Henri Estienne (1594) cite une formule plus ancienne :
var. : Ce qui est venu de pille, pille,
S'en reva de tire, tire.

1964 Farine du diable retourne en son. Québec.
Même signification que le précédent.

1965 Les anges ne croient au diable que quand ils ont reçu un coup de cornes. Belgique.
Se dit de personnes naïves qui se laissent convaincre difficilement.

1966 On connaît le diable à ses griffes. Oudin, 1640.

1967 Où il y a un écu, il y a un diable ;
Où il n'y en a pas, il y en a deux.
cf. Avoir le diable dans sa bourse.

1968 En oiseuse [oisiveté], le diable se boute.
Le diable s'empare des personnes oisives.

1969 Plus a le diable, plus veut avoir. Ancien proverbe, XIIIe s.
Le diable n'est jamais satisfait.

1970 Le diable était beau quand il était jeune.
Prestige de la jeunesse : même le diable était beau... Thème de la « beauté du diable ».

1971 Le diable devenu vieux se fit ermite. Quitard, 1842.
var. ancienne : De jeune diable, vieux ermite. Brantôme.
S'emploie pour parler d'un repentir tardif.

1972 De jeune angelot vieux diable. La Véprie, 1495.
Évolution inverse du précédent ; cf. Rabelais (*livre* IV) :
« De jeune hermite, vieux diable.
Notez ce proverbe authentique. »

1973 De service au diable conchie gueredon. *Prov. gallica*, XVe s.
De service au diable mauvaise récompense (littéralement : récompense de merde).

1974 Qui diables achète, diables doit vendre. MS, XIVe s.

1975 Le valet du diable fait plus qu'on ne lui demande. Académie, 1878.
Dénonce l'empressement servile.

1976 Porte fermée, le diable s'en va. Méry, 1828.

1977 Toujours ne sont diables à l'huis. MS, XVe s.
var. plus moderne : Le diable n'est pas toujours à la porte d'un pauvre homme.
cf. Le pire n'est pas toujours sûr.

1978 Au diable l'on peut faire tort. *Prov. gallica, XVe s.*
Il est rassurant de pouvoir faire tort à quelqu'un sans en éprouver de remords.

1979 On ne peut pas peigner un diable qui n'a pas de cheveux.

1980 À manger avec le diable, la fourchette n'est jamais trop longue. Régional, Bourbonnais.

LES SAINTS

Le saint a un avantage : celui d'hériter vraisemblablement du vieux fonds de mythologie païenne encore vivace dans la tradition populaire chrétienne (polythéisme, multiplicité des cultes) ; et un inconvénient : aussi haut placé qu'il soit, sa subordination naturelle au pouvoir du Créateur fait de lui une image commode de l'inférieur hiérarchique ; ainsi :

Il vaut mieux s'adresser au Bon Dieu qu'à ses saints.

1981 À chaque saint sa chandelle. Quitard, 1842.
var. ancienne : Il n'y a si petit saint qui ne veuille sa chandelle.
« Chacun veut avoir son droit » (Oudin, 1640).

1982 À saint breneux, chandelle de merde. Fleury de Bellingen, 1656.

1983 À petit saint petite offrande. *Prov. gallica*, XVe s.
var. : Selon le saint, l'encens.

1984 Tel saint tel miracle. Meurier, 1568.
var. : C'est au miracle qu'on reconnaît les saints.

1985 Le saint de la ville ne fait pas de miracles MS, XVe s.
var. : Le saint de la ville n'est pas adoré. La Véprie, 1495.
Nul n'est prophète en son pays.

1986 Comme on connaît les saints on les honore. Le Roux, 1752.
On accorde aux gens l'estime qu'ils méritent.

1987 Il vaut mieux s'adresser à Dieu qu'à ses saints.
var. ancienne : Il vaut mieux Dieu prier que ses saints. *Prov. gallica*, XVe s.

1988 Pourquoi cacher à Dieu ce que savent les saints ?

1989 Danger passé, saint moqué.
var. : Péril passé, promesses oubliées. Quitard, 1842.
var. : Qui de danger son pied retire
Soudain du saint vient à se rire.
Estienne, *Proverbes épigrammatisés*, 1594.

L'ABBAYE ET LA PAROISSE

L'abbaye est un microcosme social du monde féodal très hiérarchisé, image de puissance (abbé) et de richesse (travail de la terre), où se manifestent le plus clairement les rapports immuables de domination et d'obéissance (couple *abbé/moine*). Traité isolément, le personnage du moine connaît dans les proverbes anciens une grande extension comique et satirique (envie, parasitisme, sensualité). Rarement symbole de religiosité, sinon *a contrario* comme dans le célèbre :

L'habit ne fait pas le moine.

1990 L'abbé mange le couvent. Oudin, 1640.

1991 Abbé et couvent, ce n'est qu'un mais la bourse diverse. La Véprie, 1495.

1992 Au temps de la Saint-Barnabé,
La gerbe retourne à l'abbé.
La Saint-Barnabé se fête le 11 juin (mais il faut rappeler que, à l'époque où ce dicton s'est formé, le calendrier était décalé d'une dizaine de jours : voir, dans l'introduction à la 2e partie de ce dictionnaire, les explications sur « le calendrier grégorien », ainsi que les dictons n°s 459 à 468.)
Ce dicton a une valeur générale et « métaphorisable » : le profit, en temps voulu (ici, la moisson), tombe dans les mains du maître.

1993 Le moine répond comme l'abbé chante. Quitard, 1640.
var. : Le bedeau de la paroisse est toujours d'accord avec monsieur le curé.
Cf. l'expression « Dire amen », c'est-à-dire approuver.

1994 Pour un moine l'abbaye ne faut pas. Le Roux, 1752.
var. ancienne : Pour un moine ne faut couvent.
L'absence d'un membre du groupe n'empêche pas l'assemblée de se réjouir.

1995 Pour un moine, on ne laisse pas de faire un abbé. Le Roux, 1752.
Même signification que le précédent.

1996 Quand l'abbé danse à la cour, les moines sont en rut aux forêts.
Adages français, XVIe s.
var. : Quand l'abbé tient la taverne, les moines peuvent aller au vin.

1997 Homme ne connaît mieux la malice que l'abbé qui a été moine. Cotgrave, 1611.

1998 Il n'est envie que de moine. Meurier, 1568.

1999 Grand nau [nef : navire] veut grande [eau
Et gros moine, gras veau. Meurier, 1568.

2000 Méfiez-vous des gens qui ne voient le jour que par une fenêtre de drap [le capuchon du moine]. Lamesangère, 1821.

2001 L'habit ne fait pas le moine. Meurier, 1568.
var. ancienne : La robe ne fait pas le moine. *Roman de la Rose*, XIIIe s.
var. : Li abis ne fait pas l'ermite.
Fabliaux, XIIIe s.

2002 Il faut laisser le moustier [monastère] où il est. Le Roux, 1752.
Il faut laisser le monde comme il est.

L'ÉGLISE

Le clocher

2003 Un grand clocher est un mauvais voisin. Fleury de Bellingen, 1656.
Il s'agit de la proximité de l'abbaye.

2004 Plus le clocher est élevé
Plus la sonnerie est haute. Finberg, 1962.

2005 Quand on carillonne au clocher, il est fête en la paroisse.
Opposition *clocher/paroisse, extérieur/intérieur*, valant pour la tête et le cœur, par exemple. Lamesangère (1823) y voit le sens plaisant de donner le fouet.

2006 À petite cloche, grand son.
Devise de la maison de Grandson passée en proverbe (Menestrier, *Recherches de blason*).

2007 Qui n'entend qu'une cloche n'entend qu'un son. Académie, 1835.
Qui ne dispose que d'une seule source d'information n'a pas une connaissance juste et sûre.

2008 Mieux vaut à la cloche se lever que à la trompette. Bovelles, 1531.
Mieux vaut la paix et le village que la guerre ou les camps.

2009 On ne peut pas sonner la cloche et suivre la procession. Régional, Savoie.
Sur le thème : on ne peut pas faire deux choses à la fois.

L'église

2010 Qui est près de l'église est souvent loin de Dieu. La Véprie, 1495.

Le Roux (1752) commente ce proverbe en évoquant « celui qui loge près de l'église et n'y va guère », mais l'allusion satirique aux mœurs du clergé est assez claire.

2011 Quand on pisse contre l'église, il ne vous manque jamais rien. Belgique.
Ceux qui vivent de l'église ne sont jamais dans la gêne.

2012 Hors de l'Église point de salut. Le Roux, 1752.
« Au figuré : pour faire réussir une affaire, si on ne se sert pas de certains moyens, si on n'a certaines protections » (Le Roux, 1752).

2013 Un curé n'a besoin d'autre titre que de son clocher pour demander ses dîmes.
Légitimité du profit.

2014 Ce qui est le plus près du clocher, c'est l'église. Guadeloupe.
Métaphore qui désigne la parenté et les obligations qui en découlent.

Le clergé

2015 Il faut que le prêtre vive de l'autel. Quitard, 1842.
var. ancienne : Qui autel sert d'autel doit vivre. Ancien proverbe, XIIIe s.
Il faut trouver sa subsistance dans sa profession. L'adage prend son origine dans les critiques adressées au clergé.

2016 Chacun prêche pour sa paroisse.
var. : Chaque curé prie Dieu pour sa paroisse. Régional, Agen.

2017 Chaque prêtre loue [fait l'éloge de] ses reliques. Ancien proverbe, XIIIe s.

2018 Fou est le prêtre qui blâme ses reliques. Ancien proverbe, XIIIe s.
cf. Fou est le marchand qui déprise sa denrée.

2019 Dieu a ôté les enfants aux prêtres, le diable leur a donné des enfants. Fleury de Bellingen, 1656.
Allusion plaisante aux bâtards des prêtres.

2020 Crosse de bois, évêques d'or ;
Évêque de bois, crosse d'or. Fleury de Bellingen, 1656.
« Au temps passé de l'âge d'or,
Crosses de bois, évêques d'or ;
Maintenant sont changées les lois,
Crosse d'or, évêques de bois. » Satire du luxe du haut clergé.

2021 Un chien regarde bien un évêque.
« Se dit à un glorieux qui se fâche qu'on le regarde trop fixement » (Le Roux, 1752). Le proverbe est plus général : chacun, et le plus modeste, a le droit de s'adresser aux grands.

2022 Dieu sait comment se font les papes. Baïf, 1597.
Allusion au secret du conclave, et aux « manœuvres » qui s'y déroulent.

2023 Qui entre pape au conclave en sort cardinal. Quitard, 1842.
Confusion des ambitieux ou des favoris.

2024 Qui veut vivre à Rome ne doit pas se quereller avec le pape.
Il faut se conformer aux usages d'une ville ou aux habitudes d'une personne dont on a besoin.
var. : À Rome comme à Rome.

2025 La mule du pape ne mange qu'à ses heures.
« Un riche serait mal servi, s'il faisait continuellement des largesses à ses gens » (Lamesangère, 1821). Commentaire assez inattendu ; on penserait plutôt aux caprices du célèbre animal.

LA LITURGIE

La fête

2026 Il n'est pas tous les jours fête. Oudin, 1640.

2027 Il ne faut pas chômer les fêtes avant qu'elles soient venues.
Il ne faut pas s'arrêter de travailler pour les fêtes avant le jour.

2028 Il n'y a pas de fête sans lendemain.
On serait tenté d'interpréter ce proverbe comme la constatation amère que les bonnes choses ont leur fin, mais la variante suivante contredit cette interprétation :
var. : Il n'est pas de bonnes fêtes sans lendemain. Oudin, 1640.
C'est-à-dire que les réjouissances d'une fête se poursuivent le lendemain. Se rappeler que certaines se prolongeaient même pendant « l'octave », c'est-à-dire jusqu'au huitième jour.

Le jeûne

2029 Deux fêtes valent mieux qu'un jeûne. *Prov. gallica*, XVe s.

2030 Il faut faire Carême-Prenant avec sa femme et Pâques avec son curé.
« Aux deux époques du carnaval et de Pâques, nos pères, lorsqu'ils étaient en voyage, faisaient souvent un long trajet pour rejoindre leur famille » (Lamesangère, 1821).
var. : Fais carnaval avec ta femme, et Pâcques avec ton curé. Régional, Savoie.
cf. Chaque chose en son temps.

2031 L'eau gâte moult le vin,
Une charrette le chemin,
Le carême le corps humain. *Almanach perpétuel...*, 1774.

2032 Double jeûne, double morceau. Quitard, 1842.
« Le vingt-troisième canon du concile d'Elvire avait institué des jeûnes doubles, c'est-à-dire de deux jours de suite, sans rien manger le premier de ces deux jours » *(ibid.)*.

2033 Bon jour, bonne œuvre.
« Les scélérats font les jours de fête leurs meilleurs coups » (Le Roux, 1752).
var. : Aux bonnes fêtes les bons coups.

2034 Rien plus que Mars faut [manque] en carême. Mielot, 1456.

2035 Tarde qui tarde.
En Avril aura Pâques. *Prov. gallica*, XVe s.

2036 Pâques longtemps désirées.
Sont en un jour tôt passées. Meurier, 1568.

2037 Tant crie-t-on Noël qui vient.
Villon, *Ballades*, XVe s.
cf. Tout vient à point (à) qui sait attendre.

L'Office

2038 À la fin se chante le Gloria. Meurier, 1568.
Dans l'Office, chanté ou récité par les moines, à la fin de chaque psaume, on ajoute comme un refrain le verset *Gloria Patri...*

2039 Après les matines doit-on chanter le Te Deum.
On ne doit point se réjouir avant l'heure. Bovelles, 1557.

2040 Quand tout est dit, Vêpres sont dites.
Le Moyen de parvenir, XVIe s.
Pendant longtemps, l'Office du jour s'est terminé avec les Vêpres ou prière du soir (les Complies furent introduites plus tardivement).

La prière

2041 Courtes prières pénètrent les cieux.
Les Illustres Proverbes, 1665.
Courtes,... mais sincères. C'est le thème de « la lettre (longue prière formelle) et de l'esprit » ; cf. saint Paul : « la lettre tue mais l'esprit fait vivre » (2e Lettre aux Corinthiens 3, 6).

2042 Il n'y a que la foi qui sauve.
Dans l'usage courant, cette formule est porteuse d'une ironie un peu sacrilège : on n'accorde en général plus beaucoup d'espoir à celui à qui on le dit.

2043 Chacun porte sa croix.
Reprise d'un thème évangélique, par exemple : Matthieu 16, 24 ; Luc 14, 27. Le Gai, 1852.

2044 Tous les chapelets ont leur croix.
Martinique.

2045 Il ne faut pas ambitionner sur le pain bénit. Québec.
Il ne faut pas trop demander de faveurs.

LE PÉCHÉ ET L'ENFER

2046 À tout péché miséricorde. MS, XIIIe s.

2047 On ne doit pas avoir d'un péché deux pénitences.
À rapprocher de l'adage du droit : *Non bis in idem.*

2048 Dieu ne veut pas la mort du pécheur.
Repris d'un texte évangélique ; s'emploie pour indiquer qu'on est prêt à « passer l'éponge » à oublier une erreur ou un préjudice.

2049 Péché celé est à demi-pardonné.
Prov. gallica, XVe s.

2050 Faute avouée est à moitié pardonnée.
Le Roux, 1752.
Ce second proverbe semble plus conforme à la morale chrétienne que le précédent.

2051 Vieux péché nouvelle honte.
Manuscrit de Cambridge, XIIIe s.

2052 Charité oingt
Et péché poingt [pique, blesse].
Cotgrave, 1611.

2053 On est souvent puni par où l'on a péché.

2054 Nul vice sans supplice,
Nuls vifs sans vices. Gruter, 1610.

2055 L'enfer est pavé de bonnes intentions.
Panckoucke, 1749.
Il s'agit des bonnes intentions qui... sont restées seulement des intentions, c'est-à-dire n'ont pas été efficaces et n'ont rien donné.

RELIGIONS NON CHRÉTIENNES

Dans la civilisation profondément et presque exclusivement chrétienne où les proverbes français se sont élaborés, les allusions à d'autres religions ne peuvent être qu'indirectes et ne concernent en fait que la seule tradition extra chrétienne (il faudrait dire « anté chrétienne ») connue par les Livres saints : la tradition juive. Elle a fourni aux proverbes deux termes-clés : *prophète* et *synagogue*.

2056 Nul n'est prophète en son pays.
Ce proverbe est repris de l'Évangile : « [Jésus leur disait :] Un prophète n'est méprisé que dans sa patrie, parmi ses parents, dans sa maison. » (Marc 6, 4).
var. ancienne : En son pays prophète sans pris. Bovelles, 1557.

2057 Il faut enterrer la synagogue avec honneur. Le Roux, 1752.
Il faut mettre honorablement fin à quelque chose.

chapitre XX

MORALE ET VISION DU MONDE

Il est aujourd'hui bien difficile de distinguer ce qui est morale officielle ou enseignée de ce qui relève d'une inspiration populaire plus authentique, tellement, à travers les siècles, sentences et aphorismes humanistes et littéraires sont venus s'ajouter au fonds proverbial archaïque. On peut mettre au compte de ce dernier la vision fataliste et résignée qui prévaut généralement dans cette littérature. Les proverbes sont sensibles à l'alternance fatale des joies et des peines, à la justice distributive qui préside aux destinées humaines. Il en va des plaisirs et des douleurs comme de la monnaie : ils circulent et s'échangent. Mais on ne s'étonnera pas que l'alternance soit presque toujours évoquée dans le même sens, défavorable ; et si « le malheur des uns fait le bonheur des autres », comprenons qu'il ne s'agit pas là d'un effet de compensation consolateur, mais plutôt d'un surcroît de malchance pour celui que l'échange défavorise.

D'une façon générale, la vision du monde que traduisent les proverbes est pessimiste et désabusée : mal et malheur en sont les thèmes dominants. Le proverbe, par le rituel de sa formule et de son emploi, appelle une réaction de prudence et de crainte superstitieuse, mais il faut y voir aussi l'écho des conditions de vie souvent difficiles, toujours incertaines, qui étaient le lot de nos ancêtres à l'époque de vitalité des proverbes.

LES VICISSITUDES

2058 Chacun à son tour. La Véprie, 1495.

On ajoute parfois « ... comme à confesse », en évoquant les pénitents attendant leur tour d'entrer au confessional, surtout les veilles de fête.

2059 Aujourd'hui à moi, demain à toi.

Gruter, 1610.

2060 Le malheur des uns fait le bonheur des autres.

var. plus ancienne (thème de la justice distributive) :

Ce qui nuit à l'un duit [profite] à l'autre.

2061 Toute médaille a son revers. Le Roux, 1752.

Les inconvénients suivent ou accompagnent toujours les avantages d'une affaire.

2062 Nul bien sans peine. La Véprie, 1495.

2063 Pour une joie, mille douleurs.

La Véprie, 1495.

2064 Nul plaisir sans peine. Littré.

2065 Il n'y a chance qui ne rechange.

Meurier, 1568.

2066 Les plaisirs portent ordinairement les douleurs en croupe.

Bruscambille, *Voyage d'Espagne*, XVIIe s.

2067 Il n'y a qu'heur et malheur en ce monde. Lamesangère, 1821.

2068 Toute joie fault en tristesse. La Véprie, 1495.
Toute joie se change en tristesse lorsqu'elle disparaît (*fault* : manque, fait défaut).

2069 À force de mal, tout ira bien.
Lamesangère, 1821.
Réciproque optimiste – mais en apparence seulement – du précédent.

TEMPS ET DESTIN

2070 À chaque jour suffit sa peine Méry, 1828.
Ce proverbe existe aussi en langue juive.

2071 A chaque jour son vespre.
var. : Il n'y a si long jour qui ne vienne à la nuit. Meurier, 1568.
var. : Il n'est si grand jour qui ne vienne au vespre, ni temps qui ne prenne fin.
Adages français, XVIe s.

2072 Les jours se suivent mais ils ne se ressemblent pas. Le Roux, 1752.

2073 Tout passe,
Tout casse,
Tout lasse.

2074 Nous ne comptons les heures que quand elles sont perdues.

2075 L'an passé est toujours le meilleur.
Bovelles, 1557.
Ce proverbe existe aussi en grec.

2076 Il faut prendre le temps comme il vient.
Almanach de Mathieu Laensberg, XVIIe s.

2077 Temps vient et temps passe
Fol est qui se compasse. Gruter, 1610.
Il est absurde de vouloir tout régler, tout organiser quand le temps condamne toutes choses.

2078 Astrologues parlent bien de l'avenir
Mais ils ne le font pas venir.
Almanach perpétuel..., 1774.

2079 Autres temps autres mœurs.
Académie, 1835.

2080 Alors comme alors.
«Veut dire qu'on se réglera selon la conjoncture des affaires et du temps» (Le Roux, 1752).
cf. À Rome comme à Rome.
À la guerre comme à la guerre.

LA FORTUNE ET LE SORT

2081 De la fortune nul n'est content.
Bovelles, 1557.

2082 Contre fortune bon cœur. Panckoucke, 1749.
var. : Il faut faire contre fortune bon cœur.

2083 Quand le guignon est à nos trousses, on se noie dans un crachat.

2084 Il ne faut jurer de rien. Le Roux, 1752.
Nous pouvons toujours être infidèles à nos résolutions présentes.

2085 Jamais deux sans trois.
Locution très employée; mais on peut se demander d'où vient pareille certitude, et à quelle superstition ou symbolique elle se rattache.

2086 L'espoir fait vivre. Panckoucke, 1749.

JOIES ET PEINES : BONHEUR ET MALHEUR

2087 Chacun prend son plaisir où il le trouve. Littré.

2088 Pour vivre heureux vivons cachés.
Florian, *Fables*.

2089 Qui mal cherche mal trouve.
Prov. gallica, XVe s.
var. régionale : Le mal est pour celui qui le cherche. Gascogne.
Qui cherche trouve.
«Qui a trop de curiosité trouve son malheur» (Oudin, 1640).

2090 Qui mal dit mal lui vient.
Bonum spatium, XIVe s. (*in* Maloux, 1960).
Ces derniers proverbes sont autant d'invitations à ne pas se mêler des affaires des autres.

2091 On croit plutôt le mal que le bien.
Prov. gallica, XVe s.

2092 On oublie plutôt le bien que le mal.
Ancien proverbe, XIIIe s.

2093 On se rie plutôt du mal que du bien.
Prov. gallica, XVe s.
La signification de ce proverbe, sinon le sens, n'est pas très claire.

2094 De deux maux il faut choisir le moindre.
var. ancienne : De deus max prend-en le minor. *Roman de Renart*, XIIIe s.
Il faut s'exposer à une petite perte, pour en éviter une plus grande.

2095 De peu de cas vient chose grande.
Baïf, 1597.

2096 Petite négligence accouche d'un grand mal. Maloux, 1960.

2097 Le mal arrive d'un seul coup et se retire par parcelles. Régional, Touraine.

2098 Le mal porte le repentir en queue.
Panckoucke, 1749.

2099 À peine endure le mal qui ne l'a appris.

Cotgrave, 1611.

Celui qui ne s'est pas familiarisé avec le mal le supporte avec peine.

2100 L'affliction ne guérit pas le mal.

Quitard, 1842.

Proverbe d'origine latine.

2101 Les grandes douleurs sont muettes.

2102 Plutôt souffrir que mourir
C'est la devise des hommes.

La Fontaine, *Fables*, I, 16.

2103 Mal d'autrui n'est que songe.

« C'est-à-dire, qu'on en n'est pas si vivement touché que du sien propre » (Le Roux, 1752).

2104 Honni soit qui mal y pense.

Devise, passée en proverbe, de l'ordre de la Jarretière.

2105 Un malheur ne vient jamais seul.

var. ancienne : Cui advient [à qui arrive] une n'advient seule. Ancien proverbe, XIIIe s.

2106 Malheur ne dure pas toujours.

Adages français, XVIe s.

2107 Assez gagne qui malheur perd.

Meurier, 1568.

2108 À quelque chose malheur est bon.

Prov. gallica, XVe s.

« Une infortune nous procure parfois un avantage que nous n'aurions pas eu sans elle » (Littré).

SAGESSE : LE JUSTE MILIEU

2109 Vertu gît au milieu. La Véprie, 1495.

Proverbe d'origine latine : *In medio stat virtus.*

2110 Le milieu est le meilleur. Gruter, 1610.

2111 L'excès en tout est un défaut.

2112 En toutes choses a mesure. La Véprie, 1495.

« Il y a une mesure en toutes choses » (Horace).

2113 Le mieux est l'ennemi du bien.

Quitard, 1842.

Sagesse des conservateurs.

chapitre XXI

ACTIVITÉS INTELLECTUELLES

Nous présentons ici un petit lot de proverbes concernant l'activité intellectuelle et le savoir ; il ne s'agit pas, on le sait, d'un thème familier de la littérature proverbiale. La vie intellectuelle est au Moyen Âge le domaine réservé des clercs, et les communautés consommatrices de proverbes ne sont pas particulièrement portées aux spéculations abstraites et désintéressées (on ne trouvera dans cet ouvrage aucune référence au domaine artistique).

Ne peut-on voir d'ailleurs dans l'économie formelle du proverbe, dans sa concision brutale, un témoignage – certes inconscient – de méfiance et de suspicion à l'égard de tout excès du discours et de la pensée ?

LE SAVOIR, LA « SCIENCE »

2114 Expérience est mère de science. Gruter, 1610.

Il s'agit encore d'un empirisme plus moral que proprement scientifique. La science est ici « sagesse » et « savoir ».

2115 Patience passe science. Meurier, 1568.

« Nos ancêtres disaient : diligence passe science, mais aucuns aujourd'hui disent : patience passe science » (Henri Estienne, *Précellence du langage françois*), La modification est de taille, et surprenante si on la rapproche du proverbe : « La patience est la vertu des ânes ».

2116 Science sans conscience n'est que ruine de l'âme. Rabelais, *Pantagruel*, XVIe s.

2117 De savoir vient avoir. Meurier, 1568.

IGNORANCE, SOTTISE, ERREUR

2118 Admiration est fille de l'ignorance. Panckoucke, 1749.

Ce proverbe existe aussi en anglais.

2119 À sot homme, sot songe. *Prov. ruraux...*, XIIIe s.

2120 À sot auteur, sot admirateur. Quitard, 1842.

Cf. Boileau : « Un sot trouve toujours un plus sot qui l'admire ».

2121 Mal pense qui ne repense. Cotgrave, 1611.

ACTIVITÉS INTELLECTUELLES DIVERSES

2122 Trop penser fait rêver. Meurier, 1568.

2123 Un berger a souvent plus de sens qu'un savant. Régional, Côte-d'or.

2124 La lettre tue et l'esprit vivifie. Méry, 1828.

Proverbe d'origine biblique (2e Lettre aux Corinthiens 3, 6).

2125 L'imagination est la folle du logis. Quitard, 1842.

Cette locution proverbiale, tard apparue dans les recueils, est très en vogue depuis Montaigne, illustre la dichotomie classique *raison/imagination.* L'activité cérébrale est comparée à un intérieur domestique dont un élément fantasque menace toujours de troubler l'ordre ou la réputation.

LES CLERCS

2126 Les bons livres font les bons clercs. *Adages français*, XVIe s.

2127 Un bon clerc comprend à demi-mot. Régional, Limousin.

2128 Les meilleurs clercs ne sont pas les plus sages. *Prov. gallica*, XVe s.
var. : Les plus grands clercs ne sont pas les plus fins. Quitard, 1842.

2129 Mieux vaut plein poing de bonne vie
Que ne fait sept muys de clergie.
La Véprie, 1495.
Muid : ancienne mesure de grande capacité; *clergie* : savoir du clerc.

2130 Jamais danseur ne fut bon clerc.
Le Gai, 1852.

2131 De jeune docteur argument cornu.
Gruter, 1610.

LECTURE, EXPÉRIENCE ET SAVOIR

2132 Autant vaut celui qui chasse et rien ne [prend
Comme celui qui lit et rien n'entend.
La Véprie, 1495.

2133 Quiconque a beaucoup vu
Peut avoir beaucoup retenu.
La Fontaine, *Fables*, I, 8.

L'OPINION ET LES OPINIONS

2134 De la discussion jaillit la lumière.
Les idées nouvelles, ou la vérité, naissent de la confrontation entre des avis différents ou opposés.

2135 Autant de têtes autant d'avis. Quitard, 1842.
Proverbe d'origine latine : *Quot homines, tot sententiae* : « Autant d'hommes, autant d'avis » (Cicéron, *De finibus*, I, 15). Il existe aussi en allemand.
var. : Autant de gens, autant de sens.
Meurier, 1568.
var. : Tant de gens, tant de guise.
Gruter, 1610.
var. : Autant de villes, autant de guises.
Gruter, 1610.

2136 L'opinion est la reine du monde.
Méry, 1828.

DEUXIÈME PARTIE

DICTONS DE LANGUE FRANÇAISE

choisis et présentés par

Agnès PIERRON

PRÉSENTATION

Le Vocabulaire météorologique international, édité en 1966 par le Secrétariat de l'Organisation météorologique mondiale à Genève, définit ainsi les dictons météorologiques : « Règles empiriques de prévision du temps, souvent énoncées en vers, de nature très locale ; elles ont généralement un caractère de tradition et leur utilité est très variable. » À cette définition il conviendrait d'ajouter deux éléments. D'une part une distinction préalable du dicton et du proverbe s'impose. Pour citer L. Dufour : « Il [y] est question soit directement, soit indirectement du temps. » Et surtout, un dicton, au contraire de la plupart des proverbes, n'est pas métaphorique. S'il arrive, pourtant, de rencontrer des dictons qui vont au-delà d'un simple « dit », ils seront chaque fois signalés. L'inverse, à savoir le passage du proverbe au dicton, est extrêmement rare. En voici un exemple, où la métaphore proverbiale s'applique à la nature et aux saisons :

> Si les pénitents ne se déchargent,
> Ils retournent à la charge.

Ce qui voudrait dire, météorologiquement parlant : si les arbres restent couverts de neige, il en tombera encore.

D'autre part, il se peut que les dictons ne parlent pas seulement du temps ; les semailles, le labourage, les récoltes et leur consommation, les conseils d'hygiène en représentent une partie non négligeable.

Bien que ses limites paraissent dès lors plus précises, il n'est pas inutile de distinguer le dicton d'autres formes avec lesquelles il entretient des rapports certains : les pronostics, les superstitions, les invocations, les bouts-rimés, les comptines. De plus, il va de soi qu'un dicton n'est pas une comparaison, encore que comparaisons et métaphores se rencontrent aussi dans ce domaine, par exemple :

> Fou comme la lune de mars.

Voici un *pronostic :*

> Mouron fermant ses fleurs, pluie.

C'est pourquoi on appelle le mouron « baromètre du pauvre ». La métaphore peut passer directement dans le nom, sans intermédiaire, et se « lexicaliser » ; ainsi, on appelle le colchique qui, en automne, donne le signal des veillées : « veillette ». La forme est ici moins élaborée que dans le dicton ; du constat, le pronostic passe directement au résultat.

Il en va de même pour la *superstition*, qui attribue à un fait concret une valeur d'indice :

> Trouver un fil noir sur soi, signe de peine.

Les *invocations* interpellent directement le personnage (en général, un saint) doué d'un pouvoir de guérison. Ce pouvoir est souvent lié soit à des similitudes de sonorités entre le nom propre et la maladie (saint Leu guérit de la peur), soit à des références à la vie ou au martyre du saint (sainte Agathe est invoquée pour les inflammations des femmes qui allaitent, parce que son martyre fut d'avoir les seins coupés).

Le *bout-rimé*, lui, n'a pas la prétention d'informer, ni de conseiller, mais seulement de jouer sur les mots :

Voilà que crie saint Valentin : au bal,
Réjouissez-vous bien du Carnaval !

Quant à la *comptine*, elle se remarque par sa forme plus longue que celle du dicton et elle en diffère surtout par le fonctionnement, en général ludique ou plaisant :

Puce sur la main,
Nouvelle en chemin.
Puce sur le bras,
Nouvel embarras.
Mais puce sur le ventre,
C'est la plus nuisante.

En fait, la démarcation n'est pas toujours très nette, et cela pour deux raisons : le nombre important de variantes montre assez combien le dicton est une forme souple. Mais, à son propos, Arnold Van Gennep parle de « littérature populaire fixée » : « [...] le principe est dans tous les cas que la formule (prière, incantation, comptine, dicton, proverbe, adage, etc.) se caractérise par la résistance aux modifications et même n'a de valeur magique, psychologique ou éthique qu'à la condition de se transmettre telle quelle, sans intervention déformante du récitant. » Si ce principe doit être mis en pratique pour la sélection des dictons, auxquels on doit reconnaître un minimum de fixité, il faut bien admettre qu'ils ont perdu, dans le passage du patois au français, et de leur fixité (la rime, en particulier, ou bien n'existe plus, ou bien est reconstituée), et de leur pouvoir magique, lequel réside justement dans les sonorités des mots.

La plupart du temps, on rencontre le dicton sous une forme courte ; mais, alors qu'il a l'air de se suffire à lui-même, il peut n'être qu'un fragment d'une forme plus longue ; ainsi :

Année neigeuse,
Année fructueuse ;
Année nébuleuse,
Année plantureuse ;
Année venteuse,
Année pommeuse ;
Année sèche,
Année de vin ;
Année de glands,
Année cancéreuse ;
Année de champignons,
Année tourmentée ;
Année pluvieuse,
Année malchanceuse ;
Année de givre,
Année de fruits :
Année de groseilles,
Année de bouteilles ;
Année de raves,
Année de santé ;
Année hannetonneuse,
Année pommeuse ;
Année de noisettes,
Année de disette.

L'exemple est spectaculaire, car cette forme très proche de la litanie (des dictons mis bout à bout, sur un thème commun et un mot leitmotiv, forment une litanie) n'est pas close ; elle pourrait encore s'allonger. Le dicton ne serait-il pas un anneau d'une chaîne plus longue, comme dans la tradition, les petites étoiles fossiles que l'on trouve à Sion-Vaudémont, dans les Basses-Vosges, sont les morceaux tronqués de vers marins ? Le dicton pourrait ainsi être considéré comme une forme annelée, morcelable à loisir, un « lego » (jeu à éléments emboîtables) de bouts rimés, que l'on a choisi concis et sec, ou alangui.

Ce n'est pas sans quelque arbitraire que l'on distingue des formes qui se chevauchent et interfèrent. En fait, c'est une forme laïque qui se crée ainsi, une forme artificielle. Car il convient de se reporter aux parcours et aux rythmes qui faisaient le contexte d'épanouissement des dictons. Certes, la plupart, pour le contenu si ce n'est pour la forme, viennent des Latins. Leur état, tel qu'il nous est parvenu, date surtout du VIe siècle. Ils étaient alors propagés par le *Calendrier des bergers*, inventé et édité par un certain Guiot Marchant, dès la fin du XVe siècle. Cet ancêtre des almanachs, qui allaient foisonner aux siècles suivants jusqu'aux almanachs des Postes ou à l'almanach Vermot, réunit en un même livre un matériau analogue à celui qui figurait dans les missels et les livres d'heures. C'est le livre de prières à l'usage des laïques n'ayant ni le loisir ni l'obligation de réciter l'office ou le bréviaire, le guide du berger tiré du *Vrai Régime et Gouvernement des bergers*, de Jehan de Brie (1379). La diffusion des almanachs par le colportage a aplani les différences climatiques régionales. Il semble même que les images choisies soient à peu près identiques dans le monde entier. Les variations ne durent parfois que l'espace d'une fleur ; un dicton chinois dit :

Orchidée de printemps,
Chrysanthème d'automne.

Ce n'est pas un hasard, un caprice des productions populaires, que le dicton présente ce que nous avons appelé une forme annelée ; c'est, pour la langue et le discours, l'équivalent de l'accessoire privilégié de la prière, le chapelet ; au lieu de grains de buis ou de nacre, le dicton égrène des rimes. Cette forme est à rapprocher aussi des parcours favoris des prières, litanies et invocations : la procession. Forme serpentine qui va aux champs en prenant le détour respectueux par le cimetière, aux Rogations, la procession se déploie comme peut le faire un dicton qui n'a pas envie de finir. Et pourquoi ne pas aller jusqu'à l'image du dicton-ostensoir, où l'objet de culte n'est plus une hostie enfermée dans un cercle doré ou serti de pierres précieuses, comme pour la procession de la Fête-Dieu, mais des astres favorables, des éléments calmés, des météores bienfaisants ?

Influences religieuses, influences laïques aussi. Les rythmes de la fête des moissons ou des vendanges sont ceux de la ronde et du chant qui les accompagne. Quêtes de Carnaval, jeux et rondes scandent les temps forts d'une année chantée. La rime est là, partout.

Que dire des veillées pendant lesquelles le dicton a peut-être bien pris le chemin de la poésie ?

Si le deuxième de février
Le soleil apparaît entier,
L'ours étonné de sa lumière
S'en va remettre en sa tanière,
Et l'homme économe prend soin
De faire resserrer son foin ;
Car l'hiver tout ainsi que l'ours
Séjourne encore quarante jours.

À moins que le raffinement ne vienne plutôt des horticulteurs et des jardiniers royaux, qui ont composé force traités. Ainsi Charles Estienne, qui écrivit l'*Agriculture et la Maison rustique* en 1565 ; Claude Mollet, le *Théâtre des plans et jardinages* ; Olivier de Serres, le *Théâtre d'agriculture* en 1600. À une époque plus récente, aux débuts du XXe siècle en particulier, l'élucubration autour du thème du temps, sous une forme rimée, semble venir des folkloristes du dimanche dont les recueils, publiés à compte d'auteur, pullulent.

Par exemple :

Qui laboure ses oliviers,
De porter des fruits les prie ;
Qui les nourrit de fumier,
De produire les supplie ;
Qui les soigne la serpe en main,
Dans leur nature les contraint.

Si, dans ses modalités formelles, le dicton semble issu de cette double influence religieuse et laïque, dans son mode d'appréhension de son environnement, il relève de la mentalité primitive. Il est vain, en effet, d'adopter le point de vue de nombreux commentateurs qui se sont occupés des dictons, sans les comprendre et, partant, sans les aimer, en les confrontant froidement à des résultats scientifiques et statistiques, confrontation dont les pauvres dictons sortent en piteux état de flagrante erreur. Nous suivrons plutôt Saintyves : « [...] en vérité, règles et dictons, loin d'être le fruit de l'expérience des générations passées, sont nés de raisonnement ou de principes qui relèvent de la mentalité magique.

L'une des constantes de cette mentalité est une conception particulière du temps : « L'année ou la lunaison forme une sorte de chaîne insécable et, qui plus est, homogène ; tant que n'est pas achevé son déroulement, sa trame demeure la même » *(id.).* Ce qui a pour résultat que chaque période astronomique (jour, semaine, mois, saison, année) doit nécessairement peser sur tout ce qui commence au même moment sur la terre. De là vient l'apparente témérité du dicton, qui fait des traversées de plusieurs mois, de Noël à Pâques, d'une Saint-Jean à l'autre. Pour citer encore Saintyves, car la notion est essentielle et sous-tend bon nombre des dictons choisis : « Cette foi en la possibilité de prévoir le temps à longue échéance repose sur une conception de la nature du temps qui naquit avec la mentalité magique et survécut de toutes les civilisations demeurées, en quelque mesure, d'esprit magico-religieux. Le temps n'est pas, pour de tels esprits, quelque chose d'abstrait et d'insaisissable, de quasi irréel, mais c'est une sorte de fluide qui s'incorpore à tout ce qui existe et à tout ce qui vit. » D'où l'importance des commencements, que ne manquent pas de souligner les dictons.

Autre constante, le principe de similitude. Le semblable engendre le semblable. Ainsi vaut-il mieux faire semer les citrouilles, si on veut qu'elles soient rebondies, par quelqu'un qui a un gros derrière. Les dictons qui ont trait aux semailles et aux récoltes sont gouvernés par ce principe. Une dernière caractéristique de la mentalité magique est la répétition. Elle est le fondement des invocations à la guérison ; ainsi, pour guérir les brûlures, il faut répéter cent fois la formule :

Feu de Dieu, perds ta chaleur,
Comme Judas perdit sa couleur
Quand il a trahi Notre Seigneur
Au jardin des Olives.

Le dicton fonctionnant dans une mentalité de type magique, il est légitime de se demander ce qu'il peut encore signifier de nos jours. Étant donné qu'il est souvent pris en défaut, pourquoi n'a-t-il pas purement et simplement disparu ? C'est qu'il appartient au domaine de la tradition et qu'il n'a pas besoin d'être vérifié par les faits pour traverser les siècles. La tradition porte en elle-même le principe de sa perpétuité. Et puis, le dicton, malgré les allures péremptoires qu'il s'octroie souvent, ne se prend pas systématiquement au sérieux. Les réticences datent du XVIIe siècle, quand Olivier de Serres et La Quintinie émettaient leurs réserves :

Mentira bien souvent
Qui prédira le temps.

Qui veut se faire menteur,
Du temps qu'il se fasse devineur.

Parler du temps et du gouvernement,
C'est vouloir se mettre dedans.

En fait, si le dicton jouit encore de quelques faveurs, c'est qu'il remplit une fonction ludique. Il tient moins du renseignement que de la fantaisie. Les pataphysiciens ne s'y sont pas trompés, jouant sur une forme à la fois peu crédible et nécessaire :

À la Saint-Cosinus,
Enterre tes crocus.

Jusqu'à la Saint-Fornicule,
Ne te découvre pas le cul.

À la Sainte-Ruth,
Les chats sont en rut.

À la Saint-Sigisbée,
Sans crainte, forniquez !

Ces dictons fantaisistes n'ont pas l'air moins vraisemblables que ceux doctement relevés et consignés. Un fait attesté par les folkloristes nous en convaincra, s'il en est besoin : c'est le sort de Saint-Jean-Porte-Latine. Fêté le 6 mai[1], ce saint est considéré comme le protecteur de la vigne, car « saint Jean porte la tine » (la tine est la cuve pour transporter le raisin)...

Il s'agit de jouer pour faire semblant de maîtriser. Car, on sait que le lot de la majorité des Français, aux temps de la naissance des dictons, était le travail de la terre. Leur sort était directement lié aux récoltes, elles-mêmes tributaires d'une pluie subite, d'une gelée mal venue, d'une sécheresse inopinée. La rengaine plaisante ou fade qui sort des dictons est la manifestation sans détour des obsessions des paysans. Alors, pour désamorcer l'importance de facteurs sur lesquels il n'a guère de pouvoir (si ce n'est au stade de la croyance dans les invocations), le dicton se fait jongleur, tant sur les rimes que sur les durées : son parcours équivaut souvent à une demi-année, comme la balle trace un demi-cercle. Les mots participent de la fête (« sainte *Eutrope estropie* les cerises »), à des moments de célébration : par des rites et des festins sont marqués les temps forts de l'année. Quant aux fêtes quotidiennes, elles célèbrent non seulement le saint, mais celui qui porte son nom, puisque anniversaire et fête coïncident toujours. Dans cette perspective, qui est la nôtre, le dicton rejoindrait la facétie de la foire ou du marché, de la place ou du parvis.

Outre sa fonction ludique, le dicton, par sa forme la plupart du temps bipartite, a une fonction protectrice, quasi maternelle. Il reproduit le rassurant va-et-vient, le balancement du berceau. Il a vertu d'ancrage, de réconfort, d'insertion. Michel Tournier, romancier des *Météores*, a merveilleusement compris cette fonction : « Le soir, Franz était souvent tenaillé par une sourde angoisse, et il fixait obstinément les yeux au sol en sentant la lumière baisser autour de lui, terrifié à l'avance par ce qu'il verrait s'il levait le regard vers le ciel, ces édifices de nuages crémeux et bourgeonnants qui s'avançaient à des hauteurs vertigineuses en croulant lentement les uns sur les autres, comme des montagnes minées, soulevées par un tremblement de terre.

« Contre cette irruption du changement et de l'imprévisible dans son île déserte, il avait édifié des défenses. La première, la plus enfantine, il l'avait trouvée auprès de la vieille Méline [...]. Comme tous les paysans

1. Selon la tradition, l'apôtre Jean, déjà très âgé, fut amené d'Éphèse à Rome pour y être jugé pendant la persécution de Domitien. Condamné à être plongé dans une cuve d'huile bouillante, devant la Porte Latine, il en serait ressorti sain et sauf.

de jadis, Méline suivait la ronde des saisons et les rythmes météorologiques avec une extrême attention en s'aidant d'almanachs [...]. Franz, qui avait toujours opposé un front de bélier à tous les efforts des éducateurs pour lui apprendre ne fût-ce qu'à lire et à écrire, avait assimilé avec une stupéfiante facilité le contenu de tout ce qui lui était tombé sous la main et qui était propre à emprisonner le temps qui passe dans un tableau mécanique où l'avenir et le hasard paraissent eux-mêmes fixés à jamais [...].

« Ce fut Méline elle-même qui détruisit d'un mot banal, prononcé machinalement, l'édifice chronologique et proverbial dans lequel son enfant adoptif abritait sa démence. Un jour de janvier que chauffait un beau soleil, étonnamment haut dans le ciel bleu, elle prononça cette phrase [...] : 'Il n'y a plus de saison'. La remarque est banale. Parce que les variations saisonnières servent de cadre à notre mémoire, notre passé nous paraît plus fortement teinté que le présent par les couleurs conventionnelles des mois de l'année, et cela d'autant plus qu'il est plus lointain. Le système de Franz devait être déjà éprouvé par des infidélités indéniables. La petite phrase de Méline frappa l'enfant comme la foudre. Il se jeta sur le sol en proie à des convulsions. » (*Les Météores*, Gallimard, 1975)

Le dicton, ainsi que notre système d'éducation, nous protège du dynamisme exaltant et angoissant de la vie, en proposant la récurrence apaisante.

L'enveloppe omniprésente du dicton est la Mère-Nature. C'est elle qui alimente la parole, comme elle nourrit manants et seigneurs. Aussi, l'idée de la mère se rencontre souvent, et partant, l'idée de la femme.

Toujours, mère et femme sont soumises aux rythmes « suprêmes » de la nature. La femme comme mère se doit d'être vigilante aux dates de ses relevailles, qui ne doivent coïncider ni avec les temps pleins de la récolte, ni avec les temps exubérants de la ripaille et de l'orgie. Il faut prendre bien garde que l'accouchement ne se passe ni en août, ni pendant les Jours gras. Comme source de plaisir, la femme est mise sur le même plan que les produits de l'alimentation courante : en août, gare aux femmes et aux choux, épuisants l'un que l'autre !

Créé par les hommes, le dicton est pourtant transmis par les femmes. Vieilles et veillées sont ses lieux de passage privilégiés et, parce que la femme vit dans l'attente, elle vit dans le discours. Vieilles et moins vieilles parlent en filant, parlent en tissant, parlent en attendant. Alors que le temps décrit par le dicton s'étire entre les deux Notre-Dame ou entre Rogations et moissons, celui du dicton, démesurément rétréci en une petite phrase, déjoue la dilution. Rythmé par la bouche des femmes, il se donne comme une conjuration de l'attente.

Allant de pair avec sa fonction de rassurement et de réconfort, le dicton a pour fonction de susciter l'émerveillement : comme c'est beau, un nouveau jour ! Regardons comment il se présente. Louons le saint qui l'estampille. La jouissance d'être là, vivant, en ce jour de la Saint-Eusèbe, est donnée par le surcroît de parole qui fait le dicton. *Dire* le jour qui vient, c'est faire monter au niveau conscient l'aube diffuse d'un bonheur renouvelé.

Agnès PIERRON

chapitre I

DICTONS MÉTÉOROLOGIQUES LE CALENDRIER GRÉGORIEN

Vivre dans le moment, pour les gens du XVIe siècle, c'est se repérer à des temps forts. Le calendrier a pour but, non pas de mesurer le temps, mais de fixer les moments critiques de l'activité des astres, l'entrée en jeu des influences lunaire ou solaire, planétaires ou zodiacales et, d'autre part, de régler la périodicité des rites nécessaires à l'heureuse ouverture des périodes magiques ou religieuses.

Or, ce que disent les dictons et ce que propose le calendrier ne se correspondent pas toujours, non seulement pour les raisons évoquées ci-dessus, mais à cause d'un fait objectif : la réforme du calendrier. En effet, le calendrier julien (celui de Jules César, entré en vigueur au commencement de l'an 45 avant Jésus-Christ) a été réformé en 1582 par le pape Grégoire XIII. Cette réforme avait pour but de faire disparaître un décalage accumulé depuis des siècles. Pour être clair, il convient d'entrer dans des considérations un peu techniques. L'année solaire se compose de 365 jours et 6 heures moins 11 minutes. Dans la correction faite au calendrier sous Jules César, on négligea de tenir compte de ces 11 minutes qui, s'accumulant tous les ans hors du temps social, formèrent 10 jours vers la fin du XVIe siècle. Elles en avaient en réalité formé 13, mais 3 jours ayant été omis à différentes époques, l'excédent n'était plus que de 10. Le pape ordonna donc, en l'an 1582, de passer du 5 octobre au 15 du même mois, en supprimant 10 jours de cette année, qui n'eut ainsi que 355 jours; ce qui la fit surnommer « la petite année ». Aujourd'hui ne subsiste plus en Europe qu'une seule marque festive de cet événement : la célébration de la Saint-Sylvestre le 13 janvier du calendrier actuel, à Urnäsch en Appenzell (Suisse) sous le nom de « Sylvesterklausen », avec masques, sonnailles et quêtes.

Aussi, la plupart des dictons météorologiques étant antérieurs à 1582, l'image qu'ils nous offrent du temps qu'il fait ou qu'il va faire est une image décalée. La subsistance du dicton de la Sainte-Luce est la plus exemplaire : c'est dix jours plus tard que les jours commenceront à s'allonger. Mais il y a une raison sous ce manque de logique; pour la comprendre nous sommes amenés à revenir à l'ancienne conception du temps qui considère les jours comme des blocs caractérisés et mobiles : « [...] on oublie totalement, prisonniers que nous sommes de notre conception du temps, l'impression jadis ressentie qu'une fête pouvait se transporter en bloc, avec tous ses rites. On ne tenait pas alors le calendrier pour une forme vide dans laquelle on aurait inscrit n'importe quoi. Chaque jour était, en quelque sorte, réifié, avec ses qualités. Témoins plusieurs dictons restés attachés à certains jours, sans que l'on se préoccupe de leur nouvelle place dans le calendrier.» (Claude Gaignebet, *Le Carnaval,* Payot, 1974).

L'impression de flou, qui émane des dictons se référant au calendrier, tient à d'autres raisons encore. Comme «il y a, à la foire, plus d'un âne qui s'appelle Martin», il arrive que plusieurs saints portent le même nom[1] ; de plus le même personnage peut être célébré à plusieurs dates : le jour de «sa fête» (instituée pour solenniser le jour de sa mort) et à un autre jour où l'on commémore un événement important de sa vie. D'où, par exemple, ce dicton qui peut paraître curieux :

Il y a la Saint-Jean qu'on fauche,
La Saint-Jean qu'on tond,
La Saint-Jean qu'on bat
Et la Saint-Jean qu'on chauffe,

c'est-à-dire dans l'ordre où elles viennent d'être énumérées :

– la fête de la Nativité de saint Jean-Baptiste, le 24 juin (qu'on appelle traditionnellement *la Saint-Jean* ou *la Saint-Jean d'été*) ;

– celle qui commémore le martyre de saint Jean l'Évangéliste, le 6 mai (*la Saint-Jean-devant-la-Porte-latine*, voir ci-dessus la note sur cet événement) ;

– celle qui rappelle le martyre de saint Jean-Baptiste décapité sur l'ordre d'Hérode, le 29 août *(la Décollation de saint Jean)*;

– enfin la fête de saint Jean apôtre et évangéliste, le 27 décembre (appelée *la Saint-Jean d'hiver*)[2].

Une réforme beaucoup plus récente ajoute à la difficulté quand on cherche à replacer un dicton au jour dit : celle qui est entrée en vigueur à partir du 1er janvier 1970. Ses buts sont d'ordre religieux; l'un d'eux tend à faire en sorte que les fêtes de saints, souvent mythiques, ne l'emportent pas sur les fêtes célébrant les mystères du salut. C'est ainsi qu'une quarantaine de saints ont disparu, même ceux dont les prénoms sont les plus usuels : Christophe, Barbe, Catherine. Parfois, on a regroupé des saints ayant entre eux des affinités : Basile et son ami Grégoire; les trois archanges : Michel, Gabriel, Raphaël. Ce qui a pour résultat de nombreuses suppressions de fêtes, puisque, pour de pratiques raisons de place, ils ne figurent plus sur les calendriers.

Il est ainsi des dictons errants, qui circulent dans un temps hors limites, dans un calendrier mouvant, vivant. Malgré les airs anachroniques de la Saint-Onésiphore ou de la Saint-Hildephonse, le dicton, par son existence même, proclame son autonomie, témoigne de mystères d'un autre ordre que les mystères métaphysiques. Sans plus d'attaches que celles de ses rimes et de ses assonances, il erre dans l'impalpable, intouchable.

En fait, il assume les paradoxes de la vie : il s'épanouit dans le contradictoire. Il n'est pas très intéressant, ainsi que le font les commentateurs, de le surprendre dans ses erreurs, dans son manque de logique, de le fixer dans ses contradictions comme une chouette sur une porte de grange. Elles sont trop évidentes, d'ailleurs, pour que l'on ait la

1. À titre d'exemple, dans un «Missel des fidèles», on a relevé les messes pour les fêtes de 3 saints différents nommés *André*, 7 saints *Félix*, 7 saints *François*, 18 saints *Jean*, 3 saints *Joseph*, 4 saints *Paul* et 9 saints *Pierre* (pour les distinguer, on ajoute au nom du saint un adjectif ou le nom de son lieu d'origine).

2. Les quatre *Saint-Jean* du dicton cité concernent donc deux saints (Jean-Baptiste et Jean l'évangéliste) ayant chacun deux fêtes. Sans parler des nombreux jours consacrés à «Notre-Dame», d'autres saints sont célébrés à plusieurs dates. On trouve ainsi quatre fêtes pour saint Pierre, commémorant : son séjour à Antioche (22 février), son arrivée à Rome (18 janvier), son emprisonnement (1er août) et son martyre (29 juin).

naïveté de prendre les dictons tels quels. Qu'à la Saint-Urbain ne gèlent plus ni pain ni vin, ou qu'au contraire Saint-Urbain anéantisse pain et vin, est la manifestation éclatante de la jubilation rimée qui caractérise le dicton. Décréter qu'il est inepte, c'est s'interdire d'en prendre les mesures, c'est se fermer, en tout cas, à une dimension qui aujourd'hui nous importe : la coexistence des contraires.

Au fond, quoi qu'il en soit des réformes et des changements arbitraires, l'important est qu'une sainte bienveillance se penche sur chaque jour que Dieu fait, comme les bons évêques du haut de l'église Saint-Nicolas se penchent sur les passants, à Prague. « L'ange gardien : la sympathie, nous en avons sans cesse besoin », dit Max Frisch.

CALENDRIER

Les dictons sont classés par mois. Viennent d'abord ceux qui concernent généralement ce mois, puis chaque fête à son quantième. Les fêtes mobiles sont traitées au début du mois où elles se produisent généralement. Les Rameaux, la Semaine sainte et Pâques, bien que mobiles, sont ainsi associées au temps d'avril et de mai : les dictons qui s'y réfèrent sont placés entre ces deux mois. Ceux des Rogations, de l'Ascension et de la Pentecôte se trouvent à la fin du mois de mai.

Les fêtes de saints se succèdent donc dans l'ordre du calendrier (selon leur ancienne date). Nous en donnerons la liste alphabétique, pour la commodité du lecteur, après la liste des fêtes mobiles.

LES FÊTES MOBILES

Les dates de ces fêtes mobiles sont établies par rapport à la fête de Pâques (commémoration par les chrétiens de la résurrection du Christ) qui est comme le pivot de l'année liturgique. Depuis les premiers siècles de notre ère, le jour de Pâques est déterminé par un calcul complexe prenant en compte la date de l'équinoxe de printemps et le cycle lunaire, ce qui explique les déplacements de cette fête, suivant les années, entre le 22 mars et le 25 avril. Ci-dessous, dans la liste des fêtes religieuses – et des fêtes profanes qui suivent leur rythme –, nous avons indiqué leur situation par rapport à Pâques. Et nous avons pensé être agréable au lecteur en lui offrant un tableau récapitulatif de ces fêtes mobiles pour les vingt dernières années du siècle.

– LES « JOURS GRAS » : ce sont les trois jours précédant le Carême : occasion de réjouissances avant le temps de pénitence. C'était la principale période du Carnaval :

Dimanche gras [*ou* Quinquagésime] : 7e dimanche avant Pâques,
Lundi gras
Mardi gras

– CARÊME-PRENANT [*ou* mercredi des Cendres] : c'est le premier jour du Carême.

– CARÊME : période de 40 jours préparant à Pâques (dans la religion catholique). Cette préparation revêtant un caractère pénitentiel, les dimanches (traditionnellement jours festifs) ne sont pas comptés. Le Carême commence donc le mercredi des Cendres et s'achève le Samedi saint qui est la veille de Pâques.

– BORDES [*ou* Quadragésime = 1er dimanche de Carême] : c'est le 6e dimanche avant Pâques.

PRINCIPALES FÊTES MOBILES

Année	*Jours gras*		Carême				Temps pascal				
	Dimanche de Quinquagésime	Mardi gras	*Carême-Prenant* Mercredi des Cendres	*Dim. des Bordes* 1er dim. de carême Quadragésime	*Pâques fleuries* Dimanche des Rameaux	Samedi saint	Dimanche de PÂQUES Résurréction	Jeudi de l'Ascension	Dimanche de la Pentecôte	Jeudi de la Fête-Dieu	1er dim. de l'Avent
1980	17 févr.	19 févr.	20 févr.	24 févr.	30 mars	5 avril	6 avril	15 mai	25 mai	5 juin	30 nov.
1981	1er mars	3 mars	4 mars	8 mars	12 avril	18 avril	19 avril	28 mai	7 juin	18 juin	29 nov.
1982	21 févr.	23 févr.	24 févr.	28 févr.	4 avril	10 avril	11 avril	20 mai	30 mai	10 juin	28 nov.
1983	13 févr.	15 févr.	16 févr.	20 févr.	27 mars	2 avril	3 avril	12 mai	22 mai	2 juin	27 nov.
1984	4 mars	6 mars	7 mars	11 mars	15 avril	21 avril	22 avril	31 mai	10 juin	21 juin	2 déc.
1985	17 févr.	19 févr.	20 févr.	24 févr.	31 mars	6 avril	7 avril	16 mai	26 mai	6 juin	1er déc.
1986	9 févr.	11 févr.	12 févr.	16 févr.	23 mars	29 mars	30 mars	8 mai	18 mai	29 mai	30 nov.
1987	1er mars	3 mars	4 mars	8 mars	12 avril	18 avril	19 avril	28 mai	7 juin	18 juin	29 nov.
1988	14 févr.	16 févr.	17 févr.	21 févr.	27 mars	2 avril	3 avril	12 mai	22 mai	2 juin	27 nov.
1989	5 févr.	7 févr.	8 févr.	12 févr.	19 mars	25 mars	26 mars	4 mai	14 mai	25 mai	3 déc.
1990	25 févr.	27 févr.	28 févr.	4 mars	8 avril	14 avril	15 avril	24 mai	3 juin	14 juin	2 déc.
1991	10 févr.	12 févr.	13 févr.	17 févr.	24 mars	30 mars	31 mars	9 mai	19 mai	30 mai	1er déc.
1992	1er mars	3 mars	4 mars	8 mars	12 avril	18 avril	19 avril	28 mai	7 juin	18 juin	29 nov.
1993	21 févr.	23 févr.	24 févr.	28 févr.	4 avril	10 avril	11 avril	20 mai	30 mai	10 juin	28 nov.
1994	13 févr.	15 févr.	16 févr.	20 févr.	27 mars	2 avril	3 avril	12 mai	22 mai	2 juin	27 nov.
1995	26 févr.	28 févr.	1er mars	5 mars	9 avril	15 avril	16 avril	25 mai	4 juin	15 juin	3 déc.
1996	18 févr.	20 févr.	21 févr.	25 févr.	31 mars	6 avril	7 avril	16 mai	26 mai	6 juin	1er déc.
1997	9 févr.	11 févr.	12 févr.	16 févr.	23 mars	29 mars	30 mars	8 mai	18 mai	29 mai	30 nov.
1998	22 févr.	24 févr.	25 févr.	1er mars	5 avril	11 avril	12 avril	21 mai	30 mai	11 juin	29 nov.
1999	14 févr.	16 févr.	17 févr.	21 févr.	28 mars	3 avril	4 avril	13 mai	23 mai	3 juin	28 nov.

– QUATRE-TEMPS[3] DE PRINTEMPS [*ou* du Carême] : mercredi, vendredi et samedi suivant le 1er dimanche de Carême.

– LA MI-CARÊME : dans certaines régions, le jeudi suivant le 3e dimanche de Carême était l'occasion de réjouissances ; on en trouve la trace dans des défilés carnavalesques [*N. B.* La liturgie marquait cette réjouissance du milieu du Carême le dimanche suivant, ou dimanche de *Laetare* « Réjouis-toi »].

– « PÂQUES FLEURIES » *ou* dimanche des RAMEAUX : c'est le dimanche avant Pâques et le début de la Semaine sainte.

Jeudi saint
Vendredi saint jours où la liturgie commémore la passion du Christ.
Samedi saint

– PÂQUES [*ou* dimanche de la Résurrection du Christ].

– ROGATIONS[4] : processions des lundi, mardi et mercredi précédant l'Ascension.

– ASCENSION : jeudi de la 5e semaine (ou 40e jour) après Pâques.

– PENTECÔTE : 7e dimanche (ou 50e jour) après Pâques.

– TRINITÉ : dimanche après la Pentecôte.

– FÊTE-DIEU : jeudi après la fête de la Trinité (processions) ; aujourd'hui la solennité de cette fête est souvent reportée au dimanche suivant.

– AVENT : période de préparation à Noël, commençant avec le 4e dimanche avant la fête de Noël qui est fixée le 25 décembre. Le 1er dimanche de l'Avent peut varier entre le 27 novembre (si Noël est un dimanche) et le 3 décembre (si Noël est un lundi).

---

3. *Quatre-Temps* : dans la liturgie catholique, les Quatre-Temps sont quatre groupes de 3 jours (mercredi, vendredi et samedi) correspondant à peu près avec le début des saisons. C'était l'occasion de prières, en particulier pour les semailles ou les récoltes ; c'était aussi le temps privilégié des ordinations aux différents ministères.
– Quatre-Temps de printemps : dans la semaine suivant le 1er dimanche de Carême.
– Quatre-Temps d'été : dans la semaine de la Pentecôte.
– Quatre-Temps d'automne : dans la 17e semaine après la Pentecôte.
– Quatre-Temps d'hiver : dans la semaine suivant le 3e dimanche de l'Avent.

4. *Les Rogations* : ces processions avec chants de litanies et prières, créées au Ve siècle en Dauphiné, ont été à l'origine des prières publiques contre les fléaux (famine, peste, guerre), puis sont devenues des prières pour les récoltes. On les appelle aussi « litanies mineures » pour les distinguer des « grandes litanies » ou « litanies majeures », d'institution romaine, fixées à la fête de saint Marc, le 25 avril.

LA FÊTE DES SAINTS

Agathe : 5 février 588
Agnès : 21 janvier 584
Aimé : 28 avril 594
Albin : 15 septembre 605
Alexandre : 18 février 588
Amalberge : 10 juillet 601
Ambroise : 7 décembre 609
Anatole : 3 juillet 601
André : 30 novembre 609
Angèle : 24 mai 596
Anne : 26 juillet 602
ANNONCIATION [*ou* NOTRE-DAME DE MARS, *ou* VISITATION DE L'ANGE] : 25 mars 591
Antoine (moine) : 17 janvier 584
Antoine (de Padoue) : 13 juin ... 599
Antoinette : 27 octobre 607
Antonin : 10 mai 595
Arcade : 12 janvier 584
ASSOMPTION : 15 août 604
Aubierge : 12 septembre 605
Aubin : 1er mars 590
Augustin : 28 août 604
Aurélien : 16 juin 599

Barbe : 4 décembre 609
Barnabé : 11 juin 599
Barthélemy : 24 août 604
Basilide : 12 juin 599
Benjamin : 31 mars 591
Benoît : 21 mars 591
Bernard : 20 août 604
Berthe : 4 juillet 601
Blaise : 3 février 588
Boniface : 14 mai 595

Catherine : 25 novembre 608
Cécile : 22 novembre 608
CHANDELEUR : 2 février 586
Charlemagne : 28 janvier 585
Charles : 4 novembre 607
CIRCONCISION : 1er janvier 583
Claire : 12 août 603

Claude : 15 février 588
Clément : 23 novembre 608
Colette : 6 mars 590
Constance : 12 décembre 609
Crépin : 25 octobre 607
CROIX (SAINTE-) : 3 mai 595
Cunégonde : 3 mars 590
Cyr : 16 juin 599

Delphine : 26 novembre 609
Denis : 9 octobre 606
Denise : 15 mai 596
Didier : 23 mai 596
Dominique : 4 août 603
Dorothée : 6 février 588

Ebbon : 27 août 604
Élisabeth : 19 novembre 608
Éloi : 1er décembre 609
Émilie : 22 mai 596
ÉPIPHANIE : 6 janvier 584
Étienne : 26 décembre 611
Eugène : 13 juillet 601
Eugénie : 15 octobre 606
Eulalie : 12 février 588
Euphrasie : 13 mars 590
Eusèbe : 14 août 603
Eustache : 20 septembre 605
Eutrope : 30 avril 594
Évariste : 26 octobre 607

Fargeau : 16 juin 599
Félicité : 10 juillet 601
Félix : 18 mai 596
FÊTE DES RELIQUES : 8 novembre .. 607
Firmin : 25 septembre 605
Flora : 24 novembre 608
Florent : 23 février 589
Florentin : 18 juin 599
François : 4 octobre 606
Frédéric : 27 avril 594
Fructueux : 21 janvier 584

Gabriel : 24 février 589
Gall : 16 octobre 606
Geneviève : 3 janvier 583
Gengoult : 11 mai 595
Georges : 23 avril 593
Gérard : 29 mai 596
Germain : 31 juillet 602
Gertrude : 17 mars 590
Gervais et Protais : 19 juin 599
Gontran : 28 mars 591
Grégoire : 12 mars 590
Guillaume : 10 janvier 584

Hélène : 18 août 604
Henri : 15 juillet 601
Hilaire : 14 janvier 584
Hippolyte d'Antioche : 30 janvier 585
Hippolyte : 13 juillet 601
Honoré : 16 mai 596
Honorine : 27 février 589
Hughes : 1er avril 593
Hyacinthe : 11 septembre 605

Ignace : 1er février 586
Ildevert : 27 mai 596

Isabelle : 22 février 588
Isidore : 4 février 588

Jacques : 25 juillet 602
Janvier : 19 septembre 605
Jean Apôtre : 27 décembre 578
Jean-Baptiste : 24 juin 599
Jean de Matha : 8 février 588
Jean (Porte-Latine) : 6 mai 595
Jérôme : 30 septembre 606
Joseph : 19 mars 590
Julie : 10 décembre 609
Julien (évêque) : 27 janvier 585
Julien (d'Antioche) : 9 janvier ... 584
Juliette : 18 mai 596
Justine : 26 septembre 605

Lambert : 17 septembre 605
Laurent : 10 août 603
Léger : 2 octobre 606
Léonide : 19 avril 593
Léopold : 16 octobre 606
Leufroy : 21 juin 599
Louis : 25 août 604
Loup : 1er septembre 604
Luc : 18 octobre 606
Luce : 13 décembre 610

Madeleine : 22 juillet 602
Mamert : 12 mai 595
Marc : 25 avril 593
Marcellin : 2 juin 598
Marguerite : 20 juillet 601
Marius : 12 mars 590
Marthe : 29 juillet 602
Martial : 1er juillet 601
Martin : 11 novembre 607
Mathias : 24 février 589
Matthieu : 21 septembre 605
Maur : 15 janvier 584
Maurice : 22 septembre 605
Mayeu : 11 mai 595
Médard : 8 juin 598
Mélanie : 7 janvier 584
Michel : 29 septembre 605
Modeste : 15 juin 599

Narcisse : 29 octobre 607
NATIVITÉ DE LA VIERGE : 8 septembre 605
Nicolas : 6 décembre 609
NOËL : 25 décembre 611
Norbert : 6 juin 598
NOTRE-DAME DE MARS [ou ANNONCIATION] : 25 mars 591

Onésime : 16 février 588
Onésiphore : 6 septembre 605
Opportune : 22 avril 593

Pancrace : 11 mai 595
Pascal : 17 mai 596
Patrice : 17 mars 590
Paul (conversion) : 25 janvier ... 585
Pétronille : 31 mai 596
Philippe : 26 mai 596
Pierre (à Rome) : 18 janvier 584
Pierre et Paul : 29 juin 600
Pierre-ès-Liens : 1er août 603

Placide : 5 octobre 606
Prudence : 6 avril 593

Rachet : 4 juillet 601
Radegonde : 13 août 603
Raphaël : 24 octobre 606
Raymond : 23 janvier 585
Regnobert : 16 septembre 605
Rémy : 1er octobre 606
Renobert : 24 octobre 606
Robert : 29 avril 594
Roch : 16 août 604

Samson : 28 juillet 602
Savin : 12 juillet 601
Sébastien : 20 janvier 584
Sept-Dormants : 27 juillet 602
Serge : 7 octobre 606
Servais : 13 mai 595
Séverin : 27 novembre 609
Simon et Jude : 28 octobre 607
Sulpice : 29 janvier 585
Suzette : 11 août 603
Sylvère : 20 juin 599
Sylvestre : 31 décembre 611

Théodore : 20 avril 593
Thibaut : 30 juin 600
Thierry : 1er juillet 601
Thomas : 21 décembre 611
TOUSSAINT : 1er novembre 607

Urbain : 25 mai 596

Valentin : 14 février 588
Vallier : 22 octobre 606
Véronique : 8 mars 590
Victor : 21 juillet 602
Vincent (diacre) : 22 janvier 584
Vincent de Paul : 19 juillet 601
Virginie : 8 juillet 601
VISITATION : 2 juillet 601

Les dictons météorologiques au long des jours et des mois

Regarde comme sont menées
Depuis Noël douze journées
Car, en suivant ces douze jours
Les douze mois feront leur cours.
(Cf. dicton n° 861.)

JANVIER

1 Le mauvais an
Entre en nageant.

2 Janvier sec et sage
Est un bon présage.

3 Sécheresse de janvier,
Richesse de fermier.

4 Janvier d'eau chiche
Fait le paysan riche.

5 Sec janvier,
Heureux fermier.

6 Janvier ne veut pas
Voir pisser un rat.

7 L'or du soleil en janvier
Est or que l'on ne doit envier.

8 Un mois de janvier sans gelée
N'amène jamais une bonne année.

9 Si janvier ne prend son manteau,
Malheur aux arbres, aux moissons, aux [coteaux!

Sur les *coteaux* (dans certaines régions on dit *côtes*) sont plantés les bons vignobles.

10 Au mois de janvier,
Il vaut mieux voir le loup dans les champs qu'un homme en chemise.

Le même dicton existe aussi pour février.

var. : Il vaut mieux voir le loup sur le [fumier
Qu'un homme en bras nus travailler en [janvier.

var. : Il vaut mieux voir un voleur dans [son grenier
Qu'un laboureur en chemise en [janvier.

11 Garde-toi du mois de janvier
Comme d'un voleur au grenier.
S'il fait vent, nous aurons la guerre,
Et si l'on voit épais brouillards,
Mortalité de toutes parts.

12 Qui gèle en été, transpire en hiver,
Tournera vite ventre en l'air.

13 Si la grive chante au mois de janvier,
Prends garde, bouvier, à ton grenier.

14 Quand le crapaud chante en janvier,
Serre ta paille, métayer!

15 Si les mouches dansent en janvier,
Ménage ton foin au grenier.

16 Les douze premiers jours de janvier
Indiquent le temps qu'il fera les douze mois de l'année.

var. : Regarde comme sont menées
Depuis Noël douze journées
Car, en suivant ces douze jours
Les douze mois feront leur cours.

On appelle ces douze jours les «jours mâles».

CIRCONCISION **1er janvier**

17 Calme et claire nuit de l'an
À bonne année donne l'élan.

18 Le vent du jour de l'an
Souffle moitié de l'an.

19 Quand le soleil brille le jour de l'an,
C'est signe de glands.

20 Quand il pleut le premier jour de l'an,
Les chariots reviennent sales des [champs.

21 Jour de l'an beau,
Mois d'août très chaud.

22 Tel jour de Circoncision,
Tel mois de moisson.

SAINTE-GENEVIÈVE **3 janvier**

23 Sainte-Geneviève ne sort point
Si Saint-Marcel ne la rejoint.
La Saint-Marcel se fête le 16 janvier.

LES ROIS (MAGES) ou ÉPIPHANIE **6 janvier**

24 Si le soir du jour des Rois
Beaucoup d'étoiles tu vois :
Auras sécheresse en été
Et beaucoup d'œufs au poulailler.

25 Les hivers les plus froids
Sont ceux qui prennent vers les Rois.

26 Pour les Rois,
Goutte au toit :
Saison de pois.

27 Pluie aux Rois,
Blé jusqu'au toit.
var. : S'il pleut pour les Rois,
Du blé aussi haut que les toits.

28 Belle journée aux Rois :
L'orge croît sur les toits.

29 Quand il fait beau le soir des Rois,
Il vient du chanvre par-dessus les toits.

SAINTE-MÉLANIE **7 janvier**

30 La Sainte-Mélanie
De la pluie n'en veut mie.

SAINT-JULIEN **9 janvier**

31 Saint Julien brise la glace ;
S'il ne la brise, c'est qu'il l'embrasse.

SAINT-GUILLAUME **10 janvier**

32 Beau temps à la Saint-Guillaume
Donne plus de blé que de chaume.

33 Entre le 10 et le 20 janvier,
Les plus contents sont les drapiers.
C'est la période où le chanvre croît.

SAINT-ARCADE **12 janvier**

34 Arcade et Hilaire
Gèlent les rivières.

SAINT-HILAIRE **14 janvier**

35 Soleil et chaleur à la Saint-Hilaire
N'indiquent pas la fin de l'hiver.

36 Soleil au jour de Saint-Hilaire,
Rentre du bois pour ton hiver.

37 Le soleil pour Saint-Hilarien,
Il faudra force tison.

38 Qui file le jour de la Saint-Hilaire
Est sûr de filer son suaire.

SAINT-MAUR **15 janvier**

39 À la Saint-Maur,
Tout est mort.

40 S'il gèle à la Saint-Maur,
La moitié de l'hiver est dehors.
var. : D'habitude, à la Saint-Maur,
Moitié de l'hiver est dehors.

SAINT-ANTOINE **17 janvier**

41 À Saint-Antoine grande froidure,
À Saint-Laurent grand chaud ne durent.
La Saint-Laurent se fête le 10 août.

42 Si la Saint-Antoine a la barbe blanche,
Il y aura beaucoup de pommes de terre.
Il faut comprendre : s'il neige...

CHAIRE DE SAINT PIERRE À ROME **18 janvier**

43 À la Saint-Pierre,
L'hiver s'en va ou se resserre.
var. : À la chaire de grand saint Pierre,
L'hiver s'en va, s'il ne se resserre.

SAINT-SÉBASTIEN **20 janvier**

44 S'il gèle à la Saint-Sébastien,
Mauvaise herbe ne revient.

45 À la Saint-Sébastien,
L'hiver s'en va ou revient.

SAINTE-AGNÈS et SAINT-FRUCTUEUX **21 janvier**

46 À Sainte-Agnès, une heure de plus.

47 Pour Sainte-Agnès et Saint-Fructueux,
Les plus grands froids.

48 Gelée du jour de Saint-Fructueux
Rend le vigneron malheureux.

SAINT-VINCENT **22 janvier**

49 À la Saint-Vincent,
Tout dégèle ou tout fend.
var. : Le jour de la Saint-Vincent,
Tout gèle et tout fend.

50 À la Saint-Vincent,
L'hiver monte ou descend.
var. : Pour la Saint-Vincent,
L'hiver se reprend
Ou se rompt la dent.
var. : Pour Saint-Vincent,
L'hiver perd ses dents
Ou les recouvre pour longtemps.

51 À la Saint-Vincent,
Cesse la pluie et vient le vent.

52 Saint-Vincent clair,
Beaucoup de grain.
S'il est couvert,
Pas de pain.

53 Saint-Vincent clair et beau,
Plus de vin que d'eau.

54 Le jour de la Saint-Vincent,
Si le soleil luit grand comme un cha-
[peau,
On aura du vin plein le tonneau.

55 Si le jour de la Saint-Vincent est
[trouble,
Il met le vin au double.

56 À la Saint-Vincent,
Le vin monte au sarment;
Ou s'il gèle, il en descend.

57 Saint-Vincent au pied sec,
La vigne à la serpette.

58 Saint-Vincent clair et Saint-Paul trouble
Mettent le vin dans la gourde.

SAINT-RAYMOND **23 janvier**

59 S'il gèle à la Saint-Raymond,
L'hiver est encore long.

CONVERSION DE SAINT PAUL **25 janvier**

60 Le jour de saint Paul,
L'hiver se rompt le col.
var. : À la Saint-Paul,
L'hiver se casse ou se recolle.
var. : À la Conversion de saint Paul,
L'hiver se renoue ou se casse le col.

61 À la Saint-Paul s'entrebattent les vents;
Celui qui l'emporte dominera l'an.
Selon la tradition, du 25 janvier au 3 février, se déroule la bataille des vents dont le vainqueur, au 3 février (fête de saint Blaise, que l'on prie pour les maux de gorge), soufflera toute l'année. Aussi gonfle-t-on, au carnaval, de grandes chemises, à l'aide de soufflets.

62 De Saint-Paul, claire journée,
Nous annonce une bonne année.
S'il fait brouillard,
Mortalité de toutes parts.
Il est intéressant de souligner que, dans ce dicton, météorologie et superstition se côtoient.

SAINT-JULIEN **27 janvier**

63 Saint Julien brise la glace;
S'il ne la brise, il l'embrasse.

SAINT-CHARLEMAGNE **28 janvier**

64 Saint-Charlemagne,
Février en armes.

SAINT-SULPICE **29 janvier**

65 S'il gèle à la Saint-Sulpice,
Le printemps sera propice.

SAINT-HIPPOLYTE **30 janvier**

66 À la Saint-Hippolyte,
Bien souvent l'hiver nous quitte.

FÉVRIER

67 Février, le plus court des mois,
Est de tous le pire à la fois.
var. : Février, entre tous les mois,
Le plus court et le moins courtois.

68 Quand février commence en lion,
Il finit comme un mouton.

69 Il vaut mieux un renard au poulailler
Qu'un homme en chemise en février.

70 Si février n'a ni pluie, ni giboulées,
Tous les mois de l'année seront
[ennuyés.

71 Si février n'a pas de grands froids,
Le vent dominera tout le reste des mois.

72 Si février n'a ses bourrasques,
Tous les mois feront des frasques.

73 Mieux vaut un loup dans son troupeau
Qu'un mois de février beau.

74 Si février ne « févrière » pas,
Tout mois de l'an peu ou prou le fera.

75 Si février est sec et chaud,
Garde du foin pour tes chevaux.

76 Février trop doux,
Printemps en courroux.

77 Si février est chaud,
Croyez bien sans défaut
Que, par cette aventure,
Pâques aura sa froidure.

78 Février et mars trop chauds
Mettent le printemps au tombeau.

79 Eau de février,
Eau de fumier.

80 Pluie de février
Emplit les greniers.

81 Février remplit les fossés,
Et mars les vide.
var. : Février doit remplir les fossés
Et mars, après, les quitter séchés.

82 Neige de février
Fuit comme un lévrier.

83 Neige de février
Tient comme l'eau dans un panier.

84 Neige qui tombe en février,
La poule l'emporte avec son pied.

85 La neige de février
Brûle le blé.

86 Quand il tonne en février,
Montez vos tonneaux au grenier.

87 S'il tonne en février,
Point de vin au cellier,
Jette les fûts au fumier.

88 En février, le tonnerre
Fait tenir toute l'huile dans une cuillère.
Il s'agit de l'huile de noix; la récolte de noix sera mauvaise.

89 Qui taille sa vigne au mois de février,
N'a pas besoin de corbeille ni de [panier.

90 Au mois de février,
Chaque herbe fait son pied.

91 Œufs de février,
Œufs de fumier.
La terre étant gelée, les poules ne peuvent picorer que sur le fumier ce qui, paraît-il, parfume les œufs.

92 Le mois de février
Est bon agnelier.
C'est en effet en février que naissent les agneaux.
var. : Au mois de février,
Le bel agnelet.
var. : En février, les agneaux
Naissent plus beaux.

93 En février, si au soleil ton chat tend [sa peau,
En mars, il l'exposera au fourneau.

94 En février, civelles,
En mars, bonnes et belles,
En avril, fi d'elles!

95 En février,
La feuille au groseillier.
var. : Il ne faut pas que février
Laisse sans feuilles le groseillier.
var. : Jamais février n'a passé
Sans voir le groseillier feuillé.
var. : Février
Fleurit son groseillier.
var. : Février aimerait mieux être enragé
Que de ne pas faire feuiller le gro- [seillier.

96 Février,
L'anelier.
Anelier serait à rapprocher de *anneau.* « On peut attribuer l'origine de ce dicton au grand nombre de mariages qui se contractent pendant le mois de février, mois qui précède très souvent le Carême » (Frédéric Pluquet).

SAINT-IGNACE 1er février

97 À la Saint-Ignace,
L'eau est de glace.

LA CHANDELEUR 2 février

C'est aussi le jour de la Purification de la Vierge. La Chandeleur tient son nom du fait que les chandelles bénites ce jour-là sont censées préserver la maison des maléfices.

98 Celui qui rapporte le cierge de la Chan- [deleur allumé,
Pour sûr ne meurt pas dans l'année.

99 Quand la Chandeleur est arrivée,
La perdrix grise est mariée.

100 Autant l'alouette chante avant la Chan- [deleur,
Autant elle se tait après.

101 À la Chandeleur,
La chandelle pleure.
C'est-à-dire que la glace qui pend des toits dégèle.

102 S'il pleut sur la chandelle,
Il pleut sur la javelle.

103 Rosée à la Chandeleur,
Hiver à sa dernière heure.

104 Si, le jour de la Chandeleur, le soleil [brille dès son lever,
Il y aura des noix au pied des noyers.

105 Du perce-neige, la blanche fleur,
Est la violette de la Chandeleur.

106 À la Chandeleur, il faut manger la [soupe dorée
Pour avoir de l'argent toute l'année.

var. : Qui mange des crêpes quand la [Chandeleur est arrivée,
Est sûr d'avoir argent pendant [l'année.

107 À la Chandeleur
La grande douleur.
Autrement dit : le plus grand froid.

108 Étrennes d'honneur
Durent jusqu'à la Chandeleur.

109 À la Chandeleur, verdure,
À Pâques, neige forte et dure.

110 Si l'hiver ne fait son devoir
En mois de décembre et janvier,
Au plus tard il se fera voir
Dès le deuxième de février.
var. : J'ouïs le paresseux hiver,
Lequel disait au laboureur :
Je ne manquerai pas d'arriver
Au plus tard à la Chandeleur.

111 À la Chandeleur,
L'hiver s'en va ou prend vigueur.

112 Le soleil de Chandeleur
Annonce hiver et malheur.
On a cru remarquer que, s'il fait trop beau temps vers le 12 février du calendrier actuel, il y a une recrudescence de froid de quarante jours. Malgré le décalage calendaire, ce dicton de la Chandeleur est, avec celui de la Saint-Médard, l'un des plus communément employés.
var. : Soleil au 2 février,
L'hiver sera prolongé.
var. : Mieux vaut un loup au troupeau
Qu'à la Chandeleur un jour beau.

113 Si, à la Chandeleur, le soleil fait lan- [terne,
Quarante jours après il hiverne.
Faire lanterne, se dit lorsque le soleil est en grande partie caché par les nuages, mais que quelques rayons les percent par endroits.
var. forme longue :
Quand Notre-Dame de la Chandeleur [luit,
L'hiver quarante jours s'ensuit.
La Chandeleur noire,
L'hiver a fait son devoir.
La Chandeleur trouble,
L'hiver redouble.

114 Selon que nos vieillards ont dit,
Si le soleil se montre et luit
À la Chandeleur, croyez
Qu'encore un hiver vous aurez.

115 Chandeleur borgnette,
Vendange est faite.

116 Lorsqu'à la Chandeleur le soleil luit sur [la cire,
La récolte en foin est des plus pires.

117 Le jour de la Chandeleur,
L'ours rit ou pleure.

118 Si fait beau et luit Chandelours,
Six semaines se cache l'ours.
Calendrier des bons laboureurs. Il semble que cette forme du dicton, qui compte de nombreuses variantes, soit la plus ancienne.
var. : Si, la nuit de la Chandeleur, le [temps est clair,
L'ours reste encore quarante jours [dans sa tanière.
var. : À la Chandeleur, le soleil,
L'ours pour quarante jours dans [sa caverne.
var. : Quand à la Chandeleur le soleil [luiserne,
L'ours rentre dans sa caverne.
Luiserner veut dire : luire par éclaircies courtes.
var. : Le jour de la Chandeleur, quand le [soleil suit la bannière,
L'ours rentre dans sa tanière.
La *bannière*, souvent ornée d'une image de la Vierge, précède la procession du jour de la Chandeleur, qui est aussi le jour de la purification de Notre-Dame.
Var. (formes longues) :
À la Chandeleur, s'il pleut ou nivole,
Après quarante jours l'hiver s'envole.
Si, au contraire, il fait beau temps,
L'ours entre dans sa tanière, [mécontent.
var. : Selon les [des] anciens le dit,
Si le soleil clair luit,
À la Chandeleur vous croirez
Qu'encore un hiver vous aurez.
Pourtant, gardez bien votre foin,
Car il vous sera de besoin ;
Par cette règle se gouverne
L'ours retourné en sa caverne.
« Dans certaines régions de France et d'Espagne, en Catalogne surtout, à Prats-de-Mollo par exemple, on fait, ce jour-là, sortir l'animal. On déguise au préalable des jeunes gens en ours. Ils sortent alors et entreprennent, à l'aide de suie, de noircir ceux qui les entourent, afin que tout soit sombre puisque c'est à cette condition, affirme le dicton, que leur sortie peut être définitive et la venue du printemps proclamée » (Claude Gaignebet, *Le Carnaval*, Payot, 1974).
(Cf. Eugène Rolland, 1876.)
var. : Si le deuxième de février
Le soleil apparaît entier,
L'ours étonné de sa lumière
S'en va remettre en sa tanière ;
Et l'homme économe prend soin
De faire resserrer son foin ;
Car l'hiver tout ainsi que l'ours
Séjourne encore quarante jours.

119 Si le loup met sa patte au soleil le jour de la Chandeleur,
Il y a quarante jours d'hiver.

120 Quand, à la Chandeleur, le blaireau sort de sa tanière,

Et voit son ombre, il rentre au terrier pour six semaines.

Le même dicton existe aussi pour la loutre. Mais l'ours reste l'animal choisi le plus souvent, probablement en raison du rôle qu'il joue dans la mythologie : il représente le brillant au sein des ténèbres.

121 Laissez passer la Chandelouse
Après neuf lunes sans pouse ;
Et le mardi après suivant,
Vous trouvez Carême-Entrant.

Le lendemain de la Chandeleur est la première date possible du Mardi gras. Avec le Lundi gras, cette date constitue la période de Carnaval, période de ripailles précédant les quarante jours de jeûne du Carême acheminant à Pâques. Le premier jour de Carême est appelé le mercredi des Cendres. En fait, la période carnavalesque, dans sa plus grande extension, commence le jour des Rois, et s'intègre dans les «fêtes de l'hiver» qui commencent par les festins de la Saint-Martin.

LUNDI GRAS

122 Quand tombe de l'eau le Lundi gras,
Lin fin et beau tu auras.

La période des deux jours du Carnaval proprement dit est très intimement liée à la croissance du chanvre. C'est ainsi que, pour la favoriser, certains cortèges carnavalesques voient passer les «fous», sautant sur d'immenses perches. Aussi haut est le saut, aussi haut poussera le chanvre. À notre connaissance, ces traditions ne se voient pas en France. En revanche, elles se rencontrent, encore de nos jours, en Forêt-Noire, en Allemagne (à Rottweil, en particulier) et dans les Hautes Tatras, en Slovaquie.

MARDI GRAS

123 Au Mardi gras,
L'hiver s'en va.

124 Mardi gras, (ne) t'en vas pas,
Je ferai des crêpes, et t'en mangeras !

125 Quand Mardi gras est de vert vêtu,
Pâques met des habits blancs.

126 Lune de Mardi gras,
Tonnerre tu entendras.
var. : Lune nouvelle au Mardi gras,
Le tonnerre peu après entendras.

CARNAVAL

127 Quand le Carnaval est sans lune,
De cent brebis n'en reste qu'une.
var. : Carnaval sans lune,
Sur cent femmes, il s'en sauve une.

Malgré son allure elliptique, ce dicton peut s'expliquer ainsi : on connaît les débordements du carnaval. Or, l'absence de lune — qui coïnciderait avec les règles des femmes, donc avec une période inféconde — favorise les excès. Après l'écoulement et le déclin, femmes et lune deviennent pleines. Le décours de la lune et les règles ont très tôt été associés dans la mentalité primitive.

128 Carnaval crotté,
Pâques mouillées,
Coffres comblés.

129 Carnaval au soleil,
Pâques au feu.

CARÊME-PRENANT

130 Il ne faut point filer le jour de Carême-Prenant,
De peur que les souris ne mangent le fil tout le reste de l'année.

131 Il faut faire Carême-Prenant avec sa femme
Et Pâques avec son curé.

Le dicton invite à la philosophie du «Chaque chose en son temps» : les jours de liesse carnavalesque se doivent passer en galante compagnie ; en revanche, il convient de célébrer la joie pascale en compagnie ecclésiastique.

132 Le vent de Carême-Prenant
Revient le plus souvent.
var. : Vent de Carême-Prenant
Reste toujours le plus fréquent.

CARÊME

133 En Carême, saumon
Et sermon
Sont de saison.

En effet, alors que la période carnavalesque invite, par une étymologie fantaisiste, à «carne avale» (manger de la viande), la période de Carême est, sinon une période de jeûne total, du moins un temps de nourriture «maigre». Dépendant des fêtes chrétiennes, le Carême est lié aux offices et à la prière.

134 Le plus fort vent des premiers du [Carême,
Le plus souvent dans l'année est le [même.

DIMANCHE DES BORDES ou DES BRANDONS ou QUADRAGÉSIME

C'est le dimanche qui suit le Carnaval, donc le premier dimanche de Carême. Il est ainsi appelé parce que sa caractéristique est le rituel de la confection de bûchers ; dans certaines régions, ils sont dénommés aussi «bures» ; ce dimanche s'appelle alors «dimanche des bures».

135 Le plus fort vent du jour des Bordes,
Le plus souvent tout l'an déborde.

136 Le dimanche des Brandons,
Tout est à l'abandon.

137 Si tu veux avoir des dindons,
Mange des crêpes aux Brandons.

En général, c'est plutôt au Mardi gras que l'on mange des crêpes. Car, en ce jour de lune cornue, c'est-à-dire de nouvelle lune, «on dévore l'astre sous forme de crêpes (...) et on barbouille les Pierrots lunaires», comme le fait judicieusement remarquer Claude Gaignebet.

SAINT-BLAISE — 3 février

138 Le lendemain de Saint-Blaise,
Souvent l'hiver s'apaise.

139 Devant Saint-Blaise
Tout s'apaise.

140 Prenez garde au lendemain
De Saint-Blaise s'il est serein,
Car cela présage une année
Très fertile et très fortunée.
S'il neige ou pleut, sera cherté;
S'il fait brouillard, mortalité;
S'il fait vent, nous verrons que mars
Fera voler ses étendards.

141 Pour Saint-Blaise,
Il y a de la neige jusqu'à la queue de l'âne.

142 S'il ne pleut ou ne neige à la Saint-[Blaise,
En mars, le froid en prendra à son aise.

SAINT-ISIDORE **4 février**

143 À la Saint-Isidore,
Si le soleil dore,
Le blé sera haut et chenu,
Mais le pommier sera nu.

SAINTE-AGATHE **5 février**

144 À la Sainte-Agathe,
Moitié de ton foin et de ta paille.
C'est-à-dire qu'il faut avoir encore la moitié de ses récoltes dans la grange car seulement la moitié de l'hiver est passée; cf. n° 159.

145 À la Sainte-Agathe,
Oignons se plantent, même dans la glace.
var. : Sainte-Agathe passe :
Sème ton oignon,
Sans réflexion,
Même dans la glace.

146 Si pour la Sainte-Agathe il pleut,
Le maïs croît au mieux.
var. : (...) Même sur les pierreux.
C'est-à-dire même sur les mauvais terrains.

147 Eau qui court à la Sainte-Agathe
Mettra du lait dans la baratte.
var. : À la Sainte-Agathe, si l'eau
Court dans le ruisseau,
Le lait, ou ne s'en faudra guère,
Coulera dans la chaudière.

SAINTE-DOROTHÉE **6 février**

148 À la Sainte-Dorothée,
La plus forte neigée.

SAINT-JEAN DE MATHA **8 février**

149 Eté de la Saint-Jean,
Quelques jours cléments.

SAINTE-EULALIE **12 février**

150 Si le soleil luit pour Sainte-Eulalie,
Pommes et cidre à la folie.
var. : Soleil qui rit à la Sainte-Eulalie
Promet du cidre à la folie.

SAINT-VALENTIN **14 février**

151 Pour la Saint-Valentin, l'amandier fleurit.

152 À la Saint-Valentin,
Tous les vents sont marins.
var. : À la Saint-Valentin,
Tous les vents sont parrains.

153 Valentin, Séverin, Faustin
Font tout geler sur le chemin.

154 À la Saint-Valentin,
La pie monte au sapin.
Si la pie «monte au sapin», c'est pour faire son nid. Cette fête constitue un doublet de la Chandeleur. D'après les dictons, «c'est à l'une ou l'autre de ces dates que les oiseaux s'accouplent et l'on comprend alors le patronage des amoureux à la Saint-Valentin» (Claude Gaignebet).

155 À la mi-février
Fait son nid le cujelier.
«Cet oiseau, appelé aussi 'alouette lulu', est beaucoup plus petit que l'alouette ordinaire. Il se fait remarquer par son chant clair et flûté; il est la girouette vivante des Solognots : il chante volontiers ayant le bec tourné du côté du vent.» (Eugène Rolland, 1877).

156 À la mi-février,
La bonne oie doit couver.

157 À la Saint-Valentin,
La sarpe à la main.
C'est ce jour-là qu'au marché on achetait les serpettes neuves, bien aiguisées, à manche rouge.

SAINT-CLAUDE **15 février**

158 À la Saint-Claude, regarde ton seau,
Tu ne le verras pas plus haut.
Dans le Jura, cette époque est considérée comme celle du plus haut rendement des vaches en lait.

159 À mi-février,
Mi-grenier.
C'est-à-dire qu'il faut encore avoir la moitié de ses récoltes.

SAINT-ONÉSIME **16 février**

160 S'il neige à la Saint-Onésime,
La récolte est à l'abîme.

SAINT-ALEXANDRE **18 février**

161 À la Saint-Alexandre,
Finies les cendres.
C'est-à-dire les veillées.

SAINTE-ISABELLE 22 février

162 Neige à la Sainte-Isabelle
Fait la fleur plus belle.

SAINT-FLORENT 23 février

163 À la Saint-Florent,
L'hiver quitte ou reprend.

SAINT-GABRIEL, SAINT-MATHIAS 24 février

164 Saint-Gabriel
Apporte bonne nouvelle.
Ce dicton n'a rien à voir avec la météorologie, il est une allusion à l'Annonciation.

165 À Saint-Mathias,
Neige et glace.

166 Saint-Mathias
Casse la glace ;
S'il n'y en a pas,
Il en fera.
var. : Quand Saint-Mathias
Trouve de la glace,
Il la casse.
Quand il n'en trouve pas, il faut qu'il [en fasse.
var. : À la Saint-Mathias,
Se fond et se brise la glace.

167 Qui se soigne à Saint-Mathias,
Un an de santé il aura.

SAINTE-HONORINE 27 février

168 Gelée du jour Sainte-Honorine
Rend toute la vallée chagrine.

MARS

169 Mars, petit mars,
Tue l'agneau, le bébé et la vieille au bord du feu.

170 Mars avec ses marteaux,
Dans leur mère tue les veaux.

171 Mars est capable
De tuer les bêtes à l'étable.

172 Mars, marseau,
Chaque brebis avec son agneau.

173 Si mars commence en courroux,
Il finira tout doux, tout doux.

174 Soit au début, soit à la fin,
Mars nous montre son venin.

175 En mars, vent ou pluie,
Que chacun veille sur lui.

176 Pluie de mars
N'engraisse ni oie, ni jars.

177 Pluie de mars
Ne vaut pas pisse de renard.

178 Eau de mars,
Pis que les vaches.

179 Pluie de mars grandit l'herbette
Et souvent annonce disette.

180 Quand mars bien mouillé sera,
Beaucoup de fruits cueilleras.

181 Plus les rivières s'enflent en mars,
Et plus les chenevières croissent.
var. : Quand mars bien mouillé sera,
Bien du lin il te donnera.

182 Le bourgeon de mars
Remplit les chars,
Celui d'avril le baril,
Celui de mai le chai.

183 Neige de mars
Vaut un parc.
C'est-à-dire : vaut du fumier.

184 De mars la verdure,
Mauvais augure.

185 Mars venteux,
Verger pommeux.
var. : Mars venteux,
Pommiers plantureux.

186 Quand il tonne en mars, les vaches sont tirées.
Le tonnerre de mars est, en effet, un mauvais présage : il n'y aura pas de foin, et par suite pas de lait.

187 En mars, les vaches au pré ;
Si ce n'est pour manger,
C'est pour s'y gratter.
Les vaches se trouvent bien de sortir de l'étable et de vivre en plein air quand vient la bonne saison.

188 Mars bon ou méchant :
Ton bœuf à l'herbe, ton chien dedans.
Le même conseil est donné que dans le dicton précédent, avec en plus une préoccupation au sujet de la divagation des chiens de campagne, destructeurs habituels des couvées de perdrix et des portées de levrauts (d'après G. Bidault de l'Isle).

189 Des fleurs de mars ne tiens pas grand compte,
Non plus que des filles sans honte.

190 Des fleurs qui s'ouvrent en mars,
On n'en a que le regard.

191 Taille tôt, taille tard,
Taille toujours en mars.

var. forme longue :
La vigne dit :
En mars me lie,
En mars me taille,
En mars il faut qu'on me travaille.

192 Entre mars et avril,
On sait si le coucou est mort ou en vie.

193 Quand mars fait avril,
Avril fait mars.

194 Autant de gelées en mars,
Autant de rosées en avril.
var. : En mars, autant de gelées,
En avril, autant de poussées.

195 À mars poudreux,
Avril pluvieux.

196 Mars martelle,
Avril coutelle.
Allusion aux grands froids qui règnent presque toujours pendant ces deux mois, par l'image de froideur métallique.

197 Quand mars se déguise en été,
Avril prend ses habits fourrés.

198 Si mars est beau,
Avril fait la mine.
La traduction a perdu la rime du patois de la Suisse romande :
var. : Se mar ne marmotte
Avri fâ la potte.

199 En mars, quand il fait beau,
Prends ton manteau.

200 Brouillard en mars,
Gelée en mai.

201 C'est en mars que le printemps chante
Et que le rhumatisme augmente.

202 Le soleil de mars
Donne des rhumes tenaces.

203 Quand le mois de mars est poussiéreux,
Le bouvier devient orgueilleux.

204 Si le seigle est sans épis
Au mois de mars, c'est tant pis.

205 Mois de mars,
Il faut voir clair à souper;
Mois d'avril,
Il faut voir clair à se couvrir.

206 Entre mars et avril,
On va de la table au lit.
Les jours sont trop longs pour pouvoir continuer les veillées après le souper. Aussi, passe-t-on directement de la table au lit.

207 Le mois de mars doit être sec, avril humide et mai friquet
Pour que juin tienne ce qu'il promet.

208 Bonne ou mauvaise poirette,
Il faut que mars la trouve faite.

QUATRE-TEMPS

Les Quatre-Temps étaient des groupes de trois jours (mercredi, vendredi et samedi) dans quatre semaines de l'année liturgique correspondant à peu près avec le début de chaque saison astronomique :
Quatre-Temps de printemps : 1re semaine du Carême;
Quatre-Temps d'été : semaine de la Pentecôte;
Quatre-Temps d'automne : 17e semaine de la Pentecôte;
Quatre-Temps d'hiver : 3e semaine de l'Avent.

209 Le vent qui domine aux Quatre-Temps
Dominera trois mois.

210 Telles Quatre-Temps,
Telles saisons.

211 Si les Quatre-Temps amènent le mau-
[vais temps,
Il y en aura pour longtemps.

212 Quand il pleut pour les Quatre-Temps,
Il faut piquer les bœufs et les juments.
Ce qui veut dire qu'il faut forcer les bêtes de trait pour activer les semailles, parce que le beau temps ne sera pas de longue durée.

SAINT-AUBIN — 1er mars

213 Quand il pleut à la Saint-Aubin,
N'as ni paille, ni foin, ni grain.

214 Quand il pleut pour la Saint-Aubin,
L'eau est plus chère que le vin.

215 À la Saint-Aubin,
C'est du vin
Quand le buisson goutte au matin.

216 Taille au jour de Saint-Aubin
Pour avoir de gros raisins.

217 À la Saint-Aubin,
L'acourci est en chemin.
L'*acourci* est une ablette.

218 Le jour de la Saint-Aubin,
Coupe la queue à ton poulain.
Chevaux, bœufs et moutons, en Puisaye, pour qu'ils restent bien portants durant le cours de l'année, ont la queue coupée.

219 À la Saint-Aubin, on tond
D'ordinaire le mouton,
Mais si vous voulez m'en croire,
Tondez-le à la Saint-Grégoire.

SAINTE-CUNÉGONDE — 3 mars

220 Lorsqu'il tonne à la Sainte-Cunégonde,
Il faut encore porter des gants.

SAINTE-COLETTE — 6 mars

221 Au jour de Sainte-Colette
Commence à chanter l'alouette.

SAINTE-VÉRONIQUE 8 mars

222 À Sainte-Véronique,
Les marchands de marrons plient bou-[tique.

SAINT-GRÉGOIRE, SAINT-MARIUS 12 mars

223 À la Saint-Grégoire,
Il faut tailler la vigne pour boire.

224 À la Saint-Marius,
On voit clair à l'Angélus.

SAINTE-EUPHRASIE 13 mars

225 À la Sainte-Euphrasie,
Pointe la fraise.

15 mars

226 À la mi-mars.
Le coucou est dans l'épinard.
C'est-à-dire qu'il est caché dans les haies d'épines.

SAINTE-GERTRUDE, SAINT-PATRICE 17 mars

227 Gertrude amène les cigognes,
Barthélemy vide leur nid.
La Saint-Barthélemy se fête le 24 août.

228 Quand il fait doux à la Saint-Patrice,
De leurs trous sortent les écrevisses.

SAINT-JOSEPH 19 mars

229 Pour la Saint-Joseph, chaque oiseau
Bâtit son château.

230 Le chaud à la Saint-Joseph,
L'été sera bref.

231 Si le vent se lève le jour de la Saint-Joseph,
La mer se couvre d'écume.
C'est ce qu'on appelle la « barbe de Saint-Joseph ».

232 Qui veut bonne melonnière,
À la Saint-Joseph doit la faire.

SAINT-BENOÎT 21 mars

233 S'il pleut le jour de Saint-Benoît,
Il pleut trente-sept jours plus trois.

234 À la Saint-Benoît,
Le coucou chante dans les bons [endroits,
Ou bien il est mort de froid.
« Le coucou annonce la venue du printemps. Il arrive dans nos pays à époque fixe, variant du 21 mars au 15 avril, selon que la contrée est plus ou moins au Midi. » (Eugène Rolland, 1877).

LE PRINTEMPS 21 mars

235 Une hirondelle ne fait pas le printemps.

236 Fleurs de printemps sont fruits d'automne.

237 Jamais pluie de printemps
N'a passé pour mauvais temps.

238 Quand, au printemps, la lune est claire,
Peu de noix espère ;
Si la lune est trouble,
La noix redouble.

239 Quand le printemps tient rigueur,
L'année sera bonne aux pêcheurs.

ANNONCIATION ou VISITATION DE L'ANGE ou NOTRE-DAME DE MARS 25 mars

240 Si pour l'Annonciation la pluie est là,
Pour toutes les fêtes de la Vierge elle y [sera.

241 À l'Annonciation,
Les hirondelles viennent annoncer la [belle saison.
À la Nativité,
Elles nous quittent avec l'été.

242 S'il pleut à la Visitation,
Pluie à discrétion.

243 Avant Bonne-Dame-de-Mars,
Autant de jours les raines chantent,
Autant par après s'en repentent.
Ainsi s'exprime *Le Prévoyant Jardinier* de 1781 pour faire remarquer que, s'il fait trop beau temps en février ou en mars, il y aura une recrudescence du froid au mois d'avril. La *raine* est la grenouille ou « rainette » (latin : *rana*).
var. : Si la rano chante devant la fête de Notre-Dame de Mars,
Elle perd le chanter autant après.
(Dauphiné).

244 S'il gèle à Notre-Dame de Mars,
Chaque mois aura sa part.

SAINT-GONTRAN 28 mars

245 S'il gèle à la Saint-Gontran,
Le blé ne deviendra pas grand.

SAINT-BENJAMIN 31 mars

246 À la Saint-Benjamin,
Le mauvais temps prend fin.

AVRIL

247 Avril entrant comme un agneau
S'en retourne comme un taureau.

248 Avril le doux,
Quand il se fâche, le pis de tout.

249 Il n'est si gentil mois d'avril
Qui n'ait son manteau de grésil.

250 Il n'est point d'avril si beau
Qui n'ait de neige à son chapeau.

251 Avril,
Un de bon sur mille.

252 Le vent d'avril [*prononcé* : avri]
N'a pas d'abri.

253 Mars gris, avril pluvieux,
Font l'an fertile et plantureux.

254 Ce n'est jamais avril
Si le coucou ne l'a dit.

255 Quand avril est froid et pluvieux,
Les moissons n'en vont que mieux.

256 Avril a trente jours;
S'il pleuvait durant trente-un,
Il n'y aurait mal pour aucun.

257 Avril pluvieux mais soleilleux
Rendent le paysan orgueilleux
Et... l'usurier soucieux.

258 Avril frais et mai chaud
Remplissent les granges jusqu'en haut.

259 Avril pluvieux et mai venteux
Ne rendent pas le paysan disetteux.

260 Gelée d'avril ou de mai,
Misère nous prédit au vrai.

261 Avril et mai sont la clé
De l'année.
var. : Avril et mai, de l'année,
Font tout seuls la destinée.

262 Avril [avri]
Quelques nids.
Mai,
Ils sont tous faits.
Juin,
Ils sont bien communs.
Juillet,
Ils sont tous cueillis.

263 Les poussins du mois d'avril [avri]
Sont toujours rabougris.
var. : Les poussins du mois d'avril
Sur la gerbe font leur nid.

264 L'avoine d'avril,
C'est pour les brebis.
Elle ne poussera pas de hautes tiges et il faudra la faire manger en herbe.

265 Au mois d'avril,
Toute bête change de poil.

266 Le vin d'avril est un vin de Dieu,
Le vin de mai est un vin de laquais.

267 S'il tonne en avril,
Prépare ton baril.
var. : Tonnerre d'avril,
Apprête ton baril.
var. : Quand il tonne en avril,
Vendangeurs, apprêtez vos barils.

268 Bourgeon qui pousse en avril
Met peu de vin au baril.

269 Avril fait la fleur,
Mai en a l'honneur.

270 D'avril, les ondées,
Font les fleurs de mai.

271 Nul avril
Sans épi.

272 Au mois d'avril,
Ne quitte pas un fil;
Au mois de mai,
Va comme il te plaît.
Et encore, je ne sais.
var. : En mai,
Retire ce qui te plaît.
var. : En avril
Ne te découvre pas d'un fil
En mai
Fais ce qu'il te plaît.

273 Avril pleut aux hommes,
Mai pleut aux bêtes.
C'est-à-dire que la pluie d'avril est favorable pour les blés, celle de mai pour les fourrages.

274 Au mois d'avril,
La chèvre rit.
Parce que les buissons qu'elle aime brouter commencent à bourgeonner.

275 Entre mai et avril,
Tout oiseau fait son nid,
Hormis caille et perdrix
Et le rossignol joli.
Dans le Jura, on dit qu'à la Saint-Joseph (le 16 mars), les oiseaux se marient; ensuite, ils font leurs nids.

276 L'ouaille et l'abeille en avril ont leur deuil.
L'*ouaille* signifie la brebis.

277 Au mois d'aivri,
Le blé est en épis;
Au mois de mai,
Il est en lait;
À la Saint-Urbain,
Il fait le grain;
À la Saint-Claude,
Le froment ôte sai caule.
Caule est un bonnet en franc-comtois; c'est-à-dire que l'épi sort de sa gaine.

LES RAMEAUX

Si la date de Pâques est tardive, avril en est le mois.
Le dimanche qui le précède est le dimanche des Rameaux, dit aussi « Pâques fleuries » (on se souvient de la 9e Promenade des *Rêveries du promeneur solitaire :* en ce jour béni eut lieu la rencontre de J.-J. Rousseau avec Madame de Warens). C'est ce jour-là que le buis ou le laurier que l'on porte à bénir doit être fleuri ; aussi l'appelle-t-on parfois « jour du Buis » ou « jour du Laurier ». C'est aussi le jour du « buisage » des tombes.

278 Au dimanche des Rameaux,
Les grenouilles tournent crapauds.
Henri Pourrat donne à ce dicton l'explication suivante : « les pluies d'avril étant plus courtes, les mares sont plus en boue qu'en eau ».

279 Le vent pour les Rameaux béni,
Toute l'année souffle et s'ensuit.
var. : Vent qui souffle le jour des [Rameaux
Ne change pas de sitôt.
var. : Le vent du jour du Buis
Dure aussi longtemps que lui.
Le vent qui mène la bannière
Mène la moissonnière.
La *bannière* fait allusion aux processions auxquelles donne lieu cette fête qui précède Pâques.

280 Le propre jour des Rameaux,
Sème oignons et poreaux.

281 Le vent du jour du Buis
Dure aussi longtemps que lui.

282 S'il pleut sur le laurier,
Il pleut sur la faucille.
Si *laurier* est la métaphore de « Rameaux », *faucille* est la métaphore de « moisson ».

JEUDI SAINT

283 La gelée du Jeudi saint
Gèle le sarrasin.

VENDREDI SAINT

284 Gelée du Vendredi saint
Gèle le pain et le vin.

285 Pour que les rats ne mangent pas le raisin,
Il faut tailler la treille le Vendredi saint.
var. : Taille le Vendredi saint,
T'auras beaucoup de raisin.

286 Un œuf du Vendredi saint
Se conserve toujours sain.

287 Le Vendredi saint, sème giroflées :
Elles doubleront dans l'année.

288 Le Vendredi de la Croix,
La pie croise son nid.
Le Vendredi saint est le jour de la Crucifixion.

PÂQUES

289 Pâques, de longtemps désirées,
Sont en un jour tôt passées.

290 Pâques tôt, Pâques tard,
Un bon merle a des petits à Pâques.
Outre son allusion à la date mobile de Pâques, qui peut se situer entre le 22 mars et le 25 avril, ce dicton renseigne sur le fait que le merle niche de très bonne heure.
var. : Pâques bas, Pâques haut,
Toujours y a des marlauds.

291 Pâques, vieilles ou non vieilles,
Ne viennent jamais sans feuilles.

292 Si Pâques marsine,
Il y aura guerre ou famine.
marsine : arrive en mars.

293 Pâques en avril,
Mort à femmes et à brebis.

294 Pâques d'avril
Vaut fumier ou purin de brebis.

295 Quand Pâques est bas,
Les primeurs ne tardent pas.

296 Pâques en mars,
Tombes de toutes parts.

297 Les Pâques pluvieuses
Sont souvent fromenteuses
... Et souvent fort menteuses.
Dicton proposé par le *Calendrier des bons laboureurs pour 1618.*

298 Pâques pluvieuses,
Mains pâteuses.
Ce qui veut dire qu'il y aura abondance de blé.
var. : Pâques pluvieuses,
Femmes pâteuses.
Il faut entendre : « femmes occupées à pétrir ».

299 Pâques pluvieux,
Saint-Jean farineux.

300 À Pâques, le temps qu'il fera,
Toute l'année s'en rappellera.

301 Quand il pleut le jour de Pâques,
Il pleut pendant quarante jours.

302 Pâques commence les sucres ou bien les finit.
Dicton québécois ; le *sucre* dont il s'agit ici est le célèbre sucre d'érable.

303 Entre Pâques et la Pentecôte,
Le dessert est une croûte.
Ce qui veut dire que, entre ces deux fêtes, il n'y a encore aucun produit, fromage frais ou fruit, pouvant terminer le repas du paysan qui doit se contenter d'un « quignon » de pain.

304 Entre Pâques et Rogations,
Cinq semaines tout au long.

305 Après Pâques et Rogations,
Fi de prêtres et d'oignons!
var. : Après Pâques et Rogations,
Fi de morues et d'oignons!

Prêtres symbolise ici les offices à l'église, *morue* évoque le temps du jeûne ou, plus exactement, de l'abstinence de viande; chacun des deux termes évoque un aspect du Carême dont le dicton annonce qu'il est fini.

Selon Paul Sébillot (*Revue des traditions populaires*, n° 4, avril 1888), la tradition du 1er avril s'explique diversement; ce peut être «une allusion à la pêche qui, dans quelques pays, s'ouvre le 1er avril; comme la pêche est alors presque toujours infructueuse, ce mécompte aurait donné lieu à la coutume d'attraper les gens simples et crédules en leur offrant un appât qui leur échappe, comme le poisson en avril échappe au pêcheur. D'autres, et parmi eux Fleury de Bellingen, ont cru à une réminiscence d'un très antique usage des Hébreux, qui aurait consisté à renvoyer de l'une à l'autre une personne dont on voudrait se moquer; c'est ce qu'on fit à Jésus-Christ qui fut renvoyé d'Hérode à Pilate, de Caïphe à Anne dans les premiers jours d'avril, suivant le comput ecclésiastique. D'après ceux-là, «poisson» ne serait qu'une corruption de «passion». Beaucoup d'écrivains pensent aussi que cet usage s'introduisit vers la fin du XVIe siècle, à l'époque où l'année cessa de commencer en avril, en vertu d'une ordonnance de Charles IX, roi de France, en 1507. Par suite, les étrennes se firent au 1er jour de janvier et le 1er avril, on ne fit plus que des félicitations de plaisanterie aux personnes qui s'accommodaient avec regret du nouveau régime; on s'amusait à les mystifier par des cadeaux simulés ou par de faux messages.»

SAINT-HUGUES 1er avril

306 Premier avril, faut que pinson
Boive sur buisson.

307 Au moment où commence avril,
L'esprit doit se montrer subtil.

308 Pluie de Saint-Hugues à Sainte-Sophie
Remplit grange et fournil.

Beaucoup de pluie en avril favorise les récoltes (Sainte-Sophie se fête le 30 avril).

3 avril

309 Le 3 avril
Le coucou chante, mort ou vif.

SAINTE-PRUDENCE 6 avril

310 Au jour de la Sainte-Prudence,
S'il fait du vent, le mouton danse.

SAINTE-LÉONIDE 19 avril

311 À Sainte-Léonide,
Chaque blé pousse rapide.

SAINT-THÉODORE 20 avril

312 À Saint-Théodore,
Fleurit chaque bouton d'or.

SAINTE-OPPORTUNE 22 avril

313 Pluie le jour de Sainte-Opportune,
Ni cerises, ni prunes.

SAINT-GEORGES 23 avril

314 À la Saint-Georges,
La caille dans l'orge.

315 À la Saint-Georges,
Sème ton orge.
var. : Saint-Georges,
Il faut semer fève et orge.
var. : À la Saint-Georges,
Quitte tes avoines pour semer ton [orge.
var. (forme longue) :
Pour la Saint-Georges,
Sème ton orge.
Pour la Saint-Robert,
Qu'il soit couvert.
Mais si tu attends la Saint-Marc,
Alors il est un peu trop tard.

316 Quand il pleut le jour de Saint-Georges,
Sur cent cerises, on a quatorze.
var. : S'il pleut à la Saint-Georges,
N'y aura ni guigne, ni orge.

La *guigne* est une cerise douce à longue queue.

Autres var. : (...) ni cerise, ni gogue.

La *gogue* équivaut à la liesse, à la joie.

(...) ni cerise, ni corme.

La *corme* est le fruit du sorbier ou cormier, servant à fabriquer une boisson alcoolisée.

var. : S'il pleut le jour de Saint-Georgeau,
Pas de fruits à noyaux,
Ni guignes, ni bigarreaux.
var. : S'il pleut le jour de Saint-Georges,
Toutes les cerises lui passent par la [gorge.

317 Georget, Marquet, Phalet,
Sont trois casseurs de gobelets.
var. : Goerget, Marquet, Croiset, Urbinet,
Cassent le robinet.
var. : Geourgot, Marcot, Philippot, Crou- [sot et Jeannot
Sont cinq malins gaichenots
Que cassent souvent nos gobelots.

En patois franc-comtois, *gaichenot* signifie «garçon» et *goubalot* «verre, gobelet».

318 Georget, Marquet, Colinet,
Sont trois méchants garçonnets.

Dans le Limousin, ils sont appelés les saints chevaliers, en fonction de Saint-Georges, grand amateur de chevaux. En fait, les «chevaliers angoumois» sont au nombre de huit : Saint-Georges (Georget, 23 avril), Saint-Marc (Marquet, 25 avril), Saint-Eutrope (Tropet, 30 avril), Saint-Jacques (Jacquet, 1er mai), Sainte-Croix (Crucet, 3 mai), Saint-Jean (Joannet, 6 mai), Saint-Antoine (Tanet, 11 mai), Saint-Urbain (Robinet, 25 mai).

Le curieux est que l'exaltation de la Croix se soit personnifiée et masculinisée dans le diminutif. Quant à Saint-Urbain, qu'il se soit métamorphosé en Robinet, n'a rien d'extravagant : la date de la Saint-Urbain est déterminante pour la vigne.

319 Saint-Georges, Saint-Marc, sont réputés [saints grêleurs
Ou saints vendangeurs.

320 Georget, Marquet, Vitalet et Croiset,
S'ils sont beaux, font du vin parfait.
Saint-Vital se fête le 28 avril.

321 Entre Georges et Marquet,
En un jour, l'hiver se met.

SAINT-MARC — 25 avril

322 À la Saint-Marc, s'il tombe de l'eau,
Il n'y aura pas de fruits à couteau.
var. : Quand Saint-Marc n'est pas beau,
Pas de fruits à noyaux.

323 S'il pleut le jour de la Saint-Marc,
Les guignes couvriront le parc.

SAINT-FRÉDÉRIC — 27 avril

324 À Saint-Frédéric, tout est vert, tout est [nids,
Plantes, bêtes et puis gens, tout sourit.

SAINT-AIMÉ — 28 avril

325 À Saint-Aimé,
Point de moutons affamés.

SAINT-ROBERT — 29 avril

326 La pluie, le jour de Saint-Robert,
De bon vin remplira ton verre.

327 À la Saint-Robert,
Tout arbre est vert.

SAINT-EUTROPE — 30 avril

328 Saint-Eutrope mouillé estropie les cerises.
L'allitération fait le dicton.
« Le nom est de bonne augure, puisqu'il signifie 'qui tourne bien' ; ce sens est évidemment peu connu du peuple qui a préféré presque partout en France jouer avec 'estropier' et invoquer ce saint contre les fractures, entorses, etc. » (Arnold Van Gennep).
Le saint est, en outre, censé guérir de l'hydropisie, pour d'évidentes raisons de sonorités.

329 Sème tes haricots à la Saint-Eutrope,
Pour en avoir à trochte
Dans le patois beauceron, *à trochte* ou *ã trochtée* veut dire « à foison ».
var. : Plantez vos fèves à la Saint-Eutrope,
Vous aurez plus de fèves que de [mottes.

MAI

330 Mai
Fait ou défait.

331 Au mois de mai,
Voleurs sont nés.
Il y a déjà des choses à voler.

332 Le mois de mai de l'année
Décide la destinée.

333 Celui ne sait qu'est vendre vin,
Qui de mai n'attend la fin.

334 Mai frileux : an langoureux.
Mai fleuri : an réjoui.
Mai venteux : an douteux.

335 Mai frais et venteux
Fait l'an plantureux.

336 Plus mai est chaud,
Plus l'an vaut.
var. : Du mois de mai la chaleur,
De tout l'an fait la valeur.

337 Chaleur de mai
Verdit la haie.

338 Le froment sera mal nourri
Si mai ne voit sa fleur et son épi.

339 Quand le raisin naît
En mai,
Faut s'attendre à du mauvais.

340 Mai jardinier
Ne comble pas le grenier.

341 Mai froid n'enrichit personne,
Mais il est excellent quand il tonne.

342 Petite pluie de mai,
Tout le monde est gai.
var. : La rosée du mois de mai
Rend le cœur du laboureur gai.
Pluie de mai,
Vache à lait.
var. (forme longue) :
En mai rosée, en mars grésil,
Pluie abondante au mois d'avril,
Le laboureur est content plus
Que s'il gagnait cinq cents écus.

343 Mars aride,
Avril humide,
Mai tenant de tous deux
Présagent l'an plantureux.

344 Froid mai et chaud juin
Donnent pain et vin.
var. : Froid mai et chaud juin
Emplissent la grange jusqu'aux [coins.

345 Noces de mai
Ne vont jamais.
var. : Noces de mai, noces mortelles.
En ce mois de la Vierge, on interdisait les mariages. Et puis, « on était retenu par la crainte des naissances qui pourraient survenir neuf mois plus tard, c'est-à-dire en pleine période de Carnaval, en pleine période de folie » (Claude Gaignebet).

346 Si le dicton dit vrai,
Méchante femme s'épouse en mai.

347 Mariages de mai
Ne fleurissent jamais.

348 Mariage du mois de mai
Fleurit tard ou jamais.

349 Mai pluvieux
Marie la fille du laboureux.
var. : Mai pluvieux
Marie fille et laboureur.
En mai, il n'y a rien d'autre à faire, s'il pleut, que de festoyer. Le rythme humain doit s'accorder à celui de la nature.

350 Frais mai, épaisse tourte,
Mais peu de vin dans la coupe.

351 Au mois de mai, les essaims
Font les charrettes de foin.

352 Quand il tonne en mai,
Les vaches ont du lait.

353 Brouillard de mai, chaleur de juin,
Amènent la moisson à point.

354 Au mois de mai,
Le seigle déborde la haie.

355 En mai,
Fleurit le hêtre et chante le geai.

356 Pendant le joli mois de mai,
Couvre-toi plus que jamais.

357 Celui qui s'allège avant le mois de mai,
Certainement ne sait pas ce qu'il fait.

358 Mai, juin, juillet,
Bouche fraîche, le reste net.

1er mai

359 Quand il pleut le premier jour de mai,
Les fourrages rendent amer le lait.
var. : Quand il pleut le premier jour de [mai,
Les vaches perdent la moitié de [leur lait.

360 Quand il tonne le premier jour de mai,
Les vaches auront du bon lait.

361 Quand le premier mai la pluie oint,
Il n'y aura pas le moindre coing.
var. (forme longue) :
S'il pleut le premier mai,
Peu de coings ;
S'il pleut le deux,
Ils sont véreux ;
S'il pleut le trois,
Il n'y en a pas.

362 S'il pleut le premier jour de mai,
Les coings ne seront qu'aux haies.

363 De la pluie le premier jour de mai
Ôte aux fourrages de la qualité.

SAINTE-CROIX **3 mai**

364 À la Sainte-Croix,
On sème les pois.

365 Qui n'a pas semé à la Sainte-Croix,
Au lieu d'un grain en mettra trois.

366 Sème haricots à la Sainte-Croix :
Tu n'en auras guère que pour toi.
Sème-les à la Saint-Gengoult,
On t'en donnera beaucoup.
Sème-les à la Saint-Didier,
Pour un tu en auras un millier.

367 Lorsqu'il pleut le 3 mai,
Point de noix au noyer.
var. : Pluie de la Croix,
Disette de noix.

4 mai

368 Regarde bien, si tu me crois,
Le lendemain de Sainte-Croix
Si nous avons le temps serein.
Car on dit, comme un fait certain,
Que quand cela vient, Dieu nous donne
L'année premièrement bonne.
Mais si le temps est pluvieux,
Nous aurons l'an infructueux.

SAINT-JEAN-PORTE-LATINE ou PETITE SAINT-JEAN **6 mai**

369 S'il pleut à la petite Saint-Jean,
Toute l'année s'en ressent
Jusqu'à la grande Saint-Jean.

SAINT-ANTONIN **10 mai**

370 C'est à la Saint-Antonin
Que vend son vin le malin.
Personne ne sait encore si les saints de glace ne vont pas détruire la future récolte. Le paysan, en vendant le produit de sa vigne, avant que la récolte soit sûre, part gagnant.

SAINT-GENGOULT, SAINT-MAYEU **11 mai**

371 S'il pleut le jour de Saint-Gengoult,
Les porcs auront de glands leur saoûl.

372 S'il pleut le jour de Saint-Mayeu,
Les cerises tombent toutes par la queue.

LES SAINTS DE GLACE 11, 12, 13 mai

373 Les trois saints au sang de navet,
Pancrace, Mamert et Servais
Sont bien nommés les saints de glace,
Mamert, Servais et Pancrace.

À propos des *saints de glace*, Arnold Van Gennep fait remarquer « ce qu'il y a de curieux dans les dictons météorologiques concernant les saints de glace : on a réussi à intercaler le jour de la Sainte-Croix en l'assimilant à celui d'un saint ordinaire en le nommant 'Croiset', ou 'Crouzet' selon les dialectes ».
En effet, les dictons sont nombreux, qui vont de la Saint-Georges (23 avril) à la Saint-Urbain (25 mai), emportant dans ce sillage d'un mois tout entier des saints qui se laissent aisément faire un diminutif.

374 Quand il pleut à la Saint-Servais,
Pour le blé, signe mauvais.

SAINT-BONIFACE 14 mai

375 Au jour de Saint-Boniface,
Toute boue s'efface.

SAINTE-DENISE 15 mai

376 À la Sainte-Denise,
Le froid n'en fait plus à sa guise.

SAINT-HONORÉ 16 mai

377 À la Saint-Honoré,
S'il fait gelée,
Le vin diminue de moitié.

SAINT-PASCAL 17 mai

378 S'il tonne au jour de Saint-Pascal,
Sans grêle, ce n'est pas un mal.

SAINTE JULIETTE, SAINT FÉLIX 18 mai

379 Bon fermier, à Sainte-Juliette,
Doit vendre des poulettes.

380 À Saint-Félix,
Tous les lilas sont fleuris.

SAINTE-ÉMILIE 22 mai

381 Beau temps du jour Sainte-Émilie
Donne du fruit à la folie.

SAINT-DIDIER 23 mai

382 Saint-Didier
Ramasse tout dans son devantier.
Devantier = tablier.

383 Haricot semé à la Saint-Didier
En rapporte un demi-setier.
Un demi-setier = un quart de litre.
var. : Sème tes haricots à la Saint-Didier
Pour un, tu en auras un millier.

SAINTE-ANGÈLE 24 mai

384 Après Sainte-Angèle,
Le jardinier ne craint plus le gel.

SAINT-URBAIN 25 mai

385 Le vigneron n'est rassuré
Qu'une fois la Saint-Urbain passée.

386 À la Saint-Urbain, s'il fait beau,
Préparez vos tonneaux.

387 À la Saint-Urbain,
Ce qui est à la vigne est au vilain.
var. : À la Saint-Urbain,
Ce qui est à la vigne ne vaut rien.

388 Gelée le soir à la Saint-Urbain
Anéantit fruits, pain et vin.

389 Urbinet
Est le pire de tous quand il s'y met,
Car il casse le robinet.

390 À la Saint-Urbain,
Vends ton blé et ton vin.

391 Après la Saint-Urbain,
Plus ne gèlent vin ni pain.

392 Comme Saint-Urbain se tient,
Le temps souvent se maintient.

393 À la Saint-Urbain,
Le blé doit avoir fait son grain.

394 À la Saint-Urbain, sème ta chicorée,
Elle ne montera pas dans l'année.

SAINT-PHILIPPE 26 mai

395 Quand il pleut le jour de la Saint-[Philippe,
Il ne faut ni tonneau, ni pipe.
La *pipe* est une ancienne mesure de capacité pour les liquides.
var. : Saint-Philippe mouillée,
Ni tonneau, ni pipée.

396 Quand il pleut à la Saint-Philippe,
Le pauvre n'a pas besoin du riche.

SAINT-ILDEVERT 27 mai

397 À Saint-Ildevert
Est mort tout arbre qui n'est point vert.

SAINT-GÉRARD 29 mai

398 À Saint-Gérard,
La récolte est encore au hasard.

SAINTE-PÉTRONILLE **31 mai**

399 S'il pleut à la Sainte-Pétronille,
Pendant quarante jours, elle trempe ses [guenilles.
var. : S'il pleut le jour de Sainte-Pétronille,
Elle met quarante jours à sécher [ses guenilles.
var. : (...)
Le blé diminue jusqu'à la faucille.

400 Eau de Sainte-Pétronille
Change raisins en grappilles.
var. : S'il pleut à la Sainte-Pétronille,
Les raisins deviennent grappilles
Ou tombent en guenilles.

401 Quand mouille Pétronille
Sa jupe au long du jour,
Elle est quarante jours
À sécher ses guenilles.

ROGATIONS

Les Rogations sont les trois jours qui précèdent l'Ascension; cette période s'appelle aussi «Semaine blanche» ou «Carême du loup».

402 Si vous semez fèves aux Rogations,
Soyez certains qu'elles rouilleront.
var. : Fèves semées en Rogations
Rouilleront.

403 Ceux qui sèment le chanvre aux Roga- [tions
Le tirent à croupetons.
Semé trop tard, il est tout petit et il faut s'agenouiller pour l'arracher.

404 Haricots de Rogations
Rendent à foison.

405 Belles Rogations,
Belles moissons.

406 S'il pleut aux Rogations :
Le 1er jour, il pleuvra pendant la fenai- [son.
Le 2e jour, il pleuvra pendant la mois- [son.
Le 3e jour, il pleuvra pendant la ven- [daison.

ASCENSION

407 Quand il pleut le jour de l'Ascension,
Les cerises s'en vont en procession.
Dicton à la fois malicieux et poétique, qui anime les fruits, intégrés eux aussi dans les rites (la procession).

408 À l'Ascension,
Les cerises sur le pont.
Il s'agit du pont qui joint Battant à Besançon, où l'on apporte au marché les cerises que la région produit en abondance.

409 Quand il pleut à l'Ascension,
Les blés dépérissent jusqu'à la moisson.

410 À l'Ascension,
La fille vaut le garçon;
À la Pentecôte,
Elle en vaut une côte;
Au Sacre,
Qu'une patte.

411 S'il pleut à l'Ascension,
Tout va en perdition.
var. : S'il pleut le jour de l'Ascension,
C'est comme du poison.

412 L'eau de l'Ascension
Amène le bangon.
Le *bangon :* c'est de cette maladie de gorge que périssent les moutons mouillés le jour de l'Ascension (Eugène Rolland, 1877).

413 À l'Ascension
Le dernier frisson.

414 À l'Ascension
La belle sur le jonc,
La laide sur le tronc.

415 Laver la lessive la semaine de l'Ascen- [sion
Tire la bière du maître de la maison.
var. : Lessive aux Rogations,
Cercueil à la moisson.
var. : Celui qui fait la bue aux Rogations
Sera au lit pour les moissons.
var. : Qui coule du linge aux Rogations
Veut faire mourir son patron.

416 Entre l'Ascension et la Pentecôte, si on [tond les moutons,
Il sort un corps de la maison.

417 Il ne faut pas couper le chardon
Le jour de l'Ascension :
Il en viendrait dix sur un même tronc.
Le jour de l'Ascension est soumis à plusieurs interdictions d'ordre ménager ou agricole.

418 À l'Ascension,
On quitte le veau pour le mouton.
var. : À l'Ascension,
Blanche nappe et gras mouton.
Interdits d'ordre alimentaire.

419 À l'Ascension,
La caillebotte au poêlon.
Arnold Van Gennep précise que, dans le bocage vendéen, il fallait manger, la veille de la fête, du lait caillé dans lequel on avait fait tremper de la graine de chardon cultivé. On le coupait en croix et on l'arrosait de lait frais, puis on sucrait; ce mets était nommé «caillibottes». Dans l'Angoumois, on lui attribuait une vertu magique.

420 À l'Ascension,
Quitte ton cotillon.
C'est-à-dire qu'il ne convient plus de rechercher la compagnie des femmes, pour mieux se consacrer aux travaux que vont exiger les champs.

var. (forme longue) :
À l'Ascension
Quitte tes cotillons.
À la Pentecôte
Découvre tes côtes.
À la Fête-Dieu,
Quitte tout, si tu veux.

LA PENTECÔTE

C'est le 7e dimanche après Pâques.

421 Dieu nous garde des chaleurs de la Pentecôte
Et des rosées de la Saint-Jean.

422 À la Pentecôte,
On voit tailler la vigne de côte en côte.

423 À la Pentecôte, roses vont,
À la Saint-Jean, s'en vont.

424 La Pentecôte
Donne les foins ou les ôte.

425 Pentecôte fraises rouges
Ou le laboureur s'étonne.

426 À la Pentecôte,
Fraises on goûte.
À la Trinité,
Fraises au panier.
C'est, dit-on, à la Penthecouste,
Que qui trop mange cher luy couste.
G. Meurier, 1617.

427 De Pentecôte à la Fête-Dieu,
Un jeudi au milieu.

LA TRINITÉ

C'est le premier dimanche après la Pentecôte.

428 S'il pleut pour la Trinité,
Le blé diminue de moitié.

429 S'il pleut le jour de la Trinité,
Il pleut tous les jours de l'année.

JUIN

430 Juin froid et pluvieux,
Tout l'an sera grincheux.

431 La pluie de juin
Fait belle avoine et maigre foin.

432 En juin, juillet et août,
Ni femme, ni choux.
L'explication en est qu'en ces mois de récoltes, le paysan a besoin de toutes ses énergies ; il ne doit les dépenser, ni en mangeant du chou – considéré comme très indigeste –, ni auprès des dames. La femme est ici objet de consommation dommageable pour la santé, donc deux fois dépréciée.

433 Si juin fait la quantité,
Septembre fait la qualité.

434 En juin la pluie est loin,
Et, s'il pleut, chaque goutte est comme le poing.

435 Juin larmoyeux
Rend le laboureur joyeux.

436 Eau de juin
Ruine le moulin.

437 Un pré est vaurien
Quand en juin
Il ne donne rien.

438 Qui en juin se porte bien,
Au temps chaud ne craindra rien.
Le paysan craignait ce qu'on appelait « les Canicules », à savoir les trois derniers jours de juillet. Aussi, pour les supporter, fallait-il être en bonne santé, et sur le pied de guerre dès le mois les précédant.

439 Entre juin et juillet
Le coucou devient émouchet.
« Cet oiseau subit une métamorphose à laquelle on croit encore dans beaucoup de campagnes. Comme il ressemble par son plumage à différents oiseaux de proie qui sont à peu près de la même grosseur que lui, on s'est figuré qu'à une certaine époque, lorsqu'il cesse de chanter, il devenait oiseau de proie. Il reprend sa forme première au printemps et revient dans nos contrées sur le dos du milan » (Paul Sébillot).

440 En juin, brume obscure,
Trois jours seulement dure.

441 En juin, la pluie qui vient d'amont
Trempe la terre jusqu'au fond.

442 En juin, c'est la saison
De tondre brebis et moutons.

443 Qui pêche en juin
Pêche fretin.

444 Juin bien fleuri,
Vrai paradis.

LA FÊTE-DIEU

Cette fête se célèbre le 2e jeudi après la Pentecôte ; elle est donc également liée à la date de Pâques, et se situe généralement en juin.

445 Pavillée mouillée,
Fenaison manquée.
En certaines régions, les reposoirs qui sont édifiés sur le parcours du Saint-Sacrement le jour de la procession de la Fête-Dieu, se nomment des « pavillées ».

446 S'il pleut sur la chapelle,
Il pleut sur la javelle.

447 À la Saint-Sacrement,
L'épi est au froment.

448 Tel sacre,
Tel battre.

SAINT-MARCELLIN **2 juin**

449 Saint-Marcellin,
Bon pour l'eau, bon pour le vin.

SAINT-NORBERT **6 juin**

450 Les bains que prend Saint-Norbert
Inondent toute la terre.

SAINT-MÉDARD **8 juin**

451 Saint-Médard éclairci
Fait le grenier farci.

452 Saint-Médard
Est le meilleur jour de l'année pour semer le blé noir.

453 S'il pleut le jour de Saint-Médard,
Si t'as pas de vin, t'auras du lard.

454 Quand Saint-Médard ouvre les yeux,
Écoute voir s'il pleut.

455 S'il pleut à la Saint-Médard,
Il pleut quarante jours plus tard.
var. : S'il pleut à la Saint-Médard,
C'est du beau temps pour les [canards.
var. : Pluie de Saint-Médard,
Quarante jours bousards.

456 S'il pleut à la Saint-Médard,
Le tiers des biens est au hasard.

457 S'il pleut à la Saint-Médard,
La récolte diminue d'un quart.

458 Saint-Médard,
Grand pissard,
Fait boire le pauvre homme comme le [richard.

«Ce dicton reste toujours très vivant, bien que sa date de création soit antérieure à 1582, année de la réforme grégorienne du calendrier. À cette époque-là, la Saint-Médard venait le 20 juin, la veille du solstice, au lieu du 8, chaque saint avançant de douze places sur le calendrier, ce qui représentait les douze jours de décalage avec le calendrier julien. Or, le 20 juin, veille du solstice d'été, est l'un des jours où la lumière solaire est la plus vivifiante, en une époque où les influences astronomiques peuvent amener des troubles atmosphériques se traduisant par des orages ou de la pluie. S'il fait beau ce jour-là ou s'il pleut, les conditions de la saison s'en ressentiront sûrement. Dans ces conditions, la pluie du 8 juin n'aurait plus l'importance que les adages populaires semblent lui prêter. On s'en rendit compte dès l'adoption du calendricr grégorien et l'on créa alors la restriction de Saint-Barnabé, puis enfin celle de Saint-Gervais, dont la fête tombe à un jour près à la même date que Saint-Médard du temps du calendrier julien.» (G. Bidault de l'Isle).

459 S'il pleut le jour de Saint-Médard,
Il pleut quarante jours plus tard.
Mais vient le bon Saint-Barnabé
Qui peut encore tout raccommoder.
var. S'il pleut pour la Saint-Médard,
Il pleut quarante jours plus tard.
À moins que Saint-Barnabé
Ne vienne l'arrêter.
var. : S'il pleut pour la Saint-Médard,
L'été sera bâtard.
À moins que Saint-Barnabé
Qui vient par derrière, lui coupe le [pied.

Les variantes portent principalement sur le dernier vers :
(...)
vienne lui casser le nez.
(...)
n'y vienne mettre le nez.
(...)
ne lui coupe l'herbe sous le pied.
(...)
ne lui tape sur le bé [bec].

var. : Saint-Médard s'est mis à pisser...
Saint-Barnabé y a coupé.

460 Si Médard et Barnabé, comme toujours,
S'entendaient pour te jouer des tours,
Tu auras encore Saint-Gervais
Que le beau temps va [*ou* peut] rame- [ner.

var. (forme longue) :
Quand il pleut à la Saint-Médard,
Il pleut quarante jours plus tard.
À moins quo Saint-Barnabé
Remette le pain dans la maie.
Et s'il pleut à Saint-Barnabé,
Ça repousse jusqu'à la Saint-Gervais
Qui ferme le robinet.

SAINT-BARNABÉ **11 juin**

461 Le plus grand jour de l'été,
C'est le jour de Saint-Barnabé.
À la Saint-Barnabé,
On sème le navet.

462 Au temps de la Saint-Barnabé,
La gerbe retourne à l'abbé.

463 À Saint-Barnabé,
Canards potelés.

464 À la Saint-Barnabé,
Fauche ton pré.
var. : À la Saint-Barnabé,
La faux au pré.

465 Pour la Saint-Barnabé,
Le soleil rayonne au fond du piché.

Le «piché» est une mesure locale (région d'Agen) de deux litres.

466 Quand il pleut à la Saint-Barnabé,
Il y a de l'avoine partout où on a semé.

467 Blé fleuri à la Saint-Barnabé
Donne abondance et qualité.

468 À la Saint-Barnabé,
Le taon passe le Vé.

Ce dicton est localisé en Normandie. L'anse des Vés est sur la limite d'Isigny. C'est effectivement à cette époque que les taons commencent à tourmenter les mouches.

SAINT-BASILIDE **12 juin**

469 Qui naît à la Saint-Basilide
Ne sera jamais invalide.

SAINT-ANTOINE **13 juin**

470 Saint-Antoine ouvre le derrière des poules.
Elles commencent à pondre.

SAINT-MODESTE **15 juin**

471 À la Saint-Modeste,
Repique tes choux, s'il t'en reste.

SAINT-CYR, SAINT-FARGEAU, SAINT-AURÉLIEN **16 juin**

472 À la Saint-Barnabé apôtre,
Tous les biens sont nôtres
À moins que Saint-Cyr ne les ôte.

473 S'il pleut le jour de Saint-Cyr,
Le vin diminue jusqu'à la tire.
« On sait que lorsqu'il pleut à cette époque où la vigne est en fleur, cette fleur pourrit et tombe ; c'est ce que les vignerons appellent 'couler' » (E. Bidault de l'Isle).

474 Si le jour de Saint-Fargeau,
La lune se fait dans l'eau,
Le reste du mois est beau.

SAINT-FLORENTIN **18 juin**

475 Beau temps à la Saint-Florentin
Assure belle récolte pour certain.

SAINT-GERVAIS **19 juin**

476 Quand il pleut à la Saint-Gervais,
Il pleut quarante jours après.

477 S'il pleut à la Saint-Gervais,
Pour les blés, c'est signe mauvais.

SAINT-SYLVÈRE **20 juin**

478 Pluie d'orage à la Saint-Sylvère,
C'est beaucoup de vin dans le verre.

SAINT-LEUFROY **21 juin**

479 S'il pleut le jour de Saint-Leufroy,
Foin dans le pré n'est pas à toi ;
Car, si l'eau commence au matin,
En voilà pour trois jours sans fin.

480 Les récoltes auront trop froid
S'il fait du vent à Saint-Leufroy.

ÉTÉ **21 juin**

481 Été bien doux,
Hiver en courroux.

482 L'été,
La nonne l'enflamme,
Le moine l'éteint.
Il faut comprendre : *la nonne :* sainte Claire (12 août) ; *le moine :* saint Bernard (20 août). Ce dicton est intéressant, parce qu'il est à la limite de la devinette.

483 D'été bien chaud vient un automne
Pendant lequel souvent il tonne.

484 Été brûlant
Fait lourd froment.

485 Celui qui néglige trop ses prés en été,
De l'hiver la moitié ne pourra passer.

486 Labour d'été vaut fumier.

487 Quand en hiver est été
Et en été hivernée,
Jamais n'est bonne année.

SAINT-JEAN **24 juin**

488 Jean et Jean
Partagent l'an.
Si la Saint-Jean Baptiste se fête le 24 juin, la Saint-Jean l'évangéliste se célèbre le 27 décembre.

489 À la Saint-Jean,
Les feux sont grands.
Sont grands, tant les feux du soleil (c'est le solstice d'été) que ceux allumés par tradition.

490 À la Saint-Jean,
Les jours les plus grands.

491 La nuit de Saint-Jean
Est la plus courte de l'an.

492 Si Saint-Jean manque sa ventée,
Celle de Saint-Pierre ne sera pas volée.

493 S'il pleut à la Saint-Jean,
Il fera beau à la Saint-Pierre.
var. : Saint-Jean doit une averse,
S'il ne la paie, Saint-Pierre la verse.

494 Prends tes habits légers le 24 juin
Et reprends ceux d'hiver le lendemain.

495 L'eau de la Saint-Jean ôte le vin
Et ne donne pas de pain.
var. (forme longue) :
Beau temps
Trois jours durant
Avant la Saint-Jean,
Bon grain pour l'an.

496 La pluie de Saint-Jean
Emporte la noix et le gland.

497 Du jour Saint-Jean, la pluie
Fait la noisette pourrie.
var. : S'il pleut à la Saint-Jean d'été,
Pas de noisettes au coudrier.
var. : Si Saint-Jean fait la pissette,
Aux coudriers, pas de noisettes.
var. : Pluie de la Saint-Jean
Enlève noisettes et glands.

498 S'il pleut à la Saint-Jean,
Le blé dégénère souvent.
var. : (...) L'orge s'en va dépérissant.

499 Avant la Saint-Jean, pluie bénite;
Après la Saint-Jean, pluie maudite.

500 Quand Saint-Jean blanchit la mousse,
Saint-Sylvestre n'a rien dans sa bourse.

501 Si Saint-Jean
Trouve poule couvant,
Il y aura mort de bêtes ou de gens.
var. : Saint-Jean rencontrant
Poule couvant,
Leur tortille le cou en passant
Ou meurent dans l'année bêtes et [gens.

Dans le Loiret, les ménagères se lèvent pour ôter les couveuses de dessus leur nid au moment où va, de minuit, sonner le premier coup, tant elles redoutent ce dicton.

502 Autant de jours le lis fleurit avant la Saint-Jean,
Autant de jours on vendangera avant la Saint-Michel.

503 Si le lis a fleuri pour la Saint-Jean,
J'aurai vendangé pour la Saint-Cénan;
S'il a fleuri pour la Fête-Dieu,
J'aurai vendangé pour la Saint-Mathieu.

Saint Cénan se fête le 27 septembre et saint Mathieu le 21 septembre.

504 Un berger qui vaut quelque argent
N'est plus à louer à la Saint-Jean.

Ce jour-là, se fait la louée des domestiques de ferme pour la durée d'une année; c'est ce qu'on appelle «la *louée* de la Saint-Jean».

505 À la Saint-Jean,
Le rossignol perd son chant.

«On en dit autant du coucou. Aux veillées d'hiver on en contait jadis la raison : il advint qu'un jour, pressé par le temps, un brave paysan avait dû louer le coucou pour l'aider à rentrer sa moisson. Mais l'été est chaud, la terre est brûlante et les récoltes sont lourdes à mettre en gerbe. Harassé du dur labeur sous un soleil de plomb fondu, le coucou jura de ne plus s'y laisser prendre. Aussi s'abstient-il prudemment d'élever la voix dès que vient la moisson.» (G. Bidault de l'Isle).

var. : (...) Tout oiseau perd son chant.

506 À la Saint-Jean,
L'oiseau sur le gant.

L'oiseau est le faucon. L'image semble tout droit sortie d'une enluminure.

507 Après la Saint-Jean, si le coucou [chante,
L'année sera rude et méchante.

508 À la Saint-Jean,
Perdreaux volants.

509 Pour les prunes, à la Saint-Jean,
Qu'on en voie une, on en voit cent!
var. : À la Saint-Jean,
Qui voit une pomme en voit cent.

510 À la Saint-Jean
Les groseilles vont rougissant.

511 Pour avoir une bonne vinée,
Il faut que Saint-Jean soit secouée.

512 À la Saint-Jean,
Le raisin pend.
var. : À la Saint-Jean,
Raisins pendants.
var. : Saint-Jean,
Verjus pendant,
Argent comptant.

513 La Saint-Jean à regret voit
Qui corvée ou argent doit.

514 De Saint-Jean à Saint-Pierre,
La semaine des haricots.

515 Les herbes de Saint-Jean
Gardent leurs vertus tout l'an.

En effet, les herbes de la Saint-Jean bénéficient de la double influence du soleil et de la lune. Le millepertuis, l'héliotrope, la camomille, sont consacrés au soleil; l'armoise, la sauge, le lierre terrestre, sont consacrés à la lune. Au début du siècle, les messagers qui vont de village en village, la hotte au dos, par les Ardennes, sont souvent encore porteurs de la «jarretière du voyageur», c'est-à-dire d'une jarretière en peau de lièvre dans laquelle on a introduit un brin d'armoise séchée, cueilli la nuit de la Saint-Jean, à la clarté de la lune.

SAINT-PIERRE et PAUL — 29 juin

516 S'il pleut à la veille Saint-Pierre,
La vigne est réduite au tiers.

517 Saint-Paul et Pierre pluvieux,
Est pour trente jours dangereux.

518 Saint-Pierre et Paul
Lavent la place à Saint-Martial.

Saint Martial est fêté le 1er juillet.

519 De Saint-Paul, la claire journée,
Annonce une bonne année;
S'il fait vent, aurons la guerre;
S'il neige ou pleut de l'eau, tout sera [cher;
Si on a un bien épais brouillard,
Mortalité de toutes parts.

SAINT-THIBAUT **30 juin**

520 À la Saint-Thibaut,
Sème tes raves, arrache tes aux.

JUILLET

521 Juillet ensoleillé
Remplit cave et grenier.

522 S'il fait beau en juillet, bonne récolte ;
S'il pleut, moisson molle.

523 Juillet sans orage,
Famine au village.

524 Qui veut bon navet,
Le sème en juillet.
var. : Pour avoir beau navet,
Juillet doit le trouver fait.

525 Au mois de juillet,
Bouche noire, gosier sec.
C'est-à-dire que, les années où les mûres sont arrivées à maturation en juillet, la vendange sera mauvaise.

526 Pluie du matin,
En juillet, est bonne au vin.

527 En juillet, mois d'abondance,
Le pauvre a toujours sa pitance.

528 Entre juillet et août,
Le boire est de bon goût.

529 Qu'on soit fumiste ou dramaturge,
En juillet il faut qu'on se purge.

530 Au mois de juin et de juillet,
Qui se marie, fort peu fait.

531 Les abeilles, en juillet,
Ne valent grain do millot.

SAINT-THIERRY, SAINT-MARTIAL **1er juillet**

532 À la Saint-Thierry,
Aux champs jour et nuit.

533 À Saint-Martial,
Point de charcuterie à l'ail.

LA VISITATION **2 juillet**

534 S'il pleut à la visitation,
Pluie à discrétion.
var. : S'il pleut à la Visitation,
Pluie de Saint-Médard continuation.

SAINT-ANATOLE **3 juillet**

535 Soleil du jour Saint-Anatole
Pour la moisson joue un grand rôle.

536 À Saint-Anatole,
Confitures dans la casserole !

SAINTE-BERTHE, SAINT-RACHET **4 juillet**

537 Pour la Sainte-Berthe
Se cueille l'amande verte ;
Si elle n'est pleine que de lait,
Il faut laisser mûrir le blé.

538 À Sainte-Berthe,
Moisson ouverte.

539 Quand il pleut à la Saint-Rachet,
Pu tu vas aux vignes et moins y est.
Ce saint mystérieux ne serait autre que Saint-Martin-le-Bouillant, un petit Saint-Martin d'été, « rachet », malingre, rachitique.

SAINTE-VIRGINIE **8 juillet**

540 À Sainte-Virginie,
La récolte des fraises est finie.

SAINTE-AMALBERGE, SAINTE-FÉLICITÉ **10 juillet**

541 Le jour de la Sainte-Amalberge
Se voit venir avec gaieté,
Car on l'a toujours remarqué,
C'est le plus beau jour de l'été.
Cette sainte peu connue vient de Belgique.

542 À Sainte-Félicité,
C'est le plein cœur de l'été.

SAINT-SAVIN **12 juillet**

543 Rosée du jour de Saint-Savin
Est, dit-on, rosée de vin.

SAINT-EUGÈNE, SAINT-HIPPOLYTE **13 juillet**

544 Pluie au jour de Saint-Eugène
Met le travailleur à la gêne.
Mais si le soleil pompe l'eau,
C'est signe de huit jours de beau.

545 C'est vers la Saint-Hippolyte
Que le raisin change au plus vite.

SAINT-HENRI **15 juillet**

546 Quand reviendra la Saint-Henri,
Tu planteras ton céleri.

547 À Saint-Henri, suée,
Mauvaise moissonnée.

SAINT-VINCENT **19 juillet**

Le 22 janvier, nous avons déjà rencontré une « Saint-Vincent » ; c'était la fête du diacre Vincent, martyrisé au début du IVe s., qui est considéré comme le patron des vignerons. Ici, on célèbre un autre saint du même nom : Vincent de Paul (1576-1660; ces dates permettent de penser que ce dicton est relativement récent). Seul le contenu des dictons permet de décider s'il s'agit d'un saint de l'hiver ou de l'été.

548 À la fête de Saint-Vincent,
Le vin monte dans le sarment;
Août mûrit, septembre vendange,
En ces deux mois, tout bien s'arrange;
Puis, plus tard, à la Saint-Martin,
Tout le moût est devenu vin.

Sous cette forme, le dicton a passé le cap de la poésie ou, plutôt, de la narration. Fabriquée de morceaux, l'histoire aurait tout aussi bien pu prendre des allures plus laconiques et demeurer au stade du dicton. Une série de ce genre semble être issue, soit d'un poème, soit d'un traité d'agriculture. La *Saint-Martin* se fête le 11 novembre. Sur le même thème que le présent dicton, voir en particulier les n°s 758 à 762.

C'est, manifestement, à la suite d'un jeu de mots sur son nom que saint Vincent, diacre, est considéré comme le patron des vignerons.

SAINTE-MARGUERITE 20 juillet

549 À la Sainte-Marguerite,
Forte pluie est maudite.

550 S'il pleut à la Sainte-Marguerite,
Les noix seront gâtées bien vite.

551 Du tonnerre à la Sainte-Marguerite
Le fermier se console vite;
Il n'est jamais assez mouillé
Pour que le blé ne soit rouillé.

552 À la Sainte-Marguerite, pluie
Jamais au paysan ne sourit.
Mais pluie à Sainte-Anne,
Pour lui c'est de la manne.

SAINT-VICTOR 21 juillet

553 Quand il pleut le jour de Saint-Victor,
La récolte n'est pas d'or.

SAINTE-MADELEINE 22 juillet

554 Pour Vendée, pour Aunis, juillet mourant, bourrasques certaines;
On les dit : de Marie-Madeleine.

555 À la Sainte-Madeleine, il pleut souvent,
Car elle vit son Maître en pleurant.

Ce dicton évoque les larmes versées par Marie-Madeleine repentante, lorsqu'elle pleura devant Jésus. La plupart des dictons du 22 juillet jouent sur cette allusion.

556 Sainte-Madeleine,
La pluie mène.

557 S'il pleut à la Sainte-Madeleine,
Il pleut durant six semaines.
var. : S'il pleut pour la Madeleine,
Il faut six semaines pour calmer sa [peine.

On dit : « pleurer comme une Madeleine ».

558 À la Madeleine,
Les noix sont pleines.
À la Saint-Laurent,
Mets le couteau dedans.
var. : (...) Attends Saint-Laurent
Pour fouiller dedans.

559 Pour la Sainte-Madeleine,
La noisette pleine,
Le raisin coloré,
Le blé fermé.

560 À la Sainte-Madeleine,
L'amande est pleine,
Le raisin change,
La figue mûre,
Le blé dedans.

SAINT-JACQUES 25 juillet

561 Si Saint-Jacques est serein,
L'hiver sera dur et chagrin.

562 Saint-Jacques pluvieux,
Les glands malheureux.

563 De glands sera votre porc dépouillé
Si, la Saint-Jacques, votre toit est [mouillé.
var. : Si à la Saint-Jacques votre toit [est mouillé,
De glands sera le porc privé.

SAINTE-ANNE 26 juillet

564 De Sainte-Anne à Saint-Laurent,
Plante des raves en tout temps.

565 Pour Sainte-Anne, pluie,
L'eau est une manne.

566 S'il pleut pour la Sainte-Anne,
Il pleut un mois et une semane [semaine].

On aura deviné qu'en certains patois, semaine se prononce *semane.*

567 Sainte-Anne
Renverse la channe.

La *channe* est un mot de Suisse romande qui est l'équivalent de « pot ».

LES SEPT DORMANTS 27 juillet

568 Les Sept Dormants
Redressent le temps.

SAINT-SAMSON 28 juillet

569 Si le jour de Saint-Samson
Le pinson est au buisson,
Tu peux, bon vigneron,
Défoncer ton poinçon.

SAINTE-MARTHE **29 juillet**

570 Mauvais temps le jour de Sainte-[Marthe
N'est rien, car il faut qu'il parte.

SAINT-GERMAIN **31 juillet**

571 Pourvu qu'à la Saint-Germain,
Le Bon Dieu ne soit pas parrain!
Ce qui signifie joliment : pourvu que le Bon Dieu n'offre pas des dragées sous forme de grêle.

572 Chaleur du jour de Saint-Germain
Met à tous le pain dans la main.

573 S'il pleut à la Saint-Germain,
C'est comme s'il pleuvait du vin.

AOÛT

574 Temps trop beau en août
Annonce hiver en courroux.

575 Quand il pleut en août,
Il pleut miel et bon moût.
var. : Mois d'août pleureux
Rend le cep vineux.

576 Jamais d'août la sécheresse
N'amènera la richesse.

577 Pluie d'août fait truffes et marrons.
var. : Quand il pleut au mois d'août,
Les truffes sont au bout.
Dicton périgourdin.

578 Soleil rouge en août,
C'est de la pluie partout.
var. (forme longue) :
En août, le soleil se levant comme un [rouge miroir
Annonce de l'eau pour le soir.
Mais s'il est rouge le soir,
D'un beau jour pour demain il nous [donne l'espoir.

579 Dieu nous garde des fanges d'août
Et des poussières de mai surtout!

580 Chaleur d'août,
C'est du bien partout.

581 Au mois d'août,
Il fait bon aller chercher salade et ciboule.

582 Le mois d'août
N'a jamais fait grossir le Doubs.

583 C'est le mois d'août
Qui donne bon goût.

584 Quand le mois d'août a été « mouilleux »,
On a un gros printemps.
Ce dicton, comme le suivant, concerne les érables et la récolte des sucres au Québec.

585 Quand le mois d'août a été sec,
On a un petit printemps.
On dit, en effet, que c'est au mois d'août que les érables font leur réserve de sève.

586 Les poulets du mois d'août
N'ont jamais le derrière clos.
Les poulettes nées au mois d'août sont de bonnes pondeuses.

587 Les nuits d'août
Trompent les sages et les fous.
... parce qu'il y a de brusques orages.

588 Tonnerre d'août,
Belle vendange et bon moût.

589 S'il tonne en août,
Grande prospérité partout,
Mais des maladies beaucoup.

590 Au mois d'août,
Le vent est fou.

591 Ce que le mois d'août ne mûrira pas,
Ce n'est pas septembre qui le fera.

592 Août mûrit les fruits,
Septembre les cueille.

593 Août mûrit, septembre vendange;
En ces deux mois, tout bien s'arrange.

594 Août pluvieux,
Cellier vineux.

595 En août,
Les gélines sont sourdes.
Car les poules ne font pas, ce mois-là, entendre leur caquetage.

596 En août et en vendanges,
Il n'y a ni fêtes, ni dimanches.

597 Au mois d'août,
Femmes, retirez-vous!

598 En août, quiconque dormira
Sur midi, s'en repentira.
var. : Au soleil, qui s'endormira,
En août s'en repentira.
var. : Soit dans un pré, soit au soleil,
Est nuisible en août le sommeil.
var. : Quand même la couche serait à [ton goût,
Ne dors pas sous le soleil d'août.

599 Quiconque se marie en août,
Souvent n'amasse rien du tout.

600 Il faut cueillir les choux
L'un des trois premiers jours d'août.

601 Tels les trois premiers jours d'août,
Tel le temps de l'automne.

SAINT-PIERRE-ÈS-LIENS **1er août**

602 S'il pleut à la Saint-Pierre-ès-Liens,
Les noisettes ne vaudront rien.

603 Lorsqu'il pleut au 1er août,
Les noisettes sont piquées de poux.

SAINT-DOMINIQUE **4 août**

604 À la Saint-Dominique,
Te plains pas si le soleil pique.

SAINT-LAURENT **10 août**

605 Saint-Laurent
Partage l'été par le milieu.

606 Pour Saint-Laurent,
Tout fruit est bon pour les dents.

607 À la fête de Saint-Laurent,
Si noix est, regardez dedans.

608 À la Saint-Laurent,
La noisette craque sous la dent.

609 À Saint-Laurent,
Betterave profite amplement.

610 À la Saint-Laurent,
La faucille au froment.

611 S'il pleut à la Saint-Laurent,
La pluie est encore à temps.

612 De Saint-Laurent à Notre-Dame,
La pluie n'afflige pas l'âme.

613 Froidure à la Saint-Laurent,
Froidure à la Saint-Vincent.

SAINTE-SUZETTE **11 août**

614 À la Sainte-Suzette,
Veau bien venu qui tète.

SAINTE-CLAIRE **12 août**

615 Si, le jour de Sainte-Claire,
La journée est chaude et claire,
Comptez sur les fruits à couteau,
À coup sûr ils seront beaux.

SAINTE-RADEGONDE **13 août**

616 S'il pleut le jour de Sainte-Radegonde,
Misère abonde sur le monde.

SAINTE-EUSÈBE **14 août**

617 À la Saint-Eusèbe,
Au plus tard, fais battre la gerbe.

618 À la Saint-Eusèbe,
Ponte de poule est faible.

mi-août

619 À la mi-août,
L'hiver est au bout.
var. : À la mi-août,
L'hiver se noue.

620 À la mi-août,
Les noix ont le ventre roux.

621 Au 15 août, le coucou perd son chant ;
C'est la caille qui le reprend.

L'ASSOMPTION **15 août**

622 La Vierge du 15 août
Arrange ou défait tout.

623 S'il pleut pour l'Assomption,
Tout va en perdition.

624 Quand il pleut le jour de l'Assomption
Il pleut jusqu'à la Nativité.
C'est-à-dire jusqu'au 8 septembre (Nativité de la Vierge).

625 Pluie de l'Assomption,
Huit jours de mouillon.

626 À la Dame d'août,
Le dormeur dort son saoûl.

LES DEUX NOTRE-DAME

Période qui va du *15 août* (Assomption) au *8 septembre* (jour de la Nativité de la Vierge).

627 Les œufs pondus entre les deux Notre-Dame
Se gardent plus longtemps que les autres.
var. : Les œufs pondus entre les deux [Notre-Dame
Ne se gâtent jamais.
On rencontre la même croyance pour les œufs de la Pentecôte et pour ceux du Vendredi saint; Déjeuner avec deux œufs pondus le Vendredi saint préserve de la fièvre ; jeté dans un incendie allumé par la foudre, l'œuf pondu entre les deux Notre-Dame l'éteint aussitôt.

628 Pluie entre Notre-Dame
Fait tout vin ou tout châtaigne.

629 Entre les deux Notre-Dame,
Jamais serpent n'a osé se montrer.

SAINT-ROCH **16 août**

630 Après Saint-Roch,
Aiguise ton soc !
C'est, en effet, le moment de commencer les labours pour les semailles d'automne.

SAINTE-HÉLÈNE — 18 août

631 Vigneron qui prie Sainte-Hélène
Ne perd pas sa peine.

632 À la Sainte-Hélène,
La noix est pleine
Et le cerneau
Se met dans l'eau.

SAINT-BERNARD — 20 août

633 Quand arrive la Saint-Bernard,
Si tu n'es pas en retard,
Ton blé n'est plus sous le hangar
Et le moissonneur a sa part.

SAINT-BARTHÉLEMY — 24 août

634 Saint-Barthélemy, paye qui doit.
«À cette époque, le blé est engrangé, et on peut le vendre pour payer ses dettes. Voilà pourquoi les échéances étaient jadis fixées à la Saint-Barthélemy» (Jean-François Bladé).

635 Pluie à la Saint-Barthélemy,
Chacun en fait fi.
var. (forme longue) :
S'il pleut pour Saint-Laurent,
La pluie est bien à temps.
À Notre-Dame même,
Chacun encore l'aime.
Mais à la Saint-Barthélemy,
Tout le monde en fait fi.

636 À la Saint-Barthélemy : la perche au [noyer,
Le trident au fumier.

637 Cigognes à la Saint-Barthélemy,
Un doux hiver nous est promis.

638 À la Saint-Barthélemy,
La grenouille sort de son nid.

SAINT-LOUIS — 25 août

639 Si la lune de Saint-Louis
Se fait en beau, sois réjoui. (Suisse romande)

SAINT-EBBON — 27 août

640 Qui pluie demande à Saint-Ebbon
N'est jamais laissé à l'abandon.

SAINT-AUGUSTIN — 28 août

641 C'est comme s'il pleuvait du vin,
Fine pluie à Saint-Augustin.

SEPTEMBRE

642 Septembre se nomme
Le mai de l'automne.

643 Bel automne vient plus souvent
Que beau printemps.

644 Septembre en sa tournure,
De mars suivant fait la figure.

645 Septembre emporte les ponts ou tarit les fontaines.

646 Septembre nous produit
Le plus délectable des fruits.

647 Vins de septembre
Font les femmes étendre.

648 Septembre humide :
Pas de tonneau vide.

649 Aux mois qui sont écrits en «R»,
Il faut mettre de l'eau dans son verre.
Ce qui veut dire que, pendant les grands froids, de septembre à avril, il faut surveiller sa santé.

650 En septembre,
Les feignants peuvent s'aller pendre.
«*Feignant*, ce n'est pas *fainéant*, qu'on prononçait *fait-niant*; c'est le participe présent du vieux verbe "feindre" qui signifiait hésiter, reculer devant l'effort» (Henri Pourrat).

651 En septembre,
Le raisin ou la figue pendent.

652 En septembre,
Si tu es prudent, achète grains et vêtements.

SAINT-LOUP — 1er septembre

653 À la Saint-Loup,
La lampe au clou.
C'est à partir de cette date que les ouvriers commencent à travailler à la lumière de la lampe.

SAINT-ONÉSIPHORE — 6 septembre

654 À la Saint-Onésiphore,
La sève s'endort.

NATIVITÉ DE LA VIERGE — 8 septembre

655 Le temps de la Nativité
Dure tout un mois sans variété.

656 À la Nativité
Commence la maturité.
Il s'agit de la maturité du raisin.

657 Après la Nativité,
Le regain ne peut plus sécher.

658 À la Bonne Dame de septembre,
Tout fruit est bon à prendre.

659 À la Bonne Dame de septembre,
Bonhomme, allume ta lampe;
Quand vient le Vendredi saint,
Bonhomme, ta lampe éteins.

SAINTE-HYACINTHE 11 septembre

660 Tu peux semer sans craintes
Quand arrive la Sainte-Hyacinthe.

SAINTE-AUBIERGE 12 septembre

661 À la Sainte-Aubierge
Vole fil de la Vierge.

SAINT-ALBIN 15 septembre

662 La rosée de Saint-Albin
Est, dit-on, rosée de vin.

SAINT-REGNOBERT 16 septembre

663 C'est la Saint-Regnobert ;
Qui quitte sa place la perd.
Ce dicton concerne les ouvriers agricoles ; voir le suivant.

SAINT-LAMBERT 17 septembre

664 Le jour de la Saint-Lambert,
Qui quitte sa place la perd.
À cette époque de l'année, il y a peu de chance pour les domestiques de ferme de retrouver du travail s'ils ont quitté leur patron.

665 La pluie au jour de Saint-Lambert,
Il y en a pour un novennaire.
C'est-à-dire l'espace d'une neuvaine.

SAINT-JANVIER 19 septembre

666 Qui sème à la Saint-Janvier
De l'an récolte le premier.

667 À Saint-Janvier,
Les chrysanthèmes repoussent du pied.

SAINT-EUSTACHE 20 septembre

668 Gelée blanche de Saint-Eustache
Grossit le raisin qui tache.

SAINT-MATTHIEU 21 septembre

669 Quand il pleut à la Saint-Matthieu,
Fais coucher tes vaches et tes bœufs.
Il faut alors rentrer le bétail à la ferme, parce qu'il ne peut plus coucher dehors, le sol étant détrempé.

670 Si Matthieu pleure au lieu de rire,
Le vin en vinaigre vire.

L'AUTOMNE 21 septembre

671 Chaleur de l'automne pique fort
Et cause à bien des gens la mort.

672 Fièvre qui vient pendant l'automne
Est bien longue ou la mort donne.

673 Automne en fleurs,
Hiver plein de rigueurs.

SAINT-MAURICE 22 septembre

674 Semis de Saint-Maurice,
Récolte à ton caprice.
var. : Sème tes pois à la Saint-Maurice,
Tu en auras à ton caprice.

SAINT-FIRMIN 25 septembre

675 À la Saint-Firmin,
L'hiver est en chemin.

SAINTE-JUSTINE 26 septembre

676 À Sainte-Justine,
Toute fleur s'incline.

SAINT-MICHEL 29 septembre

677 À la Saint-Michel,
Regarde le ciel ;
Si l'ange se baigne l'aile,
Il pleut jusqu'à Noël.

678 À Saint-Michel,
Départ d'hirondelles.

679 Quand les hirondelles voient la Saint-[Michel,
L'hiver ne vient qu'à Noël.
var. : Quand l'hirondelle veut voir la Saint-[Michel,
On n'aura d'hiver qu'après la Noël.

680 Toutes les pluies perdues
Par Saint-Michel sont rendues.
C'est-à-dire qu'il se met alors à pleuvoir tout ce qui n'a pas pu tomber pendant l'été.
var. : Toutes les pluies perdues
Sont à Saint-Michel rendues.

681 Pluie de Saint-Michel sans orage,
D'un hiver doux est le présage.

682 De Saint-Michel à la Toussaint,
Laboure grand train.

683 À la Saint-Michel,
Le goûter remonte au ciel.
var. : À la Saint-Méchie,
Lai mercie
Monte au cie.
« Lai mercie », en patois franc-comtois, est le repas de quatre heures. Le dicton signifie que le repas de quatre heures, comme celui de dix heures, disparaît, les journées étant devenues trop courtes. Ne subsistent donc plus que trois repas au lieu de cinq.

684 Saint-Michel
Emporte le goûter au ciel ;
Saint-Mathias le redescend.
La fête de saint Mathias se situe le 24 février, quand les activités, autres qu'hivernales, reprennent à la ferme.

685 À la Saint-Michel,
La chaleur va dans le ciel.

686 À la Saint-Michel,
Cueille ton fruit tel quel.

SAINT-JÉRÔME **30 septembre**

687 À la Saint-Jérôme,
Hoche tes pommes.

OCTOBRE

688 Octobre en bruine,
Hiver en ruine.

689 Octobre glacé
Fait vermine trépasser.

690 Vent d'octobre est la mort des feuilles.

691 Brouillards d'octobre et pluvieux [novembre
Font bon décembre.

692 Brouillard d'octobre, pluie de [novembre,
Beaucoup de biens du ciel font des-[cendre.

693 En octobre, qui ne fume rien
Ne récolte rien.

694 Quand octobre prend sa fin,
Dans la cuve est le raisin.

SAINT-RÉMY **1er octobre**

695 À la Saint-Rémy,
Les perdreaux sont pris.

696 À la Saint-Rémy,
La grande chaleur, fini.

697 À la Saint-Rémy,
Cul assis.

SAINT-LÉGER **2 octobre**

698 À la Saint-Léger,
Faut se purger.

699 Ne sème point au jour de Saint-Léger
Si tu veux blé trop léger.
Sème au jour de Saint-François,
Il te rendra grain de bon poids.
Mais n'attends pas la Saint-Bruno,
Ton blé serait abruné.
Abruné signifie « noirci ». La Saint-Bruno se fête le 6 octobre.

SAINT-FRANÇOIS **4 octobre**

700 À la Saint-François, on sème,
Si l'on veut, et plus tôt même.

701 À la Saint-François,
La bécasse est au bois.

702 À Saint-François d'Assise,
Si tu bâtis, sois prudent pour tes [assises.

SAINT-PLACIDE **5 octobre**

703 À la Saint-Placide,
Le verger est vide.

SAINT-SERGE **7 octobre**

704 À Saint-Serge,
Achetez vos habits de serge.

SAINT-DENIS **9 octobre**

705 À la Saint-Denis,
Bécasse en tout pays.

706 Beau temps à la Saint-Denis,
Hiver pourri.

707 S'il fait beau à la Saint-Denis,
L'hiver sera bientôt fini.

708 S'il pleut à la Saint-Denis,
La rivière sort neuf fois de son lit.

709 À la Saint-Denis
La bonne sèmerie.
var. : Sème à la Saint-Denis,
Tu contempleras les semis.
var. : Qui sème à la Saint-Denis
Comptera les semis.
var. : Le jour de la Saint-Denis,
Le vent se marie à minuit.

SAINTE-EUGÉNIE **15 octobre**

710 À la Sainte-Eugénie,
Dans la grasse Normandie,
Les semailles sont finies.

SAINT-GALL, SAINT-LÉOPOLD **16 octobre**

711 Pour la Saint-Gall, le raisin
Fait du mauvais vin.

712 Coupe ton chou à la Saint-Gall,
En hiver c'est un vrai régal.

713 À la Saint-Léopold
Couvre tes épaules.

SAINT-LUC **18 octobre**

714 À la Saint-Luc, la pluie du vallon
Fait de la neige sur le mont.

715 À la Saint-Luc,
Sème dru,
Ou ne sème plus.

716 À Saint-Luc,
Betterave devient sucre.

SAINT-VALLIER 22 octobre

717 À la Saint-Vallier,
La charrue sous le poirier.
La Toussaint venue,
Quitte la charrue.

SAINT-RENOBERT, SAINT-RAPHAËL 24 octobre

718 À la Saint-Renobert,
On met les choux par terre.

719 À la Saint-Raphaël,
La chaleur monte au ciel.

SAINT-CRÉPIN 25 octobre

720 À la Saint-Crépin,
Les mouches voient leur fin.
var. : Saint-Crépin,
La mort aux mouches.
Les mouches n'incommodent plus, à cette époque de l'année, les chevaux de labour. En effet, il en survit peu à l'approche de l'hiver.

SAINT-ÉVARISTE 26 octobre

721 À Saint-Évariste,
Jour de pluie, jour triste.

SAINTE-ANTOINETTE 27 octobre

722 À la Sainte-Antoinette,
La neige s'apprête.

SAINT-SIMON et JUDE 28 octobre

723 À la Saint-Simon
L'éventail se repose.
Il n'est plus besoin de chasser les mouches.

724 À la Saint-Simon,
Une mouche vaut un mouton.
var. : À la Saint-Simon,
Une mouche vaut un pigeon;
Mais passé la Saint-Simon,
Le pigeon ne vaut qu'un mou-[cheron.

725 À la Saint-Simon,
La neige sur le tison.

726 Quand Simon et Jude n'apportent pas la pluie,
Elle n'arrive qu'à la Sainte-Cécile.
La Sainte-Cécile est le 22 novembre.

727 À la Sainte-Simone,
Il faut avoir rentré ses pommes.

SAINT-NARCISSE 29 octobre

728 Saint-Narcisse,
De six à six.
Ce dicton veut-il dire qu'il fait nuit de six heures du soir à six heures du matin ?

NOVEMBRE

729 Novembre,
Toussaint le commande,
Saint-André le voit descendre.
Saint André se fête le 30 novembre.

730 Le mois des brumes réchauffe par devant
Et refroidit par derrière.

731 Quand en novembre il a tonné,
L'hiver est avorté.

732 En novembre,
Fou engendre :
En août gît sa femme.
Ce qui veut dire qu'en août, la femme du paysan, engrossée en novembre, étant en couches, sera incapable de l'aider au mois des récoltes.

LA TOUSSAINT 1er novembre

733 Quand d'octobre vient la fin,
Toussaint est au matin.
var. : Quand octobre prend sa fin,
La Toussaint est au matin.

734 Le mois de novembre est malsain :
Il fait tousser dès Toussaint.

735 À la Toussaint
Manchons aux bras, gants aux mains.
var. : Pour la Toussaint,
Laisse l'éventail et prends les gants.

736 De la Toussaint aux Avents,
Jamais trop de pluie ou de vent.

737 La Toussaint venue,
Laisse-là ta charrue.
var. : Le Jour des Morts, ne remue pas la [terre,
Si tu ne veux sortir les ossements de [tes pères.
Quand la semaille réussit après [Toussaint,
Le père ne doit pas le dire à son fils.

738 À la Toussaint, les blés semés,
Et tous les fruits serrés.
var. : À la Toussaint, blé semé
Aussi le fruit enfermé.

739 Vent de Toussaint,
Terreur de marin.

740 À la Toussaint
Le froid revient
Et met l'hiver en train.

741 À la Toussaint
Commence l'été de la Saint-Martin.

Période reconnue de réchauffement de la température, d'une durée de quelques jours. C'est pourquoi Saint-Martin a reçu le surnom de Bouillant.

742 Été de la Saint-Martin
Dure trois jours et un brin.

743 Été de la Saint-Martin,
Qui dure du soir au matin,
Avec la neige en chemin.

744 Telle Toussaint, tel Noël,
Tel jour de Saint-Michel,
Pâques au pareil.

SAINT-CHARLES 4 novembre

745 À Saint-Charles,
La gelée parle.

JOUR DES RELIQUES 8 novembre

746 Il pleut au saint jour des Reliques
Et vente à décorner les biques.
Mais souvent le grand Saint-Martin,
Pour trois jours sèche le chemin.

SAINT-MARTIN 11 novembre

747 À la Saint-Martin,
L'hiver est en chemin,
Manchons aux bras et gants aux mains.

748 Pour la Saint-Martin,
La neige est en chemin;
Pour Sainte-Catherine,
Elle est à la courtine.

749 Si l'hiver va droit son chemin,
Vous l'aurez à la Saint-Martin;
Et s'il trouve quelque encombrée,
Vous l'aurez à la Saint André.
var. : À la Saint-Martin,
L'hiver est en chemin;
À la Saint-André,
Il est tout acheminé.
var. (forme longue) :
Si l'hiver va droit son chemin,
Vous l'aurez à la Saint-Martin;
S'il n'arreste tant ne quant,
Vous l'aurez à la Saint-Clément;
Et s'il trouve quelque encombrée,
Vous l'aurez à la Saint-André.
Mais s'il allait ce ne say, ne l'ay,
Vous l'avez en avril ou may.
(Calendrier des bons laboureurs pour 1618).

750 Saint-Martin,
Saint-Tourmentin.
Novembre est le mois des bourrasques.

751 Si le vent du Sud souffle pour la Saint-
[Martin,
L'hiver ne sera pas coquin.

752 Si le brouillard entoure Saint-Martin,
L'hiver passe tout bénin.

753 À la Saint-Martin,
La chasse prend fin.

754 Saint-Martin
Fait le blé fin.

755 Si tu veux tromper ton voisin
Fume tes prés pour la Saint-Martin.
var. : Fume tes prés à la Saint-Martin,
Tu récolteras toujours bien.
var. (forme longue) :
Veux-tu surprendre ton voisin?
Plante le mûrier gros, mais sain,
Le peuplier droit, le figuier nain,
Et fume tes prés à la Saint-Martin.

756 Pour Saint-Martin,
Mène la chèvre au bouquin.
Pour avoir des chevreaux en avril.

757 À la Saint-Martin,
Les vaches au lien.
Ce dicton de Franche-Comté et de Suisse romande signifie que l'on rentrait, à ce moment de l'année, les vaches du pâturage.

758 Pour la Saint-Martin,
Le moût est vin.
var. : À la Saint-Martin,
Bonhomme, bonde ton vin!
var. : À la Saint-Martin,
Bouche ton tonneau, tâte ton vin.

759 À la Saint-Martin,
Bois le vin,
Et laisse l'eau aller au moulin!

760 À la Saint-Martin,
Jeune ou vieux, bois le vin!

761 À la Saint-Martin,
Tire ton vin,
Saint-Martin
Le met en chemin.

762 À la Saint-Martin,
Faut goûter le vin.
Notre-Dame d'après,
De la table, il est près.
Notre-Dame d'après est la fête du 8 décembre. «Ce jour-là il fallait boire tout ce qui restait de l'ancienne récolte pour faire place à la nouvelle, ce qui se nommait "prendre le vieux", autrement dit "se saoûler". "Avoir le mal de Saint-Martin" désigne un ivrogne. En Touraine, "martiner", c'est finir la tirée et boire du vin doux, ou vin nouveau, en mangeant des châtaignes» (Arnold Van Gennep).

763 Qui veut du mal à son voisin,
Lui fait acheter un gouris de la Saint-
[Martin.
En franc-comtois, un *gouris* est un cochon. Les plus difficiles à élever sont ceux qui sont nés en automne.

764 Tue ton cochon à la Saint-Martin
Et invite ton voisin.

765 À la Saint-Martin, bonde ta barrique
Vigneron, fume ta pipe,
Mets l'oie au toupin
Et... convie ton voisin!

La Saint-Martin est un jour de ripailles : jusqu'au XIIIe siècle, on appelait *petit carême* la période entre la fin novembre et le 24 décembre, temps de préparation religieuse à la fête de Noël, comme le Carême achemine à celle de Pâques.

SAINTE-ÉLISABETH 19 novembre

766 Sainte-Élisabeth nous montre quel bonhomme l'hiver sera.

767 À Sainte-Élisabeth,
Tout ce qui porte fourrure n'est point [bête.

SAINTE-CÉCILE 22 novembre

768 Pour Sainte-Cécile,
Chaque fève en fait mille.

SAINT-CLÉMENT 23 novembre

769 Passé la Saint-Clément,
Ne sème plus froment.

770 Quand l'hiver vient doucement,
Il est là à la Saint-Clément.

SAINTE-FLORA 24 novembre

771 À Sainte-Flora,
Plus rien ne fleurira.

SAINTE-CATHERINE 25 novembre

772 À la Sainte-Catherine,
L'hiver s'aberline.
À la Saint-André,
Il est aberliné.

773 À la Sainte-Catherine,
Tout bois prend racine.

774 Quand Sainte-Catherine au ciel fait la [moue,
Il faut patauger longtemps dans la [boue.

775 Pour la Sainte-Catherine,
Le porc couine.

C'est l'époque où l'on tue le cochon.

776 Sainte-Catherine ne va pas sans un blanc manteau.
var. : Sainte-Catherine
Amène la farine.
var. : Sainte-Catherine
Amène la vouétine.

Vouétine = ouatine, en franc-comtois.

777 Pour Sainte-Catherine,
Fais de la farine,
Car pour Saint-André,
Le bief sera gelé.

778 À la Sainte-Catherine,
Les sardines tournent l'échine.
À la Saint-Blaise,
Elles reparaissent.

Saint-Blaise se fête le 3 février.

779 Sainte-Catherine, toute fille veut la [fêter,
Mais point ne veut la coiffer.

SAINTE-DELPHINE 26 novembre

780 À Sainte-Delphine,
Mets ton manteau à pèlerine.

SAINT-SÉVERIN 27 novembre

781 À Saint-Séverin,
Chauffe tes reins.

SAINT-ANDRÉ 30 novembre

782 Neige de Saint-André
Peut cent jours durer.

783 À la Saint-André,
La terre retournée,
Le blé semé,
Il peut neiger.

784 Quand l'hiver n'est pas pressé,
Il arrive à la Saint-André.

785 À la Saint-André, la nuit
L'emporte sur le jour qui suit.

786 Pour Saint-André,
Qui n'aura pas de cape, doit l'emprunter.

787 Pour que tout marche à son gré,
Jeûnez à la Saint-André.

DÉCEMBRE

788 Décembre prend,
Il ne rend.

789 Décembre aux pieds blancs s'en vient,
An de neige est an de bien.

790 Décembre, de froid trop chiche,
Ne fait pas le paysan riche.
var. (forme longue) :
En décembre froid,
Si la neige abonde,
En une année féconde
Le laboureur a foi.

791 Quand l'eau sort
Au mois mort,
Toute l'année elle sort.

792 En décembre, fais du bois
Et endors-toi.

SAINT-ÉLOI **1er décembre**

793 Lorsque Saint-Éloi
A bien froid,
Quatre mois dure le grand froid.

LES AVENTS
Les 4 semaines précédant Noël

Cette période qui annonce l'arrivée du Christ est aussi appelée «petit carême».

794 Le mois de l'Avent
Est de pluie et de vent,
Tire ton bonnet jusqu'aux dents.

795 La neige des Avents
A de longues dents.
var. : La neige de l'Avent
Gèle très facilement.

796 Quand secs sont les Avents,
Abondant sera l'an.

797 Il faut les Avents froids et secs,
Si l'on veut boire sec.

798 Il fait bon semer dans les Avents,
Mais il ne faut pas le dire aux enfants.

799 Chaque chose en son temps;
Les navets et les choux pour le mois [de l'Avent.

800 Pluie d'orage dans les Avents
Empêche l'hiver d'arriver en son temps.
var. : Pluie orageuse dans l'Avent,
L'hiver n'arrive pas à temps.

801 Tel Avent,
Tel printemps.

802 Quand les Avents de Noël sont fleuris,
Il y aura abondance de fruits.

Curieux dicton, qui joue sur les mots. En patois franc-comtois, les *avants* ou *avans*, sont les osiers qu'il faut couper aux «Avents» de Noël.

SAINTE-BARBE **4 décembre**

803 À la Sainte-Barbe,
Le soleil peu arde.

SAINT-NICOLAS **6 décembre**

804 Le jour de Saint-Nicolas
De décembre est le moins froid.
var. : L'hiver est déjà las
À la Saint-Nicolas.

805 Neige de Saint-Nicolas donne froid
Pour trois mois.

806 Saint-Nicolas fait les bons mariages,
Guérit de la fièvre et de la rage.

SAINT-AMBROISE **7 décembre**

807 Quand Saint-Ambroise voit neiger,
De dix-huit jours de froid nous sommes [en danger.

808 À la Saint-Ambroise,
Du froid pour huit jours.

SAINTE-JULIE **10 décembre**

809 À Sainte-Julie,
Le soleil ne quitte pas son lit.

SAINTE-CONSTANCE **12 décembre**

810 À Sainte-Constance,
Plein hiver en France.

SAINTE-LUCE **13 décembre**

Nous avons regroupé ici les dictons sur la croissance des jours.

811 À la Sainte-Luce,
Le jour croît du saut d'une puce.
À la Saint-Thomas,
Du saut d'un tât [lézard, salamandre].
Pour la Nau [Noël]
D'un pas de jau [jars].
À l'an neuf,
Du pas d'un bœuf.
Aux Rois,
Du pas d'une oie.
À la Saint-Hilaire,
D'une heure de bergère.
À la Saint-Antoine,
Du repas d'un moine.
À la Saint-Vincent,
D'une heure grand.
À la Saint-François,
De la patte de l'oie.
À la Chandeleur,
De deux petites heures.
À la Saint-Barnabé,
Du saut d'un baudet.

Cette longue litanie regroupe des dictons qui peuvent se rencontrer dispersés, celui de la Sainte-Luce est, de loin, le plus célèbre.

var. : Al Saint-Thomas,
Du saut d'un cat.
Au Noë,
Du saut d'un baudet.
Au bon an,
D'un pas de sergent.
Aux rois,
On s'en aperçoit.
Al Candelée,
A tout allée.

Dicton picard.

var. : À la Sainte-Luce,
Les jours allongent d'un pas de [russe.

var. : À la Saint-Thomas,
Les jours rallongent du cri du jars.

var. : (...)
Les jours s'agrandissent d'un pas.

var. : Au Nouvel An,
Les jours croissent du pas d'un [serpent.

var. : (...)
Les jours croissent d'un vol de [faisan.

var. : (...)
Pour les Rois,
Fou qui ne s'en aperçoit.

var. : (...)
D'un écheveau de soie.

var. : À la Saint-Sébastien,
Les jours rallongent du pas d'un [chien.

La Saint-Sébastien se place le 20 janvier.

var. : À la Chandeleur
Les jours rallongent du repas d'une [épouse.

var. : À la Chandeleur,
Le jour croît d'une heure ;
Rougi de douleur,
Le bout du nez pleure.

Ce dicton fut aussi populaire que celui de la Saint-Médard. De fait, avant 1582, les jours diminuaient jusqu'au 11 décembre. Ils recommençaient à augmenter le 13 décembre, qui correspondait alors, comme le 23 aujourd'hui, au lendemain du solstice d'hiver.

HIVER — 21 décembre

812 L'hiver n'est pas bâtard,
Quand il ne vient pas tôt, il vient tard.

813 Le loup ne mange pas l'hiver.
C'est-à-dire qu'il faut que l'hiver se fasse.

814 L'hiver mange le printemps, l'été, l'automne.

815 En hiver, partout pleut ;
En été, là où Dieu veut.

816 Hiver, sitôt qu'il est trop beau,
Nous promet un été plein d'eau.

817 En hiver, eau ou bruine,
Vent, neige ou grêle pour voisine.

818 Soleil d'hiver, amour de paillarde,
Tard vient et peu tarde.

819 Belle nuit en hiver,
Jour qui suit souvent couvert.

820 En hiver, sombre nuit,
Le lendemain beau jour luit.

821 Pendant les glaces de l'hiver
Ne faut les terres cultiver.

822 Des neiges, avec bon hiver,
Mettent bien du bien à couvert.

823 L'hiver nous fait plus de mal que l'été ne nous fait de bien.

824 Si l'hiver est chargé d'eau,
L'été ne sera que plus beau.
var. : À l'hiver, s'il est en eau,
Succède été bon et beau.

825 Soleil d'hiver, tard levé,
Bientôt couché et caché.

826 L'hiver n'est bon que pour les choux
Et pour faire gagner la toux.

827 Autant de jours d'hiver passés,
Autant d'ennemis renversés.

828 Quand en hiver est été,
Mais en été l'hivernée,
Cette contrariété
Ne fit jamais bonne année.

829 Serein l'hiver, pluie en été,
Ne font pas grande pauvreté.

830 Doux hiver, printemps desséché,
Pénible hiver, printemps mouillé.

831 Hiver rude et tardif
Rend le pommier productif.

832 Après un hiver froid, n'attends jamais [de pluie :
La source, dans les airs, semble en être [tarie.

833 En hiver, plus même qu'en été,
Est incommode pauvreté.

SAINT-THOMAS — 21 décembre

834 À la Saint-Thomas
On marie les filles avec les gars.

835 À la Saint-Thomas
Les jours sont bien bas.

836 S'il gèle à la Saint-Thomas,
Il gèlera encore trois mois.

837 À la Saint-Thomas,
Cuis ton pain, lave tes draps,
Dans trois jours Noël t'auras.

NOËL — 25 décembre

838 Noël et Saint-Jean
Partagent l'an.

839 Un mois avant et après Noël,
L'hiver se montre plus cruel.

840 Noël porte l'hiver dans une besace :
Quand il ne l'a pas devant, il l'a derrière.

841 Vent qui souffle à la sortie de la messe [de minuit
Dominera l'an qui suit.

842 Après Noël,
Brise nouvelle.

843 Noël humide,
Greniers et tombeaux vides.

844 Quand Noël est étoilé,
Force paille, guère de blé.

845 Claire nuit de Noël,
Claire javelle.

846 À Noël, nuit noire,
Signe de blé noir.

847 Quand Noël est sans lune,
De cent brebis il n'en demeure une.
L'absence de lune durant la nuit de Noël est un présage de mortalité des brebis.

848 Qui va à la messe de minuit avec la [lune,
De deux brebis doit en vendre une.
C'est-à-dire que la récolte sera mauvaise.

849 Noël un mardi,
Mauvais pour les semis.

850 Noël un samedi,
An où tout le monde mendie.

851 À la Noël, froid dur,
Annonce épis durs.

852 À Noël, les limas,
À Pâques, les grouas.
Dicton d'Ille-et-Vilaine qui veut dire que, si les limaces sortent à Noël, il y aura de la glace à Pâques.

853 Vert Noël,
Blanches Pâques.
var. : Qui prend le soleil à Noël,
À Pâques se gèle.

854 Noël au balcon,
Pâques au tison.
var. : Noël au buisson (...)
var. : Noël au perron (...)

855 À Noël, les moucherons,
À Pâques, les glaçons.
var. : Mouches noires à Noël,
Mouches blanches à Pâques.
Les *mouches blanches* de Pâques sont la métaphore des flocons de neige.

856 Quand à Noël
Tu prends le soleil,
À Pâques tu te rôtiras l'orteil.

857 Qui se chauffe au soleil à Noël, le saint [jour,
Devra brûler du bois quand Pâques [aura son tour.

858 Quand on mange le gâteau au chaud,
On mange les œufs derrière le four-[neau.
Le gâteau correspond à notre bûche de Noël et les œufs à ceux de Pâques.

859 Quand on mange les bouquettes à la porte,
On mange les cocognes au coin du feu.
Les *bouquettes* ou *cougnons* sont, en Belgique, les petits pains de Noël. Les *cocognes* sont les œufs de Pâques.

860 Entre Noël et Chandeleur,
Il n'y a plus de laboureur.

861 Les jours entre Noël et les Rois
Indiquent le temps des douze mois.
var. : Regarde comme sont menées
Depuis Noël douze journées,
Car suivant ces douze jours,
Les douze mois auront leur cours.
Ces douze jours, appelés *les jours mâles*, relèvent d'une constante de la mentalité primitive : l'importance des commencements. Le premier jour de la période annonce le temps qui dominera pendant le premier mois de l'année. Ce cycle est bien connu en Belgique, où les douze jours comptent parmi les « jours de sort », auxquels on accorde un pouvoir prophétique. Il nous reste, de ces croyances, la tradition des voeux de Nouvel An et des étrennes, comme si les souhaits échangés au début de l'année avaient le pouvoir de se répercuter sur l'année entière.
Il semble que ces dictons aient vu le jour pour contrebalancer l'importance démesurée accordée à la lune. Le soleil entre alors, à son tour, dans le jeu des influences.

SAINT-ÉTIENNE 26 décembre

862 À la Saint-Étienne,
Chacun trouve la sienne.

SAINT-SYLVESTRE 31 décembre

863 Saint-Sylvestre ne peut être qu'une fois [l'an :
C'est la veille du 1er de l'an.

chapitre II

DICTONS DE LA CROYANCE

C'est par les perceptions que l'être humain a prise sur l'environnement. Mais, de l'homme primitif à l'homme civilisé, il est des sens qui se sont perdus. Les écoles américaines de thérapie tendent à une reconquête de sens de l'homme, perdus par l'homme, qui a privilégié la vue au détriment de l'odorat ou du toucher. Aussi, pour prévoir le temps, l'homme a-t-il besoin de médiateurs : les animaux et les plantes. Il est reconnu que beaucoup d'êtres vivants ont une sensibilité météorique. On sait que, lors des séismes de Messine et des éruptions de la Martinique, beaucoup de vies humaines auraient pu être épargnées si les victimes avaient accordé plus d'attention aux réactions des animaux avant la catastrophe (fuite de chiens, fauves agités, chevaux piaffants, etc.). Les plantes, êtres vivants, réagissent également aux variations de l'atmosphère, bien avant que l'être humain en ait conscience.

Le dicton, malgré ses airs didactiques, ne désire pas toujours renseigner. Discours souvent gratuit, il est surtout un regard sur l'environnement quotidien du paysan; le chat et le coq, le pêcher et la vigne. Outre les conseils de plantations et de récoltes, de consommation et d'hygiène, outre les signes avant-coureurs de l'orage ou du beau temps, il déploie, sur l'assise de son verbe, ce qui constitue le bien du terrien : voici ta basse-cour, voici ton bétail, voici ta grange, voici ta vigne et tes champs. Regarde, pour déduire et prévenir, mais aussi, simplement, pour prendre une pause.

La faune et la flore

LE BESTIAIRE

L'abeille

864 À piqûre d'abeille,
Cérumen d'oreille.

L'alcyon

865 Alcyons rasant ton sillage,
Veille à ton arrimage :
Tu auras roulis et tangage.

866 Alcyons nommés puants,
Dans leurs ailes ont le mauvais temps.

L'âne

867 Âne qui saute et brait sans fin,
Pluie pour demain.

L'araignée

868 Au bout du fil, l'araignée,
La journée sera mouillée.

869 Araignées tissant,
Mauvais temps.

870 Quand on voit les fileuses,
C'est le moment d'aller en benisson.
Les *fileuses* sont appelées aussi «fils de la Vierge».
En Côte-d'Or, le *bénisson* représente les semailles du blé.

871 Araignée du matin, chagrin
Araignée du soir, espoir.

La baleine

872 Sauts de baleine,
Grosse bise prochaine;
Mais sauts plus hauts,
Tempête au plus tôt.

La bécasse

873 Le fioulet au marais,
La bécasse au bois.
Le *fioulet* est une petite bécassine; le mot vient du patois franc-comtois, «fioulet» : mince, fluet. La bécassine fait son apparition du 10 au 15 octobre. Le chasseur peut alors chercher la bécasse au bois.

La bergeronnette

874 Si les bergeronnettes
Trottent sur les ruisseaux,
Ferme ta maisonnette,
Il va pleuvoir à seaux.

Le bœuf

875 Si le bœuf a rempli ta grange,
C'est aussi le bœuf qui la mange.

876 D'un veau, l'on espère un bœuf
Comme une poule d'un œuf.

La brebis

877 Quand les brebis bêlent en levant la tête,
La pluie est proche.

La buse

878 Buse planant,
Beau temps.

La caille

879 Plus la caille carcaille,
Plus chère est la semaille.

Le canard

880 Le canard qui nage,
Le poisson sautant,
Appellent l'orage,
La pluie et le vent.

881 Si le canard crie,
C'est signe de pluie.
var. : Si les canards battent de l'aile [dans le ruisseau,
Il y aura bientôt de l'eau.
var. : Canard qui bat des ailes et plonge [dans l'onde,
Est signe de pluie à la ronde.

882 Le canard et le pigeon,
Manger d'or, chier de plomb.

La carpe

883 La carpe saute,
De l'eau sans faute.

Le chapon

884 Chapon de huit mois,
Manger de rois.

Le chat

885 Quand le chat se débarbouille,
Bientôt le temps se brouille.
var. : Quand le chat se passe la patte sur [la tête,
Bientôt il y aura tempête.

886 Chats passant pattes sur l'oreille,
S'il vient beau temps serait merveille.

887 Quand le chat se débarbouille
Avec sa patte de velours,
S'il va par-dessus l'oreille,
Il pleuvra avant trois jours.

La chauve-souris

888 Chauves-souris volant en grand [nombre,
Annoncent le beau temps dans la nuit [sombre.

Le cheval

889 Cheval de foin ou de regain,
Cheval de rien.
Cheval d'aveine,
Cheval de peine.
Cheval de paille,
Cheval de bataille.
L'*aveine* est, bien sûr, l'avoine.

Le chien

890 Langue de chien
Sert de médecin.

891 Chiens tristes se roulant, se couchant à [couvert,
Bientôt de mauvais temps vous aurez [un revers.

La chouette

892 Quand la chouette miaule au soir,
De beau temps on a espoir.

La cigogne

893 La cigogne a telle pitié
De ses père et mère en vieillesse,
Qu'elle les nourrit par amitié
Au nid, et jamais ne les laisse.

Le cloporte

894 Cloportes en foule sur les murs,
Le mauvais temps est sûr.

Le congre

895 Sois prévoyant, c'est le vieux dit :
N'embarque pas sans biscuit,
Ne vas pas aux congres sans crochet,
À la fille sans écus, sans poignard au [cabaret.

Le coq

896 Quand en été le coq boit,
La pluie est au-dessus des toits.

897 Quand le coq chante souvent,
Signe de changement de temps.

898 Quand le coq chante à midi,
Signe d'un temps de paradis.

899 Si, entre trois et quatre heures, le coq a [chanté,
Le temps est gâté.

900 Quand le coq chante le soir,
C'est signe qu'il va bientôt pleuvoir.
var. : Quand le coq chante avant la nuit,
Signe de pluie.
var. : Si le coq chante avant minuit,
C'est du brouillard ou de la pluie.
var. : Quand le coq chante le soir,
La pluie lui court au derrière.
var. : Quand le coq chante à la veillée,
Il a déjà la queue mouillée.

901 Le coq et le serviteur
Un seul an sont en vigueur.

La corneille

902 Quand les corneilles s'assemblent,
Du bois pour ton hiver assemble.

Le coucou

903 Quand chante le coucou,
Le matin mouillé,
Le soir séché.
var. : Au temps où chante le coucou,
Le soir sec, le matin mou.
var. : Le coucou
Ramène le temps doux.

904 Un jour est mouillé, l'autre sec,
Quand le coucou ouvre son bec.
C'est-à-dire que, au printemps, lorsque chante le coucou, le temps est encore irrégulier.

905 Le coucou avant les feuilles
Annonce beaucoup de paille, mais pas de grain.
var. : Quand le coucou arrive déshabillé,
Peu de paille, beaucoup de blé.
« Quand le coucou arrive, il trouve les arbres couverts ou non de verdure, selon que le printemps a été précoce ou tardif. Dans ce dernier cas, le blé en retard ne montera pas haut en tige, mais fournira beaucoup de grain » (Eugène Rolland).

906 Une fois que l'avoine est épiée,
On n'entend plus le coucou chanter.

907 Autant de fois chante le coucou, autant de francs vaut le froment.

908 La barbe d'orge
Coupe au coucou la gorge.

La couleuvre

909 Quand la couleuvre traverse le chemin,
Orage avant demain matin.

Le courlis

910 Sous grand vent mâture geindra
Quand courlis volant chantera.

Le crapaud

911 Quand les crapauds chantent,
Le beau temps s'avance.

L'étourneau

912 L'étourneau vient dans le pré
Quand le champ labouré est bien gelé.

La fauvette

913 Quand tu vois la fauvette,
Sarcle ta navette.

La fourmi

914 Si les fourmis font de gros tas,
Un dur hiver viendra.

Le goéland

915 Qui tue le goéland,
La mort l'attend.
Cet exemple est l'un des rares où une superstition est donnée sous forme de dicton.

La grenouille

916 Grenouilles qui coassent le jour,
Pluie avant trois jours.
var. : Si la grenouille croatte,
Le temps se déboîte.
var. : La rainette de sortie
S'en va chercher la pluie.
var. : Lorsque la grenouille chante,
Le temps change.
var. : Si chantent fort les grenouilles,
Demain, le temps de Gribouille.
var. : Si la grenouille appelle
Rigot, Rigot, Rigot,
Il pleuvra sur la plaine
À tire-larigot.

Le grillon

917 Si le grillon chante, plus de gelées à craindre.

La grive

918 Quand les grives sortent,
Vendangeurs, apprêtez vos hottes!

919 Quand la grive chante au genévrier,
L'on n'est pas loin du mois de février.

920 Chante la grive,
La pluie arrive.

Le hanneton

921 Année de hannetons,
Année de prunes.

922 Si l'année a produit beaucoup de hannetons,
Il y aura beaucoup de châtaignes.

923 Grande hannetonnée,
Petite vinée
Et grande pommée.
var. : Année hannetonneuse,
Année pommeuse.

924 Année de hannetons,
Blé à foison.
var. : Année de hannetons,
Année de grenaison.

L'hirondelle

925 Quand l'hirondelle fait son nid,
Ne cherchons plus d'abri.

926 L'hirondelle aux champs
Amène joie et printemps.

927 Hirondelle volant haut,
Le temps sera beau;
Hirondelle volant bas,
Bientôt il pleuvra.
var. : Quand l'hirondelle vole, à terre,
Adieu la poussière.
var. : Quand l'hirondelle,
À tire-d'aile,
Vole en rasant la terre et l'eau,
Le mauvais temps viendra bientôt.

Le huard

928 Cri du huard donne l'alarme
De grand vent et grosses larmes.
var. : Cri du huard donne l'alarme
De temps mauvais comme gendarme.

Le limaçon

929 Limaçon aventureux,
Le temps sera pluvieux.

La lotte

930 Pour un foie de lotte,
L'homme vend sa culotte.
var. : Pour la moitié d'une lotte,
La femme trousse sa cotte.

Le loup

931 Si le loup sentait,
Si l'orvet voyait
Et si la chèvre avait des dents dessus,
Tout le monde serait perdu.

Le marsouin

932 Les marsouins sont très souvent
Du côté d'où viendra le vent.

933 Marsouins sautant
Annoncent le vent.

Le merle

934 Quand siffle le merle,
L'hiver est fini.

La mouche

935 Les mouches et les taons
Piquent avant le mauvais temps.

La mouette

936 Cris de mouette,
Signe de tempête.

Le mouton

937 Les moutons se choquent la tête
Un peu avant la tempête.

938 Il n'est pas toujours saison
De tondre brebis et mouton.

939 Chair de mouton,
Manger de glouton.

L'oiseau de mer

940 Bandes d'oiseaux des mers
Se réfugiant à terre :
Tempête va venir d'une forte manière.

L'outarde

941 Le vent du Nord déjà nous larde
Dans le pays, quand vient l'outarde.

Le paon

942 Si le paon crie : Léon!
Reste à la maison.

Le papillon

943 Le papillon blanc
Annonce le printemps.

La pie

944 Pie dans la ferme,
Neige à court terme.

945 Quand on voit une pie,
Tant pis;
Quand on en voit deux,
Tant mieux.
On voit les pies se déplacer par deux au temps des nids : c'est l'annonce du printemps, c'est tant mieux. Tandis que, plus tard, les pies volent seules : la mauvaise saison revient, tant pis. Le dicton a la forme d'une comptine.
var. : Une pie,
Tant pis;
Deux pies,
Tant mieux;
Trois pies, malheur.

946 Quand la pie bâtit bien haut,
Bon signe pour un été chaud.
Mais, si par malheur, elle bâtit bas,
Du mauvais temps tu verras.

947 Quel temps qu'il fasse, en fait d'oiseau,
Préfère la pie au corbeau.

Le pigeon

948 Quand les pigeons sont perchés,
La pluie est annoncée.

La pintade

949 La pintade perchée qui crie
Appelle la pluie.

Le pivert

950 Quand il sent la pluie,
Le pivert gémit.

Le pluvier

951 Qui n'a pas mangé de pluvier,
Ne connaît pas de bon mangier.

Le poisson

952 Si les mois ne sont errés,
Le poisson ne mangerez.
Erré = «en R». Ce dicton s'applique encore de nos jours, en particulier pour les moules.

Le porc

953 Gros grognard; peu de rapport,
Dit celui qui tue le porc.
Quand on saigne un cochon qui crie très fort et s'agite violemment, c'est signe qu'il ne produira pas beaucoup de viande ni de boudin.

954 Propre ou non,
Tout engraisse le cochon.

955 Qui mange trop de porc
Mange sa mort.

La poule

956 Dans la poussière, on voit les poules,
Avant l'orage, qui se roulent.

957 Deux poules, plus un coq qu'on élève à
[régal,
Mangent tout autant qu'un cheval.

958 Lorsque les poules se couchent tard,
C'est signe de pluie pour le lendemain.

959 Si, quand il pleut, les poules vont à
[l'abri,
Dites que la pluie s'en va finie.
Si elles restent dehors et se laissent
[mouiller,
Ne pensez pas que la pluie va cesser.
var. : Quand les poules
S'épouillent à l'abri,
C'est la pluie.

960 Quand les poules commencent à se déplumer par la tête,
C'est signe de grand hiver.

961 Quand les poulets se déplument par la tête, semez tôt;
Par la queue, semez tard.

962 Coucher de poule et lever de corbeau
Écartent l'homme du tombeau.

963 Vieille géline
Engraisse la cuisine.

Le rat

964 Au négligent laboureur,
Les rats mangent le meilleur.

Le requin

965 Requin qui perd la tête,
Tempête.

966 Requin qui se défend,
Grand vent.
Ces signes, les requins les donnent quand on leur coupe la tête.

Le rouge-gorge

967 Si le rouge-gorge chante sur l'épine,
Le beau temps est en ruine.

Le serpent

968 Salive d'homme
Tous serpents dompte.

La souris

969 Si les souris s'agitent, et les rats,
La pluie viendra.

970 Si ton enfant pisse au lit,
Fais-lui manger des souris.

La taupe

971 Les taupes poussent, le dégel n'est pas loin.
Ce qui veut dire que les taupes qui s'enfoncent profondément sous terre, pendant les rigueurs de l'hiver, reviennent travailler à la surface aussitôt que la chaleur revient.

972 Si taupe voyait,
Si sourd entendait,
Homme sur terre ne vivrait.
Plusieurs animaux passent pour être dépourvus d'un sens.

La vache

973 Quand les bêtes à cornes rentrent à l'étable la queue en trompette :
Signe d'orage.
Quand elles agitent leurs pieds de derrière :
Signe de neige.

974 Vaches à bord, flairant l'air et les pieds [léchant :
Signe assuré de mauvais temps.
Il faut comprendre : « à bord d'un bateau ».

975 Quand une vache fait deux veaux,
La maison est au plus haut.

976 Quand la queue de la vache dépasse le [jarret,
Elle donne abondance de lait.

Le vanneau

977 Qui n'a pas mangé de vanneau
Ne connaît pas de bon morceau.
var. : Celui qui n'a pas goûté du vanneau
Ne sait pas ce que le gibier vaut.

La vipère

978 Jamais vipère
N'a vu son père
Ni sa mère.
On croit encore dans les campagnes que les petits de la vipère percent eux-mêmes le ventre de leur mère pour en sortir et que celle-ci en meurt. La vipère couperait la tête du mâle et l'avalerait ; ainsi s'opérerait la fécondation.
var. : La vipère n'a ni père ni mère ;
Si elle en avait, personne ne pour- [rait vivre sur terre.

L'HERBIER

L'abricotier

979 Quand l'abricot est en fleurs,
Jours et nuits ont même longueur.
var. : Quand l'abricot est en fleurs,
Le jour et la nuit sont d'une teneur.

L'absinthe

980 Le jus d'absinthe est fort amer,
Mais il guérit du mal de mer.

981 Rien que toucher à l'absinthe
Fait avorter les femmes enceintes.

L'acacia

982 Tant que l'acacia verdit, l'automne n'entre pas.

L'ail

983 Si l'on savait ce que l'ail vaut,
On en planterait des journaux.
Journaux : la surface de terre qu'un homme peut travailler en une journée.

984 Ail et oignon
Font du poison.

L'ajonc

985 Quand l'ajonc fleurit,
La brebis pâtit.

L'amandier

986 Lorsque l'amandier fleurit tard,
On ramasse les amandes à pleins paniers.

L'artémise

987 Si l'homme savait ce qu'est l'artémise,
Il en mettrait entre chair et chemise.

var. : Si tu connaissais les vertus de l'ar-
[témise,
Tu en garnirais l'ourlet de ta che-
[mise.

L'artichaut

988 Pour que monte l'artichaut
Il faut de la pluie et du temps chaud.

L'aubépine

989 Quand l'aubépine entre en fleurs,
Crains toujours quelques fraîcheurs.
var. : Quand l'aubépine est en fleurs,
Le temps est en rigueur.
« 'L'Hiver de l'Aubépine' correspond, en mars, à 'l'Hiver de l'épine noire', refroidissement de la température, qui coïncide assez souvent avec la floraison du prunellier sauvage » (G. Bidault de l'Isle). L'hiver de l'aubépine répond à l'été de la Saint-Martin.

990 Quand fleurit l'aubépin,
La gelée n'est pas loin.

991 Quand fleurit le mai,
Gare la gelée.

992 À l'épine fleurie,
Adieu, alose, ma mie.
Dicton des environs de Pont-Audemer. En effet, quand l'aubépine fleurit, on cesse de voir des aloses dans la Seine. Les aloses sont des poissons de rivière qu'en Moselle on appelle « poissons de mai », parce que, venant de la mer, ils remontent les rivières au mois de mai (Eugène Rolland).

993 Quand l'aubépine fleurit,
Il faut s'approcher du surplis.
« L'aubépine fleurit à la fin du Carême, époque où l'on s'approche du surplis ou du prêtre pour se confesser avant la communion pascale » (Jean-François Bladé).

L'avoine

994 Avoine pointant,
Lièvre gîtant.

Le blé

995 Quand le blé est en fleurs.
Mettez couver les poules.

996 Blé bien fleurissant,
Boisseau comblant.

997 Quand du blé tu vois l'épi,
Dans six semaines viens le quérir.
var. : Six semaines après la floraison,
Commence la moisson.

998 Si tu veux des blés,
Fais des prés.
Des prés, ce sont des bestiaux; des bestiaux, c'est du fumier; le fumier, c'est la véritable garantie des récoltes.

999 Beaucoup de paille, peu de grain.

1000 Avec le blé se cueille
Et la paille et l'ivraie.
Dicton à valeur métaphorique, qui signifie : il n'est jamais de récolte sans quelque imperfection.

1001 Pauvre laboureur, tu ne vois
Jamais ton blé beau l'an deux fois
Car si tel tu le vois en herbe,
Tu ne l'y verras pas en gerbe.

La bourrache

1002 Prends la bourrache,
Mais ne l'arrache;
Des maux de cœur
Guérit sa fleur.

Le céleri

1003 Le céleri
Rend les forces aux vieux maris.

1004 Si les femmes savaient ce que le céleri
[vaut à l'homme,
Elles en iraient chercher jusqu'à Rome.

1005 Le céleri, arbre à grimper,
Il fait monter le père sur la mère.

Le cerfeuil

1006 Bien fou qui se laisse mourir
Qui a du cerfeuil et du persil.

La cerise

1007 Quand la cerise périt,
Tout s'ensuit.

1008 Si toute l'année il y avait des cerises,
Messieurs les médecins n'iraient plus
[qu'en chemise.

Le champignon

1009 Quand on voit, en été,
Champignons sur le fumier,
C'est que la pluie va tomber.

Le chou

1010 Choux réchauffés,
Mauvais dîner.

1011 Semez-y des choux,
Il viendra des raves.
Ce dicton, qui peut avoir un emploi métaphorique, est, à l'origine, directement issu de la croyance en une transmutation imaginaire à laquelle on croyait encore à la fin du XVIIe siècle. Si le jardinier qui avait semé des choux craignait vraiment de ne récolter que des raves, le dicton, passé au statut de proverbe, signifie : il faut s'attendre à une déception.

La fève

1012 Quand les fèves sont en fleurs,
Les fols sont en vigueur.
var. : Quand les fèves sont fleuries,
Sots commencent leurs folies.
(Rabelais).
var. : Fève fleurie,
Temps de folie.
var. : Fraîcheur de mai,
Fèves fleuries,
Temps de folies,
Du pain dans la maie.

Nous citerons, sans commentaires, cette remarque de Casimir Barjavel : «D'un relevé qui a été fait à la Salpêtrière à Paris, de 1806 à 1814, il résulte que les admissions dans cet hospice d'aliénés ont été plus nombreuses en mai, en juin et en août; que cette proportion décroît de septembre à décembre, pour décroître encore davantage en février et mars.»

1013 Fèves et haricots
Font plus de pets que de rots.

Le figuier

1014 Jamais figuier
Sans héritier.

Le foin

1015 Année de foin,
Année de rien.
var. : Année en foin fertile,
Année, hélas, stérile.

C'est-à-dire que, dans les années où la pluie est assez abondante pour amener une belle récolte de foin, tous les autres produits de la terre ont à souffrir de l'humidité.

La fougère

1016 Où pousse la fougère,
C'est la bonne terre.

Le frêne

1017 Le frêne en certaines saisons,
Près de la mare est poison.

Le froment

1018 Les froments sèmeras en la terre [boueuse,
Les seigles logeras en la terre pou- [dreuse.

Le genêt

1019 Quand la fleur est au genêt,
Le midi est au corbillon.

Sous-entendu : «Le repas de midi». Comme le genêt fleurit à une époque où il y a beaucoup à faire dans les champs, les commis de ferme ne reviennent pas à la maison pour midi, et on leur porte le repas aux champs dans un panier.

1020 Genêt fleuri,
Gel enfui.

Le gland

1021 An qui produit par trop de glands,
Pour la santé n'est pas bon an.

1022 Année de glands
Année d'enfants.

Le groseillier

1023 Peu de fruits au groseillier,
Peu de blé au grenier.

Le jasmin

1024 Le jasmin donne l'amour à qui ne l'a
Et fait reverdir à qui l'a.

Le jonc

1025 Joncs marins en fleurs,
Filles en chaleur.

Le lilas

1026 Quand lilas il y a,
Blé y a.

Le lin

1027 Il faut chanter le lin en le cueillant
Ou les filandières s'endorment en [filant.

La morille

1028 Beaucoup de morilles,
Petits greniers.

Le mûrier

1029 Beaucoup de mûres
Veulent hiver dur.

La noisette

1030 Année de noisettes,
Année de bâtards.

Il faut savoir que les noisettes représentent le cadeau offert traditionnellement par les jeunes gens à leurs bonnes amies.

L'oignon

1031 Oignon bien habillé,
Verra fortes gelées.
var. : Oignons à trois pelures :
Signe de froidure.

L'ortie

1032 Si tu as de l'insomnie,
Prends un bouillon d'ortie.

L'osier

1033 Si l'osier fleurit,
Le raisin mûrit.
Voir ci-dessous, n° 1040 : le rosier.

Le pêcher

1034 Lorsque le pêcher est en fleurs,
Jour et nuit ont même longueur.
var. : Lorsque la pêche est mûre,
Jour et nuit de même mesure.

La poire

1035 Après la poire,
Il faut boire.
La poire passe bizarrement pour très indigeste, probablement à cause de la «poire d'angoisse».
var. : Après la poire,
Le prêtre ou le boire.
var. : Sur poire,
Vin boire.
var. : Si la poire passe la pomme,
Garde ton vin, bonhomme.
Si la pomme passe la poire,
Bonhomme, il faut boire.

1036 Poire bouillie
Sauve la vie.

Le poireau

1037 Femme stérile
Mangeant poireau,
Son ventre gros
Devient fertile.
Témoigne d'un symbolisme naïf et clair.

Le pois

1038 Sitôt que les pois sont levés,
Les fols commencent à monter.
Croyance en l'action des plantes sur les personnes. Elle est fondée, ici, sur le préjugé que la fleur des pois ou des fèves rend fou ; voir ci-dessus, n° 1012.

La prune

1039 Les prunes et le melon
Mettent la fièvre à la maison.

Le rosier

1040 Si le rosier fleurit,
Le raisin mûrit.

La salade

1041 Salade bouillie
Rallonge la vie.

Le salsifis

1042 Des salsifis semés par un barbu
Deviendraient branchus.

La sauge

1043 Qui a de la sauge dans son jardin
N'a pas besoin de médecin.
var. : Sauge et lavande, je te dis,
Guérissent toutes maladies.

Le serpolet

1044 Lorsque le serpolet fleurit,
La brebis tarit.

Le thym

1045 Donner du thym,
C'est faire l'amour sans fin.

La valériane

1046 Valériane et pimprenelle
Guérissent la maladie la plus rebelle.

La véronique

1047 L'herbe de la véronique
Au médecin fait la nique.

La vigne

1048 Vignes entre vignes,
Maisons entre voisines.
Voilà un des rares dictons où il est question du type d'habitat.

1049 Vigne trop près d'un grand chemin
À près d'elle un mauvais voisin.

1050 Plante ta vigne de bons plants,
Prends la fille de bonnes gens.
Exemple caractéristique du glissement du dicton vers l'adage ou le proverbe.

1051 Quand la vigne est en fleurs,
Elle ne veut voir ni manant, ni seigneur.

Les astres et les météores, les éléments et les intempéries

Le déclin que subit le culte des saints au XVIe siècle, sous les violentes attaques du protestantisme, fit certainement négliger par maints paysans les invocations à Sainte-Hélène ou à Saint-Loup. Ils portèrent alors davantage attention aux phénomènes naturels et à l'environnement cosmique.

Il est vraisemblable que les nombreux dictons relatifs à la lune, surtout à la lune rousse, soient issus de réactions sectaires.

Au gré de leurs apparitions et de leurs disparitions, de leur durée, les intempéries réagissent les unes sur les autres. L'animisme ne s'exerce plus sur des personnages, mais sur des formes devinées, sur des projections. Astronomes et jardiniers des XVIIe et XVIIIe siècles dénigrent les croyances en la trop grande influence de l'astre lunaire. Décidément, on ne sait plus à quel saint se vouer.

L'arc-en-ciel

1052 Si l'arc-en-ciel paraît,
Trois jours beaux, trois jours laids.

1053 Quand l'arche de Noé trempe dans [l'eau,
Pluie deux jours après au plus tôt.
Arc-en-ciel vers la nuit,
Pluie et vent à minuit.

1054 Arc-en-ciel double ou trop brillant,
De la pluie, encore, comme avant.

1055 Arc-en-ciel du matin
Met la pluie en train ;
Arc-en-ciel du soir
Met la pluie en retard.
var. : Arc-en-ciel du matin
Fait tourner le moulin ;
Arc-en-ciel du soir
Fait mourir l'arrosoir.
var. : Arc-en-ciel du soir,
Du beau temps, espoir.

1056 Arc-en-ciel du soir
Met le bœuf en repos ;
Arc-en-ciel du matin
Met le bœuf en chemin.
var. : Arc-en-ciel du matin,
Bonne femme, mets les vaches en [chemin.
Arc-en-ciel du soir,
Tu verras pleuvoir.

1057 Arc-en-ciel de vêpres
Rend le temps honnête ;
Arc-en-ciel du matin
Met l'eau au moulin.

1058 Arc-en-ciel du matin
Donne à boire à ton voisin ;
Arc-en-ciel du soir
Donne bon espoir.
Les dictons qui tournent autour de l'arc-en-ciel donnent des exemples typiques de leur fragmentation possible. Découpés en tranches, comme l'arc-en-ciel...

L'autan, voir VENT.

La bise, voir VENT.

Le brouillard

1059 Le brouillard du matin
N'arrête pas le pèlerin.
Variante avec *pluie*, voir n° 1209.

1060 Brouillard qui ne tombe pas
Donne, pour sûr, des eaux en bas.

1061 Brouillard dans la vallée,
Pêcheur, fais ta journée ;
Brouillard sur le mont,
Reste à la maison.

1062 Du brouillard dans le croissant
De la lune, c'est beau temps.
Du brouillard dans le décours,
C'est de l'eau dans les trois jours.
var. : Brouillard en croissant,
Beau temps durant.
var. : Brouillard en croissant
Remet le temps.
var. : Après la pluie, s'il vient un brouil- [lard,
Le beau temps viendra sans retard.
var. : Brouillard après un mauvais temps
Indique retour de beau temps.

1063 Léger brouillard blanc
Après mauvais temps,
C'est bon signe pour un moment.

1064 S'il fait brouillard : mortalité ;
S'il fait beau : prospérité.

La bruine

1065 Bruine obscure
Trois jours dure ;
Si plus poursuit,
En dure huit.

1066 Bruine est bonne à la vigne,
Et au blé, la ruine.

La brume

1067 Après la brume,
Vient la plume.

1068 Brume de mer,
Vent de terre.

1069 Brume qui fuit au matin,
Beau temps certain.

Le ciel

1070 Ciel couleur perdreau, beau temps fini.

1071 Midi, ciel vilain,
Minuit, ciel serein.

1072 Quand, le matin, il y a assez de bleu [au ciel

Pour tailler une culotte de gendarme,
On peut voyager sans alarmes.

1073 Ciel rouge au matin
Est un pluvieux voisin.
var. : Rouge du soir dessèche l'étang,
Celui du matin le remplit.
var. : Rouge matin,
Temps chagrin.
Quand rouge est la matinée,
Pluie ou vent dans la journée.
var. : Temps rouge le soir
Laisse bon espoir;
Temps rouge le matin,
Pluie en chemin.
var. : Rouge le soir,
Au temps aie espoir;
Rouge le matin,
Abrège ton chemin.
var. : Rougeur de l'horizon le soir,
Beau temps le jour qui vient;
Rougeur du matin
Amène le carapin.
Dans le patois du Val-de-Bagnes, en Suisse française, le *carapin* est une petite couche de neige.

1074 Ciel rouge le soir, blanc le matin,
C'est le souhait du pèlerin.
Hayet signale que ce dicton s'est « amariné » de la sorte :
var. : Rouge au soir, blanc au matin,
Bon quart partout pour le marin.

1075 Ciel vêtu de laine,
Eau peu lointaine.

1076 Ciel moutonné,
Femme fardée,
Ne sont pas de longue durée.
var. : Ciel pommelé,
Pomme ridée,
Femme fardée,
Ne sont pas de longue durée.
var. : Pommes au ciel,
Femme fidèle,
Ne sont pas éternelles.
var. : Ciel pommelé,
Beau temps passé.
var. : Ciel à gradins :
S'il ne pleut le soir,
C'est le matin.

1077 Ciel bleu foncé,
Vent renforcé.

Le dégel

1078 Un dégel sans pluie
Ne vaut pas une pomme pourrie.

L'éclair

1079 Lorsqu'il fait éclairs
En hiver,
Bientôt neige ou pluie et tempête dans [l'air.

L'étoile

1080 Étoiles pâles, mauvais temps.

1081 Quand les étoiles paraissent épaisses,
On dit que le beau temps ne dure pas.
var. : Grosses étoiles se montrant,
Très lumineuses paraissant,
Du temps annoncent changement.
var. : Ciel très étoilé
N'est pas de longue durée.

1082 Lorsque les étoiles se rassemblent, changement de temps.

1083 Quand les étoiles scintillent fort,
C'est un présage de beau temps en été,
de gelée en hiver.

1084 Si, plus qu'à l'ordinaire, les étoiles gros- [sissent,
C'est de l'eau que bientôt les nuages [vous pissent.
var. : Étoiles plus grosses et en abon- [dance,
Changement de temps prévu à [l'avance.

1085 Étoiles perdant leur clarté sans nuages,
Signe d'orage.
var. : Étoiles brillant peu sans au ciel [un nuage
Disent au matelot qu'il y aura de [l'orage.

1086 Quand le Chemin de Saint-Jacques [tourne contre les Sept Laux,
Il sèche comme des os.
Le Chemin de Saint-Jacques correspond à la Voie lactée, les Sept Laux sont situés en Belledonne, dans l'Isère. Ce dicton, recueilli par van Gennep appartient à la famille de ceux – peu nombreux – qui localisent très précisément les signes du changement de temps.

1087 Le Chemin de Saint-Jacques porte bon- [heur
À tous les navigateurs.

1088 Quand on voit une étoile filante, ce que [l'on pense arrivera.

1089 Vers le bord où file une étoile,
Le vent soufflera dans la voile.

1090 Quantité d'étoiles filant,
Signe de pluie ou de vent.

1091 Étoiles filantes,
Personnes mourantes.

Le feu follet ou feu Saint-Elme

1092 Le feu Saint-Elme allant aux mâts,
Indique du vent grands ébats.

1093 Le feu Saint-Elme sur le pont,
Garez de la mer l'entre-pont.

1094 Feu follet dans le gréement,
Avec le vent du Sud soufflant,
C'est mauvais temps assurément.

À la campagne, et manifestement aussi chez les marins, on croit aux feux follets, dits «chandelles errantes», feux de Saint-Nicolas, de Sainte-Claire ou de Sainte-Hélène. Ils semblent issus de l'antique croyance selon laquelle les démons de l'air empêchent les âmes de monter au ciel en percevant, pour ainsi dire, des droits de passage à l'entrée du paradis. Aussi, sont-ils considérés comme des signes funestes, présages de toutes sortes de malheurs : ils sont briseurs de mâts, destructeurs de navires, dévoreurs d'équipages.

La gelée

1095 Année de gelée,
Année de blé.

1096 Après la gelée,
La lavée.
var. : Blanche gelée,
L'eau est annoncée.
var. : Après trois gelées blanches,
L'eau en avalanches.
var. : Par la blanche gelée,
Souvent pluie est appelée.

1097 Gelée hors saison
Gâte la vigne et la maison.

1098 S'il gèle la nuit, les érables couleront beaucoup le lendemain. (Québécois)

1099 Est à la terre, gelée,
Ce qu'est au vieillard robe fourrée.

1100 Laboure avec la gelée,
Et tu auras une bonne année.

1101 Trois jours de gelée,
Pluie assurée.

1102 Quand il gèle en plein vent,
Tout fend.

1103 La gelée blanche et les bohémiens
Ne restent jamais neuf jours à la même place.

1104 La gelée blanche
Passe sous la planche.

La *planche* est une passerelle rustique établie sur un petit cours d'eau. Les gelées blanches sont souvent suivies de pluies qui grossissent les ruisseaux.

Le givre

1105 Année de givre, année de fruits.

1106 Si tu salues le givre,
Une bonne récolte il livre.

La grêle

1107 Vigne grêlée,
Vigne vendangée.

1108 De grêle n'est mauvaise année
Qu'aux lieux où plus elle est tombée.

1109 Jamais ne grêle en une vigne
Qu'en une autre il ne provigne.

La lune

1110 Aux yeux la lune,
Bonne fortune.

1111 Si la lune brille en clarté,
Le temps sec est apprêté;
Mais la lune aux cercles pâlots
Fait sortir les escargots.

1112 La lune pâle fait pluie et tourmente;
L'argentine, temps clair; et la rou-
[geâtre, vente.

1113 Lune jaune et pisseuse,
Les mers seront pleureuses.

1114 Lune brouillée,
Pluie assurée.

1115 Lune levant ou se couchant
Mollit ou fraîchit le vent.

1116 Lune rouge en se levant
Annonce le vent.

1117 Au lever et coucher de lune,
Veillez les mâts de hune.

1118 Cercle de lune
N'a jamais cassé mâts de hune,
Mais souvent les a bien branlés.
var. : Cerne à la lune
N'abat jamais mât de hune
Car, le voyant,
Le capitaine attend gros vent.

1119 Cornes pâles, pluie;
Cornes nettes, beau temps.

1120 Corne pointue,
Terre fendue;
Corne levée,
Terre mouillée.
var. : Lune qui pend,
Terre qui se fend.

1121 Croissant de quatre jours et corne d'en-
[bas ronde :
Signe de mauvais temps sur la terre et
[sur l'onde.

Corne d'en-bas pointue à quatre jours [de lune :
Plusieurs jours de beau temps sans [casser mâts de hune.

1122 Quand le berger peut pendre sa houlette aux cornes de la lune
Pendant le premier quartier, c'est signe de beau temps.

1123 Ne sème pas dans le croissant, il faucille avant toi.

1124 Quand on taille dans le croissant, les érables coulent beaucoup plus.
Ce dicton est québécois.

1125 Si tu sèmes tes truffes à la lune cornue,
Truffes cornues tu déterreras.

1126 Sème, pour la rendre féconde,
En pleine lune plante ronde.

1127 Planter de l'ail au commencement de la [lune,
C'est vouloir obtenir autant de gousses [dans une tête
Qu'il y a de jours depuis la nouvelle [lune.

1128 En jeune lune, foin coupé
Est de mauvaise qualité.

1129 Laboure en lune nouvelle,
Ta récolte sera belle.

1130 Qui son fumier enterre,
En nouvelle lune doit le faire.

1131 Toute graine semée en nouvelle lune est moitié perdue.

1132 Qui sème en lune tendre
N'a rien à attendre.
On appelle *lune dure* la deuxième partie de la révolution synodique de la lune par opposition à la première révolution dite *lune tendre*.

1133 La vigne taillée en lune jeune fait du bois ;
Taillée en lune vieille, elle donne du fruit.

1134 Sème ta graine au décours,
Elle germera toujours.
On appelle *décours* la phase de décroissance de la lune.

1135 Pour détruire les chardons,
En décours tracez vos sillons.

1136 Ce qui croît au-dessus de la terre doit être semé en lune croissante ;
Ce qui croît au-dessous, en décours.
var. : Plantes qui grainent se sèment en [croissant,
Plantes qui racinent se sèment en [défaillant.

Les Anciens étaient persuadés que l'échappement du germe hors de la graine bénéficie de l'action ascendante de l'astre de la nuit. C'est le principe de magie sympathique : le semblable engendre le semblable. Ainsi, si l'on veut avoir de l'ail bien gros, bien rond, il faut le planter en pleine lune, lorsqu'elle est ronde. Le blé semé en lune dure n'est jamais cassé. Quant à la salade, pourtant légume qui pousse au-dessus de la terre, elle doit être semée au décours, pour qu'elle ne monte pas.

1137 Quand décroîtra la lune,
Ne sème chose aucune.
La période dite « déclin de la lune » précède immédiatement et prépare le croissant, et se nomme parfois, « la lune paresseuse ».

1138 Abats ton bois tendre en cours
Et ton bois dur en décours
Si tu ne veux pas que les vers s'y mettent.
Étant entendu que le « cours » correspond à la période de croissance de la lune, appelée aussi « lune tendre », et le « décours » à la période de décroissance, appelée aussi « lune dure », on ne manquera pas de se souvenir du principe de similitude, constante de la mentalité primitive. Il ne pouvait en être autrement que le bois tendre soit du côté de la lune tendre et le bois dur du côté de la lune dure.

1139 La vache que l'on mène au taureau à la [lune nouvelle
Donne une velle ;
Celle que l'on mène au taureau à la [lune vieille
Donne un veau.

1140 Il faut abattre la truie à la lune vieille
Et le mâle à la lune nouvelle.

1141 Prends du temps la règle commune
Au premier mardi de la lune.

1142 Au cinq de la lune tu verras
Quel temps dans le mois on aura.
La croyance à l'influence des cinq premiers jours de la lunaison est très ancienne. Ne trouve-t-on pas dans les *Géorgiques* de Virgile les vers suivants :
« Le quatrième jour, cet augure est certain,
Si son arc est saillant, si son front est serein,
Durant le mois entier que ce beau jour amène,
Le ciel sera sans eau, l'aquilon sans haleine,
L'océan sans tempête ».
La croyance se perpétue, jusqu'au XIXe siècle, codifiée sous le nom de « règle du maréchal Bugeaud » (1784-1849). Le maréchal n'en aurait pas été l'inventeur, mais aurait reçu la formule d'un moine du monastère de Burgos où il avait séjourné pendant la guerre d'Espagne. Voici une version : « La lunaison tout entière se comporte comme le 5e jour onze fois sur douze, si le temps ne change pas au 6e jour. D'autre part, neuf fois sur douze, le 4e jour détermine le temps du mois, si le temps du 6e jour ressemble au 4e. » L'affaire est d'importance, non pas pour les récoltes, cette fois, mais pour les campagnes militaires.

1143 La lune est périlleuse au cinq,
Au quatre, six, huit et vingt.

1144 Entre le neuf et le dix,
Le mort et le vif.

Dicton de marins. Il faut savoir que le jour de *morte-eau* est le neuvième de la lune, et les *vives-eaux* commencent le dixième jour.

var. : Du huit au neuf,
L'eau ne se meut.

1145 Femme barbue, ainsi qu'au mercredi de [la lune,
De cent ans en cent ans, c'est encore [trop d'une.

1146 Lune rousse
Rien ne pousse.

1147 Lune rousse
Vide bourse.

La *lune rousse* suit Pâques et peut commencer entre le 5 avril et le 6 mai, suivant la date de Pâques. On ne manquera pas de constater la valeur néfaste attribuée à la couleur rousse.

1148 Récolte point n'est arrivée
Que lune rousse ne soit passée.

Elle est ainsi appelée, parce qu'elle roussit les bourgeons et les jeunes plantes, bien que le thermomètre se maintienne au-dessus de 0°. La lunaison commence en avril et a sa pleine lune, soit dans la deuxième moitié du mois, soit dans le courant de mai. Pierre Saintyves constate : « Les Anciens n'ont pas ignoré les grands dangers que courait la végétation hâtive entre les premières et les secondes *Vinalia* (23 avril et 10 mai), où l'on suppliait Jupiter, Vénus et les Pléiades, de protéger les bourgeons de la vigne. Ces supplications, y compris les *Robigalia* (25 avril), où l'on demandait au ciel d'empêcher les jeunes blés de roussir, et les *Floralia* (28 avril-3 mai), où l'on célébrait des jeux en l'honneur de Flore pour la protection des fleurs en général et de celle des arbres fruitiers en particulier, avaient toutes pour but principal de parer aux gelées redoutables de cette époque, autrement dit d'empêcher la 'rouille' *(robigo)* de brûler ou de détruire les bourgeons, les jeunes pousses et les fleurs. »

1149 Tant que dure rousse lune,
Les fruits sont sujets à fortune.

1150 Les gelées de la lune rousse
De la plante brûlent la pousse.

1151 L'hiver n'est point passé
Que la lune rousse n'est déclinée.

1152 Quand la lune rousse est passée,
On ne craint plus la gelée.

1153 La lune rousse sur la semence,
D'ordinaire a grande influence.

1154 Ne crois pas de l'hiver avoir atteint [la fin,
Que la lune d'avril n'ait accompli son [plein.

Cette lune redoutée n'est pas, cette fois-ci et selon la tradition, nommée en fonction de sa couleur, mais de sa place dans l'année.

1155 Lune jaune ou rousse,
Pluie à vos trousses.

1156 Les légumes ne sont de bonne cuite
Que s'ils sont semés en lune vieille.

1157 Il faut toujours semer pendant que la [lune croît,
Et couper ou cueillir pendant qu'elle [décroît.

« Comment expliquait-on cette singulière influence de la lune sur la végétation ? Par un raisonnement fort simple et qui paraissait logique à une époque où la physique végétale n'existait pas. Le voici : s'il est reconnu que la lune produit, par son attraction, un flux et un reflux sur les eaux de la mer, elle doit agir également sur tous les autres liquides ; aussi bien sur la sève des plantes que sur 'l'humeur' contenue dans le sol, laquelle, disait-on, fait croître et multiplier les plantes. À cause de cette double action, la lune était regardée comme propice pendant sa croissance, néfaste pendant son décours, parce que les fluides nécessaires aux plantes devaient abonder ou se raréfier selon ses phases de croissance ou de décroissance » (Georges Gibault, « Les erreurs et les préjugés dans l'ancienne horticulture », extrait du *Journal de la Société nationale d'Horticulture de France*, cahier de mars 1897).

En ce qui concerne plus précisément le dicton cité, on peut penser au fait que, pour Jacques Boyceau, Intendant des jardins royaux sous Henri IV et sous Louis XIII, il n'était pas raisonnable de transplanter un arbre pendant la pleine lune : c'était le moment où la sève affluait dans les branches et, selon lui, le précieux liquide ne manquait pas de s'évaporer ; en revanche, l'opération était bonne pendant le décours, par suite de l'effet contraire de la lune qui, pendant cette période, selon une croyance populaire très répandue, allait jusqu'à vider la moëlle des os.

Ainsi, paysans et horticulteurs avaient l'attention presque constamment monopolisée par la lune. « Presque », car il y avait des jours dits *inlunes* qui correspondent aux deux jours qui précèdent la nouvelle lune et aux deux jours qui la suivent pendant lesquels il était admis que la lune perdait de son pouvoir.

1158 Quand la lune éclaire à la messe de minuit,
Il n'y aura pas de prunes.

1159 Plante tes choux sous la constellation du fumier
Et cuis-les sous celle du lard.

Se dit pour se moquer des donneurs de conseils météorologiques (dicton fribourgeois, *Romania*, 1877, cité par Eugène Rolland).

1160 L'homme étant par trop lunier
De fruits ne remplit son grenier.

Pour une fois, nous avons affaire à un dicton qui n'est pas anonyme. Il est d'Olivier de Serres, agronome du XVIIe siècle. « Jean de la Quitinie (savant jardinier de Louis XIV) et plusieurs autres niaient toute influence de la lune sur la végétation. De même les célèbres agronomes, Olivier de Serres au XVIIe siècle et l'abbé Rozier au XVIIIe, se refusaient aussi à l'admettre et traitaient cette croyance de fable, de préjugé ridicule et de superstition » (G. Bidault de l'Isle).

La mer

1161 Rien ne vaut mieux pour purger
Qu'un verre d'eau de mer.

Les recueils consultés sont muets sur les dictons concernant la mer, à part ce conseil pharmaceutique. Thème proverbial important, la mer ne semble pas donner lieu à beaucoup de dictons.

La neige

1162 De la neige, les flocons,
Sont les papillons de la saison.

1163 On ne voit cygne noir,
Ni nulle, neige noire.

1164 La neige vaut un engrais.

1165 Année de neige emplit le grenier ;
Année sans neige appauvrit le meunier.

1166 Huit jours de neige : fumure ;
Huit jours de plus : pourriture.
var. : Neige huit jours, terre nourrit ;
Mais au-delà, terre appauvrit.
var. : Huit jours de neige, c'est une mère ;
Plus, c'est une belle-mère.

1167 Si la première neige ne prend pas,
De l'hiver elle ne prendra.

1168 Pour que l'année aille comme il se doit,
Il convient que les champs s'enneigent [par deux fois.

1169 Neige qui tombe en temps qu'il faut,
C'est or qui tombe et son prix vaut.

1170 De la neige sur de la boue :
De la gelée avant trois jours.

1171 La neige au blé rend le même service
Que fait à l'homme une chaude pelisse.

1172 Les oignons deviennent gros
S'il neige sur leur dos.

1173 Quand la neige tombe épaisse et mouilleuse,
C'est du sucre qui tombe, c'est une bordée de sucre.
Il faut comprendre « sucre d'érable » et cela se dit au Québec.

1174 Quand il neige sur les monts
Il fait froid dans les fonds.

Les nuages

1175 Nuages sur la montagne
Ne baignent pas la campagne.

1176 Gros nuages,
Temps d'orage.

1177 Nuages livides et noirs,
Tempête et foudre feront voir.

1178 Nuages en ballons :
Vent d'amont.

1179 Barbes de chat aux nuages
Annoncent de vent tapage.

1180 Brebis qui paissent aux cieux
Font temps venteux et pluvieux.

1181 Nuages faits en ballons de laine,
De Nord-Est la voile sera pleine.

1182 Nuages étendus et fouettés,
Annoncent un vent frais entêté.

1183 Quand le bord des nuages frangera,
Grand vent frais durera.

1184 Quand les pompiers montent à Saint-[Quentin,
C'est qu'il pleut le lendemain.
On nomme *pompiers* les petits nuages blancs qui montent de la vallée de l'Isère au flanc des collines, du côté de Saint-Quentin. Exemple assez rare de dicton à localisation précise.

1185 C'est signe de pluie quand les nivolles boivent.
Nivolles : « nuages », dans l'Isère. Il est possible de comprendre ce dicton de la façon suivante : c'est signe de pluie quand les nuages restent accrochés aux flancs des montagnes. Dans l'environnement cosmique, les nuages sont les premiers sur lesquels s'exerce l'animisme de mentalité primitive. Aujourd'hui encore, les enfants jouent à identifier des formes, projections d'eux-mêmes.

1186 Quand les nuages font la pinièra, c'est signe de pluie.
C'est-à-dire quand les nuages s'effilochent sur les forêts des montagnes (le dicton provient, lui aussi, de l'Isère) comme le lin, quand on le peignait.

L'orage

1187 Orage de nuit :
Peu de mal, mais bien du bruit.

1188 Orage du matin
Ruine le vilain.

1189 Jamais d'orage si funeste,
Qu'après quelque chose ne reste.

1190 Quand le blé est en fleurs,
Il faut que les chevaux tremblent à l'écurie
Pour qu'il soit bien grené.

La pluie

1191 Ni pluie, ni vent, ni soleil,
Est temps de demoiselle.

1192 Sécheresse de racine,
De l'arbre fait la ruine.

1193 Du dimanche au matin la pluie,
Bien souvent la semaine ennuie.

1194 La pluie, le vent et les parents,
Après trois jours sont ennuyants.

1195 Petite pluie abat grand vent.
Dicton météorologique à emploi métaphorique proverbial.
var. : Petite pluie abat l'autan,
Et donne grain et vin souvent.

1196 Pluie menue,
Femme barbue
Et chien sans queue,
Sauve qui peut.
var. : Pluie menue,
Femme barbue,
Jamais bon à être connues.

var. : Petite pluie,
Femme à barbe,
Homme sans barbe,
Tenez-vous sur vos gardes.

1197 Sous l'eau, la faim;
Sous la neige, le pain.

1198 C'est signe de pluie
Lorsqu'il fait bleu dans les bois et dans les haies.

1199 Vallon clair et montagne obscure,
La pluie est sûre.

1200 Montagne claire, Bordeaux obscur,
Nous avons la pluie à coup sûr.
var. : Bordeaux clair, montagne obscure,
Le temps se rassure.
Un des rares dictons précisément localisé.

1201 Pluie qui fume en tombant
Dure longtemps.
var. : Pluie qui tombe en fumant
Doit durer longtemps.

1202 Quand il fait beau,
Prends ton manteau;
Quand il pleut,
Prends-le, si tu veux.

1203 Héros, vous ressentez vos blessures?
Annoncez-le, la pluie est sûre.

1204 Les murailles pleurent avant la pluie.

1205 Quand remonte le fond de l'eau,
L'averse suivra bientôt.

1206 Air bas
Sans eau ne passe pas.

1207 Mieux vaut faire le fou
Que de labourer par temps mou.
var. : Qui ne laboure quand il peut,
Ne laboure pas quand il veut.
Il est sous-entendu qu'il vaut mieux ne pas attendre de labourer, crainte de pluie.

1208 Qui n'a pas de bœufs
Laboure quand il pleut.
« La pluie, par elle-même, régénérera la terre que le cultivateur sans attelage ne pourrait retourner, aérer, effriter. Il lui suffira de biner les plus grosses mottes à la bêche ou à la houe pour mettre le sol en état d'y semer le grain » (G. Bidault de l'Isle).

1209 Pluie matinale
N'est pas journale.
Ne dure pas toute la journée.
var. : Pluie du matin
N'arrête pas le pèlerin;
Pluie de midi
L'envoie dormir.
Voir le n° 1059 : le brouillard.

1210 Pluie du matin
N'a jamais submergé un moulin.

1211 Si la pluie précède le vent, veille aux [drisses;
Si la pluie vient après le vent, borde et [hisse.
Ce dicton concerne la marine à voile.

1212 Pluie de bise
Mouille la chemise.

1213 S'il pleut le jour du mariage,
Les écus rentreront dans le futur [ménage.
var. : De l'eau sur la mariée,
De l'or dans le panier.
(*ou* : un fils premier né).

1214 Lorsqu'il pleut le jour des noces,
Bientôt les époux se rossent.

1215 Qui se marie avec la pluie
Toute l'année pleure.

1216 S'il pleut avant la messe,
De toute la semaine il ne cesse.
var. : S'il pleut le dimanche avant la [messe,
Toute la semaine sera épaisse.
var. : Si, pendant la messe, il tombe une [rosée,
Toute la semaine sera noyée.

1217 Quand il pleut sur la Cène,
L'on fait son foin sans peine.
La *Cène* ici désigne le Jeudi saint.

1218 Rien n'annonce le beau temps comme la pluie.
var. : Après la pluie, le beau temps.
L'emploi de cette variante est, la plupart du temps, métaphorique. Elle veut dire qu'après une période néfaste ne peuvent suivre que des temps meilleurs.

La rosée

1219 Rosée matutine,
Pluie serotine.
Appellations, l'une latinisante, l'autre fantaisiste, pour « du matin » et « du soir ».

1220 La rosée de la matinée
Vit toujours la bergère mouillée.

Le soleil

1221 Soleil qui joue à cache-cache avec les nuages,
Eau à plein brocs.

1222 Soleil qui pompe l'eau,
La pluie pour bientôt.

1223 Chaude raie,
Pluie mouillée.
Raie ou *rayée* désigne un mince faisceau de rayons du soleil qui se glissent dans un ciel nuageux et paraissent particulièrement chauds.

1224 Pas de samedi sans soleil.
On dit qu'il y a toujours un rayon de soleil le samedi pour que la Sainte Vierge puisse faire sécher la chemise du dimanche du petit Jésus.

1225 Le soleil fait, par excellence,
Le samedi la révérence.

1226 En hiver comme en été,
Jamais samedi ne s'est passé
Que le soleil n'y ait mis son nez.

1227 Plutôt vieille sans conseil
Que samedi sans soleil.

1228 Si le soleil se cache dans le sac,
On peut être assuré d'un beau lendemain.
L'image du soleil qui « se cache dans le sac », c'est-à-dire qui disparaît dans les nuées un peu avant son coucher, vient du Val-de-Bagnes, en Suisse romande.

1229 Soleil rouge promet de l'eau,
Et soleil blanc fait le temps beau.

1230 Là où entre le soleil,
Le médecin n'entre pas.

La terre

1231 Terre bien cultivée,
Moisson presque arrivée.

1232 Le meilleur engrais de la terre
Est le pied du propriétaire.

1233 À la terre n'est rien pire
Que ce que charretier désire.
À savoir la sécheresse.

1234 Tu n'emploieras ton labeur
Qu'en terre de bonne senteur.

1235 Terre dont la chaux fait le lard
Ne produit que pour le vieillard.

1236 Terre de mauvaise aventure,
Quand il pleut elle devient dure,
Au soleil elle se fait molle,
Au moindre vent elle s'envole.

1237 Noir terrain porte grain et bien,
Le blanc terrain ne porte rien.

1238 Terre noire fait du bon blé,
La blanche fait l'épi grainé.

Le tonnerre

1239 Tant tonne qu'il pleut.
Emploi métaphorique et proverbial, voir *vent*, n° 1246.

1240 Tonnerre en bruit continuel
Annonce fort vent sans pareil.
var. : Le tonnerre au matin,
De vent signe certain.

1241 Tonnerre au soir présage
Un pluvieux orage.

1242 Si tonnerre un seul coup fait sonner sa [trompette,
Vous aurez tempête complète.

1243 Tonnerre de midi
Amène la pluie.

Le vent

1244 Le vent n'est bon qu'à faire marcher navires et moulins.

1245 Dis-moi les vents,
Je te dirai tous les temps.

1246 Tant vente qu'il pleut.
Emploi métaphorique, voir *tonnerre*, n° 1239.

1247 Par vent et nue,
L'air se remue.

1248 Jour de vent,
Jour de tourment.

1249 Si, contre la vague, la mer frise,
Saute de vent vient en surprise.

1250 Vent d'autan
S'en va voir son père malade et revient [en pleurant.

1251 Le vent d'autan,
Le père des vents.

1252 Lorsque souffle le vent d'autan,
Jamais il ne gèle tant.

1253 L'autan du printemps
Dérange le temps.
Celui de l'automne,
Le beau temps donne.

1254 Le vent marin, comme le gueux, porte toujours la gourde.

1255 Vent au visage
Rend marin sage.

1256 Suroît le doux,
Quand il se fâche, est le plus fou.
var. : Vent de Sud-Ouest qui fait le doux,
Quand il se fâche est des plus fous.

1257 Dans un coup de Suroît,
Veille l'aube de la saute au Noroît!

1258 Vent de Noroît et belle putain
Ne se lèvent jamais matin.

1259 Vent du Nord,
Poisson dans tous les ports.

1260 Vent de montagne, fille de cabaret
Ne pâtissent jamais de soif.

1261 Vent d'Albion,
Vent de grêlon.
C'est un vent de nord-ouest, qui vient, comme son nom l'indique, d'Angleterre.

1262 Vent de nord-ouest, balai du ciel,
Beau temps après un arc-en-ciel.

1263 Lorsque souffle le vent de bise,
Il perce la peau et la chemise.
La *bise* est un vent du nord-est.

1264 Quand il fait de la bise,
Il en pleut à sa guise.
var. : L'eau qui vient de bise
Tombe à sa guise.

1265 Si la bise perd son chapeau,
Il fera beau.
On nomme *chapeau de bise* un temps sombre, mais avec des nuages hauts.

1266 Si la bise vient du couchant,
La pluie arrive incontinent.

1267 Quand la pluie vient de bise,
Il en choit tant qu'on s'en avise.

1268 Vent d'ouest amène la pluie;
L'été, la sueur, il l'essuie.

1269 Vent de Givet,
Rien au filet.
« Les pêcheurs des bords de Meuse disent que c'est un présage de mauvais temps et spécialement d'orage, lorsque le poisson mord plus vite. Si le poisson ne mord pas, c'est que le temps va changer, amené par le vent » (L. Dufour).

1270 Le vent n'est ni chasseur,
Ni pêcheur.

1271 Vent de soulaire,
Gibier sous terre.

1272 Le vent de soulaire
Fait geler six pieds sous terre.

1273 Ouvre ta fenêtre à aquilon et orient,
Ferme à midi et occident.

1274 Quand la lampe met son chapeau,
Le vent nous apporte de l'eau.
La lampe forme au-dessus du manchon une croûte de noir de fumée; c'est ce que les paysans appellent le *chapeau* de la lampe. C'est le seul dicton rencontré, qui mette en scène un ustensile de l'environnement quotidien.

1275 Il faut faire tourner le moulin
Lorsque le vent souffle.

1276 Suivant le vent, il faut mettre la voile.
Ce dicton, comme le précédent, a un emploi métaphorique.

1277 À vent d'orage, point d'abri;
À pauvre homme, jamais d'ami.
Le dicton météorologique glisse vers l'adage.

chapitre III

LES PROVERBES LOCAUX ET HISTORIQUES

Pour notre sélection, le proverbe local ou historique se distingue du sobriquet ou blason, de la comptine et de la comparaison. Bien que les uns et les autres remplissent des fonctions voisines, il est commode de les distinguer, vu leur nombre impressionnant. « Sous le nom de Blason populaire, on désigne l'ensemble des qualificatifs que les habitants d'un pays, d'une province, parfois d'une commune ou d'un village, adressent à leurs voisins. Il y en a de différentes sortes; les uns sont la simple constatation, sans épigramme, d'une qualité réelle ou supposée; d'autres font allusion à un fait local (ou supposé tel), généralement comique. » (Paul Sébillot, *Le Blason libre de la France*). Exemple de blason : les gens de Dinan appellent ceux de Plénan-le-Petit : « les mangeurs de pâté de nouvettes » (la nouvette est un insecte). La plupart du temps, le voisin ainsi interpellé a une réponse toute prête qu'il lance par-delà le mont ou la rivière. Cela s'appelle « blasonner ». Le jeu consiste à se « traiter de tous les noms » ou à faire rimer un adjectif avec une expression dépréciative : « Angevin, sac à vin ».

La comptine déroule ses rimes, évolue en méandres de ville en ville, de hameau en hameau, effectue un parcours régional dépréciatif ou laudatif :

Pour du bon lait, Coëmieux
Vaut mieux;
Saint-Eran
Va devant;
La Poterie
En est marrie.

Quant à la comparaison, elle ne se suffit pas à elle-même et attend de s'intégrer à une phrase : « C'est la cloche de Batterans, qui ne la voit l'entend », se dit d'une femme acariâtre, qui crie toujours. Ou encore : « Il avait affaire là comme Monsieur d'Orbandel à la Saint-Gourgon », qui est une allusion aux insultes que reçut un grave magistrat dans une fête de village où sa présence était tout à fait inutile.

S'ils s'inscrivent parfois précisément dans l'histoire, au point de n'être compréhensibles qu'accompagnés d'une explication, les proverbes locaux s'ancrent en effet dans l'espace. Il s'agit d'avoir sa place et de la marquer.

Les pierres blanches, repères posés au carrefour, sont assez décevantes, si l'on s'attend, comme l'existence d'une géographie mythique de la

France pourrait le faire accroire, à des références poétiques et des balises merveilleuses. Point de lutins, point de salamandre, point de Mélusine, point de Chat botté : le registre adopté est celui de la revendication, non celui du mythe et de la légende. Toujours localisé, le proverbe gagne, par la parole, la place du lieu-dit. C'est le voisin que l'on vise, voisin immédiat, car ce proverbe ne voyage que sur de petites distances, d'une localité à l'autre, d'une province à l'autre. Quel qu'il soit, le voisin est tourné en dérision ou critiqué, au moyen de procédés faciles, soit en banalisant son nom dans un rapprochement dérisoire, soit en le vulgarisant par des similitudes grossières. Il n'est, ni plus ni moins, qu'une forme élaborée et circonstanciée du traditionnel « bisque - bisque - rage ». Tandis que certains proverbes ne tendent qu'à l'identification simple par la délimitation ou la caractérisation d'un territoire, la plupart n'arrivent à imposer leurs créateurs qu'au prix du dénigrement et du rapport de forces.

Aussi, le proverbe local ou historique, à l'inverse du dicton, n'est pas serein. Le dicton va tranquillement d'une saison à une autre, d'une fête à une autre, dans l'assurance de leur existence et dans la certitude de leur retour. Bien que certains mythes, comme celui d'Orphée, reposent sur l'inquiétude du non-retour possible, sur l'angoisse d'un soleil qui ne se relèverait pas, on peut affirmer que le dicton n'en tient pas compte et qu'il s'appuie sur le temps en toute confiance de résurrection. Le proverbe local, qui s'élabore et se meut dans la revendication de limites géographiques aux contours mouvants, soumises à des variations toujours possibles, est souvent agressif[1]. Ce n'est d'ailleurs pas un hasard si les blasons normands et bretons sont les plus nombreux. Et, si le jeu sur les rimes est effectivement un jeu, le rire qu'il engendre est jaune et grinçant. En cela, il est fondamentalement différent du dicton qui est gratuit et ludique. Les rixes rituelles de l'été, dans les villages de montagne, entre jeunes gens à marier, si elles n'avaient pas toujours la conclusion tragique de celle des amants de Vérone, n'en étaient pas moins sérieuses et brutales. La conquête de la fiancée – revendication d'une autre sorte de territoire, dans une perspective machiste – démarre comme un jeu et, agacée par la rime titillante du sobriquet et du blason, finit par agir sur les nerfs du destinataire ; cette persécution verbale a alors la même fonction que les cris de la foule destinés à augmenter la combativité du boxeur ou du catcheur. Si nous suivons la classification de Roger Caillois dans *Les Jeux et les Hommes* (Gallimard, 1967), le « proverbe local » fait partie de l'« agôn ».

Étrange constat : les proverbes sur l'espace sont agressifs, donc angoissés. Alors que le dicton joue sans angoisse sur le temps, le proverbe local, se fondant sur le statique spatial, évolue dans une inquiétude constante. Sans répit, ce proverbe du tangible déroule son angoisse, comme si la marge de liberté offerte par l'espace ne pouvait engendrer que l'hostilité et le dénigrement.

1. Il semble qu'il le soit plus en France qu'en Angleterre ou en Espagne, où des formules laudatives ont aussi cours.

Abbans, Doubs

1278 Ni bonnes gens,
Ni bon vent,
Ne sont sortis d'Abbans.

Même dicton pour Falaise, le Morvan.

Acey, Jura

1279 Il n'y a pas de moine à Acey
Qui n'ait sa gouine à Bresilley.

Guenée, guenau, gouine, gueuné, gounie, gounille, s'emploient pour désigner une femme malpropre, au physique comme au moral, et par extension une femme de mauvaise vie. L'emploi de « gouine » au sens de lesbienne est récent.

Les Bénédictins de l'abbaye d'Acey étaient fameux pour leurs débordements, et les filles de Bresilley n'avaient pas une grande réputation de vertu. Ce genre de plaisanterie anti-monacale se retrouve partout où il y a un couvent d'hommes.

Andelarre, Haute-Saône

1280 Andelarre
Andelarrot,
Les femmes n'y valent pas un pot.

Angers

1281 Angers,
Basse ville et hauts clochers,
Riches putains, pauvres écoliers.

Alençon, Orne

1282 Alençon,
Petite ville, grand renom,
Habit de velours et ventre de son,
Plus de cocus que de maisons.
La première partie de ce proverbe s'explique par le fait que, à une époque donnée, les habitants d'Alençon se sont privés des nécessités du confortable pour les vanités du luxe.
var. : Alençon,
Petite ville, grand renom,
Autant de putains que de maisons,
Et si elles étaient bien comptées,
Autant que de cheminées.

Alménèches, arrondissement d'Argentan

1283 Comme dans le pré salé d'Alménèches,
L'herbe qui se couche peut se [redresser.
Ce proverbe est une *équivoque* : il repose sur le rapport qui existe entre Alménèches et Allemand.

Asnières, Normandie

1284 À Asnières, Louvières et Veret,
Plus de putains que de vaches à lait,
Vierville, Colleville et Saint-Laurent
En fourniraient bien autant.

Angleterre

1285 D'Angleterre
Ne vient bon vent ni bonne guerre.

Arc-sous-Cicon, Doubs

1286 Arc-sous-Cicon,
Petite ville, grands fripons.

Armançon

1287 Armançon, ainsi de nom,
Mauvaise rivière et bon poisson.

Aubervilliers

1288 Choux pour choux, Aubervilliers vaut bien Paris.
Veut dire qu'une personne en vaut bien une autre.

Auvergne

1289 Les Auvergnats et Limousins
Font leurs affaires, puis celles des voi- [sins.

Avignon

1290 Il n'est palais qu'en Avignon.
Un des rares dictons laudatifs.

Baguelande, hameau des Andelys

1291 Quand on est à la Baguelande,
Plus on recule, plus on avance.
« Plus on s'éloigne de la Baguelande, plus on se rapproche soit des Andelys, soit de toute autre localité circonvoisine de la Baguelande. C'est une vérité de La Palisse, qui pourrait être applicable à tous les points de l'univers » (Alfred Canel).

Basque

1292 Tous les Basques iront au ciel :
Le diable lui-même n'entend rien à ce qu'ils disent.

Beauce

1293 Gentilhomme de Beauce déjeune de bâiller,
S'en trouve bien et n'en crache que mieux. Rabelais, *Gargantua*, chap. XVI.

1294 Gentilhomme de Beauce
Reste au lit quand on raccommode ses [chausses.
var. : Gentilhomme de Beauce
Reste au lit, faute de chausses.
La Beauce est le symbole de la richesse foncière ; ce qui n'a pas empêché l'ironie de s'exercer aux dépens de la petite noblesse jouissant de revenus peu importants, mais désireuse de paraître au-dessus de sa véritable condition.

1295 Gentilhomme de Beauce
Une épée pour trois, un cheval pour deux.

1296 Beauceron tant que tu voudras...
Pas plus loin que le ruisseau de Gas.
Le ruisseau de Gas prend sa source à l'étang de Gas et se jette dans la Voise après avoir arrosé les communes de Gas et de Houx, canton de Maintenon.

Beaune, Bourgogne

1297 Il n'est pain que de froment ;
Il n'est vin que de Beaune.

Beauvais

1298 Gens de Beauvais, avant de casser vos œufs
Taillez vos mouillettes.
Ce qui signifie : « Prenez vos précautions ».

Bec-Hellouin, Normandie

1299 De quelque côté que le vent vente,
L'abbaye du Bec a rente.

Bernières-sur-Mer

1300 À Bernières sur la mer fut prise la [grande baleine
De cinquante pieds de long : la lon- [gueur n'est pas vilaine.
Cet exploit se situe au XVIe siècle.

Besançon, Doubs

1301 Orgueil et Folie
Sont deux Carolus de Besançon.
Les deux Carolus de Besançon sont Charles le Téméraire et Charles Quint.

1302 À Besançon, on n'y voit que des soldats [ou des putains,
Des curés ou des chiens.

Betton, nord-est de Rennes

1303 Les filles de Betton
N'ont ni fesses, ni tétons.

Blanc-Moutier, Normandie

1304 Quand tu verras le Blanc-Moutier,
Prends garde au rocher !
« Ce dicton des matelots du Bessin s'applique à l'église de Fresné-Saint-Côme et au rocher du Calvados, sur lequel on suppose que se brisa, en 1588, un vaisseau espagnol nommé 'Le Calvados' (ou plutôt 'le Salvador'), qui faisait partie de la Grande Armada envoyée par Philippe II contre la reine Élisabeth » (Alfred Canel).

Boissi-Lamberville, arrondissement de Bernay

1305 Il est fête à Boissi, voilà Morçan qui sonne.

Bonneville, Picardie

1306 Bonneville, bonnes gens,
Grande marmite, rien dedans ;
Belles filles à marier
Sans rien à leur donner.

1307 À Bonneville-la-Louvet,
Plus de putains que de vaches à lait ;
Et de l'autre côté de la rivière,
Plus de vaches annoulières.
On appelle *vaches annoulières* les vaches qui n'ont pas eu de veau dans l'année et que l'on met à l'engrais pour la boucherie.

La Bouille, arrondissement de Rouen

1308 À la Bouille, on ne trouverait pas un honnête homme
Pour courir après un fripon.
Le nom du lieu est, il est aisé de l'imaginer, propice aux sobriquets.

1309 Qui n'a pas vu la Bouille n'a rien vu.
Alors que la Bouille est une infime bourgade.

Boulogne

1310 Qui va à Boulogne
Prend la fièvre ou la rogne.

Bouquetot, arrondissement de Pont-Audemer

1311 Fussiez-vous belle comme la Vierge de [Bouquetot, Marie,
Si vous n'avez pas d'écus, vous ne serez [pas ma mie.
« Une comparaison répandue dit : 'Elle est comme la Vierge de Bouquetot ; elle n'a ni cul, ni ventre, ni tétons'. Elle s'applique aux femmes dont la conformation est par trop maigre. Elle nous révèle que la statue de la Vierge conservée dans l'église de Bouquetot est un bien triste échantillon de sculpture. Mais, si cette statue n'est qu'un bloc informe, en revanche elle était jadis très richement vêtue » (Alfred Canel).

Bray, Saine-et-Marne

1312 Un essaim du mois de mai
Vaut une vache à lait.
var. : Un essaim du mois de mai
Vaut une vache du pays de Bray.

Bourgogne

1313 Parler de Bourguignon,
Parler de cochon.

1314 La dévotion
D'un bourguignon
Ne vaut pas un bouchon.

1315 Quatre-vingt-dix-neuf pigeons et un Bourguignon
Font cent voleurs.

Boves, Picardie

1316 Le château de Boves,
Belle montre et peu de chose.

Bretagne

1317 Qui fit Breton
Fit larron.

1318 Qui a Bretagne sans Jugon
A chape sans chaperon.

Brie

1319 Tant en Brie qu'en Champagne,
Il n'a du pain qui ne le gagne.

Brusnily, canton de Dinan

1320 À Brusnily,
Ils tuent la navette entre deux nombrils.

La *navette* est un insecte qui affectionne la fougère qui croît dans cette région.

Caen

1321 Si tu veux être heureux
Va entre Caen et Bayeux.
var. : Entre Caen et Bayeux,
Mets-toi, si tu peux.

Ces deux distiques font allusion à la fertilité des campagnes situées entre ces deux villes.

Candes, Indre-et-Loire

1322 Entre Candes et Montsoreau
Il ne repaît vache ni veau.

Déjà cité pas Rabelais, 1, IV, chap. XIX.

Cendrey, Doubs

1323 Les vaches de Cendrey
N'ont point de pé.

Pé = pis. Le proverbe s'applique tant aux vaches... qu'aux femmes.

Chamboi, arrondissement d'Argentan

1324 Deux tousés et un pelé font le marché de Chamboi.

Tousé veut dire tondu. Une locution est très employée en Normandie pour désigner une réunion peu nombreuse et mal choisie : « Ils étaient deux tousés et un pelé ».

Champagne

1325 Quatre-vingt-dix-neuf moutons et un Champenois
Font cent bêtes.

Chartres

1326 Le chanoine de Chartres
Peut jouer aux dés et aux cartes.

Chaudefontaine, Doubs

1327 Chaudefontaine,
Telle mitaine.
var. : Chaudefontaine,
Tosse-mitaine.

C'est-à-dire que les habitants y sont si malheureux qu'ils en sont réduits à se sucer les pouces.

Chaux de Dombief, Jura

1328 Au Chaulieu ne te fie;
S'il ne te trompe, il s'oublie.

Chevannes, Nièvre

1329 Chevannes les pots d'eau,
Plus de putains que de crapauds.

Coémieux, Picardie

1330 Coémieux,
Il y a mieux.

Conturbie, arrondissement de Mortagne

1331 Conturbie, Brésolettes et Prépotin
Ne peuvent, à elles trois, nourrir un [lapin.

Allusion à la stérilité du sol de ces trois localités.

Cordillon, arrondissement de Bayeux

1332 Le vent vient du côté des pisseuses de Cordillon,
Il pleuvra bientôt.

Les *pisseuses de Cordillon* désignent les femmes du couvent de ce lieu. Ce dicton est employé par les gens de Caen au moment où le vent se met à souffler de l'ouest; et on sait que les vents d'ouest amènent la pluie.

Coulandon, Normandie

1333 Des filles de Coulandon,
La chemise passe le jupon.

Elles avaient, en effet, la réputation de s'habiller très court.

Coulonche, arrondissement de Domfront

1334 À la Coulonche,
Ils sont tous onches.

« *Onche* peut signifier 'travailleur', si on le considère comme ayant la même origine que le mot *onchine*, usine, fabrique, manufacture » (Alfred Canel).

Courteille, Faubourg d'Alençon

1335 À Courteille, on pèse les œufs.

Voici l'explication donnée par Jean-François Bladé : « Courteille est habité par une population de tisserands et de filottiers. Pour peser leur fil, ils portent presque toujours avec eux une romaine (vous connaissez ce petit instrument à peser que nous avons emprunté aux conquérants de la Gaule, et dont l'usage a survécu à leur puissance, le nom à leur mémoire). À la moindre contestation sur le poids d'un objet quelconque, l'habitant de Courteille s'empresse de tirer sa romaine de sa poche et de la mettre en action. De là le proverbe. »

Courtonne, arrondissement de Lisieux

1336 Il est de Courtonne :
Tout le monde lui donne.

Ce n'est manifestement que la rime qui a pu inspirer ce dicton.

1337 C'est un pet de Courtonne,
Ceux qui les font les donnent.

« Ceci est une de ces grosses paillardises dont les habitants de la campagne font un si fréquent usage; et il ne faut pas croire que les mystifiés à qui on l'adresse, à l'occasion, la laissent tomber à terre sans l'honorer d'un mot de réplique. À pareille apostrophe, la réponse sacramentelle est celle-ci : C'est un pet de Lisieux, ceux qui les font les font pour eux » (Alfred Canel).

Coutances

1338 À Coutances,
Tout le monde danse.

Cussy, arrondissement de Bayeux

1339 La noblesse de Cussy,
La soupe et le bouilli.
Le proverbe vise la pauvreté volontaire, résultat d'un préjugé féodal. « À côté des gentilshommes à grandes propriétés, il y en avait d'autres qui mouraient de faim et que, cependant, un sot orgueil empêchait de recourir à un travail quelconque pour améliorer leur sort. C'est à ce travers de vanité nobiliaire, aussi bien qu'à la misère qu'il engendrait, que ce proverbe fait allusion » (Alfred Canel).

Dauphiné

1340 Dauphinois,
Fin matois,
Ne vous y fiez pas.

1341 Si le Dauphiné était un mouton,
Tullins en serait le rognon.
Le proverbe indique la grande fertilité et la richesse des environs de Tullins.

Dijon

1342 Il n'est ville sinon Dijon ;
Il n'est moutarde qu'à Dijon.

Domfront, Orne

1343 À Domfront, on pend les gens sur la mine.
var. : À Domfront, l'enterrement se paie en même temps que le baptême.
Les nombreux pendus de cette ville ne faisaient pas l'affaire des curés qui se voyaient souvent privés du casuel des enterrements. L'un d'eux trouva une astuce pour remédier à ce mal : faire payer l'enterrement en même temps que le baptême.

1344 Domfront, ville de malheur,
Arrivé à midi, pendu à une heure.
Ce dicton est suffisamment répandu pour qu'il ne soit pas vain de le commenter un peu longuement. Ses origines sont obscures, mais Alfred Canel rapporte ceci : « Il y a longtemps, bien longtemps, quatre chaudronniers de Villedieu venant ici rencontrent un monsieur qui s'était égaré, et qui les pria de lui indiquer le chemin de Domfront. Ils lui dirent qu'ils y allaient eux-mêmes et qu'il l'y conduiraient. L'un des chaudronniers s'approcha de lui et lui mit son paquet sur le dos pour se payer de lui avoir indiqué son chemin. Les trois autres en firent autant ; de sorte que le monsieur était chargé de quatre paquets et marchait avec peine (...). Ils arrivèrent enfin à midi sonnant. À peine furent-ils entrés dans la ville, que tout le monde entourait le Monsieur : c'était le roi ! Les quatre chaudronniers furent à l'instant livrés à la justice, qui les jugea sans délai. Arrivés à midi, ils furent pendus à une heure ».
var. : Domfront, ville de malheureux,
Arrivé à une heure, pendu à deux.

Douet-Artus, arrondissement d'Argentan

1345 Les sorciers du Douet-Artus font plus de tours que de miracles.

Drôme, rivière du Calvados

1346 La rivière de Drôme,
À tous les ans cheval ou homme.
Car c'est une rivière dangereuse.

Ebey, Doubs

1347 Quand les épines blanches fleurissent,
Tous les fous d'Ebey se réunissent.

Espagne

1348 Six seigneurs, quatre Espagnols,
Font dix diables en France.

1349 On fait plus de chemin en Espagne
Pour dix écus qu'en France pour cent.

1350 L'Espagnol dit qu'il vaut mieux porter
Ses chausses rompues que rapiécées.

Évreux, Eure

1351 Évreux,
Petites gens et gens moqueux.

Falaise, Calvados

1352 De Falaise, il ne vient ni bon vent,
Ni bonnes gens.
C'est à Caen que l'on s'exprime ainsi. L'origine de ce proverbe est très lointaine. En 1127 fut fondé un établissement de charité sous les murs de la ville et « Un jour, pendant les rigueurs de l'hiver, deux pauvres arrivèrent à Falaise et, ayant cherché l'hospitalité dans la ville, ils ne purent l'obtenir. Ils en sortirent et vinrent dans un lieu nommé Bocci, où personne ne voulut encore les recevoir. Ces hommes, apercevant la grange d'un bourgeois nommé Godefroi, fils de Rou, brisèrent la porte et s'y réfugièrent. Ils y allumèrent ensuite du feu et, ayant préparé de la farine qu'ils avaient, ils en firent du pain qui fut cuit sous la cendre. Mais l'un d'eux ne put y goûter et, pendant la nuit, il mourut. Godefroi éleva un hôpital et une église sur le lieu où avait existé la grange » (Alfred Canel). Cf. *Abbans*, n° 1278.

Fécamp, arrondissement du Havre

1353 De quelque côté que le vent vente,
L'abbaye de Fécamp a rente.

Flamarens, département du Gers

1354 Le château de Flamarens,
Beau dehors, laid dedans.

Flandres

1355 Qui va en Flandres sans couteau,
Il perd de beurre maint morceau.
Leroux de Lincy fait remarquer que ce proverbe fait allusion à l'ancien usage de la Flandre et de toute l'Allemagne, qui consistait à porter avec soi un étui renfermant un couteau et une fourchette, ce qui fait que l'on ne trouvait ni l'un ni l'autre dans les auberges.

France

1356 Quand le Français dort, le diable le berce.

1357 Cour de France et cour romaine
Ne veulent de brebis sans laine.

1358 Roux Français, noir Anglais et Normand de toute taille,
Ne t'y fie si tu es sage.
On soulignera la connotation dépréciative attachée au roux et au noir, fondement d'un racisme.

1359 Trop de châteaux en France et, de là, trop de pauvres.

1360 France est un pré
Qui se tond trois fois l'année.
Allusion aux levées répétées des impôts, qui aurait son origine dans une réponse du roi François Ier à l'empereur Charles V, lequel ayant demandé combien il levait par an sur son royaume, François Ier lui dit : « Mon royaume est un pré, je le fauche quand je veux ».

Gascogne

1361 Garde-toi d'un Gascon ou Normand,
L'un hâble trop, l'autre ment.

Glamondans, Doubs

1362 Glamondans,
Grandes dents,
Bonne terre, méchantes gens.

Granville, Manche

1363 Granville, grand vilain,
Une église et un moulin,
On voit Granville tout à plein.

Grenoble, Isère

1364 L'Isère et le Dragon
Mettront Grenoble en savon.
On dit aussi *en sablon*, c'est-à-dire en plaine de sable. L'Isère et le Drac sont deux rivières qui, de tout temps, ont fait de grands ravages dans la plaine de Grenoble et qui l'ont menacée d'anéantissement. Drac et dragon sont ici assimilés. « L'imagination populaire a peuplé les rivières de dragons fabuleux. Les eaux sont tantôt fécondantes et tantôt dévastatrices. Les dragons qui les incarnent sont ambivalents. On fête la Tarasque le 3e jour des Rogations » (Henri Doutenville, *Histoire et géographie mythiques de la France*, Maisonneuve et Larose, 1973).

La Capelle

1365 Les rues de La Capelle sont pavées de têtes de vaches.
« Le hameau de La Capelle est habité par un nombre assez considérable de pauvres gens qui, faute de mieux, ne s'approvisionnent, aux boucheries du bourg, que de bas morceaux, et principalement de têtes de vaches » (Alfred Canel).

Lambale, arrondissement de Saint-Brieuc

1366 À Lambale,
Ils mangent des balles.

Langres

1367 Qui a maison à Langres,
Il a château en France.

La rivière, hameau des Andelys

1368 Le manant de La Rivière
Emprunte jusqu'à la bière.
Les habitants de ce hameau étaient des mendiants.

La Sauvagère, hameau des Andelys

1369 À la Sauvagère
Ils sont tous hères.
Hère vient de *haeres :* héritier ; le mot n'est pris en mauvaise part que dans « pauvre hère » : « pauvre héritier ».

La Vacherie, hameau des Andelys

1370 Où est la Vacherie
Se trouve la laiterie.
Les habitants de ce hameau approvisionnent de lait la ville des Andelys.

Lavit, chef-lieu de canton, Tarn-et-Garonne

1371 Terre de Lavit,
Grand peine, petit profit.

Le Bec, Normandie

1372 Le Bec le Riche, Jumièges l'Aumônier,
Grestain le Gourmand,
Saint-Wandrille-le-Putassier.
Le Bec-Helloin, Jumièges et Saint-Wandrille sont de célèbres abbayes.

Le Mans

1373 Du Mans, le pays est bon,
Mais aux gens ne se fie-t-on.

Le Mesnil, hameau des Andelys

1374 Les manants du Mesnil
Prennent les œufs et laissent le nid.
Des accusations de maraudage étaient portées contre les habitants de ce hameau.

Lengronne, arrondissement de Coutances

1375 À Lengronne,
Tout le monde donne.
Lengronne est pourtant une commune de cette Normandie où tout le monde prend, s'il faut en croire les mauvaises langues... Mais que de concessions ne ferait-on pas, pour la rime !

Lisieux, voir COURTONNE.

Longuemare, hameau des Andelys

1376 Aux plaids de Longuemare,
On juge tôt, on juge tard.
Il n'était pas rare, avant la Révolution, de rencontrer des juges ou trop lents ou trop expéditifs.

Lorraine

1377 Lorrain,
Vilain,
Traître à Dieu et à son prochain.
var. : Lorrain,
Mauvais chien,
Traître à Dieu et à son prochain.

Lot

1378 Qui passe le Lot, le Tarn et l'Aveyron,
N'est pas sûr de revenir à la maison.

Lourdes

1379 Les filles de Lourdes
Et celles de Cauterets
Prennent, à la file,
Les amants par trois.

Lyon

1380 À Lyon,
La Saône perd son nom.

Marmande, chef-lieu d'arrondissement, Lot-et-Garonne

1381 Marmandais au sac,
Mange raves sauvages et chie tabac.
On cultive le tabac dans cette région où les gens sont accusés d'avarice.

Marolle, Sambre

1382 Pucelles qui viennent de Marolle,
On les prend à tour de rôle.

Matignon, arrondissement de Dinan

1383 Matignon,
Petite ville et grand renom.

Mesnil-Jean, arrondissement d'Argentan

1384 Au Mesnil-Jean,
Plus de pain d'orge que de froment.

Montboillon, Haute-Saône

1385 Montboillon, sale village,
Où l'on fait de sale fromage.

Montbozon, Haute-Savoie

1386 À Montbozon
Il faut trois hommes pour arracher un [oignon.

Montcontour, arrondissement de Saint-Brieuc

1387 Montcontour,
Ville de tours.

Mont-Saint-Michel, arrondissement d'Avranches

1388 Si bonne n'était Normandie
Saint-Michel n'y serait mie.
var. : Le Couesnon, par sa folie,
A mis le mont en Normandie.
La petite rivière qui sépare la Bretagne de la Normandie aurait passé au-dessous du mont Saint-Michel et l'aurait ainsi rattaché à la Bretagne ; mais, plus tard, changeant de cours, elle se serait rapprochée des côtes et, par là, le Mont serait devenu Normand.

1389 Les petits gueux vont à Saint-Michel,
Et les grands à Saint-Jacques.
Les pèlerinages avaient leur standing. Il s'agit, bien sûr, de Saint-Jacques de Compostelle.

Morogne, Haute-Saône

1390 Si le comté était un mouton,
Morogne en serait le rognon.
Le rognon est considéré comme le meilleur morceau de l'animal ; aussi l'emploie-t-on comme un superlatif : « le rognon du pays », pour désigner le meilleur champ.

Mortain, près de Saint-Lô

1391 Quand les maurets sont en saison,
Vivent le Rocher, Mortain et Bion.
Le sol de ces endroits est particulièrement stérile. Le *mauret* est une airelle qui croît dans les bois, dans les landes, et jusque dans les anfractuosités des rochers ; elle est très abondante aux environs de Mortain et son fruit noir qui, d'ailleurs, n'est guère recherché que par les enfants, sert quelquefois à la nourriture de toute la famille.
var. : Mortain
Plus de roches que de pain.

Morvan

1392 Il ne vient du Morvan
Ni bonnes gens, ni bon vent.
Cf. aussi *Abbans, Falaise, Normandie.*

Normandie

1393 La lisière est pire que le drap.
La lisière représente, ici, le Maine, et le drap, la Normandie.

1394 De Normandie, mauvais vent,
Mauvaises gens.
Se dit à Paris ; c'est vrai pour le vent...

1395 Les Normands ont été engendrés d'un renard et d'une chatte.

C'est-à-dire qu'ils ont la réputation d'être rusés et traîtres.

1396 Qui fit Normand,
Il fit truand [*ou* mendiant].

Mendiant, tant est lourde la charge des impôts.

1397 Quatre-vingt-dix-neuf pigeons et un Normand
Font cent voleurs.

C'est la représaille du Champenois à : Quatre-vingt-dix-neuf moutons et un Champenois font cent bêtes, n° 1325.

1398 Gars Normand, fille Champenoise,
Dans la maison, toujours noise.

1399 Quand un Normand sort d'une maison et qu'il n'a rien emporté,
Il croit avoir oublié quelque chose.

1400 Le Normand trait l'Orient et l'Occident.

1401 Si le Normand n'exerce la pratique en [mer,
Il l'exerce en terre.

Ces deux proverbes font allusion aux brigandages exercés par les hommes du Nord qui, pendant de longues années, furent des pirates. Leur principal moyen d'existence fut le pillage exercé à main armée, sur mer et sur terre.

1402 Saint-Martin et Sainte-Marie
Se partagent la Normandie.

Ces deux saints sont souvent les patrons des paroisses; de plus, beaucoup d'églises ont admis Saint-Martin comme second patron.

1403 Jamais Normand de Normandie
N'a pissé seul en compagnie.

De même qu'il y a fagots et fagots, il y a Normands et Normands. Nous avons affaire à une lapalissade.

1404 Chapon de Normandie :
Une croûte de pain dans la bouillie.

Ce qui veut dire qu'en Normandie, en guise de chapon, on mange une croûte de pain dans de la bouillie. Et, comme le chapon est une des pièces honorables du blason culinaire, on l'a placé ici, par antonomase, comme synonyme de régal.

1405 Jamais rousseau ni Normand
Ne prends ni crois à serment.

Encore une fois, le signe négatif dont est doté l'homme roux.

1406 Le Normand vous attrape quand il [peut,
Et le Provençal quand il veut.

1407 N'est laquais, Normand ou Basque
Qui soit des pieds et mains, flasque.

1408 Un Normand a son dit et son dédit.

Proverbe judiciaire, il est dit dans *Les Principes du droit normand*, en parlant de la vente : «Si les parties sont convenues de passer le contrat par devant notaires, il n'est point parfait qu'il ne soit rédigé par écrit et signé par des parties, des témoins et des notaires, et jusque-là il leur est libre de s'en départir impunément». Voilà bien le 'dit' et le 'dédit' posé en principe. Canel ajoute qu'il n'est rien à induire de là contre le caractère normand; toutefois, la malice en a fait son profit.

var. : Il vaut mieux se dédire
Que se détruire,
Comme dit le Normand.

1409 Un Normand n'a plus qu'à mourir
Quand son bras droit se paralyse.

Ce proverbe renvoie aux accusations de faux témoignage devant la justice.

1410 Le Normand tourne autour du bâton,
Le Gascon saute par-dessus.

Ce qui veut dire que le Normand s'entoure de précautions pour en venir à éluder la vérité, alors que le Gascon la foule bravement aux pieds.

1411 Un Manceau vaut un Normand et demi.

Ce dicton a été souvent expliqué par la numismatique. Ainsi explique le Dictionnaire de Trévoux : «(Ce dicton) n'est pas odieux, comme plusieurs pensent, du moins il ne l'est pas originairement. Il vient de ce qu'autrefois la monnaie de cette province (le Maine) valait une moitié plus que celle de Normandie. Ces différentes monnaies s'appelaient 'Manseaux' et 'Normands'. Le Manseau était de plus grande valeur et passait pour un Normand et demi.» Dans son étymologie des proverbes français, Fleury de Bellingen trouve une seconde explication qu'Alfred Canel juge historiquement contestable : ce proverbe viendrait des guerres que les peuples de ces deux provinces avaient souvent ensemble : «Quoique les Normands missent sur pied des troupes plus nombreuses que les Manceaux, à cause de la grande étendue de leur province, cependant les Manceaux, quoiqu'en petit nombre, étaient victorieux de ces premiers, et ces deux explications faisaient dire également : 'Un Manceau vaut un Normand et demi'».

1412 En Normandie, si l'on jette un nouveau-né contre une glace,
Il y trouvera moyen de s'y accrocher.

On dit qu'en Normandie, un père aussitôt après la naissance de ses enfants, les jette au plafond de la maison, et il les étrangle s'ils n'ont pas les mains disposées de manière à s'y retenir accrochés.

var. : Les Normands naissent les doigts [crochus.

Outre son allusion à la sinistre légende qui précède, ce proverbe souligne la réputation de voleurs des Normands.

1413 Les Normands sont comme les Gascons :
Ils prennent partout.

En plus des deux allusions précédentes, ce proverbe veut dire que Normands et Gascons prennent racine partout.

1414 Les Normands naissent avec un grain [de chènevis dans une main
Et avec un gland dans l'autre.

Cela est encore une allusion à la propension supposée des Normands au vol. Le chènevis devient chanvre et le chanvre devient corde; le gland devient chêne et le chêne devient potence.

1415 À cadet de Normandie,
Épée, bidet et la vie.
À cadet de la Bretagne,
Ce que son industrie gagne.
Et à cadet de Gascogne,
Souvent rien que gale et rogne.

Allusion aux immenses avantages que la coutume accordait aux aînés pour le partage des successions.

1416 Les Normands sont brevetés par la [fortune
Pour faire la barbe aux Anglais.
Ce proverbe est cité par Motteley dans son *Histoire des révolutions de la barbe des Français.* Alfred Canel en donne l'explication suivante : « On invoque, pour en expliquer l'origine, un des monuments de la législation de Guillaume-le-Conquérant. À l'époque de la conquête, les Anglo-Saxons avaient la coquetterie de nourrir deux petites moustaches au-dessus de la lèvre supérieure, avec accompagnement d'une mouche sur le menton, tandis que les Normands, en général, avaient fait depuis longtemps le sacrifice de toute leur barbe. Le Bâtard, voulant effacer la différence que le rasoir établissait entre ses anciens et ses nouveaux sujets, obligea ceux-ci à supprimer les quelques poils qu'ils prenaient plaisir à cultiver. La loi parut dure ; elle fut cependant exécutée et c'est peut-être à cette occasion que le proverbe prit naissance. »

Octeville-la-Verret, arrondissement de Cherbourg

1417 Octeville-la-Verret,
Plus de putains que de vaches à lait.

Paix, hameau des Andelys

1418 À Paix, il y a six maisons,
Trois sans portes, trois sans chevrons.
Allusion à l'état misérable du hameau.

Paris

1419 Si Paris était plus petit,
On le mettrait dans un baril.

1420 Quand Paris boira le Rhin,
Toute la Gaule aura sa fin.

1421 Parisien, tête de chien
Parigot, tête de veau.

Perthes-les-Hurlus, Argonne

1422 Qui passe au Mesnil sans être aboyé,
Aux Hurlus sans être mordu,
À Perthes sans être moqué,
À Tahure sans être crotté,
Ne trouvera pas femme à marier.

Pleine-Haute, canton de Quintin

1423 Si vous allez à Pleine-Haute,
Faut porter du pain pour soi et pour un [autre.

Ploüer, canton de Dinan

1424 C'est les filles de Ploüer,
Qui ne passent pas devant un cabaret sans boire [bouèr'].

Pont-Audemer, Calvados

1425 Pont-Authou, Pont-de-l'Arche, Pont-l'Évêque et Pont-Audemer,
Les quatre pays d'enfer.
La chicane est à l'origine de ce proverbe.

1426 Si les étangs du Perche se crevaient,
Pont-Audemer et Bernai périraient.

Port-Bail, arrondissement de Valognes

1427 Entre Port-Bail et Govei,
Il ne croît ni herbe ni blé.
Ces deux communes sont si rapprochées que le proverbe est exact, malgré ses apparences d'exagération ; voir aussi Candes, n° 1322.

Provence

1428 Trois choses gâtent la Provence :
Le vent, la Contessa et la Durance.
La Contessa (terme régional) symbolise ici la Réforme ; il s'agit de la comtesse de Tende, épouse protestante du comte Claude de Savoie qui obtint une trêve pendant les guerres de Religion en Provence.

1429 Trois grands fléaux pour la Provence :
Le Parlement, le mistral et la Durance.
La plainte porte essentiellement sur le fait que, au XVIe siècle, la composition du Sénat d'Aix était, presque exclusivement, aristocratique, ignorante et vindicative.

Radeval, hameau des Andelys

1430 À Radeval,
Tout dévale.
La rime était tentante, d'autant plus que le sol est, effectivement, en pente.

Saint-Denis-le-Gast, arrondissement de Coutances

1431 À Saint-Denis-le-Gast,
Tous grands bégâts.
Le *bégât* est un chandelier de bois ; le mot est aussi employé comme synonyme d'étourdi.

Saint-Evroult, arrondissement d'Argentan

1432 À Saint-Evroult,
On mène les fous.
Parmi les vertus merveilleuses de l'eau de la fontaine consacrée à Saint-Evroult, l'historien de l'abbaye du même nom mentionne celle de guérir la fureur et les maléfices.

Saint-Gemme, commune du département du Gers

1433 Entre l'Orbe et l'Orbat, Saint-Gemme est placé.

Saint-Godard, quartier de Rouen

1434 Aux enfants de Saint-Godard,
Si l'esprit ne vient tôt, il vient tard.
var. : Aux enfants de Saint-Godard,
L'esprit ne vient qu'à trente ans.

L'esprit de clocher trouve parfois des constatations assez justes. Alfred Canel explique ainsi le proverbe : « La paroisse de Saint-Godard, à Rouen, avait pour habitants les patriciens, les riches, les heureux du siècle : celle de Saint-Nicaise, les ouvriers de la draperie, les tisserands, les laneurs, les éplucheurs, les tondeurs, puis, dans les rues les plus hautes, des jardiniers, des marchands de fleurs, de fruits, de légumes. On conçoit que des voisins si différents de position et d'habitudes, ne pouvaient guère sympathiser ensemble (...). Et, tandis que dans la pauvre paroisse, la nécessité poussait les enfants à s'ingénier dès le berceau pour seconder leurs parents, ceux de la riche paroisse pouvaient impunément laisser dormir leurs facultés, et n'avaient pas besoin de s'inquiéter si tôt de satisfaire au présent ou d'assurer l'avenir ».

Saint-Lambert-sur-Dive, arrondissement d'Argentan

1435 À Saint-Lambert,
Pays des navets, celui qui quitte sa [place, la perd.

Ce proverbe est une variante de :
Le jour Saint-Lambert,
Quand on quitte sa place, on la perd.

Saint-Lô

1436 Qui voudrait avoir de bons couteaux,
Il faudrait aller à Saint-Lô.

La coutellerie est une branche importante de l'industrie de Saint-Lô.

Saint-Malo

1437 Il est de Saint-Malo
Il entend à demi-mot.

Ce proverbe tire son origine des célèbres chiens, gardiens de la ville.

Saint-Sauveur, arrondissement de Coutances

1438 À Saint-Sauveur-la-Pommeraie, tapage
Sans courage.

Correspond à l'expression : « plus de bruit que de besogne ».

Saintonge

1439 Si la France était un œuf,
Saintonge en serait le milieu.

Salamanque

1440 Médecin de Salamanque
Guérit l'un, et l'autre manque.

Sempesserre, commune du département du Gers

1441 Sempesserre,
Méchantes gens et bonnes terres.

Séville

1442 Qui guère ne vaut en sa ville,
Vaudra moins en Séville.

Sicile

1443 Vêpres de Sicile, matines de France.

Allusion aux événements de la Saint-Barthélemy en France et des Vèpres de Sicile.

Sologne

1444 Les Solognots, sots à demi,
Qui se trompent à leur profit.

Sotteville, arrondissement de Rouen

1445 Sotteville, sottes gens,
Belles maisons, rien dedans.

Suisse

1446 Autant vaudrait parler à un Suisse
Et cogner la tête contre un mur.

Touraine

1447 De Tourangeaux et Angevins,
Bons fruits, bons esprits et bons vins.

C'est sûrement la région de France la plus valorisée. Les rois ne s'y sont-ils pas établis ?

Trelli, arrondissement de Coutances

1448 À Trelli,
Tous étourdis.

Troyes

1449 Femme de Troyes,
Femme de proie.

Trun-en-Trunois, arrondissement d'Argentan

1450 Trun-en-Trunois,
Les femmes accouchent au bout de [trois mois
Mais seulement pour la première fois.

Il faut comprendre : trois mois après le mariage...

Valence

1451 C'est un avocat de Valence,
Longue robe et courte science.
var. : Médecin de Valence,
Longues robes et peu de science.

Vaugirard

1452 Tu viens de Vaugirard :
Ta gibecière sent le lard.

Vé, rivière de l'arrondissement de Bayeux

1453 À la Saint-Barnabé,
Le taon passe le Vé.

Velloreille, Haute-Saône

1454 À Velloreille,
Les gens chient des gueniés.

C'est-à-dire des noyaux. La région produit beaucoup de cerises.

Venise

1455 Le blanc et le noir ont fait Venise
Riche.

Le *blanc* est le coton, le *noir* le poivre.

1456 Les secours des Vénitiens...
Trois jours après la bataille.

Allusion à la bataille de Marignan.

Verneuil

1457 À Verneuil, la rivière Iton,
Dans la Mariette perd son nom.

« L'Iton qui, au-dessus de Condé, avait anciennement un cours unique, ayant été divisé au XIIe siècle pour fournir les eaux à Breteuil et à Verneuil, forme aujourd'hui plusieurs branches. Le bras forcé de Verneuil, comme l'indique le proverbe, change de nom en se réunissant au ruisseau de Mariette » (Alfred Canel).

Vieuvy, Haute-Saône

1458 Les filles de Vieuvy,
Qui sont vicieuses comme des pies.

Villiers, écart dépendant des Andelys

1459 Les manants de Villiers,
Caristaux l'été, caristaux l'hiver.

« Avant que personne eût songé à rappeler que le hameau de Villiers avait eu la gloire de donner le jour à Nicolas Poussin, l'usage avait consacré à ses habitants le sobriquet de *caristaux* parce qu'antérieurement à l'extinction de la mendicité (...), ce hameau servait de retraite à un grand nombre de gueux, faisant profession de demander la 'caristade' » (Alfred Canel).

Vosges

1460 Qui est connu en Vosges
N'est pas inconnu partout.

TROISIÈME PARTIE

PROVERBES DU MONDE

choisis et présentés par

Florence MONTREYNAUD

Dans les textes de cette troisième partie (la « Présentation » et ses notes, les introductions aux proverbes de chaque langue et les « Sources »), un astérisque * accompagne souvent les noms d'auteurs ou les titres d'ouvrages : cet * renvoie à l'étude intitulée LECTURES SUR LES PROVERBES qui analyse la bibliographie et se trouve à la fin de cette partie.

PRÉSENTATION

Qui n'a fait cette expérience lors de l'apprentissage d'une langue ? On commence à parler, à comprendre et soudain on bute contre un obstacle incontournable, un groupe de mots courants, formant une phrase simple, mais dont le sens littéral reste obscur jusqu'au moment où un équivalent français vient à l'esprit : « Bien sûr, se dit-on alors, 'la corneille effrayée craint le buisson', c'est le proverbe russe qui correspond à 'chat échaudé craint l'eau froide' ! »

Évidemment, pour comprendre ces faits de langue et de société que sont les proverbes, il faut aussi connaître les circonstances, coutumes, modes de vie, mentalités, qui leur ont donné naissance. Comme dit le proverbe masaï, « L'écorce d'un arbre n'adhère pas à l'écorce d'un autre arbre », c'est-à-dire : une tribu ne peut emprunter les coutumes ou les proverbes d'une autre. Tant qu'on n'a pas compris les manières de dire, la phraséologie et les proverbes d'un peuple, on a beau en parler la langue, on reste un étranger[1]. Faire aborder au lecteur français la spécificité des peuples par les « phrases de la tribu », tel est, parmi d'autres, l'objet de ce livre. Le recueil a été conçu dans une perspective linguistique : les proverbes y sont présentés par langues, celles-ci étant classées par familles.

6 000 proverbes provenant de 126 langues[2] correspondant à l'usage effectif de la quasi-totalité de la population du monde (au moins quant à la compréhension), voici le matériel qui a été choisi pour offrir la plus grande variété possible de réflexions imagées sur l'expérience humaine.

C'est la première fois qu'un ouvrage français propose un choix aussi abondant. Une notice précise les caractères externes de chaque langue traitée et son importance dans le monde. Une bibliographie indique les principaux ouvrages sur les proverbes de cette langue et recense tout ce qui a été publié en français sur ce sujet.

De nombreux proverbes, accessibles seulement dans des recueils à diffusion limitée ou encore publiés dans des traductions anglaises, allemandes ou russes, sont publiés pour la première fois en français.

En présentant ces 6 000 proverbes, nous avons eu à cœur la variété dans le choix, la rigueur dans la traduction et l'exhaustivité des références bibliographiques.

Or, pour les 126 langues présentées, la documentation était loin d'être homogène. Entre les proverbes arabes, pour lesquels existe une longue tradition de recueils et dont nous connaissons de nombreuses traductions, et les proverbes indiens (d'Amérique), qui n'ont donné lieu qu'à quelques rares études, on rencontre toutes les situations intermédiaires.

Les circonstances historiques expliquent que pour certains pays les proverbes aient été traduits dans la langue du colonisateur ou du

1. Jean Paulhan a admirablement raconté son expérience de l'apprentissage des proverbes malgaches dans un livre intitulé *Expérience du proverbe**.
2. Sur les 3 000 à 4 000 langues parlées dans le monde.

protecteur : ainsi, les proverbes d'anciennes colonies françaises ou belges sont connus par des ouvrages en français, ceux des pays de l'ancien Empire britannique ont été traduits en anglais, les langues de l'Asie centrale ont été étudiées par des Russes.

Inversement, pour d'autres pays, bien qu'il existe une riche tradition locale d'études parémiologiques, peu de traductions nous sont accessibles : c'est le cas de la Finlande ou du Japon.

Si les chapitres du recueil sont de longueur inégale, ce n'est pas parce que certaines langues seraient moins riches que d'autres en proverbes. Dans tous les cas étudiés (à l'exception des Indiens d'Amérique), le nombre total des proverbes que compte une langue semble assez stable, de l'ordre de plusieurs dizaines de milliers. Le cas des langues pour lesquelles les variantes locales ont été complètement répertoriées, par exemple le finnois et l'estonien, semble démontrer que les formes proverbiales sont beaucoup plus nombreuses (plusieurs centaines de milliers).

*

L'importance relative de chaque chapitre relève ici de deux facteurs : – la nature de la documentation : il fallait que les sources soient accessibles dans une des grandes langues de culture ; – l'importance de la langue pour des francophones : les principales langues du monde et les cultures voisines des nôtres ont été consciemment privilégiées.

Ces éléments ont déterminé la place prépondérante de treize chapitres, avec des regroupements entre langues ou cultures voisines ayant en commun de nombreux proverbes. Il s'agit des ensembles suivants : italien, espagnol, anglais, allemand, groupe scandinave, russe, persan, groupe indien (y compris les langues dravidiennes), turc, chinois, monde juif, monde arabe, groupe africain.

Pour chaque langue ou ensemble de langues, nous avons sélectionné des proverbes dont le sens était assez clair pour le lecteur francophone. Ainsi, avons-nous pu alléger au maximum les explications. Le proverbe est fait pour fonctionner dans la spontanéité, le didactisme n'étant de mise que dans le mépris ; comme dit le proverbe ashanti : « Quand on dit un proverbe à un sot, il faut encore lui en expliquer le sens. » D'ailleurs, de trop nombreuses explications eussent alourdi le texte et restreint la plurivalence caractéristique des proverbes.

Les proverbes des langues anciennes ont été éliminés, un de nos critères étant l'utilisation actuelle. Les quelques proverbes d'origine latine, chinoise classique ou sanscrite que l'on a cités ici sont restés vivants. Alors que de nombreux recueils entretiennent une certaine confusion, il nous a paru préférable de nous en tenir aux proverbes proprement dits, sans reprendre locutions proverbiales, dictons ou « wellérismes ».

Les « wellérismes », surtout étudiés dans le monde anglo-saxon, tirent leur nom d'un de leurs plus prolifiques auteurs, Weller. Ils se rencontrent aussi dans les cultures africaines. Il s'agit d'aphorismes de structure ternaire, tournant en dérision par son emploi une phrase de la sagesse populaire. Par exemple : « Au milieu est la vertu, dit le diable en s'asseyant entre deux prostituées. » « Tu seras guérie par des paroles saintes, dit le pasteur en lançant la Bible à la tête de sa femme. »

Ces « wellérismes » font souvent appel aux mêmes catégories sociales que les proverbes. Leur effet comique est assuré par la juxtaposition de la citation et de la description de l'attitude qui l'accompagne, et la prend au pied de la lettre.

Enfin nous avons donné quelques exemples de *triades*. Répandues dans toutes les cultures, elles sont du type : « Il y a trois choses (bonnes, ou mauvaises, ou difficiles, etc.). » En voici un exemple irlandais : « Trois sortes d'hommes ne comprennent rien aux femmes : les vieux, les jeunes et ceux d'entre les deux. »

Quant aux proverbes, ainsi délimités par contraste, restait à les choisir dans une masse gigantesque. Choix difficile, dont voici les principes :
– Il fallait que les proverbes fussent représentatifs d'un environnement, de sorte que toutes les métaphores utilisées évoquent la culture concernée. Par exemple, abordant le chapitre finnois, on s'attend à des images de neige, et on trouve en effet : « Nul ne skie assez doucement pour glisser sans laisser de traces. » De même, il est normal que les Kirghiz, peuple nomade, aient fait mention de la hutte qui les abrite : « le vent trouve des trous de la yourte, l'âme trouve les mensonges des mots ».
– Nous souhaitions aussi privilégier les proverbes à contenu métaphorique ; ceux qui ont un contenu prescriptif se rapprochent plutôt de la sentence ou de la maxime. Parmi les métaphores, il fallait retenir les plus originales, les plus marquantes. D'autres critères sont liés aux problèmes spécifiques de la traduction.

*

Traduisant en français, on doit tenir compte du patrimoine culturel des lecteurs. C'est pourquoi il n'est pas judicieux de retenir un proverbe étranger dont la traduction sonne moins bien que l'équivalent français qui vient à l'esprit. Ainsi le proverbe russe « Chacun est son meilleur serviteur » pâlit au regard de « On n'est jamais si bien servi que par soi-même ». Au contraire, l'accent a été mis sur les formulations originales.

Comme le traducteur de poésie, le traducteur de proverbes affronte un problème ardu : il doit donner une traduction fidèle *et* qui sonne comme un proverbe.

Comment trouver des équivalents à ces courtes phrases d'une grande concision où chaque mot a un sens très précis et une vaste portée métaphorique ?

Comment préserver ces effets euphoniques alors qu'ils reposent sur des procédés formels (rimes, allitérations, assonances) dont la traduction entraîne, sauf rares coïncidences, la déperdition totale ? Et que dire des nombreux jeux de mots ? Seules certaines figures, tel le chiasme, sont transposables (par exemple : « Les mots des rois sont les rois des mots »).

Voici quelques exemples qui montreront l'ampleur de la tâche du traducteur et son résultat immanquablement décevant.

Les proverbes se présentent souvent sous forme de deux vers ou contiennent des éléments qui riment. Parfois on peut retrouver le même effet, comme dans le proverbe allemand « Jugend hat keine Tugend » : « Jeunesse n'a point de sagesse » ; parfois, c'est au prix d'un léger arrangement : « A stitch in time saves nine », proverbe anglais, peut se rendre par « Un point à temps en épargne cent » (au lieu de neuf dans l'original). Mais, le plus souvent, il est impossible de conserver les jeux de sonorité. Voici quelques témoignages de cette déperdition ; « Kein Haus ohne Maus » (allemand) : « Pas de maison sans souris. » « An apple a day keeps the doctor away » (anglais) : « Une pomme par jour éloigne le docteur. » « Care killed the cat » (anglais) : « Les précautions ont tué le chat. » « Femo de bèn e de bono mino vai pas pu luen sa galino » (occitan) : « Femme de bien et de bonne mine ne va pas plus loin que sa poule. » « Barba parada no guanya soldade » (andorran) : « Bateau arrêté ne gagne rien. » « Mas vale ser cabeza de raton que cola de leon » (espagnol) : « Mieux vaut être tête de rat que queue de lion. »

Il faut renoncer à des efforts, presque toujours vains, pour rendre un proverbe sur le plan formel : dans la grande majorité des cas, les sonorités de l'original sont obscurcies, voire perdues. D'où vient que l'on n'a pas retenu les proverbes qui tirent leur principal intérêt de caractéristiques formelles.

Si l'on accepte de s'attacher surtout au contenu, la tâche est heureusement plus aisée. Dans un proverbe, la construction est simple, les mots sont courants ou usuels : les meilleurs proverbes sont souvent les plus simples. On peut même faire cette curieuse expérience. Grâce à l'habitude acquise après la lecture de plusieurs centaines de recueils, on peut, en consultant une collection de proverbes dans une langue peu familière, retenir des proverbes sans en connaître le sens, en observant le balancement de la phrase, en jugeant que les mots courts proviennent de racines essentielles, en retrouvant une structure fondamentale dans d'autres langues, etc. ; vérification faite, ces proverbes s'avèrent d'excellente frappe.

Ces filtres successifs permettaient de ne retenir que les proverbes représentatifs d'une culture donnée, dont le contenu était original, et qui étaient traduisibles sans déperdition de substance. Mais il fallait aussi éviter un écueil auquel n'ont pas échappé d'autres grands recueils de proverbes identiques[3]. Il n'est donc pas étonnant qu'avec des critères si sévères nous n'ayons retenu dans notre choix final que 2 à 3 % de la masse totale des proverbes que nous avons étudiés.

Le choix ayant été opéré à partir de critères généraux, communs à l'ensemble de cette partie, l'on pourra toujours objecter l'absence d'un proverbe dans une langue. En revanche, le lecteur peut être assuré que, étant donné l'ampleur de l'échantillon, les structures fondamentales de tous les proverbes sont toutes représentées, avec un nombre significatif de variantes.

Le problème des proverbes de contenu identique est, nous l'avons dit, une pierre d'achoppement pour un recueil. Très souvent un proverbe est commun à toutes les langues d'une famille ou encore à toute une région. Comment trancher et à quelle langue attribuer un proverbe très répandu ? La réponse a souvent été empirique. Dans certains cas, les coïncidences entre les langues étaient si frappantes que nous avons regroupé celles-ci en ensembles régionaux. Dans les chapitres scandinave, indien et africain, on notera que certains proverbes figurent sans attribution de langue ; ce sont les proverbes généraux, communs à toutes les langues de cette famille. Dans d'autres cas, nous avons privilégié la langue la plus parlée de la famille (par exemple, le russe pour le groupe slave).

Dans l'état actuel de la recherche, les schémas d'élaboration des proverbes et les circuits d'emprunts sont trop mal connus pour que des attributions soient faites avec plus de certitude.

Ceci pose le problème de l'origine des proverbes, problème complexe, car le plus souvent plusieurs traditions populaires se superposent dans un pays.

---

3. À titre d'exemple et pour montrer à quel point les mêmes thèmes sont communs à toutes les cultures, nous avons fait figurer dans un grand nombre de langues les variantes du proverbe qui recommande la sécurité dans les transactions :
« Un œuf aujourd'hui vaut mieux qu'une poule demain » (aspect temporel) ou « Un moineau dans la main vaut mieux qu'un rossignol sur le toit » (aspect spatial).

Nous n'avons pas indiqué cette origine. Comme d'autres genres du folklore, le proverbe est par essence populaire, il est le fruit d'une collectivité et n'a pas d'auteur désigné. Même si l'on peut y retrouver l'influence de textes sacrés (par exemple, la Bible pour le proverbe anglais : « Ne jetez pas vos perles au pourceau »), s'il s'agit parfois d'un vers d'un poème (voir le chapitre persan), d'un aphorisme de philosophe (Chine), ou de la morale d'une fable perdue (cas fréquent dans les proverbes africains), nous n'avons pas considéré que ces indications, au demeurant très aléatoires, étaient essentielles.

Cependant, quand on rencontre le même proverbe dans deux langues très différentes, dans des cultures très éloignées, on ne peut attribuer cette coïncidence ni à une source commune, ni à des emprunts, directs ou indirects, ni même à des similitudes culturelles qui conduiraient des populations différentes à adopter les mêmes attitudes envers certains concepts. Il faut alors se placer dans une perspective encore plus générale et poser que les proverbes nous permettent d'appréhender l'être humain au travers de ses préoccupations essentielles, indépendamment des facteurs d'environnement.

Or à quoi se réduit cet « être humain », quels que soient sa race, sa religion, son mode de vie[4] ? À des besoins, à des désirs. Dans les sociétés rurales et pauvres que dépeignent les proverbes, l'homme est à l'origine un animal nu et sans défense dont les besoins fondamentaux sont la nourriture et la protection. La faim et la peur sont ses ressorts essentiels; elles fournissent à la fois les thèmes de nombreux proverbes et les métaphores les plus utilisées.

Ces besoins satisfaits, l'homme donne libre cours à ses facultés d'observation, de jugement et d'analyse : on trouve alors toutes les descriptions du comportement de l'individu et des relations interpersonnelles, parmi lesquelles figurent les relations sexuelles. Les animaux, par des métaphores transparentes, fournissent alors une variété d'images familières. Puis apparaissent d'autres thèmes qui donnent une dimension métaphysique au désir humain : l'amour, le destin, la mort. Ils sont plus privilégiés dans certaines cultures. C'est un des points qui différencient le plus les proverbes français, pauvres en notations philosophiques, de ceux du reste du monde. Dans certaines sociétés traditionnelles et rurales, plus évoluées, plus raffinées, on rencontre une notion de transcendance, une appréhension de l'infini; on en trouvera des exemples dans les proverbes chinois ou arabes.

Ce n'est qu'en postulant cette unicité de l'être humain social, émetteur d'une sagesse, que l'on peut expliquer les multiples coïncidences entre les proverbes. Des recherches théoriques ont été menées pour tâcher d'élucider le problème de leurs structures fondamentales[5].

Tout en faisant nôtres les conclusions des chercheurs, mais sans reprendre leur formulation abstraite, nous allons donner quelques exemples de types proverbiaux répandus dans le monde entier, et pour que ces exemples soient plus clairs pour le lecteur francophone, nous citerons leur variante française. (Pour connaître les autres métaphores employées sur le même thème, on se reportera à l'index thématique.)

– Sur l'observation de la nature humaine et du comportement individuel :

> Sac vide ne tient pas droit.
> Les maladies viennent à cheval et s'en vont à pied.

4. Si nous n'indiquons pas dans cette énumération, comme il est d'usage, « ... quel que soit son sexe », c'est que cette donnée est loin d'être indifférente. Sur les rapports du proverbe et du sexe, voir plus loin.

5. Voir « Lectures sur les proverbes », à la fin de cette partie, p. 425.

Le fruit [dans d'autres langues, c'est souvent la pomme] ne tombe jamais loin de l'arbre.
Le loup change de poil, mais non de naturel.
Chat échaudé craint l'eau froide.
Les cordonniers sont toujours les plus mal chaussés.
Douze métiers, treize misères.

– Sur les relations humaines :

La peau est plus proche que la chemise.
D'une bonne mère prenez la fille.
Femme scet (sait) un art avant le diable.

(La misogynie, élément caractéristique des cultures traditionnelles, fournit un répertoire inépuisable de proverbes dans toutes les langues. Les thèmes principaux en sont la puissance des femmes, illustrée par le proverbe ci-dessus, et leur médisance – du type : « L'épée des femmes est leur langue ; elles n'ont garde de la laisser rouiller » –, mais aussi leur frivolité, leur inconstance, etc.)

Goutte à goutte, l'eau creuse la pierre.
Quand le chat n'est pas là, les souris dansent. (Il est curieux de constater que ce proverbe est répandu dans des termes identiques chez les Juifs du Yémen, les Baoulé, les Oubykhs, etc.)
À cheval donné, ne lui regarde pas (en) la bouche. (Proverbe très courant en allemand, italien, russe.)
Moisson d'autrui plus belle que la sienne.
Il ne faut pas vendre la peau de l'ours avant qu'on ne l'ait mis par terre.
Le moineau dans la main vaut mieux que la grue qui vole.

(Dans les variantes, on trouve un oiseau ordinaire et un oiseau plus rare.)

Un œuf aujourd'hui vaut mieux qu'un poulet pour demain.

Certaines catégories sociales (médecins, hommes de loi, hommes d'église) ont donné lieu aux mêmes clichés dans de nombreuses langues, par exemple, « On ne devient pas un bon médecin avant d'avoir rempli un cimetière » (suédois).

D'autres proverbes sont très répandus dans le monde, mais pas en France, par exemple :

La langue n'a pas d'os, mais elle brise les os.
Le flambeau n'éclaire pas sa base.

(Très courants dans le monde arabe et dans les pays qui ont subi l'influence arabe).

– Sur des thèmes moraux et philosophiques :

Aide-toi, le ciel t'aidera.
Ce qui vient du diable retourne au diable.
Qui crache en l'air (ou contre le ciel) reçoit le crachat sur soi.
Dieu donne le froid selon le drap.
Contre la mort, il n'y a point de remède.
Le plus riche n'emporte qu'un linceul.

Au lieu de donner ces exemples dans la variante française, nous aurions toujours pu le faire avec leur structure abstraite. Ainsi le proverbe créole « Les mulâtres se battent, ce sont les cabris qui meurent » est un exemple de la structure universelle : « Quand les grands se battent, les petits souffrent ». Un chercheur soviétique, Permiakov*, a proposé un répertoire de ces structures sémantiques de base, ou invariants. Il en dénombre une centaine. À chaque invariant correspond un nombre considérable de variantes, utilisant des métaphores de registres différents. Il est curieux d'en constater la variété et, inversement, de remarquer que la même image peut être employée par des peuples très éloignés.

En voici deux exemples. Le premier concerne l'artisan qui ne jouit pas du confort que son travail procure à d'autres. En français : «Les cordonniers sont toujours les plus mal chaussés». Voici les autres métiers illustrés par des proverbes de ce type :

Le cordonnier est toujours sans chaussures. [polonais]
La chaussure du savetier n'a pas de talon. [persan]
Tous les savetiers vont nu-pieds. [yiddish]
Le tailleur est nu, le savetier pieds nus. [lituanien]
Qui est plus en guenilles que le fils du tailleur? [anglais]
Chez le potier, on sert de l'eau dans un vase ébréché. [arabe]
Le potier boit dans un pot cassé. [persan]
Le potier mange dans un tesson. [rwanda]
Dans la maison du forgeron, la hache est en bois. [brésilien]
La marchande d'éventails s'évente avec ses mains. [chinois]

La seconde série illustre le thème de la prudence – parfois excessive – que donne une expérience malheureuse. En français : «Chat échaudé craint l'eau froide». Très proche est le proverbe breton : «Chat échaudé craint l'eau tiède». L'image de la brûlure engendre les proverbes suivants :

Enfant brûlé craint le feu. [allemand, danois]
Qui s'est brûlé la langue n'oublie plus de souffler sur la soupe. [allemand]
Qui s'est brûlé une fois soufflera sur l'eau froide. [bachkir]
Qui s'est brûlé avec du lait bouillant souffle sur le lait caillé. [arménien, azerbaïdjanais]
La vieille a été brûlée par la bouillie, elle souffle aussi sur le lait caillé. [albanais]
Qui s'est brûlé avec la purée souffle même sur le caillé. [grec]
Qui s'est brûlé avec du lait souffle sur le petit lait. [persan]
Qui s'est brûlé avec du lait souffle sur la crème glacée. [turc]
Le taureau qui a souffert du soleil tremble à la vue de l'ombre. [coréen]
Chien qui s'est brûlé le nez ne flaire pas les cendres. [foulfouldé]

Ce qui rappelle en partie :

Le chien qui a léché les cendres ne se fie plus à la farine. [italien]

L'eau – sans la brûlure – est évoquée en allemand par :

Chiens arrosés craignent l'eau.

La morsure du serpent est à l'origine d'une autre série de proverbes :

Celui qui a été mordu par les serpents craint aussi les lézards. [serbo-croate]
Celui qui a été mordu par un serpent redoute la vue d'une corde. [pushtû, judéo-arabe, berbère]
Qui a été mordu par un serpent craint la corde noire ou blanche. [persan]
Le chat mordu par un serpent craint même la corde. [arabe]
Quand on a été mordu par un serpent, on fuit même le mille-pattes. [bamikélé]
Celui qui a vu un serpent noir craint même un bâton noir. [russe]

Enfin on rencontre aussi :

La corneille effrayée craint le buisson. [russe]
Un soldat battu craint un roseau. [japonais]

Nous avons fait appel principalement aux proverbes cités dans cet ouvrage, mais on pourrait allonger la liste à l'infini, car les invariants, dans la mesure où ils expriment des notions fondamentales pour l'être humain, ont des correspondances dans toutes les langues, nous pensons l'avoir montré par les exemples précédents.

*

Ayant réuni les proverbes les plus représentatifs de chaque langue, nous les avons classés par thèmes[6] et ordonnés en trois parties : Individu,

6. On trouvera p. 430 une approche du problème théorique de la classification des proverbes. Étant donné le caractère de cet ouvrage, nous avons choisi le cadre classique d'un classement thématique.

Relations humaines, Sagesse. Chaque partie comprend des subdivisions plus ou moins nombreuses selon la quantité de proverbes à classer. Voici le classement le plus détaillé :

INDIVIDU
- Désirs et goûts
- Nature, épreuve, apparence
- Comportements

RELATIONS HUMAINES
- Biens et échanges
  biens : don, aumône, reconnaissance, ingratitude, avarice, vol
  affaires et dettes
- Relations humaines
  bonnes relations
  mauvaises relations
  amitié et hospitalité
  langage : parole, vérité, mensonge, conseil, secret
- Femme et famille
  femme
  amour et mariage
  famille, enfants
- Groupes et rôles sociaux

SAGESSE
- Morale
  règles de vie
  morale et justice
- Philosophie
  nature humaine et monde
  destin, Dieu, bonheur
  mort et espoir

Toute classification thématique est arbitraire dans la mesure où, selon les circonstances de l'utilisation, un proverbe peut recevoir plusieurs interprétations et est donc susceptible d'être classé dans plusieurs rubriques. Nous nous en sommes tenus au contenu le plus immédiat, nous réservant de renvoyer le lecteur aux contenus latents par le moyen de l'index thématique.

En particulier, l'érosion de l'usage et l'action de la censure ont fait disparaître quantité d'allusions sexuelles. C'est en toute innocence que nous disons aujourd'hui : « La nuit, tous les chats sont gris » ou « Tel pot, tel couvercle »[7].

Ne pouvant que constater cette déperdition de sens, nous avons classé dans les relations humaines en général les proverbes dont les connotations sexuelles sont perdues dans l'usage courant. En revanche, on trouvera dans la rubrique « femme » ceux qui utilisent des métaphores transparentes : la poule, la jument, la génisse, etc.

Les différences d'interprétation peuvent être dues aux significations variées de la même image selon les cultures. Par exemple, le proverbe « Pierre qui roule n'amasse pas mousse »[8] existe dans des termes identiques en français, en écossais et en vêpse ou tchoude du Nord. Dans notre langue, il signifie qu'on ne s'enrichit pas à courir le monde ou à changer d'état. Or pour les Écossais et pour les Tchoudes, ce même

7. Le problème de la censure des proverbes obscènes est abordé dans les « sources » des proverbes russes, p. 260.

8. C'est Milner dans son article « De l'armature des locutions proverbiales* » qui a donné cet exemple pour le français et l'écossais. Nous le corroborons avec le proverbe tchoude.

proverbe a un sens bien différent, car la mousse est interprétée comme un symbole négatif. Il signifie qu'une personne active ne se laisse pas arrêter et n'est pas importunée par des parasites. Nous en trouvons une confirmation dans le proverbe tchoude, car il s'énonce en deux parties, dont la première est : «Le torrent qui mugit ne gèle pas».

Les conditions d'utilisation peuvent aussi expliquer les différences d'interprétation. C'est ainsi que certains proverbes africains sont compris différemment selon les personnes qui les emploient. En effet, les hommes qui sont les seuls à vivre certaines expériences initiatiques perçoivent dans les proverbes des significations que ne peuvent soupçonner les femmes ni les jeunes.

C'est aussi le cas des allusions obscènes. Il faut préciser quelle est l'action de la censure. Celle-ci peut déjà s'appliquer à l'expression orale, mais celle dont nous sommes victimes est relative à la chose imprimée : les recueils de proverbes ne nous restituent que la partie «convenable» de la masse totale.

Le monde rural ne connaissant pas la honte des besoins physiques, de nombreux proverbes étaient empruntés aux registres de l'érotisme et de la scatologie. De plus, les proverbes étant généralement de structure binaire, il arrivait que la seconde partie vînt renforcer l'idée exprimée dans la première avec une allusion obscène[9]. La censure, orale ou écrite, a fait disparaître ce matériel. Les cas où l'on peut reconstituer l'intégralité d'un proverbe donnent à penser, car l'ensemble est bien plus harmonieux et expressif. Il manque donc tout un pan de notre connaissance : l'expérience livresque ne pourra jamais retrouver cette dimension censurée, caractéristique de la tradition orale.

La censure dont il vient d'être question concerne un matériel existant. On peut aussi s'étonner d'autres lacunes dans les thèmes des proverbes. Sont-elles dues à des phénomènes d'autocensure ou à une sensibilité différente de la nôtre? Ainsi, les petits chagrins de l'existence ont leur place dans les proverbes, mais les grandes douleurs n'y figurent pas. Seraient-elles muettes? On y trouve des consolations pour les pertes d'argent, les chagrins d'amour ou même la mort de la femme, présentée comme un soulagement. Comment expliquer que n'y soient pas abordés des problèmes cruciaux (ou qui nous semblent tels)? Par exemple, le veuvage, dans son aspect dramatique, ou la solitude. Voici un autre exemple : le thème de la mort est bien représenté, nous l'avons dit. Comment se fait-il alors que la sagesse populaire fasse silence sur cette donnée importante dans les sociétés anciennes qu'est la mort des enfants en bas âge? Comment est-il possible que ce fléau, qui atteint encore à notre époque des proportions catastrophiques dans les pays sous-développés, ne soit pas même évoqué dans leurs proverbes[10]?

On doit donc se demander qui parle dans les proverbes pour avoir une idée de l'origine de ces lacunes. Le proverbe traduit un mode de relations traditionnel entre les hommes et les femmes. Il exprime le pouvoir des hommes, véhicule leurs conceptions. C'est eseentiellement une parole d'homme, et d'homme âgé, détenteur de pouvoir et de savoir et qui parle en vertu de son expérience.

Si des aventures humaines, comme la grossesse, l'accouchement, l'allaitement, ne sont pas évoquées, c'est bien que la personne qui parle ne se sent pas concernée par ces questions. En lisant à la suite les paragraphes «Femme et famille» de chacun des chapitres — épreuve d'une

9. On trouvera des exemples dans Milner*, *op. cit.*, et Carey, *Les Proverbes érotiques russes**.

10. On n'en rencontre qu'un exemple : les Peuls disent «Eau répandue vaut mieux que vase brisé», pour consoler une mère, dont l'enfant vient de mourir en suggérant qu'elle peut en avoir d'autres.

monotonie accablante – on s'aperçoit que le portrait des femmes est dessiné avec des traits entièrement négatifs et que ce qui concerne les relations sexuelles est dégradant, dévalorisant pour elles : c'est qu'il est toujours présenté du point de vue viril.

Cette misogynie traduit-elle un refus de reconnaître la parité aux valeurs des femmes, ou une peur de leur puissance spécifique, notamment en matière de fécondité ? Cette question déborde le cadre de la présente étude. Nous nous contenterons donc de déplorer que l'objectivité nous ait contrainte à donner autant de place aux proverbes sexistes.

*

Dans toutes les sociétés, les proverbes sont une des formes les plus populaires de la tradition orale. On peut donner de nombreux exemples de leur utilisation. Évoquons les moines bouddhistes birmans qui adressaient au roi des épîtres composées de proverbes, donnant ainsi à ces derniers des lettres de noblesse littéraire[11].

La prédilection des Arabes pour les proverbes s'exprime bien dans ce récit rapporté par l'auteur d'un recueil ; il décrit les réunions de famille qui étaient l'occasion de joutes littéraires : « À tour de rôle, chaque assistant du cercle formé autour du foyer devait trouver immédiatement un proverbe commençant par la même lettre qui terminait le proverbe donné par le voisin et ainsi de suite, en sorte que celui des joueurs qui hésitait ou qui ne pouvait pas répondre à son tour était considéré comme battu et obligé de renoncer à la lutte. Un homme ou une femme qui ne savait pas plusieurs centaines de proverbes, et qui n'était pas capable de les débiter séance tenante, était alors regardé comme ignorant[12]. »

Un dernier exemple pourra fournir une définition du proverbe à travers son utilisation. C'est le titre de la première traduction en français de proverbes étrangers, italiens en l'occurrence. Notre prédécesseur de 1547 avait intitulé son recueil : *Bonne réponse à tout propos...*

Quelle place les proverbes ont-ils dans le monde actuel ?

En règle générale, on peut établir une relation entre le caractère plus ou moins traditionnel d'une société ou, à l'intérieur d'un pays, d'un groupe social, et l'importance du rôle qu'y jouent les proverbes.

Quand la société, ou le milieu, est coupée des réalités rurales, les proverbes y sont peu utilisés ou ne le sont que comme des clichés et souvent par ironie. Ils sont de préférence réservés à l'expression orale la plus familière et sont cantonnés à certains emplois dans l'expérience courante, par exemple l'éducation des enfants. Tant qu'il y aura des enfants rechignant à goûter un plat nouveau, il y aura des parents pour dire : « Ce que le paysan ne connaît pas, il ne le bouffe pas » [proverbe allemand].

En revanche, dans les sociétés traditionnelles, les proverbes ont force de loi, car ils procèdent de la sagesse des anciens[13].

Comme toutes les sociétés évoluent, il est inévitable que certains proverbes aient vieilli, car leurs images appartiennent à un monde révolu. Si le sens en est parfois obscur, ils n'en conservent pas moins un intérêt historique et ethnologique.

---

11. *in* Hla Pe, *Burmese Proverbs*, Londres, 1962.
12. Feghali, *Proverbes et dictons syro-libanais*, Paris, 1938, p. XI.
13. Voir l'introduction aux proverbes africains, chapitre XXX, p. 399.

Les sociétés modernes ne peuvent reprendre entièrement à leur compte la fonction traditionnelle des proverbes dans la mesure où certains refusent la moindre remise en question de l'ordre des choses, acceptant les maux comme inévitables, les inégalités sociales comme des données – la richesse étant mise ainsi sur le même plan que la mort.

Mais, même dans les sociétés industrielles les plus évoluées, les êtres humains ont besoin de repères culturels, fixés par une tradition de folklore. Les proverbes, qui en sont un élément, peuvent encore jouer un rôle pédagogique et une fonction de contrôle. Tout groupe a ses normes et édicte un comportement social convenable. Indépendamment des variations dans le temps et dans l'espace, celui-ci n'est pas si différent dans ses grandes lignes d'un peuple à l'autre. En particulier, la glorification du travail que proclament de nombreux proverbes, soit directement, soit en prenant pour cible la paresse, conserve toute sa force.

Les proverbes qui suivent, conçus et utilisés dans des sociétés traditionnelles rurales et pauvres, peuvent intéresser nos contemporains par la variété de leurs images et leur apporter la sagesse d'une expérience séculaire.

Florence MONTREYNAUD

Ma gratitude est acquise à toutes les personnes qui m'ont aidée et d'abord aux nombreux étrangers qui m'ont donné des renseignements sur l'utilisation des proverbes de leur langue (en particulier Maria Cantaluppi). Merci aussi à François Branche, Andrée Rollet, Sylvie et Stéphane Escat, pour leur soutien et leur aide inlassable.

F. M.

NOTE AU LECTEUR

1) À la fin de certains proverbes étrangers, il y a un numéro entre parenthèses et en *chiffres italiques* : il s'agit d'un renvoi à un proverbe de langue française équivalent ou voisin que l'on trouvera à ce numéro dans la première partie de ce dictionnaire. Par exemple (page 651) pour le premier proverbe italien :

1 La chaleur du lit ne fait pas bouillir la marmite. *(1042)*
Ce numéro en italique invite à se reporter au proverbe n° 1042 de la première partie :

1042 La beauté ne sale pas la marmite.

2) Dans les textes introduisant les proverbes d'une langue, ou dans les alinéas intitulés « sources », le lecteur trouvera un astérisque* après un nom d'auteur ou un titre d'ouvrage : cet * renvoie à la présentation de ces ouvrages sous le titre « Lectures sur les proverbes » qui se trouve à la fin des proverbes du monde.

1

Famille indo-européenne

chapitre I

LANGUES ROMANES

Proverbes italiens

Les Italiens, dont la culture est proche de la culture française, ont en commun avec elle de nombreux proverbes. On en retrouvera quelques-uns dans le choix suivant, qui regroupe des proverbes utilisés dans l'ensemble du pays (leurs variantes dialectales sont aussi très répandues).

Entre le lointain modèle du florentin, langue de l'âge d'or de la littérature italienne, et les dialectes, très vivants dans toutes les provinces, l'ancien toscan devenu l'italien unifie les 57 millions d'habitants de la péninsule.

L'Italie a longtemps été terre d'émigration (notamment dans sa partie méridionale) et les colonies italiennes sont nombreuses dans le monde, particulièrement aux États-Unis.

L'INDIVIDU **Les désirs, la nature, les comportements**

1 La chaleur du lit ne fait pas bouillir la marmite. *(1042)*

2 Quand la faim croît, l'orgueil décroît.

3 Qui a dent n'a pain, qui a pain n'a dent. *(var. 652)*

4 Le pire orage éclate au moment de la moisson.

5 À navire rompu, tous les vents sont contraires.

6 Qui a bu toute la mer en peut bien boire encore une gorgée.

7 La joie n'a pas de famille ; le chagrin a femme et enfants.

8 Un malheur pousse l'autre.

9 Mieux vaut être oiseau des bois que de cage. *(177)*

10 Celui qui a la santé est riche sans le savoir.

11 Qui soupe bien dort bien.

12 Corps rempli, âme consolée. *(677)*

13 Joie de cœur fait beau teint de visage.

*

14 Coffre trop bourré brise sa serrure. *(1292, 1302)*

15 L'enclume dure plus que le marteau.

16 Les secondes pensées sont les meilleures.

17 Le vin doux fait le plus âpre vinaigre.

18 Le loup change de poil, mais garde sa gueule. *(140)*

19 Tous ne sont pas des saints qui vont à l'église.

20 Prince illettré est un âne couronné.

21 Il n'est pire fruit que celui qui ne mûrit jamais. *(71)*

22 Un cerveau plein de paresse est l'atelier du diable.

23 Tel est si bon qu'il n'est bon à rien.

24 Qui n'a rien, n'est rien.

*

25 Le monde appartient aux patients.

26 Il faut donner du temps au temps.

27 À savoir attendre, il y a tout à gagner.

28 Rome ne s'est pas faite en un jour. *(1597)*

29 Beaucoup de peu font assez.

30 Plume à plume, on plume l'oie.

31 Qui se mesure dure.

32 Délibère lentement et exécute lestement.

33 À chaque pas selon la jambe.

34 Telle chair, tel couteau.

35 Qui va lentement, va sûrement. [*Chi va piano va sano*] *(1782)*

36 Qui agit seul agit pour trois.

37 Le monde appartient à qui sait le prendre.

38 Un homme n'est pas rivière et peut retourner en arrière.

39 Que chaque renard prenne soin de sa propre queue !

40 Nul qui ne sache danser quand la fortune joue du violon.
Fortune au sens de *chance, sort heureux.*

41 L'Arno ne grossit pas sans qu'il y entre de l'eau trouble.
L'*Arno* est le fleuve qui traverse Florence. *(var. 30)*

42 Qui a la tête creuse à vingt ans aura la bourse plate à trente.

43 Qui n'a pas de courage doit avoir des jambes.

44 Beaucoup reviennent de la guerre qui ne peuvent décrire la bataille.

45 Folles ardeurs donnent regret.

46 Tant va la chèvre aux choux qu'elle y laisse du poil.

47 Qui bâtit sur la grand-place fait maison trop haute ou trop basse.

48 Qui place tout son bien en un lieu le place au beau milieu du feu.

49 Qui bâtit hors de ses terres perd son mortier et ses pierres.

LES RELATIONS

Les biens et les échanges

50 Ayez des florins, vous aurez des cousins.
Le *florin* est l'ancienne monnaie de Florence.

51 Du cuir d'autrui, on fait larges courroies. *(1134)*

52 Il est bon de donner les choses qui ne se peuvent vendre.

53 Il n'est poule si chère que celle reçue en cadeau.

54 Le pain d'autrui a sept croûtes.

55 Pain mangé est vite oublié.

56 L'ingratitude est fille du bénéfice.

57 On retient l'offense, on oublie le don.

58 Le péril une fois passé, le saint est bientôt négligé. *(1989)*

59 Aux vieux saints on n'allume plus de cierges.

60 Qui vole pour les autres est puni pour les autres.

61 Mieux vaut perdre la laine, que le mouton. *(467)*

62 Habit râpé, crédit rogné.

63 Crédit est mort, les mauvais payeurs l'ont tué.

Les bonnes et les mauvaises relations

64 Un vieil ami est chose toujours nouvelle.

65 Il faut toujours entendre les deux sons de cloche. *(2007)*

66 Le chien qui a léché des cendres ne se fie plus à la farine. *(548)*

67 Un diable ne fait pas l'enfer.

68 Ferme l'étable, le loup a mangé les brebis.

69 Un perroquet parle mieux quand il est en cage.
Emprisonné, le malfaiteur fait des aveux.

70 Le sage sort le crabe de son trou avec la main d'autrui.

*

71 Amitié réconciliée, choux réchauffés, mauvais dîner.

72 Tous les hommes s'entendraient bien, n'étaient le mien et le tien.

73 Cage dorée ne nourrit point l'oiseau. *(175)*

74 Ventre plein ne comprend pas la faim.

75 Où est le mal s'attache la sangsue.

76 Ouvrage commun, ouvrage d'aucun. *(1444)*

77 Quand il y a plusieurs cuisiniers, la soupe est trop salée.

78 Au pays des aveugles, qui n'a qu'un œil est appelé monsieur. *(708)*

79 De richesse et de sainteté ne croyez que la moitié.

80 Il ne faut pas tenter les saints, à plus forte raison ceux qui ne le sont pas.

81 Qui te craint en ta présence te nuit en ton absence.

82 Baiser de lèvres ne vient pas toujours du cœur.

83 Le méchant est comme le charbon; s'il ne vous brûle pas, il vous noircit.

84 Qui fréquente le boiteux apprend à boiter. *(516)*

85 Le braiement d'un âne n'atteint pas le ciel.

86 Servir tout le monde, c'est n'obliger personne.

87 Berger qui vante le loup n'aime pas les moutons.

88 L'amitié des grands : fraternité avec des lions.

89 Le soldat paie de son sang la renommée du capitaine.

La parole

90 Parole gracieuse est d'un grand prix sans coûter grande dépense.

91 Plus on sait, moins on affirme.

92 Celui qui parle sème; celui qui se tait mûrit. *(1504)*

93 On ne sait bien parler que lorsqu'on sait se taire.

94 Assez sait, qui ne sait, si taire sait.

95 Qui se tait convient du fait. *(1512)*

96 Si tu veux que l'on garde ton secret, que ne le gardes-tu pas?

97 Les blasphèmes font comme les processions, qui reviennent à leur point de départ.

98 Du dire au faire, il y a au milieu la mer.

99 À mauvaise cause, force paroles.

100 Qui veut chapitrer le prochain, fasse d'abord son examen.

101 Plus le cœur est petit, plus la langue est longue.

102 Tel blâme autrui qui soi-même condamne.

103 Mieux vaut glisser du pied que de la langue.

104 Sel et conseil ne se donnent qu'à celui qui les demande.

105 Tel donne conseil pour un écu qui n'en voudrait pour un sou.

106 De menteries et tromperies, on vit le long de l'année.

La femme et la famille

107 Homme sans femme, cheval sans bride; femme sans homme, barque sans gouvernail.

108 Amour au cœur, éperon au flanc.

109 Bouche baisée ne perd point son bonheur à venir, elle se renouvelle comme la lune.

110 L'amour est le prix pour qui veut acheter de l'amour.

111 Les blessures d'amour ne peuvent guérir que par celui qui les a faites.

112 Les fautes sont grandes quand l'amour est petit.

113 Dans la guerre d'amour, le vainqueur est celui qui fuit.

114 Tout vient de Dieu, sauf la femme.

115 Qui son visage farde à son cul pense.

116 Toute femme est chaste si elle n'a qui la pourchasse.

117 Femme qui reçoit est près de se vendre. *(885)*

118 Poissons et femmes sont meilleurs sous le ventre.

119 Il n'est pas de bois sans nœuds, ni de femme sans défauts.

120 L'amour donne de l'esprit aux femmes et le retire aux hommes.

121 On ne peut avoir sa femme ivre et sa barrique pleine.

122 Quand les poules chantent, le coq se tait.

123 Trois femmes font une foire.
Foire au sens de *grand marché.*

124 Les femmes, quand elle se confessent, disent toujours ce qu'elles n'ont pas fait.

125 Beau visage apporte sa dot en naissant. *(893)*

126 Qui femme prend liberté vend.

127 Pas de mariage sans larmes, pas d'enterrement sans rires.

128 La mère aime tendrement et le père sagement.

Les groupes et les rôles sociaux

129 Qui veut avoir bien toute sa vie se fasse prêtre.

130 Au jardin de l'avocat, un procès est un arbre fruitier qui s'enracine et ne meurt pas.

131 Les robes des avocats sont doublées de la sottise et de l'entêtement des plaideurs.

132 Jamais homme de loi ne va réclamer devant les tribunaux.

LA SAGESSE

133 À bon départ, œuvre à moitié faite. *(1475)*

134 Qui ne veut pas quand il peut ne peut plus quand il veut. *(1598)*

135 On a la chance qu'on se fait.

136 Son nid fini, morte est la pie. *(179)*

137 Le travail du dimanche n'enrichit pas.

138 La farine du diable s'en va toute en son.

139 Qui vit d'espoir meurt de désir.

140 Il n'est pas pire voleur qu'un mauvais livre.

141 Toute extrémité est vice.

142 Un trop long bonheur nous gâte le cœur.

143 La vérité peut pâlir, mais non point périr.

144 Le corps est plus vite paré que l'âme.

145 La lumière poursuit l'aveugle.

146 Pardonner au méchant, c'est frapper l'innocent.

147 Mieux vaut libérer dix coupables que de condamner un innocent.

148 Cherche le bien, et attends-toi au mal.

La mort et l'espoir

149 À chaque jour sa croix. *(2070)*

150 Il faut espérer puisqu'il faut vivre.

151 L'homme pense et Dieu dispense. *(1954)*

152 Soleil, feu et pensées n'ont point de fin.

153 Laisse ouverte une fenêtre au destin.

154 Chaque porte est heurtée à son tour.

155 Sur Dieu n'a seigneur, sur noir n'a couleur.

156 La comédie est finie ! *[Finita la commedia !]*
Phrase criée par un comédien de la commedia dell'arte à la fin de la pièce.

157 Prépare-toi à mourir, mais ne renvoie pas tes semailles.

BIBLIOGRAPHIE

Les proverbes italiens ont donné matière à l'une des premières traductions françaises publiées : *Bonne Response à tous propos, livre fort plaisant et délectable, auquel est contenu grand nombre de proverbes et sentences joyeuses et de plusieurs matières, desquelles par honnesteté on peult user en toute compaignie*, traduit par Arnoul l'Angelier, Paris, 1547.
Cet ouvrage bilingue, dans lequel les proverbes sont classés dans l'ordre alphabétique de la traduction a été réédité en fac-similé par G. G. Kloeke, Amsterdam, 1960.
Il n'existe pas de publication exhaustive ou de livre important en français sur les proverbes italiens. Le seul ouvrage bilingue donne une liste de locutions et de proverbes français, avec leurs équivalents italiens, et ne comporte ni traduction, ni notes : Ortensia Ruggiero, *Gallicismi e proverbi*, Naples, 1949 (350 proverbes).

Une série de livres de proverbes régionaux a paru récemment chez un éditeur milanais, notamment Emma Alaima, *Proverbi siciliani*, 1970 (1 181 proverbes siciliens avec traduction en italien) et Salvatore Loi, *Proverbi sardi* (proverbes sardes), 1972.

Dialectes italiques parlés en France

NIÇOIS

Le livre de G. B. Toselli, *Recuei de 3 176 prouverbi* (Recueil de 3 176 proverbes en dialecte niçois, sans traduction), datant de 1878, a été réimprimé en 1973 (Laffitte, Marseille). La plupart des proverbes niçois proviennent des fonds italien ou occitan (voir plus loin).

MENTONNAIS

22 proverbes mentonnais ont été publiés par J. B. Andrews dans la *Revue des traditions populaires*, 1889, pp. 281-282 (avec la traduction française), parmi lesquels :

158 Qui vit comme une bête, meurt comme un animal.

159 Homme de vin, homme de rien.

160 Qui ne sait guider sa barque au fond s'en va.

CORSE

Il existe deux livres de proverbes corses. Celui de J. M. Filippi, *Recueil des sentences et dictons usités en Corse*, 1906, comprend 600 proverbes avec la traduction française.

Dans l'ouvrage de Jean Albertini, *Formulaire français-corse*, Centre d'études régionales corses, 1971, se trouvent 170 proverbes (avec la traduction française).

Paul Arrighi, *Le Livre des dictons corses*, Toulouse, Privat, 1987.
On trouvera dans le choix suivant la conjonction des influences italienne et française.

L'INDIVIDU

161 Il vaut mieux être à la tête d'un village qu'à la queue d'une cité.

162 À son propre pas, on va loin.

163 Les marins se reconnaissent dans la tempête.

164 Le courage ne se vend pas à l'auberge.

165 Le chien aboie, le cochon mange.

166 Le tonneau ne peut donner que le vin qu'il a. *(1064)*

167 Celui qui naît mulet ne devient pas cheval. *(203)*

168 Qui de poule naît, gratte la terre pour manger. *(515)*

169 Chacun dirige l'eau vers son moulin. *(318)*

170 Oiseau en cage ne chante pas d'amour mais de rage.

LES BIENS

171 Comptes clairs, amis chers. *(1383)*

172 Les sous sont ronds et voyagent vite. *(1416)*

173 Dix francs de larmes ne paient pas dix centimes de dettes. *(1343)*

174 Politique et tribunal sont ruine de patrimoine.

LES RELATIONS

175 L'œil du patron engraisse le cheval. *(418)*

176 C'est la bouche qui connaît les malheurs de la marmite.

177 Quand on est au bal, il faut danser. *(940)*

178 Ne vous signez pas avant de voir le diable.

179 Pardonner est d'un chrétien, oublier est d'un couillon.

LA FEMME

180 Femme belle, tourment de maison.

181 Trois marmites, grande fête ; trois femmes, tempête.

182 Le diable met la femme sous l'homme pour tenir l'homme sous lui.

183 Où il y a un coq, ce n'est pas la poule qui chante. *(522)*

LA SAGESSE

184 Le fou écrit et le sage parle.

185 Change de ciel, tu changeras d'étoile.

186 Quand ce n'est pas l'heure, on ne naît ni ne meurt.

Maltais

Le dialecte parlé dans l'île de Malte est constitué par un fonds arabe mêlé d'italien; cependant, la culture méditerranéenne incite à rapprocher les proverbes maltais du groupe latin. On connaît peu les proverbes maltais qui ont donné matière à un des meilleurs dictionnaires de proverbes (d'après l'article du *Proverbium* d'où nous avons tiré les exemples suivants) :

Joseph Aquilina, *A Comparative Dictionary of Maltese Proverbs,* Malta, 1972 (4 630 proverbes avec la traduction anglaise et des parallèles en plusieurs langues, dans une classification thématique).

À côté de proverbes très répandus dans toutes les cultures, comme « La langue n'a pas d'os, mais elle brise les os », on y trouve des proverbes généraux, tel :

187 Quand deux bons associés s'unissent, la pâte rencontre le levain.

et des exemples plus spécifiques de l'environnement culturel :

188 Celui qui ne veut pas travailler avec les chrétiens dormira avec les esclaves.

189 Ne loue pas une maison à deux étages à un Maltais, il te crachera dessus.

190 Quand une femme épouse un Grec, sa bourse se resserre.

ou ce dicton :

191 Quand il pleut et que le soleil brille, un Turc est né.

Occitan ou langue d'Oc

La langue d'oc a été jusqu'au Moyen Âge une grande langue de civilisation. Mais l'ethnie occitane n'a pu se constituer en nation et l'occitan n'a gardé jusqu'à la Révolution qu'un usage populaire. À partir du XIXe siècle se dessine un nouvel essor linguistique et culturel.

On distingue trois groupes de dialectes :

– le nord-occitan, qui comprend le limousin, l'auvergnat et le provençal alpin;

– l'occitan moyen : le languedocien qui est l'occitan par excellence et le provençal qui recouvre les parlers de l'ancienne Provence, du Comtat Venaissin et du comté de Nice;

– le gascon, dont les traits linguistiques sont très originaux dans le domaine occitan.

La confusion entre l'occitan au sens large (tel qu'il est défini ici) et l'un des groupes de parlers qu'il inclut, notamment le languedocien ou le provençal, reste malheureusement trop fréquente. En revanche, le statut des dialectes « franco-provençaux » est généralement reconnu comme étant spécifique.

L'INDIVIDU

Les désirs

192 Mieux vaut être oiseau de misère qu'oiseau de volière. *(177)*

193 L'oiseau qui vole n'a pas de maître. *(959)*

194 Toujours la truie rêve de son.

195 Ventre plein danse mieux que robe neuve.

La nature

196 Métier vaut baronnie.

197 Tu veux un bon coq? Choisis-le maigre. *(519)*

198 Mieux vaut un âne vivant qu'un docteur mort. *(1736)*

199 Beaucoup d'ânes ne portent pas de bât. *(370)*

200 Les pins ne donnent pas de jujubes.

201 Les pâtres parlent de sonnailles et les avocats de papiers.

202 L'avocat moissonne, le médecin glane.

203 Cent meuniers, cent tisserands et cent tailleurs font trois cents voleurs.

204 À quinze ans, le diable était beau. *(1970)*

205 Qui veut un roussin sans tare, qu'il aille à pied. *(428)*
Roussin au sens de cheval entier.

206 La moustache n'est jamais que poils.

207 Eau trouble ne fait pas miroir.

208 Mare vantée n'a pas de poisson.

Les comportements

209 Souvent le cri est plus gros que la bête.

210 L'âne porte la charge, mais non la surcharge.

211 À l'âne repu, les chardons sont amers.

212 Même le roi ne dîne pas deux fois. *(1774)*

213 Même le cheval du roi bronche. *(429)*

214 Chien querelleur a toujours l'oreille saignante. *(566)*

215 Qui ne veut nourrir le chat doit nourrir le rat. *(543)*

LES RELATIONS

Les bonnes et mauvaises relations

216 Des amis, ayez-en jusque dans la maison du diable. [Nice]

217 Ce qui se dit à table se plie avec la nappe.

218 Mieux vaut tenir un lapin que poursuivre, un lièvre. *(217)*

219 Bonne est la poule qu'un autre a nourrie.

220 Il est facile aux bien-portants de consoler les malades.

221 Chat gourmand rend la cuisinière avisée.

222 Jamais poil de chèvre n'étrangla le loup.

223 Les poules pondent par le bec.
Elles ne pondent qu'autant qu'elles sont bien nourries.

224 La mangeoire fait la bête. *(439)*

225 Qui pour âne se loue, pour âne doit servir. *(377)*

226 Il y a un temps pour l'âne et un temps pour le meunier.

227 Abeille forcée ne fait pas bon miel.

228 Maigres sont les étourneaux parce qu'ils vont en troupeau. *(204)*

229 Ce que dédaignent les faisans, les pies le mangent.

230 Entre poules, on ne parle pas de chapons. *(510)*

231 Pour une brebis galeuse, il ne faut pas vendre le troupeau.

232 Au laboureur paresseux, les rats mangent la semence.

233 Quand les servantes s'assemblent, la carbonnade brûle.

L'amour

234 Plus tire amour que corde.

235 L'homme est de feu, la femme d'étoupe et le diable souffle.

236 Qui dort dîne, qui fait l'amour goûte. [Languedoc] *(936)*

237 Coup de pied d'ânesse ne blesse pas l'âne. *(417)*

238 L'amour ne fait pas bouillir la marmite. [Nice] *(1042)*

239 Quand la poule cherche le coq, l'amour vaut moins qu'un escargot.

240 Amour de seigneur, ombre de buisson.

La femme

241 Les filles pleurent d'un œil, les femmes de deux, les nonnes de quatre. [Nice]

242 Femme comme on l'a élevée, étoupe comme on l'a filée.

243 Filles et épingles sont à qui les trouve. [Languedoc]

244 Fille à marier, méchant troupeau à garder.

245 De vieux renard et jeune drille, garde ta poule et ta fille.

246 Deux filles et une porte de derrière font trois larrons.

247 Fille qui écoute est bientôt dessous.

248 Fille pleure souvent son rire d'il y a un an.

249 Jamais putain ni larron ne furent sans dévotion.

250 Femme et dentelle sont plus belles à la chandelle. *(493)*

251 Toute femme qui vante sa vertu, sa vertu lui pèse.

252 Foi de femme, plume sur l'eau.

253 Trois femmes et un jars font un marché.

254 Écho et femme, le secret leur pèse.

255 Pleurs de femme, fumée de malice.

256 Les femmes bonnes sont toutes au cimetière.

257 Dame riche n'est jamais triste.

Le mariage

258 Il gagne assez qui putain perd.

259 Qui se marie pour s'enrichir mange du sel pour s'empêcher d'avoir soif.

260 Chacun baise sa femme à sa mode.

261 Il n'y a qu'une brave femme : tous croient l'avoir.

262 Femme de bien et de bonne mine ne va pas plus loin que sa poule.

263 À mari jaloux, cornes au front.

La famille

264 Il n'y a eu qu'une bonne marâtre : le diable l'a emportée.

265 Amour de gendre, soleil de décembre. *(924)*

266 Parents sans amis, farine sans tamis.

267 Quatre D font tout : Dieu, diable, dame et denier.

SOURCE

Alain Gérard, *Paraulas de Prouvenço*, Expressions, proverbes et dictons provençaux, CREER, 1984.
Marie Mauron, *Dictons d'oc et proverbes de Provence*, Robert Morel, 1965 (5 000 proverbes et locutions en occitan et en français).
Antonin Perbosc, Josianne Dru, Daniel Fabre, *Proverbes et dictons du pays d'Oc*, Rivages, 1982.
Proverbes et dictons provençaux, Rivages, 1981.

Proverbes catalans

Le catalan qui appartient au même groupe de langues romanes que l'espagnol et l'occitan fut la langue officielle de la Catalogne jusqu'en 1716, puis de 1931 à 1939. Il est parlé par 9 millions de personnes : en France dans le Roussillon et en Espagne, en Catalogne, dans la province de Valence et les îles Baléares.

Aux proverbes catalans ont été joints quelques proverbes andorrans.

L'INDIVIDU

268 Le meilleur pain est celui de la maison.

269 À rat rassasié, le froment semble amer. *(1018)*

270 En temps de famine, il n'est pas de pain dur.

271 Il n'y a pas de meilleur gendarme que celui qui a été bandit.

272 Un vice coûte plus cher que deux enfants.

273 Le Catalan fait sortir le pain, même des pierres.

274 Si tu veux double charretée, tiens ta vigne fermée. *(330)*

275 De goutte en goutte, on remplit le tonneau. *(39)*

276 Qui ne prie pas, Dieu ne l'entend pas.

277 Tant va le rat à la ratière, qu'il finit par y laisser la queue. *(245)*

278 Bateau arrêté ne gagne rien. [andorran]

279 N'abandonne jamais la route pour le raccourci. [andorran]

LES ÉCHANGES

280 Mieux vaut une alouette dans l'assiette qu'une perdrix qui vole. *(217)*

281 Un coup à la bourse n'est pas mortel.

282 Musicien payé d'avance n'a jamais fait bonne musique.

283 Pour payer et mourir, on a toujours le temps.

284 Qui réclame une vieille dette cherche une dispute nouvelle. *(1379)*

LES RELATIONS

285 Selon ce que chante le curé, lui répond l'enfant de chœur. *(1993)*

286 Là où va la corde, va la cruche.

287 Celui qui se noie s'accroche à toutes les barques. *(36)*

288 Le saint qui vient de plus loin fait le plus de miracles.

289 Quand tu vois la maison du voisin brûler, essaie de sauver la tienne. [andorran] *(820)*

290 Chacun tire l'eau vers son moulin et laisse à sec son voisin. *(318)*

291 Un tison isolé ne brûle pas.

292 Jean a trois capes : deux qu'on lui doit faire, une qu'on lui fera.

LA FEMME ET LA FAMILLE

293 Un cheveu de femme tire plus que trente paires de bœufs.

294 La femme se plie et l'homme se brise.

295 Confiance aux femmes, espadrilles quand il pleut.

296 Danses au carnaval, baptême pour Toussaint.

297 Putain au printemps, dévote à l'automne.

298 À la fille, pain et chaise; à la bru, croûton et dehors.

LA SAGESSE

299 L'année de grosse récolte brise les branches.

300 Quand nous avons le sac, il nous manque le blé; quand nous avons le blé, il nous manque le sac.

301 Ce n'est pas le mal qui tue, c'est l'heure.

SOURCE

Henri Guiter, *Proverbes et Dictons catalans*, Robert Morel, 1969 (5 000 proverbes et dictons avec la traduction française, classés par rubriques. Indications bibliographiques).
Les proverbes andorrans sont cités dans Guinzbourg*, p. CLXII.

Proverbes espagnols

Dans le monde, 360 millions de personnes parlent l'espagnol (voir le chapitre sur l'Amérique latine). Ce qui était à l'origine le castillan et que les conquistadores ont répandu depuis le XVe siècle est devenu une des langues de travail des organisations internationales.
Les proverbes espagnols sont donc utilisés non seulement par les 39 millions d'habitants de l'Espagne (qui ont quelques proverbes en commun avec leurs voisins français et portugais), mais aussi dans une grande partie du monde.

L'INDIVIDU

Les désirs

302 C'est un long jour qu'un jour sans pain.

303 La meilleure sauce du monde, c'est la faim. *(952)*

304 Je n'ai vu personne mourir de faim, mais j'en ai vu cent mille périr d'intempérance.

305 Au malheureux, les vers naissent même dans le sel.

306 La fortune envoie des amandes aux gens qui n'ont plus de dents. *(var. 652)*

307 À celui qui s'enrichit, même les mules mettent au monde des poulains.

308 La poule naît au village, on la mange à la ville.

La nature

309 La pauvreté est la sage-femme du génie.

310 Morsure de brebis ne passe jamais la peau.

311 Un sot, quand il sait le latin, n'est jamais tout à fait un sot.

312 L'arbre est connu par ses fruits, non par ses racines.

313 Tel arbre, tel fruit, telle maquerelle, telle putain.

314 L'homme est comme Dieu l'a fait, et un peu pire.

315 Les hommes sont comme les melons : les uns bons melons, les autres melons à pépins, et la plupart pépins à melon. *(78)*

316 L'homme sans honneur sent plus mauvais qu'un cadavre.

317 La vanité fleurit, mais sans monter en graine.

318 Un âne couvert d'or a meilleure mine qu'un cheval bâté.

319 Un âne chargé d'or ne laisse pas de braire. *(388)*

320 Le loup perd les dents, mais non pas la mémoire.

321 L'ormeau ne peut donner des poires.

322 Bourse vide s'appelle cuir.

323 Tel a le chapelet en main, qui a le diable au corps.

324 Le diable sait s'embusquer à l'ombre de la croix.

Les comportements

325 Règle ta bouche sur ta bourse. *(1420)*

326 Même si ta poche est vide, veille à ce que ton chapeau reste droit.

327 Les mouches ne se posent pas sur la casserole en ébullition.

328 Celui qui donne le tocsin ne va pas au feu. *(1615)*

329 Grain à grain, la poule emplit son gosier.

330 La bonne lavandière lave sa blouse d'abord.

331 À navire neuf, vieux capitaine.

332 Où le fleuve est profond, il fait le moins de bruit.

333 Mieux vaut découdre qu'arracher.

334 Les vertus sans prudence sont des beautés sans yeux.

335 La timidité est la prison du cœur.

336 L'indécis laisse geler sa soupe de l'assiette à la bouche.

337 Demain est souvent le jour le plus chargé de la semaine.

338 Par la rue de « Plus tard », on arrive à la place de « Jamais ».

339 Dans les nids de l'an passé, il n'y a plus d'oiseaux.

340 Puisque tu as fait l'église, fais l'autel.

341 On ne mesure pas l'huile sans avoir les mains grasses. *(999)*

342 À celui qui montre son cul, que reste-t-il à cacher.

343 Qui sait peu se hâte de le débiter.

344 Premiers à manger, derniers à travailler.

345 Qui craint de se mouiller ne prendra pas de truites.

346 On peut bien perdre un hameçon pour pêcher un saumon. *(226)*

347 Qui pêche par sottise se damne par sottise.

348 Le diable essuie sa queue avec l'orgueil du pauvre.

LES BIENS ET LES ÉCHANGES

L'argent

349 L'amour peut beaucoup, l'argent peut tout. *(1164)*

350 L'argent aplanit les montagnes et traverse les mers.

351 Toute serrure s'ouvre avec une clef d'or. *(1107, 1437)*

352 Faire l'aumône n'allège jamais la bourse. *(1328)*

353 Donner, c'est honneur ; demander, c'est douleur.

354 Qui donne promptement donne doublement. *(1324)*

355 Offrir beaucoup à qui demande peu, c'est une manière de refuser. *(1320)*

356 Sois muet quand tu as donné ; parle quand tu as reçu.

357 Du cuir d'autrui, on tire de longues courroies. *(1134)*

358 Ouvrier payé, ouvrier sans bras.

359 Le salaire de l'ouvrier entre par la porte et sort par la cheminée.

360 On va de l'œuf au bœuf et du bœuf au gibet. *(535)*

361 Porte ouverte, le saint est tenté.

362 Maison ouverte rend voleur l'homme honnête.

363 Pour épargner un clou, on perd un cheval.

364 L'avare amasse et garde et le diable se frotte les mains.

365 L'avare est un homme qui s'obstine à vivre pauvre pour mourir riche.

Les affaires

366 Bon drap trouve acheteur sans qu'on l'étale.

367 C'est un grand art que de vendre du vent.

368 L'art d'être marchand consiste plus à se faire payer qu'à vendre.

369 Chacun parle de la foire selon qu'il y a plus ou moins vendu.

370 Où l'on ne perd rien, on gagne toujours quelque chose.

371 Mes clients passent avant mes parents.

372 Entre frères, deux témoins et un notaire.

373 Les affaires valent mieux faites qu'à faire.

374 Mieux vaut bonne espérance que possession précaire.

375 Mieux vaut l'œuf d'aujourd'hui que la poule de demain. *(532)*

376 Tords le cou à la poule qui mange chez toi et qui pond chez autrui.

377 Rivière débordée, profit de pêcheurs.

378 Le carême est court pour celui qui a une dette à payer à Pâques.

379 Il n'y a pas de dette qui ne se paie, ni de mal qui dure cent ans.

380 Les dettes sont comme les enfants ; plus elles sont petites, plus elles font de bruit.

LES BONNES ET MAUVAISES RELATIONS

La nature

381 Qui s'attache à bon arbre en reçoit une bonne ombre.

382 Le laurier n'est pas frappé par la foudre.

383 On ne prend pas un vieux singe au lacet. *(213)*

384 Où le bouc a sauté, saute tout le troupeau.

385 Ne hante pas les méchants de peur d'en accroître le nombre.

386 Celui qui va avec des loups apprend à hurler. *(516)*

387 Pour un malheureux chien que j'ai tué, tueur de chiens on m'a appelé.

388 L'un soigne le cheval, l'autre le monte. *(264)*

389 Où il n'y a point d'honneur, il n'y a point de douleur.

390 Prière de grand, douce violence.

391 Pour les flatteurs, il n'est ni riche sot ni pauvre sage.

392 Tel entre en léchant qui mord en sortant.

393 Le miel n'a pas été fait pour la bouche de l'âne. *(390)*

394 Le renard en sait long, mais celui qui le prend en sait un peu plus.

395 Fuis le vaniteux plus que le lépreux.

396 Qui sert deux maîtres, à l'un des deux doit mentir.

397 Qui se fait miel, les mouches le dévorent. *(147)*

398 La maison de la haine se bâtit avec les pierres des offenses.

399 Celui qui se présente en sauveur pourrait bien être crucifié.

L'intérêt

400 Traite les petits comme tu voudrais être traité par les grands.

401 Qui en châtie un en avise cent.

402 Un œil sur la casserole et l'autre sur le chat.

403 Comme chante l'abbé, répond le sacristain. *(1993)*

404 On se venge mieux d'un sot par le mépris que par les coups.

405 Grande victoire est celle qui se gagne sans répandre de sang.

406 Que chaque putain tue ses propres puces!

407 Le deuil du loup est la fête du renard.

408 J'aime mieux un âne qui me porte qu'un cheval qui me désarçonne.

409 Qui mange seul sa côtelette sera seul à seller sa bête.

410 Quand j'ai mangé, tout le monde est repu.

411 Ce sont les fardeaux des autres gens qui tuent l'âne.

412 La souris ne joue pas avec l'enfant du chat.

413 À force de coiffeurs, la fiancée devient chauve.

414 Âne soit qui dispute contre un âne.

415 Si ton toit est en verre, ne jette pas de pierre sur celui du voisin.

416 Tel se crève les deux yeux pour rendre son ennemi borgne.

417 Qui est dans le bourbier y voudrait mettre autrui.

418 C'est le dernier que le chien mord *(146)*

419 Si la pierre donne contre la cruche ou la cruche contre la pierre, tant pis pour la cruche!

420 Le diable s'occupe de nous et nous des autres.

421 Le diable se mêle bien moins de nos affaires que les hommes.

L'amitié

422 Avoir des amis, c'est être riche.

423 Vivre sans amis, c'est mourir sans témoins. *(350)*

424 Un vieil ami est le plus fidèle des miroirs.

425 Avec ton ami, si tu gagnes au jeu, bois incontinent l'enjeu.

426 Ni herbe dans le blé, ni soupçons dans l'ami.

427 Offrir l'amitié à qui veut l'amour, c'est donner du pain à qui meurt de soif.

428 Traitez votre ami comme si vous saviez qu'un jour il deviendra votre ennemi.

429 Ami brouillé vaut deux ennemis.

430 L'hôte est beau de dos.
Quand il s'en va.

La parole

431 Les diamants ont leur prix; un bon conseil n'en a pas.

432 D'un sot vient parfois un bon conseil. *(1657)*

433 Le sage change d'avis et le sot s'entête. *(1647)*

434 La mauvaise plaie se guérit, la mauvaise réputation tue.

435 Parler sans penser, c'est tirer sans viser.

436 La parole perd parfois ce que le silence a gagné.

437 Aux questions indiscrètes, réponds par un mensonge.

438 Tu te rends esclave de celui à qui tu dis ton secret.

LA FEMME ET LA FAMILLE **L'amour**

439 L'amour d'un adolescent, c'est de l'eau dans un panier.

440 Pour être aimé, il faut aimer.

441 La foudre et l'amour laissent les vêtements intacts et le cœur en cendres.

442 Devant l'amour et devant la mort, il ne sert à rien d'être fort.

443 À la chasse et en amour, on commence quand on veut et on finit quand on peut.

444 L'amour sans folie ne vaut pas une sardine.

445 La constance est la chimère de l'amour.

446 Les serments d'amour prouvent son inconstance.

447 La crainte et l'amour ne mangent pas au même plat.

448 Tout se paie avec de l'argent, l'amour ne se paie qu'avec l'amour.

449 L'amour, qui corrompt souvent les cœurs purs, purifie les cœurs corrompus.

450 Les rides sont le tombeau de l'amour. *(630)*

La femme

451 Quand Dieu se fit homme, le diable s'était déjà fait femme.

452 Toute porte est de bois, toute femme est de chair.

453 Une femme et un almanach ne valent que pour un an.

454 Les larmes des femmes valent beaucoup et leur coûtent peu.

455 Le vent change chaque jour, la femme chaque seconde.

456 Femme en colère, mer déchaînée.

457 De la mauvaise femme, garde-toi bien et à la bonne ne te fie point.

458 Avec les femmes comme avec le vent, tact et précautions.

459 De la fréquentation des femmes, il ne peut sortir que du feu ou de la fumée.

460 À la femme, à la pie, ne dis que ce que tu dirais en public.

461 Tenir une femme par sa parole, c'est tenir une anguille par la queue.

462 Le conseil d'une femme est peu de chose, mais qui ne le prend pas est fou.

463 Femme et verger ne veulent qu'un seul maître. *(853)*

464 La femme est comme l'œuf, qui gagne à être bien battu. *(856)*

465 Ne priez point une femme au lit, ni un cheval dans l'eau.

466 La femme et la truite se prennent par la bouche.

467 Les figues vertes et les femmes mûrissent à force d'être palpées.

468 La femme et la mule obéissent aux caresses.

469 L'amour de la femme et les caresses du chat durent aussi longtemps qu'on leur en donne.

470 Ne loue pas ta femme en présence du voisin.

471 Amour de putain est feu de paille, s'enflamme bien mais vite s'éteint.

472 À la putain et au jongleur la vieillesse est cruelle.

Le mariage

473 L'homme est la flamme et la femme est l'étoupe.

474 Ruades de jument sont amours pour le roussin.
Roussin au sens de *cheval entier.*

475 Qui a une femme a toutes les femmes; qui a toutes les femmes n'a pas de femme.

476 La fortune de son père embellit la fille la plus laide. *(849)*

477 Une grosse dot est un lit plein de ronces.

478 Le mariage est comme le melon, c'est une question de chance.

479 Le mariage est un sac où l'on trouve quatre-vingt-dix-neuf vipères et une anguille.

480 S'enrôler ou se marier ne se doit point conseiller.

481 Célibataire, un paon; fiancé, un lion; marié, un âne!

482 Une femme sans mari est un navire sans gouvernail.

483 La maison va mal quand la quenouille commande à l'épée. *(var. 652)*

484 Le pied sur le berceau et la main au fuseau font le logis beau.

485 Belle-mère, fût-elle de sucre, est amère.

486 La première femme est un balai et la seconde une dame.

487 Une veuve potelée doit être remariée, ou enterrée, ou cloîtrée.

488 Dieu, voyant qu'il ne pourrait suffire à la tâche, décida de créer la mère.

489 Le premier enfant du chanceux est une fille.

490 Trois filles et leur mère : quatre démons pour le père.

491 Celui à qui Dieu ne donne pas d'enfants, le diable lui donne des neveux. *(2019)*

LA SOCIÉTÉ

492 L'italien se parle aux dames, le français aux savants, l'espagnol à Dieu.

493 Si tu vois l'Espagnol chanter, c'est qu'il rage ou qu'il n'a pas d'argent.

494 Le fils de l'alcade va sans crainte au tribunal.

L'alcade était un juge en Espagne.

495 Quand le diable s'incarne, il se déguise en moine ou en avocat.

496 Le paysan entre deux avocats est comme le poisson entre deux chats.

497 Quand deux médecins vont voir un malade, le sacristain sonne le glas. *(778)*

LA SAGESSE

498 La moisson vient plus du labeur que du champ.

499 En attendant l'eau du ciel, arrose toujours.

500 À renard endormi, il ne tombe rien dans la gueule. *(167)*

501 Bon vent vaut mieux que force rames.

502 La vie est un cadeau qui se rembourse cher.

503 Réduis tes désirs et tu augmenteras ta santé.

504 Cherche le bien, et quant au mal, laisse-le venir.

505 Il vaut mieux visiter l'enfer de son vivant qu'après sa mort.

506 Qui abandonne les siens est abandonné de Dieu.

507 Peinture et bataille ne sont belles qu'à distance.

508 La guerre arrivée, le diable agrandit son enfer.

509 Au fou et au vent il faut livrer passage.

510 Il ne faut pas montrer la vérité nue, mais en chemise.

511 Ce que le fou réserve pour la fin, le sage le place en tête.

512 En fait de mal, le moins est le mieux.

513 Le pire n'est pas toujours certain.

514 Le jour du jeûne est la veille d'une fête.

515 Ne vante pas mon bonheur tant que je ne serai pas au cimetière.

516 Attends la mort pour louer la vie, et le soir pour louer le beau jour.

517 La chance qui dure est toujours suspecte.

518 Chaque mauvais homme aura son mauvais jour.

519 Le cadavre du pape ne prend pas plus de place que celui du sacristain.

520 Pas de vérité dans ce monde, puisque tout est dans le second.

521 Aucune chose au monde ne fuit d'un pas plus léger que la vie.

522 Celui qui perd la foi n'a plus rien à perdre.

523 Nu, je naquis, nu je reste ; je ne perds, ni ne gagne.

524 Les morts ouvrent les yeux des vivants.

525 Pas de remède contre la mort ; mais la mort, elle-même, est un remède.

526 Contre la mort il n'y a pas de forteresse. *(761, 810)*

527 La mort est un moissonneur qui ne fait pas de sieste.

528 Personne ne nous ôtera ce qui a été dansé.

BIBLIOGRAPHIE

Il n'existe pas d'ouvrage français important sur les proverbes espagnols. Le livre de P. J. Martin, *Les Moralistes espagnols*, Hetzel, 1859, mêle citations littéraires, maximes et sentences avec environ 300 proverbes (rangés par ordre alphabétique du mot-clef).
651 ouvrages espagnols sur les proverbes sont décrits dans la bibliographie de José Maria Sbarbi, *Monografia sobre los Refranes, Adagios y Proverbios castellanos y las obras ó fragmentos que expresamente tratan de ellos en nuestra lengua*, Madrid, 1891.
Parmi les livres récents, le plus important est celui d'Eleanor S. O'Kane, *Refranes y frases proverbiales españolas de la edad media*, Madrid, 1959, qui comprend 2 000 proverbes étudiés de manière très approfondie.

Proverbes d'Amérique latine hispanophone

Il y a plus de 300 millions d'hispanophones dans le monde, en dehors de l'Espagne, surtout en Amérique latine, mais aussi aux États-Unis (États du Sud et Porto Rico), aux Philippines, ainsi que dans quelques enclaves sur les côtes africaines. Mentionnons enfin le judéo-espagnol (voir le chapitre sur le Monde juif).
L'espagnol est la langue officielle de tous les pays d'Amérique latine, sauf le Brésil (voir le chapitre suivant). Il est parlé par 88 millions de Mexicains, 33 millions d'Argentins, 34 millions de Colombiens, 22 millions de Péruviens, 20 millions de Vénézuéliens, 13 millions de Chiliens, etc. (Dans certains pays [Mexique, Paraguay, pays andins] il est en concurrence avec les langues indiennes.)
Les proverbes suivants sont répandus dans une bonne partie de l'Amérique latine. Cependant, quand leur aire de diffusion est plus restreinte, le nom du pays dans lequel ils sont attestés figure entre crochets après le proverbe.

L'INDIVIDU

529 Le gaucho sans son cheval est comme une bougie sans mèche.
Le *gaucho* est un berger qui garde les troupeaux dans les pampas.

530 Aux courbettes de cheval, on connaît le gaucho.

531 Ce n'est pas suffisant de savoir monter à cheval, il faut aussi savoir tomber.

532 À tant galoper, tu vas finir par perdre ton poncho.
Le *poncho* est le manteau du gaucho.

533 Mieux vaut un trot qui dure qu'un galop qui se lasse.

534 De taureau à bœuf, il n'y a qu'un pas.

535 C'est le sort du mouton : s'il n'est fait pour la laine, il est fait pour le cuir.

536 Cochon propre n'engraisse pas.

537 Coq ivre ne monte pas au perchoir.

538 Un bon guitariste joue avec une corde.

539 Après le goût, le dégoût.

540 Ne t'étire pas plus loin que tes draps.

541 Qui prie beaucoup craint quelque chose.

LES BIENS

542 L'homme travaille une année pour s'amuser une journée.

543 Le malin vit de l'imbécile, et l'imbécile de son travail.

544 À cheval prêté, lourd fardeau et herbe maigre.

545 Contre le vice de mendier, il y a la vertu de ne pas donner.

546 Le pot vide ne déborde pas. [Jamaïque]
Le pauvre n'a rien à donner.

547 La viande que le chat emporte ne revient jamais à l'assiette.

548 Le couteau trouvé dans la rue se perd dans la rue. *(1574)*

549 Qui épargne pour plus tard n'a pas confiance en Dieu.

550 La maison que l'on blanchit est à louer.

551 Les vieilles dettes ne se paient pas; les nouvelles se laissent vieillir.

LES RELATIONS

552 Je danse au rythme qu'on me joue.

553 À cheval neuf, vieux cavalier. *(435)*

554 Mieux vaut un diable connu que vingt hommes inconnus.

555 La force de la chaîne est dans le maillon.

556 Lumière dans la rue, ténèbres dans la maison.

557 Les mots doivent mourir et l'homme vivre. [Jamaïque]
Il faut oublier les injures.

558 Quand les oiseaux de proie tournent et planent, c'est qu'il y a un chien crevé.

559 Ne cours pas après un homme ou un autobus : il y en aura toujours un autre. [Jamaïque]

560 Les poules d'en haut salissent celles d'en bas.

561 Deux chats dans un même sac ne peuvent vivre ensemble.

562 Si tu veux connaître ton ami, couche-toi au bord du chemin, et simule l'ivresse. [Jamaïque]

563 Il n'y a pas de petits ennemis. *(65)*

564 Dieu a créé trois ennemis à cause de nos péchés : la souris dans nos maisons, le renard dans la montagne et le curé dans notre village.

LA FEMME

565 Les cœurs comme les voleurs ne rendent pas les choses oubliées. [Guatemala]

566 Poivron vert doit piquer, vieil amour doit durer !

567 Vieil amour et bois vert brûlent quand ils ont l'occasion. *(1159)*

568 La femme est comme la fleur : elle ne bourgeonne que si on l'arrose.

569 Femme qui apprend le latin a la plus triste des fins.

570 Dame qui rit, bourse qui pleure.

571 La femme est une lettre fermée qui, ouverte, ne vaut plus rien.

572 Attends la récolte, tu trouveras une compagne.

573 La bru balaie ce que voit la belle-mère.

574 Les veuves pleurent, pleurent, mais elles cherchent un autre homme.

LA SAGESSE

575 La loi est faite pour tous, mais elle ne régit que le pauvre. *(1766)*

576 La loi est comme le couteau : elle n'offense pas qui la manie.

577 L'espoir ne rouille pas et la consolation ne pourrit pas.

578 Qui espère désespère.

579 Qui vit d'illusions meurt de désillusion.

580 La meilleure chose que Dieu ait faite, c'est qu'un jour suive l'autre. [Porto Rico]

581 Nul ne sait qui nous sommes.

582 Tous nous sommes faits d'une même argile, mais ce n'est pas le même moule. [Mexique]

583 On ne peut pas cacher le soleil avec une main.

584 Dieu écrit droit sur des lignes tordues.

585 Qui doit mourir meurt dans l'obscurité même s'il est marchand de chandelles.

BIBLIOGRAPHIE

Il n'existe aucune publication française sur les proverbes d'Amérique latine. Il faut donc se reporter aux recueils étrangers.

On trouve une bibliographie :
– sur les proverbes mexicains dans un article de *Proverbium* (n° 15, 1970)
– sur les proverbes jamaïcains dans *Proverbium* (n° 10, 1968)
– sur les proverbes argentins dans le livre de Carlos Villafuerte, *Refranero de Catamarca*, Buenos Ayres, 1972, qui présente 2 000 proverbes et locutions de Catamarque, région située au nord-est de l'Argentine.

Proverbes portugais

L'expansion portugaise à partir du XVIe siècle a entraîné la diffusion de la langue dans le monde entier. Dans certaines régions de colonisation, le portugais s'est mélangé aux langues autochtones pour donner des parlers créoles (dans les îles du Cap-Vert, en Guinée-Bissau, en Guinée équatoriale, au Mozambique, à Macao, etc.). Mais c'est en Amérique qu'il a connu sa plus grande extension ; alors que dans son pays d'origine, il n'est parlé que par 10 millions d'habitants, au Brésil, le portugais a remplacé les langues indigènes presque partout et il est la langue officielle de 153 millions de Brésiliens.

Un certain nombre de proverbes espagnols sont aussi utilisés par les Portugais et les Brésiliens.

L'INDIVIDU

586 Le désir embellit ce qui est laid.

587 Tout vin souhaite être du porto.

588 Il est préférable d'être reine une heure que duchesse toute sa vie.

589 La reine des abeilles n'a pas d'aiguillon.

590 Plutôt mériter des honneurs et ne point les avoir, que de les avoir et ne point les mériter.

591 À grand bateau, grande tempête.

592 Le bon silence s'appelle sainteté.

593 Saigne-le, purge-le et s'il meurt, enterre-le.

594 C'est le temps qui guérit le malade, non le médicament.

595 Qui n'a rien ne craint rien. *(1295)*

596 Qui chante, son mal enchante. Qui pleure, son mal augmente.

597 Même le drap le plus beau peut avoir une tache.

598 Nul n'est pauvre que celui qui pense qu'il l'est.

599 Le toit de l'enfer est fait d'occasions perdues. *(2055)*

LES RELATIONS

600 Une bonne parole éteint plus de feu qu'un baquet d'eau.

601 Dis à ton ami un mensonge et s'il en garde le secret, alors dis-lui la vérité.

602 Ne dis pas tout ce que tu sais ; ne crois pas tout ce que tu entends ; ne fais pas tout ce que tu peux.

603 Ne mets pas de l'argent dans un sac sans regarder s'il n'a pas un trou.

604 Trois frères, trois forteresses.

605 La peau est plus près du corps que la chemise. *(1150)*

606 Les oiseaux de proie ne s'assemblent pas.

607 La perte qu'ignore ton voisin n'est pas une vraie perte.

608 Le mauvais voisin donne une aiguille sans fil.

609 Méfiez-vous de la porte qui a plusieurs clés.

610 Trop de cire met le feu à l'église.

611 Chat qui miaule chasse d'autant moins.

612 Le malheur d'autrui ne guérit pas une peine.

613 La paix avec un gourdin dans la main, c'est la guerre.

614 Ne dois pas au riche, ne prête pas au pauvre.

615 Être lent à donner est tout comme de refuser.

616 L'honneur et le profit ne se tiennent pas dans le même sac.

LA FEMME

617 Chaque pays a ses coutumes, chaque quenouille a son fuseau.

618 La lune et l'amour, quand ils ne croissent pas, décroissent.

619 On chante selon son talent et ou se marie selon sa chance.

620 Une maîtresse est reine, une femme est esclave.

621 À la femme comme à la chèvre, longue corde !

622 Les femmes et le verre sont toujours en danger.

623 Femmes et brebis doivent être rentrées avant la nuit.

624 Une veuve riche pleure d'un œil et rit de l'autre.

625 Qu'est-ce que le mariage, mère ? Fille, c'est filer, enfanter et pleurer.

LA SAGESSE

626 Quand le soleil se lève, il se lève pour tous.

627 Il y a beaucoup de façons de quitter le monde, mais seulement une d'y arriver.

628 Il faut souffrir beaucoup ou mourir jeune.

629 La mort nous rend égaux dans la tombe et non dans l'éternité.

BIBLIOGRAPHIE

En français : Hamonière, *Nouveau guide portugais-français*, Paris, 1817 (500 proverbes et locutions avec les équivalents français).
En portugais, l'ouvrage le plus complet est le *Dictionnaire* de Jayme Rebelho Hespana, 1936, qui comprend 13 000 proverbes.

Proverbes brésiliens

Les proverbes sont un des souvenirs qu'on rapporte d'un voyage au Brésil. On est surpris la première fois qu'on en découvre un sur le garde-boue d'un camion, puis on s'aperçoit qu'ils sont tous décorés ainsi.

C'est grâce à l'observation de ces camions qu'a été constituée – fait unique dans ce volume – la collection suivante.

L'INDIVIDU

630 Le pauvre mange de la viande quand il se mord la langue.

631 La joie du pauvre dure peu.

632 Une orange dans la rue : ou elle est pourrie, ou il y a des vers.

633 Quand il pleuvra de la bouillie, les mendiants auront des fourchettes.

634 Pauvreté n'est pas vice, mais mieux vaut la cacher.

635 Chien maigre mange et s'en va.

636 Le téléphone : c'est pas pour la communication, c'est pour le confort des pauvres.
L'appareil téléphonique est un signe de modernisation de la maison, sans qu'il soit pour autant relié à une ligne.

637 Dans la maison du forgeron, la broche est en bois. *(1456)*

638 Un vieux père et des manches déchirées n'ont jamais déshonoré personne.

639 Qui ne pleure pas n'a pas de tête.

LES RELATIONS

640 La bonne volonté raccourcit le chemin.

641 Dans la bouche fermée n'entrent pas de moustiques. *(641)*

642 Un oiseau dans la main vaut mieux que deux qui volent. *(217)*

643 L'amour est aveugle, il faut donc toucher.

644 Tout ce qui tombe dans le filet, c'est du poisson.

645 Quand il y a trop d'offrandes, le saint se méfie.

646 Où est une telle ? Elle s'est mariée, elle a déménagé et elle ne t'a pas invité.

647 Malédiction de vautour ne tue pas le cheval.
Les traits des envieux ne peuvent rien contre les forts.

648 Les paroles ne salent pas la soupe.

649 Le perroquet mange le maïs, et c'est la perruche qui en est accusée. *(488)*
Les grands font le mal et les petits en portent la peine.

650 Le saint de la maison ne fait pas de miracles. *(1985)*

651 Fils adopté, travail doublé.
Il ne rend pas les services qu'on attend de lui.

652 Là où le sang a coulé, l'arbre de l'oubli ne peut grandir.

LA SAGESSE

653 Tant que je cours, mon père a un fils.

654 La terre n'a pas soif de sang des guerriers, mais de la sueur des hommes.

655 Dieu est grand, mais la forêt est encore plus grande.
Proverbe répandu à l'origine parmi les Indiens.

BIBLIOGRAPHIE

F. J. de Santa Anna Nery, *Folk-Lore brésilien*, Perrin, 1889 (10 proverbes en traduction française, p. 91).
Une collection de 60 proverbes brésiliens a été publiée en langue originale dans *Proverbium*, n° 18, 1971, pp. 503-504, par Georges Monteiro.

Proverbes roumains

Élément latin ou latinisé intégré dans un monde slave, le peuple roumain porte témoignage de la conquête romaine de la Dacie, en 107 après J.-C. Formée de l'union de la Moldavie avec la Valachie en 1859, la Roumanie est peuplée de 22 millions d'habitants : on y parle roumain, hongrois, allemand. Le roumain est aussi parlé dans les régions limitrophes de la Yougoslavie, de la Hongrie et des pays voisins.

L'INDIVIDU

656 Le pas court allonge la vie.

657 Un sac lourd n'est pas lourd sur ton dos.

658 Du même bois, on peut faire et une croix et une trique.

659 D'un œuf de diable ne peut sortir qu'un petit diable. *(188)*

660 La souris revient toujours à son trou. *(266)*

661 À l'homme riche même le diable apporte des cadeaux.

662 Même le diable berce les enfants de l'homme riche.

663 C'est le riche qui commet la faute et c'est le pauvre qui demande pardon.

664 Même le diable paraît beau quand il est jeune. *(1970)*

665 La chance de l'indolent s'assied avec lui.

666 Pour une puce, ne jette pas la couverture au feu. *(908)*

667 Après la guerre, beaucoup de héros se présentent.

668 Beauté sans sagesse est comme fleur dans la boue.

669 Le saule n'est pas un arbre, le rustre n'est pas un homme.

670 La poule qui chante le soir n'a pas d'œuf le matin.

671 Le menteur, quand il dit la vérité, tombe malade.

672 L'homme avide, même lorsqu'il est rassasié, a faim.

673 Si le mal est devant, on court le rattraper; s'il est derrière, on s'arrête pour l'attendre.

LES RELATIONS

674 Petite souche renverse grand chariot.

675 Personne ne demande où demeure le bel homme, mais où demeure l'homme sage.

676 La bonne abeille ne se pose pas sur une fleur fanée.

677 Ce qui naît de la chatte attrape des souris. *(515)*

678 Plus proches sont les dents que les parents.

679 Le meilleur parent, c'est la bourse à l'argent et le sac au millet.

680 Même au paradis il n'est pas bon d'être seul.

681 On attache le bœuf par les cornes, et l'homme par le cœur.

682 Même le silence est une réponse.

683 Quand tu traverses le pays des aveugles, ferme un œil.

684 Si tu donnes, oublie ; si tu prends, rappelle-toi.

685 Associez-vous avec le diable jusqu'à ce que vous ayez passé le pont.

686 C'est l'œuf qui apprend à la poule.
Se dit de quelqu'un de jeune qui veut en remontrer à un aîné.

687 La compassion d'un étranger est comme l'ombre d'une épine.

688 Que sait l'âne du chant du rossignol ?

689 La lampe ne brûle pas pour celui qui dort.

690 L'homme méchant est comme le charbon : s'il ne te brûle pas, il te noircit.

691 Avant d'avoir trouvé Dieu, on est dévoré par ses saints.

692 Promesse de seigneur, espoir de fou. *(1684)*

693 Éloge de menteur, plaisir de fou.

694 Le juge est comme l'essieu de la charrette : dès qu'on le graisse il cesse de grincer.

695 Le voleur non démasqué est un honnête marchand.

696 Les vieux vêtements se déchirent près de l'endroit où ils sont raccommodés.

697 Le changement de chef fait la joie des sots.

LA FEMME ET LA FAMILLE

698 L'amour comprend toutes les langues.

699 La faim va tout droit, le désir d'amour tourne en rond.

700 Amour bref, soupir long.

701 Jupe de femme est lange du diable.

702 La femme a les jupes longues et l'esprit court.

703 Rien de plus changeant que le temps et les femmes.

704 Langue de femme, couteau à deux tranchants.

705 La femme sans homme est comme un cheval désentravé.

706 La femme qu'on n'a pas battue est comme le cheval qu'on n'a pas étrillé.

707 Une maison sans femme, c'est un violon sans corde.

708 Plains la maison où l'homme est une femme. *(var. 858)*

709 Regarde la mère avant la fille.

710 Cherche une femme qui te plaise à toi, non aux autres.

711 Mieux vaut le laideron de ton village, que la belle d'un village étranger.

712 Bonne épouse, charrue d'or.

713 Quand un homme prend une femme, il cesse de craindre l'enfer.

714 On se marie facilement, on se sépare difficilement.

715 Un second mariage est comme un plat réchauffé.

716 L'œil de ta femme est dans ta bourse.

717 Trop d'enfants n'a jamais fait éclater le toit de la maison.

718 Quand la fille naît, même les murs pleurent.

719 Qui a beaucoup de filles fait se marier beaucoup d'ânes.

720 Le cabri saute la table, la chevrette saute le mur.

LA SAGESSE

721 Les pierres font partie du chemin.

722 Ce qui est mauvais, écris-le sur de l'eau courante.

723 L'hiver te demandera ce que tu as fait l'été.

724 Là ou Dieu vous a semé, là il faut fleurir.

725 La vie de l'homme est semblable à un œuf que tiennent les mains d'un enfant.

726 Par où sort la parole, l'âme sort aussi.

727 Les larmes ne sècheraient jamais si l'on n'oubliait pas les morts.

728 Celui qui craint la mort perd la vie.

BIBLIOGRAPHIE

Le Magasin pittoresque, 1860, pp. 402-403, « Proverbes valaques » (31 proverbes en traduction française).
Sandra Golopentia-Eretescu, « Paradoxical proverbs, paradoxical words », *Proverbium*, n° 17, 1971, pp. 626-629 (article sur les proverbes roumains comprenant 8 proverbes en traduction anglaise).
En roumain, l'ouvrage de base est le dictionnaire en 8 volumes de Julius Panne, 1895-1900, comprenant 16 351 proverbes, dictons et locutions proverbiales.
On peut signaler un ouvrage récent : George Muntean, *Proverbes*, 1967.

chapitre II

LANGUES GERMANIQUES

Proverbes anglais

Importé dans les îles Britanniques dès le ve siècle par les envahisseurs venus du continent, l'anglais a peu à peu remplacé les langues autochtones notamment les langues celtiques qui n'ont pas été totalement supplantées (voir le chapitre qui leur est consacré). Son système grammatical et phonétique a été fixé avant les différents mouvements d'émigration qui ont commencé au XVIIe siècle ; c'est ce qui explique la similitude de l'anglais de Grande-Bretagne avec celui d'Amérique du Nord, d'Australie, d'Afrique du Sud, etc.

L'ensemble des personnes de langue maternelle anglaise, moins important que celui des locuteurs de chinois, est donc le second, mais le plus diffusé dans le monde : aux 56 millions de Britanniques, il convient d'ajouter la grande majorité des 252 millions d'habitants des États-Unis, ainsi que les 17 millions d'Australiens, les 3 millions de Néo-Zélandais, etc. Il y a 450 millions d'anglophones dans le monde.

L'anglais est la première langue étrangère qu'apprennent des millions de personnes, que ce soit dans les pays d'Europe occidentale, en Inde ou au Japon.

Signe à la fois de la survivance de sa diffusion au temps de la colonisation britannique et de la consécration de sa suprématie actuelle dans les échanges internationaux, l'anglais est pratiqué dans toutes les parties du monde et, par voie de conséquence, les proverbes anglais sont connus partout. Aussi nous leur avons donné une place particulièrement importante, car des proverbes comme « Ne comptez pas vos poulets avant qu'ils soient éclos » ou « Ce n'est pas aux mendiants de choisir » se disent dans le monde entier.

L'INDIVIDU

729 Il vaut mieux régner en enfer que servir au paradis.

730 Il vaut mieux être un grand poisson dans un petit étang qu'un petit poisson dans un grand étang.

731 Quand un homme est fatigué de Londres, c'est qu'il est fatigué de la vie.

732 Dieu a fait la campagne et l'homme a fait la ville.

733 Une ville riche est comme un fromage gras, elle nourrit bien des vers.

734 Pour un Anglais, sa maison est un château.

735 Cœur heureux fait visage épanoui.

736 Un pied vaut mieux que deux béquilles.

737 Le renard ne sent pas sa propre odeur.

738 Le ciel envoie la viande, mais le diable envoie les cuisiniers.

739 Mieux vaut bon estomac qu'habile cuisinier.

740 Bon dîneur, mauvais dormeur.

741 La table ruine plus de gens que le voleur.

742 Les chiens affamés mangent même le mauvais pudding.

743 Cheval affamé nettoie sa mangeoire.

744 Une bourse est inutile à qui n'a point d'argent.

745 Si les souhaits étaient des chevaux, les mendiants iraient à cheval. *(1744).*

746 Le diable danse dans une poche vide.

747 Le vieil arbre transplanté meurt.

748 Nul cimetière n'est si beau que l'on souhaite y être enterré aussitôt.

749 La graine est dans le fruit et celui-ci est dans la graine.

750 Un homme ne dort pas toujours quand il a les yeux fermés.

751 La branche chargée de fruits s'incline.

752 En mûrissant, faites comme la lavande, adoucissez-vous.

753 Une porte qui grince peut durer longtemps sur ses charnières. *(1055)*

754 On peut jouer plus d'un bon air sur un vieux violon.

755 La noblesse doit être un éperon pour la vertu et non pas un étrier pour l'orgueil.

756 Toutes les clés ne pendent pas à la même ceinture.

757 Personne n'est fou toujours, chacun l'est quelquefois.

758 Toute lumière a son ombre.

759 Chaque fève a sa tache noire.

760 Nulle laine n'est si blanche qu'une teinture ne puisse la noircir.

761 Rien n'aigrit comme le lait.

762 L'ignorance, c'est comme la science, ça n'a pas de bornes.

763 Un traducteur est un auteur comme un savetier est un cordonnier.

764 Les corbeaux ont beau se plonger dans l'eau, cela ne les blanchit pas. *(var. 385)*

765 Le paon a de belles plumes, mais de vilaines pattes.

766 Habit somptueux ne donne pas les bonnes manières.

767 Le nez le plus long n'est pas toujours le meilleur senteur. *(529)*

768 Nous avons un profil pour Dieu, et l'autre pour le diable.

769 Qui n'est pas bon pour soi ne l'est pour personne.

770 Un cerveau vide est la boutique du diable.

771 L'orgueil est une fleur qui croît dans le jardin du diable.

772 Une chaussure trop grande fait trébucher.

773 Il est plus facile en Angleterre de trouver des capitaines que des simples soldats.

774 Avant d'être capitaine, il faut être matelot.

775 Cloche fêlée ne peut bien sonner.

776 Fruit mûri de force se tale vite.

777 Le mouton paresseux trouve sa toison trop lourde.

778 Les vieilles portes ferment mal.
Ne faites pas de confidences aux vieillards.

779 Un point à temps en épargne neuf.

780 Petits coups répétés abattent grand chêne.

781 Peu à peu, la souris coupe un câble. *(38)*

782 Beaucoup de gouttes font un océan. *(38)*

783 On peut aimer l'église sans en chevaucher le toit.

784 Pour être efficace, la prière n'a pas besoin d'être longue. *(2041)*

785 On est tenu d'être honnête, non d'être riche.

786 Mieux vaut tenir le diable dehors que de le mettre à la porte.

787 Les voyages améliorent les sages et empirent les sots.

788 Trop à l'est, il y a l'ouest.

789 L'homme qui a beaucoup voyagé s'en vient mourir au lieu qui l'a vu naître.

790 Il est revenu sain et sauf des Indes orientales et s'est noyé dans la Tamise.

791 Mieux vaut le mal connu que le bien inconnu.

792 Qui est en enfer ne sait pas que le ciel existe.

793 Là où Dieu a son église, le diable a sa chapelle.

794 Rien ne vient sans peine, sauf une mauvaise réputation.

795 Rien ne vient sans peine, sauf la pauvreté.

796 Pauvreté n'est pas honte, mais d'en avoir honte est pauvreté.

797 La sagesse chez un pauvre est un diamant serti dans du plomb.

798 Il faut marcher quand le diable est aux trousses.

799 On danse bien quand la fortune joue du pipeau.
Entendre ici *fortune* au sens de *chance, sort heureux.*

800 Qui rit le premier de ses bons mots dispense les autres d'en rire.

801 Le fou rit, même quand il se noie.

802 Ne mords pas plus que tu ne peux mâcher.

803 Savetier ne doit connaître que sa forme.

804 N'allonge pas ton bras au-delà de ta marche.

805 Il ne faut pas semer toute sa semence dans le même champ.

806 Ne faites pas la porte plus grande que la maison.

807 Les arbres empêchent de voir la forêt. *(815)*

808 Quand on baptise l'enfant, il faut savoir comment l'appeler.

809 Qui fait à la hâte une affaire importante court la poste sur un âne.

810 N'essayez pas de voler sans ailes. *(186)*

811 Un coup à tous les arbres et aucun ne tombe.

812 À attendre l'herbe qui pousse, le bœuf meurt de faim.

813 Il n'est rien qui sèche aussi vite que les larmes.

814 Avec de l'imagination on prend le son pour de la farine.

815 Celui qui vit d'espoir a un mauvais régime.

RELATIONS **Biens et échanges**

816 La moitié d'une miche vaut mieux que pas de pain.

817 Ce n'est pas aux mendiants de choisir.

818 La charité n'a jamais appauvri. *(1328)*

819 De l'avoine des chevaux, les poules sont prodigues.

820 Ne jetez pas vos perles au pourceau. (504)

821 L'avare comme le chien de cuisine tourne la broche pour autrui.

822 L'avare se vole lui-même ; le prodigue vole ses héritiers.

823 L'avare pense qu'il ne mourra jamais.

824 Sottise que de vivre pauvre pour mourir riche !

825 Mieux vaut mourir ruiné que de vivre affamé.

826 Mieux vaut être généreux dans sa vie que de léguer sa fortune à des œuvres pies. *(1104)*

827 Qui vole veau volera vache. *(535)*

828 Homme surpris est à moitié pris.

829 Pas de receleur, pas de voleur.

830 Arrachez un voleur à la potence, il vous coupera la gorge. *(1730)*

Échanges

831 De marchand à marchand, la parole vaut un écrit. *(1358).*

832 Qui ne risque rien n'obtient rien ; qui risque tout perd tout. *(1284)*

833 Qui risque un œil perd les deux.

834 Celui qui paie les pipeaux commande la musique.

835 Ce que l'argent a défait, l'argent le refait.

836 Gagner apprend à dépenser.

837 Si vous voulez récolter de l'argent, il faut en semer.

838 Aie un cheval qui t'appartienne et tu pourras en emprunter un autre.

839 La richesse amassée est un fumier puant ; la richesse répandue est un engrais fertile.

840 Prends soin des pence et les livres prendront soin d'elles-mêmes.
La *livre* est l'unité monétaire anglaise. Il y a vingt shillings dans une livre et douze pence dans un shilling.

841 Les petits gains font les bourses lourdes.

842 Ce qu'on achète coûte moins cher que ce qui vous est offert.

843 Une livre dans la bourse en vaut deux dans le livre.

844 Un oiseau que l'on tient en vaut deux dans le buisson. *(1327)*

845 Un œuf aujourd'hui vaut mieux qu'une poule demain. *(532)*

846 Ne comptez pas vos poulets avant qu'ils soient éclos. *(527).*

847 N'achetez pas un cochon dans un sac. (550)

848 Les pigeons rôtis ne volent pas.

849 N'utilisez pas un anchois pour attraper un maquereau.

850 S'entremettre pour affaire d'autrui, c'est traire sa vache sur un tamis.

851 Tel qui part en quête de laine s'en revient tondu.

852 On ne vend pas la vache en retenant le lait.

853 Tout n'est pas beurre que fait la vache.

854 La vache ne connaît la valeur de sa queue que lorsqu'elle la perd.

855 On ne peut pas avoir le beurre et l'argent du beurre. *(1113-1372)*

856 La bonne volonté n'est pas un acompte.

857 Prêter à un ami, c'est perdre et l'argent et l'ami. *(1335)*

858 Qui paie avec l'argent d'autrui achète force soucis.

859 Il vaut mieux donner un shilling que prêter une livre.

860 Ne me parlez pas de mes dettes, à moins que vous ne les vouliez payer.

Les relations

861 Un nouveau balai balaie bien. *(1257)*

862 Les bons cuisiniers ont besoin de bons fourneaux.

863 Un bon chien mérite un bon os.

864 Le bon accueil est le meilleur plat.

865 La charité commence à la maison et la justice chez le voisin.

866 La chandelle éclaire en se consumant.

867 On peut aimer son prochain et ne pas lui tenir l'étrier.

868 La raison se tient entre l'éperon et la bride. *(2109)*

869 Il faut courber le rameau quand il est jeune.

870 Tout ce qui vient dans le filet est poisson.

871 Tout ce qui vient au moulin est blé à moudre.

872 Un enfant qui a été brûlé craint le feu.

873 Vieux renards se passent de mentors.

874 On n'attrape pas les vieux oiseaux avec de la balle de grain. *(214)*

875 Vieil oiseau ne se prend pas à la pipée. *(216)*
La *pipée* est un genre de chasse où l'on attire les oiseaux dans un piège en imitant un cri d'oiseau.

876 Le poing n'est autre chose que la main, et cependant il est plus fort qu'elle.

877 Mieux vaut petit feu qui réchauffe que grand feu qui brûle.

878 Le plus petit ver se retourne si on le piétine.

879 La qualité du pudding se révèle quand on le mange.

880 Chaque cuisinier loue sa propre soupe. *(2017)*

881 Un coq sur son fumier donne toujours de la voix. *(520)*

882 La justice est chère ; prenez une pinte et arrangez-vous.
Prenez une pinte signifie *buvez ensemble.*

883 Quand les bougies sont éteintes, tous les chats sont gris. *(549).*

884 On ne peut tirer d'un chat que sa peau.

885 Un chat peut bien regarder un roi. *(2021)*

886 Chiens crevés ne mordent pas.

887 Le jour a des yeux et la nuit des oreilles.

888 Quand on est deux sur un cheval, il y en a un qui doit être en croupe.

889 En vivant avec les boiteux, on apprend à boiter. *(516)*

890 Les oiseaux de même plumage s'assemblent.

891 Le miel est doux, mais l'abeille pique. *(239)*

892 Qui redoute les blessures ne doit pas aller à la guerre. *(1901)*

893 Le chat aime le poisson, mais répugne à se mouiller les pattes.

894 C'est par la bouche que l'on trait la vache.
Il faut bien la nourrir.

895 Qui aime la nourrice embrasse les enfants.

896 Avant de bien connaître un homme, il faut avoir mangé une livre de sel avec lui.

897 L'âne pense à une chose et l'ânier à une autre. *(365)*

898 Voyage de maîtres, noces de valets.

899 Quand on dîne avec le diable, il faut se munir d'une longue cuiller. *(1980)*

900 Faites une mauvaise réputation à un chien et pendez-le.

901 Ne dites jamais à un ennemi que votre pied vous fait souffrir.

902 Les joies de l'homme puissant sont les larmes du pauvre.

903 La vie du loup est la mort du mouton.

904 Il n'est pas bon de mesurer le blé d'autrui à son propre boisseau.

905 Le champ du voisin paraît toujours plus beau. *(295)*

906 Vous pouvez conduire un cheval à l'abreuvoir mais vous ne pouvez l'obliger à boire. *(449)*

907 Un renard ne devrait pas être juré au procès d'une oie.

908 Aime ton voisin, mais ne supprime pas ta clôture.

909 On ne peut faire une bourse en soie avec l'oreille d'une truie.

910 Vous ne pouvez juger un arbre d'après son écorce. *(1094)*

911 Ne jugez pas un livre à sa couverture. *(1094)*

912 On ne trouve pas de colombes dans un nid de corbeaux.

913 Point de sermons à qui ne veut être sauvé.

914 Qui est plus en guenilles que le fils du tailleur ? *(1456)*

915 La nourrice met un morceau dans la bouche de l'enfant et deux dans la sienne.

916 Le sot fait le festin et l'habile le mange. *(1655)*

917 Qui hésite et bat le buisson, un autre vient qui prend l'oisillon.

918 N'écrasez pas un papillon sur une roue.

919 On ne tire pas du canon pour écraser une punaise.

920 Beaucoup de fumée, peu de feu.

921 N'accrochez pas toutes vos cloches à un seul cheval. *(536)*

922 Il ne faut pas mettre trop de fers au feu.

923 Trop de cuisiniers gâtent le brouet.

924 Ne fouettez pas un cheval qui ne demande qu'à marcher.

925 Ne traitez jamais avec le serviteur quand le maître est là.

926 Il ne faut pas rejeter le moucheron et avaler le chameau. *(1635)*

927 Pilez un fou dans un mortier, il n'en deviendra pas plus sage.

928 Ceux qui habitent des maisons de verre ne doivent pas se servir de projectiles.

929 N'échaude pas ta langue au potage d'autrui.

930 Ne te brûle pas les doigts pour moucher la chandelle d'autrui.

931 La fange n'étouffe pas l'anguille.

932 On n'a pas un chien pour aboyer soi-même.

933 Les cloches convoquent aux offices, mais n'y assistent pas.

934 Un barbier ne rase jamais de si près qu'un autre ne puisse compléter son travail.

935 C'est le dernier brin de paille qui brise le dos du chameau. *(41)*

936 Sot poisson qui se laisse prendre deux fois au même appât!

937 Qui me trompe une fois, honte à lui! Qui me trompe deux fois, honte à moi!

938 Les précautions ont tué le chat.

939 Trop de prudence n'atteint pas son but.

940 Il est trop tard pour fermer la porte de l'écurie quand le cheval a été volé. *(422)*

941 Rien ne sert de pleurer sur le lait renversé.

942 Quand l'enfant est baptisé, les parrains ne manquent pas.

943 Qui vous a desservi ne peut vous pardonner.

944 Gelée et fausseté finissent par crotter.

945 Bien mauvais est le vent qui ne sert à personne.

946 Quand saint George va à cheval, saint Yves va à pied.
En temps de guerre, les hommes de loi se reposent.

947 Les Juifs sont comme tout le monde; seulement ils le sont davantage.

L'amitié

948 Vivre sans ami, c'est mourir sans témoin.

949 Aime-toi toi-même et tu auras des amis.

950 À porter ses amis, nul ne devient bossu.

951 Un ami dans le besoin est vraiment un ami. *(1174)*

952 L'amitié, c'est l'amour en habit de semaine.

953 Le sort donne les parents, le choix les amis.

954 Une haie entre deux amis garde l'amitié verte.

955 De votre ami, dites du bien; de votre ennemi, ne dites rien.

956 Mieux vaut louer les vertus d'un ennemi que flatter les vices d'un ami.

La parole

957 Près de la bouche, près du cœur.

958 C'est un bon orateur, celui qui se convainc lui-même.

959 Une bonne parole ne coûte pas plus à dire qu'une mauvaise.

960 Le bavardage ne paie pas d'impôt.

961 Le livre des «peut-être» est un fort gros volume.

962 Un de ces jours, aucun de ces jours.

963 Les paroles s'envolent, mais les coups restent.

964 Les actes sont des fruits, les paroles ne sont que des feuilles. *(1548)*

965 Plus l'âne brait, moins il mange.

966 Nul venin pire que celui de la langue.

967 Les belles paroles ne mettent pas de beurre dans les panais. *(1042)*
Le *panais* est une sorte de légume.

968 Menaces sans pouvoir sont des pistolets chargés à poudre. *(650)*

969 La vérité revient à son maître.

970 Dis ton secret à ton serviteur et tu en auras fait ton maître.

LA FEMME ET LA FAMILLE

971 L'amour qui se nourrit de présents a toujours faim.

972 L'amour fait passer le temps et le temps fait passer l'amour.

973 Mieux vaut souffrir d'avoir aimé que de souffrir de n'avoir jamais aimé.

974 Vieilles amours et vieilles braises sont vite rallumées. *(1159)*

975 Un amoureux platonique ressemble à un homme qui dirait toujours son bénédicité sans jamais se mettre à table.
Le *bénédicité* est une prière que les catholiques disent avant le repas et qui commence par ce mot.

976 Libre de lèvres, libre de hanches.

977 Fille qui siffle, diable qui rit.

978 Une fille qui siffle et une poule qui chante ne sont bonnes ni pour Dieu ni pour les hommes.

979 Il ne faut choisir ni les femmes ni le linge à la lueur d'une bougie.

980 Il a fait un nœud à sa langue qu'il ne peut défaire avec ses dents.
Il s'est marié.

981 Une femme serait un très beau livre, si elle était un almanach et que l'on pût en changer tous les ans.

982 Plus une femme regarde dans son miroir, moins elle regarde sa maison.

983 Les femmes, les chiens et les noyers, plus on les bat, meilleurs ils sont.

984 Pourceaux, femmes et abeilles ne peuvent être détournés.

985 Femme rit quand elle peut, et pleure quand elle veut. *(884)*

986 Caractère de femme et brise d'hiver changent souvent.

987 C'est une demeure bien triste là où la poule glousse plus fort que le coq. *(var. 858)*

988 Le silence est le plus beau bijou d'une femme.

989 Les filles sont à regarder et non à écouter.

990 La force d'une femme est dans sa langue.

991 On ne trouve pas de lièvre sans terrier, ni de femme sans excuse.

992 La langue est la dernière chose qui meurt chez une femme.

993 Deux maux sans remède : le vent et les femmes.

994 Beau visage, demi-dot. *(893)*

995 Qui prend mari prend pays.

996 Qui prend femme prend paroisse.

997 Pas de harengs, pas de mariage.
Quand la pêche est mauvaise, on ne célèbre pas de mariage.

998 Ne vous mariez pas pour de l'argent, vous pouvez emprunter à meilleur marché.

999 Il faut en mariage mieux que quatre jambes nues au lit.

1000 Mariez-vous au-dessus de votre condition et vous trouverez un maître.

1001 Les hommes font les maisons, mais les femmes font les foyers.

1002 Meilleur l'ouvrier, pire le mari.

1003 L'épouse est la clef de la maison.

1004 Heureuse la femme qui épouse un homme qui n'a point de mère !

1005 Malheur à la maison où il n'y a pas d'enfants !

1006 Les enfants tètent la mère quand ils sont petits et le père quand ils sont grands.

1007 Bâtir et doter ses filles dévastent la maison.

LA SAGESSE

1008 La jeunesse pour construire, la vieillesse pour mourir.

1009 Jeunesse paresseuse, vieillesse pouilleuse. *(790)*

1010 Tout arrive plus vite à qui court après.

1011 Patience et travail viennent à bout de tout.

1012 Dieu nous donne des mains, mais ne bâtit pas les ponts.

1013 C'est l'oiseau matinal qui attrape le ver.

1014 Aucun chemin fleuri ne conduit à la gloire.

1015 Passé l'ennui, mieux vaut l'oublier.

1016 Le moulin ne peut moudre avec l'eau déjà écoulée.

1017 Prends le temps quand il vient, car le temps s'en ira.

1018 La nuit est la mère des pensées.

1019 Une bonne conscience est une fête continuelle.

1020 Mieux vaut honneur que ventre.

1021 Le sage préfère une paix injuste à une guerre juste.

1022 Ce ne sont pas les biens qui rendent heureux, mais le bon usage qu'on en fait.

1023 Le devoir est facile à connaître, c'est ce que l'on désire le moins faire.

1024 Quand le sermon est fini à l'église, qu'il commence en toi !

1025 Il faut prendre le mal avec le bien.

1026 Réchauffe-toi, mais ne te brûle pas au feu des passions.

1027 Si vous ressentez vos chaînes, vous êtes déjà à moitié libre.

1028 Qui sème des chardons recueille des piqûres. *(292)*

1029 On ne peut toucher au goudron sans se noircir les doigts.

1030 Celui qui souffle la poussière s'en remplit les yeux. *(713)*

1031 Bien facilement acquis se dissipe de même. *(1574)*

1032 Ce qui est gagné sur le dos du diable est dépensé sous son ventre. *(1963)*

1033 La beauté est à fleur de peau, mais la laideur va jusqu'à l'os.

1034 Les bottes du diable ne craquent pas.

1035 Qui prêche la guerre est le chapelain du diable.

1036 Noël n'arrive qu'une fois par an.

1037 Après Noël vient le Carême. *(2072)*

1038 La tartine ne tombe que du côté beurré.

1039 La fortune n'est qu'un mot pour celui qu'elle ne touche pas.
Entendre ici *fortune* au sens de chance.

1040 Plus nombreux les malheurs, plus lourd en est le poids.

1041 Celui qui est né pour être pendu ne sera jamais noyé.

1042 L'espoir est le pain du malheureux.

1043 L'heure la plus sombre est celle qui précède l'aurore.

1044 Tous les nuages sont bordés d'argent.

1045 Une chance en amène une autre.

1046 La chance va plus loin que les grands bras.

1047 À brebis tondue, Dieu mesure le vent. *(1951)*

1048 La vie est un combat dont la palme est aux cieux.

1049 Il n'y a pas d'athées dans le terrier du renard.
Dans le danger on retrouve la foi.

1050 Ceux qui sont aimés des Dieux meurent jeunes.

1051 Du cimetière, nul ne revient.

1052 Six pieds de terre font égaux tous les hommes.

1053 La mort ne consulte aucun calendrier.

1054 Il y a un moissonneur dont le nom est la mort.

1055 L'un laboure, l'autre sème, qui récoltera, personne ne le sait.

BIBLIOGRAPHIE

Les Français se sont intéressés aux proverbes anglais surtout au travers d'ouvrages scolaires qui se contentent d'en donner des listes et d'en proposer, au même titre que pour les autres idiotismes, des équivalents français. Le seul ouvrage de cette nature qui soit digne de retenir l'attention est paru récemment à compte d'auteur :
Alfred M. Tinel, *1 317 proverbes et dictons anglais*, Marseille, 1978 (classés par ordre alphabétique du mot-clef et accompagnés de la traduction française ou du proverbe français équivalent).

AUTRES PUBLICATIONS

Dans la *Bibliographie* de Duplessis* figurent 82 proverbes en traduction française (pp. 395-402).
— Le *Magasin pittoresque*, 1853, pp. 266-267, 25 sentences et proverbes anglais en traduction française.
En anglais, la collection exemplaire de John Ray a connu plusieurs éditions jusqu'à la fin du XIXe siècle.
L'ouvrage de référence est *The Oxford Dictionary of english proverbs*, de William George Smith et Janet Heseltime, Oxford, 1936 (3e édition, 1970).

Proverbes américains

Un certain humour et une tendance moralisatrice caractérisent les proverbes spécifiquement américains. Mais une grande partie des proverbes anglais (voir plus haut) sont utilisés aux États-Unis.

L'INDIVIDU

1056 Les riches ont plus d'argent et les pauvres plus de bébés.

1057 Les bons Américains, quand ils meurent, vont à Paris.

1058 L'alcool et l'essence ne se mélangent pas.

1059 Même le diable fut un ange au commencement. *(1972)*

1060 Ayez confiance dans l'homme qui chante dans sa baignoire.

1061 Lorsque le pot en bouillant déborde, il s'apaise lui-même.

1062 Tous les hommes d'action sont des rêveurs.

1063 Si la barbe était signe d'intelligence, la chèvre serait Socrate !

1064 Un âne se croit savant parce qu'on le charge de livres. *(388)*

1065 Le prix de votre chapeau n'est pas la mesure de votre cerveau.

1066 L'aveugle qui s'appuie sur un mur s'imagine que c'est là les limites du monde.

1067 L'expert, c'est celui qui en sait de plus en plus sur de moins en moins.

1068 Les cercles bien que petits sont toujours complets.

1069 Les révolutions marchent sur des ventres vides.

LES RELATIONS

Les échanges

1070 Vous devez perdre une mouche pour attraper une truite. *(226)*

1071 Le fruit volé est toujours le plus doux. *(953)*

1072 L'avare est prêt à vendre même sa part de soleil.

1073 Ne t'avise pas de vendre de la glace aux Esquimaux.

1074 Quand on marchande, on n'a ni amis ni parents.

1075 Crédit perdu est comme miroir en miettes.

Les relations

1076 La plus courte réponse est l'action.

1077 Les actions parlent plus fort que les paroles.

1078 Ne pas sourire est péché.

1079 La meilleure charité est la justice pour tous.

1080 La beauté est pire que le vin : elle enivre et le possesseur et le spectateur.

1081 Nul ne prêche aussi bien que la fourmi, et elle ne dit rien.

1082 Si tu fais l'âne, ne te plains pas que les gens te montent dessus. *(146)*

1083 Beaucoup savent battre les cartes sans savoir en jouer.

1084 Il ne faut pas changer de cheval au milieu de la rivière.

1085 La trahison ne réussit jamais car lorsqu'elle réussit, c'est d'un autre nom qu'on l'appelle.

LA FEMME ET LA FAMILLE

1086 La main qui fait osciller le berceau gouverne le monde.

1087 Un homme amoureux est né une seconde fois.

1088 Ça commence par un baiser, ça finit par un bébé.

1089 Maint amoureux d'un grain de beauté commet l'erreur d'épouser la fille entière.

1090 La jeune fille chaste, c'est celle à qui on n'a rien demandé.
À l'origine, citation d'Ovide, « les Amours ».

1091 La plus jolie bouche, il faut bien la nourrir.

1092 Les femmes sont comme les gongs : elles doivent être frappées avec régularité. *(856)*

1093 Les femmes souffrent tout, excepté les femmes.

1094 La femme de l'aveugle n'a pas besoin de fard.

1095 Une veuve est un bateau sans gouvernail.

LA SAGESSE

1096 Vous ne saurez jamais ce dont vous êtes capable si vous n'essayez pas.

1097 La vie ne demeure jamais immobile : si vous n'avancez pas, vous reculez. *(1788)*

1098 Les hommes ont tout perfectionné, sauf les hommes.

1099 Si tu veux savoir combien de gens te regretteront, plante ton doigt dans la mare, retire-le et regarde le trou.

1100 La charité recouvre de nombreux péchés.

1101 L'adversité nous procure de la sagesse jusqu'à ce que survienne une autre catastrophe.

1102 En voulant sauter jusqu'à la lune, vous pourriez tomber dans la boue.

1103 Le seul profit d'une flatterie est qu'en entendant ce que nous ne sommes pas, nous pourrions être instruits de ce que nous devrions être.

1104 Dieu a dicté l'univers, mais ne l'a pas signé.

1105 Les hommes ont deux pattes de moins que les bêtes.

1106 À peine un homme naît, il commence à mourir.

1107 La vie est un oignon : on pleure en le pelant.

1108 Tout homme est le centre d'un cercle dont il ne peut franchir la circonférence.

1109 Le plus grand art est celui de vivre.

BIBLIOGRAPHIE

Benjamin Franklin (1706-1790) a publié chaque année, de 1732 à 1757, *L'Almanach du pauvre Richard* qui connut une vague considérable grâce aux proverbes, sentences et maximes d'origine très variée, littéraire ou populaire, qu'il contenait et dont une partie était de son propre cru.
Frances M. Barbour, dans son étude *A Concordance to the sayings in Franklin's Poor Richard*, Detroit, 1974, a recensé 1 200 proverbes dans l'œuvre de Franklin. Même s'ils ne sont pas tous dûs à sa plume, ils exaltent ses vertus favorites : l'économie et la sobriété. Ils appartiennent au patrimoine anglo-saxon et même pour certains, grâce à la diffusion exceptionnelle de *L'Almanach*, à la sagesse des nations.

Les parémiologues américains se sont surtout intéressés à l'emploi des proverbes dans les œuvres littéraires. Des ouvrages généraux, comme *A Dictionary of american proverbs and proverbial phrases* d'Archer Taylor et Bartlett Jere Whitting, Harvard, 1958, consacré aux œuvres de 1820 à 1880, ou des recherches partielles, comme *A Dictionary of proverbs and proverbial phrases from books published by Indiana authors before 1890*, de Jan Harold Brunvand, Bloomington 1961, illustrent cette tendance.
Archer Taylor, folkloriste de renommée internationale, était l'un des fondateurs de la revue *Proverbium*.

Le proverbe californien « The stolen fruit is always the sweetest » (« Le fruit volé est toujours le plus doux ») a fait l'objet d'une étude de sa part dans *Proverbium*, n° 7, 1967, pp. 145-149.

Proverbes allemands

Langue officielle de trois pays (l'Allemagne 79 millions d'habitants, l'Autriche 7,5 millions et la Suisse 6,5 millions), l'allemand est aussi la langue maternelle de nombreuses minorités (en Russie, aux États-Unis, en Argentine, etc.), et au total d'environ 118 millions de personnes. Cependant, l'allemand ne s'est pas imposé dans le monde comme certaines grandes langues de culture occidentale, telles l'anglais, le français, l'espagnol ou le portugais.
Son origine historique est le haut-allemand que Luther a contribué à diffuser par sa traduction de la Bible. À l'époque actuelle, il faut tenir compte d'une double réalité linguistique : la diffusion d'un allemand « central » et l'utilisation conjointe des dialectes qui sont encore très vivaces (ils sont parlés couramment par la moitié de la population allemande). Même dans les villes, l'allemand est fortement coloré par les parlers locaux.

L'INDIVIDU

1110 Il n'est pas d'anguille, si petite soit-elle, qui n'espère devenir une baleine.

1111 Celui qui dort dans un lit d'argent fait des rêves d'or.

1112 Le vieux rat aime le petit fromage frais.

1113 Le ventre n'a pas de conscience. *(674)*

1114 Mieux vaut pas de cuiller que pas de soupe. *(970)*

1115 La faim est le meilleur assaisonnement.

1116 La faim pousse le loup dans le village. *(155)*

1117 Abréger le souper allonge la vie.

1118 Cuisine raffinée mène à la pharmacie.

1119 La gourmandise vide les poches.

1120 Il se noie plus de gens dans les verres que dans toutes les rivières.

1121 Ce que le paysan ne connaît pas, il ne le bouffe pas.

1122 Même en mangeant de l'avoine, l'âne rêve de chardons.

1123 À chaque oiseau plaît son nid. *(181)*

1124 Ce qui nous manque nous instruit.

1125 Celui qui a le choix a aussi le tourment.

1126 L'un a les vaches, l'autre la peine.

1127 Bon arbre porte bons fruits. *(68)*

1128 Nul n'est plus chanceux que celui qui croit à sa chance.

1129 Bonne volonté donne aile au pied.

1130 Ce que je ne sais pas ne m'irrite pas.

1131 Petites gens, grands cœurs.

1132 Plus le bouc est vieux, plus dure est la corne.

1133 Amateur de cerises est précoce grimpeur.

1134 Toutes les rivières vont à la mer. *(28)*

1135 Partout les oies vont nu-pieds.

1136 L'oiseau chante comme le lui permet son bec.

1137 La pomme ne tombe pas loin de l'arbre. *(76)*

1138 Habitude du berceau dure jusqu'au tombeau. *(797)*

1139 Il n'est froc si béni que le diable n'y puisse trouver abri.

1140 Le feu de bois vert donne plus de fumée que de chaleur.

1141 Jeunesse est un défaut que chaque jour corrige.

1142 La vieillesse est une maladie dont on meurt.

1143 La tête du vieillard est une fleur de pommier qui ne donne pas de fruit.

1144 Aucun vernis à ongles ne rajeunit les vieilles mains.

1145 Point de diadème qui guérisse la migraine.

1146 Précoce raison, longue déraison.

1147 Nouveau chant plaît aux gens.

1148 Méchanceté s'apprend sans maître.

1149 Ce sont les vases creux qui résonnent le plus. *(1062)*

1150 Les grands arbres donnent plus d'ombre que de fruits.

1151 L'ombre d'une tour est plus grande que la tour.

1152 Les tailleurs font bien des grands seigneurs.

1153 Les habits font les gens. *(1122)*

1154 Une selle dorée ne fait pas d'un âne un cheval.

1155 Ce ne sont pas les livres qui font les sages.

1156 L'oiseau de proie ne chante pas.
Les méchants ne sont pas heureux.

1157 Qui tous les matins fait son lit, le long du jour n'en a plus de souci.

1158 Qui veut se mettre en route doit connaître le chemin.

1159 L'exercice fait le maître. *(1477)*

1160 Chasteté des jeunes gens, santé des vieux ans.

1161 Le meilleur charpentier est celui qui fait le moins de copeaux.

1162 Qui veut bien sauter recule.

1163 L'ivrogne sage est un fou sobre.

1164 Fermer les yeux n'est pas toujours dormir.

1165 À qui ça démange, qu'il se gratte ! *(695)*

1166 On s'étend suivant la couverture. *(1118)*

1167 Chacun est à soi-même le prochain.

1168 Qui trop haut prend le ton, n'achèvera pas la chanson.

1169 Ne vous fiez pas à votre ombre si loin qu'elle s'étende.

1170 On gâte souvent ce que l'on veut trop bien faire.

1171 Jean sans souci n'a jamais rien appris.

1172 L'éloge de soi-même sent mauvais.
Qui se loue s'emboue.

1173 La semaine du travailleur a sept jours, la semaine du paresseux sept demains.

1174 N'enfournez pas le pain avant que le four ne soit chaud.

1175 Agir dans la colère, c'est s'embarquer durant la tempête.

1176 Bouche de miel, cœur de fiel. *(646)*

1177 L'ennui est le père de tous les péchés.

1178 Qui fait un pas vers l'enfer a déjà parcouru la moitié du chemin.

Les biens

1179 Dieu règne au ciel et l'argent sur la terre.

1180 Une clé d'or ouvre toutes les portes. *(1107-1437)*

1181 On donne toujours du pain à celui qui en a déjà.

1182 À tas de blé, le rat s'y met ; et à tas d'argent, les procès.

1183 Le plus lourd bagage pour un voyageur, c'est une bourse vide.

1184 À la pauvreté toute porte est fermée.

1185 La pauvreté est le sixième sens.

1186 Pauvreté ne déshonore pas. *(1740)*

1187 D'un dissipateur il y a peu à hériter.

1188 Qui n'honore pas le liard, n'est pas digne du thaler.
Le *liard* est une très petite somme d'argent.
Le *thaler* est une ancienne monnaie allemande d'argent.

1189 Qui hérite d'un thaler, on attend qu'il débourse un florin.
Le *florin* est une ancienne monnaie de valeur supérieure à celle du thaler.

1190 Beaucoup manque au pauvre et tout à l'avare.

1191 L'avare est un cheval chargé de vin et qui boit de l'eau en chemin.

1192 Dans ta bouche, le pain volé se change en pierre. *(1123)*

1193 Appelle-le voleur avant qu'il ne t'appelle de ce nom.

1194 Les petits voleurs sont pendus, devant les grands voleurs, on enlève son chapeau. *(249)*

Les affaires

1195 Acheter est meilleur marché que demander.

1196 Gages d'un bon serviteur ne sont jamais trop gros.

1197 C'est quand s'use l'habit qu'on sait ce qu'il valait. *(45)*

1198 L'habileté ne s'achète pas.

1199 Les frères sont frères, mais leurs poches ne sont pas sœurs.

1200 La poule étant à moi, l'œuf doit m'appartenir. *(423)*

1201 Un petit poisson sur la table est meilleur qu'un grand dans le ruisseau. *(532)*

1202 Le moineau dans la main vaut mieux que la colombe sur le toit. *(217)*

1203 La mauvaise marchandise est toujours trop chère.

1204 Qui veut vendre un cheval aveugle en vante les pattes.

1205 Le travail payé d'avance a les pieds de plomb.

1206 Trois choses entrent dans une maison sans se faire annoncer : les dettes, la vieillesse et la mort.

1207 Le chagrin ne paie pas les dettes.

1208 Qui ne peut payer de sa bourse paie de sa peau.

LES RELATIONS

1209 Brebis accommodantes trouvent place dans la bergerie.

1210 Le blé et la reconnaissance ne poussent qu'en bonne terre.

1211 Une haie de séparation garde verte l'amitié.

1212 La véritable amitié ne gèle pas en hiver.

1213 Celui qui n'a pas d'ennemis n'a pas d'amis.

1214 C'est avec du lard qu'on prend les souris. *(246)*

1215 Quand le vautour meurt, la poule ne pleure pas.

1216 Précaution vaut mieux que repentir.

1217 La vengeance est un plat qui gagne à être mangé froid. *(1233)*

1218 Une corneille ne crève pas les yeux à une autre corneille. *(197)*

1219 Les chouettes ne se moquent pas des faucons. *(143)*

1220 Un loup ne dit pas de mal d'un autre loup.

1221 Un âne se moque d'un autre âne.

1222 Ne triomphe pas avant d'avoir franchi le fossé.

1223 Soleil qui luit, prince qui rit, ne t'y fie qu'à demi.

1224 Quand tu veux danser, vois à qui tu donnes la main.

1225 Il ne faut pas mettre le doigt entre la porte et le gond. *(63)*

1226 Il est bon de nager près du bateau.

1227 Il ne faut pas jeter ses vieux souliers avant que les neufs soient arrivés.

1228 Ne te plains pas de tes souffrances pour éviter qu'elles grandissent.

1229 Chiens arrosés craignent l'eau. *(548)*

1230 Un enfant brûlé craint le feu. *(548)*

1231 Qui s'est brûlé la langue n'oublie plus de souffler sur sa soupe. *(548)*

1232 Pardonner n'est point oublier.

1233 Le cuisinier doit avoir la langue de son maître.
C'est-à-dire les mêmes goûts.

1234 De celui dont je mange le pain, je chante aussi la chanson.

1235 Dans le besoin, le diable mange des mouches.

1236 Si vous n'avez pas de flèches dans votre carquois, n'allez pas avec les archers.

1237 Ce qu'on ne peut pas tenir, il faut le laisser pourrir.

1238 Deux sont une armée contre un.

1239 Qui aime la laideur lui trouve des beautés. *(123)*

1240 Une vache méchante donne pourtant du lait.

1241 N'écoute les buveurs qu'au sujet des liqueurs.

1242 On respecte beaucoup le maître qui fait lui aussi ce qu'il enseigne aux autres.

1243 Âne, cloche, valet têtu, ne vaut qu'autant qu'il est battu.

1244 La nuit, toutes les vaches sont noires. *(549)*

1245 L'enclume ne se met pas en peine des coups.

1246 Même le plus petit buisson porte ombre. *(65)*

1247 Qui invite des cigognes doit avoir des grenouilles.

1248 Qui veut goûter la noix doit briser la coquille. *(80)*

1249 Mêmes frères, mêmes bonnets.

1250 Tel maître, telle école.

1251 De ce qui arrive au maître, le serviteur reçoit aussi sa part.

1252 Les démons doivent être chassés par les démons.

1253 Il faut faire prendre les renards par d'autres renards.

1254 Dès qu'une oie boit, toutes s'y mettent.

1255 La poule pond où elle voit un œuf.

1256 Quand les chevaux sont échappés, on répare l'écurie. *(422)*

1257 On couvre le puits quand l'enfant est tombé dedans. *(422)*

1258 Lampe placée trop haut sera soufflée du vent, lampe placée trop bas soufflée par les enfants.

1259 Beaucoup de cuisiniers gâtent la bouillie.

1260 Plante forcée n'a point de parfum.

1261 Qui réforme souvent déforme.

1262 D'un petit droit, la vengeance fait un grand tort.

1263 La moitié d'une maison, c'est la moitié de l'enfer.

1264 Vous avez beau cacher la queue d'un âne, il montrera toujours ses oreilles.

1265 On ne raccommode pas les sacs avec de la soie.

1266 Pas de maison sans souris.

1267 Qui veut du feu doit souffrir la fumée.

1268 Qui est haut placé est vu de loin.

1269 Qui souffle dans le feu, les étincelles lui sautent aux yeux. *(713)*

1270 Qui a peur des étincelles ne devient pas forgeron.

1271 Querelles de gueux se raccommodent à l'écuelle. *(584-1769)*

1272 Qui cultive les oignons n'en sent pas l'odeur.

1273 Au pays des boiteux, chacun pense qu'il marche droit. *(708)*

1274 Qui touche de la poix souille ses doigts.

1275 Quand la colombe fréquente le corbeau, ses plumes restent blanches, mais son cœur devient noir.

1276 Une charogne rassemble les corbeaux.

1277 Qui se fait souris, le matou le mange. *(146)*

1278 Qui se mêle au son sera mangé par les cochons. *(146)*

1279 Qui se fait ânon, chacun y monte à califourchon. *(146)*

1280 Bien sot est le mouton qui se confesse au loup. *(478)*

1281 Quand le loup enseigne aux oies leurs prières, il les croque pour ses honoraires.

1282 Quand deux se disputent, le troisième se réjouit.

1283 L'œuf veut être plus malin que la poule.

1284 À des oreilles sourdes, il n'est pas bon de prêcher.

1285 À l'œil qui ne veut point voir, ne faut lunettes ni bougeoir.

1286 À sac vide, cornemuse muette.

1287 Qui veut étrangler son chien trouve toujours une corde. *(578)*

1288 Loup trouve toujours des raisons pour étrangler les moutons.

1289 Quand l'arbre est déraciné, chacun vient à la ramée. *(56)*

1290 Qui n'arrive pas à temps doit se contenter de ce qui reste.

1291 Qui creuse une fosse pour les autres y tombe. *(1824)*

1292 Qui sème la discorde est pourvoyeur du diable.

La parole

1293 Un seul « voici » vaut mieux que dix « le ciel t'assiste ». *(1327)*

1294 Rien ne ressemble autant à un homme de bon sens qu'un fou qui retient sa langue.

1295 Mieux vaux s'enquérir deux fois que de se tromper une.

1296 À trop demander sa route, on finit par n'y voir goutte.

1297 Il faut parfois concéder que les navets sont des poires.

1298 Prince qui n'a pas d'oreilles pour écouter n'a pas de tête pour gouverner.

1299 On parle de bonnes actions sans les accomplir, on en commet de mauvaises sans en parler.

1300 Conseil prompt, sujet à caution.

1301 Qui écoute des propositions est déjà à moitié gagné.

1302 Qui parle beaucoup à table a encore faim en se levant.

1303 Beaucoup de bruit et peu de laine.

1304 Force gloussements et point d'œufs. *(529)*

1305 Belles paroles ne se mettent pas en poche. *(1090)*

1306 La vérité est aux oreilles ce que la fumée est aux yeux et le vinaigre aux dents.

1307 La vérité engendre la haine.

1308 À semer les mensonges, on récolte les chardons.

1309 Les mensonges ont de courtes jambes.

1310 Le vin entre et le secret sort.

1311 Le vin fait surnager les secrets.

LA FEMME ET LA FAMILLE

1312 L'amour parle même à lèvres closes.

1313 Quand la pauvreté frappe à la porte, l'amour s'enfuit par la fenêtre. *(var. 1163)*

1314 L'amour est borgne, la haine est aveugle.

1315 Lorsque l'amitié penche vers l'amour, elle doit jouer le second violon.

1316 Épouse la femme et non le visage.

1317 À qui Dieu donne une femme, il donne aussi la patience.

1318 Mari qui frappe sa femme frappe sa main gauche de la droite.

1319 Une bonne femme règne sur son mari par la docilité.

1320 Où règne la femme, le diable est premier ministre.

1321 Une femme et un poêle ne doivent pas bouger de la maison.

1322 Une femme ivre est une porte ouverte.

1323 On attrape les lièvres avec des chiens, les femmes avec de l'argent, et les sots avec des louanges.

1324 Le blé d'été et le conseil des femmes réussissent une fois tous les sept ans.

1325 La mère du mari est la femme du diable.

1326 Qui a fille, vigne ou jardin, doit se garder de son voisin.

1327 Plus l'enfant est cher, plus la verge est dure.

1328 Trop de sucre à l'enfant gâte les dents de l'homme.

1329 Qui traite son fils délicatement, l'embarque sur un vaisseau fragile.

1330 Fils pieux, bâton des vieux.

LES GROUPES SOCIAUX

1331 Peu de lois, bon État.

1332 Un bon soldat ne doit penser qu'à trois choses : 1° au roi; 2° à Dieu; 3° à rien.

1333 Seul un Juif peut tromper un Juif.

1334 Les médecins purgent le corps; les théologiens, la conscience, et les gens de loi, la bourse.

LA SAGESSE

1335 L'heure du matin a de l'or dans la bouche.

1336 Dieu donne la vache, mais non la corde. *(445)*

1337 Temps gagné, tout gagné.

1338 On ne bâtit rien avec des pétales de roses.

1339 L'œuvre chante les louanges de l'artisan.

1340 Qui trop commence, peu finit.

1341 Le bonheur ouvre les bras et ferme les yeux.

1342 La bonne réputation couvre toutes les fautes.

1343 Honneur et parole valent mieux que gens et terres.

1344 Fais ce que dois, ne crains personne.

1345 Ce qui te déplaît en moi, amende-le en toi.

1346 La main droite ne doit pas savoir ce que fait la gauche.

1347 Dieu n'impose à personne une croix plus lourde que celle qu'il peut porter. *(1114)*

1348 Le clocher est un doigt qui nous montre le ciel.

1349 La volonté de Dieu nous parle à demi-mot.

1350 La crainte du Seigneur est le commencement de la sagesse.

1351 Bonheur sans relâche, le guignon s'y cache.

1352 La beauté est la nourriture de l'œil et la tristesse de l'âme.

1353 « Il faut » est une herbe amère.

1354 Stricte justice, grande injustice.

1355 Ne rien faire est le chemin de mal faire.

1356 Celui qui ne punit pas le mal, l'invite.

1357 Celui qui vit au galop s'en va au trot en enfer.

1358 Qui baigne ses mains dans le sang les lavera dans les larmes.

1359 Le diable est le prince du lendemain.

1360 Tout ce que tu sais, ne le redis pas; tout ce que tu peux, ne le veuille pas.

1361 Quittez le monde avant qu'il ne vous quitte.

1362 Toute notre vie consiste à apprendre et à oublier.

1363 Croix acceptée est à demi portée.

1364 Heureux celui qui oublie ce qu'on ne peut plus changer.

1365 Les savants font l'almanach, et Dieu fait le temps.

1366 Le temps et la marée ne sont pas à nos ordres.

1367 Vivre est un art.

1368 C'est aussi un art que d'être fou de temps en temps.

1369 Trop de sagesse est un peu fou.

1370 Une poignée de chance vaut mieux qu'un sac plein de sagesse.

1371 La fortune prend comme elle donne.

1372 Le besoin apprend à prier.

1373 On ne prend pas un homme deux fois. *(804)*

1374 La joie est suspendue à des épines.

1375 Tout plaisir porte une peine sur le dos. *(2066)*

1376 Sang noble ou ignoble est de la même couleur.

1377 Tous ne sont pas libres qui se moquent de leurs chaînes.

1378 Le temps guérit toutes les blessures.

1379 Tout sage a un fou pour frère.

1380 Chaque flux a son reflux.

1381 Les pensées ne paient pas d'impôts.

1382 Point de cordeau pour amarrer le temps.

1383 Qui cherche l'égalité aille au cimetière.

1384 Le linceul n'a pas de poches. *(1778)*

1385 Les proverbes ressemblent aux papillons ; on en attrape quelques-uns, les autres s'envolent.

BIBLIOGRAPHIE

Les compilateurs français se sont peu intéressés aux proverbes allemands, si ce n'est au détour d'un ouvrage scolaire. En dehors des livres généraux* (voir p. 671), il existe deux recueils en traduction française :

René Peugeot, *L'Esprit allemand d'après la langue et les proverbes*, Paris, 1885 (1 304 proverbes en allemand et en traduction française).
Abbé Lenain, *Recueil de proverbes allemands*, Poussielgue, 1903 (300 proverbes français rangés dans l'ordre alphabétique avec les équivalents allemands accompagnés de quelques traductions).

Au contraire, l'intérêt des Allemands pour les proverbes ne s'est jamais démenti. Du début du XIXe siècle jusqu'à nos jours, on peut citer de nombreuses publications importantes, qu'il s'agisse d'ouvrages de portée générale, le prestigieux recueil des Düringsfeld* ou la bibliographie fondamentale de Moll* par exemple, ou d'études sur les proverbes allemands dans leur ensemble ou sous un aspect particulier.
Parmi ces derniers, on peut citer
– deux recueils anciens :

Karl Simrock, *Die Deutschen Sprichwörter*, Frankfurt, sans date (13 018 proverbes classés par ordre alphabétique).
J. Eiselein, *Die Sprichwörter und Sinnreden des deutschen Volkes*, Donaueschingen, 1838 (environ 10 000 proverbes classés par ordre alphabétique du mot-clef, avec une préface).

– des études importantes :

Friedrich Seiler, *Deutsche Sprichwörterkunde*, München, 1922 Mathilde Hain, *Sprichwörter und Volkssprache*, Giessen, 1951 des livres qui abordent un domaine particulier.
Ignaz von Zingerle, *Die deutschen Sprichwörter im Mittelalter*, Wien, 1864 (réimprimé en 1972) [2 500 proverbes du Moyen Âge classés par ordre alphabétique du mot-clef, avec une préface).
Leonard Hermann, *Das Bier im Volksmund*, Berlin, 1930 (étude citant environ 500 proverbes concernant la bière et comportant une bibliographie).
Winfried Hofmann, *Das rheinische Sagwort, ein Beitrag zur Sprichwörterkunde*, Siegburg, 1959 (étude de 1 000 proverbes de Rhénanie avec de nombreuses variantes dialectales).
Werner Herzenstiel, *Die gewöhnende Erziehung im deutschen Sprichwort*, Saarbrücken, 1968 (thèse comportant une bibliographie).
Gisela et Siegfried Neumann, *Geduld, Vernunft und Hawergrütt*, Rostock, 1971 (800 proverbes dont une grande partie en dialecte mecklembourgeois).
Lutz Röhrich, *Lexikon der sprichwörtlichen Redensarten*, Freiburg, 1973, 2 volumes, 1256 pp.

Dialectes germaniques

À côté des nombreux dialectes germaniques utilisés en Allemagne, il en existe d'autres qui sont d'un usage courant dans les pays limitrophes : l'alsacien, le luxembourgeois et le suisse-allemand ou alémanique.

(Pour le yiddish et le judéo-alsacien, voir Monde juif.)

ALSACIEN

Les Alsaciens ont emprunté de nombreux proverbes à leurs voisins allemands et français, mais ils en donnent souvent des variantes intéressantes et cultivent certaines originalités, par exemple la mauvaise réputation qu'ils font à leurs maires.

L'usage du dialecte est très répandu en Alsace (qui compte 1,5 million d'habitants), mais a tendance à décroître parmi les jeunes.

L'INDIVIDU

1386 À chaque fou, plaît son bonnet et à moi mon chapeau. *(1640)*

1387 Mieux vaut pain en poche que plume sur chapeau.

1388 Mieux vaut une pièce à son pantalon qu'un trou.

1389 Un vieux puits a la meilleure eau.

1390 Ce n'est que quand l'arbre est tombé qu'on peut voir sa hauteur.

1391 Quand le coeur est plein, la bouche déborde. *(644)*

1392 Quand les gens ont la foi, il est facile d'être curé.

1393 On trouve plus facilement dix maires qu'un seul gardien d'oies.

1394 Plus d'un sait faire claquer le fouet, mais ne sait pas conduire.

1395 Qui s'excuse, s'accuse.

1396 Ne tue pas plus de cochons que tu ne peux en mettre en salaison.

1397 C'est loin du canon qu'on trouve les vieux soldats.

1398 La cloche appelle à l'église mais elle-même n'y va pas.

1399 Plus d'un s'écarte du ruisseau et tombe dans le Rhin.

1400 Une vieille grange prend vite feu.

1401 Quand il pleut de la bouillie, il n'a pas de cuiller.

1402 Un lit en or ne soulage pas le malade.

1403 La maladie arrive sur un cheval et s'en va sur un escargot. *(751)*

LES BIENS

1404 Beauté est puissance, argent est toute-puissance.

1405 Maigre accommodement vaut mieux que gras procès. *(1855)*

1406 La moitié d'un œuf vaut mieux qu'une coquille entière.

1407 Dans le cuir des autres, il est facile de couper des lanières. *(1134)*

1408 Il s'acharne plus sur un sou que le diable sur une âme.

1409 L'avare ne cesse de traire que lorsque le sang coule.

LA FEMME ET LA FAMILLE

1410 Un homme sans femme est un arbre sans fleurs.

1411 Une femme sans homme est une maison sans toit.

1412 Regarde la mère avant de prendre la fille.

1413 Chaque pot trouve son couvercle. *(1043-1050)*

1414 L'amour fait passer le temps et le temps fait passer l'amour.

1415 Femme et chat, dans la maison ; homme et chien, hors la maison.

1416 Les hommes ont toujours raison, mais les femmes n'ont jamais tort.

1417 Dans la femme des autres, le diable met une cuillerée de miel.

1418 Chaque belle-mère est un morceau de la culotte du diable.

1419 Qui n'a pas d'enfant ne sait pas pourquoi il vit.

1420 Une mère nourrit plus facilement sept enfants que sept enfants une mère. *(904)*

LES GROUPES SOCIAUX

1421 Chaque médecin croit que ses pilules sont les meilleures.

1422 Meunier et boulanger ne volent pas, le paysan le leur apporte.

1423 Quand le meunier est aussi maire, ça fait deux voleurs dans une seule culotte.

LA SAGESSE

1424 Jamais savant n'est tombé du ciel.

1425 Qui crache vers le ciel est atteint lui-même. *(713)*

1426 Qui sème la discorde, travaille pour la grange du diable.

1427 Le soleil se lève même si le coq ne chante pas. *(523)*

1428 Mourir est aussi un art.

1429 La chemise du mort n'a pas de poches.

SOURCES

Illberg, *Proverbes, dictons et poésies populaires d'Alsace*, Robert Morel, 1966 (1 200 proverbes classés par thèmes, dans l'original et en traduction française).
Raymond Matzen, *Proverbes et dictons d'Alsace*, Rivages, 1987.
H. J. Troxler, *Proverbes d'Alsace*, Éd. du Bastberg, 1977 (2 200 proverbes classés par thèmes, édition bilingue).

LUXEMBOURGEOIS

Le grand-duché de Luxembourg qui compte 360 000 habitants a pour langue officielle le français, mais la langue parlée est le luxembourgeois, dialecte germanique assez fortement francisé.

En l'absence de publications, on ne pourra donner que quelques exemples de proverbes luxembourgeois :

1430 Il y a plus à gagner en laissant son poing fermé dans sa poche.

1431 Avec une massue on n'attrape pas d'oiseaux.

Source : Guinzbourg*, p. XCIII.

SUISSE-ALLEMAND

L'élément alémanique représente les trois quarts de la population suisse, soit 4,8 millions de personnes qui parlent un dialecte issu du haut-allemand.

Les Suisses-allemands utilisent les proverbes allemands, mais ont aussi quelques proverbes bien à eux, dont voici quelques exemples, tirés d'expériences personnelles (en l'absence de recueils publiés).

1432 Un petit homme peut jeter une grande ombre.

1433 Ce qui ne brille pas le jour, brille la nuit.

1434 La femme qui aime à laver trouve toujours de l'eau.

1435 On tire plus de choses avec un cheveu de femme qu'avec six chevaux vigoureux.

1436 Dans une maison d'or, les heures sont de plomb.

1437 Il faut souvent jeter un morceau de pain dans la gueule d'un méchant chien. *(585)*

1438 Casser va plus vite que raccommoder.

1439 Les mots sont des nains, les exemples des géants.

1440 Quand la pierre a quitté la main, elle appartient au diable.

1441 Il faut mourir pour se faire embaumer.

NÉERLANDAIS

Le néerlandais est la langue des habitants des Pays-Bas (14 millions) et de la partie flamande de la population belge (55 % soit 5,5 millions de personnes).

À la faveur de l'évolution politique et économique, ce parler germanique, issu du bas-allemand, langue véhiculaire des riches villes drapières, Bruges, Gand et Anvers, a acquis une place prépondérante à partir de l'unification politique des Provinces-Unies, au XVIIe siècle. Il a fait régresser les quelques dialectes qui subsistent encore aux Pays-Bas et en Belgique et parmi lesquels il faut mentionner le frison, parlé aujourd'hui par 300 000 personnes, mais qui a occupé au Moyen Âge toute la côte, du Jutland aux bouches du Rhin.

L'afrikaans, langue officielle de l'Afrique du Sud, héritage des colons hollandais du XVIIe siècle, est parlé par 4 millions de personnes, mais a été sensiblement modifié par les influences étrangères.

L'INDIVIDU

1442 Qui a été bon noiraud est bon grison.

1443 Mieux vaut bon appétit que bonne sauce.

1444 La faim est une épée acérée.

1445 Il n'y a pas d'eau si brouillée qui ne finisse par devenir claire.

1446 Il n'est capuche si sainte que le diable n'y glisse la tête.

1447 Lorsque le cochon rêve, c'est d'eau de vaisselle.

1448 Posez une grenouille sur une chaise en or, elle sautera à nouveau dans la mare.

1449 Un chat perd ses poils, mais pas ses manières. *(140)*

1450 Plus petit est le bois, plus gros semble le lièvre.

1451 Les uns tondent des moutons, les autres des porcs.

1452 Qui a du bien a du mal. *(1902)*

1453 La sottise a des ailes d'aigle et des yeux de chouette.

1454 Jeunes gens, sottes gens ; vieilles gens, froides gens.

1455 Les jeunes peuvent mourir, les vieux le doivent.

1456 Que celui qui a mangé le diable mange aussi les cornes. *(454)*

1457 Plus le cœur est noble, moins le cou est raide.

1458 On peut toujours dire une messe basse dans une grande église.

1459 Pour l'amour de la graisse, le chat lèche le chandelier.

1460 Mains de velours, cœur de beurre ; mains d'ouvrage, cœur de courage.

1461 Les bons charpentiers font peu de copeaux.

1462 La fileuse zélée ne manquera jamais de chemise.

1463 Le meilleur forgeron frappe quelquefois sur son pouce. *(1835)*

1464 Sous une voile il est facile de ramer !

1465 On pend le hareng par ses ouïes.
On doit accepter les conséquences de ses actions.

1466 Qui a une tête de beurre, ne doit pas s'approcher du four.

1467 C'est sur la partie brûlée de la tarte que l'on met le plus de sucre.

1468 Les auges vides font grogner les porcs.

1469 Un baudet qui fait à sa tête ne mange qu'à moitié.

1470 Là où passe le brasseur, le boulanger ne vient pas.

1471 Il vaut mieux aller chez le boulanger que chez le pharmacien. *(771)*

1472 Sept ne suffisent pas pour nettoyer ce qu'un seul ramoneur sait salir.

1473 Qui se garde poulain se retrouve étalon.

1474 Avant que l'herbe croisse, le cheval meurt.

1475 Qui gâte son nez, gâte son visage.

1476 Les meilleurs pilotes sont à terre.

1477 Mal que l'on fait demeure sans conseil, douleur que l'on cache reste sans remède.

1478 Un peu de honte réchauffe et donne de belles couleurs. *(1614)*

1479 Où orgueil et richesse précèdent, honte et dégât suivent. *(1625)*

1480 Une longue souffrance n'acquitte rien.

LES RELATIONS

1481 Quand deux pauvres s'aident, le Bon Dieu rit.

1482 Il y a plus d'idées dans deux têtes que dans une.

1483 Un bon maçon ne rejette aucune pierre. *(1450)*

1484 Les enfants de forgerons sont habitués aux étincelles.

1485 Tous les nuages n'apportent pas la pluie.

1486 Il faut savoir perdre un vairon pour gagner un saumon. *(226)*

1487 Tout le monde file pour son moulin. *(318)*

1488 Mieux vaut l'œuf dans la main que dans le cul de la poule.

1489 De nouveaux maîtres donnent de nouveaux ordres.

1490 Bon droit a souvent besoin d'aide. *(1847)*

1491 Si le voleur cessait de voler, le chien cesserait d'aboyer.

1492 Un chien avec un os ne connaît pas d'amis. *(590)*

1493 Pendant la moisson, les poules sont sourdes.

1494 On n'a jamais vu une pie avec un corbeau.

1495 Si fort que l'on soit, on trouve toujours son maître.

1496 Quand on laisse la grille ouverte, les cochons piétinent le blé.

1497 Quand le veau s'est noyé, on comble la fosse. *(422)*

1498 On ne fait pas couver les œufs par un fou.

1499 Il ne faut qu'un œil au vendeur, il en faut cent à l'acheteur.

1500 Trayez la vache, mais n'arrachez pas la mamelle.

1501 Le chaudron trouve que la poêle est trop noire.

1502 Cordonnier, soigne tes souliers.

1503 On ne saurait faire boire un âne qui n'a pas soif.

1504 Si tu sais faire refroidir ta bouillie, n'y emploie pas le souffle d'autrui.

1505 Que celui qui n'est pas content de son voisin, recule sa maison.

1506 Grande rivière, grand seigneur et grand chemin sont trois mauvais voisins.

1507 La faveur d'un roi n'est pas héritage. *(1684)*

1508 Chacun trouve que sa chouette est un faucon.

1509 Ce qui ne cuit pas pour vous, laissez-le brûler.

1510 Les bonnes nouvelles marchent et les mauvaises courent.

1511 Les paroles d'or sont souvent suivies d'actes de plomb.

1512 Le temps détruit ce qui est fait et la langue ce qui est à faire.

1513 Si tu as peur d'être battu, ne laisse pas voir ton cul. *(715)*

1514 Une pierre ne tombe jamais seule.

1515 Deux meules dures ne peuvent moudre fin.
Deux caractères opiniâtres ont du mal à s'accorder.

1516 Lorsque le loup devient vieux, les corbeaux le chevauchent.

LA FEMME

1517 Un cheveu de femme tire plus que des bœufs accouplés.

1518 De femmes et de chevaux il n'en est pas sans défaut.

1519 Une femme peut emporter hors de la maison plus qu'un homme n'y peut apporter dans un char.

1520 La maison est à l'envers lorsque le coq se tait et que la poule chante.

1521 Une putain au joli visage est une lanterne sans lumière.

1522 Trois accoucheuses, trois placeuses de domestiques et trois lavandières forment ensemble neuf entremetteuses.

1523 L'amour est du côté où pend l'escarcelle.

1524 Qui épouse un fou pour sa maison, perdra la maison et gardera le fou.

1525 Chère mère, qu'est-ce donc que le mariage ? – Filer, enfanter, regretter.

1526 La belle-mère ne se souvient pas qu'elle a été un jour une belle-fille.

1527 Le pain de la nourrice est plus doux que le gâteau de la mère.

1528 Quand la vieille vache danse, son veau applaudit.

LA SAGESSE

1529 Avec du travail on tire le feu de la pierre.

1530 Nul n'attache son cheval à des pensées.

1531 On ne vit pas avec les morts.

1532 On n'a que le bien qu'on se fait.

BIBLIOGRAPHIE

Maurits de Meyer a attiré l'attention sur une source inexplorée de proverbes et dictons : des gravures et des tableaux du XVIIe et du XVIIIe siècle, illustrées par un millier de proverbes (*Proverbium*, n° 14, 1969, pp. 396-398). Citons aussi Roger H. Marijnissen, *Breughel*, Arcade, Bruxelles, 1969.

Quelques proverbes flamands concernant différents métiers ont été publiés (en flamand et en français) par A. de Cock, *Revue des Traditions populaires*, 1895 pp. 397-405.

En flamand, l'ouvrage de base est : Harrebomée, *Spreekvoordenboek*, Utrecht, 1861-1870.

Signalons deux publications récentes d'Achille van Acker : *De duivel in spreekwoord en gezegde*, Heule, Courtrai, 1976 et *Het Verleden in spreekwoord en gezegde*, même éditeur, 1977.

Proverbes scandinaves

Les langues scandinaves sont restées proches les unes des autres jusqu'à nos jours. Elles ont des traits communs qui les distinguent des autres langues germaniques.

L'islandais, qui fut au Moyen Âge le véhicule d'une grande littérature, a évolué le moins vite. La situation de la Norvège est particulière : la langue utilisée dans les villes fut longtemps le danois, et le pays vécut une expérience de cent ans pour obtenir sa propre langue, à partir des parlers indigènes. Quant au danois et au suédois, ils ont fait des emprunts au bas-allemand à l'époque de la Hanse. Le suédois et le danois sont aujourd'hui des langues de culture prestigieuses.

Il y a 18 millions de Scandinaves (soit 5 millions de Danois, 220 000 Islandais, 4 millions de Norvégiens et 8 millions de Suédois). Les liens étroits entre leurs langues expliquent la grande proximité de leurs proverbes. C'est pourquoi nous avons jugé bon de présenter ceux-ci de manière synthétique, étant donné qu'une grande partie d'entre eux est commune à tout le domaine scandinave. On note aussi des points communs avec les proverbes finlandais, le suédois étant parlé par une importante minorité en Finlande.

La disparité des sources (voir bibliographie) nous a conduit à préciser pour une partie des proverbes le nom de la langue dans laquelle ils sont attestés, en l'absence de recueil important sur l'ensemble des proverbes scandinaves. Mais en réalité, il est plus que probable que chacun de ces proverbes est utilisé et à tout le moins compris d'un bout à l'autre de la Sandinavie.

L'INDIVIDU

1533 Mieux vaut être oiseau libre que roi captif.

1534 Il vaut mieux être un homme libre dans une petite maison qu'un esclave dans une grande. [norvégien] *(138)*

1535 Plutôt des choux dans une cabane que de la graisse dans le château du seigneur. [islandais] *(988)*

1536 Celui qui ne peut avoir du lard doit se contenter de choux. [danois] *(var. 987)*

1537 La faim, le travail et la sueur sont les meilleures herbes. [islandais]
Entendre ici *herbes* au sens *d'assaisonnements.*

1538 Celui qui n'a pas de faucon doit chasser avec des chouettes. [danois]

1539 Faute de rossignols, on se contente de hiboux. [danois]

1540 Le diable vient chez les riches, mais chez les pauvres, il vient deux fois. [suédois]

1541 Les diables ont plus de douze apôtres. [suédois]

1542 Mieux vaut avoir un cheval aveugle qu'une longe vide. [danois]

1543 La bière claire vaut mieux que le tonneau vide. [danois]

1544 Grasse cuisine fait maigre testament.

1545 Le riche a souvent plusieurs femmes, mais peu d'enfants. [suédois]

1546 Le riche a cinq sens, le pauvre six. [suédois]

1547 Les cinq sens sont cinq portes pour les péchés. [suédois]

1548 Les voies vers l'enfer sont larges comme une rue de Stockholm. [suédois]

1549 Chaque petit poisson espère devenir une baleine. [suédois]

1550 Lorsque le saucisson est trop long, on y remédie facilement. [danois]

1551 Tout a une fin, sauf le saucisson qui en a deux. [danois]

1552 Les miettes sont encore du pain. [danois]

1553 Le cœur de l'homme est la première chose qui s'agite dans le sein de sa mère et la dernière qui meurt en lui. [norvégien]

1554 L'ambition et la vengeance ont toujours faim. [danois]

1555 La volonté d'un homme est son paradis, mais elle peut devenir son enfer.

1556 Si le péché est cocher, la honte sera valet de pied.

1557 Parmi les faibles, le plus fort est celui qui n'oublie pas sa faiblesse.

1558 Un paysan debout est plus grand qu'un noble agenouillé.

1559 Plus d'un bon cerveau peut être trouvé sous de vieux chapeaux. [norvégien]

1560 La jeunesse a un joli visage, l'âge a une belle âme. [suédois]

1561 Moins on sait, moins on oublie. [norvégien]

1562 Celui qui ignore que son lit est dur dort bien. [danois]

1563 Tous les oiseaux ne sont pas des autours. [islandais]
Un *autour* est un rapace voisin de l'épervier.

1564 Une oie vola au-delà du Rhin et oie elle revint. [islandais] *(1803)*

1565 Si haut qu'un oiseau puisse prendre son essor, il n'en cherche pas moins sa nourriture sur terre. [danois]

1566 Terre noire donne pain blanc.

1567 L'argent qui vient de la forêt ne sent pas la sueur.

1568 La foi du riche est dans son coffre. [suédois]

1569 La beauté sans l'honnêteté, c'est la rose sans parfum. [danois]

1570 Si on jugeait les gens à la barbe, le bouc pourrait prêcher. [danois]

1571 Tout ce qui est blanc n'est point farine. [suédois] *(1440)*

1572 Quand le rat est au moulin, il se croit le meunier. [danois]

1573 Bonnet ni couronne ne préservent des maux de tête.

1574 À mesure que nous vieillissons, ce sont nos maux qui rajeunissent.

1575 Bien des gens sont comme les horloges qui indiquent une heure et en sonnent une autre. [danois]

1576 L'âge rend maints hommes blancs mais non meilleurs. [danois]

1577 Quand le malheur monte aux genoux du riche, il va jusqu'au cou du pauvre. [danois]

1578 Quand il pleut de la bouillie d'avoine, le mendiant n'a pas de cuiller.

1579 La rose se transforme vite en gratte-cul. [danois] *(87)*

1580 Les cheveux gris sont les fleurs de la mort. [danois]

1581 Tailleur debout et forgeron assis ne valent pas grand'chose. [danois]

1582 Cordonnier, demeure auprès de ton embauchoir. [danois]

1583 En tous pays, il se casse des pots. [islandais]

1584 La chouette ne loue pas la lumière, pas plus que le loup le jour. [danois]

1585 Chacun de nous porte un fou sous son manteau, mais certains le dissimulent mieux que d'autres. [suédois]

1586 Quand la mer est tranquille, chaque bateau a un bon capitaine. [suédois] *(1810)*

1587 Le papillon oublie souvent qu'il était chenille. [suédois]

1588 Être jeune est un défaut que l'on corrige chaque jour. [suédois]

1589 Les soucis ont des fleurs noires. [suédois]

1590 Un homme sombre est son propre ennemi. [islandais]

1591 Vieilles églises ont sombres fenêtres. [suédois]

1592 La maladie vient à cheval et s'en va à pied. [suédois] *(751)*

1593 Épargne le couvercle, le fond s'épargne lui-même. [danois]

1594 Qui veut manger des huîtres doit en ouvrir l'écaille. [islandais] *(80)*

1595 Il faut casser les œufs pour en faire un gâteau. [danois] *(1024)*

1596 Mieux vaut boire le lait que manger la vache.

1597 L'honneur est comme l'œil : on ne joue pas avec lui.

1598 Promesse de Danois est une dette. [danois]

1599 Celui qui a la tête en beurre ne doit pas s'approcher du four.

1600 La patience est une haridelle. [suédois]
Une *haridelle* est un mauvais cheval maigre.

1601 Quand il y a pire, mal devient bien.

1602 L'oie se promène si souvent dans la cuisine, qu'elle finit par rester à la broche. [danois] *(245)*

1603 Le premier coup de hache ne fait pas tomber l'arbre. [danois]

1604 Les poules sages caquètent aussi quelquefois parmi les orties. [danois]
Entendre ici *caqueter* au sens de *glousser* avant de pondre.

1605 Les petites peines sont bruyantes et les grands chagrins muets. [danois]

1606 Jamais le pauvre ne tombe de haut : tout au plus du balai au plancher.

1607 L'espoir garde le pauvre en vie, la peur tue le riche.

1608 Le pauvre recherche de quoi se nourrir, le riche d'avoir de l'appétit.

1609 Le pauvre a la patience de faire bouillir, mais pas celle de laisser refroidir.

1610 Celui qui conserve quelque chose pour la nuit le garde pour le chat. [danois]

1611 Qui hante toutes les eaux à la fin se noiera. [danois]

1612 C'est trop tard fermer le puits quand l'enfant est noyé. [danois] *(422)*

1613 Quand l'eau entre en notre bouche, il est trop tard pour apprendre à nager. [danois]

1614 Ne jette point l'eau sale avant d'avoir l'eau propre. [danois]

1615 À une petite chose, l'inquiétude donne une grande ombre. [suédois]

1616 Qui laboure la nuit perd un pain à chaque sillon. [suédois]

1617 Il ne faut pas cesser de semer parce que les oiseaux auront mangé quelques grains. [danois] *(290)*

1618 Un homme sans argent est un bateau sans voile. [suédois]

1619 Toute eau va à l'océan et tout or à la bourse du riche. [danois] *(28)*

1620 L'argent est plus éloquent que dix orateurs du Parlement. [danois]

1621 Une main pleine d'argent est plus forte que deux mains pleines de vérité. [suédois]

1622 Souvent la justice penche du côté ou pend la bourse.

1623 Le poisson mord mieux à l'hameçon d'or. [norvégien]

1624 Les présents font la femme complaisante, le prêtre indulgent, et la loi souple.

1625 N'examine pas le renne que t'a donné le riche, à moins qu'il n'ait pas ses bois.

1626 Ne remercie pas pour le cochon de lait avant de l'avoir dans ton sac. [suédois] *(255)*

1627 Pour recevoir ce que l'on veut, il faut donner ce que l'on ne veut pas.

1628 Le voleur croit que tout le monde vole. [norvégien] *(168)*

1629 Pauvreté n'oblige pas à voler, ni richesse n'en empêche.

1630 Le voleur trouve le calice plus vite que le sacristain. [suédois]

1631 Chevaux empruntés et éperons neufs font les lieues courtes. [danois]

1632 Pain mangé est vite oublié. [suédois]

1633 Il est dur de payer le pain qui a été mangé. [danois]

1634 N'achète pas le chat dans un sac. [danois] *(550)*

1635 Mieux vaut un oiseau dans la main que dix sur le toit. [danois]

1636 Mieux vaut un oeuf aujourd'hui qu'une poule demain. [danois] *(532)*

LES RELATIONS

1637 Il fait bon être prêtre à Pâques. [islandais]

1638 Tu peux allumer à ta chandelle la chandelle d'un autre. [danois]

1639 Le ciel sèche ce qu'il a mouillé. [danois] *(1949)*

1640 Quand il y a de la place dans le cœur, il y en a dans la maison. [danois]

1641 On doit honorer le chêne sous lequel on habite. [islandais]

1642 Les petits saints accomplissent aussi des miracles.

1643 L'œil du maître fait plus que ses deux mains. [danois] *(271)*

1644 Nourris bien ton valet, et ta vache donnera plus de lait. [suédois]

1645 Quand le patron dort, les valets rêvent. [suédois]

1646 Petite pluie empêche souvent grande tempête. [danois] *(15)*

1647 Mieux vaut endiguer un ruisseau qu'une rivière. [danois]

1648 Les soins et non de belles écuries font un bon cheval. [danois]

1649 Il vaut mieux vivre gaiement dans sa propre maison que dans celle d'autrui avec des chagrins. [islandais]

1650 Nul n'est si riche qu'il n'ait besoin d'un bon voisin. [danois]

1651 Mieux vaut une bonne voisine qu'une sœur éloignée. [danois] *(1176)*

1652 Quand la maison de ton voisin brûle, apporte de l'eau à la tienne. [suédois] *(820)*

1653 Le colimaçon a peur des voisins médisants : il emporte sa maison avec lui. [danois]

1654 Le petit a plus vite ramassé une galette par terre que le grand n'a décroché une étoile du ciel.

1655 Mieux vaut dictature de fer qu'anarchie de l'or. [norvégien]

1656 On attrape plus de mouches avec une bouchée de miel qu'avec un tonneau de vinaigre. [danois] *(246)*

1657 Enfant brûlé craint le feu. [danois] *(548)*

1658 Les enfants du forgeron n'ont pas peur des étincelles.

1659 La pierre qui n'encombre pas votre chemin ne vous gêne point. [danois]

1660 Celui qui veut manger des œufs, doit supporter les poules. [danois]

1661 Mieux vaut un ami utile que dix inutiles. [islandais]

1662 Celui-ci fait beaucoup de bien qui ne fait pas de mal. [norvégien]

1663 Les épis vides se dressent vers le ciel, tandis que les pleins se courbent vers la terre. [danois]

1664 Un homme n'est pas forcément mauvais parce qu'un autre est bon. [danois]

1665 On ne coupe pas une tête parce qu'elle est sale. [danois]

1666 Chacun est son plus proche voisin. [islandais]

1667 La prière du maître est un ordre. [danois]

1668 Les abeilles ont leur reine et les cigognes leur conducteur. [danois]

1669 Les jeunes vont par bandes, les adultes par couples et les vieux tout seuls. [suédois]

1670 Celui qui n'a que des vertus n'est guère meilleur que celui qui n'a que des défauts.

1671 Aucun tison ne fume sans avoir été allumé. [danois]

1672 Chacun tente de passer par où la haie est la plus basse. [danois] *(1825)*

1673 Celui qui chasse avec des chats attrapera des souris. [danois]

1674 On ne vit pas de la beauté, mais on peut mourir pour elle.

1675 Nul ne voit en autrui plus loin que les dents.

1676 L'œil de l'étranger voit plus loin le pays que l'œil de l'habitant.

1677 La mort de l'un est le pain de l'autre. [islandais]

1678 Le mien et le tien sont la cause de toutes les disputes. [danois]

1679 Indulgence avec le loup s'appelle injustice envers le mouton. [suédois]

1680 Celui qui pourchasse un autre n'a lui-même aucun repos. [suédois]

1681 Il n'est pas charitable de cracher du miel devant celui dont la bouche est pleine de bile. [danois]

1682 La lune est à l'abri des loups. [islandais]

1683 Un Danois ne se croit pas diminué parce qu'un chien a aboyé après lui. [danois]

1684 Souvent le feu incendie la maison de celui qui se rit des autres. [danois]

1685 On ne moissonne pas du bon blé d'un mauvais champ. [danois]

1686 Les mauvaises actions sont plus connues que les bonnes. [norvégien] *(2092)*

1687 Ne cache pas à ton ami ce que ton ennemi sait. [danois]

1688 Qui vit dans les roses doit chercher ses amis dans les épines.

1689 Tous les moineaux périraient, si le chat avait des ailes. [danois]

1690 Quand la pluie tombe sur le prêtre, le sacristain reçoit aussi les gouttes d'eau. [danois]

1691 Quand le seigneur se blesse le pied, tous les valets boitent. [danois]

1692 Dans les accords, il faut prendre garde que l'un n'ait pas l'épée et l'autre le fourreau. [danois]

1693 Les blés du voisin sont toujours les plus beaux. [danois] *(295)*

1694 Celui qui entre dans le moulin se couvre de poussière. [danois] *(316)*

1695 Quand un anneau est brisé, la chaîne n'existe plus. [danois]

1696 Souvent le marcassin expie les méfaits du sanglier. [danois]

1697 Le feu ne s'inquiète pas à qui est le manteau qui brûle. [danois]

1698 La flatterie est comme l'ombre : elle ne vous rend, ni plus grand, ni plus petit. [danois]

1699 Les seigneurs ont de longs bras, mais qui n'atteignent pas le ciel.

1700 À manger des cerises avec des grands seigneurs, on s'expose à recevoir leurs noyaux sur le nez. [danois] *(1719)*

1701 Pied de paysan et chaussure de seigneur ne vont de compagnie.

1702 Plus près du roi, plus près du gibet.

1703 Celui que tu assieds sur ton épaule essaiera de te monter sur la tête.

1704 Il est dangereux pour un cygne d'enseigner le chant à des aiglons.

1705 Chacun a son propre diable, et certains deux.

1706 Qui veut moucher autrui doit avoir les doigts propres.

1707 Une heure d'abandon cause un an de dommage.

1708 Coq qui chante le matin sera le soir dans le bec du faucon.

1709 Où le cheval galope, le homard veut aussi avancer.

1710 Un mouton bêle, toute la bergerie a soif.

1711 Un mouton galeux empeste un troupeau. [danois] *(477)*

1712 De mauvais oiseaux apportent rarement le beau temps. [islandais]

1713 Ne fais pas semblant d'être pauvre devant qui ne te rendra pas riche. [danois]

1714 Des chevaux mal assortis tirent mal. [danois]

1715 La maison qui est bâtie au goût de tous n'aura pas de toit. [suédois]

1716 Quand les cuisiniers sont nombreux, les choux sont trop salés. [danois]

1717 Bien que le renard soit rusé, on vend plus de peaux de renards que de peaux d'ânes. [danois]

1718 Sagesse inutile est double folie.

La parole

1719 Mieux vaut une langue sage que des cheveux bien peignés. [islandais]

1720 Parole d'homme, honneur d'homme. [islandais]

1721 Oui et non font un long discours. [islandais]

1722 La terre est gouvernée par la bouche et la mer par la main.
Les paroles dirigent les hommes et la main maîtrise les éléments.

1723 Grands mots et mitaines neuves rétrécissent toujours.

1724 Beau projet et drap neuf rétrécissent à l'usage.

1725 Tous les mots qui sont dits ne méritent pas d'être pesés sur une balance d'or. [norvégien]

1726 Aucun estomac n'est satisfait par de bonnes paroles. [norvégien]

1727 David ne tua pas Goliath avec des paroles. [islandais]

1728 Un œil est un meilleur témoin que deux oreilles. [danois]

1729 La plume blesse souvent plus que l'épée. [danois]

1730 Celui qui a peur de demander est honteux d'apprendre. [danois]

1731 Si l'autorité n'a pas d'oreilles pour écouter, elle n'a pas de tête pour gouverner. [danois]

1732 Donner des conseils à un sot, c'est comme jeter de l'eau sur une oie.

1733 L'homme intelligent a de longues oreilles et une courte langue. [suédois]

1734 Pour que les mensonges soient crus, il doivent être empaquetés de vérité. [danois]

1735 Deux peuvent mentir jusqu'à faire pendre un troisième.

1736 Qui dit tout haut la vérité risque de manquer d'abri.

1737 Mensonge de bonne mine vaut vérité de pâle couleur.

1738 Le manteau de la vérité est souvent doublé de mensonges.

1739 Tant que je possède mon secret, il est mon prisonnier; lorsque je l'ai laissé échapper, c'est moi qui suis pris. [danois]

LA FEMME ET LA FAMILLE

1740 Vie sans amour, année sans été.

1741 Là où il n'y a pas d'amour, il n'y a pas de joie. [islandais]

1742 L'amour est aveugle et croit que personne ne le voit.[danois]

1743 La pauvreté et l'amour sont difficiles à cacher. [danois]

1744 On ne peut choisir quand on va aimer. [norvégien]

1745 L'amour prend également sur la paille et sur le duvet.

1746 L'amour est une rosée qui humecte à la fois les orties et les lis.

1747 Vieil amour jamais ne rouille. *(1159)*

1748 L'amour a fait des héros, mais des sots plus encore.

1749 Il n'y a pas de danse sans que le diable y mette sa queue. [suédois]

1750 Un baiser ne fait pas d'enfant.

1751 On se souvient du baiser promis, on oublie les baisers reçus.

1752 Le compagnon de lit se choisit pendant qu'il fait jour.

1753 Il faut un homme pour un jour, un chien pour une semaine, une femme pour toujours.

1754 En prenant l'enfant par la main, on prend la mère par le cœur. [danois]

1755 Oignon, fumée et femme font pleurer. [danois]

1756 Ne regarde pas la fille à l'église, mais à l'étable.

1757 C'est la main à la pâte qu'on juge une femme, et non à la danse. [danois]

1758 Le mariage est comme une nasse d'anguilles; ceux qui sont dehors veulent y entrer, ceux qui sont dedans, veulent en sortir. [norvégien]

1759 Quand tu épouses de l'argent, le diable pond un œuf dans ton garde-manger.

1760 Il n'y a pas de femme en couches qui se plaigne de ce qu'on l'a mariée trop tard. [danois]

1761 Qui bat sa femme bat sa main gauche de la main droite. [dannois]

1762 L'avare est sa propre belle-mère. [suédois]

1763 Il est bien garni le siège qu'occupe une Danoise. [danois]

1764 La Danoise use plus son siège que son manteau. [danois]

1765 La femme nue apprend vite à filer.

1766 Toutes les filles sont bonnes. D'où viennent donc les mauvaises femmes ?

1767 Les femmes ont de longues jupes et des idées courtes. [danois]

1768 L'épée des femmes est dans leur bouche. [suédois]

1769 Toutes les femmes sont d'excellentes protestantes : elles prêcheraient plutôt que d'écouter la messe.

1770 La femme est le jugement dernier de l'homme.

1771 On ne doit pas jeter l'enfant avec l'eau du bain et on ne doit pas se débarrasser de sa femme comme de l'arbre de Noël. [suédois]

1772 Les enfants valent mieux que la richesse. [islandais]

1773 Il vaut mieux être l'enfant unique, que le cheval unique. [suédois]

1774 Pour le corbeau, ce sont toujours ses petits qui sont les plus blancs. [danois]

1775 Si l'on satisfait le porcelet qui grogne et l'enfant qui pleure, on aura vilain enfant et bon porcelet. [danois]

1776 La viande sans sel et un enfant que l'on ne corrige pas se corrompent. [danois]

1777 Enfants petits, petits soucis ; enfants grandis, grands soucis.

1778 Un père nourrira bien dix enfants, mais dix enfants ne nourriront point un père. [danois] *(904)*

1779 Mangez votre poisson tandis qu'il est frais et mariez votre fille pendant qu'elle est jeune. [danois]

1780 Le fou vante son cheval, l'enragé sa belle-fille et l'ignorant sa fille.

1781 Une veuve ou un veuf, c'est une maison sans toit.

LA SAGESSE

1782 L'aurore porte de l'or dans sa bouche. [danois]

1783 Le Bon Dieu donne bien la vache, mais pas la corde. [suédois] *(455)*

1784 Le Bon dieu aide le marin, mais celui-ci doit ramer lui-même. [suédois] *(1947)*

1785 Dieu nourrit les oiseaux qui s'aident de leurs ailes. *(1947)*

1786 Ce que Dieu donne, saint Paul ne le prend pas. [islandais]

1787 Prête à Dieu et à la terre, ils paient de bons intérêts.

1788 La paresse est l'oreiller du diable.

1789 Ce n'est que si le mal est à la porte que le bien peut entrer dans la maison.

1790 Où manque la loi doit suppléer l'honneur.

1791 La paix nourrit, le trouble consume. [islandais]

1792 Celui qui laisse derrière lui une bonne réputation ne meurt pas pauvre. [norvégien]

1793 Emploie bien le temps de ta jeunesse, c'est sur quoi repose ton bonheur futur. [suédois]

1794 Ne regarde pas le cours des astres au point de manquer ta route sur la terre. [danois]

1795 Ne laisse pas ton chagrin monter plus haut que tes genoux.

1796 Lorsque Dieu édifie une église, à côté le diable construit une chapelle. [danois]

1797 La prière monte et la grâce descend. [danois]

1798 On n'a jamais cessé de jouer les anciennes comédies, mais on les a tournées autrement. [danois]

1799 L'or du nouveau monde a ruiné l'ancien monde. [danois]

1800 La chance ne donne pas, elle ne fait que prêter.

1801 Si l'on savait où l'on tombera, on y mettrait de la paille avant.

1802 Dieu a tout dans une main. [islandais]

1803 Il faut beaucoup souffrir, ou mourir jeune. [danois]

1804 Celui qui doit être pendu ne sera point noyé, sauf si la rivière déborde jusqu'à la potence.

1805 Toute vie a sa joie; toute joie a sa loi.

1806 Le bonheur et les verres se brisent facilement. [danois]

1807 Les yeux sont libres d'impôts. [islandais]

1808 La pensée ne paie pas de douane. [danois]

1809 La corde à lier les pensées n'est pas encore tressée.

1810 Tous les fous sont frères. [suédois]

1811 Il ne croît pas d'herbe contre la puissance de la mort. [islandais] *(761-810)*

1812 Personne n'est si jeune qu'il ne puisse mourir demain. [suédois]

1813 On ne saurait trop étudier l'art de mourir.

1814 Le clairon ne sonne pas d'avance l'heure de la mort.

1815 La mort est l'amie du mourant.

1816 La mort est le balai de Dieu. [suédois]

1817 Les proverbes disent ce que le peuple pense. [suédois]

BIBLIOGRAPHIE

DANOIS

Les proverbes danois ont donné lieu à l'une des premières traductions françaises de proverbes : on en trouve en effet dans le *Dictionnaire danois-français* de Jean Meyer, publié à Copenhague en 1757 et 1761.
Treize « anciens proverbes danois » sont publiés (en traduction) dans le *Magazine pittoresque*, 1856, p. 126.
La seule publication d'importance en français est due au vicomte de Colleville et à Fritz de Zeppelin dans *La Tradition*, 1892, pp. 53-57 ; 76-83 ; 121-128 (542 proverbes dans la traduction française, sans notes).
Le recueil danois essentiel est :
Bengt Holbek et Iver Kjaer, *Ordsprog in Danmark*, Copenhague, 1969 (4 000 proverbes avec une introduction, un index des mots-clefs et une bibliographie exhaustive).

ISLANDAIS

Quelques sentences et proverbes de l'Edda ont été publiés en traduction française par Renauld-Krantz, *Anthologie de la poésie nordique ancienne*, Gallimard, 1964, pp. 65-66.
155 proverbes islandais, classés par ordre alphabétique, figurent, avec la traduction française, à la fin du *Dictionnaire étymologique et comparatif des langues teuto-gothiques*, de Meidinger, Paris, 1833.

NORVÉGIEN

En l'absence de publication française, on citera deux recueils en langue originale :
J. Aasen, *Norske Ordsprog*, Christiania, 1881, qui comprend 5 500 proverbes avec quelques notes.
Kjell Bondevik, *Jordbruket i Norsk Folketru*, Oslo, 1933 et 1950.

SUÉDOIS

Un ouvrage suédois récent donne 7 000 proverbes avec des explications et une bibliographie : il est dû à Pelle Holm (Stockholm, 1964).
La source du présent choix a été une traduction allemande de 350 proverbes suédois, classés par chapitres, avec une bibliographie :
Will A. Oesch, *Schwedische Sprichwörter*, Zürich, 1966.

chapitre III

LANGUES CELTIQUES

Le groupe celtique (qui comprend une langue morte, le gaulois) se compose d'un ensemble de parlers en usage en Bretagne et dans les îles Britanniques (pays de Galles, Cornouailles, Écosse et Irlande).

Proverbes bretons

Un million de Français parlent le breton. Bien que son usage décline dans les campagnes, il connaît un regain d'intérêt dans les milieux cultivés.

L'INDIVIDU

1818 Non et oui, c'est tout le français de la maison.

1819 Qui voit Ouessant, voit son sang.

1820 Mieux vaut une bonne renommée que du bien plein la maison.

1821 D'un sac on ne peut tirer que ce qu'il y a dedans. *(1092)*

1822 Il n'y a pas de poisson sans arête.

1823 Petit à petit fuseau fait fil. *(180, 1942)*

1824 Avec de la paille et du temps, les nèfles mûrissent. *(72)*

1825 Attendez à la nuit pour dire que le jour a été beau.

1826 Chien échaudé a peur de l'eau tiède. *(548)*

1827 Que vous portiez chapeau ou bonnet, mine de cocu vous garderez.

1828 Une haridelle mange souvent autant qu'un bon cheval.

Une *haridelle* est un mauvais cheval maigre.

1829 Souris qui n'a qu'un trou est tôt prise. *(137)*

1830 À renard endormi ne vient point morceau de viande. *(167)*

1831 Chaque souillon trouve son mauvais râgout bon.

1832 Où moine passera, moinillon poussera.

1833 Plus de vin se dépense aux Pardons que de cire.

Les *Pardons* sont une fête religieuse de pèlerinage breton ; on y boit plus qu'on y brûle de cierges.

LES RELATIONS

1834 Mieux vaut un lièvre pris que trois lièvres qui courent. *(1327)*

1835 L'œil du maître engraisse le cheval et comble la huche de blé. *(418)*

1836 Chacun son métier et le chat n'ira point au lait. *(1443)*

1837 Il n'y a pas de petit ennemi.

1838 Jamais saint n'a été dans sa paroisse loué. *(2056)*

1839 Il n'y a mauvaise chaussure qui ne trouve sa pareille. *(1043-1050)*

1840 Toujours l'on trouve la moisson du voisin meilleure que la sienne. *(295)*

1841 Si vous faites la brebis, on vous tondra. *(146)*

1842 À mal enfourner, on fait les pains cornus. *(310)*

1843 Ce n'est pas avec un tambour qu'on prend le lièvre.

1844 Cent entendus ne valent pas un vu.

1845 Les paroles sont les femelles et les écrits les mâles. *(1548)*

LA FEMME

1846 Femme qui boit du vin, fille qui parle latin, soleil levé trop matin, Dieu sait quelle sera leur fin.

1847 Si traîtresse que soit la mer, plus traîtresses sont les femmes.

1848 Les mariages faits au loin ne sont que tours et châteaux.

1849 Où est coq, poule ne chante. *(522)*

1850 Le fléau se fatigue plus que l'aire.
Sur les rapports conjugaux.

1851 Qu'il soit noir, qu'il soit blanc, chaque chèvre aime son chevreau.

1852 Petits enfants, petite peine; grands enfants, grande peine.

1853 On ne jette pas le coffre au feu parce que la clef en est perdue.
Au sujet des veuves.

1854 Pour être ridée, une bonne pomme ne perd pas sa bonne odeur.
Au sujet des vieilles femmes.

LA SAGESSE

1855 Mieux vaut porter sa croix que la traîner.

1856 Avec le temps et le vent, tout chagrin s'envole.

1857 La feuille tombe à terre, ainsi tombe la beauté.

1858 Le navire qui n'obéit pas au gouvernail devra obéir aux écueils.

1859 Ce qu'apporte le flot s'en retourne avec le jusant.

1860 Bout du soc, bout du sein, par eux deux nous vivons.

1861 Vent, vent, tout n'est que vent.

BIBLIOGRAPHIE

Auguste Brizeux, *Œuvres complètes*, Lévy, 1860, tome I, pp. 341-391 (200 proverbes en breton et en français).
L. F. Sauvé, *Proverbes et Dictons de la Basse-Bretagne*, Champion, 1878 (1 000 proverbes, édition bilingue).
Paul Sébillot, *Littérature orale de la Haute-Bretagne*, Maisonneuve et Larose, 1881 ; réimpresssion en 1967 (142 proverbes en français).

Proverbes gaéliques

Le gaélique est la langue officielle de la république d'Irlande ou Eire (qui compte 3,2 millions d'habitants), bien que l'anglais soit la langue usuelle.
On parle aussi le gaélique en Écosse.

L'INDIVIDU

1862 L'Anglais rassasié, l'Écossais affamé, l'Irlandais enivré sont dans leur meilleure condition.

1863 Ce que beurre ni whisky ne peuvent guérir est incurable.

1864 Un homme peut vivre de peu, mais non pas de rien.

1865 Ventre vide est lourd fardeau.

1866 Le riche tue le temps et le temps tue le pauvre.

1867 Un petit nid est plus chaud qu'un grand.

1868 N'étaient les nuages, on ne jouirait pas du soleil.

1869 La première gorgée de soupe est toujours la plus chaude.

1870 Trois choses sont impossibles à acquérir : le don de poésie, la générosité, un rossignol dans la gorge.

1871 Menez la vache au château et elle s'enfuira vers l'étable.

1872 Si vite que coure le vent, il finit par tomber.

1873 Une poule noire pond des œufs blancs. *(524)*

1874 Un bateau fait souvent naufrage près du port.

1875 Les larmes qui coulent sont amères, mais plus amères celles qui ne coulent pas.

1876 Après la guérison, tout malade est docteur. *(1671)*

1877 Il est juste de louer Dieu, mais un homme sage n'injuriera pas le diable.

1878 Mieux vaut avoir de la chance que se lever tôt.

1879 Bois aujourd'hui pour étancher la soif de demain.

1880 Chaque chien est courageux à sa propre porte. *(580)*

1881 Rien n'est plus audacieux qu'un cheval aveugle.

1882 Pour aller à table, prends le raccourci et au travail le chemin le plus long.

1883 Il faut pétrir selon la farine. *(1118)*

1884 C'est le cochon du prêtre qui a le plus de bouillie.

1885 Le prêtre baptise d'abord son propre enfant. *(250)*

1886 Long à manger, long à tout faire.

1887 Travailler pour rien rend paresseux.

1888 Le livre des « peut-être » est un fort gros volume.

1889 Que l'espoir ne te fasse jamais lâcher ce que tu tiens. *(1327)*

1890 Le diable n'accorde jamais de crédit à long terme.

1891 Qui mange à la gamelle du diable a besoin d'une longue cuillère. *(1980)*

1892 Plus haute la montagne et plus courte l'herbe.

1893 Donner est un bon garçon, mais il se fatigue vite.

1894 De l'avoine des chevaux, les poules sont prodigues. *(144)*

1895 Il a laissé sa bourse dans son autre pantalon.

1896 Vous ne pouvez pas vendre la vache et boire son lait. *(1134)*

1897 Si tu prêtes ta culotte, n'enlève pas les boutons.

1898 Mieux vaut de vieilles dettes que de vieilles rancunes.

1899 Une bonne parole ne coûte pas plus à dire qu'une mauvaise.

1900 C'est par la bouche que l'on trait la vache.

1901 Le chat est son meilleur conseiller. *(546)*

1902 On peut aimer l'église sans en chevaucher le toit.

1903 Les soupirs portent plus loin que les cris.

1904 Mieux vaut un petit feu qui réchauffe qu'un grand qui brûle.

1905 Mieux vaut un lion féroce devant soi qu'un chien traître derrière.

1906 Une bonne retraite est meilleure qu'une mauvaise résistance.

1907 Mieux vaut lutter contre quelqu'un que rester seul.

1908 Chat timide fait souris effrontée.

1909 À la porte des grands le seuil est glissant.

1910 Qui vous a desservi ne saurait vous le pardonner.

1911 Chacun dort tranquille sur la blessure d'autrui. *(2103)*

1912 L'herbe qui n'est pas employée à temps est sans vertu.

1913 Les nœuds que tresse la langue, les dents ne les tranchent pas.

1914 Ce n'est pas la vache qui beugle le plus fort qui a le plus de lait. *(529)*

1915 Ne donne pas de cerises aux cochons, ne donne pas de conseil à un fou.

LA FEMME ET LA FAMILLE

1916 Trois espèces d'hommes n'entendent rien aux femmes : les jeunes, les vieux et ceux d'entre les deux.

1917 Le beurre se garde mieux à l'abri du soleil.
Il vaut mieux garder les filles loin des garçons.

1918 Soif et mal d'amour sont sans vergogne.

1919 Les hommes ont huit vies et les femmes neuf.

1920 Beau plumage fait passer maigre viande.
Se dit de la parure d'une femme.

1921 Le vent n'est pas plus rapide que le choix d'une femme entre deux hommes.

1922 Mieux vaut poignée que donne un homme que charretée que donne une femme.

1923 Qui épouse une montagnarde, se marie à la montagne entière.

1924 Plus chaude est la couverture d'être doublée.
Se dit à propos des mariages entre parents.

1925 Le vent emporte la dot mais laisse la laideur.

1926 Triste la lessive où il n'y a pas une chemise d'homme.

1927 Si près que soit la maison de Dieu, ton foyer est encore plus proche.

1928 Donne ton amour à ta femme, mais ton secret à ta mère ou à ta soeur.

1929 Les enfants oisifs sont les hospices du diable.

1930 Ton fils reste ton fils jusqu'au jour de ses noces, mais ta fille est ta fille jusqu'au seuil de ta fosse.

LA SAGESSE

1931 Enfants tout frais baptisés, prêtres tout juste ordonnés et paysans sans sou ni maille, s'ils meurent vont droit au ciel.

1932 Vache du pauvre, fils du riche, tous deux mortels.

1933 Si tu prends le monde comme il vient, il te prendra doucement.

1934 Le plus vieil homme qui ait vécu a fini par mourir.

1935 La mort ne vient jamais trop tard.

1936 Qui n'a pas goûté à la mort ignore la saveur de la nourriture.

1937 Aucun homme ne peut mettre à l'attache le temps ou la marée.

1938 Fume ta pipe et tais-toi : il n'y a que vent, fumée et brume.

SOURCE

En l'absence de toute publication française sur les proverbes gaéliques, le choix s'est fait essentiellement à partir d'une traduction anglaise :
Sean Gaffney et Seamus Cashman, *Proverbs and sayings of Ireland*, Dublin, 1974 (1 016 proverbes et locutions, 102 triades — structure très répandue en Irlande, du type : « les trois meilleures choses... » ; avec une liste des idées-mères, un index des mots-clefs, des notes et des indications bibliographiques).

chapitre IV

LANGUES SLAVES

Les onze langues slaves modernes découlent toutes du slave commun, parlé dans les plaines du Nord de l'Europe orientale il y a quinze siècles. Elles se sont peu à peu différenciées au cours d'une longue évolution due à l'histoire politique, religieuse et culturelle des peuples slaves. Elles ont beaucoup de traits communs et sont plus proches les unes des autres que, par exemple, le français ne l'est de l'italien.

On distingue trois groupes de langues slaves (leur aire de diffusion est décrite dans la partie concernant chacune d'elles) : celles de l'Est – russe, ukrainien et biélorusse –, celles de l'Ouest – polonais, tchèque, slovaque et sorabe[1] – et celles du Sud – slovène, serbo-croate, macédonien et bulgare.

En dehors de la Russie (voir ci-dessous), les langues slaves sont parlées par plus de 80 millions de personnes.

De nombreux proverbes sont communs aux langues slaves; nous les avons classés pour plus de commodité avec la langue qui a la plus riche tradition proverbiale : le russe.

Pour chaque autre langue, nous avons indiqué les autres proverbes les plus répandus, bien qu'ils puissent aussi être attestés dans une langue-sœur, sans oublier les échanges avec les pays voisins (par exemple, de nombreux proverbes tchèques sont d'origine allemande).

Proverbes russes (ukrainiens, biélorusses)

Langue de culture prestigieuse, langue maternelle d'environ 148 millions de Russes, le russe est aussi l'une des langues de travail des organisations internationales.

« Sans angles, pas de maison; sans proverbes, pas de paroles » dit un proverbe russe. Plus peut-être que dans aucun autre cas, on ne peut concevoir l'étude du russe sans l'apprentissage de ses proverbes, tant ils irriguent le tissu de la langue. Les Russes aiment leurs proverbes et ils en font un usage constant qui ne se limite pas aux circonstances familières – qu'on se rappelle Nikita Khrouchtchev à la tribune des Nations-Unies !

L'inventaire des proverbes russes a été dressé par des folkloristes de grande qualité, au premier rang desquels figure le célèbre lexicographe Wladimir Dahl (voir bibliographie). En effet, les Russes se sont de bonne heure intéressés à leurs proverbes, dont ils possèdent sans doute le fonds le plus riche du monde.

Toutes ces raisons expliquent la place privilégiée que nous avons donnée aux proverbes russes par rapport à ceux des autres langues slaves.

1. Sorabe : pratiqué dans un îlot au sud-est de Berlin par 100 000 personnes qui parlent aussi l'allemand.

Nous les avons aussi considérés comme représentatifs du groupe slave de l'Est, car les proverbes ukrainiens et biélorusses, dont au demeurant il existe peu de traductions, en sont très proches.

L'Ukraine et la Biélorussie comptent respectivement 51 et 10 millions d'habitants environ, mais leur langue subit une vive concurrence du fait de la prépondérance du russe. Celui-ci est une des grandes langues du monde, pratiquée autrefois par la quasi-totalité des Soviétiques ainsi que par les nombreuses colonies russes issues des vagues successives d'émigration. D'importantes colonies ukrainiennes continuent aussi à pratiquer leur langue en Amérique du Nord (Canada).

L'INDIVIDU

1939 Avec un morceau de pain, on trouve son paradis sous un sapin.

1940 L'orgueil va au pauvre comme la selle à une vache.

1941 L'honneur n'est pas l'honneur s'il n'y a rien à manger.

1942 Il n'y a pas deux étés dans l'année.

1943 Le rossignol ne se nourrit pas de chansons.

1944 Un homme sans patrie, c'est un rossignol sans chanson.

1945 En pays d'exil, même le printemps manque de charme.

L'épreuve, la nature

1946 C'est quand il passe sur un pont de cheveux qu'on reconnaît l'adresse du chameau.

1947 Au vol on connaît l'oiseau.

1948 Connais l'oiseau à la plume et le faucon au vol.

1949 Le cheval peut foncer ventre à terre, mais il ne peut s'échapper de sa queue.

1950 Les corbeaux ont passé la mer, l'esprit ne leur est pas venu.

1951 Même dans une cage d'or, le rossignol regrette son bosquet.

1952 Apprivoise le loup, il rêvera toujours au bois.

1953 Chasse la nature par la porte, elle rentrera par la fenêtre. *(1199)*

La malchance, la chance

1954 Si l'étable est délabrée, la vache ne donne plus de lait.

1955 Quand les roubles tombent du ciel, le malchanceux n'a pas de sac.

1956 Quand Dieu envoie la farine, le diable enlève le sac. *(1960)*

1957 À qui a de la chance, son coq pondra.

1958 Si vous êtes favorisé par le ciel, l'agneau du festin vient de lui-même à votre seuil. *(984)*

L'apparence

1959 Le savon est gris, mais il lave blanc.

1960 Tout ce qui porte froc n'est pas moine. *(2001)*

1961 Sagesse est dans la tête et non dans la barbe. *(636)*

1962 Tous ceux qui chantent ne sont pas gais. *(1566)*

1963 Tous les chiens qui aboient ne mordent pas. *(558)*

1964 La neige est blanche, mais le chien y pisse ; la terre est noire, mais elle produit le froment.

1965 La richesse donne de la beauté aux laids, des pieds aux boiteux, des yeux aux aveugles, de l'intérêt aux larmes.

La nature

1966 Tel dans le berceau, tel dans le tombeau.

1967 On ne redresse pas un fuseau tordu. *(1932)*

1968 Ce qui est pris avec le lait ne sort qu'avec l'âme.

1969 Les plumes décorent le paon, et l'instruction l'homme.

1970 Même la poule a un cœur.

1971 L'ivrogne cuve son vin, le fou cuve en vain.

1972 Mieux vaut être boiteux que toujours assis.

1973 Les oreilles ne poussent pas plus haut qu'on a le front.

1974 Il se casse où il est mince.
Tourguéniev a donné ce proverbe comme titre à l'une de ses comédies. Il est aussi traduit ainsi : trop menu, le fil casse.

1975 Ce n'est pas la faute du miroir si les visages sont de travers.
Ce proverbe est l'épigraphe de la pièce de Gogol *Le Revizor.*

1976 La rouille ronge le fer et les chagrins le cœur.

1977 Une roue mal graissée grince.

1978 Le pot de chambre du Tsar est plus fier que la marmite du paysan.

1979 Tout est amer à qui a du fiel dans la bouche. *(1018)*

1980 À quoi sert à l'aveugle de savoir que la chandelle coûte cher?

1981 Il y a trente heures par jour en Russie.

Le comportement

1982 Le matin est plus sage que le soir.

1983 La première crêpe est toujours manquée. *(1027)*

1984 Mesure dix fois, mais ne coupe qu'une.

1985 En été prépare le traîneau, en hiver le chariot.

1986 Chat qui gratte gratte pour lui.

1987 Patiente, cosaque, tu deviendras hetman.
Les *cosaques* étaient des populations guerrières, établies sur les bords du Don, en Ukraine.
Un *hetman* ou un *ataman* est un chef élu des clans cosaques.

1988 En cueillant grain à grain, tu empliras ton panier. *(301)*

1989 Le renard ne salit pas sa propre queue.
Le terme russe employé pour salir est plus cru.

1990 Ce n'est pas le champ qui nourrit, c'est la culture.

1991 D'abord l'étable, ensuite la vache.

1992 Que chacun cherche le gué avant de passer la rivière.

1993 Le maréchal forge des pinces pour ne pas se brûler.

1994 Pain en voyage n'est pas fardeau.

1995 Prends soin de ton habit dès le premier jour, et veille sur ton honneur dès ton jeune âge.

1996 Celui qui sait beaucoup dort peu.

1997 Le meunier est riche par le bruit.

1998 Qui n'a pas de pommes mange des carottes. *(var. 987)*

1999 Quand le poisson fait défaut, l'écrevisse est un poisson.

2000 Qui dit A doit dire B.

2001 La jeunesse grave sur la pierre, la vieillesse sur la glace.

2002 La peur a de grands yeux.

2003 Bon politique, mauvais chrétien.

2004 À souris rassasiée, la farine est amère.

2005 Quand le ciel s'assombrit, le loup se réjouit.

2006 Il est honteux de monter sur un âne, mais il est plus honteux d'en tomber.

2007 Pour entendre des dictons, le moujik est allé à Moscou.
Le *moujik* est le paysan russe.

2008 La fleur et l'hirondelle n'annoncent pas toujours le printemps. *(205)*

2009 Le vin est innocent, l'ivrogne seul est coupable.

2010 Le sage médite encore, le fou a terminé l'affaire.

2011 Quand la tête est coupée, on ne pleure pas les cheveux.

2012 Ne commence pas quelque chose par la fin, ne mets pas le collier du cheval à la queue. *(459)*

2013 Habit de soie n'a pas de puces.

2014 Le noble a toujours raison lorsque le moujik transpire. *(1735)*

2015 Mains blanches aiment le travail d'autrui.

2016 Le pauvre chante des chansons, le riche ne fait que les écouter.

LES BIENS **L'argent**

2017 Devant mules chargées d'or, tout château ouvre ses portes.

2018 La vérité est forte, mais l'argent est plus fort encore.

2019 Qui a un rouble a de l'esprit, et pas de rouble pas d'esprit.

2020 Personne ne fut jamais pendu avec de l'argent dans sa poche. *(1766)*

2021 L'argent salit les mains; qu'on se lave et l'argent disparaîtra.

2022 On n'écoute guère le sermon d'un prêtre sans fortune.

2023 Le filet pour l'oiseau, l'argent pour l'homme.

2024 On attrape l'oiseau avec des graines et l'homme avec des écus.

2025 Ne battez pas le moujik avec le knout, mais battez-le avec le rouble.

Le don et l'ingratitude

2026 Quel que soit le taureau qui a sailli, le veau est à nous. *(423)*

2027 Quand on voit sa fortune augmenter, on trouve sa maison petite.

2028 Si vous ne pouvez pas être riche, soyez voisin d'un riche.

2029 Près du pain, il y a toujours des miettes.

2030 De la poche d'autrui, il est facile de payer. *(1134)*

2031 La tille donnée vaut mieux que la courroie achetée.

La *tille* est une écorce de chanvre.

2032 C'est avec la flèche faite de ses plumes qu'on abat l'aigle. *(502)*

2033 Réchauffez un serpent gelé, c'est vous qu'il piquera le premier.

2034 Un riche avare est plus pauvre qu'un gueux.

2035 Les avares sont morts et les enfants ont ouvert les coffres.

2036 L'avare est borgne, l'ambitieux est aveugle.

2037 Le voleur n'a peut-être commis qu'une faute, le volé en a commis cent.

LES AFFAIRES

2038 Ce n'est pas acheter qui instruit, mais vendre.

2039 Tant que le poisson est dans l'eau, on ne doit pas mettre le gril sur le feu. *(var. 229)*

2040 Mieux vaut un petit poisson qu'un grand cafard.

2041 Mieux vaut moineau en cage que poule d'eau qui vague. *(217)*

2042 Une mésange dans la main vaut mieux qu'une grue dans le ciel. *(217)*

2043 C'est à l'automne qu'il faut compter la couvée.

2044 La plus grande vertu d'un débiteur, c'est de payer sa dette.

LES BONNES ET MAUVAISES RELATIONS

2045 On ne gâte pas la semoule avec du beurre.

Ce proverbe très répandu comporte une seconde partie censurée habituellement qui fait allusion aux rapports sexuels.

2046 Chacun aime l'arbre qui lui donne de l'ombre.

2047 Les loups sont rassasiés, les moutons sont entiers.

Autrement dit ménager la chèvre et le chou.

2048 Avec deux ancres le bateau sera mieux tenu.

2049 Veau qui flatte tète deux mères.

2050 Un renard se moque de sept loups.

2051 Au bon cheval augmente l'avoine, au mauvais l'éperon.

2052 Chacun met du bois sous sa marmite.

2053 Le petit chat sait bien qui a mangé la viande.

2054 De la main droite il donne le grain aux poules, de la gauche, il prend leurs œufs.

2055 Une main lave l'autre, toutes les deux veulent être blanches. *(656)*

2056 Quand le chat n'est pas là, c'est la fête pour les souris. *(540)*

2057 La paille pourrie ne fait pas de mal au cheval qui est sain.

2058 La fourmi est très petite, mais elle entre dans les oreilles du lion.

2059 La fourmi n'est pas grande, mais elle creuse la montagne.

2060 Fouettez la selle, l'âne le sentira.

2061 On n'attrape pas un vieux moineau avec de la vannure. *(214)*

La *vannure* est la matière (balle, paille et poussière) séparée du grain pour le vannage.

2062 Le renard ne se couche sur les épines qu'une fois. *(399)*

2063 Chaque courlis vante son marais. *(2017)*

2064 Si Jésus-Christ me vient en aide, je me moque des anges!

2065 L'œil ne se fie pas à l'autre œil.

2066 Plus proche du corps est la chemise. *(1149)*

2067 Le corbeau ne crève pas les yeux d'un autre corbeau. *(197)*

La nature

2068 L'eau n'oublie pas son chemin.

2069 La peur fait courir l'âne plus vite que le cheval.

2070 Laissons tourner le moulin, il finira bien par nous donner de la farine.

2071 Qui a peur des loups ne va pas au bois. *(var. 52)*

2072 Le lion n'attrape pas les souris. *(var. 189)*

2073 Quand on fend du bois, les éclats volent.

2074 Ne sors pas les balayures de l'izba! *(822)*

2075 Une vieille corneille ne croasse pas en vain.

2076 Quand on tombe dans l'eau, la pluie ne fait plus peur.

2077 Dieu aime la trinité.

2078 Tel prêtre, telle paroisse.

2079 Pour tel mur, tel ciment.

2080 À père pêcheur, les enfants regardent l'eau.

2081 À tronc dur, cognée tranchante.

2082 Le lièvre court devant le renard, et la grenouille devant le lièvre.

2083 On est reçu selon l'habit, et reconduit selon l'esprit.

2084 On ne tue pas le loup parce qu'il est gris, mais parce qu'il a dévoré la brebis.

2085 On tond une brebis, l'autre attend son tour.

2086 Si tout le monde devient seigneur, qui fera tourner notre moulin?

2087 La douleur embellit l'écrevisse.

2088 Si le chien doit être battu, on trouvera un bâton. *(553)*

2089 Le brochet est dans la mer pour que le carassin ne sommeille pas.
Le *carassin* est un poisson proche de la carpe.

2090 Où va l'aiguille, le fil suit.

La solidarité, le chef

2091 Dans le troupeau uni, le loup n'est pas à craindre.

2092 Un mur ne se fait pas avec une seule pierre.

2093 Une seule abeille ne récolte pas de miel. *(669)*

2094 La bande est forte par le chef.

2095 Abeilles sans reine, ruche perdue.

2096 Les brebis sans berger ne font pas un troupeau.

2097 Avec sept nourrices l'enfant finira par ne plus avoir d'yeux.

2098 Quand le tsar louche, les ministres sont borgnes et les paysans aveugles.

2099 Où le tsar a des dartres, la gale n'est pas une maladie.

2100 Où le tsar veut tailler des courroies, le paysan doit fournir sa peau.

Les fréquentations

2101 Même d'un bon chien, on attrape des puces.

2102 Quand on couche avec les chiens, on se lève avec des puces. *(572)*

2103 Qui fréquente les chiens apprend à haleter.

2104 Le vautour a embrassé la poule jusqu'à son dernier soupir.

2105 Quand le renard fait carême, enferme tes oies!

2106 Jeux de chat, larmes de souris.

2107 Le loup a eu pitié de la jument, il a laissé la queue et la crinière.

2108 Ne bats pas le bœuf parce qu'il ne donne pas de lait.

2109 Le rassasié distribue des petits morceaux à l'affamé.

2110 On donna des yeux à un aveugle et il s'est mis à demander des sourcils.

2111 La beauté est sœur de la vanité et mère de la luxure.

2112 Il est sorti de l'œuf, la coque lui déplaît.

2113 Les œufs n'ont rien à apprendre à la poule.

2114 Mets un paysan à table, il mettra les pieds dessus. *(1731)*

2115 Polissez un louveteau, vous n'en ferez point un agneau.

2116 Donne un doigt au diable et il voudra toute la main.

2117 On n'habitue pas un vieux chien à la chaîne.

2118 Quand il monte à cheval, il oublie Dieu; quand il descend, il oublie son cheval.

2119 Eau qui dort, courant calme, usent les bords.

2120 On ne peut pas tout pendre à un clou.

2121 Une chandelle à un kopeck a fait brûler Moscou.

Le *kopeck* est une petite monnaie russe valant le centième du rouble.

2122 Le veau qui devance la vache est dévoré par le loup.

2123 Il couvre le toit d'autrui, et le sien est percé.

2124 Notre chien est si bon que le renard a fait ses petits dans notre poulailler.

2125 Par la ruse on peut prendre un lion, par la force pas même un grillon.

2126 La corneille effrayée craint le buisson. *(548)*

2127 Celui qui a vu un serpent noir, a peur d'un bâton noir. *(548)*

2128 On ne frappe pas un homme à terre.

2129 Quand le faucon est blessé, même la corneille le pique du bec.

2130 Quand vous avez un fardeau sur les épaules, personne ne vous aide à le porter, si quelqu'un vous décharge, tout le monde accourt.

2131 Quand la voiture est versée, chacun vient donner ses conseils.

2132 Celui qui tombe à l'eau en saisit l'écume pour se rattraper. *(36)*

2133 Si grand, si resplendissant que soit le soleil, le plus petit nuage qui passe le dérobe à nos yeux.

2134 On ne tire pas deux peaux d'un mouton.

2135 N'embrasse pas l'occasion dont la bouche est sale.

2136 Un fardeau semble léger sur les épaules d'autrui.

2137 Grain semé ne pousse plus si le corbeau l'a vu.

2138 Si le tonnerre n'éclate pas, le paysan ne fait pas le signe de croix.

2139 Ne crois pas la plume du jars, mais celle du clerc.

2140 Sois savant, mais laisse-toi prendre pour un ignorant.

2141 Instruire un imbécile, autant soigner un mort.

2142 Tirer sur une pierre, c'est perdre ses flèches.

2143 Ne te tiens pas à la queue si tu as lâché la crinière.

2144 Il est impossible d'attraper tout ce qui flotte sur la rivière.

2145 Ne crache pas dans le puits, il peut t'arriver d'en boire.

2146 Ce ne sont pas les dieux qui font cuire la poterie.

2147 Le chien aboie, le vent emporte.

2148 La maison s'écroule, on en accuse la grêle.

2149 L'eau dans laquelle je me noie, je la nomme un océan.

L'amitié

2150 Un hôte dans la maison, c'est Dieu dans la maison.

2151 Le pain et le sel ne se querellent pas.

On les offre ensemble à l'hôte.

2152 Où il y a un petit pâté, il y a un petit ami.

2153 Si tu n'as pas cent roubles, aie cent amis.

2154 Mieux vaut de l'eau chez l'ami, qu'hydromel chez l'ennemi.

2155 Ton ami te fait un château et ton ennemi un tombeau.

2156 Pour un ami, sept verstes ne font pas un détour.

2157 Un ami non éprouvé est comme une noix non cassée.

2158 La glace du printemps est trompeuse, le nouvel ami n'est pas sûr.

2159 Dire la vérité, c'est perdre l'amitié. *(1175)*

La parole

2160 Qui langue a, à Kiev va.

2161 Un mot aimable est comme un jour de printemps.

2162 La conversation raccourcit la route, et le chant le travail.

2163 Bon silence vaut mieux que mauvaise dispute.

2164 Les flèches, comme les paroles, une fois lancées, ne reviennent plus.

2165 Parole n'est pas flèche et n'en perce que mieux.

2166 As-tu donné ta parole ? Tiens-la. Ne l'as-tu pas donnée ? Tiens bon.

2167 Le cœur du fou est sur sa langue, la langue du sage est dans son cœur. *(645-1653)*

2168 La bonne réputation remplace la chemise.

2169 La bonne renommée reste couchée, la mauvaise court les chemins.

2170 C'est l'opinion publique qui a crucifié le Christ.

2171 À force de dire à un homme pendant quarante jours qu'il était fou, on l'a rendu fou.

2172 Les bruits rampent plus vite que ne volent les nouvelles.

2173 La langue d'un maladroit est toujours longue.

2174 Avec une promesse, on ne coud pas une pelisse.

La vérité et le mensonge

2175 La vérité est plus chère que l'or.

2176 On ne cache pas une alène dans un sac. *(1095)*
Une *alène* est une grosse aiguille pour coudre le cuir. – Ce proverbe veut dire que la vérité finit toujours par percer.

2177 Mieux vaut une amère vérité qu'un doux mensonge.

2178 La vérité est bonne, mais elle blesse, le mensonge est mauvais, mais il engraisse.

2179 À qui dit la vérité, donnez un cheval afin qu'il puisse se sauver après l'avoir dite.

2180 Mens, mais souviens-toi. *(1538)*
Il faut qu'un menteur ait bonne mémoire.

2181 Le mensonge a des pattes pourries.

2182 Dans la mare des mensonges, il ne nage que des poissons morts.

2183 Un vieux qui ment, c'est un riche qui vole.

LA FEMME ET LA FAMILLE

La femme

2184 Si la femme était bonne, Dieu aussi en aurait une.

2185 Quand le diable n'y peut rien, il délègue une femme. *(875)*

2186 La langue des femmes, c'est le balai du diable.

2187 La femme est comme le pot de terre ; quand on l'a retiré du feu, il crépite encore plus.

2188 Dans les larmes d'une femme, le sage ne voit que de l'eau.

2189 Si les femmes se doutaient qu'il y a quelque chose de curieux au ciel, elles trouveraient une échelle pour aller voir ce que c'est.

2190 Six fers de hache tiennent ensemble, mais deux quenouilles se séparent.

2191 La femme et la mort, Dieu les distribue.

L'amour et le mariage

2192 À monnaie de cuivre, amour vert-de-grisé.

2193 Vieilles amours ne rouillent pas. *(1159)*

2194 Pourquoi se marier, quand la femme d'autrui, elle aussi, est prête à coucher ?

2195 Choisissez votre épouse avec l'œil du vieillard, choisissez votre cheval avec l'œil du jeune homme.

2196 À qui se marie vieux, la nuit est courte.

2197 Mariage prompt, regrets longs.

2198 Quelle est la dot ? Deux moulins, l'un à vent, l'autre à eau.

2199 On pleure d'être jeune fille, à peine mariée, on hurle.

2200 Aime ta femme, comme ton âme et bats-la comme ta pelisse.

2201 Avec une seule femme et une seule jument, on ne fume pas un arpent de terre.

2202 Si fille veut, elle se donnera à travers fente verrouillée.

2203 Le péché du mari reste sur le seuil, celui de la femme pénètre dans la maison.

2204 L'homme est la tête, la femme est le cou ; la tête regarde là où le cou tourne.

2205 Le verger d'une femme pauvre est dans son corsage, et son champ est dans son tablier.

2206 Bonne épouse et grasse soupe aux choux, n'allez pas chercher d'autres biens.

2207 Mari et femme, une seule âme.

2208 Entre mari et femme, on ne fait pas passer un fil.

La famille

2209 N'est pas marraine qui n'a pas passé sous le parrain.

2210 On bat le chat, on le dit à la bru.

2211 L'amour d'une mère remonte des profondeurs de l'océan.

2212 La fille est bonne si sa mère la loue.

2213 Une bonne fille vaut à elle seule plus que sept fils.

2214 Dans la maison d'une veuve, jette au moins tes copeaux, elle en tirera profit.
... tant elle est pauvre.

2215 Quand le maître est parti, les murs de l'izba pleurent.

LES GROUPES SOCIAUX

Les étrangers

2216 Contre les Français, les fourches même sont des armes.
Souvenir de la résistance à l'invasion napoléonienne.

2217 L'Allemand, fût-il un brave homme, il vaut toujours mieux le pendre.

2218 Ce qui fait la santé du Russe fait la mort de l'Allemand.

2219 Nous ne sommes pas en Pologne ; ici, plus que la femme est l'homme.

2220 Où deux rennes ont passé, c'est une grand-route pour le Toungouze.
Les *Toungouzes* sont des tribus de Sibérie orientale.

2221 De deux chaudrons remplis de Juifs, les diables ont sorti, cuit, un seul Arménien.

2222 Où un Juif n'a pu passer, un Tsigane passera.

2223 Le Juif sur le marché est comme le pope aux fêtes du baptême.
Le *pope* est le prêtre de l'Église orthodoxe.

Le tsar

2224 Novgorod c'est le père, Kiev la mère, Moscou le cœur, Pétersbourg la tête.
Ce sont les capitales successives de la Russie.

2225 Moscou a été créée par les siècles, Piter par les millions.
Piter est le diminutif familier et populaire de Saint-Pétersbourg (Léningrad), Moscou fut la capitale traditionnelle jusqu'à la décision de Pierre le Grand de construire à grands frais une capitale moderne sur les bords de la Néva.

2226 Les faveurs du tsar passent par le tamis des boïards.
Les *boïards* sont les nobles.

2227 Qui sert le tsar ne peut pas servir le peuple.

2228 Près du tsar, près de la mort.

L'armée, la justice, la religion

2229 Pain et eau, repas de soldat.

2230 La loi est une toile d'araignée : le bourdon s'y fraie un passage, la mouche s'y empêtre.

2231 Ne crains pas la justice, mais crains le juge.

2232 La vérité est droite, mais les juges sont tordus.

2233 La poche du juge est comme la bedaine du pope.

2234 Pope se confessant à pope se contente de cligner de l'œil.

2235 Le pope ne rend pas plus de monnaie que le tailleur les morceaux.

2236 Le pope aime les crêpes, mais il les mange seul.

2237 À Dieu la gloire, au pope le grand morceau de lard.

2238 Si l'abbesse boit à petit verre, ses sœurs boivent à l'écuelle. *(var. 1996)*

LA SAGESSE

2239 Un bon proverbe ne frappe pas aux sourcils, mais dans les yeux.

Les règles de vie

2240 Si on fait l'amour, on meurt; si on ne le fait pas, on meurt aussi. Mieux vaut faire l'amour et mourir ensuite.

2241 Vivrais-tu un siècle, apprends toujours.

2242 Aie confiance en Dieu, mais occupe-toi de tes affaires. (1947)

2243 Prie Dieu et continue à ramer vers le rivage. *(1947)*

2244 Prépare-toi à mourir, mais ne renvoie pas les semailles.

La morale, le pouvoir, Dieu

2245 Les ailes à l'oiseau, la raison à l'homme.

2246 L'eau au poisson, l'air à l'oiseau, mais à l'homme toute la terre.

2247 Le cœur de l'homme et le fond de la mer sont insondables.

2248 Dieu a créé le mal pour que l'enfer ne demeure pas vide.

2249 Un péché d'or est suivi d'un châtiment de plomb.

2250 Une bonne conscience est l'œil de Dieu.

2251 Dieu veille sur les petits enfants et les ivrognes.

2252 Dieu donne et il donne par la fenêtre.
Il n'attend pas pour donner.

2253 L'âme est à Dieu, la tête au roi, le cul au seigneur.
Proverbe que disaient les serfs.

2254 Si tu marches vite, tu attraperas le malheur, et si tu marches lentement, c'est le malheur qui t'attrapera.

2255 Grande est la terre russe; mais il n'y a de place nulle part pour la vérité.

2256 Le monde est un chaudron, l'homme est la cuillère qu'on y trempe.

2257 La main du tsar elle-même n'a que cinq doigts.

2258 La couronne du tsar ne le protège pas contre le mal de tête.

2259 Nous regardons le même soleil, mais nous ne mangeons pas le même dîner.

2260 Le passé est à Dieu, l'avenir au tsar.

2261 Le tsar tient la guerre dans sa main, Dieu tient la paix.

2262 Le tsar est bien loin et Dieu bien haut.

La mort et l'espoir

2263 L'homme a trois fois de la chance : il naît, il se marie et il meurt.

2264 Les morts ne nuisent pas. *(1903)*

2265 Tsar et peuple, tout ira dans la terre.

2266 Celui qui naît, hurle; celui qui meurt, se tait.

2267 La mort n'est pas derrière les montagnes, mais derrière les épaules.

2268 Contre la mort, il n'y a pas de philtre. *(761-810)*

2269 Les yeux avides ne peuvent être cousus qu'avec le fil de la mort.

2270 Dieu est là où habite l'amour.

2271 Au royaume de l'espoir il n'y a pas d'hiver.

BIBLIOGRAPHIE

En français :
In Gratet-Duplessis, *Bibliographie parémiologique*, Paris, 1847 (19 proverbes en traduction française p. 419 et 243 proverbes pp. 501-506. Ils sont extraits de livres en français publiés en Russie à la fin du XVIIIe siècle).
Léon Sichler, «Proverbes et dictons russes sur la Russie et ses habitants», *Revue des Traditions populaires*, 1889, pp. 91-96 (173 proverbes en traduction française).
Paul Masson, «Le tsar dans le proverbe russe», *Revue des Traditions populaires*, 1894, pp. 694-701 (176 proverbes en traduction française).
Raymond Pilet, *La Russie en proverbes*, Leroux, 1905 (260 proverbes).
B. Tougan-Baranovskaïa, *Proverbes et dictons russes avec leurs équivalents français*, Moscou, *s.d.* (vers 1960) [625 proverbes russes avec des variantes, ainsi que des équivalents et des traductions français; index alphabétique des proverbes russes et français utilisés].
Claude Carey, *Les Proverbes érotiques russes*, Mouton, La Haye, 1972 (173 proverbes provenant d'un manuscrit «secret» de Dahl, avec une introduction et une étude sur la structure phonique des proverbes).

Dans son introduction, Claude Carey attire l'attention sur la censure dont sont l'objet dans toutes les cultures les proverbes érotiques et scabreux qui ne se transmettent que par tradition orale. On peut penser que, comme pour d'autres aspects du folklore (les contes, par exemple), la version obscène est souvent primordiale, alors que seule la forme édulcorée est recueillie. Pour les proverbes russes de cet ouvrage, certains cas sont caractéristiques à cet égard. De même, il arrive que le proverbe offre une structure bipartite, dont le deuxième élément reprend et renforce l'idée exprimée avec une allusion à une situation obscène ou scabreuse. Seule la partie convenable sera transmise.
Dans le choix de proverbes russes, nous avons mentionné quelques-uns de ces cas, dans les limites permises par la nature du présent ouvrage.
En russe :
Les Proverbes du peuple russe, l'ouvrage monumental et exemplaire de Dahl, a été publié en 1861-1862 (et réimprimé en 1957). Dans sa gigantesque entreprise qui le conduisait à donner dans le même temps son *Dictionnaire de langue*, Dahl reprenait toutes les sources manuscrites (les premiers manuscrits de proverbes datent de la fin du XVIIe siècle), tout en se livrant à une collecte sur le terrain. Le recueil de Dahl comprend 30 000 proverbes, présentés par thèmes, souvent associés deux à deux (repos-mouvement, secret-curiosité).
Pour le XIXe siècle, il faut aussi citer les recueils de Sneguirev et de Bouslaïev qui avaient précédé l'ouvrage de Dahl.
La bibliographie russe est mal connue des chercheurs occidentaux. Il est caractéristique à cet égard que la *Bibliographie générale* de Moll, qui consacre 272 articles aux proverbes russes, soit presque totalement dépourvue de titres soviétiques. Pour l'époque moderne, on se reportera donc au livre de A. M. Jigouliev, *Proverbes et dictons russes*, Moscou, 1969, dont la bibliographie comprend 700 titres.
On peut citer en outre un autre ouvrage récent : Melts, Mitrofanova et Chapovalova, *Proverbes, dictons et devinettes dans les recueils manuscrits du XVIIIe au XXe siècle*, Moscou, 1961 (10 000 proverbes classés par ordre alphabétique et par collections ou par région, avec une préface et des commentaires).
Pour l'étude générale des proverbes russes et de leur bibliographie, on consultera l'article (en allemand) de Matti Kuusi dans *Proverbium*, no 16, 1971, pp. 611-612. L'auteur déplore qu'il y ait si peu d'études sur l'état le plus ancien des proverbes slaves et sur leur répartition historique en variantes locales. Ces lacunes dans la connaissance de la tradition slave entravent l'analyse du développement historique de la tradition proverbiale eurasiatique.

Proverbes polonais

Lieu de passage, champ de bataille, pays rayé de la carte à plusieurs reprises, la Pologne n'a cessé de s'opposer à ses voisins ou de s'en distinguer sur les plans politique, religieux et culturel. Au cours de leur histoire aux péripéties dramatiques, les Polonais, qui sont aujourd'hui 38 millions, ont conservé leur attachement à leur langue, à leur foi catholique, à leur culture occidentalisée et à leur conscience nationale.

L'INDIVIDU

Les désirs, la nature, les comportements

2272 Au pauvre, même sa nuit de noces est courte. *(1757)*

2273 Le paysan naît philosophe, le seigneur apprend pour le devenir.

2274 Le riche est soigné par le docteur, le pauvre est sauvé par le travail.

2275 Le paysan meurt de faim et son maître de gourmandise.

2276 Sans bœuf, pas de bouillon.

2277 Il vaut mieux donner de l'argent au boulanger qu'au pharmacien.

2278 Les vieilles lois et les mets frais sont les meilleurs.

2279 La vérité est au fond du verre.

2280 Les années en savent plus que les livres.

2281 Les étoiles scintillent pour celui qu'éclaire la lune.

2282 Qui dort ne pèche pas.

2283 Il n'est pas difficile de jouer, mais de s'arrêter de jouer.

2284 On ne peut exiger plus de la neige que de l'eau.

2285 Qui danse le vendredi, pleure le dimanche. *(688)*

2286 Même à Paris, on ne fera pas de l'avoine avec du riz.
La bête restera toujours la bête.

2287 Une vache qui mugit beaucoup donne peu de lait. *(529)*

2288 Le pire diable est celui qui prie.

2289 Qui n'a pas vu d'église s'incline devant l'âtre.

LES BONNES ET MAUVAISES RELATIONS

2290 Aime-toi toi-même, laisse la foule te haïr.

2291 À Dieu le chandelier, et la chandelle au diable.

2292 Un moineau au creux de la main vaut mieux qu'un canari sur le toit. *(217)*

2293 Un chien n'en mord pas un autre. *(197)*

2294 Chaque bâton a deux bouts.
Celui qui bat peut être battu aussi.

2295 Si deux hommes te disent : « Tu es ivre ! », va te coucher.

2296 Tel tu fréquentes, tel du deviens. *(1200)*

2297 Si tu vas dans la voiture de quelqu'un, tu chantes sa chanson.

2298 Le cordonnier est toujours sans chaussure. (1456)

2299 Si la terre produit, il y en aura pour le propriétaire et pour le voleur.

2300 C'est une pauvre paroisse où le curé sonne lui-même la messe.

2301 Qui achète une cage veut un oiseau.

2302 Ne sois pas amer, on ne te crachera pas. Ne sois pas doux, on ne t'avalera pas.

2303 Un ours grogne quand une branche tombe sur lui, mais il se tait sous le poids d'un arbre.

2304 Quand deux personnes se battent, une troisième en profite.

2305 Le serrurier est coupable et c'est le forgeron qu'on a pendu. *(1070)*

2306 Eau qui dort sape les berges.

2307 On flatte le cheval jusqu'à ce qu'il soit sellé.

2308 Sourire d'affamé est sourire mensonger.

2309 Le prodigue est un futur mendiant, l'avare est un éternel mendiant.

2310 Les bonnes actions sont écrites sur le sable et les mauvaises sur le roc. *(1223)*

2311 Ne fais pas à autrui ce que tu craindrais qu'on te fît. *(var. 1211)*

2312 Quand la guerre commence, l'enfer s'ouvre.

2313 Une paix de fer est meilleure qu'une guerre d'or.

La parole

2314 Ne s'égare pas celui qui pose des questions.

2315 Serre ta chemise entre tes jambes et ta langue entre tes dents.

2316 Un mensonge a de courtes jambes.

2317 La louange et le chou ont bon goût, mais ils gonflent.

L'amitié

2318 Un hôte à la maison, Dieu à la maison.

2319 Un invité et un poisson ne sont bons que trois jours. *(1207)*

2320 Quand le malheur frappe à la porte, les amis sont endormis.

Les groupes sociaux et nationaux

2321 Un ducat avant le procès vaut mieux que trois après.

2322 Après avoir plaidé pour une poule, le plaideur se contentera finalement d'obtenir un œuf.

2323 Le médecin se fait payer, qu'il ait tué la maladie ou le malade.

2324 Le paysan gagne l'argent, le seigneur le dépense, et c'est finalement le Juif qui le prend.

2325 Mangez en Pologne, buvez en Hongrie, dormez en Allemagne et faites l'amour en Italie.

2326 L'Italien l'invente, le Français le fait, l'Allemand le vend, le Polonais l'achète et le Tatar le pille.

2327 Le pont en Pologne, le Carême en Allemagne, le mariage en France, ne valent rien.

2328 En Russie comme on doit, en Pologne comme on veut.
Par référence au servage aboli en Pologne alors qu'il existait encore en Russie.

LA FEMME ET LA FAMILLE

2329 Trois femmes et trois oies font déjà un marché.

2330 Associé avec une femme, le démon lui-même perd la partie. *(875)*

2331 Le diable avale une femme, mais ne peut la digérer.

2332 Où le diable ne peut aller, il envoie une vieille femme.

Le mariage

2333 Choisis le garçon au manège et la fille à la danse.

2334 L'amour sans jalousie est comme un Polonais sans moustaches.

2335 Le feu brûle de près, une belle femme brûle de loin et de près.

2336 Personne n'a regretté de s'être marié jeune ni de semer de bonne heure.

2337 Si tu vas en guerre, prie une fois; si tu vas en mer, prie deux fois; si tu vas en mariage, prie trois fois.

2338 Marie-toi, et tu seras heureux une semaine; tue un cochon, et tu seras heureux un mois; fait-toi curé, et tu seras heureux toute ta vie.

2339 Trois jours, joie de noce; toute la vie, chagrins.

2340 La femme pleure avant le mariage, l'homme après.

2341 L'eau, le feu et la femme ne disent jamais : assez.

2342 La femme est une feuille de menthe : plus on la froisse, plus elle embaume.

2343 La première femme est une esclave, la deuxième une compagne, et la troisième un tyran.

2344 Avec une vierge, comme tu veux; avec une veuve, comme elle veut.

2345 Si des vieux os se marient, il y a plus de gêne que d'amour.

2346 La femme devient folle deux fois : quand elle est amoureuse et quand elle grisonne.

2347 Malheur à la maison où la vache cogne le bœuf! *(var. 858)*

2348 Une brave femme tient trois angles de la maison et son mari le quatrième.

2349 Ne fais pas l'éloge d'un jour avant son crépuscule, ni d'une femme avant sa mort.

La famille

2350 Quand naît une fille, c'est comme si sept voleurs pénétraient dans la maison.

2351 Ce qui atteint le cœur de la mère ne monte qu'aux genoux du père.

2352 Le plus grand amour est celui d'une mère, vient ensuite l'amour d'un chien, puis l'amour d'un amant.

2353 Celui qui n'obéit pas à son père et à sa mère obéit au cuir de bœuf.
C'est-à-dire au fouet.

2354 Un père soutient dix fils, mais dix fils ne peuvent soutenir un père. *(904)*

LA SAGESSE

La morale

2355 Dieu récompense celui qui se lève de bonne heure.

2356 La science sans vertu, c'est l'épée du diable. *(2116)*

2357 Mille routes mènent au mal.

2358 Un jour, la faucille coupera l'ortie.
Les méchants seront châtiés.

2359 Avec la vérité à ses côtés on va partout, même en prison.

La mort et l'espoir

2360 Pour croire avec certitude, il faut commencer par douter.

2361 Ce que je crois est la seule chose qui m'appartienne.

2362 Le monde est grand, mais on y trouve peu de place.

2363 Le testament du mort est le miroir de sa vie.

2364 Qui crée dans sa vie meurt en souriant.

BIBLIOGRAPHIE

En français :
Napoléon Orda, *Grammaire de la langue polonaise*, Paris, 1858, pp. 396-419, 700 locutions et proverbes polonais avec leurs équivalents (parfois des traductions).

Michel de Zmigrodzki, « Folklore polonais. Cracovie et ses environs. Proverbes », *La Tradition*, vol. 8, 1896, pp. 202-204 (66 proverbes en traduction française).
En polonais :
Il faut citer les travaux de l'éminent parémiologue polonais Julian Krzyżanowski. Dans ses publications, notamment le *Livre de proverbes et locutions proverbiales* (Varsovie, 1969-1970, 4 volumes), il a recherché l'origine, la signification et l'utilisation des proverbes de son pays. Son œuvre est l'un des commentaires les plus savants qui soit sur une collection nationale de proverbe. On trouvera dans la bibliographie générale la description du catalogue de l'un des plus grands bibliophiles en matière de proverbes, le Polonais Ignace Bernstein.

Proverbes tchèques

Le tchèque et le slovaque sont les deux langues officielles de l'ancienne Tchécoslovaquie. Elle sont parlées respectivement par 10 et 5 millions de personnes.

Les proverbes tchèques ont donné lieu à très peu de publications. Nous avons constitué la liste suivante en interrogeant des Tchèques. À titre d'exemple, nous y avons laissé certains proverbes communs aux autres langues slaves, ainsi que ceux qui témoignent de l'influence allemande. L'impression de déjà vu qu'ils pourraient donner est compensée par l'intérêt qu'il y a à offrir une collection assez complète et fondée sur l'observation directe de l'usage contemporain.

L'INDIVIDU — Les comportements, la nature, les goûts

2365 La gaieté est la moitié de la santé.

2366 Un front audacieux vaut mieux qu'un petit domaine.

2367 Le matin est plus sage que le soir.

2368 L'oiseau matinal sautera plus loin.

2369 Mesure deux fois et coupe une fois !

2370 Sans le travail, pas de gâteau. *(960)*

2371 La faim est le meilleur cuisinier.

2372 L'habitude a une chemise de fer.

2373 Le diable a pris les offrandes, mais il reste l'autel.
Les pertes matérielles sont réparables.

2374 Tel homme, telle boutique.

2375 La pomme ne tombe pas loin du pommier. *(76)*

2376 Si un homme n'est pas amant à vingt ans, fort à trente, riche à quarante, sage à cinquante, il ne le sera jamais.

2377 On devient pâtissier, mais on naît boulanger.

2378 L'avoine fait le cheval, la bière le héros, et l'or le gentilhomme.

2379 Là où ne va pas le soleil, va le médecin.

2380 Au cheval fourbu, la crinière est un fardeau.

2381 Jeunes paresseux, vieux mendiants. *(790)*

2382 Celui qui souffle dans le feu aura des étincelles et de la fumée dans les yeux. *(713)*

2383 Tant va la cruche à l'eau qu'à la fin l'anse se casse. *(1049)*

2384 Devant la bêtise humaine, même les dieux sont impuissants.

2385 Le premier péché prépare le lit du second.

2386 Le plaisir et la peine couchent dans le même lit. *(2066)*

2387 Les bons souvenirs durent longtemps, les mauvais plus encore.

LES BONNES ET MAUVAISES RELATIONS

2388 Qui est aimé de Dieu est aussi aimé de ses saints.

2389 La chemise est plus près du corps que le manteau. *(1149)*

2390 Ce qui se cuit à la maison se mange à la maison.

2391 Même en enfer, il est bon d'avoir un ami.

2392 Un bon puits donne de l'eau pendant la sécheresse ; un bon ami, vous le reconnaissez quand vous êtes dans le besoin.

2393 Celui qui a un bon voisin vendra sa maison plus cher.

2394 Le corbeau se pose à côté du corbeau et l'égal cherche l'égal.

2395 Le premier arrivé au moulin moud le premier. *(312)*

2396 Chacun attise les braises de son propre poêle.

2397 Il n'y a point de chapelle, si petite soit-elle, où l'on ne prêche au moins une fois dans l'année.

2398 Comme on appelle dans la forêt, ainsi l'écho revient.

2399 Celui qui veut battre le chien trouve toujours un bâton. *(553)*

2400 Beaucoup de lièvres, peu de trognons de choux.

2401 La vache ne peut pas attraper un lièvre.

2402 L'aboiement du chien ne fait rien à la lune.

2403 Ce qui ne te brûle pas, ne l'éteins pas.

2404 Il n'y a pas de juge sans coupable.

2405 La loi a le nez en cire.
On peut la modeler pour la circonstance.

2406 Le voleur fait son œuvre parmi la foule, le diable dans la solitude.

2407 Beaucoup de chiens, c'est la mort du lièvre.
Se dit lorsqu'on s'avoue vaincu lors d'une discussion où on est seul de son avis.

2408 Le gel ne brûle pas l'ortie.
Sur l'impunité des méchants.

2409 Le mensonge a les jambes courtes, il n'ira pas loin.

2410 Il faut chasser le diable par le diable.

2411 Fais du bien au diable, il te remerciera par l'enfer.

2412 Qui désire le bien d'autrui perd le sien.

Les affaires

2413 Bon article se loue lui-même.

2414 Un moineau dans la main vaut mieux qu'un pigeon sur le toit. *(217)*

2415 N'achetez pas avec vos oreilles, mais avec vos yeux.

2416 N'achète pas le lièvre dans le sac. *(550)*

LA FEMME

2417 La pluie du matin sèche aussi vite que les larmes de femme.

2418 Quand la femme ne sait plus que répondre, c'est que la mer est vide.

2419 Une bonne jument trouve acquéreur à l'étable, une rosse doit courir les foires. *(420)*

2420 L'Allemande à l'étable, la Tchèque à la cuisine, la Française au lit.

2421 À jeune femme et vieux mari, des enfants ; à vieille femme et jeune mari, des querelles.

2422 Il n'y a pas d'église sans sermons, ni de ménage sans querelles.

2423 Les sièges préparés au ciel pour les bons tuteurs sont toujours vacants.

LA SAGESSE

2424 Partout il y a des nielles dans le blé. *(306)*
La *nielle* est une maladie de l'épi des céréales.

2425 Nos parents nous ont appris à parler, et le monde à nous taire.

2426 Celui que Dieu aime, il lui rend visite avec sa croix.

2427 Là où il n'y a rien, même la mort ne peut rien prendre.

BIBLIOGRAPHIE

En tchèque, l'ouvrage de base est Frantisek Celakovsky, *Sagesse du peuple slave en proverbes,* Prague, 1852. La deuxième édition (1893) contient 7 234 proverbes tchèques avec des parallèles dans les autres langues slaves.

SLOVAQUE

L'ouvrage classique de Adolf Peter Záturecký sur les proverbes slovaques (Prague, 1897) a été réédité par Mária Kosová (Bratislava, 1965). Il comprend 6 000 proverbes classés par sujets, avec un index alphabétique et des parallèles avec les proverbes polonais, hongrois et latins. En voici quelques exemples :

2428 Les portes de l'enfer sont toujours ouvertes, même à minuit.

2429 Dur contre dur fait étincelle.

2430 Une poignée d'amis est meilleure qu'une charretée de ducats.

2431 Du pain en temps de paix est meilleur que du gâteau en temps de guerre.

2432 Chaque chose pour un temps, mais le mariage pour la vie et Dieu pour l'éternité.

Proverbes serbo-croates

Mosaïque de peuples, de langues et de religions, la Yougoslavie a fédéré, de 1945 jusqu'aux guerres des années 90, Slovènes, Croates, Serbes, Bosniaques, Monténégrins et Macédoniens, soit au total 22 millions de personnes. Elle avait trois langues officielles : le serbo-croate (avec une variante serbe et une variante croate), le slovène et le macédonien.

À l'exception de quelques proverbes slovènes, dont nous avons indiqué l'origine, nous n'avons pas fait de distinction entre ces langues. Nous présentons un choix de proverbes attestés comme serbo-croates, mais qui sont en général communs aux autres langues.

L'INDIVIDU

Les désirs, la nature, le comportement

2433 Mieux vaut labourer dans ton propre pays que compter de l'argent dans un pays étranger. *(988)*

2434 Mieux vaut monter une rosse que d'aller à pied.

2435 La deuxième bouchée n'est jamais aussi douce que la première. *(var. 949)*

2436 Tu reconnais l'or dans le feu et l'homme dans la peine.

2437 La chèvre a deux chevreaux ; la peau de l'un deviendra un tambour, et celle de l'autre un parchemin de la Bible.

2438 Dieu sait pourquoi il raccourcit les ailes de certains oiseaux. [slovène]

2439 À quoi sert l'étendue du monde quand nos souliers sont trop étroits ?

2440 La mère du pêcheur dîne rarement ; celle du chasseur, jamais.

2441 Un bon cheval a beaucoup de défauts, un mauvais cheval n'en a qu'un.

2442 Le diable peut faire le pot, non le couvercle.

2443 Plus grosse la tête, plus forte la migraine.

2444 La peur est creuse en son centre et il n'y a rien autour.

2445 Un homme chauve est fier de son bonnet, un fou de sa force.

2446 L'âne ne sait pas nager avant que l'eau ne lui monte aux oreilles.

2447 Jamais l'affamé ne fait trop cuire son pain.

2448 Le seuil est la plus haute des montagnes. [slovène]
Le plus dur est de commencer.

2449 Qui choisit trop n'aura que les restes.

2450 Même le chien ne mange pas les os sans chair.

2451 Quand le cheval a soif, il ne dédaigne pas l'eau trouble.

2452 La cloche elle-même n'a pas toujours le même son.

LES BIENS

2453 Le gain ne donne pas la migraine.

2454 Mieux vaut gagner dans le commerce de la paille que perdre dans celui de l'or.

2455 Économisez trois pièces d'or et la quatrième vous tombera dans la main.

2456 Même le sépulcre du Sauveur n'est pas gardé pour rien.

2457 Qui boit à crédit s'enivre deux fois.

2458 Si les prêts servaient à quelque chose, on prêterait aussi les femmes. [slovène]

LES BONNES ET MAUVAISES RELATIONS

2459 Il n'est pas d'hiver sans neige, de printemps sans soleil, et de joie sans être partagée.

2460 L'arbre s'appuie sur l'arbre et l'homme sur l'homme.

2461 La solitude n'est qu'à Dieu.

2462 Si vous êtes abeille, vous trouverez une ruche.

2463 Dans une petite église, un petit saint est grand. [slovène]

2464 Poisson ne vit sans eau, ni loup sans forêt.

2465 Avant de mordre, vois si c'est pain ou pierre.

2466 Nourris un cheval comme un frère, mais monte-le comme un ennemi.

2467 En haute mer, le navire appartient au pilote.

2468 Fouette la selle pour que l'âne réfléchisse.

2469 Même si le soleil va dans des endroits sales, il n'en est pas pour autant sali.

2470 Dans l'encensoir, fumée et parfum sont inséparables.

2471 L'ivrogne pense à une chose et l'aubergiste à une autre. *(365)*

2472 Il pousse plus de choses dans un jardin qu'on en a semé.

2473 Qui suit tout le monde fait mal; qui ne suit personne fait pire.

2474 Si tu ne prends pas le cheval par la crinière, c'est en vain que tu tenteras de le prendre par la queue.

2475 À suivre les commandements de Dieu, on finit par mendier en son nom.

2476 Laissez le coq passer le seuil, vous le verrez bientôt sur le buffet. [slovène]

2477 Le pis de la vache du voisin est toujours plus grand. *(295)*

2478 Le malheur de tous est le plus facile à supporter.

2479 Pourquoi le poison, quand on peut tuer avec du miel?

2480 Qui ne veut embrasser garde la bouche amère.

2481 Méfie-toi de celui que tu méprises.

2482 Celui qui a été mordu par les serpents craint aussi les lézards. *(548)*

2483 Le bossu voit la bosse d'autrui, mais pas la sienne. *(704)*

2484 Dieu donne le gouvernail, mais le diable donne les voiles.

2485 La foudre ne frappe pas l'ortie.
Sur l'impunité des méchants.

2486 Après le procès, l'une des parties est nue et l'autre en chemise. *(1856)*

L'amitié

2487 Mieux vaut un bon ami que plusieurs paires de bœufs.

2488 Donnez-moi un compagnon de larmes, je trouverai seul un compagnon d'ivresse.

2489 Ce n'est pas à table, mais en prison que l'on sait si l'ami est bon.

2490 Homme sans ennemis, homme sans valeur.

La parole

2491 On peut tout sonder, sauf le silence d'un homme.

2492 Si le chagrin était muet, il en mourrait.

2493 Un conseil est comme un remède qui est d'autant meilleur qu'il est plus amer.

2494 Il est plus simple de croire que de s'enquérir.

2495 La querelle et le repentir sont frère et sœur.

2496 L'eau arrive à laver beaucoup de choses, mais pas une mauvaise langue.

2497 Les mensonges ne paient point de douane.

2498 Le mensonge fait dîner, mais ne fait pas souper.

2499 On frappe toujours le violoneux de la vérité avec son propre archet.

LA FEMME ET LA FAMILLE

La femme et le mariage

2500 La femme est née trois jours avant le diable. *(875)*

2501 Le péché est moins grand d'incendier une église que de calomnier une vierge.

2502 Une femme sans mari est un cheval sans bride.

2503 Avant d'acheter un cheval, regarde son encolure, avant d'épouser une fille, regarde sa mère. *(891)*

2504 Choisis ta femme non à la danse, mais à la moisson.

2505 Femme avisée épouse qui l'aime plutôt que qui elle aime.

2506 À coudre du vieux, on perd son fil; à aimer un vieux, on perd ses nuits.

2507 L'eau et la femme suivent le cours que trace l'homme.

2508 La véritable ménagère est à la fois une esclave et une dame.

2509 La femme porte son mari sur son visage, le mari reflète sa femme sur sa chemise.

2510 Méfiez-vous de la femme qui parle de sa vertu et de l'homme qui parle de son honnêteté. [slovène]

2511 Aime ta femme comme ton âme et secoue-la comme un poirier.

2512 Qui porte toute sa vie sa femme sur le dos, la première fois qu'il la pose elle dit : « Je suis fatiguée. »

2513 Le premier mariage est une coupe de miel; le deuxième est une coupe de vin; et le troisième une coupe de poison.

2514 Quand arrive la marâtre, le père devient un parâtre.

La famille

2515 Chaque vache lèche son veau.

2516 Chacun veut être supérieur au voisin et inférieur à son fils.

2517 Un premier baril en vend un second et une sœur en marie une autre.

2518 Des frères qui s'entendent bien construisent de nouvelles maisons; ceux qui ne s'entendent pas vendent les vieilles.

LA SAGESSE

2519 Le temps bâtit une forteresse et la démolit.

2520 Le destin vend ce que, croyons-nous, il donne.

2521 Si la fortune ne vient pas à votre rencontre, ce n'est pas au galop d'un cheval que vous l'attraperez.
Entendre *fortune* au sens de chance.

2522 Dieu n'aime pas l'homme qui n'a pas souffert.

2523 Demande au ciel une bonne récolte et continue à labourer. [slovène] *(1947)*

BIBLIOGRAPHIE

Pour les proverbes serbes, l'ouvrage de base est dû au grand linguiste et ethnographe Vuk Stefanovic Karadzic publié en 1836, 1849 et 1900. Il comprend 7 849 proverbes.
En dehors de cet ouvrage et de sources d'information directes, nous n'avons disposé que de très peu de documents écrits sur le sujet. Citons notamment :
Tvrtko Čubelić, « The characteristics and limits of folk proverbs within the system and structure of oral folk literature », *Proverbium*, nº 23, 1974, pp. 909-914. Dans cet article sur la littérature orale populaire, l'auteur cite des proverbes serbo-croates.
N.B. Božin, *Narodne drame, poslovice i zagonetke, (Théâtre populaire, dictons et énigmes)*, Zagreb, 1963 (813 proverbes croates classés par thèmes).

Proverbes bulgares

Le bulgare, parlé par 9 millions de personnes, est parmi les langues slaves la plus proche du russe. Il existe une réelle parenté entre les deux peuples qui s'est manifestée au Moyen Âge et à l'époque moderne, depuis l'indépendance de la Bulgarie, en 1878. Entre ces deux périodes, soit pendant cinq siècles, l'Empire ottoman étendit sa domination sur ce pays, qui n'en était plus qu'une province.

Les proverbes bulgares, par leurs thèmes et par leurs métaphores, témoignent de la rencontre des sphères d'influence slave et turque.

L'INDIVIDU

La nature

2524 Chaque grenouille dans sa flaque. *(456)*

2525 Un saule ne peut donner du raisin.

2526 Le loup peut changer de peau, il ne changera pas de caractère. *(140)*

2527 Il n'y a point de forêt sans arbres tordus.

2528 Si la chèvre ment, ses cornes ne mentent pas.

2529 Ne demandez pas à un vieillard où il a des douleurs, mais où il n'en a pas.

2530 Un cheval mort ne rue pas. *(1903)*

Le comportement

2531 Quand le Turc s'enrichit, il prend encore une femme ; quand le Bulgare s'enrichit, il se fait bâtir encore une maison.

2532 Le village nourrit la ville.

2533 Chaque chèvre s'appuie sur ses propres pattes.

2534 Prends trois fois les mesures avant de couper.

2535 On ne peut porter deux pastèques sous le même bras.

2536 Étends tes jambes selon ton tapis.

2537 Chacun tire la couverture à soi. *(318)*

2538 Qui croit aux rêves se nourrit de vent.

2539 L'homme oisif est bon prophète.

2540 Le crapaud, voyant que l'on ferre le bœuf, a levé lui aussi la patte.

LES BONNES ET MAUVAISES RELATIONS

2541 Le lait couvert n'est pas lapé par les chats.

2542 Si tu brûles un cierge pour Dieu, brûles en deux pour le diable.

2543 Bats l'apprenti avant qu'il ait eu le temps de casser le pot à eau.

2544 Pope ligoté, village en paix.

2545 Ton propre malheur te sera plus utile que le triomphe d'autrui.

2546 Demande à qui a souffert, non à qui a voyagé.

2547 La corneille ne pique pas le bœuf pour le nettoyer, mais pour se nourrir.

2548 Si tu veux que la pomme tombe, secoue l'arbre.

2549 On n'attrape pas un serpent la main nue.

2550 Si tu es l'ami du chamelier, fais baisser les portes de ta maison.

2551 Si tu as un dos, il y a trois cents selles qu'on peut y bâter.

2552 L'œil voit tout, sauf l'œil même. *(625)*

2553 Le diable des Noirs est blanc.

2554 Ne crache pas dans le puits où tu boiras.

2555 Qui creuse le fossé pour un autre y tombera le premier. *(1824)*

2556 Nourris une corneille, elle t'arrachera les yeux.

2557 On vend au marché plus de peaux d'agneau que de peaux de loup.

2558 Le poisson est encore dans la mer et il a déjà mis la poêle sur le feu. *(255)*

2559 Si tu ne trouves pas d'ennemi, songe que ta mère en a mis un au monde.

La parole

2560 Une parole douce peut ouvrir même les portes de fer.

2561 Un mot qui est dit est une pierre jetée.

2562 Le silence irrite le diable.

LA FEMME

2563 Bon coq n'a jamais trop de poules.

2564 Bats ta femme pour en expulser les sept diables.

2565 Fais confiance à ta chienne plutôt qu'à ta jolie femme.

LA VIE ET LA MORT

2566 Dieu n'est pas sans péché : il a créé le monde.

2567 La vie est comme la lune, tantôt pleine, tantôt vide.

2568 La vie est une échelle, les uns montent, les autres descendent.

2569 Qui crie à la naissance, en mourant comprend pourquoi.

2570 On ne peut emporter ses biens dans la tombe.

2571 La terre est la seule amie de l'homme.

BIBLIOGRAPHIE

On trouvera une bibliographie en bulgare dans le livre de :
S. S. Bobtchev, *Notre droit populaire dans nos proverbes juridiques*, Sofia, 1932, qui comprend un résumé en français dans lequel quelques proverbes sont cités.
L'ouvrage le plus récent sur le sujet est :
Milko Grigorov et Kostadin Katsaraov, *Proverbes et dictons bulgares*, Sofia, 1964 (5 000 proverbes et dictons avec un index des thèmes).

chapitre V

LANGUES BALTES

Proverbes lituaniens

Les peuples baltes (Estonie, Lettonie, Lituanie) se distinguent nettement des mondes slave, germanique et scandinave qui les environnent. Ils se sont établis près de la Baltique sans doute peu avant l'ère chrétienne. Ces sociétés rurales ont évolué lentement. Les trois pays baltes, après une histoire très différente, marquée par les invasions de leurs puissants voisins, ont connu une éphémère indépendance entre les deux guerres, puis ont été incorporés à l'U.R.S.S. en 1945 avant de recouvrer leur indépendance en 1990 et 1991.

Ils diffèrent les uns des autres par leur langue : l'estonien se rattache à la famille finno-ougrienne, tandis que le lituanien et le letton constituent le groupe balte de la famille indo-européenne. Ces derniers ont fait des emprunts aux langues slaves et germaniques, ce qui s'explique par la proximité géographique.

En l'absence d'informations sur les proverbes lettons, voici un choix de proverbes lituaniens.

L'INDIVIDU

Les désirs

2572 La fumée de la patrie est plus claire que le feu du pays étranger.

2573 Pour celui qui a faim, le pain sec est aussi doux que le miel.

La nature

2574 Jean sait ce que Jeannot a appris. *(797)*
Ce qu'on apprend quand on est jeune, on ne l'oublie pas quand on est vieux.

2575 Un aveugle n'a pas besoin de miroir.

2576 Tout ce qui brille n'est pas or, tout ce qui colle n'est pas goudron. *(1440)*

2577 Pot vide résonne plus qu'une cloche. *(1062)*

2578 Pour le mauvais porc, la terre est gelée même à la Saint-Jean.

2579 Il est difficile d'apprendre à une vache à grimper sur un arbre.

Les comportements

2580 La poule aveugle trouve pourtant du grain.

2581 Chaque mendiant loue sa béquille. *(2017)*

2582 Qui se couche sans manger se lève sans avoir assez dormi.

2583 Il n'y a pas de plus méchant diable qu'un paysan qui devient seigneur.

2584 Le veau n'est pas encore né, et il aiguise déjà son couteau ! *(255-var. 265)*

2585 Celui qui se noie s'accroche à un rasoir. *(36)*

LES BIENS

2586 Même le ciel a une porte qu'une clef d'or ouvre.

2587 Qui a une langue trouve Riga. *(1798)*
Riga était la plus grande ville de la région baltique, c'est aujourd'hui la capitale de la Lettonie.

2588 Les paroles ne remplissent pas la bourse. *(1090)*

2589 Mieux vaut un moineau dans la main qu'un cerf dans la forêt. *(217)*

2590 Pour emprunter – ami, pour rendre – ennemi. *(1336)*

2591 Un mauvais arrangement vaut mieux qu'un bon procès. *(var. 1855)*

2592 Le roi qui donne des cadeaux est déjà mort.

LES BONNES ET LES MAUVAISES RELATIONS

2593 Avec un cheval obéissant, le fouet n'est pas nécessaire.

2594 Le cheval va à la mangeoire et non la mangeoire au cheval.

2595 À tel pot, tel couvercle. *(1043-1050)*

2596 Telle farine, telle bouillie.

2597 Telle nourriture, telle cuiller.

2598 Telle tête, telle casquette.

2599 Tel oiseau, tel nid.

2600 Je suis seigneur, tu es seigneur, et qui va garder les cochons ?

2601 Plus vieux est le bouc, plus raide est la corde.

2602 Où le loup a ses petits, il ne fait pas de dégâts.

2603 Comme les vieux sifflent, ainsi dansent les jeunes.

2604 Où il y a une charogne, il y a aussi les corbeaux.

2605 Où il y a des grenouilles, il y a aussi une cigogne.

2606 Où la haie est basse, toutes les chèvres la sautent. *(1825)*

2607 Quand une vache lève la queue, toutes les autres font de même.

2608 Le craquelin dans la main d'autrui semble toujours plus gros. *(295)*
Le *craquelin* est un biscuit qui croque sous la dent.

2609 Le tailleur est nu, le savetier pieds nus. *(1456)*

2610 Quand les chevaux sont volés, il ferme l'écurie. *(422)*

2611 Il enlève le toit de l'église pour recouvrir la chapelle.

2612 Qui se mélange à la paille, les cochons le mangeront. *(147)*

2613 Si tu laisses le diable dans l'église, il grimpera sur l'autel.

2614 Ne ris pas quand l'étuve de ton voisin brûle.

2615 On doit se méfier de l'arrière d'un cheval, de l'avant d'une vache et de tous les côtés d'un méchant. *(882)*

2616 L'église est proche, Dieu est loin. *(2010)*

LA FEMME

2617 Un vieil amour ne rouille pas.

2618 Telle femme, telle maison.

2619 La beauté de la femme ne rend pas grasse la soupe. *(1042)*

2620 Ne loue pas le jour avant que le soir soit venu et la bru avant qu'un an soit passé.

2621 Deux chats dans le même sac, deux brus dans la même maison.

LA SAGESSE **La morale**

2622 L'or brille même dans la boue.

2623 Un diable s'en va, un autre vient.

2624 La vie est comme la rosée, elle ne distingue pas entre le miel et l'absinthe.

2625 On ne peut pas souffler contre le vent, ni nager contre l'eau.

2626 Tant qu'on vit, on s'instruit et pourtant on meurt bête.

2627 Les dents du temps sont coupantes, le temps ronge aussi les montagnes.

La mort et l'espoir

2628 Telle vie, telle mort.

2629 La Faucheuse ne regarde pas les dents ; la mort ne regarde pas le certificat de baptême.

2630 La fin du noble est la même que celle du mendiant.

2631 Il y a une herbe contre la maladie, il n'y a pas d'herbe contre la mort. *(761)*

2632 Même le plus dur hiver a peur du printemps.

BIBLIOGRAPHIE

La Lituanie a fait depuis longtemps l'objet d'études folkloriques. Les proverbes ont été répertoriés par l'Académie des sciences de la République socialiste soviétique de Lituanie : elle en dénombre 100 000. Dans *Proverbium*, n° 4, 1966, pp. 84-85, figure une bibliographie des proverbes lituaniens. Notons l'étude la plus importante :

IA. I. Lautenbach, *Essais sur l'histoire de l'œuvre populaire lituanienne et lettonne* (en russe), 1915. Cet ouvrage insiste sur la spécificité des proverbes baltes dans l'ensemble des proverbes indo-européens.

Un parémiologue lituanien, Kazys Grigas, fut un des collaborateurs réguliers de *Proverbium*, il y a notamment publié un millier de proverbes lituaniens correspondant à la classification des proverbes germaniques et romans de Düringsfeld*.

Dans chaque cas figure le numéro donné par Düringsfeld, le proverbe en lituanien et en traduction allemande, les références et les variantes.

Kazys Grigas, « Litauische Entsprechungen zu germanisch-romanischen Sprichwörtern bei Düringsfeld », *Proverbium*, n° 15, 1970, pp. 459-461 ; n° 17, 1971, pp. 631-641 ; n° 18, 1972, pp. 687-691 ; n° 20, 1972, pp. 760-764.

C'est de ce recueil que provient l'essentiel de notre choix, ce qui explique la parenté des proverbes présentés avec ceux qui nous sont familiers.

chapitre VI

ALBANAIS, GREC, ARMÉNIEN

Proverbes albanais

La langue albanaise, parlée par 2,7 millions de personnes, ne se rattache à aucun groupe de la famille indo-européenne (de même que le grec et l'arménien). Dans le cas de l'Albanie, cette situation isolée correspond bien aux caractéristiques originales de ce pays.

Peuple musulman dans une zone de religion orthodoxe, soumis à la domination turque depuis le XVe siècle jusqu'en 1912, les Albanais sont restés longtemps isolés dans leur intransigeante fidélité au stalinisme qui les avait fait rompre avec tous les autres pays communistes européens.

L'Albanie commence à s'ouvrir au monde. C'est encore une nation rurale, l'une des plus pauvres d'Europe.

L'INDIVIDU

2633 Qui sait lire et écrire a quatre yeux.

2634 Travaille comme un esclave et mange comme un seigneur.

2635 Un chien sans queue ne peut exprimer sa joie.

2636 Le loup cherche le brouillard.

2637 Qui n'a pas la poule a le choucas. *(987)*
Le *choucas* est un oiseau proche de la corneille.

LES RELATIONS

2638 Celui qui s'appuie contre un grand arbre trouve toujours de l'ombre.

2639 Tu attraperas le renard avec de l'astuce, et le loup avec du courage.

2640 Le chat est un lion pour la souris.

2641 Si cent hommes nomment sage un fou, il le devient.

2642 Parce qu'il ne peut pas battre l'âne, il bat la selle. *(369)*

2643 La vieille a été brûlée par la bouillie, elle souffle aussi sur le lait caillé. *(548)*

2644 Le loup devenu vieux est la risée des chiens. *(57)*

2645 Les chiens aboient, la caravane avance.

2646 Pour faire plaisir à son ami, le moine s'est marié.

2647 Le mauvais temps s'oublie dans une maison amie.

2648 Mieux vaut un œuf aujourd'hui qu'une poule demain. *(532)*

2649 Amour fraternel pour amour fraternel, mais fromage pour argent comptant seulement.

2650 L'un a mangé les figues et l'autre les a payées. *(264)*

2651 Quand tu serres la main à un Grec, compte tes doigts.

LA FAMILLE

2652 Fille qui chante demande mari.

2653 Avec ta mère, va jusqu'au rivage, avec ton mari, traverse l'océan.

2654 On ne change pas le sang en eau.
Les liens du sang sont indestructibles.

LA SAGESSE

2655 Toutes les vertus ont leur racine dans l'honneur.

2656 La peur est venue dans le monde avant l'homme.

2657 Si tu crains Dieu, tu ne craindras pas l'homme.

2658 Contre la goutte d'eau qui passe à travers le toit et la mort qui passe à travers la porte, il n'est pas de refuge.

2659 Dur est l'amour, plus dure encore est la mort.

BIBLIOGRAPHIE

Auguste Dozon, *Manuel de la langue chkipe* ou *albanaise*, Leroux, 1878, pp. 122-126 (59 proverbes en albanais et en français).
Un livre albanais a paru récemment :
Vojislav Dançetoviq, *Proverbes albanais*, 1971.

Proverbes grecs

Le grec démotique actuel, parlé par près de 10 millions de personnes, est l'aboutissement d'une longue évolution, sans rupture depuis le grec ancien. Il coexiste avec de nombreux dialectes qui ont parfois donné lieu à des littératures locales. Une langue plus savante est employée dans les documents officiels.

L'INDIVIDU

Les désirs, la nature, les comportements

2660 Les jours sont plus nombreux que les saucisses.

2661 À eux sept, ils ont deux pains, et moi, le pauvre, un seul.

2662 La faim peut prendre des forteresses, elle peut aussi les rendre à l'ennemi.

2663 L'intempérance a tué plus d'hommes que la faim.

2664 Dans le poisson, c'est d'abord la tête qui se gâte.

2665 Qui naît en prison se souvient de la prison.

2666 On pose la tortue sur le canapé, et elle se dirige vers les ronces.

2667 Le loup qui se fait vieux ne change pas de poil.

2668 Qui a la barbe a le peigne.

2669 Nul n'est dégoûté de sa propre mauvaise odeur. *(698)*

2670 Le bien-être est nécessaire pour supporter la pauvreté.

2671 Pauvreté honnête vaut mieux que richesse mal acquise.

2672 La propreté est la moitié de la richesse.

2673 Celui qui pille avec un petit vaisseau se nomme pirate ; celui qui pille avec un grand navire s'appelle conquérant.

2674 Pour qui est chanceux, même le coq pond des œufs.

2675 Nous sommes devenus fossoyeurs et plus personne ne meurt.

2676 Les plus rapides verront le Seigneur.

2677 Comme on fait son lit, on se couche et on dort. *(733)*

2678 La pierre amasse mousse qui reste toujours au même endroit. *(9)*

2679 On ne peut à la fois souffler et avaler. *(712)*

2680 Qui pense au pire devine juste.

2681 Quel est celui qui ne se lèche pas les doigts trempés de miel ? *(1019)*

2682 Celui qui mange la graine de lin mange d'avance ses chemises.

2683 Qui ne veut pas boulanger tamise pendant dix jours.
Boulanger signifie travailler la farine pour faire du pain.

2684 Qui se presse trop trébuche à la fin. *(1784)*

2685 « Ici s'arrête le monde », dit l'aveugle ayant touché le mur.

2686 La poule va crier à un endroit et pondre à un autre.

2687 On a semé un si, mais il n'a pas poussé.

2688 Qui n'a pas de tête doit avoir des pieds.

LES BIENS

2689 Qui économise le clou, perd le fer.
En parlant du cheval.

2690 Le voleur crie pour que le volé tremble.

2691 Bois et mange avec tes parents, mais ne t'engage avec eux dans aucune affaire.

2692 Chose chère est bon marché.

2693 L'œuf d'aujourd'hui vaut mieux que la poule de demain. *(532)*

2694 Le diable n'a pas de chèvres et vend pourtant du fromage.

2695 Il vaut mieux être maître d'un sou qu'esclave de deux.

LES BONNES ET MAUVAISES RELATIONS

2696 Une main lave l'autre et les deux le visage. *(656)*

2697 Goutte à goutte, l'abreuvoir se remplit. *(39)*

2698 L'eau qui tombe lentement perce un roc mieux qu'une cascade. *(38)*

2699 Ne consulte pas le médecin, mais celui qui a été malade.

2700 La marmite en roulant a trouvé son couvercle.

2701 Le corbeau ne crève pas l'œil du corbeau. *(197)*

2702 Où la chèvre passe, passera le chevreau.

2703 Un bon agneau tète deux brebis, le mauvais pas même sa mère.

2704 La glaise ne devient terre à mouler qu'après avoir été pétrie.

2705 Le renard a cent ans ; son petit-fils en a cent dix.

2706 Les montagnes ont l'habitude des neiges.

2707 Sois assis de travers quand tu sièges, pourvu que ton jugement soit droit.

2708 Si le chameau ne s'était pas mis à genoux, on n'aurait pas pu le charger.

2709 Le pope bénit d'abord sa barbe. *(1330)*

2710 Qui s'est brûlé avec la purée souffle même sur le caillé. *(548)*

2711 Le succès a beaucoup d'amis.

2712 Nourrissez le loup pendant l'hiver, il vous dévorera au printemps.

2713 Soigne bien ta vigne, tu n'auras pas besoin d'envier celle du voisin.

2714 Le meilleur hameçon ne peut saisir un fromage mou.

2715 Trop de pilotes perdent un vaisseau.

2716 Là où chantent plusieurs coqs, le jour est en retard.

2717 Trop de « Kyrie eleison » finit par lasser Dieu.
Kyrie eleison : mots grecs signifiant « Seigneur, prends pitié » ; c'est une invocation traditionnelle et fréquente dans les liturgies chrétiennes.

2718 Nous l'avons baptisé Jean avant même de l'avoir vu.

2719 On ne compare pas un moustique à un éléphant.

2720 À la porte du sourd, tu peux toujours cogner.

2721 On bat la selle quand on ne peut plus battre l'âne. *(369)*

2722 Si l'enfant ne pleure pas, sa mère ne lui donne pas le sein.

2723 Quand la grenouille se met en colère, l'étang n'en a cure.

2724 Qui chasse plusieurs lièvres n'en attrape aucun. *(260)*

2725 Sous chaque pierre, le scorpion peut être aux aguets.

2726 En caressant le chien, conserve le fouet à la main.

2727 Ne brasse pas le feu avec ton épée.

2728 Un fou jette une pierre dans la mer, et plusieurs autres fous se réunissent pour l'en retirer.

2729 Plus tu remues la merde, plus elle sent mauvais. *(699)*

2730 Celui qui est hors de la danse sait bien des chansons.

2731 Les bœufs pensent à une chose et le laboureur à une autre. *(365)*

2732 Qui dîne avec les grands les quitte avec la faim. *(1719)*

2733 Les moines sont plus dangereux que les cornes du bœuf et les pattes de l'âne.

2734 Fils de pope, petit-fils de diable.

2735 Si tu deviens l'ami d'un Crétois, garde toujours ton bâton de bois.

2736 Les Grecs ne sont jamais d'accord que pour aller pisser.

La parole

2737 Bonjour, Jean ! — Je sème des fèves.
Sur les dialogues de sourds.

2738 Écoute ce qui est bien dit, même venant d'un ennemi.

2739 Si tu gagnes de l'argent à parler, tu gagnes de l'or à te taire. *(1505)*

2740 Il vaut mieux mal entendre que mal dire.

2741 Il faut se taire ou dire des choses qui vaillent mieux que le silence.

2742 Taire la vérité, c'est enfouir de l'or.

2743 Les mots ne construisent pas les murs.

2744 Beaucoup de paroles, signe de pauvreté.

2745 Une mauvaise langue est plus aiguë que la pointe d'une épée.

2746 Il n'est si grand menteur qui n'ait compère pour le soutenir.

LA FEMME

2747 Mieux vaut être coq un an que poule pendant quarante.

2748 Là où est le coq, les poules sont.

2749 Au monde, il est trois fléaux : le feu, la femme et les eaux.

2750 La femme qui fait sortir avec l'aiguille ce que son mari fait rentrer avec la pelle ruine le ménage.

2751 Prends chaussure de ton pays, même si elle est rapiécée. *(847)*

2752 Ce que savent les jeunes mariés, le reste du monde l'ignore.

LA SAGESSE

2753 La roue qui tourne, ne se rouille pas. *(9-1792)*

2754 Dieu travaille avec qui travaille. *(1947)*

2755 Aide-toi, Athéna t'aidera. *(1947)*

2756 Bienvenue au malheur, s'il est venu seul !

2757 Travailler et avoir faim, autant rester assis et avoir faim.

2758 De l'épine pousse la rose et de la rose pousse de nouveau l'épine.

2759 Toute année passée est la meilleure. *(2075)*

2760 Ce qu'une heure donne, un siècle ne peut le donner.

2761 Mieux vaut une goutte de sagesse qu'un océan de fortune.

2762 Quand il t'arrive un malheur, attends-en un autre.

2763 Ce qu'apporte le vent, le diable l'emporte. *(1963)*

2764 Ne donne point l'épée au fou, ni le pouvoir à l'injuste.

2765 Qui crache contre le ciel se crache au visage. *(713)*

2766 Celui qui vit d'espoir meurt avec le vent.

2767 L'espérance nourrit les exilés.

2768 Que sert d'avoir une cuvette d'or pour y cracher du sang ?

BIBLIOGRAPHIE

En français :
Comte de Marcellus, *Chants populaires de la Grèce moderne*, Lévy, 1860, pp. 302-324 (140 proverbes en traduction, avec des notes intéressantes sur les circonstances dans lesquelles ils ont été recueillis).
G. Georgeakis et Léon Pineau, *Le Folk-lore de Lesbos*, Maisonneuve et Larose, *s.d.* (XIXe siècle), réimprimé en 1968, pp. 281-287 (60 proverbes en traduction).

Démétrios Loucatos, « L'Emploi du proverbe aux différents âges », *Proverbium*, nº 2, 1965, pp. 17-26. Ce parémiologue grec fut l'un des fondateurs et l'un des collaborateurs réguliers de la revue *Proverbium*.
Vassilis Alexakis, « Athéna t'aidera », *Le Monde*, 11-12 mars 1979, p. 9 (32 proverbes avec des explications).
En grec :
On trouvera une bibliographie dans *Proverbium*, nº 16, 1971, pp. 588-589.
Citons la première édition importante due à I. Venizelos en 1846 et comprenant 4951 proverbes : l'œuvre de Nicolas Politis (1899-1902, rééditée en 1965), mais qui s'arrête à la lettre E (classification par ordre alphabétique des mots-clefs).
D. Loucopoulos et D. S. Loucatos, *Proverbes de Farassa*, Athènes, 1951, Institut Français d'Athènes (900 proverbes en dialecte de la Cappadoce et en traduction grecque avec des notes et une bibliographie).

Proverbes arméniens

L'histoire tourmentée de l'Arménie, autrefois partagée entre l'U.R.S.S., l'Iran et la Turquie, explique les nombreuses vagues d'émigration. Dans le monde, 5 millions de personnes parlent l'arménien, dont près de 3 millions dans la République d'Arménie, devenue indépendante en 1991.

Dans toute cette région de l'Asie ont cours les mêmes proverbes. On complétera le choix restreint de proverbes arméniens en se reportant aux chapitres sur le persan, le turc et le géorgien.

L'INDIVIDU

2769 Si mon cœur est étroit, à quoi me sert que le monde soit si vaste ?

2770 La douleur galope à cheval, le remède se traîne à pied. *(751)*

2771 La jeunesse taille dans la pierre, la vieillesse dans la glace.

2772 Les lèvres ne mouillent pas les lentilles.

LES BIENS

2773 En haut Dieu, en bas l'argent.

2774 L'argent va à l'argent. *(984)*

2775 Mieux vaut ne pas avoir d'argent que de ne pas avoir d'âme.

2776 Les conseils sont des cadeaux gratuits qui coûtent très cher à leurs bénéficiaires.

2777 Achat et vente ne connaissent ni père ni mère.

2778 Le paysan regrette ce qui a été volé, le voleur regrette ce qui a été laissé.

LES RELATIONS

2779 Chacun met du bois sous sa marmite. *(250)*

2780 Le renard ne désire qu'une chose, ne pas voir le chien et ne pas être vu par le chien.

2781 La solitude ne convient qu'à Dieu.

2782 La loi a été faite pour le riche et le châtiment pour le pauvre. *(1766)*

2783 On n'éteint pas un incendie avec de la salive.

2784 Quand la voiture est versée, chacun vient donner des conseils.

LA FEMME

2785 Choisissez votre épouse avec l'œil du vieillard, choisissez votre cheval avec l'œil du jeune homme.

2786 La femme qui aime bien son mari corrige les défauts de celui-ci ; l'homme qui aime bien sa femme augmente les défauts de celle-ci.

2787 La femme est semblable à la lune : certaines nuits, elle est d'argent, certaines autres, elle est d'or.

2788 Une seule épée ne se rouille jamais : la langue de la femme.

LA SAGESSE

2789 La voix du peuple est plus forte que le grondement des canons.

2790 Toutes les richesses viennent de la terre.

2791 Honteux de ce qu'il a vu toute la journée, le soleil rougit le soir.

2792 Le monde est un chaudron, l'homme est la cuillère qu'on y trempe.

2793 Personne ne sait si sa lumière brûlera jusqu'à demain.

BIBLIOGRAPHIE

G. Bayan, *Choix de proverbes et dictons arméniens*, Venise, 1889 (300 proverbes et dictons en arménien et en traduction française).

Le recueil arménien de A.T. Ganalanian (Erevan, 1951) a été partiellement traduit en russe par G.O. Karapetian, *Proverbes et dictons arméniens*, Moscou, 1964 (800 proverbes les plus caractéristique et les plus utilisés).

chapitre VII

LE GROUPE IRANIEN

La partie non européenne de la famille indo-européenne est le groupe indo-iranien ou aryen. Il comprend : d'une part, le groupe iranien (persan, kurde, pushtû, tadjik, etc.); d'autre part, le groupe indien constitué par les différentes manifestations de la langue indo-aryenne au cours de son évolution, depuis les langues anciennes (védique, sanscrit) jusqu'aux multiples parlers locaux actuels (hindustani, bengali, cinghalais, etc.).

Proverbes persans

La langue persane a subi l'influence du monde arabe (elle a notamment adopté l'écriture arabe) et fait partie de l'ensemble culturel islamique. Ceci explique qu'elle ait emprunté à l'arabe de nombreux proverbes (que l'on trouvera au chapitre « monde arabe »).

Les Iraniens d'aujourd'hui, au nombre de 55 millions, sont les héritiers d'une civilisation brillante et d'une littérature prestigieuse. Leurs proverbes reflètent la sagesse des Persans de l'Antiquité et la morale des grands poètes et penseurs Djâmî, Saadi, Firdûsî, etc.

L'INDIVIDU

2794 Le plaisir de trouver vaut mieux que ce que l'on trouve.

2795 Au milieu du désert, une chaussure est un bienfait de Dieu.

Les désirs

2796 Qui a faim rêve de pain.

2797 La fumée de chacun sait par où sortir.
Chacun sait par quels moyens s'épancher.

2798 Chacun trouve bon goût à sa propre salive. *(698)*

2799 Un peu de vin est une antidote contre la mort; en grande quantité, il est le poison de la vie.

2800 L'appétit se trouve sous les dents. *(951)*

2801 Tranquille est celui qui n'a pas d'âne : il ne s'occupe ni de sa paille, ni de son orge.

2802 Le propriétaire a une maison; le locataire en a mille.

2803 Qui a plus de toits a plus de neige.

2804 La lampe de la pauvreté n'a pas de lumière.

2805 L'affamé n'a ni religion ni foi.

2806 Le pain de blé du pauvre a le goût de l'orge. *(498)*

2807 La pauvreté, c'est la vieillesse des jeunes et la maladie des gens bien portants.

2808 Le luxe d'aujourd'hui est le besoin de demain.

2809 Le sommeil est le frère de la mort.

2810 La crainte est la sœur de la mort.

2811 Le cheveu blanc est un message de la mort.

2812 La face d'aujourd'hui paraît agréable dans le miroir de demain.

2813 Trois choses ne s'obtiennent pas grâce à trois autres : la richesse grâce au désir, la jeunesse grâce au fard, la santé grâce aux médicaments.

La nature

2814 Que de maladies qui ne sont en réalité que des guérisons!

2815 Une épée courte devient longue dans la main des vaillants.

2816 Une centaine de citadins ne peuvent dénouer le nœud fait par un paysan.

2817 Le savoir est une couronne sur la tête, tandis que la richesse n'est qu'un joug sur le cou.

2818 La couronne n'est pas digne de toute tête.

2819 Grande tête court grand danger.

2820 L'image s'efface de la surface d'un tapis, mais non du cœur.

2821 La force de l'eau vient de la source.

2822 La cruche ne suinte que ce qu'elle contient. *(1092)*

2823 Le ver de l'arbre provient de l'arbre.

2824 Dieu n'a pas créé égaux les dix doigts.

2825 Fête ou deuil, on coupe la tête au coq.

2826 Le poisson mange le poisson et le héron les mange tous les deux.

L'apparence et la révélation

2827 Âne paré de satin est toujours âne. *(388)*

2828 Même conduit à La Mecque, l'âne de Jésus reviendra âne.

2829 Le serpent change de peau, non de nature. *(140)*

2830 La barbe ne fait pas le père.

2831 Tout ce qui est rond n'est pas noix.

2832 Le caractère de l'homme apparaît en voyage.

2833 La colère de l'homme est sa pierre de touche.

Ce qui l'éprouve, le révèle, comme le jaspe — la pierre de touche — sert à éprouver l'or et l'argent.

2834 Le bras cassé travaille, le cœur cassé ne travaille pas.

2835 La cage sans oiseau n'a pas de valeur.

2836 La nécessité est une seconde captivité.

2837 Arracher une montagne avec la pointe d'une aiguille est plus facile que d'arracher du cœur la vilenie de l'orgueil.

2838 Un once de vanité gâte un quintal de mérite.

2839 L'ignorance est une rosse qui fait broncher celui qui la monte et fait rire de celui qui la mène.

2840 Le savant qui ne met pas en en pratique son savoir est une abeille qui ne donne pas de miel.

2841 Le savoir sans patience est comme une bougie sans lumière. *(2115)*

2842 La valeur sans prudence est un cheval aveugle.

Les comportements

2843 Le poussin ne reste pas toujours sous la corbeille.

2844 Qui est joyeux d'apprendre deviendra maître un jour.

2845 Mesure cent fois et coupe une fois.

2846 La patience est un arbre dont la racine est amère et les fruits très doux.

2847 Peu à peu, la laine se transforme en tapis. *(1942)*

2848 Qui a fait le travail? Celui qui l'a achevé.

2849 Qui veut voler un minaret doit d'abord creuser un puits.

2850 À l'hôtel de la décision les gens dorment bien.

2851 L'arbre de la paresse produit la faim.

2852 Un aveugle oisif s'arrache les cils.

2853 De l'union de « si » avec « mais » naquit un enfant nommé « plaise à Dieu que... ».

2854 « Ça sent mauvais », dit le chat, en parlant de la viande qu'il ne peut atteindre.

2855 Quand on prend une pierre trop grosse, c'est signe qu'on ne frappera pas.

2856 Le chien ne chasse pas avec une laisse en or.

2857 L'homme pressé refait deux fois la même chose.

2858 Tandis que le sage était en train de chercher le pont, le fou traversa la rivière.

2859 Un homme peut passer pour sage lorsqu'il cherche la sagesse, mais s'il croit l'avoir trouvée, c'est un sot.

2860 En marchant sur les pieds, on use ses chaussures ; en marchant sur la tête, on use son chapeau.

2861 Qui brûle sa maison se chauffe au moins une fois.

2862 On peut laver sa robe et non sa conscience.

2863 Un péché est beaucoup ; mille prières sont peu.

2864 Ne pas se repentir d'une faute en est une autre.

2865 Le meilleur repentir est de ne plus pécher.

LES BIENS

2866 L'or posé sur l'acier ramollit ce dernier.
Avec l'argent, on obtient la faveur même des gens sévères.

2867 L'huile coule sur l'huile, le gruau reste sec. *(28)*
L'argent va à l'argent.

2868 L'aumône est le sel des richesses : sans elle, celles-ci se corrompent.

2869 En ce monde, les hommes généreux manquent d'argent et ceux qui ont de l'argent manquent de générosité.

2870 En voulant le superflu, on perd le nécessaire.

2871 Un mendiant avide veut voir aveugle son enfant.
... pour gagner davantage en le présentant aux passants.

2872 Le mendiant reste toujours mendiant, même si on lui donne le monde entier.

2873 Si chacun donne un cheveu au chauve, celui-ci finira par devenir chevelu.

2874 Le bienfait revient à la porte de son auteur.

2875 Tu recevras avec la même main que tu as donné.

2876 Rends grâce pour un bienfait, un autre suivra.

2877 Là où tu as mangé du sel, ne casse pas la salière.

2878 Nul n'a appris de moi le tir à l'arc, qu'il n'ait fini par faire de moi sa cible.

2879 Le voleur va dans une direction et le volé dans mille.

2880 Le voleur qui court est un roi.

2881 Qui vole un œuf vole un chameau. *(535)*

LES AFFAIRES

2882 La main de l'honnête homme est une balance.

2883 Le vrai musc est celui qui répand son parfum et non celui que vante le droguiste.

2884 Aucun chat ne prend des souris pour l'amour de Dieu.

2885 Mieux vaut se marier à un parent et commercer avec les étrangers.

2886 Si l'associé était bon, Dieu en aurait pris un.

2887 Un moineau dans la main vaut mieux qu'un faucon dans l'air. *(217)*

2888 Il ne faut pas mettre l'oiseau à la broche quand il vole encore. *(255)*

2889 C'est en automne que l'on compte les poussins.

2890 La dissimulation est aux affaires ce que l'alliage est à la monnaie : un peu est nécessaire, trop la discrédite.

Les dettes

2891 La dette est le mari des hommes.

2892 De quatre choses nous avons plus que nous ne croyons : des péchés, des dettes, des années et des ennemis.

2893 Réparer son vieil habit vaut mieux que d'en emprunter un. *(988)*

2894 Mieux vaut mourir de faim que de vivre endetté.

LES BONNES ET MAUVAISES RELATIONS

2895 Le vrai sage est celui qui apprend de tout le monde.

2896 Il faut que mon compagnon soit bon pour que je devienne meilleur.

2897 Mange à ton goût, mais habille-toi selon le goût d'autrui.

2898 Qui mange seul est le frère de Satan.
Ce proverbe explique l'hospitalité traditionnelle des Iraniens.

2899 La politesse est une monnaie destinée à enrichir non point celui qui la reçoit, mais celui qui la dépense.

2900 Il y a dans le pardon un plaisir que l'on ne retrouve pas dans la vengeance.

2901 Une injustice également partagée est la justice même.

2902 La cruche neuve garde l'eau fraîche.

2903 La bougie donne plus de lumière quand on la mouche.

2904 Le chameau qui veut du fourrage tend le cou.

2905 Les chiens se mordent les uns les autres, mais dès qu'ils voient le loup, ils s'unissent.

2906 Le musc ne reste pas caché.
Le *musc* est très odoriférant.

2907 Il faut cuire le pain tant que le four est chaud. *(46)*

2908 La lampe n'éclaire pas son propre pied.

2909 L'aiguille habille tout le monde et demeure elle-même nue.
L'aiguille est le symbole de l'abnégation dans le langue populaire.

2910 Le laveur de morts ne se porte garant ni de l'enfer ni du paradis.

2911 Au temps des fruits, le jardinier devient sourd.
Il craint les sollicitations.

2912 Pour la souris, le chat est un tigre ; pour le tigre, il n'est qu'une souris.

2913 Le chien chez son maître est un lion. *(580)*

2914 L'énigme résolue paraît facile.

2915 L'œil de la jalousie découvre le défaut caché.

2916 Là où on manque de fruits, la betterave est la reine des agrumes. *(987)*

2917 Ferme ta porte, tu ne prendras pas ton voisin pour un voleur.

2918 Si tu veux être apprécié, meurs ou voyage.

2919 Sois comme le moulin : rends mou ce que tu as reçu dur.

2920 Personne ne me connaît mieux que moi-même. *(1143)*

2921 Nul royaume n'est stable si le bout d'une épée ne le soutient.

2922 Une faveur du juge est préférable à mille témoins.

2923 La chaussure de savetier n'a pas de talon. *(1456)*

2924 Le potier boit dans un pot cassé. *(1456)*

2925 Qui a été mordu par un serpent craint la corde noire ou blanche. *(548)*

2926 Qui s'est brûlé avec du lait, souffle sur le petit lait. *(548)*

2927 Chaque nuage ne donne pas de pluie.

2928 La lampe qui convient à la maison ne sied point à la mosquée.

2929 La mouche tombe facilement dans le miel, mais elle s'en retire difficilement. *(245)*

2930 On ne mettra pas deux fois un pot de bois sur le feu.

2931 On ne peut pas voler avec les ailes des autres.

2932 Vouloir donner de l'éducation à un homme indigne, c'est prétendre placer des noix sur une coupole.

2933 Bien que le fabricant de nattes sache tisser, on ne le conduit pas à l'atelier des soieries.

2934 On ne peut pas confier le lard au chat.

2935 Le chacal peureux ne mange pas de bon raisin. *(588)*

2936 Si le plongeur craint la gueule du requin, il n'obtiendra jamais de perle précieuse.

2937 La poule du voisin est comme une oie. *(295)*

2938 Dans la maison de la fourmi, la rosée est un déluge.

2939 Il y a un scorpion dans l'enfer à la vue duquel on cherche refuge chez le serpent.

2940 Nul ne jette de pierres sur un arbre dépourvu de fruits. *(61)*
Seuls les gens de valeur sont l'objet d'attaques.

2941 L'aubergine de mauvaise qualité n'est jamais atteinte par le parasite.

2942 Les chiens aboient, la caravane passe.

2943 Les chiens ont beau aboyer à la lune, elle n'en brille pas moins.

2944 Le brin de paille croit que c'est contre lui que la mer s'agite.

2945 Qui s'assoit contre une marmite noire sera noirci en se relevant.

2946 Une chèvre galeuse rend galeux tout le troupeau. *(var. 477)*

2947 Dès qu'on prend le bâton, le chat voleur s'enfuit.

2948 La passoire reproche à l'écumoire d'avoir des trous. *(1110)*

2949 L'héritage du chacal revient au loup.

2950 Le deuil du loup est la fête du renard.

2951 Ne prends pas un inconnu comme compagnon de voyage.

2952 Le sommeil du gardien est une lampe pour le voleur.

2953 Quand il touche la forêt, le feu dévore aussi bien le bois vert que le bois sec.

2954 On ne peut pas éteindre le feu avec le feu.

2955 Quand il y affluence à la citerne, on casse beaucoup de cruches.

2956 Avec deux cuisiniers la soupe sera trop salée ou froide.

2957 Là où il y a sept matrones, la tête de l'enfant sort de travers.

2958 Deux sabres ne tiennent pas dans le même fourreau. *(590)*

2959 Dix pauvres dormiront tranquillement sur un tapis, tandis que deux souverains ne sauraient vivre sur un quart du monde.

2960 Tout défaut qui plaît au Sultan est une qualité.

2961 Il ne faut faire confiance ni à un médecin maigre ni à un coiffeur chauve.

2962 Il suffit d'une étincelle pour incendier cent univers.

2963 C'est un péché que de voir un aveugle au bord du puits et de rester muet.

2964 La compassion à l'égard de la panthère cruelle est une injustice pour les moutons.

2965 Qui lance des mottes mérite des pierres.

2966 L'excuse d'un sot est pire que sa faute.
Un sultan demanda une fois à l'un de ses familiers de lui expliquer le sens de ce proverbe. Celui-ci proposa de lui en montrer un exemple d'utilisation et pinça le bras du sultan.
« — Hé bien, pourquoi me pinces-tu ?
— Oh ! pardon, Sire, je croyais que c'était votre épouse.
— Quel sot ! L'excuse est pire que la faute. »

L'amitié

2967 L'ami de tout le monde n'est l'ami de personne. *(1189)*

2968 On connaît l'homme à son ami. *(1200)*

2969 Un véritable ami est toujours le miroir de son ami.

2970 Un vieil ami est un cheval harnaché.
C'est-à-dire toujours prêt à rendre service.

2971 La peine que l'on prend pour un ami est un repos.

2972 Balaie la maison de tes amis, et ne frappe pas à la porte de tes ennemis.
Pour leur demander de l'aide.

2973 On peut nouer un fil rompu, mais il y aura un nœud au milieu.

2974 On n'échappe ni à la mort ni à un hôte.

2975 L'hôte est le bienvenu, mais pour trois jours seulement. *(1207)*

La parole

2976 Le monde est un écho qui redit comme on lui dit ; dites du bien des autres si vous voulez qu'on en dise de vous.

2977 L'homme est caché sous sa langue.

2978 La parole n'a d'autre parure que la vérité.

2979 L'ignorant parle, le savant déduit.

2980 Qui parle sème, qui écoute récolte. *(1504)*

2981 La parole est la rumination de l'homme, s'il ne parle pas, il se morfond.

2982 Décrire la jouissance qu'on a éprouvée, c'est la moitié de la jouissance.

2983 C'est l'auditeur qui anime le discours de l'orateur.

2984 Le vrai compliment est celui fait par un ennemi.

2985 Le compliment exagéré est pire qu'une injure.

2986 Quatre doigts séparent le vrai du faux.
C'est la distance qui sépare l'œil de l'oreille ; ce proverbe encourage donc à ne pas se fier aux paroles, mais aux faits visibles.

2987 La langue des hommes est le fouet de Dieu.

Ce proverbe peut avoir deux sens : — Les mauvaises réputations sont le fruit des mauvaises actions. — Ce que les hommes veulent, Dieu le veut.

2988 On arriverait à fermer les portes de la ville, mais jamais la bouche des hommes.

2989 Parole envolée fait le tour du monde.

2990 Si vous gardez un secret, il est votre esclave, mais si vous le dévoilez, vous êtes le sien.

2991 Un conseil à un ignorant, c'est de la pluie sur une terre saline.

2992 La flèche sort de la blessure, mais le coup de langue reste dans le cœur.

Le mensonge

2993 Le mensonge donne des fleurs, mais pas de fruits.

2994 La lampe du mensonge n'a pas de lumière.

2995 La maison du menteur prit feu, mais personne ne le crut.

LA FEMME ET LA FAMILLE

2996 La femme est le miroir de l'homme.

L'amour

2997 Qui n'est pas amoureux n'est pas homme.

2998 Celui dont le cœur est ressuscité par l'amour ne mourra jamais.

Vers célèbre du grand poète Hâfiz.

2999 L'amour n'est pas à prendre, mais à subir.

3000 L'argent dépensé en amour ne retourne pas à la bourse.

3001 L'amour est un caravansérail : on n'y trouve que ce qu'on y apporte.

Le mariage

3002 Éprouve ta virilité avant de prendre ta femme.

3003 La maîtresse qui te donne son corps et non son cœur, elle te prodigue des roses sans épines.

3004 La femme est une catastrophe, que Dieu fasse qu'il n'y ait aucune maison sans cette catastrophe !

3005 Demande la fidélité à un chien, non à une femme.

3006 Qui a vu fidèles un cheval, une femme et un cimeterre ?

Le *cimeterre* est un genre de sabre.

3007 Les femmes sont des chattes qui retombent toujours sur leurs pattes.

3008 Tant qu'elle n'a pas accouché, la femme reste étrangère.

Elle ne fait vraiment partie de la famille qu'à la naissance de son premier enfant.

3009 Tant qu'elle n'a pas accouché, la femme est ravissante ; après l'accouchement, elle est mère.

La famille

3010 Faute de mère, on doit s'entendre avec sa belle-mère.

3011 On ne peut pas séparer l'ongle de la chair.

3012 Un homme sans enfant est un roi sans soucis.

3013 Tu estimeras ton père le jour où tu seras toi-même père.

3014 L'enfant qu'on a dans la vieillesse est un grelot au pied du cercueil.

Il ne pourra pas aider ses parents. À leur mort, il se lamentera.

3015 Une fille paresseuse aime une mère ménagère.

3016 La hâte est permise dans trois cas : enterrer les morts, ouvrir sa maison à un étranger et marier les filles.

LA SAGESSE

La morale

3017 On ne cueille pas le fruit du bonheur sur un arbre d'injustice.

3018 Crains celui qui ne craint pas Dieu !

3019 Ce qui est apporté par le vent sera emporté par le vent. *(1963)*

3020 La vie est une ivresse continuelle : le plaisir passe, le mal de tête reste.

3021 Mieux vaut fuir et sauver sa tête que de la perdre en héros.

3022 Fais le bien et jette-le dans le Tigre : Dieu te le rendra dans le désert.

3023 Au champ de l'univers, tu cueilleras ce que tu sèmes.

3024 La tranquillité de deux mondes repose sur ces deux mots : bienveillance envers les amis, tolérance à l'égard des ennemis.

3025 D'autres ont planté ce que nous mangeons, nous plantons ce que d'autres mangeront.

3026 Que peut faire la main de l'effort, si elle n'est pas soutenue par le bras de la chance ?

La connaissance

3027 Le doute est la clef de toute connaissance ; qui ne doute de rien, ne sait rien. *(1670)*

3028 L'ignorance, c'est la mort ; le savoir, c'est la vie.

3029 Le savoir est un oiseau sauvage.

3030 Prends ce qui est au comptant et abandonne tout ce qui est à crédit.
Proverbe le plus répandu en Iran, qui correspond bien à la philosophie du « Carpe Diem », constante chez les poètes et les penseurs persans.

Le monde et l'homme

3031 La flèche lancée ne revient pas.

3032 Toute descente a sa montée.

3033 Les chemises de tous sèchent sous le même soleil.

3034 La lampe d'aucun homme ne brûle jusqu'au matin.
La chance est peu durable.

3035 La porte de l'univers ne tourne pas toujours sur le même gond.

3036 La nourrice de ce monde n'a élevé personne qu'elle n'ait dévoré ensuite.

3037 N'attends point fidélité de ce monde à base chancelante ; cette vieille femme a été l'épouse de mille jeunes époux.

La mort et le bonheur

3038 Je n'ai pas lieu de me réjouir de la mort de mon ennemi, car ma vie non plus n'est pas éternelle.

3039 La nuit est enceinte ; qui sait de quoi elle accouchera à l'aube ?

3040 Nul n'a vu Dieu ; on ne l'a connu que par la voie de la sagesse.

3041 Quelle est la valeur des hommes ? – Ce qu'ils cherchent.

3042 Le seul bonheur consiste dans l'attente du bonheur.

SOURCE

M. H. Rezvanian, *Grains d'humour et de sagesse persane*, Maisonneuve et Larose, 1976 (2 500 proverbes en traduction française, classés par thèmes disposés alphabétiquement).
Avec cet ouvrage (base d'une thèse comparant les proverbes persans et français), nous disposons enfin d'un ouvrage de qualité sur la parémiologie persane et peut-être du meilleur recueil qu'il nous ait été donné de consulter au cours de l'élaboration de ce dictionnaire.
Pour chaque proverbe, l'auteur indique s'il est aussi utilisé en arabe ou en turc et s'il a une connotation populaire, poétique ou littéraire. Ses explications et ses notes sont claires et détaillées. Il retrace l'origine littéraire de certains proverbes, empruntés aux poètes persans célèbres.
Dans la préface, il étudie le problème de la classification des proverbes et de leur traduction ; il examine ensuite les sources des proverbes persans, leur contenu et leur utilisation et il en déduit des traits généraux de la mentalité des Iraniens.
Cet ouvrage, qui se termine par une bibliographie très complète, est un modèle du genre.

Proverbes kurdes

Les différents dialectes kurdes sont parlés par plus de 16 millions de personnes (8 millions en Turquie, 5 en Iran, 2 en Iraq, d'importantes minorités en Syrie – 50 000 –, dans l'ancienne U.R.S.S. – 300 000 – et aussi en Afghanistan, au Pakistan, etc.).

Ce peuple d'agriculteurs et de pasteurs transhumants, de religion musulmane sunnite, qui a gardé une tradition populaire vivace, s'est toujours opposé aux dominations étrangères, mais ses soulèvements nationalistes ont été réprimés impitoyablement par les Turcs, les Iraniens et les Iraqiens.

Les Kurdes ont quelques proverbes en commun avec les Arabes.

L'INDIVIDU

3043 Après avoir bien mangé, le Kurde tue un homme ou enlève une femme.

3044 Aux gens de nourrir les chiens, aux Kurdes de nourrir les Turcs !

3045 Bon coq chante dès l'œuf.

3046 Tout lion vaut par sa griffe. *(118)*

3047 C'est en tombant que le cavalier apprend à monter.

3048 Le chameau transporte du sucre, mais mange des épines.

3049 La sainteté ne vient ni du turban, ni de la barbe, mais du cœur.

3050 Une maison solide vaut mieux que cent en ruines.

3051 Dieu donne de la viande à qui n'a plus de dents. *(var. 652)*

3052 Certains se délectent du miel, et d'autres n'ont que des piqûres d'abeilles.

LES RELATIONS

3053 Une seule pierre peut suffire à chasser cent corbeaux.

3054 Ce n'est pas acheter qui instruit, mais vendre.

3055 Le sabre ne coupe pas son fourreau.

3056 Quand les chauves meurent, les regrets en font des têtes bouclées.

3057 On ne peut tirer deux peaux d'un seul ours.

3058 Il n'y a pas plus malin que le renard et pourtant les marchés regorgent de sa peau. *(164)*

3059 Ventre plein ne sait rien de ventre vide.

3060 Les petits serpents ont aussi du venin. *(65)*

3061 Lorsque les chameaux se battent, mulets et ânes meurent sous leurs sabots. *(1738)*

3062 La peur est le tombeau du loup.

3063 Un demi-mollah chasse la foi, un demi-médecin chasse la vie.
Dans l'Islam, le *mollah* est un docteur en droit coranique.

LA PAROLE

3064 La richesse des riches agite incessamment la langue des pauvres.

3065 Les menaces n'allongent pas la lame du sabre. *(558)*

3066 Qui n'est pas dans la ronde est bon danseur.

3067 Le menteur ne déjeune qu'une fois.

3068 Le cheval court, le cavalier se vante.

3069 Le père vient du moulin, c'est le fils qui en parle.

LA FEMME

3070 Il ne faut ni fumer la pipe en plein vent ni faire l'amour sur l'herbe.

3071 Il vaut mieux être coq durant un jour que poule durant toute une année.

3072 La poule ne peut voler plus loin que le poulailler.

3073 C'est la poule qui pond et c'est le coq qui chante.

3074 Dans une maison pleine d'enfants, le diable n'entre pas.

3075 Avec un âne, tu possèdes un fils ; avec un gendre, tu ne possèdes qu'un âne.

LA SAGESSE

3076 Malheur à qui a les yeux fixés sur deux chemins !

3077 Celui qui se nourrit de rêves, le vent l'emporte.

3078 Tu mangeras ce que tu as mis dans la marmite.

3079 La solitude est le nid des pensées.

3080 On demande à la minute : « Pourquoi es-tu si amère ? » Elle répond : « C'est à cause de la mort de ma sœur. »

3081 La vie est une rose, respire-la et donne-la à ton ami.

3082 La mort est notre hôte.

BIBLIOGRAPHIE

Lucie Paul-Margueritte et l'émir Kamuran Bedir Khan, *Proverbes kurdes*, Berger-Levrault, 1937 (1 650 proverbes recueillis en Syrie).

R. Lescot, *Textes kurdes*, Geuthner, 1940, tome I, pp. 189-230 (d'abord publié dans *La Revue des études islamiques*, 1937) [308 proverbes en kurde et en français, classés par thèmes, avec des explications].
En kurde :
Ordihane Džalil, *Proverbes et Dictons kurdes*, Erevan, 1969 (excellent travail qui tient compte de toutes les publications antérieures).

Proverbes pushtû

Langue officielle de l'Afghanistan (dont les habitants sont pour une part d'origine indo-européenne et pour une autre turco-mongole), le pushtû est parlé par des populations en grande partie nomades, du Pakistan à l'Iran, soit environ 17 millions de personnes. Il a fait de nombreux emprunts au persan, à l'arabe et aux langues indiennes.

L'INDIVIDU

3083 Pour chacun son pays est le Kashmir. *(181)*
C'est-à-dire le plus beau pays du monde.

3084 Qui aime travaille.

3085 Où va le cœur, le pied va.

3086 Pour chaque homme, sa propre pensée est reine.

3087 Mange trop, tu palpiteras comme un poisson ; mange peu, tu sauteras comme une gazelle.

3088 Quand on a soif, on va soi-même à l'eau. *(426)*

3089 Si mauvaise que soit la viande, elle vaut mieux que la bouillie de pois. *(973)*

3090 On essaie les chaussures par les pieds et l'homme par les épreuves.

3091 L'épée se juge au coup, la flèche au jet.

3092 La richesse est à celui qui en jouit et non pas à celui qui la garde.

3093 Bouche doucereuse, pensée tortueuse.

3094 Même si le coq ne chantait pas, l'aurore viendrait. *(523)*

3095 Quand vient la nuit, la peur se tient à la porte, et quand vient le jour, elle se tient sur les collines.

LES BONNES ET MAUVAISES RELATIONS

3096 Pour prendre le lièvre du pays, il faut le chien du pays.

3097 Le feu prend où on l'allume.

3098 La meilleure arme est celle qui est la plus proche de la main.

3099 Si haute que soit la montagne, on y trouve un sentier.

3100 Je parle à la porte, mais le mur doit entendre.

3101 Qui a des éléphants doit avoir de grandes portes.

3102 Si le chien lape l'eau d'une rivière, elle n'en devient pas impure.

3103 Si le vin est gratuit, même le juge le boit.

3104 Dieu sait sur quel genou le chameau s'accroupit.
Sur le caractère aléatoire des décisions des juges.

3105 À distance d'un doigt ou d'une montagne, quelle différence ?
C'est toujours l'absence.

3106 Le ciel ne pleut pas aussi fort qu'il tonne.

3107 Celui qui a été mordu par un serpent redoute la vue d'une corde. *(548)*

3108 À tas de blé, le rat s'y met.

3109 Ne te sers jamais de tes dents pour ouvrir un nœud que tu peux défaire avec tes doigts.

3110 Au milieu des bouchers, le bœuf meurt et devient charogne.
Au lieu d'être égorgé selon les règles pour devenir viande licite.

3111 Il n'y a pas d'arbre qui n'ait senti la force du vent.

L'amitié

3112 La rose a l'épine pour amie.

3113 Le voleur s'entend avec le voleur, l'ami avec l'ami.

3114 Avec tes ennemis, patiente, et avec tes amis pardonne.

3115 Il est plus facile d'être en guerre avec des ennemis sages que d'être en paix avec des amis insensés.

3116 Bien que ton ennemi soit une corde de sable, appelle-le un serpent.

3117 L'amour ne pleure jamais comme pleure le sang.

3118 Les parents disent : « Notre enfant grandit » ; ils oublient que sa vie rétrécit.

LA SAGESSE

3119 Nos œuvres sont nos compagnons de route.

3120 Lorsqu'une épée est suspendue au-dessus de la tête d'un homme, il se souvient de Dieu.

3121 La terre est dure, le ciel est loin.

3122 Tout comme l'ombre du soleil s'en va, ainsi en est-il de notre vie.

3123 Le monde est abîme, le monde s'abîmera.

3124 Il y a une nuit encore et Dieu est bon.

SOURCE

James Darmesteter, *Chants populaires des Afghans*, Leroux, 1888-1890, pp. 235-245 (149 proverbes en traduction française, avec des explications).

Proverbes tadjik

Plus de 4 millions de personnes parlent le tadjik. Les Tadjik constituent la majorité de la population du Tadjikistan et une partie de l'Ouzbékistan ; ils constituent le deuxième groupe ethnique de l'Afghanistan (après les Pushtû).
Le choix de proverbes tadjik dont on notera l'originalité (par exemple, le proverbe n° 20, un des rares proverbes non misogynes de ce recueil) est, semble-t-il, pour la première fois publié dans une langue occidentale.

L'INDIVIDU

3125 Le riche mange le kebab, le pauvre avale la fumée.
Le *kebab* est de la viande grillée à la broche.

3126 Tu ne manges la poule qu'une fois, mais son œuf, tu le manges cent fois.

3127 Ce que peut faire la main gauche, la droite peut le faire aussi.

3128 Pour l'homme avide, même la tombe est étroite.

3129 Dieu a créé l'âne, mais ne lui a pas donné de cornes.

3130 Ne sois pas un pigeon sur deux toits.

3131 Le malheureux, même monté sur un chameau, est mordu par le chien.

3132 L'homme sans patrie est un rossignol sans jardin.

LES RELATIONS

3133 Si l'âne ne va pas au fardeau, le fardeau ira à l'âne.

3134 Dans les murs, il y a des souris, et les souris ont des oreilles. *(var. 51)*

3135 Il n'y a pas de moulin sans souris.

3136 Si tu sais chanter des berceuses, que ne t'endors-tu toi-même ? *(773)*

3137 Quand il y a beaucoup de bergers, le troupeau est dévoré par les loups.

3138 Si tu es un éléphant, n'offense pas le chat.

3139 L'ennemi du renard est sa queue.

3140 L'aboiement du chien ne fait pas de mal au nuage.

La parole

3141 Le récit de la fête est la moitié de la fête.

3142 Si la parole est d'or, le silence est de perle. *(1505)*

3143 Ne confie pas ton secret à un ami, car lui aussi a des amis.

LA FEMME

3144 Le travail d'une femme vaut mieux que les discours de cent hommes.

3145 Le chemin de la femme va du poêle au seuil.

3146 L'enfant est l'argile, la mère est le potier.

BIBLIOGRAPHIE

Les seules traductions publiées de proverbes tadjik sont exclusivement russes.
On trouvera une bibliographie dans *Proverbium*, n° 6, 1966, pp. 142-143 :
Le premier recueil remonte à 1644. Le XXe siècle a vu de nombreuses publications. La meilleure est :
IA. I. Kalontarov, *Proverbes et Dictons tadjik, avec des parallèles avec les proverbes russes*, Douchanbé, 1965 (685 proverbes, en tadjik et en russe).
Un parémiologue tadjik Bozor Tilavov, a publié plusieurs études, notamment :
Le Caractère poétique des proverbes et dictons populaires tadjik, Douchanbé, 1967, en russe (étude des problèmes de classification, recherche théorique sur les proverbes poétiques envisagés comme un moyen d'expression artistique populaire).
« Sur le rôle de la littérature dans le développement des proverbes et dictons tadjik », *Proverbium*, n° 16, 1971, pp. 557-563 (en russe).

chapitre VIII

LANGUES INDIENNES ET FAMILLE DRAVIDIENNE

Proverbes indiens

Avec les langues indiennes, nous abordons un des groupes linguistiques les plus vastes du monde. Les quatre pays dans lesquels elles sont parlées – Inde, Sri Lanka (Ceylan), Pakistan, Bangla Desh (Bengale) – comptent au total plus d'un milliard d'habitants (respectivement 844, 17, 115 et 119 millions d'habitants). L'Inde à elle seule représente 15 % de la population mondiale.

Tous ces chiffres sont tragiquement provisoires, vu l'accroissement exponentiel de la population. Ainsi, par exemple, au Bangla Desh, un des pays les plus pauvres du monde, où les limites de la surpopulation semblent atteintes depuis longtemps, il est de 2,8 % par an.

Le subcontinent indien a connu une civilisation prestigieuse et a donné au monde de grands penseurs et de grands artistes. La société y est encore en grande partie rurale et les valeurs de la sagesse traditionnelle s'y sont conservées.

Parmi les milliers de proverbes de langues indiennes que nous avons étudiés, des constantes se dégagent ; c'est pourquoi nous avons jugé opportun de présenter notre choix d'une manière globale, sans faire de séparation entre les langues. Quand un proverbe n'est attesté que dans un recueil sur une région particulière, nous avons mentionné sa langue d'origine. Ceux qui ne sont pas accompagnés d'une précision de ce type sont donc, soit communs à toutes les langues indiennes, soit d'origine hindi (voir plus bas).

Nous avons aussi inclus dans ce choix quelques proverbes sanskrits encore courants de nos jours. (Le sanskrit fut la langue classique de la civilisation brahmanique.)

Enfin, étant donné les nombreuses similitudes entre les proverbes des langues dravidiennes et des langues indiennes (qui s'expliquent par la proximité géographique, toutes ces langues étant parlées dans l'Inde et à Sri Lanka), nous les avons présentées dans le même chapitre, bien qu'il s'agisse de deux familles linguistiques entièrement différentes.

On trouvera ci-après, outre les proverbes généraux, des proverbes appartenant à quatorze langues et dialectes.

Le *hindi* est un groupe de langues et de dialectes de la région du Gange, parlés par 377 millions d'habitants. Parmi ceux-ci, citons notamment l'urdū, langue adoptée surtout par les musulmans d'Inde et langue officielle du Pakistan. Le hindi est la langue officielle de l'Union indienne, depuis sa constitution en 1947.

Les autres langues sont :
– langues indiennes
Le *bengali*, parlé à l'est de l'Inde, entre l'Himalaya et le delta du Gange par 190 millions de personnes. Le Bengale occidental est un État de l'Union indienne, le reste du Bengale forme le Bangla Desh.
Le *bihari*, langue du Bihar, État indien à la limite du Népal.
Le *dialecte de Chittagong*, province du Bangla Desh, à la frontière de la Birmanie.
L'*assamais* (l'Assam est un État situé à l'extrémité orientale de l'Inde).
Le *kashmiri* (le Kashmir est un ancien royaume au Nord de l'Inde, partagé entre celle-ci et le Pakistan).
Le *kumauni* (parlé dans une région du Nord de l'Inde, à la frontière du Népal).
Le *mahrate*, parlé dans le Maharastra au Nord-Ouest de l'Inde (capitale : Bombay), par 67 millions d'habitants.
Le *panjabi*, parlé dans une région du Nord-Ouest de l'Inde et au Pakistan.
Le *cinghalais*, parlé par les trois-quarts de la population de Sri Lanka.
– famille dravidienne, principales langues
Le *tamil*, langue du Tamilnadu (capitale : Madras), au Sud-Est de l'Inde, qui compte 60 millions d'habitants, et de 15 % de la population de Sri Lanka. Il est aussi parlé dans le reste de l'Asie, notamment en Indonésie.
Le *telugu*, parlé par les 30 millions d'habitants de l'État d'Andhra Pradesh, au Sud de l'Inde et dans les régions limitrophes des États de Mysore, Orissa, etc.
Le *malayalam*, langue de la côte de Malabar, au Sud-Ouest de l'Inde, et dont l'État principal, le Kerala, compte 33 millions d'habitants.

L'INDIVIDU

Les désirs

3147 Un cœur en joie est un filtre qui fait de l'or.

3148 Tout désirer : chagrin; tout accepter : joie.

3149 Sur terre, les choses dont on ne se lasse pas sont le riz et l'eau. [tamil]

3150 Celui qui n'a ni vache, ni veau, dort bien. *(1293)*

3151 L'homme qui s'est construit une maison n'en a qu'une, l'homme qui ne s'en est construit aucune, en a mille.

3152 Le pauvre cherche la nourriture, le riche cherche l'appétit. *(1774)*

3153 Les riches n'ont pas d'appétit, les pauvres digèrent le bois.

3154 La maladie vient par la bouche d'un éléphant et s'en va par celle d'une fourmi. [urdû] *(751)*

3155 Mieux vaut loucher que d'être aveugle.

3156 Mieux vaut buisson clairsemé que pas d'ombrage.

3157 Mieux vaut des coups de corne de bœufs qu'une étable vide.

3158 Un diamant avec quelques défauts est préférable à une simple pierre qui n'en a pas.

3159 La pauvreté détruit toutes les vertus.

La nature

3160 Telle graine, telle plante. *(67)*

3161 La pierre à aiguiser, bien que froide, renferme de la chaleur.

3162 Bûches tordues donnent flammes droites. *(91)*

3163 Tout chien est un tigre dans sa propre ruelle. *(580)*

3164 Un chacal est roi dans un village désert.

3165 Celui qui ploie sous un fardeau en connaît seul le poids.

3166 Pour un buffle, ses cornes ne sont pas lourdes.

3167 Les fruits de l'arbre tombent sous l'arbre. *(76)*

3168 Un moustique perdant une aile, c'est un éléphant perdant une jambe.

3169 Si le malheur t'en veut, ton bateau se fera serpent pour te piquer.

3170 Le chardon ne produira jamais de figues, la fourmi ne fera jamais de miel. *(190)*

3171 Aussi loin que coule la rivière, elle charrie de la boue.

3172 Si nombreux que puissent être les méandres de la rivière, celle-ci finira par se jeter à la mer.

L'apparence

3173 Tous ceux qui soufflent dans le cor ne sont pas chasseurs. *(1938)*

3174 Le corbeau deviendrait-il un cygne en se baignant dans le Gange ?

3175 Cent lavages ne blanchiront pas le charbon. *(385)*

3176 Le singe n'a jamais autant l'air d'un animal que lorsqu'on l'affuble de vêtements d'homme.

3177 Il ne suffit pas à un chien d'avoir la queue coupée pour ressembler à un cheval.

La relativité

3178 Qui a tué un homme est un meurtrier ; qui en a tué des milliers est un héros.

3179 De loin, la montagne paraît lisse ; de près, elle est rugueuse.

3180 Nul n'est parfait ici-bas ; le soleil lui-même a ses taches.

3181 La perle est sans valeur dans sa propre coquille.

3182 Cloche fêlée ne peut bien sonner.

3183 Un homme gras n'a pas de religion. [kashmiri]

3184 Il n'y a pas de gros ou de petits serpents, il y a des serpents. [tamil]

3185 Un chien sans queue ne peut montrer son amour.
[cinghalais]

3186 Si le chameau pouvait voir sa bosse, il tomberait et se briserait le cou.

3187 Le monde semble sombre quand on a les yeux fermés. [Chittagong]

Les comportements

3188 Forge tes épées avant que la guerre ne soit déclarée.

3189 Mieux vaut labourer profond que large. [tamil]

3190 Avant de construire une maison, il faut creuser un puits. [tamil]

3191 L'écueil fait le pilote.

3192 L'aveugle ne doit pas courir.

3193 Coupe ton paletot à la mesure de l'étoffe. *(1118)*

3194 On admire les choses que l'on ne comprend pas.

3195 Même les chutes sont des hauts faits pour les grands. [tamil]

3196 Même la chute d'un danseur est une culbute. [cinghalais]

LES BIENS

Le don

3197 Même si c'est une semence de pois, il faut la donner avec amour.

3198 Si vous ne pouvez donner du sucre, parlez-en. [urdû]

3199 À qui apporte un présent, la porte est toujours ouverte. *(1804)*

3200 Si l'on te donne un os, n'en fais pas fi : grignote-le.

3201 Même un mal de tête est une bonne chose s'il est gratuit. [cinghalais]

3202 L'homme sage donne tout de suite, l'homme plus sage refuse tout de suite.

3203 L'aumône doit suivre la richesse comme la glissade le faux pas.

3204 La reconnaissance est le paiement du pauvre.

3205 Pain mangé est vite oublié.

3206 Obliger un ingrat, c'est asperger la mer d'eau de rose. *(1314)*

L'avarice

3207 Le trésor de l'avare va au voleur et au roi.

3208 L'avare et le soufflet du forgeron respirent, mais ne vivent pas.

Le vol

3209 Après avoir appris à voler, il faut encore apprendre à être pendu. [malayalam]

3210 Celui qui est tenté aujourd'hui par un concombre le sera demain par une chèvre. [kumauni] *(535)*

3211 Mauvaise serrure attire le crocheteur.

3212 La pauvreté fait les voleurs comme l'amour les poètes.

3213 Le voleur qu'on n'a pas vu est l'égal d'un roi.

Les affaires

3214 Un homme sans argent est un arc sans flèches.

3215 Si tu achètes une vache, assure-toi que la queue est comprise dans le marché.

3216 Si tu coupes le pis de la vache, adieu le lait !

3217 Moudre la paille de riz ne te donnera pas du riz.

3218 Ce n'est pas en te brûlant les cheveux que tu obtiendras du charbon.

3219 Pourquoi épargner si votre fils est un bon fils ? Pourquoi épargner si votre fils est un mauvais fils ?

3220 Il faut accepter les coups de pied de la vache comme on accepte son lait et son beurre. [kashmiri]

3221 Le choix n'existe qu'entre deux choses : le gain ou la perte. [urdû]

3222 Celui qui vend le grain est un marchand, celui qui l'accapare est un meurtrier de l'humanité. [urdû]

3223 Les contrats écrits ne servent ni aux honnêtes gens ni aux brigands. [tamil]

3224 Il n'est de pire pauvreté que les dettes.

3225 La bourse des autres a une ouverture étroite. *(1406)*

3226 Prêter, c'est acheter une querelle.

LES BONNES ET MAUVAISES RELATIONS

3227 La patience est la plus grande des prières. [maxime de Bouddha]

3228 La justice vaut mieux que l'adoration. [kashmiri]

3229 Au jour du jugement, la plume du savant pèsera autant que l'épée du guerrier.

3230 Rends coup pour coup, et mot pour mot.

3231 Si tu tues, tue un éléphant ; si tu voles, vole un trésor. [mahrate]

3232 L'ardeur du soleil fait mieux apprécier le plaisir d'être à l'ombre.

3233 Quand le coassement des grenouilles prend fin, on n'en apprécie que mieux le silence.

3234 L'œil du maître engraisse le cheval. *(418)*

3235 Le pot cuit mieux sur son propre poêle.

3236 Seul le rossignol comprend la rose. [mahrate]

3237 Malgré sa fragilité, la liane résiste au poids de la calebasse.

3238 L'arbre ne retire pas son ombre, même au bûcheron.

3239 L'homme qui pardonne à son ennemi en lui faisant du bien ressemble à l'encens qui embaume le feu qui le consume.

3240 Le juste doit imiter le bois de santal : il parfume la hache qui le frappe.

3241 La langue est en sécurité, même au milieu de trente dents. [cinghalais]

3242 Tout leurre est bon qui amène l'oiseau dans le filet.

3243 À part les démons imaginaires, il n'en existe point d'autres. [tamil]

3244 Grand vent et vannage ne vont pas ensemble.

3245 Il faut vanner tant que souffle le vent. [tamil] *(46)*

3246 Le vent purifie la route. [sanskrit]

3247 Une pierre rugueuse s'aplanit en passant de main en main.

3248 Le dard du mépris perce l'écaille de la tortue.

3249 Le mendiant de miettes reçoit plus que le mendiant de miches. [tamil]

3250 Le tigre n'épouvante pas le buffle harassé. [tamil]

3251 La rosée effraie-t-elle celui qui dort sur la mer ? [bengali]

3252 Le chat est le tigre du rat.

3253 L'enfant qui sait marcher est un dieu pour l'enfant dans son berceau.

3254 L'hypocrisie est un hommage que le vice rend à la vertu.

3255 L'amour du méchant est plus dangereux que sa haine.

3256 Paix trompeuse nuit plus que guerre ouverte.

3257 Le grand homme rit et les côtes du pauvre homme sont brisées.

3258 Ceux qui mendient en silence meurent de faim en silence.

3259 Une fois la maison construite, on oublie le charpentier. [panjâbi]

3260 Le ciel donne de la pluie à la terre; mais la terre ne renvoie au ciel que de la poussière.

3261 L'aigle ne pourchasse pas les mouches. *(var. 189)*

3262 Les chiens aboient, mais la caravane passe. [kashmiri]

3263 N'appelle pas tout le village pour faire tourner ton moulin à huile.

3264 Donner des pierres précieuses à un âne, c'est donner une femme à un eunuque.

3265 À un manche à balai, n'attache pas un gland de soie. *(1742)*

3266 Un chien ne mord qu'au-dessus du genou. [bengali]

3267 Quand vient la récolte, le rat a quatre femmes.

3268 À roi méchant, sots ministres et cortèges de rustres.

3269 Méfie-toi de l'eau profonde et du chien qui n'aboie pas.

3270 Gardez-vous de la porte qui a plusieurs clefs.

3271 À cheval vicieux, étrille en bois de palmier.

3272 Il n'est si petite vipère qui n'ait son venin. *(65-547)*

3273 Deux épées ne peuvent aller dans le même fourreau. *(590)*

3274 Dix derviches peuvent s'asseoir sur le même tapis, mais deux rois ne peuvent vivre dans le même pays.

3275 Quand l'étang se remplit, les crapauds s'assemblent.

3276 Quand le riz est répandu, les corbeaux ne manquent pas. [Chittagong]

3277 Où le miel est répandu, les mouches se rassemblent.

3278 La dernière course du renard le mène chez le fourreur. *(164)*

3279 Après avoir mangé neuf cents rats, le chat part en pèlerinage. [bihari]
Il prétend rentrer dans le bon chemin.

3280 Le tamis dit à l'aiguille : « Tu as un trou à la queue ». [bengali] *(1040)*

3281 Au pays où l'on va nu, celui qui est habillé passe pour fou. [tamil]

3282 La blanchisseuse connaît les défauts du village. [tamil]

3283 Celui qui porte l'idole ne l'adore pas. [urdû]

3284 Il ne suffit pas d'enfermer un corbeau dans une cage pour le faire parler comme un perroquet.

3285 Le poisson est encore dans le fleuve et la femme broie le piment. [panjâbi] *(255)*
Qui accompagne le plat.

3286 Ne prépare pas la bouillie pour l'enfant avant qu'il soit né. *(255)*

3287 Ne consulte pas le buffle avant de lui mettre son bât. [tamil]

3288 Je suis reine, tu es reine, qui va aller chercher l'eau ? [urdû]

3289 Si tous montent dans le palanquin, qui le portera ? [telugu]

3290 Les vaches ne paissent pas dans leur propre pré. [Chittagong] *(2056)*

3291 Celui qui veut les fruits ne doit pas couper les fleurs. [mahrate]

3292 Qui lance une pierre dans la boue s'éclabousse la figure. [kumauni] *(713)*

3293 On ne cuit pas deux fois un pot de bois.

3294 Le lièvre qui s'est échappé avait huit pattes. [cinghalais]

3295 Ne frappe pas une pierre, c'est ta main qui en pâtira.

3296 N'appelle pas le chat pour mettre d'accord deux oiseaux qui se battent.

3297 Ne confie pas au loup la garde du mouton. *(var. 152)*

3298 Là où l'ongle suffit, point n'est besoin de la hache.

3299 Quand je me noie, tout le monde se noie. [tamil]

3300 Au bout de trois jours, poissons et hôtes puent. *(1207)*

L'amitié

3301 Celui qui a un ami véritable n'a pas besoin d'un miroir. [malayalam]

3302 Les amis sont comme des provisions de riz. [kashmiri]

3303 Le froncement de sourcil de l'ami vaut mieux que le sourire de l'ennemi.

3304 Une fausse amitié est comme un banc de sable.

3305 Un ami que tu te seras fait par des présents se fera acheter par d'autres.

3306 Un seul ennemi, c'est trop ; cent amis, ce n'est pas assez.

3307 Il est dangereux de se faire trop d'ennemis, car même un petit tas de vermine peut détruire un immense éléphant. [sanskrit] *(65)*

3308 L'envie d'un ennemi est sa propre punition.

La parole

3309 Pour le sage, une parole est un remède. [telugu]

3310 Le fou vomit, le sage avale. [mahrate] *(645-1653)*
Le premier dévoile toutes ses pensées, le second les garde pour lui.

3311 Il faut répondre au diable dans la langue du diable.

3312 Celui qui répond est inférieur à celui qui questionne.

3313 Les oiseaux se prennent par les pattes, les hommes par la langue. *(1494)*

3314 À moins qu'on ne te les demande, n'offre jamais selle ni conseil.

3315 Parler de ce qu'on ne connaît pas, c'est vouloir jouer aux échecs sans échiquier.

3316 Malédiction et bénédiction n'ont jamais hâté la mort ni prolongé la vie de quiconque.

3317 Pleurs de prostituée et serments de débauché vont de pair.

3318 Il n'y a pas de différence entre un vaurien et un homme qui ne tient pas sa parole.

3319 Les traits de la médisance et de la calomnie sont acérés par les deux bouts ; ils blessent souvent la main qui les enfonce.

3320 La calomnie persiste au-delà de la mort.

3321 Mieux vaut mentir que médire.

3322 Un menteur doit avoir bonne mémoire. *(1538)*

3323 Pour cacher un mensonge, il faut mentir mille fois.

LA FEMME ET LA FAMILLE

L'amour

3324 L'amour est sa propre récompense.

3325 L'amour est comme une plante grimpante qui se dessèche et meurt si elle n'a rien à enlacer.

3326 En amour, les mendiants et les rois sont égaux.

3327 Amour sans vérité est comme de l'eau dans une rivière qui n'a pas de rives.

3328 Le plaisir est un enfant de l'amour, mais c'est un enfant dénaturé qui fait mourir son père.

3329 Si l'homme est feu et la femme étoupe, le diable aura tôt fait de les enflammer.

3330 Il vaut mieux attraper un serpent et sucer son poison que d'avoir des rapports avec la femme d'un autre. [urdû]

La femme et l'homme

3331 Une maison sans femme est la demeure du diable. [urdû]

3332 Bonne épouse et santé sont les meilleures richesses d'un homme.

3333 Un homme sans une femme n'est qu'un demi-homme.

3334 Une grosse femme est un édredon pour l'hiver. [panjâbi]

3335 Une femme sans mari est un champ sans pluie.

3336 Une femme sans époux est comme le sable d'une rivière.

3337 Il vaut mieux être la servante d'un grand homme que la femme d'un incapable.

3338 Celle qui est née jolie est née mariée. *(893)*

3339 Une femme est sa propre dot. [tamil]

3340 Instruire une femme, c'est mettre un couteau dans les mains d'un singe.

3341 La guerre est pour l'homme ce que l'accouchement est pour la femme. [assamais]

3342 Le mensonge d'une femme est opaque comme un mur; le mensonge d'un homme filtre comme le jour à travers une natte.

3343 Argent entre les mains d'une femme ne durera pas; enfant entre les mains d'un homme ne vivra pas.

La femme

3344 Quand il n'y a pas d'hommes, toutes les femmes sont chastes.

3345 Trois sont inconstants : la femme, le vent et la richesse.

3346 La femme est la porte principale de l'enfer.

3347 Même le diable prie d'être protégé des femmes.

3348 Les femmes rient quand elles peuvent, et pleurent quand elles veulent.

3349 Il ne faut jamais faire confiance à une femme qui rit ni à un homme qui pleure. [telugu]

La famille

3350 Le vase brisé par la belle-mère était un vase fêlé; celui brisé par la belle-fille était tout neuf.

3351 Une maison sans enfants est comme un cimetière.

3352 Il est une boisson dont on ne se lasse jamais : l'eau; il est un fruit dont on ne se fatigue jamais : l'enfant. [tamil]

3353 Il n'y a que deux choses qui comptent au monde : un fils ou une fille. [urdû]

3354 Les poussins ne meurent pas des coups donnés par la poule. [kashmiri]

3355 Il est aussi difficile de gouverner une maison pleine de filles que d'alimenter un grand feu avec des brindilles. [tamil]

3356 Marier une fille, c'est comme creuser un puits.
C'est aussi important et dur.

3357 Traite ton fils comme un prince pendant cinq ans, comme un esclave pendant dix ans et comme un ami par la suite.

3358 Le chagrin de la mort d'un époux dure six mois; on ne se console jamais de la mort d'un enfant.

3359 Quand la mère meurt, le père devient un oncle. [tamil]

3360 Un enfant sans mère est comme un curry sans oignons. [telugu]

3361 Tout peut s'acheter, sauf un père et une mère. [tamil]

3362 La mère est une divinité, le père un trésor. [telugu]

3363 Dans la prospérité, on a besoin d'un père; dans l'adversité, d'une mère. [urdû]

3364 On ne parle jamais bien de sa propre mère ni du ciel. [cinghalais]

LES GROUPES NATIONAUX ET SOCIAUX

3365 Un Turc, un perroquet et un lièvre ne sont jamais reconnaissants.

3366 Tout Européen qui vient en Inde acquiert la patience s'il n'en a pas et la perd s'il en a.

3367 Mieux vaut faire confiance à un brahmane qu'à un serpent, à un serpent qu'à une prostituée, à une prostituée qu'à un Afghan.

3368 Si le Bengali est un homme, qu'est-ce que le diable? [panjâbi]

3369 Dans ce monde, il y a trois sangsues : la punaise, la mouche et le brahmane.

3370 Six Brahmanes n'ont que deux yeux. [tamil]

3371 Ce n'est pas la maladie, mais la médecine qui fait mourir l'enfant du médecin. [tamil]

3372 Si tu ne peux devenir roi, fais-toi médecin. [tamil]

3373 Un médecin n'est un vrai médecin qu'après avoir tué un ou deux malades. [kashmiri]

3374 Les mains d'un avocat sont toujours dans la poche de quelqu'un.

3375 La femme d'un soldat est toujours une veuve.

LA SAGESSE

La morale du travail

3376 Plus le moulin tourne, plus la farine s'amoncelle.

3377 Le paresseux demande un oiseau, le courageux ne demande qu'un arc et des flèches. *(1947)*

3378 L'or te donne la terre, la terre te donne l'or.

3379 La charrue est le fondement de tous les arts.

3380 Descends la rivière si tu veux atteindre la mer.

3381 Pour que le puits donne son eau, il faut la puiser.
C'est avec l'eau du corps que l'on tire l'eau du puits. [tamil]

3382 Fais aujourd'hui ce qui peut être fait demain.

3383 L'homme qui travaille comme un esclave mange comme un roi. [panjâbi] *(966)*

3384 Attache un cheveu à une montagne; ou la montagne viendra à toi, ou tu ne perdras que le cheveu.

3385 Celui qui n'ose pas ne doit pas se plaindre de sa malchance. *(1284)*

3386 Celui qui ne grimpe pas ne risque pas de tomber. *(1284)*

3387 Celui qui a planté l'arbre doit l'arroser. [tamil]

3388 La pluie des larmes est nécessaire à la récolte de l'instruction. [tamil]

3389 Dans l'eau courante, il n'y a pas de saleté. [malayalam] *(42)*

La morale

3390 Nul ne s'est jamais perdu sur une route droite.

3391 Une conscience coupable est un ennemi vivant.

3392 Tous les hommes sages pensent de même; chaque fou a sa propre opinion. [panjâbi] *(1640)*

3393 Il y a deux hommes bons, l'un est mort et l'autre n'est pas encore né. [urdû]

3394 L'homme est son propre démon.

3395 La voix du peuple est le tambour de Dieu. [urdû] *(1958)*

3396 Tu peux sonder la profondeur d'un puits; la profondeur de l'esprit est insondable.

3397 L'homme du désir périt avec ce qu'il désire.

3398 Le monde flatte l'éléphant et piétine la fourmi.

3399 Nous donnons à Dieu grain à grain et lui prenons par boisseaux. [mahrate]

Le destin, Dieu

3400 La chance et la malchance sont deux godets d'un même puits.

3401 Il y a des remèdes pour la maladie, il n'y en a point pour la destinée.

3402 Ne mourez pas avant que la mort ne vienne.

3403 Si vous croyez, c'est un dieu; si non, c'est une pierre.

3404 Dieu qui a donné des dents a aussi donné le pain. *(764)*

3405 Dieu fait le nid de l'oiseau aveugle. [turc] *(1114)*

Les règles de vie

3406 Il faut manger des noix de coco tant qu'on a des dents. [cinghalais]

3407 L'ignorance est la paix de la vie. [kashmiri]

3408 Pourquoi un homme sans arc devrait-il chercher des flèches? [tamil]

3409 La profondeur de l'eau importe peu au nageur.

3410 Si tu marches doucement, la terre te portera.

3411 La réputation d'un homme est l'ombre d'un arbre. [urdû]

3412 Le corps est une inscription sur de l'eau.

3413 Le mort est le guide du vivant. [tamil]

3414 Pourquoi pleurer après l'or quand on a le tulipier? [tamil]

BIBLIOGRAPHIE

Il n'existe qu'un recueil en traduction française : H. de Closets d'Errey, *Choix de proverbes indiens adaptés au français*, Pondichéry, 1934 (liste de 200 proverbes).

L'essentiel de la bibliographie est en anglais, pour des raisons historiques évidentes. On la trouvera dans des recueils britanniques, comme celui de Champion*, *Racial Proverbs*, par exemple.
Citons quelques ouvrages importants, parmi les premiers livres consacrés aux proverbes de cette région.
S. W. Fallon, *A Dictionary of hindustani proverbs*, Bénarès, 1886 (12 500 proverbes en hindustani, langue proche de l'urdû).
Peter Percival, *Tamil proverbs*, Madras, 1842, 1874 : Londres, 1875 (6 156 proverbes en traduction anglaise).
Mark William Carr, *A Collection of telugu proverbs*, Madras, 1868 (2 700 proverbes).
Signalons une étude thématique à travers l'ensemble des proverbes indiens, conduite par Hari S. Upadhyaya, « Attitude of indian proverbs toward high caste Hindus », *Proverbium*, n° 3, 1965, pp. 46-56.
« Craftsmen's and tradesmen's castes in indian proverbs », *Proverbium*, n° 4, 1966, pp. 71-83.
« Intouchables in indian proverbs », *Proverbium*, n° 7, 1967, pp. 157-159.
« The agricultural castes in indian proverbs », *Proverbium*, n° 10, 1968, pp. 244-247.

chapitre IX

ROMANI

Proverbes tsiganes

La langue des Tsiganes, le romani, est d'origine indienne ; elle présente une parenté avec le sanskrit et avec des langues actuellement en usage en Inde.
Les Tsiganes, au nombre de quelques millions, sont répartis dans tous les pays d'Europe, avec une forte concentration en Hongrie et dans l'ancienne Tchécoslovaquie (300 000 personnes dans chacun de ces pays). On en trouve aussi en Amérique.
Le romani est différencié en dialectes, influencés par les langues des pays traversés. Les proverbes que nous présentons sont communs aux Tsiganes ; leur origine est mentionnée quand elle est attestée dans un recueil particulier.
Les Tsiganes sont avant tout des nomades. Ils empruntent, aux populations sédentaires des pays qu'ils traversent, des mots, des usages ou des croyances, mais ils sont attachés à leur langue – orale – et à leur mode de vie. Bien qu'ils aient été très étudiés, ils conservent un caractère mystérieux, accentué par les nombreux noms qu'ils portent selon les pays. C'est un mot grec byzantin qui a donné *tsigane* et ses dérivés (*Zigeuner* en allemand). La dénomination d'Égyptiens est devenue *gitano* en espagnol, *gitan* en français et *gypsy* en anglais. *Bohémiens* leur vient du passeport donné par le roi de Bohême au XVe siècle et *romanichel* dérive du nom de leur langue.

L'INDIVIDU — **La nature et les comportements**

3415 Couper un tsigane en dix morceaux ne le tue pas, mais vous donne dix tsiganes. [anglais]

3416 Là où le Juif ne peut aller, le tsigane rampe. [russe]

3417 Mieux vaut être la tête d'une souris que la queue d'un lion. [espagnol] *(138)*

3418 Reste où l'on chante : les hommes méchants ne chantent pas. [allemand]

3419 Les enfants disent ce qu'ils font, les hommes ce qu'ils pensent, les vieux ce qu'ils ont vu et entendu. [allemand]

3420 La larme dans l'œil est la blessure dans le cœur. [allemand]

3421 Les larmes de l'orphelin sont les perles de Dieu.

3422 Là où les riches peuvent gagner honnêtement de l'argent, les pauvres doivent voler. [anglais]

3423 Le bâton qui casse une fenêtre ne tue pas un chien.
Tous les voleurs ne sont pas des meurtriers.

3424 Lorsqu'un tsigane dit la vérité une fois dans sa vie, il s'en mord les doigts. [russe]

3425 Il y a de fausses vérités et de vrais mensonges. [anglais]

3426 Le sortilège gratuit n'agit pas pleinement.

3427 Le pauvre fou qui ferme sa bouche ne gagnera jamais un thaler. [espagnol]

3428 Le jeu du chat est la mort de la souris. [allemand]

3429 La rivière qui fait du bruit en coulant entraîne des pierres avec l'eau. [espagnol]

LA FEMME

3430 N'achète pas un mouchoir, ne choisis pas une femme au clair de lune. [anglais]

3431 C'est comme un baiser, bon à rien jusqu'à ce qu'on le divise. [roumain]

3432 Tu ne peux pas retenir une putain, même avec cent chevaux.

3433 Si vous trompez des vieilles femmes, vous pourrez attraper le diable. [anglais]

LA SAGESSE

3434 Après la malchance vient la chance. [anglais] *(17)*

3435 On peut compter le nombre de pommes dans un arbre, mais l'on ne peut jamais compter le nombre d'arbres dans une pomme. [anglais]

SOURCES

George Borrow, *The Zincali or an Account of the Gypsies of Spain*, Londres, 1841, t. 1, p. 61 (2 proverbes en traduction, anglaise).
Vernon S. Morwood, *Our Gypsies*, Londres, 1885, p. 69 (9 proverbes en anglais).
Josef Ješina, *Die Zigeuner-Sprache*, Leipzig, 1886, pp. 127-128 (30 proverbes en tsigane et en traduction allemande.
Paul Ariste, « Einige Sprichwörter der Čuchny-Zigeuner », *Proverbium*, n° 18, 1972, pp. 692-693 (21 proverbes en traduction allemande recueillis à Tallinn en 1971 auprès de Tsiganes dits lettons ou « ouest-baltes »).

2

Famille finno-ougrienne

Les langues finno-ougriennes sont parlées par environ 25 millions de personnes. À l'exception du hongrois, elles sont localisées au nord de l'Europe, dans le bassin de la Volga et en Sibérie, dans des régions où la densité de population est très faible.

Les proverbes hongrois, finnois, tchoudes et estoniens que nous avons choisis sont représentatifs de ceux de cette famille linguistique. Parmi les autres langues, on peut citer le samoyède, les parlers lapons, le carélien, et dans le bassin de la Volga, le mordv et le tchérémisse ou mari.

Les langues finno-ougriennes, d'accès difficile, sont peu connues en dehors des pays où on les parle, ce qui est très regrettable, étant donné les remarquables travaux hongrois et finnois (voir p. 308, les bibliographies). Les bibliographies sont très incomplètes sur les études en langue originale au sujet des proverbes. Quant aux traductions, elles sont rares, sauf pour les langues de l'ex-U.R.S.S. dont les proverbes ont fait l'objet d'études soviétiques sérieuses.

chapitre X

HONGROIS

Proverbes magyars

Entre les Germains, les Slaves et les Roumains, les Magyars occupent une place originale au cœur de l'Europe. Ils constituent les neuf-dixièmes de la population hongroise (11 millions de personnes). Le magyar, ou hongrois, est aussi parlé en Transylvanie roumaine et dans les colonies d'émigrés (notamment aux États-Unis).

L'INDIVIDU

La nature

3436 Il n'est pas de manteau assez grand pour couvrir à la fois la pauvreté et l'ivrognerie.

3437 L'homme pauvre fait sa cuisine avec de l'eau.

3438 Il vaut mieux avoir du pain sec en temps de paix que de la viande en temps de guerre. *(var. 533)*

3439 Tel est l'homme, tel est son travail.

3440 Même le lilas blanc a une ombre.

3441 Nul ne peut reposer dans son ombre.

3442 À vieille marmite, longue durée.

3443 La vieillesse ôte les jambes au cheval, mais ne l'empêche pas de hennir. *(1055)*

Les comportements

3444 Celui qui se lève tôt trouvera de l'or.

3445 Va lentement, tu iras plus loin. *(1782)*

3446 Qui se met en colère lentement le restera longtemps.

3447 Si ton épée est trop courte, allonge-la d'un pas.

3448 Chaque coq est seigneur sur son fumier. *(520)*

3449 Le diable tente tout le monde, sauf l'oisif qui tente le diable.

LES BIENS

3450 Le bien mal acquis se perd de la même façon. *(1301)*

3451 Qui vend du poison prend une enseigne fleurie.

3452 Chaque tsigane vante les qualités de son propre cheval. *(1928)*

3453 Mieux vaut un moineau aujourd'hui qu'une outarde demain. *(532)*
L'outarde est un grand oiseau qui ressemble à une grue.

3454 Un prêt même ancien n'est pas un don.

3455 Qui accepte un cadeau vend sa liberté.

LES BONNES ET MAUVAISES RELATIONS

3456 La mort des loups, c'est la santé des brebis.

3457 Les oies nombreuses ont raison d'un cochon.

3458 Même au diable, il faut allumer un cierge.

3459 Autant de maisons, autant de mœurs.

3460 Peccadilles dans mon pays, grands péchés à l'étranger.

3461 La nuit, toutes les vaches sont noires. *(549)*

3462 Les étincelles s'envolent même d'une petite forge.

3463 Un oiseau se reconnaît à ses plumes et l'homme à ses amis.

3464 Un flatteur est un ennemi secret.

3465 La médisance peut allumer un grand feu.

3466 Le buisson ne bruit pas tant que le vent se tait.

3467 Un homme prudent ne fait pas du bouc son jardinier.

3468 Celui que frappe la foudre n'entend pas le tonnerre.

3469 Celui qui veut se faire pêcheur ne doit pas avoir peur de l'eau.

3470 Celui qui méprise le marteau ne sera jamais forgeron. *(1450)*

3471 Celui qui n'aime pas la paix ne peut combattre la guerre.

3472 Ce n'est pas toujours la plume, mais souvent le fusil qui rédige la loi.

LA FEMME ET LA FAMILLE

3473 En amour comme en rêve, il n'est rien d'impossible.

3474 Ne t'attriste de rien, tant que tu peux encore aimer.

3475 Tout se passe toujours comme la femme le désire.

3476 Regarde la mère, puis épouse la fille. *(891)*

3477 Les hiboux voient dans leur fils un faucon.

3478 L'enfant qui est aimé a plusieurs noms.

LA SAGESSE

3479 Si quelqu'un te lance une pierre, lance-lui du pain.

3480 Nul n'est pendu pour une pensée.

3481 Les moulins du Bon Dieu tournent lentement.

3482 Ne bénis ta journée que lorsque le soleil se couche.

BIBLIOGRAPHIE

Léon Fauvin, *Essais de grammaire hongroise*, Pesth, 1870, pp. 279-281 (25 proverbes en hongrois et en français).
Des proverbes figurent dans le *Dictionnaire hongrois-anglais* d'Orszógh, Budapest, 1953.
Une bibliographie des études en hongrois a paru dans *Proverbium*, n° 3, 1965, pp. 56-57. L'ouvrage le plus complet du XIXe siècle est : Ede Margalits, *Proverbes et Dictons hongrois*, Budapest, 1896 (25 000 proverbes et dictons classés par ordre alphabétique du mot-clef).
De nombreuses études dans des périodes ethnographiques ont paru sur ce sujet, puis un excellent ouvrage récent : Gábor A. Nagy, *Magyar szólasók és közmondások (Expressions et Proverbes hongrois)*, Gondolat, 1966. Il comprend 18 000 éléments classés par ordre alphabétique du mot-clef, une bibliographie complète, de nombreuses explications et un index thématique.
Le proverbe hongrois « Celui qui se lève tôt trouvera de l'or » est étudié dans un article sur ce thème de *Proverbium*, n° 4, 1966, pp. 65-69.
Les variantes du proverbe hongrois « Même au diable il faut allumer un cierge » sont étudiées dans Vilmos Voigt, « Variantenschichten eines ungarischen Proverbiums », *Proverbium*, n° 15, 1970, pp. 541-544.

chapitre XI

GROUPE FINNOIS

Proverbes finnois

La Finlande, pays nordique non scandinave d'Europe, est peu peuplée (5 millions d'habitants dont une forte minorité suédoise — 350 000 personnes —) et a deux langues officielles : le finnois et le suédois.

L'intérêt des Finlandais pour leur folklore est considérable. Leurs archives nationales sont parmi les plus riches du monde et les spécialistes finlandais, réunis autour de la revue *Proverbium**, ont donné à la parémiologie internationale des travaux de grande qualité. Citons notamment ceux de Matti Kuusi.

Quand on sait que les archives de la Société de littérature finnoise comptent 300 000 proverbes, que les collections de l'université d'Helsinki en dénombrent, avec les variantes, 1 425 000 et que la Société de littérature suédoise en Finlande en a répertorié 23 255, on ne peut que déplorer que le choix suivant soit si restreint. Il faut en rendre responsables le peu d'empressement des traducteurs à faire connaître les ressources de ce pays et la modestie des chercheurs finlandais dont les travaux traduits consistent en des études comparées ou concernent des proverbes d'autres langues.

L'INDIVIDU

La nature

3483 Nul ne skie assez doucement pour glisser sans laisser de traces.

3484 Le chat mangerait bien du poisson, mais ne veut pas se mouiller les pattes.

3485 Tout ce qui brille n'est pas or, tout ce qui scintille n'est pas argent. *(1440)*

3486 À mesure que nous vieillissons, ce sont nos maux qui rajeunissent.

Les comportements

3487 On pleure après une longue joie, on pète après un long rire.

3488 On ne doit pas aller dans l'étuve si ça ne démange pas.

3489 Le froid fera rentrer le porcelet à la maison.

LES BIENS

3490 Avec une bourse au cou, personne n'est pendu.

3491 Avec une faucille d'argent, on moissonne des épis d'or.

3492 Le riche paie l'amende avec de l'argent, le pauvre avec la peau du dos.

3493 N'examine pas de près le renne que t'a donné le riche, de peur de découvrir qu'il manque des cornes à sa ramure.

3494 L'argent qui vient de la forêt ne sent pas la sueur.

3495 Mieux vaut une gélinotte dans la main que deux sur la branche.

LES RELATIONS

3496 Une bonne cloche, on l'entend de loin, et une mauvaise d'encore plus loin.

3497 Un mouton bêle : toute la bergerie a soif.

3498 Tout le monde connaît l'ours, mais l'ours ne connaît personne.

3499 Celui qui ne veut pas entendre avec ses oreilles entendra avec son os.

3500 Un mot engendre un mot, une étincelle embrase la terre.

3501 La loi vacille quand le juge tient un verre à la main.

3502 Mieux vaut entendre parler du roi que de le voir.

LA FEMME ET LA FAMILLE

3503 On se souvient du baiser promis, on oublie les baisers reçus.

3504 L'amour est un jardin fleuri et le mariage un champ d'orties.

3505 La terre se fendra avant qu'une putain ait honte.

3506 Un veuf ou une veuve, c'est une maison sans toit.

3507 Le fou loue son cheval, l'insensé sa femme et le maladroit ses enfants.

3508 Tu feras la louange de ton cheval demain ; de ton fils, quand il aura de la barbe ; de ta fille, quand elle sera mariée ; et de toi-même, jamais.

LA SAGESSE

3509 La pluie ne reste pas au ciel.

3510 Un homme peut revenir d'outremer, aucun homme ne revient de dessous la terre.

3511 On n'est un homme que lorsqu'on a tracé un sillon dans un champ.

BIBLIOGRAPHIE

«Proverbes finnois», *Le Magasin pittoresque*, 1861, t. 29, p. 18. Matti Kuusi, «Die Wandlungen der Beliebtheit der Redensarten» in *Parömiologische Betrachtungen*, Folklore Fellows Communications, Helsinki, 1957. Dans ce chapitre sur la progression de la popularité des locutions, inséré dans ses *Considérations parémiologiques*, Kuusi donne la liste de 40 proverbes finnois en traduction allemande. Quant aux remarquables recueils finnois, il faut citer l'ouvrage historique d'Elias Lönnrot paru à Helsinki en 1842 et qui donne 7 077 proverbes ; l'édition critique de Matti Kuusi, Porvoo, 1953 qui, avec une étude des sources de la parémiologie finnoise, comprend 11 000 proverbes et enfin le recueil d'Erkki Giesmaa, Helsinki, 1957 (13 605 proverbes avec des références à la Laponie et au Nord-Est).

Proverbes tchoudes

Le vêpse et l'estonien appartiennent au même groupe que le finnois. Le vêpse, ou tchoude du Nord, a des formes plus anciennes que le finnois. Les Tchoudes, qui peuplent une région située au nord de l'Estonie, ont donné leur nom à un lac fameux, où Alexandre Nevski écrasa les Chevaliers Teutoniques en 1242.

L'INDIVIDU

La nature

3512 Personne ne naît avec la cognée dans la main.

3513 Le charbon froid ne donne pas de feu.

3514 Ce n'est pas le navet amer qui pourrit le premier.

3515 Tous ne sont pas des hommes, qui portent des culottes.

3516 Une louche ne vaut rien sans sa queue.

Les comportements

3517 L'homme ne vit pas du nom, mais du travail.

3518 Le chien ne peut pas apprendre à nager sans se mouiller la queue.

3519 Le torrent qui mugit ne gèle pas, la pierre qui roule n'amasse pas mousse.

3520 Un chien aboyeur n'attrape pas de lièvre.

3521 Un péché pour celui qui prend, cent péchés pour celui qui le dit.

LES RELATIONS

3522 Le travail est tel qu'on le fait, la loi est telle qu'on la lit.

3523 La mer n'est pas corrompue si les chiens boivent au bord.

3524 Le poisson est toujours dans l'eau, mais pas toujours dans le filet.

3525 Deux rois n'ont pas de place dans un seul château.

LA SAGESSE

3526 Les hommes bêtes ne sont ni labourés ni semés, ils surgissent d'eux-mêmes.

3527 L'homme ne fait pas avancer le temps, le temps fait avancer l'homme.

SOURCE

Ch. E. de Ujfalvy, *Essai de grammaire vêpse*, Leroux, 1875, pp. 52-55 (47 proverbes en vêpse et en traduction française).

Proverbes estoniens

Un million d'Estoniens habitent l'Estonie, l'une des trois républiques baltes incorporées dans l'U.R.S.S., puis redevenues indépendantes en 1991.

L'INDIVIDU

3528 La forêt est le manteau du pauvre.

3529 On ne fait pas de soupe avec de la beauté. *(1042)*

3530 Mieux vaut une chèvre qui donne du lait qu'une vache stérile.

3531 Habit de soie n'a pas de puces.

3532 Celui qui n'a pas bâti de maison croit que les murs sortent de terre.

3533 La hache émoussée du maître coupe plus que celle de trois ouvriers. *(271)*

3534 Besace de prêtre et abîme d'enfer ne sont jamais pleins.

3535 La loi est de trois jours plus vieille que le monde.

LA FEMME ET LA FAMILLE

3536 Nul ne distingue la trace de l'oiseau dans le ciel ni de l'amant qui s'en va voir sa belle.

3537 Ne vous fiez ni à l'épousée de la veille ni au temps du matin.

3538 Si la fournée de pain est manquée, c'est une semaine perdue ; si la moisson est mauvaise, c'est une année perdue ; si le mariage est funeste, c'est une vie perdue.

3539 Le verger d'une femme pauvre est dans son corsage, et son champ sous son tablier.

3540 Une femme belle est le paradis des yeux, l'enfer de l'âme et le purgatoire de la bourse.

3541 Neuf enfants trouvent place entre les bras de leur père, mais il n'y a jamais assez de place pour un père dans les maisons de neuf fils. *(904)*

3542 L'été vient et embrasse l'enfant, l'hiver vient et le tue.

3543 Le vieil homme a la mort devant les yeux, le jeune homme l'a derrière le dos.

SOURCES

Les proverbes estoniens nous sont peu accessibles, en l'absence de traductions. Nous savons qu'ils sont bien répertoriés. Plusieurs travaux sérieux ont été publiés par I. Sarv. On peut citer notamment : *La comparaison en tant qu'aspect particulier du dicton*, Annales de l'université de Tartu (l'ancienne Dorpat), 1960, qui comporte un résumé en russe et en allemand.
Un article de *Proverbium*, n° 9, 1967, p. 219, annonçait la publication prochaine d'un ouvrage plus considérable du même auteur, comprenant 8 000 proverbes.

3

Famille caucasienne

Les langues caucasiennes sont parlées en Géorgie, en Azerbaïdjan et dans quelques territoires situés plus au Nord, par 5 millions de personnes, le groupe le plus nombreux étant les Géorgiens.
On trouve aussi quelques centaines de milliers de personnes parlant d'autres langues et dialectes de cette famille en Iran, en Turquie, en Iraq, en Syrie, en Jordanie.

On dénombre 37 langues caucasiennes, sans compter les nombreux dialectes. Elles sont divisées en plusieurs groupes : dans celui du Sud figure le géorgien; ceux du Nord comprennent les 26 langues du Daghestan, ainsi que le circassien, l'abkhaz, l'oubykh, le tcherkesse, etc.
Le géorgien a une riche tradition littéraire; c'est la langue nationale de la République de Géorgie et la langue maternelle de 3 millions de personnes.

chapitre XII

GÉORGIEN

Proverbes géorgiens

L'INDIVIDU

La nature

3544 À bon drap bonne doublure.

3545 Du même bois on fait la croix et la pelle à fumier.

3546 Celui qui est né sur les épines préfère mourir sur elles.

3547 La cruche ne peut verser que ce qu'elle contient. *(1092)*

3548 D'un œuf de corbeau ne sort qu'un corbeau. *(188)*

3549 L'enfant de la souris sera toujours rongeur de sacs. *(515)*

3550 De la semence du rosier ne pousse pas l'églantier. *(201)*

3551 Le serpent change de peau, mais non point de nature. *(140)*

3552 La barbe longue ne fait pas le curé. *(636)*

3553 Foin ne peut pas tuer le bœuf.

3554 La forteresse s'écroule par l'intérieur.

3555 Il y a toujours une cuiller malpropre dans chaque famille.

3556 La maladie entre par charrettes et sort par grains. *(751)*

Les comportements

3557 Goutte par goutte, le lac s'est formé. *(39)*

3558 Le testament ne fait pas mourir le testateur.

3559 Toutes les mouches bourdonnent, mais elles ne sont pas des abeilles.

3560 Toutes les cheminées fument, mais cela ne veut pas dire qu'on fait de la cuisine partout.

3561 La cerise est amère au sommet du cerisier.

3562 La faim ne dit pas « pain rassis » ni le froid « vieil habit ».

3563 Le riche mange quand il veut, et le pauvre quand il peut.

3564 L'assiette d'or ne vaut rien, si mon sang coule dedans.

LES BIENS

3565 Mieux vaut le diamant brut que la turquoise polie.

3566 Mieux vaut boire d'une petite source d'eau douce que de la grande mer salée.

3567 Mieux vaut la petite amphore pleine que la grande vide.

3568 Le piment gratuit est plus doux que le sucre.

3569 Un œuf aujourd'hui est meilleur qu'un poulet demain. *(532)*

3570 Mieux vaut le cuivre qui t'appartient que l'or d'autrui.

3571 Ce qui a été apporté par le vent sera emporté par le vent. *(1963)*

3572 Quand tu donnes une noix à quelqu'un, donne-lui aussi de quoi la casser.

3573 La justesse des balances dépend du peseur.

LES BONNES ET MAUVAISES RELATIONS

3574 Le bon cheval n'a pas besoin de fouet.

3575 Le surplus de beurre ne gâte pas le pâté de riz.

3576 L'aiguille mince fait plus que la lance du guerrier.

3577 Si Jésus-Christ me vient en aide, je me moque des anges.

3578 Si la lune m'aide, je me moque des étoiles.

3579 Même Dieu aime les bons.

3580 Telle forêt, tel gibier.

3581 Les mouches s'assemblent là où le miel coule.

3582 On ne peut pas reprocher au soleil de ne pas éclairer pendant la nuit.

3583 Dans un pays sans chien, on ferait aboyer le chat.

3584 Attrape d'abord l'oiseau et construis ensuite la cage. *(462)*

3585 La mère n'allaite son enfant que lorsqu'il pleure.

3586 Le veau flatteur tète deux mamelles.

3587 Avec de douces paroles on parvient à traire le cerf et avec des dures, on ne réussit même pas à traire la vache.

3588 On conquerra le monde entier par la parole, mais non par un sabre tiré.

3589 Seul le muet peut faire taire un bavard.

3590 La main coupée par la justice ne fait pas souffrir.

3591 Le grand n'a pas voulu se baisser, le petit n'a pas pu l'atteindre, et le baiser s'est perdu.

3592 N'ayant pas pu battre le cheval, on battait la selle. *(369)*

3593 Le chien qui ne peut pas mordre aboie de loin.

3594 Le pêcheur maladroit ne fait que troubler l'eau.

3595 Chat miauleur n'attrape pas de souris.

3596 La vache perdue donnait beaucoup de lait.

3597 Un aveugle suivait l'autre et tous les deux sont tombés dans le fossé.

3598 Il faut se garder du devant d'un bœuf, du derrière d'un cheval, et d'un aveugle de tous les côtés.

3599 On donna des yeux à un aveugle et il se mit à demander des sourcils.

3600 Un cochon sale en a sali une centaine d'autres. *(477)*

3601 Si tu pardonnes au renard le vol de la poule, il t'enlèvera le mouton.

3602 Par-dessus la haie basse, tout le monde passe. *(1825)*

3603 Lorsque l'arbre est tombé, les fourmis le prennent d'assaut. *(56)*

3604 On est philosophe dans la bataille d'autrui. *(1848)*

3605 Un champ commun est toujours ravagé par des ours. *(371)*

3606 Entre les mains de neuf nourrices, le bébé est mort de faim.

3607 On ferrait le cheval et la grenouille, allongeant sa patte, a dit : « Ferrez-moi aussi ».

3608 Plus tu remues le fumier, plus il sent mauvais. *(699)*

3609 L'église sans maître est devenue la proie des diables.

3610 Les champs ont des yeux et les murs des oreilles. *(51)*

3611 L'ours ne savait pas mordre, et l'homme le lui a appris.

3612 Les eaux ont beau couler dans tous les sens le sable restera toujours au fond.

3613 Le soleil qui se couche regarde de travers la lune qui se lève.

3614 Celui qui jettera de la boue au soleil ne l'atteindra pas et la boue retombera sur lui. *(713)*

3615 Les taches de sang ne se lavent pas avec du sang.

LA FEMME

3616 Des amoureux peuvent se tenir même sur le tranchant d'une hache.

3617 Ma belle est celle que j'aime.

3618 Faute de belles, on embrasse des laides. *(var. 987)*

3619 Même les pans d'habits d'or ne peuvent voiler les femmes légères.

3620 Les armes d'une femme, ce sont ses larmes.

3621 Si la femme était bonne, Dieu en aurait eu une.

3622 Mieux vaut être la femme d'un forgeron que l'amante d'un roi.

3623 On a tué des milliers de maris à cause de leurs belles femmes.

3624 Si la femme se rappelait les souffrances de l'accouchement, elle n'aurait jamais couché de nouveau avec un homme.

3625 La vache vêlait et le bœuf gémissait.

3626 Le chanceux perd sa femme, le malchanceux perd son cheval.

LA FAMILLE

3627 Une mère comprend la langue de son fils muet.

3628 L'homme qui n'a jamais souffert blessa sa mère avec une hache et souffrit.

3629 Le fils est le support de la maison, la fille – le butin d'autrui.

3630 Neuf frères ont partagé entre eux une noisette.

3631 La sœur peut mourir pour le frère, mais le frère n'est jamais mort pour sa sœur.

LA SAGESSE

3632 Les yeux avides ne peuvent être cousus qu'avec le fil de la mort.

3633 L'homme proposait, Dieu riait. *(1954)*

3634 Dieu est la consolation du pauvre.

BIBLIOGRAPHIE

Les proverbes géorgiens sont bien connus par des publications géorgiennes et des traductions russes. Notre principale source est une traduction française, qui est un travail sérieux et complet sur ce sujet : Th. Sakhokia, «Les Proverbes géorgiens», *Revue des Traditions populaires*, Maisonneuve, 1903 (800 proverbes présentés par thèmes).

chapitre XIII

OUBYKH

Proverbes oubykhs

Depuis l'exode des Oubykhs en Anatolie, en 1864, l'oubykh n'est plus parlé dans le Caucase, mais seulement par des groupes peu nombreux en Turquie.

Si nous avons choisi de présenter quelques proverbes oubykhs, de préférence à ceux des autres langues caucasiennes (qui sont connus par des traductions russes), c'est qu'il existe une tradition française d'étude des langues de cette région qui doit beaucoup aux travaux de Georges Dumézil*

L'INDIVIDU

3635 D'une servante il ne sort pas une dame. *(203)*

3636 D'un bon père sortira un bon fils. *(918)*

3637 Parfois d'un bon père ne sort pas un bon fils.

3638 Si la branche vieillit, tu ne pourras plus la courber.

3639 Celui qui a un château de fer manque d'une aiguille de fer.

LES RELATIONS

3640 Si tu envoies l'enfant en course, c'est toi-même que tu renverras.
L'enfant n'ayant pas compris, tu seras obligé d'y retourner.

3641 Où le chat n'est pas, la souris danse. *(540)*

3642 Un œuf aujourd'hui vaut mieux qu'une poule de demain. *(532)*

3643 Celui qui a mangé à sa suffisance ne comprend pas celui qui a faim. *(168)*

3644 Si le cavalier ne vient pas à bout du cheval, il accuse la selle. *(369)*

3645 Ne me fais pas panser par qui n'a pas été blessé.

3646 Ne reprends pas l'eau que tu as crachée.

3647 On n'enlève pas deux fois la peau d'un animal tué.

3648 Le loup dit qu'il y a de la viande dans la vallée où il n'est pas entré.

3649 Ce qui sort d'une bouche entrera dans cent bouches.

3650 Ce que l'épée coupe se guérit, ce que la bouche coupe ne se guérit pas.

LA SAGESSE

3651 Le pied de la vache ne tue pas le veau.

3652 Celui qui t'aime te fera pleurer, celui qui te hait te fera rire.

3653 En faisant le mal ne t'attends pas au bien.

3654 Si le cœur ne contemple pas, l'œil ne verra pas.

SOURCE

Georges Dumézil, «Les proverbes oubykhs de J. von Mészáros», in *Documents anatoliens sur les langues et les traditions du Caucase*, Maisonneuve, 1960, t. I, pp. 80-88 (98 proverbes en oubykh et en traduction française, avec des explications).

4

Langue basque

chapitre XIV

LANGUE BASQUE

Proverbes basques

L'origine de la langue basque, que ses usagers appellent euskara ou eskuara et qui est divisée en huit dialectes et de nombreux sous-dialectes, reste mystérieuse.

Ce problème a beaucoup intéressé les linguistes, qui, après l'avoir cru (à tort) apparenté à l'ibère, ont relevé les coïncidences du basque avec de nombreuses langues, sans pouvoir déterminer s'il s'agit de hasards ou s'il y a lieu de supposer l'existence d'une source commune.

Certains poursuivent des recherches sur les rapprochements entre le basque et les langues nord-africaines (berbère). D'autres, plus nombreux, l'apparentent aux langues caucasiennes, ou même paléo-sibériennes.

Il nous a paru plus prudent de le présenter comme un cas isolé, tout en signalant l'influence exercée par l'environnement latino-roman des Basques (voir 1, chap. I : groupe roman).

Ceux-ci sont concentrés au nord de l'Espagne et au sud de la France. En Espagne, dans les régions de Navarre, Biscaye (autour de Bilbao), de Guipuzcoa (San Sebastian) et d'Alava (Vitoria), on en dénonbre 650 000, tandis que 80 000 Basques se trouvent en France dans les arrondissements de Bayonne et de Mauléon, sans compter les émigrés répandus dans le monde.

L'INDIVIDU

3655 La maison vide est pleine de bruit.

3656 Tout drap a son envers. *(2061)*

3657 Celui qui doit être pendu à Pâques trouve le carême bien court.

3658 Celui qui a passé le gué sait combien la rivière est profonde.

3659 Le miel est amer à celui qui a mal à la bouche. *(626)*

3660 La vanité, encore qu'elle fleurisse, ne graine pas.

3661 Celle qui s'engrossa de vent s'accoucha de vesses.
Une *vesse* est un pet.

LES BIENS

3662 Un marteau d'argent rompt des portes de fer.

3663 Sou à sou s'amasse le franc. *(31)*

3664 J'ai tiré lait, beurre et fromage de ma vache, et j'ai perdu mon veau.

3665 Donne ton veau de bonne grâce à celui qui peut te l'enlever par force.

LES BONNES ET MAUVAISES RELATIONS

3666 Le lard et le vin de l'année courante, l'ami de plusieurs années.

3667 La montagne n'a pas besoin de la montagne, mais l'homme a besoin de l'homme. *(var. 8)*

3668 L'aiguille habille les autres et demeure nue.

3669 Attaquer hardiment, c'est vaincre à demi.

3670 Le fou en sait plus en sa maison que le sage en celle d'autrui.

3671 J'aime mieux un âne qui me porte qu'un cheval qui me jette par terre.

3672 En la maison du ménétrier, tous sont danseurs.
Le *ménétrier* est un musicien.

3673 Il faut que le fil soit plus long que l'aiguille.

3674 Ce que la souris mangerait, que le chat le mange. *(543)*

3675 Lorsque le feu brûle la maison de ton voisin, prends garde à la tienne. *(820)*

3676 Quand le renard se met à prêcher, prends garde à ta poule.

3677 Notre chien sait flatter avec la queue et mordre avec la bouche.

3678 C'est folie de tendre la main à celui qui se veut noyer.

3679 C'est jouer à tout perdre que d'enterrer le bât avec la mule morte.

3680 Celui qui doit baiser quelqu'un au derrière, à retarder ne gagne rien.

3681 Les plus grands maux sont ceux qui viennent de la tête.
La *tête* signifie ici les maîtres.

3682 Le grand larron fait pendre les petits.

3683 Une servante de pays lointain a bruit de damoiselle.

3684 Il y a plus de menacés que de frappés.

3685 Que ce qui est dit à la table demeure caché dans la nappe.

3686 Le secret, après qu'il s'est promené en trois oreilles, va courant partout.

LA FEMME

3687 Ni l'étoupe près des tisons, ni la fille près du garçon.

3688 L'étalon ne sent pas les coups de pied de la jument. *(417)*

3689 Il faut couvrir le feu de la maison avec les cendres de la maison.
Sur l'adultère.

3690 Qui a le loup pour mari jette souvent la vue sur le bois.

LA SAGESSE

3691 Le crachat que tu jettes contre le ciel, retombe sur ta face. *(713)*

3692 La maladie du corps est la guérison de l'âme.

3693 L'espérance est la pitance de ceux qui sont en souffrance.

3694 Tu sais assez si tu sais vivre.

BIBLIOGRAPHIE

Les proverbes basques ont été l'objet d'un grand intérêt depuis le XVIe siècle. Des ouvrages anciens ont été réédités. Citons notamment :

W. J. van Eys, réédition de l'*Unicum* de 1596, Genève, 1896 (300 proverbes du dialecte du Guipuzcoa avec la traduction espagnole).
Julio de Urquijo e Ibarra, *Refranero Vasco, los refranes y sentencias de 1596*, San Sebastian, 1964 (163 proverbes avec la traduction espagnole et des équivalents allemands, français, italiens, piémontais, béarnais et castillans).
Une traduction française de 168 proverbes basques avait paru dès 1657 :
Arnauld Oihenart, *Supplément des proverbes basques*, rééditée en 1892 à Bayonne et en 1894 à Bordeaux (texte français avec quelques explications).
Tout en modernisant l'orthographe, nous avons préféré utiliser cette traduction ancienne qui donne une saveur toute particulière au choix de proverbes basques.

5

Famille altaïque

Les monts Altaï, berceau des peuples turco-mongols, ont donné leur nom à une famille de langues, répandues dans l'Asie septentrionale et centrale.

Les langues turques et mongoles, à partir d'un fonds commun très ancien, ont évolué dans leur aire propre, subissant l'influence, pour les premières, des mondes musulman et bouddhique et pour les secondes, du monde bouddhique et de la Chine.

On y joint les langues toungouzes, répandues principalement en Sibérie et en Mandchourie, ainsi que le coréen et le japonais, qui présentent entre eux des ressemblances frappantes. Le peuplement originel de la Corée est d'origine toungouze. Quant au japonais, bien qu'il ait emprunté une partie de son vocabulaire et la base de son écriture au chinois, il en est cependant fondamentalement différent.

chapitre XV

TURC

Proverbes turcs

Le turc est la langue officielle de la Turquie, qui compte 67 millions d'habitants. L'influence du monde musulman, notamment par l'islamisation, explique que certains proverbes soient communs aux Arabes et aux Turcs. De même, des raisons historiques expliquent les coïncidences avec les proverbes persans, kurdes et albanais.

L'INDIVIDU

Les désirs

3695 Si ma chaussure est étroite, que m'importe que le monde soit vaste ?

3696 Le marron du pauvre, c'est le gland du chêne. *(498)*
Proverbe employé par les pauvres pour indiquer qu'ils se contentent de leur nourriture frugale.

3697 Plutôt mon corbeau que le rossignol d'autrui. *(988)*

3698 Une poule affamée rêve qu'elle est dans le grenier à orge.
Les plus démunis font les rêves les plus fous.

3699 La pauvreté est une chemise de feu.

3700 Peu d'argent, peu de procès. *(1853)*

3701 Allah donne le pain à l'un et l'appétit à l'autre.

3702 Le monde est ainsi fait : aux uns, il donne des melons, aux autres des maux d'estomac.

3703 Trop d'orge fait crever le cheval. *(1292)*

La nature

3704 Chaque fleur a son parfum.

3705 D'un même arbre, on tire des carquois et des pelles à fumier.

3706 Le gingembre, en Orient, n'a pas de saveur.

3707 Santé sans argent est maladie sans douleur.

3708 S'il y a un homme sans chagrin, ce n'est pas un homme.

3709 Le chagrin est à l'âme ce que le ver est au bois.

3710 Le bât ne pèse point à l'âne.

3711 La raison ne vient pas avec l'âge, elle est dans la tête.

3712 Le vinaigre trop acide ronge le vase qui le contient. *(1934)*
Une personne emportée se nuit d'abord à elle-même.

3713 Qui n'a pas éprouvé la peine ignore le prix du plaisir.

3714 Le monde entier, fût-il ligué contre toi, ne peut te faire le quart du mal que tu te fais à toi-même.

3715 C'est le fait de Satan de dire : moi.

3716 L'intelligence de quarante Arabes tiendrait dans un pépin de figue.

Les comportements

3717 Chaque coq chante dans l'endroit où l'on jette les balayures. *(520)*
Chacun est fort chez soi.

3718 Savant ne couche pas sur un lit de plumes.

3719 Qui monte à l'arbre ne laisse pas ses babouches à terre.

3720 C'est pendant qu'il pleut qu'il faut remplir les jarres. *(319)*

3721 C'est goutte à goutte que se forment les lacs. *(39)*

3722 Qui s'est brûlé avec du lait souffle sur la crème glacée. *(548)*

3723 Qui a mangé du fromage salé saura bien trouver de l'eau.

3724 La roue arrière d'une voiture passera là où la roue avant est passée.

3725 Qui entre dans l'étuve sortira en sueur.

3726 Est-ce quand le cheval a été volé que tu fermes la porte de l'écurie ? *(422)*

3727 À grand pain, beaucoup de levain.

3728 Qui hésite entre deux mosquées, s'en retourne sans avoir prié.

3729 On ne peut abattre deux oiseaux avec une seule flèche.

3730 Celui qui mange seul son pain soulève son fardeau avec les dents.

3731 Qui sait beaucoup commet beaucoup de fautes.

3732 En fuyant la pluie, on rencontre la grêle.

3733 L'arme est l'ennemie de son maître.

LES BIENS

Le don

3734 Qui demande l'aumône rougit une fois ; qui la refuse, rougit deux fois.

3735 Le vinaigre gratis est plus doux que le miel.

3736 On ne regarde pas aux dents d'un cheval donné. *(421)*

3737 Mangez le raisin et n'en demandez pas la vigne.

3738 Donner aux riches, c'est porter de l'eau à la mer. *(37)*

L'ingratitude

3739 Une fois le dîner fini, on n'estime plus la cuiller.

3740 Quand la hache pénétra dans la forêt, les arbres dirent : « Son manche est des nôtres. »

3741 L'aigle a été percé de la flèche faite de sa plume. *(502)*

Le vol

3742 On ne vole pas une aubergine amère.

3743 Le voleur de miel se lèche les doigts. *(1019)*

3744 Le voleur qui n'est pas pris passe pour un honnête homme.

Les affaires

3745 Les hommes font les affaires et les affaires font les hommes. *(1384)*

3746 On paie celui qui joue du fifre.

3747 Bien qu'ils soient des frères, leurs poches ne sont pas des sœurs.

3748 La mer n'achète pas de poissons.

3749 Qui montre du blé veut vendre de l'orge.

3750 Ne croyez pas qu'en laissant vos cheveux chez le barbier vous l'ayez payé.

3751 Le prix de l'or, c'est le changeur qui le connaît.

3752 Le miel est une chose, le prix du miel en est une autre.

3753 On ne vend pas le poisson qui est encore dans la mer. *(255)*

3754 Les poulets d'été se comptent en automne.

3755 Il ne faut pas couper de caftan pour l'enfant qui n'est pas encore né. *(462)*

3756 Corneille sur la main vaut mieux qu'aigle en l'air. *(217)*

3757 L'œuf d'aujourd'hui vaut mieux que la poule de demain. *(532)*

3758 Plutôt le poulet d'aujourd'hui que l'oie de demain. *(532)*

Les dettes

3759 Argent emprunté s'en va en riant et revient en pleurant.

3760 Mille larmes ne paient pas une dette. *(1343)*

LES BONNES ET MAUVAISES RELATIONS

3761 L'homme est le miroir de l'homme.

3762 Bon cheval n'a pas besoin d'éperons.

3763 C'est l'os qui tient fermée la gueule du chien. *(585)*

3764 Le miel fait sortir le serpent de son trou.

3765 On prend plus de mouches avec un rayon de miel qu'avec du tonneau de vinaigre. *(246)*

3766 On prend quelquefois le lièvre avec un chariot à bœufs.

3767 Chameau galeux portera toujours bien le fardeau d'un âne sain.

3768 Au bœuf bien portant, mauvaise paille n'est point nuisible.

3769 Celui dont le pied glisse montre le chemin à beaucoup.

3770 Baise la main que tu n'as pu couper.

3771 Sois maître de qui ne t'aime pas et esclave de qui t'aime.

3772 Loue la journée une fois le soir venu, et l'homme après sa mort.

3773 Ne regarde pas à la blancheur du turban ; le savon fut pris à crédit.

3774 Le chien qui veut mordre ne montre pas ses dents.

3775 Chien affamé ne craint pas le lion.

3776 L'oiseau affamé fait son nid même auprès du faucon.

3777 La brebis morte n'a plus peur du loup.

3778 Celui qui cherche la paix doit être sourd, aveugle et muet.

3779 Pas de montagne sans brouillard, pas d'homme de mérite sans calomniateurs.

3780 Mille hommes armés ne peuvent dépouiller un homme nu. *(var. 1294)*

3781 La terre a des oreilles, le vent a une voix.

3782 Tel pot, tel couvercle. *(1043-1050)*

3783 Qui joue avec l'âne ne doit pas s'offenser s'il pète. *(var. 381)*

3784 Le pêcheur doit s'habituer à l'eau trouble. *(43-224)*

3785 L'eau que tu passes à gué peut en noyer d'autres.

3786 Là où il n'y a pas de mouton, la chèvre est reine.

3787 On ne jette pas de pierres au vautour.
Parce qu'il vole trop haut.

3788 On ne donne pas le sein à l'enfant qui ne pleure pas.

3789 Si deux cruches se heurtent, l'une se casse.

3790 Qui cherche un ami sans défaut reste sans ami.

3791 La poule du voisin nous paraît une oie. *(295)*

3792 L'eau du puits du voisin est plus douce que le miel. *(295)*

3793 Si ma barbe brûle, les autres viennent y allumer leur pipe. *(583)*

3794 L'homme charmant répand les fleurs au dehors et réserve les épines pour le dedans.

3795 Qui pleure pour tout le monde finit par perdre les yeux.

3796 Celui qui songe à brûler la récolte n'arrive pas au temps de la moisson.
Dieu fait mourir ceux qui ont de mauvaises intentions.

3797 Deux baladins ne dansent pas sur la même corde.

3798 Deux coqs ne peuvent pas chanter dans un même lieu. *(1770)*

3799 Le poisson commence à puer par la tête.
Les chefs se laissent corrompre les premiers.

3800 Quand un riche tombe par terre, on dit que c'est un accident ; quand c'est un pauvre, on dit qu'il est ivrogne.

3801 Qui tombe dans le fleuve s'accroche au serpent.
Dans le danger, on se réfugie même chez son ennemi.

3802 L'esprit ne vient au poisson que lorsqu'il est pris au filet.

3803 Ne frappe pas le malheureux, il tombera bien sans cela.

3804 Une fois le lion mort, il ne manque pas de braves pour lui arracher la crinière. *(56)*

3805 On jette à la rue les vieux balais.

La parole

3806 Bouche qui parle ne reste pas affamée.

3807 Qui domine sa langue sauve sa tête.

3808 Qui prend conseil franchit la montagne ; qui n'en prend point fait fausse route même en plaine.

3809 L'homme est lié par sa parole, comme l'animal par sa chaîne. *(1494)*

3810 Qui parle beaucoup a mauvaise conscience.

3811 La langue n'a pas d'os, mais elle les brise.

3812 Parfois la tête est la moisson de la langue.

3813 La mauvaise parole et la fausse monnaie reviennent à leur propriétaire.
Si une personne utilise un langage grossier, il lui est répondu de la même manière.

3814 On peut se défaire d'un ami par une seule parole, mais pour en acquérir mille paroles ne suffisent pas.

3815 Le sage ne dit pas ce qu'il sait et le sot ne sait pas ce qu'il dit.

3816 Celui qui dit la vérité doit avoir un pied à l'étrier.

3817 Le logis du menteur a brûlé, mais personne ne l'a cru.

3818 Qui conçoit en secret accouche en public.

LA FEMME

3819 On nomme amoureux celui qui, en courant sur la neige, ne laisse point de traces de ses pas.

3820 Qui aime la femme est cousin du soleil.

3821 Pour l'amour d'une rose, le jardinier devient l'esclave de mille épines.

3822 Prends l'étoffe d'après la lisière, et la fille d'après la mère. *(891)*

3823 Le cheval dépend du cavalier et la femme de l'homme.

3824 C'est à qui saura la chevaucher que la jument appartiendra. *(362)*

3825 Quand la lampe est éteinte, toutes les femmes se ressemblent. (549)

3826 Les larmes sont d'ordinaire la plus touchante éloquence des femmes.

3827 Le conseil d'une femme n'est bon que pour une femme.

3828 Dans la maison d'une veuve, il n'y a pas de souris grasse.

3829 La chemise est plus près du corps que l'habit. *(1150)*
La famille est plus proche que les amis.

LA SAGESSE

La morale du travail

3830 La bouche ne devient pas douce à force de dire : «Miel! Miel!»
Il faut travailler si l'on veut avoir des biens et en jouir.

3831 Si tu crains les moineaux, ne sème pas de mil.

3832 Qui se contente d'espérance, meurt de faim. *(var. 1312)*

3833 Le vent ramassa, le tourbillon dispersa.

3834 Attache d'abord ton âne, puis tu le recommanderas à Dieu. *(1947)*

3835 C'est l'oiseau qui vole encore qui peut espérer du secours.

La justice

3836 Une heure de justice vaut soixante-dix ans de prière.

3837 La justice est la moitié de la religion.

3838 Quand la violence entre par la porte, la loi et la justice sortent par la cheminée.

3839 Sois brigand, sois voleur, mais ne cesse pas d'être juste.

Les règles de vie

3840 D'abord voir, après savoir.

3841 Plutôt manquer d'yeux que d'esprit.

3842 On n'apprend rien qu'à force de se tromper.

3843 Fais du bien et jette-le à la mer. Si les poissons l'ignorent, Dieu le saura.

3844 La flèche tirée ne revient jamais.

3845 Prépare-toi au malheur avant qu'il n'arrive.

3846 Il faut savoir sacrifier la barbe pour sauver la tête. *(226)*

Le temps

3847 Toute nuit a un jour, tout hiver a un été.

3848 Ce qui n'arrive pas dans l'année peut arriver dans la journée.

3849 Ne redoute pas l'accident dont on te menace pour le lendemain.

3850 L'avenir ressemble à une femme enceinte; qui sait ce qu'elle mettra au jour?

3851 Le jour passe, la vie s'écoule, et cependant le fou se réjouit de l'approche du jour de fête.

Le monde et l'homme

3852 La fleur est produite par le fumier et le fumier est produit par la fleur.

3853 L'homme est la toile, le monde est l'aune.
L'aune est une ancienne mesure (de longueur).

3854 Le monde est un moulin : parfois il moud du grain, parfois il nous moud.

3855 Qui est destiné à se pendre ne se noie pas.

3856 Quand la flèche de la destinée a été lancée, ce n'est pas le bouclier de la prudence qui garantit de ses coups.

3857 Quand s'accomplit la destinée, l'œil de la sagesse s'obscurcit.

Dieu, la mort et l'espoir

3858 Nul soupir ne tombe à terre.

3859 À l'oiseau aveugle, Dieu fait le nid. *(1951)*
Les malheureux sont protégés par Dieu.

3860 À la vue d'une seule beauté, il faut bénir Dieu.

3861 Le bonheur est un cristal qui se brise au moment de son plus grand éclat.

3862 Le plus heureux de tous est celui qui meurt au berceau.

3863 L'ambition est une maladie qui n'a guère d'autre remède qu'une poignée de terre.

3864 Une poignée de terre rassasie l'œil de l'homme.

3865 Le cheval meurt, sa selle reste; l'homme finit, son nom reste.

3866 Il y a deux choses qu'on ne peut regarder fixement : le soleil et la mort.

3867 La mort est un chameau noir qui s'agenouille devant toutes les portes.

3868 Où est une âme, là est l'espérance.

BIBLIOGRAPHIE

De nombreuses traductions ont rendu, dès le XIXe siècle, les proverbes turcs accessibles aux Français.
J. A. Decourdemanche, *1 001 Proverbes turcs*, Leroux, 1878 (classement par chapitres, quelques références).
Jean Démétriades, *Proverbes turcs-français*, Constantinople, 1888, (353 proverbes, sans références).
Henry Carmoy et Jean Nicolaïdes, *Traditions populaires de l'Asie Mineure*, Paris, 1888, réimprimé en 1969, pp. 283-290 (50 proverbes en traduction, avec des explications).
Proverbes turcs traduits en français, Venise, Imprimerie arménienne, 1901 (édition anonyme bilingue de 200 proverbes).
Une bibliographie turque figure dans *Proverbium*, n° 9, 1967, pp. 220-221. Il en ressort que dès le XIe siècle, des proverbes turcs furent recueillis dans l'œuvre immense de Mahmud de Kachgar, *Diwan lugat at-Türk* (1073). En 1858, Sinasi en publia 1 800. L'ouvrage le plus complet est dû à Fazil Tülbentçi (Istambul, 1963) : il comprend 15 800 proverbes et locutions donnés dans l'ordre alphabétique. O. Asim Aksoy a donné l'étude la plus approfondie : 7 000 proverbes et locutions, Ankara, 1965.
Citons enfin :
Semahat Şenaltan, « Türkische Entsprechungen zu germanischromanischen Sprichwörtern bei Düringsfeld », *Proverbium*, n° 13, 1969, pp. 337-348 (250 proverbes turcs en traduction allemande correspondant à la nomenclature du recueil de Düringsfeld*.
Şükrü Elçin, « Proverbs in the turkish language (world, concepts, examples) », *Proverbium*, n° 15, 1970, pp. 444-450 (étude générale en anglais sur les proverbes turcs).

chapitre XVI

LANGUES D'ASIE CENTRALE

Le groupe turc rassemble de nombreuses langues, dont l'aire de diffusion s'étend de l'Europe orientale jusqu'à la Sibérie.

Des traductions russes ont été publiées de proverbes turcomans, tatars, kazaks, ouzbeks, etc. Nous avons choisi, à titre d'exemple, de présenter des proverbes kirghiz.

Proverbes kirghiz

Le kirghiz est parlé par un peuple de tradition nomade qui compte environ 5 millions de personnes. Les Kirghiz constituent 40 % de la population de la Kirghizie. D'autres groupes se trouvent aussi dans les régions voisines, le Tadjikistan et le Turkestan chinois.

C'est la première fois que des proverbes d'Asie centrale soviétique sont publiés dans une langue autre que le russe. Les proverbes ouzbeks, tatars, etc. ne sont décrits que dans les langues originales et en russe ; ils sont souvent analogues aux proverbes kirghiz.

L'INDIVIDU

3869 La cuiller sèche déchire la bouche.

3870 Le visage du riche est clair, le visage du pauvre est terne.

3871 Chez le riche, les choses se font selon ses ordres ; chez le pauvre, selon ses forces.

3872 Le riche a soin de son bétail, le pauvre de son âme.

3873 L'homme est bigarré à l'intérieur, le cheval à l'extérieur.

3874 Mieux vaut être la paille de blé que la graine de la mauvaise herbe.

3875 Plutôt que d'être le Sultan d'un pays étranger, mieux vaut être le dernier parmi ton peuple.
Le *dernier* signifie littéralement la semelle.

3876 L'homme brave va là où il est né ; le chien va là où il a été nourri.

3877 Le chameau ne fuit pas la charge.

3878 La femme n'a pas de tête, la grenouille n'a pas de queue.

LES RELATIONS

3879 Obéis aux ordres de ton chef, bien qu'il ne soit pas musulman.

3880 Si tu veux voler, vole seul, sinon il y aura un témoin.

3881 Le cul qui sait chier vaut mieux que la bouche qui ne sait pas parler.

3882 Dans les endroits connus, on respecte l'homme, et dans les endroits inconnus, on respecte son habit.

3883 Contre les loups des montagnes et contre les voisins voleurs, on ne peut pas se protéger.

3884 La mauvaise femme donne au chien de mauvaises habitudes.

3885 La saleté de l'âme se lave quand on parle.

3886 Les mots atteignent les os et le bâton la chair.
Les injures offensent plus que les coups.

3887 Le couteau aiguisé est l'ennemi du fourreau et le mensonge est l'ennemi de l'âme. *(1934)*

3888 Le vent trouve les trous de la yourte et l'âme trouve les mensonges des mots.

La *yourte* est une hutte conique en peau.

LA MORALE

3889 Méchant habit, chien mordra ; méchante âme, Dieu punira.

3890 Tout le monde peut rendre le bien pour le bien, seul l'homme bon rend le bien pour le mal.

3891 Celui qui demande à Dieu, son ventre se remplira ; celui qui demande aux hommes, ses yeux se crèveront.

3892 Seul Dieu est sans défauts, seule l'eau est sans saletés.

SOURCE

N. N. Pantusov, *Les Proverbes kirghiz* (en russe), Kazan, 1899 (134 proverbes en kirghiz et en traduction russe).

chapitre XVII

MONGOL ET MANDCHOU

Proverbes mongols et mandchous

L'Empire mongol, au temps de sa plus grande splendeur, à la mort de Gengis-Khan (1227), englobait toute l'Asie centrale, de la Caspienne au Pacifique.

L'histoire des peuples nomades mongols est liée à partir du XVIIe siècle à l'histoire mandchoue et chinoise. Les Mandchous, peuple d'origine toungouze, fondèrent en 1644 la dernière dynastie chinoise, les Qing. Les souverains, se voulant continuateurs de l'œuvre de Gengis-Khan, se proclamèrent grands-khans des Mongols et aux XVIIe et XVIIIe siècles annexèrent tous leurs territoires. La sinisation de la dynastie mandchoue livra les Mongols au pouvoir chinois.

Les langues mongoles sont parlées aujourd'hui par environ 4 millions de personnes.

En Chine, un flot d'immigrants chinois en Mongolie Intérieure et dans le Xin-jiang (ou Turkestan chinois) a réduit les Mongols à n'être qu'une minorité d'environ 1,5 million d'habitants.

La République populaire de Mongolie, fondée en 1924 et placée dans l'orbite soviétique, compte 1,6 million d'habitants.

Les autres peuples mongols se trouvent essentiellement sur le territoire de la Russie; les principaux groupes sont les Kalmouks, de la Volga (100 000 personnes) et les Bouriates, de Sibérie (250 000 personnes).

Nous avons joint au choix de proverbes mongols quelques proverbes mandchous en en indiquant l'origine. La Mandchourie, appelée aujourd'hui par les Chinois «les trois provinces orientales», a été l'objet au XXe siècle d'une immigration chinoise massive qui a réduit l'élément mandchou à ne constituer que 5 % de la population.

L'INDIVIDU

3893 L'homme naît à la maison et meurt au désert.

3894 Le fils de l'empereur, après qu'il est entré à l'école, est semblable à l'enfant de tout le monde. [mandchou]

3895 Un loup reste un loup même s'il n'a pas mangé tes moutons.

Les comportements

3896 La porte fermée, on est empereur dans son royaume. [Proverbe utilisé aussi en chinois] *(827)*

3897 Pour bâtir haut, il faut creuser profond.

3898 Pour voler la clochette, il se bouche les oreilles.

3899 Sans avoir vu la rivière, il a déjà ôté ses bottes.

3900 Le corbeau, en voulant imiter le canard, s'est noyé en entrant dans l'eau.

3901 Personne ne se ruine qui n'y aide pas lui-même.

3902 Le poisson ne voit pas l'hameçon, il ne voit que l'appât; l'homme ne voit pas le péril, il ne voit que le profit. [mandchou]

3903 S'il y a du riz superflu dans la cuisine, il y a des hommes affamés sur la route. [mandchou]

3904 La colère est comme le feu par un temps de vent : elle fait brûler les vêtements de la saison d'hiver. [mandchou]

LES RELATIONS

3905 L'âne efface les pas du cheval.

3906 L'officier dans sa tente, l'empereur dans la sienne.

3907 De l'eau sale peut aussi éteindre un incendie. *(91)*

3908 Quand l'eau est trop claire, il n'y a pas de poissons; quand l'homme est trop exigeant, il n'a pas d'amis.

3909 On ne peut pas placer deux selles sur un cheval; un ministre fidèle ne peut servir deux maîtres. [mandchou] *(1707)*

3910 Si en bâtissant on écoutait les avis de tout le monde, le toit ne serait jamais posé.

3911 Un imbécile peut demander plus que dix sages ne peuvent répondre.

3912 Il prend des serpents avec les mains d'autrui. [Proverbe utilisé aussi en chinois.]

3913 On ne doit pas dégainer son épée contre un pou.

3914 Celui qui est emporté par les eaux ne peut pas sauver celui que les eaux emportent.

LA SAGESSE

3915 L'homme pervers sera changé en âne, et l'honnête homme montera dessus. [mandchou]

3916 La distance qui relie la terre au ciel est celle de la pensée.

3917 Quoiqu'il ait épuisé le savoir, l'homme cependant ne sait rien. [mandchou]

SOURCE

Louis Rochet, *Sentences, maximes et proverbes mantchoux* (sic) *et mongols*, Paris, 1875 (165 proverbes mandchous et 170 proverbes mongols, avec le texte original, la prononciation figurée et la traduction française).

Deux recueils de proverbes mongols ont été publiés en 1956 à Oulan-Bator (capitale de la République populaire de Mongolie). La seule traduction connue se trouve dans l'ouvrage de Breguel* (en russe).

chapitre XVIII

CORÉEN

Proverbes coréens

L'histoire de la Corée est marquée par les visées expansionnistes de ses voisins chinois et japonais.
Les Coréens ont fait leurs certains proverbes de leurs envahisseurs. Le coréen est la langue des deux États créés en 1948 : la Corée du Nord compte 22 millions d'habitants et la Corée du Sud 43 millions (ce pays a l'une des plus fortes densités du monde).

L'INDIVIDU

3918 Tout ce qu'on a de bon, on le doit à soi-même ; tout ce qu'on a de mauvais, aux ancêtres.

3919 Elle est grande, mais c'est une courge ; il est petit, mais c'est du poivre.

3920 Dans un grand abcès, il y a beaucoup de pus.

3921 La grenouille ne pense pas qu'elle vient d'un têtard.

LES BONNES OU MAUVAISES RELATIONS

3922 L'endroit le plus sombre est juste sous la bougie.

3923 Même une feuille de papier est plus légère si on la porte à deux.

3924 Un chiot vivant est plus utile qu'un ministre mort. *(592)*

3925 Dans la vallée où il n'y a pas de tigres, le lièvre est roi. *(708)*

3926 Fais attention à l'écurie quand le cheval est perdu. *(422)*

3927 La virginité se perd en une nuit.

3928 Quand un corbeau s'envole d'un poirier, une poire tombe.

3929 L'oiseau entend ce qu'on dit dans la journée, le rat ce qu'on dit la nuit.

3930 Ne dégaine pas une épée pour tuer un moustique.

3931 Ne fouette pas un cheval qui va aussi vite qu'il peut.

3932 Le voleur hait la lune.

3933 Le chiot d'un jour ne craint pas le tigre.

3934 Le taureau qui a souffert du soleil tremble à la vue de la lune. *(548)*

3935 C'est ta faute et non celle du courant quand tu tombes dans l'eau.

3936 Bon critique, mauvais travailleur.

3937 Le chien qui est entre deux monastères ne reçoit rien.

3938 Dans l'assiette d'autrui les fèves sont plus grosses. *(295)*

3939 En année de bonne récolte, le pauvre est encore plus à plaindre.

3940 Dans la forge, on ne trouve pas un couteau de cuisine.

3941 Quand les baleines se battent, les crevettes ont le dos brisé. *(1739)*

LA FAMILLE

3942 Si l'eau est transparente d'en haut, elle est transparente d'en bas.
Tels parents, tels enfants.

3943 La plus belle fille, c'est la sienne ; la plus belle récolte, c'est celle du voisin. *(295)*

3944 Avoir trois filles, c'est dormir la porte ouverte.

Tout ce qu'on possède partira avec la dot.

LA SAGESSE

3945 Où il y a lumière du soleil, il y a aussi ombre.

3946 Chaque époque engendre son héros.

3947 Aucune fleur ne fleurit dix jours, aucun pouvoir ne dure dix ans.

BIBLIOGRAPHIE

W. E. Griffis, *Corea, the hermit nation*, Londres, 1882, pp. 317-319 (proverbes en traduction anglaise).
E. B. Landis, *Some Korean Proverbs*, Séoul, 1896.
Hulbert, *Korean Proverbs*, Séoul, 1897.
Katharine Luomala, « Proverbs from korean visiting students in Hawaï », *Provebium*, n° 15, 1970 (12 proverbes en traduction anglaise) et n° 16, 1971, pp. 602-606 (33 proverbes).
En l'absence de publication française, nous avons fait notre choix de proverbes coréens à partir de traductions anglaise (voir ci-dessus) et russe (le recueil de Breguel)*.

chapitre XIX

JAPONAIS

Proverbes japonais

Les proverbes japonais, très peu connus en France, ont un charme particulier. Ils ont plus de légèreté et d'élégance que ceux des autres langues. Moins amateurs de conseils pratiques et de recettes de bon sens, les Japonais insistent sur les valeurs auxquelles ils sont attachés : la contemplation de la beauté, le prix du silence, la délicatesse dans l'amour.

On connaît mal l'origine de la langue parlée par les 123 millions de Japonais, au Japon même et dans quelques colonies étrangères (États-Unis, Canada).

L'INDIVIDU

La nature

3948 Le chagrin est partout, comme le vent dans les pins.

3949 Sur un cerisier mort, on ne trouve pas de fleurs.

3950 Il vaut mieux être le bec du coq que la queue du taureau. *(138)*

3951 Dieu habite dans un cœur honnête.

3952 Beaucoup de fleurs, peu de fruits.

3953 Le saké révèle la vérité du cœur.
Le *saké* est une boisson alcoolisée obtenue par fermentation du riz.

Les désirs

3954 Le sac des désirs n'a pas de fond.

3955 La beauté du Fuji est sans beauté pour l'homme affamé.

3956 Quand sonne l'heure de la faim, il n'y a pas de mauvais manger.

3957 L'oiseau en cage rêvera des nuages.

Les comportements

3958 Laissez deviner aux hommes par vos propres exploits qui étaient vos ancêtres.

3959 Moulin qui tourne toujours ne gèlera jamais. *(42)*

3960 Le sot est comme le voleur de cloches qui se bouche les oreilles.

3961 Même pour être voleur, il faut apprendre dix ans.

3962 Celui qui a volé de l'or est mis en prison, celui qui a volé un pays est fait roi.

3963 Il est impossible de se tenir debout en ce monde sans jamais se courber.

3964 On apprend peu par la victoire, mais beaucoup par la défaite.

3965 On apprend peu par la victoire, mais pas plus par la défaite.

LES BONNES ET MAUVAISES RELATIONS

3966 Aimez-vous les uns les autres comme la vache aime son veau.

3967 Bon chat n'a besoin de beau collier d'or.

3968 La fleur de lotus vient au milieu de la boue.

3969 Les bonnes doctrines peuvent se passer de miracles.

3970 Quand on veut chercher un abri, il faut choisir l'ombre d'un grand arbre. *(60)*

3971 Si tu dois être chien, sois chien de samouraï.

3972 Quiconque ne touche pas à un dieu n'est pas exposé à sa vengeance.

3973 Un vieux cheval connaît lui-même le chemin.

3974 Il vaut mieux laver son vieux kimono que d'en emprunter un neuf.

3975 La neige ne brise jamais les branches du saule.

3976 Le thé âpre est parfumé à la première tasse.

3977 Quand on a avalé, on oublie la brûlure.

3978 Il fait noir au pied du phare.

3979 Une rencontre n'est que le commencement d'une séparation.

3980 L'absent s'éloigne chaque jour.

3981 L'eau prend toujours la forme du vase.

3982 Où il y a du poisson, il y a de l'eau.

3983 Sur un bateau, on craint plus le feu que l'eau.

3984 Un bœuf suit un bœuf.

3985 Pour un aveugle, toutes les couleurs sont les mêmes.

3986 Les aveugles ne sont pas effrayés par les serpents.

3987 La pauvreté fait les voleurs comme l'amour les poètes.

3988 L'argent n'a pas d'oreilles, mais il entend ; il n'a pas de jambes, mais il galope.

3989 Quand la pluie s'arrête, on oublie le parapluie. *(1989)*

3990 C'est le visage triste que pique l'abeille.

3991 Clou qui dépasse sera enfoncé.

3992 Fleurs d'autrui sont toujours plus rouges à nos yeux. *(295)*

3993 Un soldat battu craint un roseau. *(548)*

3994 On ne vide pas l'océan avec un coquillage.

3995 On ne peut pas chasser le brouillard avec un éventail.

3996 La grenouille dans le puits se moque de l'océan.

3997 Ne suivez jamais les traces du malheur, il pourrait bien se retourner et faire volte-face.

3998 Querelle de bécasse et de moule profite au pêcheur.

3999 En touchant le vermillon, on se salit de rouge.

4000 Les bateliers sont si nombreux que le bateau est hissé sur la montagne.

La parole

4001 Les mots qu'on n'a pas prononcés sont les fleurs du silence.

4002 Ce qu'un homme ne dit pas est le sel de la conversation.

4003 L'insecte silencieux perce les murailles.

4004 Les vers silencieux percent de grands trous dans le bois.

4005 L'œil muet est aussi bavard que la bouche bavarde.

4006 La louange est le commencement du blâme.

4007 Celui qui confesse son ignorance la montre une fois ; celui qui essaye de la cacher la montre plusieurs fois.

LA FEMME ET LA FAMILLE

4008 Un simple frôlement de manches fait naître l'amour.

4009 L'homme est le pin, la femme est la glycine.
La glycine s'enroule autour de pin.

4010 Époux et voisins ; tout beau, tout nouveau.

4011 Un cheveu de femme est assez fort pour tenir en laisse un éléphant.

4012 La femme et la casserole, plus elles sont vieilles, meilleures elles sont ; la femme et le tatami, plus ils sont frais, meilleurs ils sont. *(1052)*
Le *tatami* est une sorte de tapis.

4013 La femme et la bouilloire à thé se bonifient avec l'âge.

4014 Toute femme semble belle dans l'obscurité, de loin, ou sous une ombrelle de papier. *(493)*

4015 Une femme laide redoute le miroir.

4016 Cœur de femme, œil de chat changent cent fois.

4017 Femme qui veut trop gagner au marché perd son veau.

Les enfants

4018 Les enfants sont un fardeau éternel.

4019 Les enfants grandissent, même sans parents.

4020 Nul n'a raison contre la colère du seigneur ni les larmes d'un enfant.

4021 La bonté d'un père est plus haute que la montagne, la bonté d'une mère est plus profonde que l'océan.

LA SAGESSE

4022 Le malheur peut être un pont vers le bonheur.

4023 Mieux vaut un jour dans ce monde que mille dans l'autre.

4024 La vie humaine est une rosée passagère.

4025 La vie est une lumière devant le vent.

4026 Les fleurs d'hier sont les rêves d'aujourd'hui.

4027 Quand la lune est pleine, elle commence à décliner.

4028 Visage rose au petit jour, os blanchis la nuit venue.

4029 La mort est à la fois plus grande qu'une montagne et plus petite qu'un cheveu.

4030 Il n'est pas de monarque au pays de l'au-delà.

4031 Le meilleur miroir ne reflète pas l'autre côté des choses.
Il y a dans chaque chose des aspects inaccessibles au sage.

4032 On ne peut admirer en même temps la lune, la neige et les fleurs.

4033 Demain soufflera le vent de demain.

BIBLIOGRAPHIE

François Sarazin, « Nihon-no Koto-waza – Dictons et Proverbes japonais », *Bulletin de l'Athénée oriental*, n° 36, 1873 (23 proverbes).
Francis Steenackers et Uéda Tokunosuké, *Cent Proverbes japonais*, Leroux, 1885 (proverbes et locutions en japonais, avec transcription et traduction).
Nous avons choisi aussi des proverbes dans la traduction russe de Breguel*.
Une bibliographie japonaise a paru dans *Proverbium*, n° 16, 1971, pp. 590-595 :
Dans le plus ancien recueil, Minamoto publie 120 proverbes d'origine chinoise, en 1007. Mais le plus ancien recueil japonais date de la fin du XVIe siècle (1O1 proverbes). Deux collections importantes sont publiées au milieu du XVIe. Le premier dictionnaire moderne date de 1908 : Fujii 0too a compilé toutes les sources littéraires à partir du VIIIe siècle et donne des explications et des équivalents dans les langues occidentales.
La plus grande collection est due à Suzuki Toozoo, *Dictionnaire de proverbes et d'allusions historiques*, 1956-1958 (28 000 proverbes et locutions, avec indication des sources locales et annotations).

6

Famille malayo-polynésienne

La famille malayo-polynésienne comprend le groupe indonésien dont les langues principales sont le malais, le javanais et le sundanais (parlées en Indonésie et en Malaisie), le tagalog (aux Philippines) et le malgache (à Madagascar). Les langues des îles (Nouvelles-Hébrides, Fidji, etc.) constituent le groupe mélanésien ; enfin le maori (de Nouvelle-Zélande) est classé comme langue polynésienne.

chapitre XX

GROUPE MALAIS

Proverbes malais

Le malais est une langue de communication d'un bout à l'autre de l'archipel insulindien et dans la péninsule malaise. Originaire du sud-est de Sumatra, il a connu une expansion prodigieuse à partir du XVe siècle. Les communautés chinoises qui parlaient des dialectes différents l'adoptèrent comme langue d'échanges et les colonisateurs hollandais le choisirent comme langue officielle.

Au moment de l'indépendance de l'Indonésie (en 1947), le malais devint la langue officielle, bien que d'autres langues fussent plus représentées (par exemple, le javanais parlé aujourd'hui par plus de 50 millions de personnes). L'Indonésie (182 millions d'habitants) compte d'ailleurs une vingtaine de langues et de très nombreux dialectes, mais l'indonésien, nom du malais de l'archipel, est en progression partout.

L'évolution du malais de la péninsule a été différente. La concurrence de la langue des colonisateurs – l'anglais – a été plus vive, d'autant plus que celle-ci sert de langue de communication avec les communautés indienne et chinoise, par exemple à Singapour. La Malaisie compte 18 millions d'habitants.

LES GROUPES NATIONAUX

4034 Cela arrivera quand les chats auront des cornes et quand les Hollandais se feront circoncire. *(555)*

4035 Si les Chinois pissaient seulement, ils pourraient submerger les Anglais.

L'INDIVIDU

4036 Un morceau d'encens peut être aussi grand que le genou, mais si on ne le brûle pas, il n'exhale pas de parfum.

4037 À défaut de rotin, on mange des racines. *(var. 987)*

4038 Seau perdu, la corde reste.

4039 Moins il y a de bouillie, plus il y a de cuillères.

4040 Ce que ne prend pas l'oie plaît au canard.

4041 Qui danse mal accuse le sol d'être humide.

4042 Miel à la bouche, dard à la queue.

4043 Dos tourné, langage changé.

4044 Aux animaux qui paissent, Dieu a fait la nuque fortement musclée. *(1114)*

4045 Nous mourons tous, mais nos tombes sont différentes.

4046 Le sel renversé, qu'est-ce que la salière ?

LES BONNES ET MAUVAISES RELATIONS

4047 Chien caressé agite la queue.

4048 Un arbre avec de fortes racines se rit de la tempête.

4049 La corde faite de trois brins est difficile à rompre.

4050 Le riz qu'on tient dans sa main vaut mieux que le riz en grange. *(217)*

4051 Si tu dois accoucher, obéis à la sage-femme.

4052 Laissons le lapidaire juger des pierres précieuses.

4053 Comme est le moule, ainsi est le gâteau.

4054 La viande dans la main gauche, le couteau dans la main droite, tôt ou tard se rencontreront.

4055 Où il y a la mer, il y a des pirates.

4056 Où il y a du sucre, il y a des fourmis.

4057 Pas d'appât, pas de poisson.

4058 Quand l'eau est calme, il ne faut pas croire qu'il n'y a pas de crocodiles. *(40)*

4059 Un verre d'eau douce ne dessale pas la mer.

4060 Quand il pleuvrait toute une année, est-ce que l'eau de mer deviendrait douce ?

4061 Quand l'arbre mort tombe, le pic-vert qui y habite meurt.

4062 Le temps chaud d'une année est effacé par la pluie d'un seul jour.

4063 Ne mesure pas le manteau d'un autre sur ton propre corps. *(1210)*

4064 La poulie cassée, la drisse tombe.
La *drisse* est un cordage qui sert à hisser la voile.

4065 Le crabe apprend à ses petits à marcher droit.

4066 N'apprends pas au petit du tigre à manger de la viande. *(219)*

4067 Les dents mordent parfois la langue.
Sur les disputes entre proches.

4068 La chaleur venue, la fève oublie sa cosse.

4069 Un buffle crotté souillera le troupeau. *(var. 477)*

4070 Les éléphants se battent, et le chevrotain au milieu d'eux meurt écrasé. *(1738)*
Le *chevrotain* est un petit ruminant sans cornes.

4071 Les amis ressemblent aux feuilles que chasse le vent du malheur, mais les parents sont comme des fruits qui tombent au pied de l'arbre.

LA PAROLE

4072 On tient les buffles par les cordes, et l'homme par ses mots. *(1494)*

4073 Le couteau et la serpe s'émoussent, mais la langue de l'homme est toujours tranchante.

4074 On apprend à connaître ses propres défauts par la langue d'autrui.

LA SAGESSE

4075 La mer profonde peut être sondée, mais qui connaît le cœur de l'homme ?

4076 La bonne semence, même si elle tombe dans la mer, deviendra une île.

4077 Celui qui plante un cocotier souvent n'en mange pas les fruits.

4078 La vie est comme un œuf sur la pointe d'une corne.

4079 Vaincu, on sera réduit en cendres ; vainqueur, en charbon de bois.

4080 Basse est la montagne, haute est l'espérance.

BIBLIOGRAPHIE

Paul Favre, *Dictionnaire malals-français*, Vienne, 1875, 2 volumes.
G. M. Ollivier-Beauregard, « Dictons et Proverbes malais », *Revue des Traditions populaires*, 1888, pp. 490-492 ; 1889, pp. 28-30 ; pp. 352-354 ; 1890, pp. 722-723 (138 proverbes en traduction française, avec des explications).
Aristide Marre, *Proverbes et similitudes des Malais*, Turin, 1898 (367 proverbes et locutions en traduction française avec des parallèles avec les proverbes français, allemands, etc.).
Du même auteur, *Le Livre des proverbes malais*, Leroux, 1889 (256 proverbes en traduction).
Les traductions en anglais sont très nombreuses. La plus complète est :
C. C. Brown, *Malay sayings*, Londres, 1951 (1 800 proverbes).
Nous avons utilisé un autre recueil :
Sir Richard Winstedt, *Malay Proverbs*, Londres, 1950 (250 proverbes en malais et en anglais, avec une étude sur les proverbes communs aux autres langues asiatiques).

Proverbes tagalogs

Si les proverbes malais ont été bien étudiés, ce n'est le cas d'aucune autre langue de ce groupe. Toutefois, nous connaissons quelques proverbes tagalogs grâce à une traduction française.

Le tagalog est la deuxième langue, par ordre d'importance (pour le nombre de personnes qui la parlent), parmi les 87 langues de la famille malaise recensées dans l'archipel des Philippines. Il est parlé dans la région de Manille par les 6 millions de Tagals et est devenu, avec l'anglais et l'espagnol, la langue officielle du pays, qui compte 47 millions d'habitants.

4081 Les justes ont une pierre pour oreiller.

4082 Plus haut le bambou pousse, plus bas il se courbe. *(717)*

4083 Le poltron se couvre du bouclier du brave.

4084 Le mauvais arbre est celui qui ne donne pas de fruit.

4085 La mauvaise herbe ne meurt pas. *(83)*

4086 Quand le chat et les souris vivent en paix, le garde-manger s'en ressent.

4087 Les morts sont plus nombreux que les vivants. *(738)*

SOURCE

Aristide Marre, *Proverbes, maximes et conseils traduits du tagalog*, Turin, 1900 (77 proverbes en tagalog et en français).

Proverbes malgaches

La grande île de Madagascar (11 millions d'habitants), située au sud-est de l'Afrique, fut peuplée dès avant notre ère par des Indonésiens qui avaient traversé l'océan Indien. C'est ce qui explique que le malgache appartienne au même groupe que les langues malaises, bien que 5 000 km les séparent. Grâce à l'intérêt qu'ont manifesté les Français pour leurs colonies, nous disposons, dans le cas de Madagascar et de certains pays africains, d'une documentation abondante sur les proverbes en traduction française.

L'INDIVIDU

La nature

4088 Le roi hérite du royaume, le peuple de la corvée.

4089 Un chien n'est enragé que s'il est maigre.

4090 La voix de la cigale couvre les champs, mais son corps entier tient dans la main.

4091 La charge d'une fourmi est un grain de riz.

4092 Vaine abondance, tel est le cas des pattes du crabe !

Les comportements

4093 On a bien attrapé un oiseau, mais c'est le feu pour le rôtir qui manque.

4094 La fourmi perchée sur la corne du zébu s'imagine qu'elle est pour quelque chose dans le balancement de sa tête.

4095 Aboiement de chien : ce n'est pas de courage, mais de peur. *(558)*

4096 La paresse va si lentement que bientôt la misère l'a atteinte.

4097 Celui qui tarde à venir traire les vaches risque de les trouver déjà dispersées.

LES BIENS

4098 L'argent ressemble à l'hôte de passage : aujourd'hui il arrive, demain il n'est plus là.

4099 Mieux vaut perdre un peu d'argent qu'un peu d'amitié.

4100 Si vous ne voulez ni traire la vache ni tenir le veau, mais seulement enlever la crème, cela ne peut aller.

4101 Offrir en sacrifice un mouton galeux, c'est vouloir aggraver le mal.

4102 Ce sont les dettes qui font le voleur.

4103 La porte du débiteur est toujours gardée par un chien féroce.

LES BONNES ET MAUVAISES RELATIONS

4104 Si le souverain règne, c'est grâce à son peuple, si la rivière chante, c'est grâce aux pierres.

4105 Des poissons qui sont dans une même marmite, on ne peut tirer qu'un même bouillon.

4106 Quand les canards font du tapage, les grenouilles se tiennent pour averties.

4107 Si le rat est immobile, c'est que le chat a encore l'œil ouvert.

4108 L'amitié est comme les algues : quand on s'en approche, elles s'éloignent, et quand on s'en éloigne, elles se rapprochent.

4109 La douleur est un trésor précieux, on ne le découvre qu'à ceux qu'on aime.

4110 Le blâme ressemble au vent; si on ne le voit, on le sent.

4111 Le chat sauvage fait ce qu'il veut, mais c'est au chat domestique qu'on coupe la queue.

4112 C'est le caïman qui souille l'eau et c'est l'anguille qui ne trouve pas où boire.

4113 Ce n'est pas à la hache qu'il faut faire des reproches quand le poulet qu'on va tuer crie.

4114 Coqs nombreux dans un enclos : chacun veut chanter et faire taire les autres.

4115 Quand le coteau est incendié, les sauterelles sont grillées.

4116 Celui qui est près de la marmite est couvert de suie.

4117 Comme on le traite de chat sauvage, il se met à voler les poules.

4118 Poule qui couve des œufs de caïman s'attirera malheur.

4119 Quand c'est un aveugle qui vous mène, on finit dans le fossé.

4120 Ne repoussez pas du pied la pirogue qui vous a aidé à traverser la rivière.

4121 Si on parvient à abattre l'arbre, c'est que le manche de la cognée s'est mis de la partie.

La parole

4122 Les paroles sages sont comme la canne à sucre qu'on ne cesse de sucer.
La saveur n'en peut être épuisée.

4123 Les paroles sont comme la toile d'araignée : pour l'homme habile, elles sont un abri, pour le maladroit, elles sont un piège.

4124 Les zébus sont liés par leurs pattes, les hommes par leurs engagements. *(1494)*

4125 Les paroles sont comme des œufs : à peine écloses, elles ont des ailes.

4126 Les paroles retentissent plus loin que le fusil.

4127 Le mensonge ressemble à la ceinture : il n'attache que son propriétaire.

4128 Le mensonge est comme le premier riz : il arrive à point, mais ne suffit pas pour l'année.

LA FEMME ET LA FAMILLE

4129 L'amour est comme l'ombre : sur la montagne, on ne peut l'atteindre à la course; dans l'eau, il ne craint pas l'humidité; dans le feu, il n'a pas peur de se brûler.

4130 Quand l'amour se déchire, on ne peut pas en recoudre les bords.

4131 Le ménage est comme un ver à soie : ce n'est qu'à l'intérieur qu'il se renforce.

4132 Le mariage n'est pas attaché par un nœud serré, mais par un nœud coulant.

4133 Il y a des hommes qui ne sont forts que chez eux : ce sont ceux qui battent leur femme.

4134 Celui qui répudie une femme jeune fait le bonheur d'un autre.

4135 La femme d'un autre est semblable aux coraux répandus sur une natte : les yeux aiment à la voir, les mains ne peuvent la prendre.

4136 Celui qui a une femme paresseuse garde un cadavre dans sa maison.

4137 Sept enfants ne parviennent pas à retenir un mari, mais beaucoup de sagesse le peut.

4138 L'assistance qu'on doit aux parents malheureux est un impôt qui vient des ancêtres.

LA SAGESSE

La morale

4139 La nuit compacte s'éclaire, l'étang profond se sonde, le grand fossé se comble, mais irréparable est le mal accompli.

4140 Le mal commis est un malheur suspendu, le bien accompli est un trésor caché.

4141 Il vaut mieux être coupable aux yeux des hommes qu'aux yeux de Dieu.

Le destin

4142 Les oiseaux peuvent oublier le piège, mais le piège n'oublie pas les oiseaux. *(256)*

4143 La pirogue ne tient pas compte de la noblesse, tous ceux qui chavirent sont mouillés.

4144 Si nous ne luttons pas, nous sommes égaux, mais si nous luttons, l'un de nous sera battu.

4145 Changer de fontaine, c'est casser sa cruche ; changer de gué, c'est être dévoré par les caïmans.

4146 Remonter le courant, c'est être la proie du caïman ; le redescendre, c'est être la proie du crocodile.

La vie

4147 Le fait de mourir n'est pas un crime et le fait de vivre n'est pas un mérite.

4148 La vie est comme le fumet qui s'échappe de la marmite, on veut y faire attention et déjà il n'est plus là.

4149 La terre est une grande marmite, et les hommes sont la viande.

4150 L'humanité ressemble aux tiges des citrouilles : si on creuse le sol, la tige est unique.

4151 Les hommes sont comme le bord d'une marmite : ils ne forment qu'un seul cercle.

4152 La mort est une part d'impôt.

4153 Nier l'existence de Dieu, c'est sauter les yeux fermés.

BIBLIOGRAPHIE

Hubert Nicol, *Proverbes et locutions malgaches*, Paris, 1935 (500 proverbes en malgache et en français, classés par thèmes).
Elian J. Finbert, *Le livre de la sagesse malgache*, Laffont, 1946 (450 proverbes en français, classés par chapitres).
J. A. Houlder, *Ohabolana ou Proverbes malgaches*, Tananarive, 1957, tr. Noyer (2 318 proverbes en malgache et en français avec des explications).
Christiane Reygnault, *Trésor africain et malgache*, Seghers, 1962, p. 77 (6 proverbes en français).
Paul de Veyrières et Guy de Méritens, *Le livre de la sagesse malgache*, Éditions maritimes et d'outre-mer, 1967 (6 813 proverbes et locutions en malgache et en français classés par thèmes, avec des commentaires).
Dama-Ntsoha, *La Technique de la conception de la vie chez les malgaches révélée par leurs proverbes*, s. d. (1 888 proverbes en français classés par chapitres).

Proverbes maoris

Les Maoris peuplent le nord de la Nouvelle-Zélande. Ils sont venus du nord (îles Cook et îles de la Société) au XVIe siècle. Leur résistance à la colonisation britannique établie en 1840 fut farouche, au point que leur nombre tomba de 100 000 à 40 000 en 1870. Au XXe siècle, la population s'est accrue rapidement et les Maoris sont aujourd'hui environ 250 000.

L'INDIVIDU ET LES RELATIONS

4154 Un guerrier meurt à la bataille, un grimpeur sur le rocher, mais un cultivateur meurt de vieillesse.

4155 L'homme qui n'a qu'un plan peut être tué ; l'homme qui en a deux ou plus peut vivre.

4156 Quand les tambours battent pour la fête, veille à ce que tes baguettes ne soient pas molles.

4157 Plus tu demandes si c'est encore loin, plus le voyage paraît long.

4158 Il n'est pas bon de s'appuyer sur un homme, car c'est un soutien mouvant.

4159 Les amis s'attachent à toi pendant la moisson et diminuent en hiver.
L'hiver est la saison de disette et de travail.

LA FEMME ET L'AMOUR

4160 Le champ de bataille pour l'homme, l'accouchement pour la femme.

4161 Reviens à l'ancre où était accroché ton canot.
À la première femme.

4162 Les femmes et la terre détruisent l'homme.
Elles sont causes de guerres.

4163 Tu ne regardes plus le plat de viande devant toi, mais le visage que tu aimes, tu le regarderas toujours.

LA SAGESSE

4164 Le sang de l'homme est nourriture, la vie de l'homme est terre.

4165 Je salue mon seul parent survivant dans le monde — la terre.

SOURCES

Champion, *Racial Proverbs**.
Deux proverbes maoris en traduction anglaise sont cités dans Guinzbourg*, p. CI.

7

Langues de l'Asie du Sud-Est

Les proverbes khmers, vietnamiens et laotiens nous sont connus par des traductions françaises, les proverbes birmans par des traductions anglaises; les proverbes tibétains sont très mal connus et ceux des autres langues de l'Asie du Sud-Est sont totalement inexplorés.

Dans le mélange très complexe de langues et d'ethnies qu'offre l'Asie du Sud-Est, les hasards de la colonisation française ou britannique n'offrent que quelques repères. Essayons de débrouiller l'écheveau.

Outre les langues du groupe indonésien, évoquées précédemment, on y rencontre trois familles de langues; langues de la péninsule indochinoise, dites « australo-asiatiques[1] », langues des familles tibéto-birman et thaï.

1. On dit parfois, par anglicisme, *austro-asiatique*, ce qui sonne bizarrement en français, où le préfixe *austro-* signifie « de l'Autriche ».

chapitre XXI

GROUPES AUSTRALO-ASIATIQUES

La famille australo-asiatique est constituée par deux groupes :
– d'une part le groupe mōn-khmer qui comprend le mōn (parlé dans le sud de la Birmanie et dans le sud-ouest de la Thaïlande), le cambodgien (langue officielle du Kampuchéa) et de nombreuses langues, pour la plupart parlées par des tribus primitives disséminées dans les montagnes de l'Asie du Sud-Est ;
– d'autre part, le groupe viet-muong qui comprend les très nombreuses langues des ethnies du Viêt-nam, dont la principale est le vietnamien.

Proverbes cambodgiens

La population khmère qui peuple le Kampuchéa (l'ancien Cambodge) est très variée : c'est un mélange d'éléments mongols, indonésiens, indiens et malais.

Le Cambodge, qui au XIIIe siècle étendait sa domination sur presque toute la péninsule indochinoise, est aujourd'hui le Kampuchéa.

L'INDIVIDU

4166 Les singes ne perdent pas l'habitude de garder les aliments dans leur bouche ; les Siamois ne se séparent pas de leurs traités techniques ; les Viet-namiens n'abandonnent pas leur hypocrisie ; les Khmers – ceux qui sont mauvais – ne se lassent pas de cancaner.

4167 Le tigre compte sur la forêt, la forêt compte sur le tigre.

4168 Le refuge du savant est la science, celui du tigre est la forêt.

4169 Pour obtenir la science, il faut tuer le maître ; pour obtenir des fruits et des fleurs, il faut mettre le feu aux souches.

4170 Si tu fais le mal, que du moins cela t'engraisse !

4171 Il ne faut pas vouloir prendre le ciel pour t'asseoir dessus.

4172 Si quelqu'un meurt, ne te hâte pas de pleurer. Si tu reconnais que quelqu'un est puissant, ne te hâte pas de t'en réjouir.

LES BONNES ET MAUVAISES RELATIONS

4173 C'est avec de l'eau qu'on fait des rivières, c'est avec du riz qu'on fait des armées. *(1919)*

4174 C'est avec des bambous qu'on hisse les pierres, c'est avec des paroles que les juges tranchent les affaires.

4175 Le bœuf d'autrui, on ne le vante pas ; on vante seulement son propre bœuf. *(2017)*

4176 On donne, ne te hâte pas de prendre.

4177 Celui qui a des connaissances, on le dit méchant ; celui qui est intelligent, on le dit fou.

4178 Un homme bon, on le dit bête ; un homme doux, on le dit stupide.

4179 Marchez courbé, tordu, les gens vous méprisent ; marchez en vous trémoussant, les gens s'approchent de vous et vous honorent.

4180 L'éléphant embourbé entraîne l'arbre avec lui.

4181 Les éléphants se battent et les fourmis meurent. *(1738)*

4182 Ne confiez pas de sucre aux fourmis. *(486)*

4183 Il ne faut pas abattre l'arbre pour manger les fruits. *(526)*

4184 Ne tire pas sur celui que tu détestes ; ne prête pas à celui que tu aimes.

4185 Le chien aboie et ne mord pas, le tonnerre gronde et il ne pleut pas. *(558)*

4186 Ils sont dix, le gâteau est trop cuit ; ils sont nombreux comme des fourmis, le gâteau est à moitié cru.

LA FEMME

4187 Cultive la rizière quand la terre est chaude, fais la cour aux femmes quand ton cœur est chaud. *(319)*

4188 Les semis pompent la terre, la femme épuise l'homme.

4189 Timide avec ton maître, tu ne t'instruis pas ; timide avec ta femme, tu n'as pas d'enfant.

4190 Ne prends pas ta maison pour en faire un monastère, ne prends pas ta femme pour en faire un gourou.

4191 Une femme qui attire les regards, ne la laisse pas marcher derrière toi.

4192 Du riz durci, c'est encore du riz ; une veuve, c'est toujours une femme.

4193 À la maison, on s'écarte de sa mère ; au cœur de la forêt, on ne fait qu'un avec elle.

LA SAGESSE

4194 À mains actives, ventre plein. *(966)*

4195 On peut vivre dans une maison exiguë, on ne peut pas vivre avec une âme angoissée.

4196 L'homme ne doit pas mépriser l'homme.

4197 Que le savant veille sur l'ignorant comme la jonque garde le sampan.
La *jonque* est un voilier à trois mâts.
Le *sampan* est une petite embarcation à voile.

4198 Si tu veux qu'on te considère comme juste, suis le chemin tracé.

4199 Si tu as de la gloire, ne t'en réjouis point ; si tu la perds, ne t'en afflige point.

4200 La barque passe, le rive demeure.

SOURCE

Solange Thierry, « Essai sur les proverbes cambodgiens », *Revue de psychologie des peuples*, 1958, t. 13, pp. 431-443.
De nombreux proverbes sont cités dans cette étude très intéressante qui s'attache d'abord au fond pour distinguer les constatations, les interdictions, les maximes, les injonctions, les proverbes d'humour, puis, sous le rapport de la forme, insiste sur le parallélisme, les allitérations et assonances, les calembours, etc.
Ces remarques peuvent être appliquées à toutes les langues de cette région qui, monosyllabiques et chantantes, font usage dans les proverbes de structures parallèles et de rimes.

Proverbes vietnamiens

Les Vietnamiens, d'origine sud-mongolique, constituent l'ethnie principale du Viêtnam, soit 90 % de la population (68 millions d'habitants). Le Viêtnam a connu la domination chinoise pendant un millénaire et sa langue en a subi l'influence.

L'INDIVIDU

4201 Cent hommes habiles ne valent pas un homme expérimenté.

4202 Du bois solide vaut mieux que du bois bien peint.

4203 Qui veut voyager vite doit emprunter les vieilles routes.

4204 Un jour incarcéré : mille années au dehors.

4205 Rassasié on devient Bouddha, affamé on devient un diable malfaisant.

4206 Faute de riz, on mange de la bouillie. *(var. 987)*

4207 À défaut d'éléphant, on prend le buffle pour l'animal le plus gros.

4208 Quand l'alcool entre, les paroles sortent.

4209 Les buffles qui arrivent en retard boivent de l'eau troublée. *(824)*

4210 En mangeant de la saumure, pense à la soif qui t'attend.

4211 Même si à soixante-dix ans, vous n'êtes pas encore boiteux, ne vous hâtez pas de vous en vanter.

LES BIENS

4212 L'argent qui entre chez le mandarin est comme du charbon jeté dans le four.

4213 Le mandarin est loin, mais ses clercs sont proches.

4214 L'homme crée la fortune, mais la fortune n'a jamais créé l'homme.

4215 Le riche devient sourd et le puissant devient aveugle.

4216 Un morceau donné à un affamé vaut un paquet donné à celui qui n'a plus faim.

LES BONNES ET MAUVAISES RELATIONS

4217 Un sage solitaire ne vaut pas une bande de sots.

4218 Il vaut mieux être le serviteur d'un homme intelligent que le maître d'un imbécile.

4219 À force de couler, l'eau finit par user la pierre. *(38)*

4220 À chaque marmite son couvercle. *(1043-1050)*

4221 Le tigre ne dévore pas ses petits. *(143)*

4222 Protège-toi du vent suivant la direction d'où il souffle.

4223 Point de pluie sans nuage.

4224 Il y a un poisson dans l'étang, il y a dix pêcheurs sur la berge.

4225 Qui saurait courber l'hameçon à la mesure de la bouche du poisson?

4226 Les éléphants sont tués pour leur ivoire, les oiseaux pour leurs plumes.

4227 Le buffle attaché n'aime pas le buffle qui broute.

4228 Il oublie le médecin dès que ses douleurs cessent.

4229 Il n'a pas franchi le pont qu'il en enlève les travées.

4230 À vouloir gagner des éloges, on perd son souffle.

4231 Il ne faut pas mettre le feu au grenier, parce qu'on ne peut pas attraper la souris.

4232 Le chien aboie après les habits déchirés. *(565)*

4233 Quand le chat est absent, le rat monte sur le trône.

4234 Ne te mêle pas d'aider l'éléphant à porter ses défenses.

4235 À force de sortir la nuit, on finit par rencontrer les fantômes.

4236 Voulant guérir un porc sain, on en fait un porc boiteux.

4237 Quand les buffles et les bœufs se donnent des coups de cornes, ce sont les mouches et les moustiques qui trinquent. *(1738)*

LA FEMME ET LA FAMILLE

4238 Quand l'accord règne entre époux, l'océan même peut être vidé aisément.

4239 Comme la barque suit son gouvernail, la femme doit suivre son mari.

4240 Le cœur d'une femme est aussi fuyant qu'une goutte d'eau sur une feuille de lotus.

4241 Les frères sont comme les membres d'un même corps, tandis que le conjoint n'est qu'un vêtement dont on peut se séparer.

4242 Qui peut compter le nombre de plumes des oiseaux? Qui s'avise d'évaluer la peine qu'il a endurée pour élever ses enfants?

LA MORALE

4243 Ayez pitié des autres comme de vous-même.

4244 Le buffle laisse sa peau en mourant, l'homme mort laisse sa réputation.

4245 Bonne réputation vaut mieux que beaux habits.

4246 Mieux vaut mourir pur que vivre souillé.

LA SAGESSE

4247 Pense à celui qui a planté l'arbre dont tu manges les fruits.

4248 Entre les quatre mers, tous les hommes sont frères.
Proverbe lettré.

4249 L'homme est la fleur de la terre.

SOURCES

Chi Qua Hô-Phu, «Sagesse populaire de France et du Viêtnam», *France-Asie*, 1959, pp. 1294-1299 (48 proverbes en vietnamien, avec la traduction française et le proverbe français équivalent).
Guinzbourg*, pp. CLIII. 9 proverbes en vietnamien et en français figurent dans Du'ong Dinh khuê, *La Littérature populaire vietnamienne*, 1967 (288 proverbes).

chapitre XXII

GROUPE TIBÉTO-BIRMAN

Proverbes tibétains

La famille tibéto-birmane, que certains linguistes proposent de rattacher aux langues chinoises en une famille sino-tibétaine, comprend de nombreuses langues, parmi lesquelles le tibétain et le birman.

Les proverbes tibétains nous sont malheureusement peu accessibles, vu la rareté des traductions. Nous n'en donnons que quelques exemples, choisis dans des recueils généraux.

L'INDIVIDU

4250 Mange selon la hauteur de ton sac à provisions, marche selon la largeur de ton pas. *(1118)*

4251 Un voleur ne vole jamais une cloche.

4252 Le lapin qui grignote peut aussi mourir d'indigestion.

LES RELATIONS

4253 La liane parvient au sommet d'un grand arbre en s'appuyant sur lui.

4254 Pour incendier une forêt, il faut l'aide du vent.

4255 La lune devient sombre en s'approchant du soleil.

4256 Le foie de mon ennemi est le fourreau de mon épée.

LA PAROLE

4257 La parole doit être vêtue comme une déesse et s'élever comme un oiseau.

4258 Bavardage est écume sur l'eau, action est goutte d'or.

4259 Un mensonge est un saut du haut du toit.

4260 Quand on a la bouche vide, on appelle le bonheur ; on ne joint les mains que si elles sont vides.

Cité in *Le Monde*, 16 octobre 1979, p. 20.

Proverbes birmans

Le birman est la langue officielle de la Birmanie (32 millions d'habitants). Ce pays est une république fédérale qui regroupe des populations très hétérogènes, que distinguent de multiples subdivisions ethniques et linguistiques mais qui sont liées par des apports indiens.

L'ethnie birmane constitue les deux-tiers de la population, le reste se répartissant entre des groupes qui parlent d'autres langues tibéto-birmanes, ou bien des langues sinothaï, ou mōn-khmer, ou malayo-polynésiennes. La Birmanie donne en somme une image réduite de la mosaïque qu'est l'Asie du Sud-Est.

L'INDIVIDU

La nature

4261 La canne à sucre est douce toujours, l'homme seulement de temps en temps.

4262 Le singe ne s'inquiète pas d'avoir un peigne.

Sa tête est rasée.

4263 Il faut que le médecin soit vieux et l'avocat jeune.

Les comportements

4264 Faits provision d'eau pendant qu'il pleut. *(46)*

4265 Mange une gousse d'ail : tu sens l'ail; manges-en deux : tu sens de même.

4266 En faisant attention à la cuillerée, on perd tout le pot.

4267 Quand la maladie n'est pas connue, il n'y a pas de remède.

4268 Tu ne peux pas obtenir du riz en broyant du son. *(1023)*

LES BONNES ET MAUVAISES RELATIONS

4269 Un bon arbre peut loger dix mille oiseaux.

4270 L'homme aveugle n'a pas peur des fantômes.

4271 Si tu portes le mot « non » avec toi, tu ne seras jamais pauvre, même dans la vieillesse.

4272 Seule la hauteur fait l'ombre.

4273 Diffuse un psaume et il devient une chanson populaire.

4274 Une graine de sésame ne donne pas d'huile.

4275 La vie d'un hôte est de sept jours. *(1207)*
On n'apprécie la présence d'un invité que pendant une courte durée.

4276 Trop de médecins et le fils est mort. *(778)*

4277 Si le coq hérisse ses plumes, il est aisé de le plumer.

4278 Quand le chat est trop vieux, les souris n'en ont plus peur.

4279 Si le bétail est dispersé, le tigre s'en saisit. *(513)*

4280 Le héros arrive seulement quand le tigre est mort.

LA FEMME ET LA FAMILLE

4281 Ce n'est pas le caquetage de la poule qui fait lever le jour, c'est le chant du coq.

4282 Les vieux bœufs aiment bien l'herbe tendre.
Les vieillards aiment bien les tendrons.

4283 Un arbre tombe, plantes-en un autre.
Se dit aux veufs.

4284 Si tu aimes ta femme, fais-en l'éloge seulement quand elle est morte.

4285 Une fille donne autant de soucis qu'un troupeau de mille bêtes.

LA SAGESSE

4286 Où il y a amour, il y a paix.

4287 Il n'est jamais plus tard que minuit.
Tout recommence.

SOURCE

Hla Pe, *Burmese Proverbs*, Londres, 1962 (496 proverbes en birman et en traduction anglaise, classés par thème, avec des explications, une bibliographie et un index).

chapitre XXIII

FAMILLE THAÏ

Proverbes thaï

Les populations thaï sont implantées dans une vaste région, du sud de la Chine, d'où elles sont originaires, à l'est de l'Inde. Dans tous les pays de cette zone, elles constituent des minorités, sauf en Thaïlande et au Laos. Leur pénétration massive date du XIIIe siècle. Les royaumes du Laos et du Siam furent créés au XIVe siècle.
Les langues thaï sont parlées aujourd'hui par environ 60 millions de personnes; elles donnent une unité linguistique à des ethnies très différentes, vivant en Inde, en Birmanie, au Viêt-nam, en Chine, en Thaïlande et au Laos. Nous présentons dans le choix suivant des proverbes recueillis dans les langues officielles de ces deux derniers pays : le lao, ou laotien, est parlé au Laos (3,5 millions d'habitants) et dans le nord-est de la Thaïlande (par 2 millions de personnes); le siamois, ou thaï, est parlé en Thaïlande (qui compte 58 millions d'habitants) et au Viêt-nam.

L'INDIVIDU

La nature

4288 L'or qui tombe à terre ne se ternit pas.

4289 Les fruits ne tombent pas loin de l'arbre. *(76)*

4290 Les rayures de l'homme sont à l'intérieur, celles du tigre sont au dehors.
Il ne cache pas sa vraie nature.

Les comportements

4291 Neuf patiences et neuf persévérances feront obtenir des barres d'or.

4292 Tel est courageux au village qui est peureux en forêt.

4293 La bouche qui parle trop vite fait perdre la confiance; les pieds trop agiles font tomber de l'arbre.
Parle signifie ici agit.

4294 Dix langues qui affirment ne valent pas deux yeux qui voient; deux yeux qui voient ne valent pas une main qui palpe.

4295 N'étale pas tes entrailles pour que les corbeaux s'en repaissent.

LES BONNES ET MAUVAISES RELATIONS

4296 Il faut enfiler lentement l'aiguille dont le chas est petit.

4297 Supportons la boue pour manger les anguilles. *(1590)*

4298 Laisse le sage détruire un ennemi par un autre ennemi, une épine par une épine.

4299 Si un chien vous mord, ne mordez pas le chien.

4300 Le pied de l'éléphant ferme le bec de l'oiseau.

4301 Les compagnons de table sont faciles à trouver, mais rares sont les compagnons de mort.
Ceux qui consentent à risquer la mort pour nous.

4302 Lorsque les buffles se battent, l'herbe en souffre. *(1738)*

4303 Quand l'eau baisse, les fourmis mangent les poissons; quand l'eau remonte, les poissons mangent les fourmis.

4304 Un seul poisson pourrit tout un panier. *(477)*

4305 Une seule bûche ne peut faire un feu. *(687)*

LA FEMME ET LA FAMILLE

4306 Pour juger d'un éléphant, il faut regarder sa queue, pour une jeune fille, il faut voir sa mère. *(891)*

4307 Quand on agit, il faut y mettre tout son coeur et ne pas se retourner, même si l'aimée vous chatouille les côtes mille fois.

4308 Le vieux buffle n'aime que l'herbe tendre.
Allusion au vieillard qui poursuit un tendron.

4309 Le savoir-faire ne vaut pas l'expérience, dix gendres ne valent pas un beau-père.

LA SAGESSE

4310 Le riz qui est dans ton grenier est ton ennemi parce qu'il excite la jalousie de ceux qui n'en ont pas.

4311 Le travail est la source de tous les biens. *(966)*

4312 Si vous montez à terre, vous rencontrez le tigre ; si vous descendez dans une barque, vous rencontrez le crocodile.

4313 Celui qui est sous le ciel, comment peut-il craindre la pluie ?

4314 Il n'y a pas d'autre bonheur que la paix.

SOURCES

Mgr Pallegoix, *Description du royaume thaï ou Siam*, Paris, 1854, t. I, pp. 401-402 (8 proverbes en traduction française).
Paul Lévy et Pierre S. Nginn, « Proverbes » (lao), *France-Asie*, Mars 1956, pp. 1079-1083 (65 proverbes en traduction française, avec des explications).

8

Langue chinoise

chapitre XXIV

LANGUE CHINOISE

Proverbes chinois

Les proverbes chinois sont utilisés par le groupe humain le plus important de la terre, car un être humain sur quatre est chinois.

La multiplicité des dialectes chinois n'a pas empêché l'unité culturelle de la Chine, favorisée par les circonstances historiques et les caractéristiques de la langue. En effet, l'écriture chinoise utilise des signes graphiques indépendants des sons de la langue. Un texte peut être compris par des personnes qui ne parlent pas le même dialecte et ne se comprendraient pas dans une conversation.

La République populaire de Chine a développé l'usage d'une langue parlée commune qui sert à tous les Chinois, quel que soit leur dialecte maternel. Il s'agit du dialecte de Pékin appelé jusqu'à l'époque prérévolutionnaire le mandarin. Il servait déjà de langue commune aux mandarins, c'est-à-dire aux fonctionnaires de l'administration impériale. Sous diverses formes locales, le mandarin est répandu dans toute la Chine du Nord et une grande partie de la Chine du Centre qui forment une zone dialectale homogène. En revanche, les dialectes de la Chine du Sud sont à la fois très différents entre eux et très différents du pékinois. Plus d'un milliard de personnes dans le monde parlent chinois. La République populaire de Chine compte un milliard deux cents millions d'habitants. La population de Taïwan est de 20 millions de personnes. Les colonies chinoises sont répandues dans le monde entier, notamment en Asie du Sud-Est, où elles jouent un rôle économique important. Singapour (3 millions d'habitants) est une ville en majorité chinoise, de même que Penang en Malaisie et Cholon au Viêt-nam.

La Chine a exercé une grande influence sur les pays voisins qui lui ont emprunté, parmi d'autres faits de culture, des proverbes. Le Viêt-nam, la Corée et le Japon en témoignent.

Il faut mentionner la présence sur le territoire chinois de très nombreuses minorités ethniques et linguistiques : les langues qu'elles parlent appartiennent aux autres familles linguistiques de l'Asie. La Chine a aussi subi l'influence des pays voisins.

Les proverbes chinois sont incomplètement connus ; les traductions sont rares et anciennes et il n'existe aucune étude d'ensemble sur leur utilisation. C'est avec ces réserves qu'on lira le choix suivant. Il comprend, pour une petite partie, des proverbes qui étaient à l'origine des maximes de lettrés, empruntées à la langue littéraire, mais qui se sont aussi répandues dans les autres milieux, étant donné la familiarité des Chinois avec les préceptes de la sagesse classique.

L'INDIVIDU

Les désirs

4315 Le paysan prie qu'il pleuve, le voyageur qu'il fasse beau, et les dieux hésitent.

4316 Chaumière où l'on rit vaut mieux que palais où l'on pleure.

4317 Les palais des grands regorgent de femmes, et les cabanes des pauvres, d'enfants.

4318 Le riche songe à l'année future, le pauvre au jour présent.

4319 Qui a soif rêve qu'il boit.

4320 Prétendre contenter ses désirs par la possession, c'est compter que l'on étouffera le feu avec de la paille.

4321 Si tu as entendu parler de Pékin, il ne faut pas aller voir Pékin.
La désillusion serait trop forte.

La nature, la connaissance de l'homme

4322 Le fond du cœur est plus loin que le bout du monde.

4323 Les habits doivent être neufs, les hommes anciens.

4324 Il est facile de recruter mille soldats, mais il est difficile de trouver un général.

4325 L'homme qu'on transplante vit, l'arbre qu'on transplante meurt.
À propos des émigrés.

4326 La vie d'un vieillard ressemble à la flamme d'une bougie dans un courant d'air.

Les épreuves

4327 On connaît le cheval en chemin, et le cavalier à l'auberge.

4328 Une seule fente suffit pour couler un bateau.

4329 L'âme n'a point de secret que la conduite ne révèle.

4330 Les pensées du cœur sont dévoilées par l'alcool, les lièvres cachés dans les herbes sont levés par les chiens.

4331 Par la canicule il n'y pas de grands hommes.

4332 L'empereur Ts'ong-tchen vécut huit cent quatre-vingts ans et ne vit pas qu'on puisse rendre blancs des charbons noirs.

4333 Tout bois est gris quand il est réduit en cendres.

4334 Long ou court, un bâton est un bâton. Grand ou petit, un homme est un homme.

4335 Les saints hommes appartiennent à leur espèce, même s'ils en sortent.

4336 Dans le monde entier, les corneilles sont noires. *(198)*

Les défauts, les imperfections

4337 Les dieux et les fées se trompent aussi.

4338 Les plus jolis oiseaux sont en cage.

4339 Un coup d'œil juste ne vaut pas un mauvais cordeau.

4340 L'encre la plus pâle vaut mieux que la meilleure mémoire.

4341 Dix veilleuses ne valent pas une lampe.

4342 Le chaudron de chaque famille a une poignée noire.
Tout le monde a ses défauts.

4343 La vaine gloire a des fleurs, et n'a point de fruits.

4344 Arbre renversé par le vent avait plus de branches que de racines.

4345 Un melon très sucré a la tige très amère.

4346 Sans le secours de la sagesse, l'homme est perdu, comme le battant dont la cloche ne rend aucun son.

4347 Les paupières de l'homme sont transparentes.

4348 L'envie est comme un grain de sable dans l'œil.

4349 Nourrir l'ambition dans son cœur, c'est porter un tigre dans ses bras.

4350 Avoir trop d'esprit, c'est n'en avoir pas assez.

4351 Qu'est-ce qu'un sot qui a fait fortune ? – C'est un pourceau qui est embarrassé de son lard.

Les comportements

4352 La plus grande vertu est comme l'eau : elle est bonne pour toutes choses.

4353 Le repentir est le printemps des vertus.

4354 Si le ciel vous jette une datte, ouvrez la bouche.

4355 Le moment donné par le hasard vaut mieux que le moment choisi.
Le hasard vaut mieux qu'un rendez-vous.

4356 L'eau courante ne se corrompt jamais. *(42)*

4357 Savoir faire est facile, le difficile est de faire. *(1549)*

4358 L'eau ne reste pas sur les montagnes, ni la vengeance dans un grand cœur.

4359 Plus le piédestal est beau, plus la statue doit l'être.

4360 Vous ne pouvez pas empêcher les oiseaux de la tristesse de voler au-dessus de vos têtes, mais vous pouvez les empêcher de faire leurs nids dans vos cheveux.

4361 Avec le temps et la patience, la feuille du mûrier devient satin.

La prudence

4362 Les chevaux de guerre naissent sur les frontières.

4363 La garde de soi-même est la plus importante des gardes.

4364 Qui connaît son cœur se défie de ses yeux.

4365 Lorsqu'on galope sur la crête d'un mur, on ne peut pas tourner la tête.
On a besoin de toute son attention.

4366 Lorsqu'on achète des souliers, on s'informe du pied.

4367 Tu pars pour un jour, emporte des biscuits pour deux jours. Tu voyages l'été, emporte tes habits d'hiver.

L'opportunité de l'action

4368 La récolte de toute l'année dépend du printemps où se font les semailles.

4369 Il est un temps pour aller à la pêche et un temps pour faire sécher les filets.

4370 N'attendez pas d'avoir soif pour tirer l'eau du puits.

4371 Les tuiles qui garantissent de la pluie ont été faites dans le temps.

4372 Ce ne sont pas les mauvaises herbes qui étouffent le bon grain, c'est la négligence du cultivateur.

4373 Il faut faire vite ce qui ne presse pas pour pouvoir faire lentement ce qui presse.

4374 Un jour en vaut trois pour qui fait chaque chose en son temps.

4375 Plus les repentirs sont prompts, plus ils en épargnent d'inutiles.

Le comportement du sage

4376 Le palais conduit à la gloire, le marché à la fortune et la solitude à la sagesse.

4377 L'homme plein de vertus est semblable à un enfant, il ne craint ni les bêtes sauvages ni les serpents.

4378 L'homme maître de soi n'aura point d'autre maître.

4379 Le sage ne désire que l'absence de désirs.

4380 C'est s'enrichir que s'ôter des besoins.

4381 Si le corps se dresse bien droit, on ne s'inquiète pas si son ombre est de travers.
Bien faire et laisser dire.

4382 L'étude est une épouse aussi belle que le jade.

4383 Le sage a beau voyager, il ne change pas de demeure.

4384 Les hommes diffèrent moins par leurs complexions naturelles que par la culture qu'ils se donnent.

4385 Chacun interprète à sa manière la musique des cieux.

4386 Qui a fermé sa porte est au fond des déserts.

4387 Qui voit le ciel dans l'eau voit les poissons sur les arbres.

4388 Oiseau qui chante n'a pas soif, agneau qui bêle veut téter.

Le savoir

4389 Le sage parle des idées, l'intelligent des faits, le vulgaire de ce qu'il mange.

4390 L'esprit cultivé est son propre paradis, l'esprit ignorant son propre enfer.

4391 Mille étudiants, mille nobles ; mille joueurs, mille pauvres.

4392 Le savoir que l'on ne complète pas chaque jour diminue.

L'inefficacité

4393 Un arc tendu longtemps perd de sa force. *(1931)*

4394 Il est difficile d'attraper un chat noir dans une pièce sombre, surtout lorsqu'il n'y est pas.

4395 Quand on est pressé, le cheval recule.

4396 On a beau noyer sa raison dans le vin, on n'y noie pas le sujet de ses peines.

4397 Lorsqu'on tombe, ce n'est pas le pied qui a tort.

4398 Le vin n'enivre pas : c'est l'homme qui s'enivre.

4399 Ne brise pas une porte en fer pour t'emparer d'un gâteau de son. *(526)*

4400 Ne prends pas un fusil pour tuer un papillon.

4401 Le bœuf mange la paille et la souris le blé.

4402 Celui qui déchire ses habits n'a qu'à les rapiécer lui-même.

4403 Tu ne peux et manger ton gâteau et vouloir qu'il en reste. *(1113)*

4404 Qui ne peut pas dormir trouve son lit mal fait.

4405 Pourquoi se jeter à l'eau avant que la barque ait chaviré ?

4406 Le fruit mûr tombe de lui-même, mais il ne tombe pas dans la bouche.

4407 Si vous devez parcourir dix lis, songez que le neuvième marquera la moitié du chemin.
Le *li* est une mesure itinéraire qui vaut environ six cents mètres.

4408 On ne s'égare jamais si loin que lorsque l'on croit connaître la route.

4409 Le riche exagère encore plus sa bonne volonté que le pauvre sa misère

4410 Sur cent projets d'un riche, il y en a quatre-vingt dix-neuf pour le devenir davantage.

4411 L'économie donne aux pauvres tout ce que la prodigalité ôte aux riches.

4412 Les bonnes récoltes rendent les hommes prodigues ; les mauvaises, prévoyants.

4413 Les excès tuent plus sûrement que les épées. *(956)*

4414 À travers la fente d'une porte, on ne voit l'homme qu'en petit.

4415 Qui cache ses fautes en veut faire encore.

4416 Si l'homme trompe la terre, la terre trompe l'homme.

4417 Le jour éloigné existe, celui qui ne viendra pas n'existe pas.

4418 C'est dormir toute la vie que de croire à ses rêves.

LES BIENS

4419 Avec de l'argent, on fait parler les morts ; sans argent, on ne peut pas faire taire les muets.

4420 Il n'est métal si dur que le feu n'amolisse, ni affaire si mauvaise que l'argent n'accommode.

4421 Le doigt sec ne peut ramasser le sel.
Sur la corruption.

4422 Une grosse fortune ne vaut pas un petit revenu de tous les jours.

4423 Un menuisier qui veut faire fortune fabrique des charrues et des cercueils.
C'est-à-dire les objets indispensables.

4424 Un déménagement, c'est la pauvreté pour trois ans. *(825)*
À cause de la casse et des frais d'installation.

4425 Il n'y a pas d'économie à se coucher de bonne heure pour épargner la chandelle, s'il en résulte des jumeaux.

4426 L'or n'est pas à l'avare, mais l'avare est à l'or.

4427 Les objets donnés ressemblent au donateur.

4428 De même que le fleuve retourne à la mer, le don de l'homme revient vers lui.

4429 Qui attend le superflu pour donner aux pauvres ne leur donnera jamais rien.

4430 Quand il y a du riz qui moisit à la cuisine, il y a un pauvre qui meurt de faim à la porte.

4431 Qui ne nourrit pas le chien nourrit le voleur. *(543)*

4432 Qui vole une pièce d'argent se voit condamner, qui vole un État se voit couronner.

LES ÉCHANGES

4433 La probité est la seule monnaie qui ait cours partout.

4434 C'est parce que les hommes n'ont pas le cœur juste qu'on a inventé la balance et le boisseau.

4435 Tout marchand de melons atteste que ses melons sont doux.

4436 Le bois de chauffage n'est pas vendu dans la forêt, pas plus que le poisson dans le lac.

4437 La marchande d'éventails s'évente avec ses mains. *(1456)*

4438 Qui se laisse donner n'est plus bon à prendre.

4439 Ne donne jamais la peau, si tu peux payer avec de la laine.

4440 Qui ne peut payer de sa bourse paie de sa peau.

4441 Un cheval ne devient pas gras sans manger la nuit ; un homme ne devient pas riche sans gains équivoques. *(var. 30)*

4442 Les profits injustes sont comme la fausse monnaie ; plus on en a, plus on risque.

4443 Ce qui est venu dans l'obscurité s'en va par les ténèbres. *(1963)*

4444 Le crédit chasse les pratiques.

4445 La honte passe, les dettes restent.

4446 L'homme n'est pas lié par le licou, il est lié par le papier. *(1494)*

LES RELATIONS Les bonnes relations

4447 Fleuve paisible, rives fleuries.

4448 Qui reste doux est invincible.

4449 Lorsqu'on tue, il faut voir le sang. Lorsqu'on aide quelqu'un, il faut l'aider complètement.

4450 Il faut traiter une affaire tout de suite. Il faut manger la nourriture chaude. *(1478)*
Les Chinois n'aiment pas la nourriture froide, ils pensent qu'elle donne mal au ventre.

4451 Le fils d'un charpentier sait tirer la scie, le fils d'un canard sait nager.

4452 La porte la mieux fermée est celle qu'on peut laisser ouverte.

4453 Lorsque trois hommes ont le même but, l'argile se change en or.
L'union fait la force.

4454 Un seul bambou ne fait pas un radeau. *(687)*

4455 On pardonne tout à qui ne se pardonne rien.

4456 Les cœurs les plus proches ne sont pas ceux qui se touchent.

4457 La boue cache un rubis mais ne le tache pas.

4458 Tous les fleuves vont à la mer et la mer ne déborde pas.

4459 On mesure les tours par leur ombre et les grands hommes par leurs détracteurs.

4460 Les gros poussins ne mangent pas des petits grains.

4461 Qui cède le haut du pavé s'élargit le chemin.

4462 Le dieu du terroir des montagnes orientales n'est plus habile quand il arrive dans les montagnes de l'Ouest. *(1985)*

4463 Le prêtre du pays lointain lit mieux le rituel.

4464 Au cheval le plus sûr ne lâche pas la bride.

4465 Une bonne abeille ne prend pas la fleur tombée.

4466 Près d'un grand arbre, l'herbe n'est pas couverte de givre.

4467 Seul l'altruiste est capable d'aimer autrui et de haïr autrui.

4468 C'est s'aimer bien peu que de haïr quelqu'un, mais c'est haïr tout le monde que de n'aimer que soi.

4469 Ce n'est qu'avec les yeux des autres que l'on peut bien voir ses défauts.

4470 Le voleur doit être pris par le voleur, le fer doit être frappé par le fer.

Les contrastes

4471 Loin de sa maison, un homme est estimé ce qu'il paraît ; dans sa maison, un homme est estimé ce qu'il est.

4472 L'eau du puits n'est pas ennemie de l'eau de source.

4473 La langue résiste, parce qu'elle est molle ; les dents cèdent, parce qu'elles sont dures.

4474 Les dents sont longues, mais la langue leur survit.

4475 Cent « non » font moins de mal qu'un « oui » jamais tenu.

4476 Mieux vaut essuyer une larme d'un paysan que d'obtenir cent sourires d'un ministre.

4477 Sauver la vie d'un homme vaut plus que de construire une pagode de sept étages.

L'apparence

4478 Ne jugez pas un cheval d'après sa selle. *(1094)*

4479 L'homme sobre qui a le nez rouge passe pour un ivrogne.

La prudence et l'imprudence

4480 Il ne faut pas employer ceux qu'on soupçonne, ni soupçonner ceux qu'on emploie.

4481 Il faut croire ses domestiques et ne pas les écouter.

4482 Fais attention à celui que la foule réprouve, fais attention à celui que la foule approuve.

4483 Qui bat le chien doit songer au maître.

4484 Ne brûlez pas de faux encens devant un vrai dieu.

4485 Qui bat les buissons fait sortir des couleuvres.

4486 Qui chevauche un tigre n'en descend pas aisément.

4487 Il ne faut pas allumer un feu que l'on ne peut pas éteindre.

4488 Le grand défaut des hommes est d'abandonner leurs propres champs pour ôter l'ivraie de ceux des autres.

L'inefficacité

4489 Corsaires attaquant corsaires ne firent jamais leurs affaires.

4490 Chaleur pour tous, froid pour soi.

4491 Lorsqu'on prend un gourdin pour appeler un chien, il ne vient pas.

4492 Neuf femmes ne peuvent pas faire un enfant en un mois.

4493 Ce n'est pas le puits qui est trop profond, mais c'est la corde qui est trop courte.

4494 Le père de tout le monde n'est pleuré par personne.
Chacun compte sur l'autre pour accomplir ce devoir.

4495 Quand les cuisiniers se battent, le rôti brûle.

L'impossibilité

4496 Dans un même pot, on ne peut pas cuire deux plats différents.

4497 D'un seul mouton, on n'écorche qu'une peau.

4498 D'un os sec, on ne peut faire sortir la graisse.

4499 D'un âne qui ne veut pas boire on ne peut abaisser la tête. *(449)*

4500 Bride de cheval ne va pas à l'âne. *(375)*

4501 On ne met pas deux selles sur un cheval. Un bon ministre ne sert pas deux maîtres.

4502 Dans un étang, il n'y a pas de place pour deux dragons. *(590)*

L'inutilité

4503 L'étude étend peu les connaissances si elle n'ôte pas le goût de la dispute.

4504 Cultiver les sciences et ne pas aimer les hommes, c'est allumer un flambeau et fermer les yeux.

4505 N'attends pas des autres ce que tu ne veux pas leur promettre.

4506 Ne cherchez pas à échapper à l'inondation en vous accrochant à la queue d'un tigre.

4507 Dans l'enfance tous les hommes sont frères, dans l'âge mûr chacun tire de son bord.

4508 Agneau en peau de tigre craint encore le loup.

4509 Il suffit d'un morceau de viande corrompue pour gâter le bouillon de toute la marmite. *(477)*

4510 On n'a jamais tant besoin de son esprit que lorsqu'on a affaire à un sot.

4511 Le porc se souvient de la nourriture, mais ne se souvient pas des coups.

4512 Qui oublie les bienfaits se souvient des injures. *(1223)*

4513 C'est se rendre complice d'une impertinence que d'en rire.

4514 La rose n'a d'épines que pour qui veut la cueillir.

4515 Qui est borgne plaint les aveugles.

4516 L'ombre se meut selon les vœux du soleil.

4517 Rien ne manque aux funérailles des riches que des gens qui les regrettent.

4518 Après une grande haine, il restera toujours une petite haine.

L'amitié

4519 Nos connaissances peuvent remplir l'Empire, mais nos amis intimes ne peuvent être que quelques-uns.

4520 Ce sont les vieux amis qui sont les meilleurs, ce sont les nouveaux habits qui sont les meilleurs. *(1171)*

4521 Il n'est pas de joie qui égale celle de se créer de nouvelles amitiés.

4522 Se rencontrer et être amis, rien de plus facile; demeurer ensemble et vivre en paix, voilà qui est difficile.

4523 Ayez du thé, du vin, vos amis seront nombreux : soyez dans l'adversité, un seul homme vous visitera-t-il?

4524 Deux ennemis ont l'un pour l'autre des yeux de lynx.

4525 Entre mari et femme, c'est millet et farine. Entre amis, c'est eau-de-vie et viande.
On se met en frais pour des hôtes.

4526 Qui donne du mauvais vin à ses hôtes ne boit chez eux que du thé.

La parole

4527 Lorsqu'on a appris le livre des proverbes, on n'a plus d'efforts à faire pour parler.

4528 Les mots sont la voix du cœur.

4529 Une parole venue du cœur tient chaud pendant trois hivers.

4530 C'est le propre d'une âme magnanime de consulter les autres; une âme vulgaire se passe de conseils.

4531 La parole est une comme le mur est un. *(1511)*
Elle doit être d'un bloc.

4532 On n'est jamais puni pour avoir fait mourir de rire.

4533 Un mot dit à l'oreille est quelquefois entendu de loin. *(1523)*

4534 Une parole sortie de la bouche, quatre chevaux la rapportent difficilement.

4535 Qui élargit son cœur rétrécit sa bouche.

4536 Le mot fut-il au bord de ta langue, retiens-en la moitié.

4537 On gagne toujours à taire ce qu'on n'est pas obligé de dire.

4538 Ne parlez pas dans la rue : il y a des oreilles sous les pavés. *(var. 51)*

4539 Le secret le mieux gardé est celui qu'on garde pour soi.

4540 Les vérités qu'on aime le moins à apprendre sont celles qu'on a le plus d'intérêt à savoir.

La calomnie et le mensonge

4541 Cœur gâté, bouche puante.

4542 Les maladies entrent par la bouche, les malheurs sortent par la bouche.
À force de trop manger ou de trop parler.

4543 Les paroles sont vides, le pinceau laisse des traces.

4544 Les livres n'épuisent pas les paroles, les paroles n'épuisent pas les idées.

4545 On peut périr d'un coup d'épée, mais guère d'un coup de langue.

4546 De parler ne fait pas cuire le riz.

4547 La raillerie est l'éclair de la calomnie.

4548 Qui s'endort médisant se réveille calomnié.

4549 La calomnie ne change point l'homme bon, ni la marée le roc.

4550 Qui ment trois fois n'est pas cru une.

4551 Pas de bon médiateur s'il n'est un peu menteur.

LES GROUPES SOCIAUX

4552 Une année de procès engendre dix années de rancune.

4553 Qui gagne son procès gagne poule et perd vache. *(1856)*

4554 Deux plaideurs font un seul riche : le troisième.

4555 Le malade gémit au début de la maladie, et le médecin à la fin.

4556 Le médecin guérit de la maladie, mais non de la mort; il est comme le toit, qui garantit de la pluie, mais non du tonnerre.

L'ORGANISATION SOCIALE

4557 On devrait gouverner un grand empire avec autant de simplicité que l'on fait cuire un petit poisson.

4558 L'empereur peut tout pour le bien, mais rien contre la justice.

4559 Ce n'est pas l'eau qui vous doit servir de miroir, c'est le peuple.

4560 Quand les maîtres de l'Empire déraisonnent, les hommes du peuple dépérissent.

4561 Les princes ne songent à rendre leurs sujets heureux que lorsqu'ils n'ont plus rien à faire.

4562 Le peuple est difficile à gouverner quand il est trop savant.

4563 Servir un prince, c'est comme dormir avec un tigre.

4564 L'empereur ne se porte jamais mieux à la capitale que lorsqu'on le dit malade en province.

4565 Tel empereur, telle cour.

4566 À la cour comme à la mer, le vent qu'il fait décide de tout.

4567 On chante à la cour pour boire, on boit au village pour chanter.

4568 On ne craint pas un ennemi, on craint seulement un mandarin vénal.
On peut se faire rendre raison d'un ennemi par voie de justice, mais si le mandarin est corrompu, il n'y a plus d'espoir.

4569 Lorsque l'opium ne meurt pas, le seigneur ne change pas.
Tant qu'il y a de l'opium, le pouvoir n'a pas de révolution à craindre.

4570 On ne bafoue pas les lois qui marquent au fer rouge le plus léger des délits.

4571 La loi est sage, mais les hommes ne le sont pas.

LA FEMME ET LA FAMILLE

L'amour

4572 L'amour est tout yeux et n'en a pas un seul de bon.

4573 Quand un homme est fou d'une femme, il n'y a qu'elle qui le puisse guérir de sa folie.

La femme

4574 L'homme savant bâtit les cités, la femme savante les renverse.

4575 Quand les hommes sont ensemble, ils s'écoutent; les femmes et les filles se regardent.

4576 La vertu d'une femme n'est pas profonde, mais sa colère est sans fin.

4577 Les femmes et les sots ne pardonnent jamais.

4578 La langue d'une femme est son épée : elle se garde de la laisser se rouiller.

4579 La langue prompte des femmes est l'escalier par lequel arrive le malheur.

4580 Les paroles de l'homme sont comme la flèche qui va droit au but, celles de la femme ressemblent à l'éventail brisé.

4581 La femme la mieux louée est celle dont on ne parle pas.

Le mariage

4582 Sans nuages au ciel, il ne pleut pas; sur terre, sans entremetteurs, il ne se fait pas de parenté.
Les entremetteurs sont indispensables pour conclure les mariages.

4583 Ne va pas à la chasse sans ton arc, à l'office sans les textes sacrés, ni au mariage sans ta chance.

4584 Les troncs galeux ont des branches fleuries.
Un homme laid a souvent une jolie femme.

4585 Entre époux, pas d'inimitié qui passe la nuit.

4586 La séparation et le divorce sont des poignards à deux tranchants : il faut s'en blesser d'un côté pour les enfoncer de l'autre.

4587 Un bon chien ne mord pas les poules. Un bon mari ne bat pas sa femme.

4588 À femme hargneuse, mari brutal.

4589 Plus une femme aime son mari, plus elle le corrige de ses défauts; plus un mari aime sa femme, plus il augmente ses travers.

4590 On cherche la vertu dans une épouse, la beauté dans une concubine.

4591 Femme qui deshonore son mari fait jurer à son galant de lui etre fidèle.

4592 La femme infidèle a des remords, la femme fidèle a des regrets.

4593 Ne vous fiez pas à votre femme avant qu'elle ne vous ait donné dix fils.

Le veuvage

4594 Les pleurs poussent sur les veuves et les poux sur les veufs.

4595 Le ciel est grand, la terre est grande, la bouche d'une veuve est grande.
Sa langue est redoutée.

Le remariage

4596 Le premier mariage d'une femme, c'est l'affaire des parents; son deuxième mariage, c'est sa propre affaire.

4597 Une bonne femme ne prend pas deux maris. Un bon cheval ne porte pas deux selles.
Primitivement, ce proverbe désignait le remariage, puis il a concerné la polyandrie ou l'adultère.

4598 La femme noble ne boit pas le thé de deux familles.

La famille

4599 La femme est pareille aux habits, les frères sont pareils aux mains et aux pieds.
Quand l'habit est usé, on en rachète un autre; de même quand sa femme meurt, on se remarie. En revanche, les frères ne se remplacent pas.

4600 Un frère est un ami qui nous a été donné par la nature.

Les enfants

4601 L'argent est une richesse morte; les enfants sont une richesse vivante.

4602 La moisson des autres est toujours la meilleure, nos enfants à nous sont toujours les meilleurs. *(295)*

Le fils

4603 Enseignez votre fils dans la salle de séjour, et votre femme sur l'oreiller.

4604 Louer son fils, c'est se vanter; blâmer son père, c'est se flétrir.

4605 Un fils qui fait verser des larmes à sa mère peut seul les essuyer.

4606 Le fils doit enterrer le père, le père doit marier le fils.
Ce sont des devoirs.

4607 Lorsqu'on prend une bru, on enterre un fils.

4608 Lorsqu'il y a beaucoup de belles-filles, la marmite n'est pas récurée.

4609 Une belle-fille ne peut pas dissimuler sa laideur aux parents de son mari.

4610 Le ciel du printemps ressemble souvent à la mine de la belle-mère.

La fille

4611 La mère la plus heureuse en fille est celle qui n'a que des garçons.

4612 La classe supérieure dote ses filles; la classe moyenne les éduque et les marie; la classe inférieure les vend.

4613 Le fils naît tourné vers l'âtre, la fille tournée vers la porte.

4614 Une fille nubile est comme le sel de contrebande.
Il faut se hâter de les mettre en sûreté.

4615 Une fille, c'est une marchandise qu'on vend à perte.

4616 Une fille sortie de la maison est comme de l'eau répandue. Tant qu'elle vit, elle vous appartient; morte, elle devient votre démon.
Une fille n'apporte que des ennuis.

La piété filiale

4617 Le fils suit la femme, la fille suit le mari. Ils laissent les deux vieux diables auxquels personne ne fait attention.
Cette attitude bien réelle contredit les préceptes des moralistes sur la piété filiale.

4618 Donner une bouchée de nourriture quand il vit vaut mieux que pleurer quand il est mort.
À propos des parents.

4619 Se moquer des vieux, c'est détruire la maison où on logera ce soir.

4620 Oublier ses ancêtres, c'est être un ruisseau sans source, un arbre sans racines.

La morale

4621 Il y a seulement deux sortes d'hommes vertueux : ceux qui sont déjà morts et ceux qui ne sont pas encore nés.

4622 La fortune est pour la vie ce que la rosée est pour l'herbe.

4623 Le chemin du devoir est toujours proche, mais l'homme le cherche loin de lui.

4624 Sans aller jusqu'à l'extrémité du courage, être fidèle suffit à accomplir son devoir jusqu'au bout.

4625 À quoi sert d'avoir la crainte du ciel pour boussole si la conscience ne tient pas le gouvernail ?

4626 Gouverne-toi bien pour gouverner le monde.

4627 C'est le désir de savoir qui a troublé le monde.

4628 Laisse toujours une petite place à l'erreur.

4629 L'homme ne vit pas cent ans et se fait du souci pour mille.

4630 Dans le bonheur, rappelle-toi les pauvres.

4631 Le malheur n'entre guère que par la porte qu'on lui a ouverte.

4632 La plus courte vie a des siècles de douleurs.

4633 Les assassins et les incendiaires mangent toujours à satiété. Ceux qui prient et honorent Bouddha se serrent toujours le ventre.

4634 Tous les faux biens produisent de vrais maux.

4635 La sainteté est une conquête et non une grâce.

4636 Sur le versant d'une montagne, il ne faut jamais faire un pas en arrière.
Dans la vie, il faut aller de l'avant.

4637 C'est par le bien-faire que se crée le bien-être.

4638 Celui qui a déplacé la montagne, c'est celui qui a commencé par enlever les petites pierres.

4639 Laboure, fume, arrose, sarcle ton champ et demande ta moisson par tes prières, comme si elle devait te tomber du ciel. *(1947)*

4640 Mieux vaut sauver un mourant que d'enterrer cent morts.

4641 La grande prospérité dépend du ciel, la petite prospérité dépend de l'application.

4642 Le grand bonheur vient du ciel, les petites joies viennent des hommes.

4643 Si les hommes ne peuvent vivre sans dieux, les dieux ne peuvent manifester leur pouvoir sans les hommes.

4644 La plus brillante victoire n'est que la lueur d'un incendie.

4645 Mourir, c'est finir de vivre ; mais finir de vivre, c'est tout autre chose que de mourir.

4646 Si élevé que soit l'arbre, ses feuilles tombent toujours à terre.

4647 À la mort, les poings sont vides. *(1778)*

4648 L'homme, même s'il a gagné cent mille taëls, à la mort ne peut emporter une demi-sapèque de cuivre. *(1778)*
Le *taël* est une ancienne monnaie chinoise, valant trente-six grammes d'argent.
La *sapèque* est une ancienne monnaie chinoise, pièce de la plus faible valeur.

4649 Un jour de loisirs, c'est un jour d'immortalité.

LA SAGESSE

4650 Le monde est une mer, notre cœur en est le rivage.

4651 Quoique la mer soit grande, les navires se rencontrent quelquefois.

4652 Les dynasties changent, le caractère reste.

4653 Celui qui sait vaincre n'entreprend pas la guerre.

4654 Être homme est facile, être un homme est difficile.

4655 Au bout de ton char, vois toujours ton cercueil.

4656 Deux yeux échangent leurs regards et les êtres existent.

4657 La beauté à quatre pattes, ce peut être un cerf ; la beauté à deux pattes, une cigogne ; la beauté ne dépend pas du nombre de pattes.

4658 La musique est ce qui rapproche.

4659 Une bouchée du fruit d'immortalité vaut mieux qu'une indigestion d'abricots.

4660 La vie est la voie de la mort, la mort est la voie de la vie.

La connaissance

4661 Est sage celui qui connaît les autres.

4662 Connaître autrui n'est que science ; se connaître soi-même, c'est intelligence.

4663 Connaître son ignorance est la meilleure part de la connaissance.

4664 L'ignorance est la nuit de l'esprit, et cette nuit n'a ni lune ni étoiles.

La fragilité de la vie

4665 La vie de l'homme entre ciel et terre est comme le saut du coursier blanc qui franchit un ravin d'un bord à l'autre, l'espace d'un instant.
Entre ciel et terre signifie de la vie à la mort.

4666 Les hommes entrent dans la vie et en sortent comme la navette passe et repasse sur le métier à tisser.

4667 Hier, aujourd'hui, demain, sont les trois jours de l'homme.

4668 L'homme est un enfant né à minuit ; quand il voit le soleil, il croit qu'hier n'a jamais existé.

4669 L'homme ne vit qu'une vie, la sauterelle ne vit qu'un automne.

4670 Un homme qui passe laisse une réputation, les oies sauvages qui passent laissent du givre.
Les oies sauvages passent à l'époque des premiers froids.

Le destin

4671 On peut guérir les maladies, mais non point le destin.

4672 Le sage ne se débat pas contre le sort.

4673 L'homme prédestiné au bonheur n'a pas besoin de se hâter d'être heureux.

4674 Les autels ne fument que de l'encens des malheureux.

Le bonheur

4675 Un homme heureux est une barque qui navigue sous un vent favorable.

4676 Le plus beau lendemain ne rend pas la veille. *(740)*

4677 La vie la plus heureuse finit avant la mort.

4678 Le bonheur est un rayon de soleil que la moindre ombre vient intercepter ; l'adversité est quelquefois la pluie du printemps.

4679 Est heureux qui sait qu'il est heureux.

BIBLIOGRAPHIE

Le grand folkloriste Archer Taylor, dans un article de *Proverbium* (n° 8, 1967, pp. 161-176) sur les collections de proverbes et les études, indique qu'aucune collection chinoise n'a jamais été entièrement traduite. Les publications que l'on connaît n'indiquent pas leurs sources ou leurs références de manière scientifique. Enfin, il n'existe aucune étude historique ou régionale.
Traductions françaises :
P. H. Perny, *Proverbes chinois*, Paris, 1869 (411 proverbes).
Tcheng-Ki-Tong, *Les Chinois peints par eux-mêmes*, Paris, 1884. Dans un intéressant chapitre sur les proverbes (pp. 141-155), l'auteur indique les plus utilisés dans le peuple et dans le milieu des lettrés, appelé « le monde où l'on s'ennuie ». Il était diplomate, en poste pendant assez longtemps à Paris, et connaissait parfaitement le français.
J. Van Oost, *Dictons et proverbes des chinois*, Shanghaï, 1918.
Dans cet ouvrage, particulièrement intéressant et bien présenté, l'auteur, missionnaire flamand étudie 1 000 proverbes donnés en caractères chinois, en transcription pékinoise et en traduction française, avec des explications, un index des mots-clefs et une excellente introduction.
D'autres indications sont données dans *Proverbium* : Nai-tung Ting, « Chinese weather proverbs », *Proverbium*, n° 8, 1972, pp. 649-655 (50 proverbes et dictons météorologiques en traduction anglaise).
W. Eberhard, « Some notes on the use of proverbs in Chinese novels », *Proverbium*, n° 9, 1967, pp. 201-208. L'auteur précise que la grande collection chinoise publiée est celle de Chu Chiehfan, *Zhung guo yen ÿu lun*, Taïpoeh, 1965, qui comporte une excellente analyse des proverbes.

9

Famille chamito-sémitique

La famille chamito-sémitique est la plus ancienne famille linguistique attestée et son aire géographique n'a pas varié dans l'histoire, coïncidant avec les bordures orientale et méridionale de la Méditerranée.

Elle comprend quatre groupes de langues :
– le groupe sémitique, riche de quelques-unes des langues de civilisation les plus importantes de l'histoire de l'humanité. Outre de nombreuses langues anciennes mortes, il compte aujourd'hui l'hébreu, l'arabe et les langues éthiopiennes ;
– l'égyptien ancien, dont une forme évoluée, le copte, a été parlée jusqu'au XVIe siècle et reste la langue liturgique des chrétiens d'Égypte ;
– le groupe couchitique qui rassemble des langues occupant la côte orientale de l'Afrique (somali, galla, etc.) ;
– le berbère (plusieurs dialectes).

D'autres langues de la région du lac Tchad, notamment le haoussa, sont aussi rattachées à la famille chamito-sémitique.

chapitre XXV

LE MONDE JUIF

L'hébreu était à l'origine parlé dans le pays de Canaan (Palestine) avant l'arrivée des Israélites (vers les XIIIe-XIe siècles avant notre ère). Ceux-ci utilisaient un dialecte araméen et l'abandonnèrent pour la langue des Cananéens.

L'hébreu actuel n'est plus la langue de la Bible et de la Mishna. C'est une langue vivante dont la renaissance a coïncidé avec l'éveil de la nationalité juive au XIXe siècle. L'hébreu est la langue officielle de l'État d'Israël (5 millions d'habitants).

Après la fin de l'État juif antique, les Juifs se dispersèrent parmi les autres nations : c'est la diaspora (mot grec qui signifie dispersion), commencée dès le IXe siècle avant notre ère et accentuée après l'exil des Juifs de Babylone (en 587 avant notre ère) et la chute de Jérusalem (en 70). Des communautés juives se constituèrent à travers tout l'Empire romain.

Elles se déplacèrent d'Orient en Occident, puis à nouveau vers l'Orient, au gré des variations de l'antisémitisme.

Au Moyen Âge, les Juifs ont créé des foyers de culture prestigieux en France, en Allemagne et en Espagne, mais ils sont chassés de ces pays à partir du XVe siècle. Les Juifs d'origine allemande et française, qui constituent le groupe ashkenaz, se réfugient en Pologne où ils représentent au XVIe siècle 10 % de la population. Ils parlent le judéo-allemand ou yiddish, transcrit en caractères hébraïques. Quant aux Juifs d'origine espagnole ou Sephardim, qui parlent le ladino, leur culture connaîtra son plein essor hors de leur terroir d'origine. En effet, ils trouvent asile dans l'Empire ottoman : au XVIe siècle, Salonique, par exemple, est une ville juive. Des communautés juives se fondent aussi dans d'autres pays du monde.

La création de l'État d'Israël en 1948, l'expulsion des Juifs de leurs centres traditionnels (le génocide nazi les a pratiquement fait disparaître de l'Europe orientale et ils ont été chassés des pays arabes), ont profondément modifié la situation des Juifs dans le monde. La diaspora compte environ 15 millions de personnes, la colonie juive des États-Unis étant la plus nombreuse (5 millions de personnes) et la plus puissante de toutes.

Proverbes des communautés juives

Malgré la variété des langues qu'ils emploient, les Juifs sont unis par leur attachement à la tradition hébraïque. Leurs différentes langues sont fortement imprégnées d'hébreu. C'est pourquoi nous avons présenté en un choix unique les proverbes recueillis dans plusieurs langues. Outre l'hébreu, il s'agit de trois groupes linguistiques :

– le yiddish ou judéo-allemand, de fonds allemand et hébreu, a subi des influences slaves. Il est parlé en Europe centrale et orientale ainsi qu'aux États-Unis ;
– le ladino, ou judéo-espagnol, mélange de castillan médiéval et de locutions hébraïques, est répandu de l'Afrique du Nord aux Balkans ;
– les dialectes judéo-arabes : on distingue des variantes selon les pays (Juifs du Yémen, d'Iraq, etc.).

Nous avons fait figurer la mention de la langue d'origine pour les proverbes ne figurant que dans un recueil particulier. Mais la plus grande partie des proverbes est commune à l'ensemble du monde juif.

L'INDIVIDU

4680 La mer n'a pas de fond et la souffrance des Juifs n'a pas de rive. [yiddish]

4681 Mieux vaut un Juif sans barbe qu'une barbe sans Juif.

Les désirs

4682 Donne-moi, Seigneur, le pain quotidien ; pour l'eau-de-vie, je me débrouillerai tout seul.

4683 Il vaut mieux être riche et en bonne santé que pauvre et malade.

4684 Mieux vaut être pauvre qu'enterré.

4685 L'homme peut tout oublier, sauf de manger.

4686 La faim est le meilleur des cuisiniers.

4687 L'un n'a pas d'appétit pour manger, l'autre pas de manger pour l'appétit.

4688 On ne peut se rassasier qu'à sa propre table.

4689 Mieux vaut le seigle de ta ville natale que le blé d'une autre. [ladino] *(988)*

4690 S'il n'y avait pas l'estomac et le pénis, le monde aurait été prospère. [Iraq]

La nature

4691 La joie est le monde de la liberté.

4692 Celui qui sait qu'il ne sait pas sait beaucoup.

4693 Personne n'est trop âgé pour apprendre. [judéo-alsacien]

4694 En terre noire pousse le meilleur blé. [yiddish]
Les gens simples ont bon cœur.

4695 Mieux vaut un gramme de chance qu'un kilo de ducats.

4696 L'or pèse, le plomb pèse, l'homme pèse plus que tout. [ladino]

4697 Trois choses font connaître l'homme : la bouteille, la bourse et la colère.

4698 Un homme est ce qu'il est, non ce qu'il était. [yiddish]

4699 Pour une fenêtre de moins, la maison ne devient pas borgne. [ladino]

4700 On ne vit pas de plaisir, ni on ne meurt de peine.

4701 Il faut laisser les soucis à celui qui est au-dessus de nous. [judéo-alsacien]

4702 L'orgueil est le masque de nos propres défauts.

4703 On peut retourner son habit, mais non pas sa chance.

4704 Autrefois, le coq pondait ; maintenant, la poule même ne pond pas. [ladino]
La vie est devenue difficile.

4705 La tartine tombe toujours sur le côté beurré. [judéo-alsacien]

Les comportements

4706 Un héros est celui qui conquiert ses passions.

4707 Le temps est le meilleur des médecins. [yiddish]

4708 Les larmes valent mieux que le rire, car l'adversité améliore le cœur.

4709 Le puits où l'on tire souvent a l'eau la plus claire.

4710 Qui plus fait, plus vaut. [ladino]

4711 La famine dura sept ans, mais n'entra pas dans la maison de l'artisan.

4712 Trop d'humilité est demi-orgueil. [yiddish]

4713 La fierté précède la chute.

4714 En acquérant la renommée, on cesse bientôt de la mériter.

4715 L'aiguille du paysan est une charrue. [Yémen]
Les paysans ont tendance à exagérer les petites choses.

4716 Commets trois fois un péché et tu finiras par croire qu'il est licite.

4717 L'égoïste démolit un palais pour prendre une tuile. [ladino]

4718 Celui qui hésite n'atteindra jamais Jérusalem.

4719 Il faut se courber pour ramasser. [yiddish]

4720 Un chien affamé mangera même des excréments. [Yémen]

4721 Les eaux passées ne font plus tourner le moulin. [ladino]

LES BIENS ET LES ÉCHANGES

Le don

4722 Quand tu donnes une aumône, que ce soit du pain blanc ! [Yémen]

4723 L'aumône est le sel des riches.

4724 Qui donne ne doit jamais s'en souvenir, qui reçoit ne doit jamais l'oublier.

4725 Quand le pauvre donne au riche, le diable rit à travers le petit trou [ladino] *(1325)*

Le vol

4726 Si le riche vole, il s'est trompé ; si le pauvre se trompe, il a volé. [Maroc]

4727 Si à notre époque on n'est pas un peu voleur, on ne peut pas rester un honnête homme. [judéo-alsacien]

4728 Les serrures ne sont faites que pour les gens honnêtes. [yiddish]
On ne peut se protéger des voleurs.

4729 Qui vole le pauvre, vole Dieu.

4730 Les eaux dérobées sont les plus douces ; le pain du mystère est le plus suave. *(953)*

Les affaires

4731 Dieu ne donne point d'argent, mais il crée les façons et les manières d'en gagner. [ladino]

4732 Les hommes achètent des biens, mais ce sont les biens qui les achètent.

4733 Ce n'est pas ce qui est beau qui est cher, mais ce qui est cher qui est beau. [yiddish]

4734 Il a vendu le soleil pour s'acheter une chandelle. [ladino]

4735 Tous les savetiers vont nu-pieds. [yiddish] *(1456)*

4736 Qui évite la douane paie le double. [ladino]

4737 Celui qui n'a pas d'argent dans sa poche en a besoin sur la langue.

4738 Où il n'y a pas d'argent, il n'y a pas de parents. [yiddish] *(1756)*

Les dettes

4739 Il n'y a pas de bon emprunt. [ladino]

4740 Débarrassez-vous de vos dettes avant de devenir prêteur.

4741 Mille pensées n'ont jamais payé une seule dette. [ladino]

LES BONNES ET MAUVAISES RELATIONS

4742 Il est plus facile de connaître dix pays qu'un seul homme. [yiddish]

4743 Qui s'appuie contre un bon mur est couvert par l'ombre. [ladino]

4744 Fais le bien et ne regarde pas à qui.

4745 Accorde-toi avec ton adversaire pendant que tu es en chemin avec lui.

4746 Ne regarde pas la cruche, mais ce qu'elle contient.

4747 La nappe mise termine bien des disputes.

4748 Les pas de l'âne dépendent de l'avoine. *(439)*

4749 Lorsque vous entrez dans une ville, marchez dans ses voies. *(2024)*

4750 Si tu veux du lait, examine la vache. [Yémen]

4751 Le miel se fait lécher, le fiel se fait cracher. [ladino]

4752 Le voleur est inquiet pour sa maison et l'homme adultère pour sa femme. [Iraq]
Ils savent que ces possessions ne sont pas sûres.

4753 Une petite ville est comme une lanterne. [yiddish]
Tout se voit.

4754 Une porte ouverte peut tenter un saint.

4755 Il ne saurait y avoir plus dans le plat que dans la casserole.

4756 À qui dépend de la table d'autrui, le monde paraît étroit et sombre. *(1790)*

4757 L'envie est la carie des os.

4758 On ne meurt pas de faim, mais d'humiliation.

4759 Méfiez-vous de l'ignorant qui cite les Écritures.

4760 Le cheval gavé d'avoine devient rétif.

4761 Quand la fête est passée, on a des dettes et du linge sale. [judéo-alsacien]

4762 Qui fut mordu d'un serpent s'effraie d'une corde. [judéo-arabe] *(548)*

4763 Quand on administre des clystères au vizir, le sultan s'en ressent. [ladino]
Un *clystère* est un lavement.
Un *vizir* est un ministre.

4764 Quand la barbe brûle, la bouche a chaud.

4765 Attendre des autres est le métier des fous. [ladino]

4766 Mieux vaut un bien de loin qu'un mal de près. [ladino]
Le plaisir d'avoir des parents chez soi ne compense pas la gêne qu'ils causent.

4767 C'est seulement quand le Juif a vraiment raison qu'il reçoit des coups.

4768 Faire du bien à un Arabe, c'est arroser du sable. [judéo-arabe]

4769 Ce qui a échappé au voleur a été donné au devin. [ladino]

4770 Ne prêche, rabbin, que lorsque tu as un public.
Un *rabbin* est un chef religieux de la communauté juive.

4771 Domestique et coq ne sont bons que pendant une année. [ladino]

4772 Dans la ville : mon nom; hors de la ville : mon habit. [yiddish]

4773 Quand on ne peut pas mordre, à quoi sert de montrer les dents? [yiddish] *(650)*

4774 Quand tu ris, tout le monde le remarque; quand tu pleures, personne ne le voit. [yiddish]

4775 Quand le chat n'est pas là, les souris dansent. [Yémen] *(540)*

4776 Le chat et le rat font la paix sur une carcasse.

4777 Quand le bœuf tombe, les couteaux se rapprochent. [Yémen]

4778 Dieu punit, l'homme se venge.

4779 Un petit feu brûle un grand tas de blé.

4780 Le vent et la mer se querellent, ce sont les voiliers qui en pâtissent. [arabe]

4781 Quand un chenapan t'embrasse, compte tes dents!

4782 Qui a vu le diable en garde le geste. [ladino]

4783 Plusieurs mains dans un plat le renversent vite. [ladino]

4784 Malheur à la barque que mènent beaucoup de capitaines! [ladino]

L'amitié

4785 C'est dans le miroir que l'on voit son meilleur ami. [yiddish]

4786 Il n'est pas de meilleur miroir qu'un vieil ami.

4787 Prends de l'ami une gifle, de l'ennemi pas même un baiser.

4788 Dans l'amitié, ménage une petite place pour la brouille, et dans la brouille une autre pour la réconciliation.

4789 Si ton ami t'appelle un âne, mets la selle sur ton dos.

4790 Celui qui fait honte à un ami en public, c'est comme s'il répandait le sang.

4791 Alors qu'un trou d'aiguille n'est pas trop étroit pour deux amis, le monde entier n'est pas assez grand pour séparer deux ennemis.

4792 Le summum de la puissance consiste dans le fait de transformer tes ennemis en amis.

La parole

4793 La vie et la mort sont au pouvoir de la langue.

4794 La bouche fait, la bouche défait.

4795 Il ne faut pas compter les paroles, il faut les peser.

4796 Savoir bien se taire est plus malaisé que de bien parler.

4797 Parler peu est de l'or, parler trop est de la boue. [ladino]

4798 Un seul œil est plus digne d'être cru que deux oreilles. [yiddish]

4799 La meilleure éloquence, c'est la vérité.

4800 Le mensonge n'a qu'une jambe, la vérité en a deux.

4801 Avec un mensonge on va loin, mais sans espoir de retour. [yiddish]

LA FEMME ET LA FAMILLE

La femme

4802 L'homme vient au monde avec du pain dans la main ; la femme naît les mains vides.

4803 La laideur est le seul gardien des femmes.

4804 L'intelligence de la femme est dans son ornement ; l'ornement de l'homme est dans son intelligence.

4805 La femme fait, la femme défait.

4806 Qui apprend et oublie est comme une femme qui conçoit et avorte.

4807 Le secret porte culotte.

L'homme et la femme

4808 Ceux qui s'aiment tiennent dans peu de place. [ladino]

4809 Amants et voleurs cherchent les ténèbres.

4810 S'il n'y avait pas le froid du vendredi soir et l'ennui du samedi soir, personne ne se marierait. [Maroc]

4811 Un homme veut se marier, une femme veut être mariée.

4812 Que Dieu vous garde des mauvaises femmes, et gardez-vous des meilleures. [yiddish]

4813 On ne peut avoir sa femme ivre et sa barrique pleine.

4814 Ne montre pas ton pénis parmi les veuves. [Iraq]
Variante censurée à Bagdad : « Ne montre pas ton pain parmi les affamés. »

La famille

4815 La belle-mère et la bru dans la même maison sont deux chats dans un sac.

4816 Belle-mère n'est bonne que quand elle est sourde et aveugle. [ladino]

4817 Le ducat et la grossesse ne restent point cachés. [ladino]

La mère

4818 Ma maison, c'est le sein de ma mère.

4819 Dieu ne pouvait être partout, alors il a créé la mère. [yiddish]

4820 Une mère et une mante cachent plusieurs défauts. [ladino]

4821 La mère est une couverture ; elle masque les défauts des enfants et les vices du mari. *(905)*

4822 Une mère doit avoir un large tablier pour couvrir les fautes de ses enfants. [yiddish] *(905)*

Les enfants

4823 Qui élève les enfants des autres verse l'eau dans la passoire.

4824 Celle qui n'enfante pas a une seule douleur ; celle qui enfante en a cent et une. [ladino]

4825 Celui qui a des enfants vit comme un chien et meurt comme un homme ; celui qui n'en a pas vit comme un homme et meurt comme un chien. [ladino]

4826 Celui qui a des enfants ne meurt pas d'indigestion.

4827 Chaque morve est douce à son palais. [ladino]
L'amour rend les parents aveugles sur les défauts de leurs enfants.

4828 On n'a jamais assez d'enfants ni de verres. [yiddish]
Ils sont tous deux fragiles.

Les parents

4829 Le père et la mère sont comme des hôtes en ce monde. [Yémen]

4830 Mieux vaut perdre un père riche qu'une pauvre mère.

4831 Un enfant sans père est un demi-orphelin, un enfant sans mère est un orphelin entier.

4832 Quand le père épouse la tante, il devient un oncle.

L'éducation

4833 Pour qu'ils aient leur valeur, frappe l'or et l'enfant.

4834 Le père a frappé son fils, non pas parce qu'il a joué, mais parce qu'il a perdu.

4835 Celui qui ne donne pas un métier à son fils le fait voleur.

Le fils et la fille

4836 Sept fils procurent aux enfants un fauteuil au paradis ; sept filles, une place en enfer.

4837 Il est bon d'avoir un fils parce que l'on meurt ; il est doux d'avoir une fille parce que l'on vit.

4838 Telle mère, telle fille.

4839 La fille est un pont qui peut être foulé par n'importe qui. [Iraq]

C'est l'homme et non la femme, qui a le choix du conjoint. La femme est cantonnée dans la fonction de reproduction.

4840 Quand la fille ouvre la bouche, elle ouvre sa vulve. [Iraq]

La femme se voit dénier le droit à la parole : si elle parle pour se disputer ou réclamer ses droits, elle est comparée à une prostituée réclamant de l'argent.

LA SAGESSE

La morale

4841 Là où il n'est pas d'homme, sois un homme.

4842 Ce qui vaut la peine d'être fait vaut la peine d'être bien fait.

4843 Trois choses mènent le monde : la loi, la religion et la bienfaisance.

4844 Dieu personnellement n'est pas riche, il prend aux uns et distribue aux autres.

4845 Si l'homme était seulement digne de l'aide de Dieu...

4846 Il n'est rien qui ait un goût plus amer que la vérité. [yiddish]

4847 Qui ne vit que d'espoir crève. [ladino] *(var. 1312)*

4848 Jusqu'à la dernière pelletée de terre ; l'homme doit prier pour le pardon et la pitié.

4849 La fin de la souffrance est la mort. [Yémen]

La vie

4850 À chaque jour suffit sa misère. *(2070)*

4851 Le rabbin est mort, l'Écriture demeure. [Pologne]

4852 La plus mauvaise vie est préférable à la meilleure mort.

4853 Le pire ennemi, c'est un bonheur de longue durée.

4854 La brièveté est l'essence de toute sagesse.

4855 Si la chance te sourit, pourquoi cours-tu ? et si elle ne te sourit pas, pourquoi cours-tu ? [ladino]

4856 Ronge l'os que le sort t'a jeté.

4857 L'homme vient au monde avec les mains vides et il le quitte avec les mains vides. *(1778)*

4858 Le suaire n'a pas de poches. *(1778)*

4859 L'ange de la mort tue et s'en va sanctifié. [yiddish]

4860 Si tu veux vivre, meurs. [Yémen]

BIBLIOGRAPHIE

Il existe un ouvrage en français :
Arnold Mandel, *Le Petit Livre de la sagesse populaire juive*, Albin Michel, 1963 (400 proverbes de différentes provenances, en français, classés par chapitres, avec une bibliographie).
Il y a très peu de traductions sur des langues particulières.
– Judéo-allemand ou yiddish :
L'ouvrage fondamental est dû au grand parémiologue polonais Ignaz Bernstein, *Jüdische Sprichwörter und Redensarten*, 1908, réédité en 1969 à Hisdeshiem (3 991 proverbes classés par ordre alphabétique du mot-clef, avec 277 Erotica et Rustica : introduction sur la culture ashkenaz et excellente bibliographie de yiddish ; en yiddish.).
Quelques livres récents :
Hanan J. Ayalti, *Yiddish Proverbs, the essence of yiddish wit and wisdom*, New York, 1964 (en yiddish et en anglais, classement alphabétique, index).
Salcia Landmann, *Jüdische Anekdoten und Sprichwörter*, München, 1965, pp. 197-241 (250 proverbes en yiddish et en allemand).
– Judéo-alsacien :
H. J. Troxler, *Proverbes d'Alsace*, Éditions du Bastberg, 1977 (chapitre sur les proverbes judéo-alasaciens ; référence à Honel Meiss, *Traditions populaires alsaciennes, le dialecte judéo-alsacien*).
– Judéo-espagnol ou ladino :
R. Fouché-Delbosc, *Proverbes judéo-espagnols*, Picard, 1895 (1 313 proverbes en ladino, classement alphabótique).

M. Kayaserling, « Proverbes judéo-espagnols », *Revue hispanique*, 1897, p. 82 (23 proverbes qui complètent la liste précédente ; en ladino).
Abraham Galante, « Proverbes judéo-espagnols », *Revue hispanique*, 1902, pp. 440-454 (462 proverbes en ladino).
Abraham Danon, « Proverbes judéo-espagnols de Turquie », *Zeitschrift für romanische Philologie*, 1903, pp. 72-96 (323 proverbes en ladino et en français, avec des explications). C'est le seul recueil traduit en français.
Enrique Saporta y Beja, *Refranero Sefardi*, Madrid, 1957 (2 000 proverbes et dictons des Sephardim de Salonique et d'autres villes d'Orient, en ladino et en espagnol, classés par ordre alphabétique, avec des explications ; l'auteur indique que ses sources sont orales).
– Judéo-marocain (dialectes judéo-arabes) :
Brunot et Malka, *Textes judéo-arabes de Fès*, Rabat, 1939.
Brunot, *Proverbes et Dictons arabes de Fès*, Hespéris, 1928.
Colin, *Chrestomathie marocaine*, Paris, 1951.
Flammand, *Quelques manifestations de l'esprit populaire dans les juiveries sud-marocaines*, Casablanca, 1960.
I. Ben-Ami, « Proverbes judéo-marocains concernant le mariage », *Proverbium*, n° 16, 1971, pp. 597-601 (en français).
– Juifs du Yémen :
Goitein, *Jemenica*, 1934 (en allemand), réimprimé, Leiden, 1970 proverbes cités dans *Provebium*, n° 17, 1971, p. 617-618, en traduction anglaise).
– Juifs d'Iraq :
Latif Khayyat, « Judeo-Iraqi Proverbs on man and wife », *Proverbium*, n° 24, 1974, pp. 943-947 (en traduction anglaise). L'auteur insiste sur le fait que ces proverbes, courants dans tout le Proche-Orient parmi les Juifs, dépeignent une société répressive à l'égard des femmes.
– En hébreu :
Lazar Blankstein, *A Collection of hebrew proverbs and their origin with parallels from other languages*, Jérusalem, 1964 (30 000 proverbes et citations avec les équivalents dans les principales langues).

chapitre XXVI

LE MONDE ARABE

Proverbes arabes

Grâce à l'expansion prodigieuse de l'islam, l'arabe, qui était la langue de quelques tribus nomades de l'Arabie, s'est étendu à partir du VIIe siècle à tout le Proche-Orient, au nord de l'Afrique et à certaines îles de la Méditerranée (Malte et pendant quelque temps la Sicile).

Il est devenu une des grandes langues de culture et s'est aussi imposé comme langue religieuse, car l'islam s'est étendu à l'époque moderne, en Asie, jusqu'au Pakistan et en Indonésie, et en Afrique noire dans nombre de pays (Sénégal, Mali...).

L'arabe littéraire est, avec divers niveaux d'usage, commun aux 200 millions d'Arabes. Les pays arabes les plus peuplés sont l'Égypte qui compte 54 millions d'habitants, le Maroc (26 millions) et l'Algérie (26 millions). Il coexiste avec de très nombreux dialectes locaux parmi lesquels on distingue plusieurs groupes régionaux : la péninsule arabique, l'Iraq et l'Anatolie, l'Asie centrale soviétique, la Syrie et le Liban, l'Égypte, le Soudan et le Tchad, la Libye, la Tunisie, l'Algérie, le Maroc, la Mauritanie. (Pour le maltais, proche des dialectes tunisiens, voir ci-dessus p. 654.)

Chaque groupe a subi l'influence des langues voisines. Pour certains dialectes, on distingue entre les parlers des nomades et ceux des sédentaires.

Nous avons joint au choix de proverbes arabes quelques proverbes maures. Population du Sahara occidental, les Maures, au nombre de 500 000, comprennent des Berbères, des Arabes bédouins et des Noirs. Ils ont adopté la langue arabe et la religion islamique. Le fonds proverbial arabe est très riche et le fonctionnement du proverbe à côté de la citation coranique est constant. On constate, à l'examen des nombreuses publications consacrées aux différents dialectes, que les mêmes proverbes sont répandus d'un bout à l'autre du monde arabe.

En outre, on retrouvera dans le choix suivant quelques proverbes qui figurent aussi dans les chapitres turc et persan.

L'INDIVIDU

Les désirs

4861 Mieux vaut un chien en liberté qu'un lion dans une cage. *(592)*

4862 La convoitise te rend esclave, car tu es né libre.

4863 L'homme pauvre n'est pas celui dont les mains sont vides, mais celui dont l'âme est vide de désirs

4864 Le plus grand ennemi de l'homme, c'est son ventre.

4865 La vue ne remplit pas le ventre. [maure]

4866 Le rêve de l'affamé est le pain.

4867 Un chat ne rêve que de souris.

4868 La gazelle altérée n'écoute que sa soif.

4869 Avoine du pays vaut mieux que blé importé. *(988)*

4870 À qui n'a pas goûté la viande, les tripes plaisent.

La nature

4871 Le coq éloquent chante déjà dans son œuf.

4872 Le vieillard couché aperçoit ce que le jeune homme debout ne voit pas. [maure]

4873 La maladie des vieillards n'a d'autre remède que la tombe.

4874 On ne peut pas porter deux melons d'eau dans la même main.

4875 Chaque barbe a son peigne.

4876 Le taureau ne se fatigue pas de porter ses cornes.

4877 Tout vase répand ce qu'il contient. *(1092)*

4878 Les ronces ne portent pas de raisin.

4879 Braise de nuit devient cendre du matin.

4880 Trois choses donnent la mesure de l'homme : la richesse, le pouvoir, l'adversité.

4881 L'homme est un oiseau sans ailes.

4882 Entre l'oignon et la pelure, on ne tire qu'une mauvaise odeur.
Dans le monde arabe, comme en Afrique, l'oignon, que l'on peut éplucher sans jamais trouver de graine, est le symbole de la duplicité.

4883 Les moustaches cachent les défauts de la bouche.

4884 Un doigt de trop gâte la main.

4885 Il n'y a que la fumée qui s'élève et le fumier qui grandit.

4886 Les cimetières sont remplis de gens qui se croyaient indispensables.

4887 La tâche est dure quand elle ne plaît pas.

4888 Trop serré se relâche. *(1931)*

4889 Le peuplier aura beau pousser, il n'atteindra pas le ciel.

4890 L'arbre qui ne donne pas d'ombre à son propriétaire doit être coupé.

4891 Dieu envoie les pois chiches grillés à qui n'a pas de dents. *(var. 652)*

4892 Mariez le pauvre à la pauvresse, les mendiants se multiplieront.

4893 Le mal vient par quintal et s'en va par le trou d'une aiguille. *(2097)*

4894 Il n'y a pas de malheur pire que celui qu'on a. *(2103)*

4895 Tout mouton est pendu par ses propres pattes. *(502)*

4896 La forêt est brûlée par son propre bois. *(502)*

4897 Un impatient attendait le jour, quand il parut, il devint aveugle.

4898 Il y a deux sortes de gens : ceux qui peuvent être heureux et ne le sont pas, et ceux qui cherchent le bonheur sans le trouver.

La science

4899 Papa, quel est le savant ? – Celui qui se connaît soi-même.

4900 Papa, quel est le sot ? – Celui qui ne se connaît pas soi-même.

4901 Personne ne sort savant du ventre de sa mère.

4902 Un homme ne devient pas savant en léchant de l'encre.

4903 L'encre des savants est aussi précieuse que le sang des martyrs.

4904 La science ne consiste pas en ce qui est conservé dans les livres, mais bien en ce qui se grave dans les cœurs.

4905 La science est comme le joug au cou du bœuf, elle est faite pour dompter les passions.

4906 Savant sans œuvres, nuages sans pluie.

4907 Qui s'instruit sans agir laboure sans semer.

4908 Les livres sont les jardins des savants.

4909 À tout savant une faute et à tout cheval une chute.

Les comportements

4910 L'homme le plus riche est celui qui ose regarder le lendemain.

4911 Un roi juste est l'ombre de Dieu sur la terre.

4912 Un roi sans justice est une rivière sans eau.

4913 Reposez-vous avant de trop vous fatiguer, et levez-vous avant de trop vous reposer.

4914 Allonge tes pieds en proportion de ton tapis. *(1118)*

4915 Mieux vaut être assis que debout, couché qu'assis, et mort que couché.

4916 Si le métier n'enrichit pas, il met à l'abri du besoin.

4917 Plutôt que de se promener sur la rive et regarder le poisson d'un œil d'envie, mieux vaut rentrer chez soi et tisser un filet.

4918 Sache venir, mais sache partir.

4919 Qui vit voit beaucoup, qui voyage voit davantage.

4920 Pour chaque regard que nous jetons en arrière, il nous faut regarder deux fois vers l'avenir.

4921 Une tradition commence la première fois.

4922 Le chameau porte du sucre, mais mange des épines.

4923 Une jument de noble race n'a pas honte de son fumier.

4924 Qui fait le chamelier doit rehausser la porte de sa maison.

4925 Celui qui se fait voilier doit chercher le vent.

4926 Chacun est maître de sa barbe.

4927 La colère du vrai croyant ne dure que le temps de remettre son turban en ordre.

4928 Qui avoue sa faute, Dieu la lui pardonne. *(var. 2049)*

4929 C'est par des chutes qu'on apprend à marcher.

4930 On ne fait pas la prière avant l'heure. [maure]

4931 En restant entre deux mosquées, on revient sans avoir prié.

4932 Pauvre, celui qui fait cuire la cognée et du fer attend le bouillon.

4933 Un fou a jeté une pierre dans un puits, mille sages n'ont pu la retirer.

4934 Le rire de la noix est entre deux pierres.

4935 Rassasié, l'âne éparpille son orge.

4936 L'impuissant se glorifie du phallus de son père.

4937 Qui veut tout perd tout. *(1266)*

4938 À celui que vous voulez embarrasser, laissez la liberté de choisir.

4939 Celui qui regarde au-dessus de soi a mal au cou.

4940 L'œil ne saurait monter plus haut que le sourcil.

4941 Qui court seul est sûr d'arriver premier. [maure]

4942 L'oisif joue avec le diable.

4943 Les marins ne pensent à Dieu qu'au moment du naufrage. *(1809)*

4944 L'oiseau qu'on égorge danse dans sa douleur.

4945 Où fuir lorsque les cris d'effroi viennent de la montagne ?
Que faire quand le danger vient de là où l'on a l'habitude de se réfugier ? [maure]

LES BIENS ET LES ÉCHANGES

Le don

4946 L'oignon offert avec amour vaut un mouton.

4947 Dieu a façonné la main de l'homme pour faire l'aumône.

4948 L'aumône est une prière silencieuse.

4949 Donne à manger au passereau, à la perdrix, à la colombe, peut-être, un jour, l'aigle royal tombera-t-il dans tes filets ?

4950 Donne aujourd'hui la laine, demain Allah te donnera un agneau.

4951 Je donne une datte au pauvre pour en goûter la vraie saveur.

4952 Les hommes sont les esclaves du bienfait.

4953 Qui est habitué à ton pain aura faim en te voyant.

4954 Un mendiant n'aime pas un autre mendiant. *(1770)*

L'ingratitude

4955 Engraisse ton chien, il te dévorera.

4956 Élève des corbeaux, ils te crèveront les yeux.

4957 L'ânesse empruntée est vite blessée au dos.

4958 Ne jette jamais de pierre dans le puits où tu as bu.

4959 Un chien reconnaissant vaut mieux qu'un homme ingrat.

La possession

4960 Si vous entrez avec un objet, on vous estime dans la maison ; si vous entrez les mains vides, on trouve pénible de vous servir.

4961 Le défaut de l'homme est sa poche, quand elle est vide, il a tous les défauts.

4962 Le pauvre d'argent est riche de remarques et d'avis.

4963 Une petite maison en ruines vaut mieux qu'un palais en commun.

4964 On demandera le travail à celui qui a reçu le salaire.

4965 Celui qui m'a servi et a reçu son salaire n'est pas mon esclave ni moi son seigneur.

4966 Un sot achète des nattes avant d'avoir construit la mosquée.

4967 Il a acheté la bride avant d'avoir le cheval. *(261)*

4968 N'achète pas la maison avant d'avoir acheté le voisin.

4969 L'avare est semblable à l'âne chargé d'or et qui se nourrit de paille.

Les affaires

4970 Lune et nouvelle, ne les achète pas ; elles seront évidentes à la fin.

4971 Gagner dans le commerce de la boue vaut mieux que de perdre dans celui du musc.

4972 Celui qui veut gagner de l'argent sans en avoir ressemble à celui qui veut porter de l'eau dans un crible.

4973 Soyez frères dans la vie commune, mais étrangers dans les affaires.

4974 La main du commerçant ne déchire pas sa poche. [maure]
S'il donne de l'argent ce n'est pas pour le perdre.

4975 Tous les chemins conduisent au moulin.

4976 Le blé circule, mais il revient au moulin.

4977 Chez le potier, on sert de l'eau dans un pot ébréché. *(1456)*

4978 Pour vendre, dis du bien ; pour acheter, dis du mal.

4979 Si vous voulez acheter, traversez le bazar en regardant et achetez en retournant.

4980 Donne-moi de la laine et demain tu auras un mouton.

4981 Mieux vaut un œuf dans la bouche qu'un poulet qui rôtit. *(532)*

4982 Sans la casse, la poterie n'existerait plus.

4983 Sans la variété des goûts, la mauvaise marchandise resterait.

4984 Il vaut mieux avoir la bienveillance du juge que deux témoins favorables.

Les dettes

4985 Les dettes sont les ciseaux de l'amitié.

4986 Prêter, c'est entretenir la haine.

4987 Celui qui se marie avec des dettes, donnera ses enfants pour l'intérêt.

LES BONNES ET MAUVAISES RELATIONS

4988 Bon accueil vaut mieux que bon dîner.

4989 Une poignée d'abeilles vaut mieux qu'un sac de mouches. *(242)*

4990 Un chien qui se remue vaut mieux qu'un lion accroupi.

4991 La morsure d'une bouche aimée vaut mieux que le baiser d'une autre.

4992 Si les gens se traitent en justes, le juge se repose.

4993 Comme le cierge, il éclaire les autres et se brûle lui-même.

4994 Le fardeau supporté en groupe est une plume. [maure]

4995 Le malheur divisé est facile à porter.

4996 Qui a des frères en rezzou n'est pas molesté au campement. [maure]
Le *rezzou* est une bande armée qui se constituait en vue d'un raid de pillage, ou le raid lui-même.

4997 Petite pierre soutient grande jarre. *(1213)*

4998 Deux faibles ont vaincu un fort.

4999 Le petit ver ne ronge que le bon bois.

5000 Chaque coq est maître de chanter sur son fumier. *(520)*

5001 Fais-moi caïd, je te ferai pacha.

5002 Mangez ce qui vous plaît et habillez-vous comme il plaît aux autres.

5003 Tout habit trouve quelqu'un pour le mettre.

5004 Si vous entrez parmi les borgnes, fermez un œil.

5005 Il faut flatter la vache avant de la traire.

5006 La meilleure ruse consiste à ne pas user de ruse.

5007 Si la montagne ne va pas à Mahomet, Mahomet va à la montagne.
D'après la phrase attribuée à Mahomet : « Puisque la montagne ne vient pas à nous, allons à la montagne », c'est-à-dire : « Faisons le premier pas ». Ce proverbe est connu bien au-delà du monde arabe.

5008 Tout âge joue avec son âge.

5009 Le cheval trotte selon son maître.

5010 Le cheval connaît à la bride celui qui le mène.

5011 Le pardon est la plus belle fleur de la victoire.

5012 Qui peut se venger et pardonne a sa récompense auprès de Dieu.

5013 Si Dieu ne pardonnait pas, son paradis resterait vide.

5014 Sans la faute, le pardon n'existerait pas.

5015 Le droit est un sabre tranchant.

La solitude, la compagnie, les voisins

5016 Il n'appartient qu'à Dieu d'être seul.

5017 Une seule main n'applaudit pas. *(669)*

5018 Sans compagnons humains, le paradis même deviendrait un lieu d'ennui.

5019 Il n'est pas d'éloignement, sinon celui des cœurs.

5020 Attache ton âne avec des ânes, il apprendra à braire. *(516)*

5021 Soyez le compagnon de qui prie et vous prierez, de qui chante et vous chanterez, de qui est triste et vous serez triste. *(1200)*

5022 Ne jouez pas avec les chiens, ils deviendraient vos cousins.

5023 Qui fréquente un coupable sera pris pour coupable. *(1200)*

5024 Entourez plutôt votre maison de pierres que de voisins.

5025 La poule du voisin est toujours une oie. *(295)*

5026 Le levain de votre voisin ne fermente pas pour vous.

5027 Celui qui s'attend à manger la soupe de son voisin passe la nuit sans dîner. *(1030)*

5028 La bouchée de mon voisin ne me rassasie pas, mais son déshonneur me poursuit.

Les opinions

5029 Qui vous connaît petit ne vous respecte pas grand.

5030 Mieux vaut être aveugle des yeux que du cœur.

5031 Lorsqu'on est menacé de mort, on est content d'en être quitte pour être aveugle.

5032 Qui est borgne a pitié des aveugles.

5033 Le chameau ne voit pas sa bosse. *(704)*

5034 Qui prête aux autres des défauts aura la même maladie.

5035 Il est en péril celui qui n'estime que son opinion.

5036 Le chameau a ses idées et le chamelier les siennes. *(365)*

5037 Ce que le chameau imagine, les chameliers le devinent.

5038 Le diable n'apparaît qu'à celui qui le craint.

5039 Le chat mordu par un serpent craint même une corde. *(548)*

5040 Dans la peine, ne demandez pas conseil à celui qui est heureux.

5041 Dans la maison de la fourmi, la rosée est une tempête.

5042 Ne louez et ne blâmez personne avant de l'éprouver, car les hommes sont des caisses fermées dont la clef est l'épreuve.

5043 Quand un chien vous aide à passer le fleuve, vous ne demandez pas s'il a la gale.

5044 Ne soyez pas tendre, vous seriez pressé ; ne soyez pas sec, vous seriez cassé.

5045 Ne pousse pas à bout le lâche, tu le rendrais courageux. *(480)*

5046 Quand les chauves meurent, les regrets en font des têtes bouclées.

5047 Le méchant est un glaive, plus on le fourbit, plus il se rouille.

5048 La flamme n'engendre que de la haine. [maure]
Un méchant engendre un plus méchant.

Les actions

5049 Grincez des dents, tous vous craignent.

5050 Inutile de frapper sur un fer froid. *(1478)*

5051 Ne t'accroche pas à celui qui ne s'accroche pas à toi.

5052 Celui qui se laisse guider par des aveugles s'égare.

5053 On ne doit ni frapper ni insulter le messager.

5054 Celui qui mange du miel doit souffrir les piqûres des abeilles.

5055 Quand son propriétaire n'est pas là, la brebis donne moins d'agneaux. [maure]

5056 Celui qui ne me prête pas son moulin à grains me permet d'économiser mon blé.

5057 L'aboiement des chiens ne fait pas de mal au nuages.

5058 Le fleuve peut déborder, les cailloux restent au fond.
Phrase citée par le président Chadli, le 2 novembre 1979 sur FR3.

5059 Si le minaret s'écroule, on pend le barbier.

5060 Le réconciliateur reçoit les deux tiers des coups.

5061 Il n'y a de paix possible qu'après la guerre.

5062 Les vents se sont battus avec les vagues, les tourments sont tombés sur les marins. *(1738)*

5063 Baise la main de ton ennemi si tu ne peux la couper.

5064 Lorsque le taureau est à bout, les couteaux pleuvent sur lui. *(56)*

5065 Le naufragé s'attache aux cordes du vent.

Le maître

5066 Papa, quel est le prince ? – Celui dont vous aurez besoin.

5067 Les grands d'une nation en sont les serviteurs.

5068 Les mots des rois sont les rois des mots. *(1680)*

5069 Si vous voulez être obéi, demandez ce qui est possible.

5070 La faute du troupeau vient du berger.

5071 C'est par la tête que le poisson commence à se gâter.

5072 Le bateau guidé par deux chefs sombre.

5073 On ne prend pas deux étalons pour un seul troupeau. [maure]

5074 Si je suis chef et toi aussi, qui donc conduira les ânes ?

5075 Le bâton du maître vient du paradis.

5076 L'esclave se satisfait de la jouissance de son maître.

5077 Celui qui instruit les ignorants est comme un vivant parmi les morts.

5078 Celui qui t'instruit te donne la vie.

5079 La répétition instruirait l'âne. *(399)*

L'amitié

5080 Papa, quel est mon ami ? – Celui que votre peine afflige.

5081 Une pierre donnée par un ami est une pomme.

5082 Quelqu'ami que vous preniez, il faudra vous en séparer un jour.

5083 Ne demandez pas que votre ami soit trop heureux, vous le perdriez.

5084 Qui compte les fautes de son ami en sera abandonné.

5085 Le chas d'une aiguille est assez grand pour deux amis ; le monde est trop étroit pour deux ennemis.

5086 Votre ami avale vos fautes, votre ennemi vous les ressert.

5087 Celui qui t'aime ne te construit pas plus de palais que celui qui te hait ne te creuse de tombeau.

5088 Un ennemi sage est meilleur qu'un ami imprudent.

5089 Le son ne devient jamais farine et l'ennemi ne devient jamais ton ami.

La parole

5090 Les proverbes sont les lampes des mots.

5091 Celui qui sait parler ne risque jamais de s'égarer. *(1798)*

5092 Lorsque la parole sort du cœur, elle pénètre les cœurs, mais lorsqu'elle sort de la langue, elle ne dépasse pas les oreilles.

5093 Décrire la jouissance qu'on a éprouvée, c'est la moitié de la jouissance.

5094 Quand tu lances la flèche de la vérité, trempe la pointe dans du miel.

5095 Celui qui cache son secret est maître de sa route.

5096 Les paroles sont comme les abeilles, la fumée seule les chasse.

5097 Les paroles de la nuit son effacées par le jour. *(1514)*

5098 La connaissance est plus près du silence que de la parole.

5099 La parole est d'argent, mais le silence est d'or. *(1505)*

5100 Il y a des paroles qui ressemblent à des confitures salées.

5101 La mort d'une bonne action, c'est d'en parler.

5102 L'excuse ne remplit pas le ventre de celui qui a faim. *(766)*

5103 Mille malédictions n'ont jamais déchiré une chemise.

5104 Si les imprécations brûlaient, toutes les créatures périraient.

Le mensonge

5105 La mère du menteur est vierge.

5106 Qui ment pour toi, mentira contre toi.

5107 La corde du mensonge est courte.

5108 Un mensonge remplit un sac, deux n'y mettent pas un grain. [maure]

LA FEMME ET LA FAMILLE L'amour

5109 Si l'homme était un fleuve, la femme en serait le pont.

5110 Pour bien aimer une vivante, il faut l'aimer comme si elle devait mourir demain.

5111 L'amour dure autant que durent les reproches.

5112 L'aiguille ne contient pas deux fils ni le cœur deux amants.

5113 Lorsque la porte de l'amour est fermée, passe par celle de l'or.

La femme

5114 Une fille célibataire a une aile cassée.

5115 Vilaine féconde vaut mieux que belle stérile.

5116 Quand la prostituée s'amende, elle devient proxénète.

5117 Une femme sans pudeur est comme un plat sans sel.

5118 La beauté de l'homme consiste dans son esprit, et l'esprit de la femme consiste dans sa beauté.

5119 La mosquée de la femme, c'est sa maison.

5120 Il y a quatre femmes dans la tente et cependant l'outre est à sec.

5121 Dans la nuit, toutes les femmes se ressemblent. *(549)*

5122 L'obéissance aux femmes fait aller en enfer.

5123 Bats ta femme tous les matins ; si tu ne sais pas pourquoi, elle le sait.

5124 Si la femme commet l'adultère, son mari y est pour quelque chose.

5125 Étends ton mari comme du linge sur la terrasse : si ton destin est de le garder, il ne s'envolera pas.

5126 La femme qui s'entend avec son mari fait tourner la lune entre ses doigts.

5127 La femme que Dieu comble de bonheur est celle qui meurt avant son mari.

La famille

5128 Qui ne peut rien contre sa belle-mère tourne son dépit contre sa femme.

5129 Celui qui se donne la peine de frapper sa belle-mère doit lui fendre la tête.

5130 L'amour, la grossesse et la marche à chameau sont des choses qui ne se cachent pas. *(1161)*

5131 Celle qui conçoit sur le four accouchera sur l'aire.

5132 Qui a enfanté n'est pas mort.

5133 La femme la plus heureuse est celle qui a eu ses filles avant ses garçons.

5134 La mère du muet en connaît le langage.

5135 Avec un âne tu possèdes un fils, avec un gendre, tu ne possèdes qu'un âne.

5136 Votre fils sera tel que vous l'aurez élevé ; et votre mari, tel que vous l'aurez habitué.

5137 Celui dont le père est gouverneur est orphelin.

5138 Le thé est la bénédiction des parents, nul ne s'en rassasie.

LA SAGESSE

La morale du travail

5139 Un héritage est une terre à labourer.

5140 L'honneur est au commençant, bien que l'imitateur puisse mieux faire.

5141 Le monde est le champ que tu cultives pour l'au-delà.

5142 La vie s'achève, mais le travail jamais.

Le bien et le mal

5143 Le bien est de plomb, le mal est de plume.

5144 Le meilleur des hommes est celui qui aime le bien des hommes.

5145 En faisant le bien, vous trouverez le mal.

5146 Si tu n'as pas encore rencontré le mal, regarde en toi-même.

5147 Il ne louerait pas Dieu, celui qui ne louerait pas les hommes.

5148 Crains celui qui ne craint pas Dieu.

5149 L'optimisme vient de Dieu, le pessimisme est né dans le cerveau de l'homme.

5150 Les hommes ne seront bien qu'en différant les uns des autres ; s'ils deviennent égaux, ils périssent.

5151 Souviens-toi qu'au moment de ta naissance tout le monde était dans la joie et toi dans les pleurs. Vis de manière qu'au moment de ta mort, tout le monde soit dans les pleurs et toi dans la joie.

Le destin

5152 Quand le destin veut que tu sois enclume, prends patience, et lorsque tu es marteau, alors frappe.

5153 Ronge l'os que le sort te jette.

5154 N'ajoutez pas aux soucis de votre journée ceux de l'année. À chaque jour suffit ce qui vous est destiné. *(2070)*

5155 Le sort enfante sans mamelles. [maure]

5156 Au cou de tout homme est attaché son destin.

5157 Les balles ne tuent pas ; il n'y a que la destinée qui tue.

Le temps

5158 Tout futur est proche.

5159 Le temps est un sabre tranchant.

5160 On demande à la minute : « Pourquoi es-tu si amère ? » ; elle répond : « C'est à cause de la mort de ma sœur ».

5161 La vie a, comme un feu, flamme, fumée et cendre.

5162 À tout vivant, une fin.

5163 Les biens de ce monde ne sont que des prêts. [maure]

5164 Les biens de cette vie cessent avec elle.

5165 Le doute est la clef de toute connaissance. *(1670)*

5166 La raison est au centre du bonheur.

5167 Le seul bonheur consiste dans l'attente du bonheur.

5168 Le bonheur est dans l'attente et le malheur vient du hasard.

5169 N'est triste que celui qui comprend.

Dieu

5170 Le visible est à nous, le caché est à Dieu.

5171 Les sanctuaires sont trop étroits pour les chercheurs de Dieu.

5172 Dans la nuit noire, sur une table de marbre noir, une petite fourmi noire, Dieu la voit.

5173 La nourriture des chiens est aux fous et la nourriture de tous est à Dieu.

5174 Lorsque Dieu ferme une porte, il en ouvre toujours une autre.

Le monde

5175 Le monde est une rose, respire-la et passe-la à ton ami.

5176 Le monde est un caravansérail et nous sommes une caravane.
Le *caravansérail* est une vaste cour où les caravanes font halte.

5177 Le monde est une heure pour vous et une heure contre vous. *(2059)*

5178 Pas de repos dans le monde, pas de paix dans les créatures.

5179 Le monde est une meule : qui y entre sera broyé.

5180 Dieu ne nous a rendus égaux que par la mort.

5181 La vie, même avec des peines, vaut mieux que le sommet de la tombe.

La mort et l'espoir

5182 La mort est plus près de nous que notre paupière.

5183 Tu es fils des morts et tu boiras la même eau qu'eux.

5184 La tombe est la mère de tous.

5185 Lors de la mort, aucun homme ne cherche à tromper.

5186 La mort est la consolation du pauvre.

5187 La mort seule met fin à l'espérance. *(788)*

BIBLIOGRAPHIE

La bibliographie des proverbes arabes est considérable. Nous ne mentionnerons que les principales traductions françaises, ainsi que quelques recueils anglais et allemands intéressants.

Ouvrages généraux :

Mgr Joseph Doumani, *Proverbes et Fables traduits de l'arabe*, librairie de l'Œuvre de Saint-Paul, 1899 (1 200 proverbes en traduction française, classés par chapitres).
Édouard Montet, *Choix de proverbes, dictons, maximes et pensées de l'Islam*, Maisonneuve, 1933 (1 000 proverbes arabes en français, classés par chapitres, avec quelques proverbes targui, persans et turcs).
Anatole de Meibohm, *Proverbes arabes*, Le Caire, 1948 (460 proverbes en arabe et en français : reprise de l'édition du pasteur suédois Berggren de 1825).
Rudoff Sellheim, *Die klassisch-arabischen Sprichwörtersammlungen insbesondere die des Abu'Ubaid*, Mouton, 1954 (étude sérieuse et très documentée sur les collections de proverbes classiques; nombreuses références bibliographiques).
Recueils consacrés aux proverbes d'un dialecte arabe :
— Mauritanie :
Beyries, «Proverbes et Dictons mauritaniens», *Revue des Études islamiques*, 1930, t. I, pp. 1-51 (198 proverbes maures en arabe et en français; réédition d'un livre arabe publié au Caire en 1911; excellentes notes).
— Maroc :
L. Brunot, *Proverbes et Dictons arabes de Rabat*, Hespéris, 1928, t. 8, pp. 59-121 (200 proverbes classés par ordre alphabétique avec traduction et explications).
Edward Westermarck, *Wit and wisdom in Marocco*, Londres, 1930 (2 013 proverbes classés par chapitres en arabe et en anglais, avec d'excellentes explications).
Si Ahmed Sbihi, *Proverbes inédits des vieilles femmes marocaines*, tr. Benchehida, éd. Debayeux, Fez, 1932 (300 proverbes en arabe, avec la traduction et le proverbe français équivalent; explications).
Leila Messaoudi, *Proverbes et dictons du Maroc*, Belvisi, EDL, 1987.
— Algérie et Maghreb :
Mohammed Ben Chenab, *Proverbes arabes de l'Algérie et du Maghreb*, Leroux, 1904, 1906-1907 (3 vol.; 3 127 proverbes classés par ordre alphabétique, avec la traduction française, des explications, le proverbe français équivalent, le lieu de recueil; bibliographie très complète; excellent ouvrage de base).
Rabah Belamri, *Proverbes et dictons algériens*, L'Harmattan, 1986.
Abdelkader Eddaikra, *Proverbes populaires du Maghreb*, Alif, 1989.
— Libye-Tunisie :
Capitaine J. Godard, «Proverbes et sentences du Fezzan», *Bulletin de liaison saharienne*, 1959, pp. 33-35; pp. 253-255 (17 proverbes en arabe et en français, avec des explications).
— Égypte :
«Proverbes et mawwals de la Menufeyya» (delta du Nil), tr. N. Tomiche et autres, *Arabica*, t. 6, 1959, pp. 75-90 (80 proverbes en traduction française).

– Yémen :
S.D.F. Goitein, *Jemenica, Sprichwörter und Redensarten aus Zentral-Jemen*, 1934, réédité à Leiden, 1970 (1 432 proverbes en arabe et en traduction allemande, avec des explications très détaillées, un index et une bibliographie).
– Palestine :
Martin Thilo, *5 000 Sprichwörter aus Palästina*, Berlin, 1937 (5 330 proverbes classés par ordre alphabétique, en arabe et en traduction allemande, avec des parallèles, un index et une bibliographie).
– Syrie et Liban :
Ferdinand Joseph Abela, *Proverbes populaires du Liban Sud*, Maisonneuve et Larose, 1981.
Michel Feghali, *Proverbes et Dictons syro-libanais*, Paris, 1938 (3 048 proverbes en arabe et en traduction française, avec des explications détaillées, classés en chapitres).
Carlo Landberg, *Proverbes et Dictons de la province de Syrie (section de Saydâ)*, Leide, 1883 (200 proverbes en arabe et en français).
– Iraq :
Cheikh Jalal al-Hanafi, *Les Proverbes de Bagdad* (en arabe ; 3 000 proverbes en langue populaire et des équivalents en langue classique). L'ouvrage est précédé d'une préface en anglais, français et allemand.

chapitre XXVII

GROUPE ÉTHIOPIEN

Proverbes amhariques

Le guèze était la langue classique de l'Éthiopie. La langue officielle du pays (53 millions d'habitants) est l'amharique; elle coexiste avec de nombreux langues et dialectes locaux, parmi lesquels le tigré et le tigrigna, parlés au Nord, et le harari, parlé au Sud.

Le choix suivant comprend des proverbes amhariques et quelques proverbes tigrés.

L'INDIVIDU

5188 Le pays de l'homme, c'est son caractère; le pays de la bête, c'est son maître.

5189 Tel curé, telle pénitence; tel maître, telle ordonnance.

5190 Le francolin se trahit par son cri et le vaurien par ses délits.
Le *francolin* est un oiseau qui ressemble à la perdrix, mais de plus grande taille.

5191 Le chat qui se fait moine n'oublie pas ses habitudes.

5192 Les cornes de la vache ne lui pèsent pas.

5193 Mieux vaut un raccommodage qu'un trou.

5194 Bien que tu aies deux jambes, tu ne peux pas monter sur deux arbres en même temps. *(569)*

5195 Pensant que le ciel allait s'écrouler, il a planté un poteau fourchu.

5196 Ayant perdu son cheval, il regarde sous la selle.

5197 Qui a perdu une aiguille dérange une jarre.

5198 Est-ce qu'on taille le bois de la lance quand on déclare la guerre?

LES BONNES ET MAUVAISES RELATIONS

5199 Pays de sages n'est pas envahi.

5200 L'œuf qui reste chez son maître ne se brise pas.

5201 La vache connaît son berger, mais pas son propriétaire.

5202 L'eau qu'on prend pour rincer une jarre suffit à remplir une cruche.

5203 Les bœufs valent ce que valent les pâturages.

5204 On juge l'homme selon sa force, le grain selon l'épi.

5205 À la femme du sot, il faut parler par signes.
Elle finit par ne plus comprendre qu'un langage élémentaire.

5206 Rare et merveilleux n'étonnent pas plus d'une semaine.

5207 Plutôt que l'ange inconnu, mieux vaut le démon connu.

5208 Pour qui cache sa maladie, il n'y a pas de médicament.

5209 Le chacal pieux prie au milieu des moutons.

5210 Panique au marché, voleur en gaieté.

5211 Ne tenez pas la queue du léopard, mais si vous la tenez, ne la lâchez plus.

5212 Ayant tué sa femme, il s'est réfugié chez ses beaux-parents.
Un sot va au-devant des ennuis.

L'amitié

5213 Plutôt qu'une clôture de bois, mieux vaut une clôture d'hommes.
Des amis sont précieux.

5214 L'œil et l'ami, la moindre chose suffit à les blesser.

La parole

5215 Ce qui déborde du cœur, la bouche le dit. *(644)*
Proverbe guèze — langue classique — venant de l'Évangile.

5216 Écoute avant de parler, mâche avant d'avaler.

5217 Parole sortie de la bouche, œuf tombé de la main.

5218 Foulure de bouche ne peut être massée avec du beurre.
Sur la gravité de la calomnie. Le *beurre* est utilisé en thérapeutique.

5219 Ce que la langue a brisé, mille chirurgiens ne peuvent le remettre en place.

5220 Quand le sot parle, le sage écoute. *(1665)*

5221 Louange de sot, nuage de mai.
Les nuages de mai sont éphémères et ne donnent pas de pluie.

5222 Racontar n'a pas de fruit, fleur n'a pas de paille.
Raconter des nouvelles est inutile.

5223 Devant deux juges discuter, tant vaut de deux bâtons frapper.

LA FEMME

5224 Il n'est rien qui n'aboutisse à la femme et à la nuit.

5225 La viande et le con sont de peu de prix dans la maison du rustre.
Un lourdaud ne sait apprécier ni les plats ni les femmes.

5226 Femme sans mâle, terre sans semence.

LES PARENTS

5227 Ce que le père a préparé est utile au fils.

5228 On ne laboure pas le ciel, on ne maudit pas son père.

5229 La mort d'une mère et un siège en pierre font mal avec le temps.

LA MORALE

5230 Plutôt que s'asseoir, marcher ; plutôt que mourir, durer.

5231 La vérité et le matin s'éclaircissent avec le temps.

5232 Une pierre jetée en l'air, au retour, brise la tête. *(713)*

5233 Ne blâme pas Dieu d'avoir créé le tigre ; remercie-le plutôt de ne pas lui avoir donné des ailes.

5234 Il est impossible que l'imbécile entre au ciel ou que la paille pousse.

5235 Quand même la mort du Christ eût été inévitable, Judas n'en serait pas moins un traître.

5236 Pardonner, c'est enseigner.

LE DESTIN

5237 Lorsque le jour est arrivé, la citadelle croule.

5238 L'homme commence et Dieu achève.

BIBLIOGRAPHIE

Pour l'amharique, nous connaissons de nombreuses traductions françaises de proverbes :
C. Mondon-Vidailhet, « Proverbes abyssins », *Journal asiatique*, 1905 (25 proverbes en amharique et en français, avec des explications).
Jacques Faïtlovitch, *Proverbes abyssins*, Geuthner, 1907 (120 proverbes en amharique et en français, avec des explications et des commentaires linguistiques).
J. Baeteman, *Dictionnaire amarigna-français*, Dire-Daoua, 1929 (contient plus de 1 000 proverbes utilisés comme exemples pour expliquer des mots).
Marcel Griaule, « Proverbes abysssins », *Journal de la Société des Africanistes*, n° 42, 1972, pp. 55-88 ; n° 43, 1973, pp. 111-149 ; n° 45, 1975, pp. 149-180 (édition bilingue, avec des explications).
Pour le tigraï (ou tigré) :
J. Schreiber, *Manuel de la langue tigraï* ; t. II, pp. 191-197 (53 proverbes en tigraï et en français).

10

Famille afro-asiatique

chapitre XXVIII

LANGUES BERBÈRES

Proverbes berbères

La communauté berbère est constituée de populations qui s'ignorent : ce sont des groupes très divers, dispersés sur un immense territoire (Maghreb, Libye, Sahara). Les langues berbères sont orales, partout minoritaires ; aucune n'a jamais été la langue officielle d'un État.

Les différents parlers berbères ont tous subi l'influence de l'arabe. Au sud du Sahara, ils sont entrés en contact avec les langues d'Afrique noire.

6 millions de personnes environ parlent une langue berbère. Les groupes les plus importants se trouvent au Maroc (les Chleuhs, les Rifains), en Algérie (les Kabyles) et dans le Sahara (les Touaregs). En outre, on note un foisonnement de petits groupes qui ont chacun leur parler. On estime à plusieurs milliers le nombre des parlers berbères.

L'INDIVIDU

La nature

5239 Les soucis enlaidissent, c'est la joie qui fait fleurir.

5240 L'arbre suit sa racine.

5241 Une belle récolte, n'y crois pas avant le dépiquage. *(255)*

5242 La honte court comme le feu.

5243 L'épine ne fait souffrir que le pied non chaussé.

5244 Le présomptueux devient raisin sec avant d'avoir été raisin mûr.

Les comportements

5245 Mieux vaut se coucher avec la colère qu'avec le repentir.
Variante touareg : « Mieux vaut passer la nuit dans l'irritation de l'offense que dans le repentir de la vengeance. »

5246 Le feu engendre la cendre.

5247 Les dents ont beau rire, le cœur sait la blessure qu'il porte.

5248 Qui se blesse soi-même ne se manque jamais.

5249 Marche en suivant tes pieds, non en suivant tes yeux.

5250 Celui qui rit, qu'il craigne de pleurer.

5251 Le ventre rassasié se moque bien du ventre affamé. *(var. 461)*

5252 Qui dort dans une bonne couverture dit : l'hiver n'est pas froid ! *(168)*

5253 C'est pendant que le vieux seau est encore là qu'il faut en fabriquer un neuf. [touareg]

LES BIENS

5254 Tu vaux ce que vaut ta bourse.

5255 À qui a blé, on prête la farine. *(984)*

5256 Le vendeur de fèves dit toujours qu'elles cuisent bien.

5257 La meilleure chamelle est celle qui a du lait.

LES BONNES ET MAUVAISES RELATIONS

5258 Les voiles des cœurs sont déchirés quand les cœurs se regardent en face.

5259 Si tu rencontres deux êtres qui vivent en harmonie, sois sûr que l'un des deux est bon.

5260 Suis la piste, même si elle tourne; suis le chef, même s'il est vieux. [touareg]

5261 Quand l'homme meurt, ses pieds s'allongent.
On le dit plus grand qu'il n'était.

5262 Ce que disent les grands pots, les petits le répètent.

5263 Pas de tatouage sans que coule du sang.

5264 Celui qui a levé la main, c'est comme s'il avait frappé.

5265 Ce qui est dans la parole est dans le silence.

5266 Les blessures se creusent et guérissent, les injures creusent et creusent encore.

5267 Ton secret est ton sang; si tu le laisses échapper, tu mourras.

5268 Toi, pioche, et moi je halèterai.

5269 La main qui n'a pas de sœur n'ouvre pas un double nœud. *(669)*

5270 Quand le bœuf est à terre, les couteaux ne manquent pas. *(56)*

5271 Qui osera dire au lion : « Ta bouche sent mauvais » ?

5272 Celui que le serpent a piqué prend peur d'une simple corde. *(548)*

5273 Querelle de lion : un jour; querelle de chien : toujours.

5274 Le plat dans lequel je ne puis manger, je souhaite qu'il se brise.

LA FEMME

5275 N'ayez confiance ni dans le ciel de mars qui rit, ni en la femme même si elle prie.

5276 Les paroles les plus douces ont moins de prise sur les femmes que les bijoux silencieux.

5277 Vois une femme accomplie et épouse sa fille. *(891)*

5278 Une belle fille est comme une aiguillée de soie.

5279 On trouve toujours trop gros le morceau de galette aux mains de l'orphelin.

LA SAGESSE

5280 Le bien est de plomb, le mal est de plume.

5281 Éloignez vos tentes, rapprochez vos cœurs. [touareg]

5282 L'exil est frère de la mort.

5283 Les mains, qu'on les fasse travailler ou qu'on les économise, la terre les mangera.

5284 Sème, Dieu fera pousser. *(1115)*

5285 Que chacun s'appuie sur Dieu, car les êtres vous abandonnent.

BIBLIOGRAPHIE

E. Masqueray, *Observations grammaticales sur la grammaire touareg*, Leroux, 1896, pp. 185-192 (45 proverbes en transcription latine et en traduction française).
Éléments de dialectique populaire. Proverbes commentés, Fichier de documentation berbère, nº 48, 1955 (73 proverbes en berbère et en français, avec des explications sur l'utilisation des proverbes dans la vie quotidienne des femmes).
Marguerite Taos-Amrouche, *Le Grain magique*, Maspero, 1966, réédité en 1979 (250 proverbes berbères de Kabylie en traduction française).

chapitre XXIX

HAOUSSA

Proverbes haoussa

Le haoussa (on écrit en anglais *hausa*) a toujours posé un problème de classification aux linguistes. C'est la plus connue et la mieux étudiée des langues du groupe tchadien que les africanistes rattachent généralement à la famille chamito-sémitique.

Les États haoussa ont occupé du XIIe au XVIe siècle le Nord-Est du Nigeria actuel. Au XIXe siècle, le pouvoir passa aux mains des Peuls, mais ceux-ci adoptèrent la langue et les coutumes des Haoussa. Le Nord du Nigeria est aujourd'hui le lieu d'une synthèse réussie entre Peuls et Haoussa. Ceux-ci sont environ 6 millions dans ce pays ; des populations haoussa vivent aussi dans les États voisins, ce qui porte l'ensemble à environ 12 millions de personnes.

L'INDIVIDU

5286 Bien qu'elle soit petite, l'aiguille est d'acier.

5287 Une maison en argile ne brûle pas.

5288 La seule protection contre le feu est d'avoir deux maisons.

5289 Ce qui est dans la poche appartient au propriétaire de l'habit.

5290 Mieux vaut une dent gâtée qu'une bouche vide. *(1128)*

5291 Aller doucement n'empêche pas d'arriver.

5292 Quand tu manges un gâteau rond, commences-tu par le centre ?

5293 Le nez ne connaît pas le goût du sel.

5294 Celui qui a de la viande n'a pas de feu, et celui qui a du feu n'a pas de viande.

5295 L'homme timide est un poisson de puits.

LES RELATIONS

5296 L'homme est comme le poivre, tu ne le connais pas avant de l'avoir mâché.

5297 Ils caressent la vache avant de commencer à la traire.

5298 Quand il n'y a pas de lune, les étoiles brillent davantage.

5299 Échelle sur échelle, ami de l'ami.

5300 Le meilleur ail ne remplace pas l'oignon.

5301 Le pauvre n'a pas d'ami. *(1756)*

5302 Bavarder ne fait pas cuire le riz.

5303 Qui écoute les donneurs d'avis suit le vent à la trace.

5304 Qui aime dire la vérité doit avoir un cheval pour fuir.

LA FEMME

5305 Une femme est plus rusée qu'un roi.

5306 Se marier n'est pas difficile, ce qui est difficile, c'est de trouver l'argent pour le mariage.

5307 La parenté est un manteau d'épines.

LA SAGESSE

5308 Allah partagea hier ce que tu reçois aujourd'hui.

5309 Nous connaissons le début, nous connaissons la fin, mais nous avons peur du milieu.
Le *milieu* signifie, ici, la vie.

BIBLIOGRAPHIE

De nombreux ouvrages, principalement anglais et allemands, mais aucun français, ont étudié la langue et les proverbes des Haoussa. Citons notamment :
R. S. Rattray, *Hausa folklore, customs, proverbs*, Oxford, 1913, vol. 2.

11

Langues d'Afrique noire

Les langues de l'Afrique noire forment un ensemble complexe dont la description et la classification sont encore lacunaires.

Dès le début du XIXe siècle, des travaux mirent en évidence les grandes ressemblances qui existent entre les langues bantoues, dont le domaine correspond en gros à la partie méridionale de l'Afrique, de l'Équateur au Cap.

Les autres langues ont donné lieu à différentes tentatives de classement de la part de linguistes qui ont tenté de les regrouper en familles. Mais aucune synthèse n'est tout à fait satisfaisante, même celle de l'ouvrage le plus complet (où figurent 730 langues et dialectes) : J. H. Greenberg, *Languages of Africa*, La Haye, 1966.

Il existe de nombreux recueils sur la sagesse africaine. Des Européens, missionnaires ou ethnologues et, surtout depuis la décolonisation, des Africains, ont publié tant d'ouvrages que la bibliographie des proverbes d'Afrique noire est fort longue.

Les circonstances historiques expliquent que les proverbes des langues d'anciennes colonies françaises ou belges ont fait l'objet de traductions en français, tandis que dans les cas des anciennes colonies britanniques, les traductions sont anglaises. Vu l'abondance de la documentation, nous avons dû limiter notre choix à 30 langues, mieux étudiées en français. Nous avons cependant donné des exemples de proverbes d'après des recueils en anglais, pour des langues comme l'ashanti, le souahéli (swahili), le zoulou.

Constatant de nombreuses coïncidences – les mêmes proverbes sont utilisés d'un bout à l'autre de l'Afrique –, nous avons pris le parti de présenter notre sélection d'une manière synthétique, en indiquant après chaque proverbe la ou les langues dans lesquelles il a été recueilli.

Celles-ci peuvent se regrouper de la manière suivante :

– groupe kwa : abé, avikam, akan, ashanti, baoulé, langues parlées en Côte-d'Ivoire et au Ghana (vu l'imprécision des données, il n'est pas possible d'indiquer la population des différentes ethnies) ;
– groupe gur : mossi (Haute-Volta) ;
– groupe mandé : bambara, malinké (Mali et Soudan), yoruba (Sud-Ouest du Nigeria) ;
– sous-famille occidentale : foulfouldé (Cameroun), peul ou foulbé (Guinée, Mali, Sénégal), wolof (Sénégal) ;
– groupe de l'Adamawa : ngbaka et sango (Centrafrique) ;
– famille Benué-Congo, groupe bantou : bamiléké, kundu, banen (Cameroun), gikuyu (Kenya), kongo, mongo, nyanga (Congo), rwanda (Rwanda), rundi (Burundi), Mbédé (Gabon), ovambo (Angola, Sud-Ouest de l'Afrique), swahili (Est), zoulou (Sud).

chapitre XXX

PROVERBES AFRICAINS

Particularités des proverbes africains

Plusieurs recueils de proverbes africains comportent des préfaces très intéressantes, analysant les caractères particuliers des proverbes d'une langue donnée. On peut en déduire des traits communs à toute la littérature sententielle d'Afrique noire.

Les proverbes sont la partie la plus typique de la tradition orale. Le même terme désigne souvent le proverbe, le dicton, l'allégorie, la fable.

Les proverbes sont dits ou chantés. Leur forme est toujours rythmée, parfois métaphorique, elle obéit à des critères prosodiques bien déterminés. Le proverbe se compose souvent de deux vers.

Les ancêtres, qui couvrent de leur autorité l'ensemble de la tradition coutumière, sont censés être à l'origine de la littérature sententielle.

L'emploi des proverbes est le fait des sages. Pour les Africains, le sage est un adulte, un ancien, rompu à toutes les affaires du clan. L'expression kongo « Cet ancien connaît les proverbes et les chants » signifie : « Cet homme connaît à fond les us et coutumes du pays, on peut lui confier les palabres ». En revanche, le jeune, dont l'expérience reste à faire, comprend difficilement le langage ésotérique des vieux. Un homme qui connaît beaucoup de proverbes, qui les emploie judicieusement, qui se montre habile à interpréter les proverbes d'autrui, jouit d'une grande estime. En effet, prononcer un proverbe équivaut à évoquer la sagesse des ancêtres ; et les ancêtres représentent la plus haute autorité morale après Dieu.

L'emploi des proverbes est le fait des hommes. Bien entendu, les femmes connaissent les proverbes, les récitent et les comprennent. Mais les hommes en font un usage beaucoup plus abondant. Ils sont aussi capables, en raison notamment de leurs expériences initiatiques, d'en donner des interprétations multiples, souvent insoupçonnées des femmes et des jeunes.

Les principaux thèmes abordés par les proverbes africains sont les principes de l'organisation sociale et politique, les relations sociales entre les personnes et certaines activités, notamment la chasse. Les qualités et les défauts qui sont cités le plus souvent dessinent un portrait-type dans lequel les traits positifs seraient la résignation, la prudence, la persévérance et la solidarité, opposées à l'imprudence, à la paresse, à l'égoïsme et à l'avarice.

Dans les sociétés coutumières africaines, le rôle des proverbes est double. Il est didactique, selon l'adage « Instruis l'enfant par des proverbes ». En effet, le langage métaphorique est constamment employé dans l'éducation. Il est aussi juridique : depuis toujours, les palabres sont résolues par des proverbes judiciaires.

SOURCES :

F. M. Rodegem, *Sagesse kirundi*, Tervuren, Belgique, 1961.
Biebuyck et Mateene, *Anthologie de la littérature orale nyanga*, Bruxelles, 1970.
H. Van Roy, *Proverbes kongo*, Tervuren, 1963.
G. Hulstaert, *Proverbes mongo*, Tervuren, 1958.

L'INDIVIDU **Les désirs, les goûts**

5310 Le cœur d'un homme, c'est tout un pays étranger. [avikam]

5311 Le cœur n'est pas un genou pour qu'on le plie. [peul]

5312 Le pays le plus vaste, c'est le ventre de l'homme. [rwanda]

5313 La cuisine est plus vieille que la mosquée. [bambara]
Quand on est rassasié, on peut travailler et prier Dieu.

5314 L'enfant aime la liberté, il en est la première victime. [bambara]

5315 Le poussin ne pleure pas ses plumes, il pleure sur la vie. [banen]

5316 Les habitants d'une maison n'en construisent pas une autre. [rundi]

5317 Chaque oiseau chante les louanges de l'endroit où il passe la saison chaude. [peul] *(2017)*

5318 La mode et la lune passent en même temps. [rundi]

La nature

5319 La force du léopard est dans la forêt, la force du crocodile est dans l'eau. [kongo, bambara, baoulé]

5320 Il n'y a que le ciel qui voie le dos d'un épervier. [mongo]

5321 L'éléphant n'est pas fatigué de porter sa trompe. [malinké, rundi]

5322 Chaque filet d'eau a son chemin. [bambara]

5323 Le riz est toujours le même, mais il y a bien des manières de l'accommoder. [swahili]

5324 Les plus beaux arbres poussent toujours dans des endroits escarpés. [rundi]

5325 Aucun arbre n'a donné des fruits sans avoir eu d'abord des fleurs. [ashanti]

5326 La terre glissante ne fait pas tomber la poule. [popo]

5327 Le singe n'est jamais trop vieux pour monter à l'arbre. [bamiléké]

5328 La vieille jarre à lait sent le lait caillé. [bassouto]

5329 L'homme a quatre membres, le cinquième est la honte. [mongo] *(1613)*
C'est tout aussi utile.

5330 Celui qui a la diarrhée n'a pas peur de l'obscurité. [mongo]

5331 En un seul jour, un homme ne meurt pas de faim. [mongo]

5332 Quand l'archer est né, il ne tenait pas d'arc. [ashanti]

5333 Un coq ne chante pas dans l'œuf. [bamiléké]

5334 Tous les coqs qui chantent ont d'abord été des œufs. [rundi-rwanda]

5335 La corde neuve démange le cou de la chèvre. [malinké]

5336 Si le sourd n'a pas entendu le tonnerre, il verra bien la pluie. [malinké]

5337 Un sac vide ne se tient pas droit. [avikam] *(1087)*

5338 Le sel lui-même ne dit pas qu'il est salé. [abé]

5339 L'homme renfermé a de mauvaises mœurs. [kongo]

5340 Un poisson de trou d'eau ne connaît pas la largeur de la rivière. [foulfouldé]

5341 Ce n'est pas à toute oreille percée qu'on met des anneaux d'or. [peul]

5342 Comme il est dans l'eau, on ne sait pas que le poisson pleure. [baoulé]

5343 Le monde aura beau changer, les chats ne pondront pas. [bambara]

5344 La grande barbe et le long chapelet ne font pas le marabout. [bambara]

5345 Lorsque la tête du serpent est coupée, le reste n'est qu'une corde. [bambara]
La force est dans la tête.

5346 La grandeur d'une pirogue ne l'empêche pas de chavirer. [bam- bara, malinké]

5347 Quand la maladie attrape quelqu'un, elle monte un étalon, mais quand elle en sort, elle monte une tortue. [bambara] *(751)*

5348 L'arbre tombe du côté où il penche. [rwanda] *(59)*

5349 La branche qui tombe dans l'eau ne devient pas poisson. [baoulé, abé]

5350 Si longtemps qu'un morceau de bois reste dans l'eau, il ne se change pas en crocodile. [bambara]

5351 La feuille ne pourrit pas le jour de sa chute dans l'eau. [bambara]

5352 Tout ce qui est pourri puera. [peul]

5353 Ce que le vieux voit assis, le jeune ne le voit pas debout. [bambara]

5354 Tout vieux héros finit par décortiquer l'arachide de sa femme. [bambara]
La vieillesse affaiblit et ramène à la simplicité de l'enfant.

5355 La loque était un pagne, le vieux était jeune, le revenant était homme. [mbédé]

Les qualités

5356 Celui qui creuse une source n'en boit pas l'eau. [bassouto]

5357 L'éléphant abat des arbres, mais il ne se chauffe pas. [banen]

5358 Le bélier qui va foncer commence par reculer. [baoulé]

5359 Quand on n'agite pas l'eau, on ne peut pas la décanter. [mossi]

5360 C'est en remuant l'herbe que l'on prend des grillons. [malinké]

5361 Si obscure que soit la nuit, la main ne se trompe pas sur la bouche. [malinké, mbédé]

5362 L'étrier est le père de la selle. [yoruba] *(1780)*
Il n'y a que le premier pas qui coûte.

5363 Si tu n'as pas étudié, voyage. [foulfouldé]

5364 La lune bouge doucement, mais elle traverse la ville. [ashanti]

La prudence

5365 Celui qui a un œuf dans son sac ne danse pas. [mbédé]

5366 Si tu attires la pluie, étaie les bananiers. [kongo]

5367 L'escargot qui se méfie deviendra un vieil escargot. [abé]

5368 La tortue ne s'est jamais vantée d'avoir un long cou. [malinké]

5369 Même si le léopard dort, le bout de sa queue ne dort pas. [kongo]

La patience

5370 L'homme patient enlève les poils sur un œuf de poule. [bambara]

5371 C'est à force de rouler que l'asticot arrive au bout du monde. [malinké] *(1779)*

5372 Gouttelette sur gouttelette a rempli la rivière. [foulfouldé] *(39)*

5373 Petit à petit le coton devient un pagne. [baoulé] *(1942)*

La prévoyance

5374 C'est en saison sèche qu'on se lie d'amitié avec le piroguier. [foulfouldé]

5375 Un chien ne s'élève pas le jour de la chasse. [foulfouldé]

5376 Si le jeu de lutte est demain, fermeras-tu le poing dès aujourd'hui? [banen]

5377 On n'attend pas le jour du marché pour engraisser sa poule. [bamiléké]

5378 On ne tresse pas de bouclier durant le combat. [mongo]

5379 On balaie la claie avant de balayer par terre. [avikam]
Une *claie* est un treillage en osier.

5380 Un homme en bonne santé ne cherche pas un médecin. [mongo]

5381 On ne peut être à la fois à la mer et au fleuve. [malinké] *(321)*

5382 La trace de l'animal, c'est lui-même qui la montre. [mbédé]

5383 La chèvre broute à l'endroit où elle est attachée. [banen]

5384 C'est là où ton bras arrive que tu coupes la branche. [abé]

5385 Personne ne tire le miel sans se lécher les doigts. [malinké] *(999)*

5386 Le chien à quatre pattes ne suit pas deux chemins. [kongo] *(569)*

5387 Qui ne peut pas construire une maison construit un hangar. [yoruba]

5388 Celui qui est impatient d'avoir un enfant épousera une femme enceinte. [peul, bambara]

5389 Quand le tonnerre gronde, chacun pose sa main sur sa tête. [bambara]
Chacun pense à son sort.

5390 Quand tes vêtements sont sales, tu les laves, mais tu ne les brûles pas. [ashanti]

5391 Il n'y a que celui qui a enterré le cadavre qui sait de quel côté se trouve la tête. [mongo]

Les défauts

5392 On ne choisit pas le nom d'un enfant qui n'est pas encore né. [kundu] *(462)*

5393 Le coq ne chante pas sur deux toits. [mongo]

5394 L'oiseau qui chante trop ne sait pas faire son nid. [bamiléké] *(529)*

5395 La chèvre qui crie n'est pas celle qui a soif. [bambara]

5396 Quand le coq est ivre, il oublie la hache. [ashanti]

5397 On ne se coupe pas une cuisse parce qu'on veut manger de la viande. [mongo]

5398 On ne traverse pas la rivière sans pirogue. [mongo]

5399 Ce n'est pas au moment où les vagues sont les plus hautes que les piroguiers doivent cesser de ramer [sango]

5400 Tu poursuis la civette, tu n'arrives pas à l'atteindre, alors tu déclares : « Elle sent mauvais ». [baoulé]

5401 Viser trop crève l'œil. [baoulé]

5402 L'arc toujours tendu se relâche. [mbédé] *(1931)*

5403 On ne se lasse pas de l'arc parce qu'on est revenu bredouille de la chasse. [mongo]

5404 L'archer ne tire pas sur le néant. [rwanda]

5405 Dire : « Mon couteau est à la maison » ne dépèce pas le gibier dans la brousse. [malinké]

5406 Le lionceau meurt plutôt que de manger des mouches. [malinké]

5407 C'est quand le chat est repu qu'il dit que le derrière de la souris pue. [peul]

5408 Se raser la nuit, c'est renoncer à son oreille. [malinké]

5409 On se noie là où on a l'habitude de prendre un bain. [malinké]

5410 Celui qui n'a pas été volé ne monte pas la garde. [rwanda]

5411 On n'emporte pas sa case en voyage. [malinké]

5412 L'homme qui n'a jamais construit une case a incendié le champ de chaume. [bamiléké]

5413 Pour le négligent, c'est toujours le matin. [rundi]

5414 Le crocodile sort du fleuve et lèche la rosée. [rundi]
Il est insatiable.

5415 Si dans ta colère tu jettes un paquet de graines d'éleusine par terre, avant que tu aies fini de les ramasser, ta colère passera. [bambara]

5416 Les pleurs aggravent le mal. [rundi]

LES BIENS ET LES ÉCHANGES

Le pauvre

5417 Le mouton du pauvre n'aura jamais de graisse. [baoulé] *(1757)*

5418 Le piège du pauvre n'attrape que son chien. [bamiléké]

5419 Ceux qui ont de la viande n'ont pas de sel. [mongo]

5420 Mieux vaut peu que très peu. [foulfouldé]

5421 La richesse qui rentre vaut mieux que celle que le devin a annoncée. [rundi] *(1327)*

5422 Mieux vaut une vache stérile qu'une vache réquisitionnée. [rundi]

5423 Une seule vache aveugle qui rentre vaut mieux que cent autres promises. [rundi] *(1327)*

5424 La richesse est un brouillard. [bassouto]
Elle se dissipe vite.

Le riche

5425 C'est celui qui a du lait qui peut faire la crème. [bambara]
L'homme puissant peut agir efficacement.

5426 Celui qui possède la poule mange les pattes. [mongo]

5427 Qui possède trouve qui lui donne. [rwanda] *(984)*

5428 La mer est bien pleine et pourtant il pleut dedans. [avikam] *(28)*
L'argent appelle l'argent.

5429 Ceux qui sont riches se font mutuellement des cadeaux. [banen]

Le cadeau

5430 Mieux vaut donner peu que promettre. [malinké]

5431 On ne tâte pas la poule que l'on reçoit en cadeau. [baoulé] *(421)*

5432 Quand on donne un singe, on ne retient pas sa queue. [baoulé]

5433 Si tu donnes le couscous, donne aussi la sauce. [bamiléké]

5434 Offriras-tu à manger à ton hôte le poisson qui est encore à la rivière? [banen]

5435 Personne ne prête sa serpe à l'époque de la moisson. [rundi] *(1046)*

5436 La récolte mûre trouve toujours qui la moissonne. [rundi]

L'ingratitude

5437 Qui a beaucoup reçu en a les oreilles bouchées. [rundi]

5438 Le chien n'aime pas l'homme, il aime le lieu où il a été nourri. [rundi]

5439 Tu sauves un homme et demain tu ne lui échappes pas. [rwanda]

5440 Qui met trop de côté, amasse pour son rival. [rundi]

5441 Est voleur celui qui est pris. [rundi]

Les affaires

5442 L'achat est plus licite, le pillage est plus rapide. [peul]

5443 J'ai vendu ma plantation de palmiers, j'ai donc dû ôter de mon cœur le désir du résidu d'huile que je n'aurai plus. [banen]

5444 On n'achète pas un œuf à l'empreinte du sabot. [peul]

5445 Ne vends pas la peau du chacal avant de l'avoir pris. [kongo] *(255)*

5446 On ne jette pas le poisson qu'on a dans la main pour prendre celui qu'on a sous le pied. [bambara]

5447 Si le premier chiffre est faux, le compte est faux. [peul]

5448 La poule se porte garante de l'œuf, mais non du poussin. [baoulé]

5449 Le potier mange dans un tesson. [rwanda] *(1456)*

5450 L'emprunt est le premier-né de la pauvreté. [peul]

LES RELATIONS Les bonnes relations

5451 Le cou ne se lasse pas de la tête. [mongo]

5452 C'est là où l'aiguille passe que le fil passe aussi. [baoulé, kongo]

5453 D'une vieille pirogue on se rappelle le jour du besoin. [mbédé]

5454 Ce qui arrive au lièvre, arrive à l'écureuil. [abé]

5455 La nuit n'a pas de maître. [rundi]

5456 La nuit, toutes les vaches sont de grandes vaches noires. [bambara] *(549)*

5457 Si quelqu'un t'a mordu, il t'a rappelé que tu as des dents. [peul]

5458 Un seul homme a tué l'éléphant, tout le monde va le manger. [abé]

5459 Un seul travailleur, beaucoup de mangeurs. [kongo]

Les mauvaises relations

5460 On accuse de manquer de générosité celui qui récolte, on ne critique pas celui qui cultive. [nyanga]

5461 On ne compte pas les dents du chien d'un autre. [bamiléké]

5462 Ceux qui sont près du tam-tam n'en perçoivent pas le son. [bamiléké]

5463 On a beau dire que le fou est guéri, il continue à faire peur. [baoulé]

5464 Étant donné que tu ne balaies pas ma case, ne la salis pas. [bambara]

5465 Qui a envie de manger de la viande n'est pas écouté là où elle est découpée. [bambara] *(486)*
On suspecte celui qui est intéressé.

5466 Qui ne te connaît pas ne te reconnaîtra pas. [foulfouldé]

5467 Les tambours changent de baguettes. [rwanda]

5468 Celui qui frappe un chien vise son maître. [rwanda]

5469 L'épine dans la chair d'autrui est facile à enlever. [rundi]

5470 La vache destinée à l'abattoir ne manque pas de torts. [rundi] *(553)*

5471 Le serpent n'a pas l'habitude de te trouver avec un bâton à la main. [banen]

5472 Le chasseur rencontre le gibier là où ils n'ont pas pris rendez-vous. [malinké]

5473 Quand le chasseur rentre avec des champignons, on ne lui demande pas des nouvelles de sa chasse. [ashanti]

5474 Quand le lézard mange du poivre, c'est la grenouille qui transpire. [akan]

5475 Si la panthère savait combien on la craint, elle ferait beaucoup de mal. [bamiléké]

5476 On ne fait pas la guerre sans entendre le bruit de la poudre. [malinké]

5477 On prépare le poisson avec du jus de poisson. [baoulé] *(502)*

5478 La confiance est finie depuis que l'eau a cuit le poisson. [bambara]
La perte peut venir d'un élément connu.

5479 La grenouille aime l'eau, mais pas l'eau bouillante. [wolof]

5480 Si tu bois le vin du voisin, n'emporte pas sa calebasse. [ngbaka]

5481 Si tu manques de calebasse, ne barre pas la route de la fontaine. [bamiléké]

5482 Quand deux éléphants se battent, l'herbe en souffre. [swahili] *(1738)*

5483 Quand le grand baobab est tombé, les cabris montent sur son tronc et gambadent. [bambara] *(56)*

L'efficacité

5484 La force de la hache vient du manche, la force de l'arc vient de la corde. [mongo]

5485 L'eau ne tue pas le petit crocodile. [baoulé]

5486 L'enfant dans son propre village est fort comme un arbre. [mbédé] *(520)*

5487 Le forgeron ne doute jamais de son métal. [mongo]

5488 De longues lianes ne suffisent pas pour construire une case, il en faut aussi des courtes pour parfaire les angles. [banen]

5489 L'œil ne porte pas de charge, mais il sait ce que la tête est capable de porter. [wolof]

5490 Peu importe où le bouc passe la nuit, pourvu que son maître le retrouve le matin. [malinké]

5491 Tout bâton peut tuer un serpent. [baoulé]

5492 Le petit autour peut enlever un gros poussin. [ngbaka]

5493 Un petit écureuil peut soulever une grosse noix. [ngbaka]

5494 Un petit piège attrape un écureuil. [mongo]

5495 Qui a besoin de son tend le van pour le recueillir. [malinké]
Le *van* est un panier utilisé pour nettoyer les grains de blé.

5496 Si tu as lié amitié avec un singe, ton bâton ne restera pas pris dans un arbre. [foulfouldé]

5497 Jette l'os pour éloigner les mouches. [foulfouldé]

5498 Le berger des oiseaux ne brandit pas le bâton. [foulfouldé]

5499 Le lion en chasse pour tuer ne rugit pas. [peul]

5500 Le poing tue le hérisson, mais la main n'ose pas. [peul]

5501 Il faut façonner l'argile pendant qu'elle est molle. [zoulou] *(1478)*

5502 L'œil du maître fait lever beaucoup de pâte. [rundi] *(271)*

5503 Qui est monté sur l'éléphant n'est pas battu par la rosée. [bambara] *(60)*
La protection des puissants met à l'abri des soucis.

L'inefficacité

5504 Une petite hache n'abat pas un gros arbre. [mongo]

5505 La poule ne pond pas quand on la regarde. [mongo]

5506 Le perroquet esclave ne fait pas de petits. [mbédé]

5507 Quand on applaudit trop un danseur, il se trompe de pas. [bamiléké]

5508 On ne joue pas en assistant à un jeu. [baoulé]

5509 Ne refuse pas l'aveugle pour prendre le sourd-muet. [bamiléké]

5510 La tempête ne déracine pas une forêt. [bamiléké]

5511 Avec une seule main, il est impossible de monter au palmier. [banen] *(669)*

5512 Un seul bracelet ne tinte pas. [peul] *(669)*

5513 Un seul doigt ne peut pas attraper un pou. [abé] *(669)*

5514 Un seul pied ne trace pas un sentier. [bambara] *(687)*

5515 Un seul doigt ne peut pas oindre le corps. [mbédé] *(687)*

5516 Les chameaux ne rient pas entre eux de leurs bosses. [peul]

5517 On ne raconte pas de fable à des enfants endormis. [rundi]

5518 Le manche neuf cause des ampoules. [rwanda]

5519 Le poulet ne peut refuser d'aller au marché. [peul]

5520 Si l'on n'a pas visité deux marchés, on ne peut savoir lequel est le meilleur. [mossi]

5521 On ne demande pas au poisson ce qui arrive sur terre, ni au rat ce qui arrive dans l'eau. [yoruba]

5522 Ne montre pas les dents à ce que tu ne vas pas mordre. [baoulé]

5523 On n'apprend pas au singe rouge à monter aux arbres. [bambara] *(219)*

5524 Le chat sauvage en voulant imiter l'éléphant a déféqué ses entrailles. [rundi]

5525 Chien échappé à l'entrave, sifflet ne le fait pas revenir. [foulfouldé]

5526 Beaucoup de chasseurs déroutent les chiens. [rundi]

5527 Le caillou lancé avec colère ne tue pas l'oiseau. [popo]
La colère empêche de bien viser.

5528 Cacher la glu n'attrape pas les oiseaux. [mongo]

5529 L'oiseau vient de loin pour se faire engluer. [mongo]

5530 Les hautes herbes peuvent avaler les pintades, mais ne peuvent avaler les cris des pintades. [peul]

5531 L'antilope, malgré les chasseurs, arrive à la taille adulte. [rundi]

5532 L'hyène a poursuivi deux antilopes à la fois, elle passera la nuit avec la faim. [malinké] *(260)*

5533 On ne tend pas le piège après le passage du gibier. [bamiléké] *(422)*

5534 Le secours étranger arrive quand la pluie est passée. [rwanda]

5535 S'appuyer contre le grenier à mil est sans utilité pour qui a faim. [foulfouldé]

5536 L'excité ne choisit pas son menu. [bamiléké]

5537 La fumée ne cuit pas les aliments. [bamiléké]

5538 On n'éteint pas le feu avec les mains. [kundu]

5539 On ne refuse pas le sein de la mère à cause de la gale. [mbédé]

5540 Ils te montrent la lune et tu regardes le doigt. [rundi]

5541 On ne défend pas toutes les causes justes avec un arc trop tendu. [malinké]

5542 L'œil ne voit pas ce qui le crève. [peul]

Le chef

5543 Un roi n'a pas d'ami. [peul]

5544 Deux léopards ne se promènent pas dans la même forêt. [kongo] *(236)*

5545 Deux foudres ne partagent pas le même nuage. [rundi] *(236)*

5546 Deux coq ne chantent point sous le même toit. [mongo] *(590)*

5547 Celui qui place un crapaud en tête d'un groupe ne doit pas se plaindre ensuite de sa manière de sauter. [foulfouldé]

5548 Un roi n'est ni un parent ni un ami. [wolof]

5549 Quand la tête est présente, le genou ne porte pas de chapeau. [baoulé]

5550 Sois avec le roi, même si tu dois balayer la bouse de ses bœufs. [peul]

5551 Avoir de beaux doigts ne donne pas le droit de manger avec un chef. [nyanga]

5552 Quand le chat n'est pas là, les rats étalent leur queue. [rundi] *(540)*

5553 Quand le chat n'est pas là, les souris dansent. [baoulé] *(540)*

5554 Quand le léopard est absent, la gazelle danse. [kongo] *(540)*

5555 Au village sans chien, les poules dérobent l'os. [kongo] *(540)*

5556 Si tout le monde dansait, qui serait spectateur ? [bamiléké]

La prudence et l'imprudence

5557 On ne dit pas à un arbre : « je ne m'assoirai jamais sous toi. » [baoulé] *(50)*

5558 Ne déprécie pas la tortue à cause de son humilité, il se peut qu'elle te guide demain. [ovambo]

5559 Le charbon se moque des cendres. [peul] *(1110)*

5560 La bûche qui est dans le parc rit de la bûche qui est déjà dans le feu. [gikuyu]

5561 L'œuf ne se met pas en colère contre la pierre. [baoulé]

5562 Les dents ne doivent pas se quereller avec la langue. [baoulé]

5563 À la danse du cul, le lièvre et l'éléphant ne sont pas partenaires. [malinké]

5564 L'éléphant et le lièvre ne sont pas compagnons de voyage. [bambara]

5565 La panthère et le mouton ne chassent pas ensemble. [avikam]

5566 On ne confie pas à l'hyène le cadavre d'une antilope. [bambara] *(486)*

5567 L'hyène ne dort pas avec les moutons. [rundi]

5568 On ne dit pas à une poule : « Veille sur mon grain de maïs. » [baoulé] *(486)*

5569 Tu chasses la mauvaise poule, et soudain la bonne s'en va aussi. [baoulé]

5570 Le fer ne conseille pas le marteau. [mongo]

5571 L'étourdi n'insulte pas la mère de l'irréfléchi. [malinké]

5572 Que celui qui n'a pas encore traversé ne se moque pas de celui qui s'est noyé. [peul]

5573 Tant que l'on n'a pas traversé la rivière, on n'insulte pas le crocodile. [baoulé, zoulou] *(564)*

5574 L'arbre émondé sait ce que lui veut la hache. [malinké]

5575 Chien qui s'est brûlé le nez ne flaire pas les cendres. [foulfouldé] *(548)*

5576 Quand on a été mordu par un serpent, on fuit même le mille-pattes. [bamiléké] *(548)*

La relativité

5577 Ce qui est viande pour l'un est poison pour l'autre. [akan]

5578 Au village où il n'y a pas de bœuf, les pattes du mouton sont grosses. [baoulé] *(708)*

5579 Si les moutons ont été admirés, c'est que les bœufs n'ont pas été vus. [peul] *(708)*

5580 Le taureau des gens de son village est le petit poisson d'un village étranger. [peul]

5581 Le bœuf ne se vante pas de sa force devant l'éléphant. [mbédé]

5582 Le village est épines, la forêt est ronces. [nyanga]

5583 Une bosse vaut mieux qu'une plaie. [rundi]

5584 Où il n'y a pas de vautours, les moineaux empennent les flèches. [rwanda]

5585 Tu vas à la chasse aux éléphants et tu rencontres un escargot, prends-le. [mbédé]

La morale

5586 Tout malin est un ignorant qui s'abuse. [bamiléké]

5587 Le champ du fourbe est grand, mais il n'y pousse guère de mil. [bambara]

5588 Une seule banane pourrit tout le régime. [avikam] *(477)*

5589 Le moustique n'a pas pitié d'un homme maigre. [mongo]

5590 Le couteau ne connaît pas son maître. [mongo]

5591 Celui qui t'empêche de te battre, donne-lui une récompense. [mong]

5592 Sans guerre, pas de paix. [mongo]

5593 Tes fautes anciennes te nuisent en justice. [bambara]

5594 Le bâton atteint les os, mais n'atteint pas les vices. [rundi]

5595 Le geôlier est un autre prisonnier. [bamiléké]

5596 Feins la mort, tu pourras voir les pleureurs. [mongo]

Les relations avec l'étranger et l'hôte

5597 Le blanc n'oublie pas l'Europe. [mongo]

5598 Si le blanc bégaie, l'interprète a beaucoup de travail. [popo]

5599 L'étranger est comme la rosée. [bambara]

5600 L'étranger a de gros yeux, mais il ne voit pas. [baoulé]

5601 Quand l'étranger s'en va, il y a toujours quelque chose à dire de lui. [ashanti]

5602 Possesseur d'enclos ne craint pas les hôtes. [foulfouldé]

5603 Les caprices d'un hôte sont faciles à supporter. [wolof]

L'amitié

5604 Un ami vaut mieux qu'un frère. [foulfouldé]

5605 Si tu aimes le chien, tu aimes aussi ses puces. [mbédé]

5606 L'ami essuie la sueur, il n'essuie pas le sang. [baoulé]

5607 L'amitié est comme la lame d'un couteau : en se retournant elle blesse son maître. [mbédé]

5608 Tuer son unique ami, ce n'est pas difficile; en trouver un second, voilà ce qui est difficile. [malinké]

5609 Un mauvais ami t'empêche d'en avoir de bons. [mbédé]

5610 Un franc ennemi vaut mieux qu'un faux ami. [bambara]

5611 Un ennemi intelligent vaut mieux qu'un ami sot. [peul] *(1190)*

LA PAROLE

Les avantages et les inconvénients

5612 Ce que la bouche a gagné, c'est la langue qui le lui a donné. [peul]

5613 Un chef écoute les avis d'un imbécile. [mongo]

5614 Le possesseur de l'enclos ne raconte pas ce qui se passe dans l'enclos. [banen]

5615 On ne lapide pas le messager. [bamiléké]

5616 Celui qui a échappé à la foudre en parle volontiers. [rwanda]

5617 Tu n'as tué qu'un seul milan, et tu en informes quinze étrangers. [banen]

5618 La parole qui a dépassé la bouche, dépasse vite les montagnes. [banen, rundi]

5619 Ce qui sort de la bouche perd son maître. [mbédé]

5620 Trop de paroles bouchent les oreilles. [rundi]

5621 Le couteau trop aiguisé déchire sa gaine. [bambara] *(1500)*
Trop parler nuit.

5622 Les marques du fouet disparaissent, la trace des injures, jamais. [malinké]

5623 Dire «Au nom de Dieu» ne tire pas le marabout du puits. [malinké]

L'affabulation

5624 On dit ce qu'on ne fera pas. [peul]

5625 Nombreux sont ceux qui discutent de la guerre; peu la font. [malinké]

5626 Réception vaut mieux qu'invitation. [rundi]

5627 Celui qui n'a pas lutté est fort à la lutte. [peul]

5628 Qui a voyagé seul raconte ce qu'il veut. [rwanda] *(1520)*

5629 Dans le village que tu ne connais pas, les poules ont des dents. [abé]

La flatterie

5630 Le riche ne danse jamais mal. [rwanda]

5631 La parole de l'homme puissant est vérité. [bambara] *(1776)*

5632 Quand le maître de maison dit un mensonge, on présente à celui-ci une chaise pour qu'il s'y assoie. [rundi] *(1680)*

5633 La louange gonfle le sot et rend tout petit l'homme d'esprit. [mossi]

La vérité et le mensonge

5634 La parole des vieux est de la crotte d'hyène : fraîche, elle est noire, puis elle blanchit. [bambara]
Les vérités ne plaisent jamais ; plus tard le profit s'en révèle.

5635 Qui dit toujours la vérité se promène avec son linceul. [bambara]

5636 Il est des vérités qui ne demandent pas à voir le jour. [malinké] *(1531)*

5637 La tromperie, si elle a fait dîner, ne fera pas souper. [peul]

5638 Le mensonge serait en route depuis dix ans que la vérité l'atteindrait en une matinée de marche. [peul]

LA FEMME ET LA FAMILLE

Les relations entre l'homme et la femme

5639 Si ce n'est par l'union de deux corps, comment ferait-on l'homme ? [banen]

5640 Les coups de cornes de la génisse ne font pas mal au taureau. [malinké] *(417)*

5641 Même si le bouc pue, ce ne sont pas les chèvres qui lui marqueront du dégoût. [peul]

5642 Ceux qui s'aiment ne se cachent pas leur nudité. [mongo]

5643 Là où on s'aime, il ne fait jamais nuit. [rundi]

5644 Pendant la lune de miel, les ignames sont toujours douces. [ashanti]

5645 Une seule main lavée ne peut être propre, on doit laver les deux ensemble. [banen]
Sur l'entraide des époux.

5646 Une femme est comme une couverture ; si tu la mets sur toi, tu auras chaud ; si tu l'enlèves, tu auras froid. [akan]
Une femme est indispensable.

5647 Mieux vaut verge courte que coucher seule. [baoulé]

5648 Mieux vaut baiser une femme laide que se lécher. [rundi]

5649 Mieux vaut une mauvaise femme qu'une maison vide. [baoulé, abé]

5650 Le mariage n'est pas un grand boubou dont on se débarrasse facilement. [bambara]
Un *boubou* est une longue tunique. Il est plus difficile de le rompre que de le nouer.

5651 Aime ta femme, mais ne lui donne pas toute confiance. [wolof]

5652 Si tu as cinq femmes, tu as cinq langues. [ashanti]

5653 On ne dit pas tous ses secrets à la femme d'une nuit. (malinké]

5654 Celui qui se contente d'avaler la pâte ne se rend pas compte que celle qui a moulu est fatiguée. [rundi]

Le rôle des hommes et des femmes

5655 Être femme, cela ne consiste pas à avoir des mamelles, la chèvre aussi en a. [rwanda]

5656 L'entendement de la femme s'arrête à la hauteur de ses seins. [malinké]

5657 Le gain de l'homme est dans la plante de ses pieds, celui de la femme est sur ses fesses. [bambara]
L'homme doit marcher pour gagner sa vie, le devoir de la femme est de rester sage au foyer.

5658 Tout ce que l'homme a gagné par son travail, la femme le dépense. [peul]

5659 La poule ne chante pas en présence du coq. [rwanda] *(522)*

5660 La poule connaît l'aube, mais elle attend le chant du coq. [baoulé, rundi]

5661 Celui qui ne veut pas d'une femme bavarde n'a qu'à rester célibataire. [mongo]

5662 La femme est une fontaine où se cassent toutes les calebasses. [bamiléké]

5663 Celui qui a suivi le plan d'une femme se noiera. [peul]

5664 Chef, femme, rivière, nuit, aucune créature ne s'y fie. [foulfouldé]

5665 Si on aide une femme à cultiver son champ, elle saura dire, le moment venu, que le grenier est à elle. [mossi]

5666 Si la femme adultère a ri de la femme qui s'est fait engrosser, c'est sûrement que ce qu'elle a semé n'a pas poussé. [peul]

5667 Le vieil homme est une aiguille qui coud les gens, la vieille femme est un canif qui les divise. [bambara]
Les uns conseillent, les autres brouillent.

La procréation

5668 La parure du mariage est l'enfant. [peul]

5669 La belle femme est celle qui a un enfant sur le dos. [bambara]

5670 La pintade sans poussins n'est rien que plumes brillantes. [peul]

5671 Beaucoup engendrer, c'est multiplier les tombes. [nyanga]

5672 Eau répandue vaut mieux que vase brisé. [peul]
Au sujet de la mère dont l'enfant est mort.

5673 Un seul lionceau vaut mieux qu'un plein panier de petits chats. [bambara] *(242)*
Un fils courageux vaut mieux que de nombreux fils sans valeur.

5674 Un enfant de premier lit n'est pas un fils, mais une guerre intestine. [wolof]

Les parents et les enfants

5675 Toute mère est un fleuve. [bambara]
Elle donne généreusement à ses enfants.

5676 Aucune mère n'égale ta mère. [bambara]

5677 Celui qui n'a pas voyagé pense que sa mère est la meilleure cuisinière vivante. [ewé]

5678 Quand on porte un enfant, il ne sait pas que la route est longue. [bamiléké]

5679 Colère de mère ne passe pas la nuit. [rundi]

5680 Quand on frappe un enfant, on ne l'empêche pas de pleurer. [baoulé]

5681 Quand l'enfant tombe, la mère pleure; et quand la mère tombe, l'enfant rit. [rwanda]

5682 Les bois que cassent les singes tombent sur le dos des éléphants. [mbédé]
Les parents sont responsables des bêtises des enfants.

5683 L'homme n'est satisfait de ses enfants que lorsqu'ils lui ont procuré sa sépulture. [rwanda]

L'orphelin

5684 Le tuteur vaut mieux que l'héritage. [foulfouldé]

5685 Celui qui n'a pas de mère tète sa grand-mère. [bambara]

5686 Un petit orphelin n'a pas de dégoût. [mbédé]

5687 L'assiette de l'orphelin, c'est le creux de sa main. [baoulé]

La famille

5688 Ce n'est pas la bouche, mais le pied qui trace le sentier de la parenté. [bambara]

5689 Porter le même nom ne signifie pas jouir du même renom. [malinké]

5690 Une querelle entre parents fume et ne flambe pas. [malinké, bambara]

LA MORALE

La morale du travail

5691 Au travailleur le salaire, au paresseux les larmes. [rundi]

5692 La pauvreté est la fille aînée de la paresse. [peul]

5693 Si ton ventre n'est pas plein, interroge ta main. [baoulé]

5694 Avancer, c'est mourir; reculer, c'est mourir; donc mieux vaut avancer et mourir. [zoulou]

5695 Dieu aide qui s'aide soi-même. [gikuyu] *(1947)*

5696 L'eau de la rivière coule sans attendre l'homme qui a soif. [gikuyu]

5697 Quand tu marches, le pagne dure; quand tu es assis, le pagne s'use. [kongo] *(441)*

5698 Poussière aux pieds vaut mieux que poussière au derrière. [foulfouldé]

5699 Si tu n'acceptes pas que le soleil te frappe le dos, la lune ne te frappera pas le ventre. [baoulé]
Il faut travailler au soleil pour pouvoir se reposer sous la lune.

5700 Il faut jeter en amont pour récupérer en aval. [abé]

5701 Partir le matin de bonne heure se décide le soir. [malinké]

5702 La réussite du matin n'en est pas une, c'est celle du soir qui compte. [baoulé]

5703 Pendant la vieillesse on se chauffe avec le bois qu'on est allé chercher pendant sa jeunesse. [bambara]

5704 On creuse le puits des jours à venir en prévision de la soif à venir. [malinké]

5705 Le savoir est un champ, mais s'il n'est ni labouré, ni surveillé, il ne sera pas récolté. [peul]

5706 L'esprit ne se sème pas, cependant il se cultive. [bambara]

5707 Si nombreux que soient les travaux finis, ceux qui restent à faire sont plus nombreux. [bambara]

5708 Ce n'est pas à l'habit qu'il porte qu'on reconnaît l'homme sage, mais à ses œuvres. [malinké]

La malchance

5709 Les vaches du malchanceux sont mortes d'un coup de pied de mouche. [rundi]

5710 La foudre a claqué dans la cour, elle n'a pas tué le palmier qui rapporte peu, mais celui qui donnait beaucoup. [banen]

5711 Si Dieu tue un riche, il tue son ami; s'il tue un pauvre, il tue une canaille. [bambara]

5712 Ceux qui ont une poêle à frire n'ont pas d'arachide; ceux qui ont des arachides n'ont pas de poêle à frire. [kongo]

5713 Le vent ne distingue pas le toit de la maison d'une veuve. [bamiléké]

Le destin

5714 Être heureux et porter bonheur vaut mieux qu'être rusé. [peul]

5715 Mieux vaut subir l'injustice que la commettre. [bamiléké]

5716 Quand la fraude a construit une maison, elle la détruit. [malinké]

5717 Le fleuve s'est vanté; Dieu y a mis le gué. [malinké]

5718 La vérité fait rougir l'œil, mais ne le crève pas. [baoulé]

5719 Le mauvais nom va devant, le bon le suit sans jamais le rattraper. [baoulé]

5720 Le fou est l'échelle du sage. [zoulou]

5721 L'ignorance est plus obscure que la nuit. [foulfouldé]

5722 La beauté est une demi-faveur donnée par Dieu, l'intelligence en est une entière. [peul]

5723 Trop d'intelligence tourne en folie. [kongo]

5724 Celui qui aime tout en meurt. [rundi]

5725 On ne doit pas faire du monde un fardeau pour le porter sur la tête. [bambara]

LA SAGESSE

5726 Celui qui n'a pas de défaut ne mourra pas. [peul]

5727 Le fœtus qui craint la critique ne naît jamais. [rundi]

5728 Les hommes de haine restent en vie, les conciliateurs sont morts. [nyanga]

5729 Celui qui règne ne régnera pas toujours. [baoulé]

5730 Même l'homme le plus fort, le lit peut le vaincre. [mbédé]

5731 Si haut que parvienne une chose lancée, c'est à la terre qu'elle retourne. [peul]

5732 Celui qui n'est pas mort peut tout faire. [malinké]

5733 La seule chose qu'un homme ne rencontre pas dans la vie, c'est la grossesse. [mongo]

5734 On ne met pas quelque chose dans tous les sacs taillés par l'esprit. [bambara]

5735 L'homme est ce qu'il pense. [malinké]

5736 Dieu seul sait comment évolue la pensée de l'homme. [baoulé]

5737 Même dans le lait frais, on trouve des poils. [bambara]
Rien n'est parfait.

5738 Le monde est une gousse d'oignon. [bambara]
De même que la graine est invisible dans l'oignon, de même la justice et la vérité sont rares dans le monde. En Afrique, comme dans le monde arabe, l'oignon, qu'on peut éplucher sans jamais voir la graine, est le symbole de la duplicité.

5739 Si on ne dort pas, on ne peut rêver. [baoulé]

5740 L'homme, c'est les autres ; demander, c'est honorer ; donner, c'est aimer. [burundi]

5741 Pour aucun homme, l'aube ne vient deux fois. [yoruba]

5742 Le soleil n'oublie pas un village parce qu'il est petit. [mbédé] *(1)*

5743 Aussi longtemps que vous êtes en bonne santé, continuez à prier Dieu. [mongo]

5744 Allah paie chacun selon sa foi. [malinké]

5745 La vie est un ballet ; on ne le danse qu'une fois. [malinké]

5746 Vieillir, c'est être dépouillé. [rwanda]

5747 Ce qui fait souffrir le malade est encore bon pour le cadavre. [kongo]
Souffrir vaut mieux que mourir.

5748 Le monde est un pot à eau, quand on a bu, on le passe à autrui pour qu'il boive aussi. [bambara]
Les hommes se succèdent sur cette terre, rien n'appartient à personne.

Dieu

5749 Dieu seul est sage. [bamiléké]

5750 Dieu ne fait qu'ébaucher l'homme, c'est sur la terre que chacun se crée. [bamiléké]

5751 Le chemin de Dieu, on ne le parcourt pas pour autrui. [bambara]

5752 Dieu donne, mais il ne vend pas. [rundi]

5753 Dieu prépare le pain de manioc, nous autres humains l'assaisonnement. [kongo]

5754 Dieu ne casse jamais une jambe sans indiquer à la victime comment elle doit marcher. [bambara] *(764)*

5755 Le crapaud n'a pas de queue, mais Dieu l'évente. [bambara] *(1114)*

5756 Dieu te donne la richesse, mais te réserve la misère. [rundi]

5757 Dieu parle une langue étrangère. [ovambo]

5758 C'est Dieu qui montre la route au malheur. [baoulé]

5759 Le malheur n'a pas rendez-vous. [mongo]

5760 Si dans ta case, il y a le bonheur, sache que le malheur a seulement ajourné sa visite. [bamiléké]

La mort et l'espoir

5761 Nous venons dans les bras des gens ; nous partons dans les bras des gens. [malinké]

5762 Tout homme qui marche agonise ; la mort suit l'homme comme sa silhouette. [baoulé]

5763 Le sommeil se flatte ; la vérité, c'est la mort. [malinké]

5764 Tu promets long et la mort promet court. [bamiléké]

5765 Pourquoi mesurer la tombe du géant puisqu'il va se noyer dans le fleuve ? [bambara]

5766 La mort veut te tuer, ne va pas au devant d'elle. [baoulé]

5767 L'homme ne refuse pas son soupir à la mort qui arrive. [rundi]
Elle est inévitable.

5768 Les morts n'installent pas leurs successeurs. [baoulé]

5769 La peur ne fait pas mourir la mort. [mande]

5770 La mort ne donne pas de rendez-vous. [gikuyu]

5771 La mort est un gué que tout le monde emprunte. [baoulé]

5772 La mort est le chemin de tout le monde. [mbédé]

5773 La mort ne respecte aucun chef. [kongo]

5774 La mort n'a pas de débarcadère. [avikam]

5775 L'âne mort, la ruade est finie. [malinké]

5776 Un homme meurt sans causer au monde aucun dommage. [bambara]

5777 La mort est toujours une chose nouvelle. [sessouto]

5778 L'espoir est le pilier du monde. [zoulou]

5779 Le jour ne savait pas que l'obscurité tomberait. [banen]

5780 Si longue que soit la nuit, le jour viendra sûrement. [peul]

5781 Le jour n'est fait que de ce que la nuit a décidé. [banen]

5782 Le jour se lève, même s'il n'y a pas de coq pour le chanter. [rundi]

5783 L'avenir est un enfant dans le sein. [bamiléké]

SOURCES

Pour une bibliographie générale, voir ci-après, le paragraphe « ovambo ».
Les recueils utilisés sont indiqués dans l'ordre alphabétique des langues. Pour la classification de celles-ci, on se reportera à l'introduction du présent chapitre.

– abé
F. J. Amon d'Aby, *Proverbes populaires de Côte-d'Ivoire*, C.E.D.A., Abidjan, 1984.
G. Dumestre et L. Duponchel, *Proverbes de Côte-d'Ivoire*, université d'Abidjan, 1972 (191 proverbes abé et 109 proverbes avikam, édition bilingue, avec commentaires et index des mots-clefs. On note de nombreuses coïncidences avec les proverbes baoulé).

– akan
20 proverbes de dialectes akan sont cités avec la traduction anglaise dans Guinzbourg*, pp. LXVII-LXVIX.

– ashanti
R. Sutherland Rattray, *Ashanti Proverbs*, Oxford, 1916, rééd. 1969 (830 proverbes en ashanti et en anglais, avec de longues explications). Cet ouvrage est l'un des meilleurs recueils africains.

– avikam (voir abé)

– bambara
Moussa Travélé, *Proverbes et Contes bambara*, Geuthner, 1923 (1O1 proverbes en bambara et en traduction française, avec des explications).
Guissé Mabendy, « Sagesse bambara de Ségou », *Notes africaines*, oct. 1959, pp. 113-123 (242 proverbes avec traduction française et explications). L'auteur précise que les mêmes proverbes se retrouvent dans tous les dialectes du Soudan.
Mgr Molin, *Recueil de proverbes bambara et malinké*, Les presses missionnaires, 1960 (2 123 proverbes avec la traduction française et des explications, classés par thèmes).

– banen
Idelette Dugast, *Contes, proverbes et devinettes des Banen*, S.E.L.A.F., 1975 (409 proverbes avec la traduction française).

– bamiléké
Patrice Kayo, *Sagesse bamiléké*, Yaoundé, 1964 (60 proverbes en traduction française).
Sop Nkamgang et Patrice Kayo, *Les proverbes bamiléké*, Yaoundé, 1970 (600 proverbes en traduction française avec quelques explications).

– baoulé
Cyprien Arbelbide, *Les Baoulé, d'après leurs dictons et proverbes*, C.E.D.A., 1975 (1 300 proverbes avec la traduction française).
Alfred Kouacou, *Sagesse africaine. Au pays Baoulé*, Mulhouse, 1973 (120 proverbes baoulé en traduction française).
V. Guerry et R. Joly, *Proverbes baoulé*, Abidjan, 1972.

– bassouto (basuto)
E. Jacottet, « Proverbes bassoutos », *Revue des traditions populaires*, 1889, p. 126, foulbé foulgouldé [voir peul] (14 proverbes en traduction française).

– beembe
André Jacquot, *Études beembe*, Congo, Devinettes et proverbes, O.R.S.T.O.M., 1982.

– beti
Jeanne-Françoise Vincent, Luc Bouquiaux, *1 001 proverbes beti*, S.E.L.A.F., 1985.

– gikuyu
Ngumbu Njururi, *Gikuyu proverbs*, Londres, 1969 (666 proverbes avec la traduction anglaise et des explications).

– kongo
H. van Roy, *Proverbes kongo*, Tervuren, Belgique, 1963 (1 170 proverbes avec la traduction française et des explications ; étude sur la nature du proverbe, bibliographie, répertoire idéologique, index des substantifs, index des proverbes français équivalents).
P. Joaquim Martins, *Sabedoria Cabinda, simbolos et provérbios*, Lisbonne, 1968 (1 500 proverbes des tribus Bakongo, avec la traduction portugaise ; index analytique, postface en portugais, français et anglais).
Robert Wannyn, *Les Proverbes anciens du Bas-Congo*, Vieux Planquesaule, Bruxelles, 1983.

– kundu
Johannes Ittmann, *Sprichwöter der Kundu*, Berlin, 1971 (1 415 proverbes kundu de populations Bakundu, avec la traduction allemande, des explications, un glossaire et une esquisse grammaticale).

– malinké
Fily-Dabo Sissoko, *Sagesse noire (sentences et proverbes malinké)*, Éd. de la Tour du Guet, 1955 (500 proverbes avec une préface et un lexique).
Gérard Meyer, *Proverbes malinké*, C.I.L.F., 1985.

– mbédé
J. J. Adam, *Proverbes, Devinettes et Fables Mbédé*, 1971 (627 proverbes appartenant au folklore du Haut-Ogooué, de populations appelées aussi Obamda ou Bamba, recueillis par l'ancien archevêque de Libreville).

– mongo
G. Hulstaert, *Proverbes mongo*, Tervuren, 1958 (2 670 proverbes avec la traduction française, classés par ordre alphabétique, avec des variantes et des explications, indication du lieu de recueil, bibliographie, index des idées ; recueil très complet de qualité).

– mossi
Doris Bonnet, Moussa Ouedraogo, *Proverbes et contes mossi*, C.I.L.F., 1982.
Yamba Tiendrebeogo, *Contes du Larhallé et proverbes du pays Mossi*, Ouagadougou, 1964 (181 proverbes avec la traduction française et des commentaires).

– ngbaka
Jacqueline Thomas et Marcel Mavode, *Contes, proverbes, devinettes ou énigmes, chants et prières Ngbaka-Ma'bo*, Klincksieck, 1970 (58 proverbes avec la traduction française et des commentaires détaillés).

– nyanga
Daniel P. Biebuyck et Kahombo Mateene, *Anthologie de la littérature orale nyanga*, Bruxelles, 1970 (78 proverbes avec la traduction française).

– ovambo
Matti Kuusi, *Ovambo Proverbs with African parallels*, Folklore Fellows Communications, n° 208, Helsinki, 1970 (2 483 proverbes classés par ordre alphabétique du mot-clef, de populations ovambo, de langues ndonga et kwanyama ; avec les équivalents dans 59 langues africaines ; texte original et traduction anglaise ou allemande, selon la source d'origine ; explications sur l'utilisation. Tous les proverbes sont accompagnés de la référence au recueil d'origine. Cet ouvrage fondamental comporte en outre une très longue bibliographie sur les proverbes africains et un excellent index).

– peul
Henri Gaden, *Proverbes et Maximes peuls et toucouleurs*, Institut d'ethnologie, 1931 (1 282 proverbes avec la traduction française, des commentaires et un index).
Dominique Noye, *Humour et sagesse peuls. Contes, devinettes et proverbes Foulbé du Nord-Cameroun*, Cameroun, 1968 (100 proverbes foulfouldé avec la traduction française et une bibliographie).

– popo
René Trautmann, *La littérature populaire de la Côte des Esclaves*, Paris, 1927 (35 proverbes en traduction française de langues popo ou guin, fon [du Dahomey] et nago ou yorouba).

– rundi
F. M. Rodegem, *Sagesse kirundi*, Tervuren, 1961 (4 000 proverbes en rundi, avec la traduction française, le proverbe français ou latin équivalent et un index thématique).
F. M. Rodegem, *Anthologie rundi*, Coli, 1973 (reprend des proverbes).

– rwanda
P. Crépeau, S. Bizimana, *Proverbes du Rwanda*, Musée royal Afrique centrale, 1979.
Abbé Laurent Nkongori, *Proverbes du Rwanda*, Tervuren, 1957 (657 proverbes avec la traduction française, des commentaires et un index des idées).

– sango
Un proverbe est cité dans le recueil de Guinzbourg*, p. XXXVII.

– sessouto
Un proverbe figure dans Reygnault, *Trésor africain et malgache*, Seghers, 1962.

– swahili (souahéli)
H. P. Block, *A Swahili Anthology*, vol. I, Leiden, 1948.
F. Johnson, *A Standard Swahili-English Dictionary*, Londres, 1955.

– wolof (ouolof)
Jacqueline Cribier, Martine Dreyfus, Mamadou Gueye, Léeba, *Proverbes wolof*, C.I.L.F., 1986.
26 proverbes figurent dans l'anthologie de Lilyan Kesteloot, *Littérature africaine. La Poésie traditionnelle*, Nathan, 1971.

– yoruba
Alexander F. Chamberlain, « Race-character and local color in proverbs », *Journal of American folklore*, 1904, pp. 28-31 (45 proverbes yoruba).

– zoulou
39 proverbes en traduction anglaise dans le recueil de Champion*.

12

Langues indiennes d'Amérique

chapitre XXXI

LANGUES INDIENNES D'AMÉRIQUE

Proverbes indiens

Les groupes de langues indiennes d'Amérique sont de loin les plus importants quant au nombre d'idiomes et pourtant celles-ci sont peu représentées dans ce volume. La raison n'en est pas seulement la difficulté à recueillir l'information.

Faut-il croire que la pensée populaire des Indiens se prête mal au genre court du proverbe et qu'elle s'exprime mieux dans le conte (pour lequel l'intérêt des anthropologues, de Sapir à Lévi-Strauss, est évident) ou dans la fable ? Faut-il incriminer le peu d'intérêt des chercheurs ou des éditeurs ? Toujours est-il que nous n'avons pu découvrir qu'une documentation très réduite : trois articles sur les proverbes des Indiens d'Amérique du Nord et aucun élément sur ceux des Indiens d'Amérique du Centre et du Sud.

L'INDIVIDU

5784 Il n'y a rien de si éloquent que la queue d'un serpent à sonnettes.

5785 Une averse ne fait pas la moisson. [guitchi]

5786 La cruche va au puits tous les jours ; un jour, elle perdra sans doute son anse. [guitchi] *(1049)*

5787 Personne ne sort de son lit pour dormir par terre.

5788 Que mangeras-tu quand la neige sera sur le côté nord de l'arbre ? [tsimshian]
C'est-à-dire à la fin de l'hiver, quand la nourriture est rare ; ceci est un reproche aux gaspilleurs.

5789 Il veut mourir avec toutes ses dents. [tsimshian]
Il se conduit de manière si irréfléchie qu'il ne vivra pas vieux et édenté.

LES RELATIONS

5790 Brûle le manche de la hache qui ne tient pas le fer. [guitchi]

5791 La tête dure rend le dos mou. [guitchi]
Si un enfant n'obéit pas, il sera battu.

5792 Si tu creuses un trou pour moi, tu en creuses un pour toi. [guitchi]

LA SAGESSE

5793 Ce qui vient sur le dos du diable part sous son ventre. [guitchi] *(1963)*

5794 Il pleut et tout homme le sent un jour. [guitchi]

5795 Vis, apprends, meurs et oublie tout. [guitchi]

SOURCES

Mrs O. Morison, « Tsimshian Proverbs », *Journal of American Folklore*, t. 2, 1889, pp. 285-286 (16 proverbes avec la traduction anglaise et des explications).
Monroe N. Work, « Geechee and other proverbs », *Journal of American Folklore*, I. 32, 1919, pp. 441-442 (25 proverbes avec la traduction anglaise et des explications).
Dans le recueil de Champion* figurent 28 proverbes d'Indiens d'Amérique du Nord, dont la plupart sont empruntés aux articles cités ci-dessus.

13

Parlers créoles

chapitre XXXII

PARLERS CRÉOLES

Proverbes créoles

Les parlers créoles, d'origine française, anglaise ou espagnole, sont parlés par les Noirs des Antilles, des Bahamas, des Guyanes, ainsi que du sud des États-Unis et dans l'océan Indien. Ceux-ci ont un fonds proverbial très riche et l'utilisent abondamment.

Nous avons regroupé ces proverbes, car ils sont répandus dans toute la zone caraïbe. Nous indiquons par un [F] l'origine des proverbes repérés dans des recueils français, et dont certains sont commentés dans la partie française de cet ouvrage. Mais nombreux sont les proverbes communs aux différents créoles, y compris ceux qui n'ont pas donné lieu à une description parémiologique accessible (créoles hollandais, portugais).

L'INDIVIDU

Les désirs

5796 Bœuf au piquet demande à aller en savane, bœuf en savane demande à aller au piquet. [F]

5797 Les canards ont de l'eau pour se baigner, les poules n'en ont pas même à boire. [F]

5798 Celui qui a de la purée n'a pas de cuillère, celui qui a une cuillère n'a pas de purée. [F]

5799 Les pauvres gens n'ont pas de colère. [F] *(1764)*
Ils ne peuvent se le permettre.

5800 Avec une bonne couverture, on fait la grasse matinée.

5801 Le sanglier sait contre quel arbre il peut se gratter. [F]

5802 Quand vous avez très faim, une pomme de terre n'a pas de peau. [F]

5803 Si tu regardes ce que le canard mange, tu ne mangeras pas de canard. [F]

5804 Quand la danse est finie, le tambour est toujours lourd. [F]

La nature

5805 L'eau qui court n'a pas de saleté. [F] *(42)*

5806 La souris est petite, mais elle a son compte de dents. [F] *(65)*

5807 La grenouille en sait plus sur la pluie que l'almanach.

5808 Les cornes du taureau ne sont jamais trop lourdes pour sa tête.

5809 Le petit bouc a une barbe, le gros taureau n'en a pas.

5810 Une cloche fêlée ne se répare pas.

5811 Ce n'est pas le jour où la feuille tombe dans l'eau qu'elle pourrit. [F]

5812 Ce n'est pas parce que le cabri fait des crottes comme des pilules qu'il est pharmacien. [F]

5813 Parler français n'est pas une preuve d'intelligence. [F]

5814 Porter lunettes ne veut pas dire savoir lire. [F]

5815 Porter pointe Bic ne veut pas dire savoir écrire. [F]

5816 Il y a toujours un enfant qui est plus noir que les autres. [F]

5817 Celui qui voyage en hamac ne connaît pas la longueur de la route. [F]

5818 Serviette damassée devient torchon de cuisine. [F] *(1081)*

5819 Tous les crabes meurent dans les beignets. [F]

5820 Bel enterrement n'est pas Paradis. [F]

Le comportement

5821 C'est le bœuf arrivé le premier qui boit de la bonne eau. [F] *(727)*

5822 Là où votre main atteint, c'est là qu'il faut accrocher votre panier. [F]

5823 Celui qui a besoin de feu marche vers la fumée. [F] *(108)*

5824 La mer ne se vante pas d'être salée. [F]

5825 Un chien a quatre pattes, mais il ne peut prendre qu'un seul chemin. [F] *(569)*

La prudence

5826 Assure-toi que la bougie est allumée avant d'éteindre l'allumette.

5827 N'accroche pas tous tes vêtements au même clou. *(536)*

5828 Prenez garde de manquer le chicot et de couper du bon bois. [F]

5829 Couleuvre qui veut vivre ne se promène pas dans le grand chemin. [F]

5830 Faire attention n'empêche pas le malheur d'arriver. [F]

5831 Avec de la patience, on arrive à plumer des œufs. [F]

5832 Avec de la patience et du crachat, on fait entrer un pépin de calebasse dans le derrière d'un moustique. [F]

5833 Tant qu'il n'est pas minuit, le tigre ne dit pas qu'il dort sans souper. [F]

5834 Une averse ne fait pas la récolte. *(205)*

5835 Chèvre qui a monté un rocher doit en descendre. [F]

5836 Ris du riz, tu pleureras pour des lentilles. [F] *(1013)*

LES ÉCHANGES

Les biens

5837 Mieux vaut ta propre morue que le dindon des autres. [F] *(988)*

5838 Ce que tu perds dans le feu, tu le retrouveras dans les cendres. *(110)*

5839 La vache promise n'engraisse pas.

5840 Les oiseaux rôtis ne volent pas en l'air. [F] *(var. 192)*

5841 Ne prenez pas de la fiente de poule pour des œufs. [F]

5842 Un mendiant qui mendie auprès d'un autre mendiant ne deviendra jamais riche.

Les affaires

5843 Le vendeur a son point de vue et l'acheteur le sien. [F]

5844 Les affaires du cabri ne sont pas les affaires du mouton. [F] *(var. 461, 500)*

5845 Quand l'appât vaut plus cher que le poisson, il vaut mieux arrêter de pêcher.

5846 Mange avec ta bouche, paie avec ton dos.

5847 Paiement aujourd'hui, crédit demain.

LES BONNES ET MAUVAISES RELATIONS

5848 Il faut dormir avec Jean pour savoir comment il ronfle. [F]

5849 La chèvre regarde l'œil du maître avant d'entrer dans la maison. [F]

5850 Quand le chat n'est pas là, les rats donnent un bal. *(540)*

5851 Toute le pluie n'enlève pas la force d'un piment. [F] *(1002)*

5852 Un bateau coulé n'empêche pas les autres de naviguer. [F]

5853 Avant que tu aies été lapin, j'étais déjà clapier. [F]

5854 Le soulier seul sait si le bas a un trou. [F] *(1039)*

5855 Le couteau seul connaît le cœur de l'igname. [F]

5856 Quand tu vois la barbe de ton voisin prendre feu, mouille la tienne. *(820)*

5857 Si le crocodile dit que le gué est profond, crois-le.

5858 Le cœur n'est pas un panier. [F]
Un panier dont on peut soulever le couvercle pour regarder ce qu'il contient.

5859 Darder de l'œil ne met pas le feu à la maison. [F]

5860 Celui qui regarde les grands bois avec des yeux colères ne les brûle pas. [F]

5861 On ne pile pas de l'eau avec un pilon. [F] *(1083)*

5862 Mauvais ciseau abîme bonne toile. [F]

5863 Un gros derrière n'est pas un tambour. [F]

5864 Si le ciel était tombé, les gens auraient pris les étoiles pour de l'argent. [F]

5865 Quand vous avez des étagères, vous attirez les souris. [F]

5866 Les rats de la maison mangent la paille de la maison. [F]

5867 Vous pouvez obliger un âne à traverser l'eau, mais vous ne pouvez pas l'obliger à en boire. [F] *(449)*

5868 Tu peux cacher le feu, mais qu'est-ce que tu vas faire avec la fumée ? *(102)*

5869 Celui qui mange des œufs ne sait pas si la poule a mal au derrière. [F] *(528)*

5870 C'est quand la charrette est embourbée qu'ils connaissent le nom des bœufs. [F]

5871 Le poisson a confiance en l'eau, et c'est dans l'eau qu'il est grillé. [F]

5872 C'est la graisse du cochon qui a cuit le cochon. [F] *(502)*

5873 C'est la corde de l'igname qui sert à attacher l'igname. [F]
On est trahi par les siens. L'igname a une tige rampante comme la citrouille, on ficelle ses racines avec cette tige.

5874 La marmite dit au chaudron : « Tu as le derrière noir ! ». [F] *(1040)*

5875 L'acoma tombé, ils disent : « C'est du bois pourri. » [F]

5876 Le soleil se couche, mais le danger ne se couche jamais.

5877 Les blattes n'ont jamais raison quand c'est le poulet qui juge.

5878 Le dos meurt pour l'épaule, l'épaule n'en sait rien. [F]

5879 L'oiseau affamé et l'oiseau rassasié ne peuvent voler ensemble.

5880 L'épine s'est enfoncée dans le pied du roi et c'est du pied du valet qu'on l'a retirée. [F]

5881 Quand un Blanc a pété, c'est le nègre qu'on met dehors. [F]

5882 Le nègre qui trouve un homme mort doit être celui qui l'a tué.

L'amitié

5883 Les gencives étaient là avant les dents. [F] *(661)*
Au sujet d'un vieil ami qu'on néglige.

5884 Quand vous habitez une maison, vous savez où tombe sa gouttière. [F]
Les amis connaissent les défauts.

5885 À suivre des amis, le crabe a perdu son trou. [F]

5886 Le malade n'a pas d'amis. [F]

5887 La maison d'un hôte n'est pas un marché public. [F]

La parole

5888 Les yeux doivent voir et les oreilles entendre, mais la bouche doit être fermée.

5889 Crois la moitié de ce que tu vois et rien de ce que tu entends.

5890 L'oreille n'est rien de plus qu'une porte.

5891 Les oreilles n'ont pas de couvercle. [F]
Ce qui entre par une oreille sort par l'autre ou ce qu'entend une personne tombe dans une autre oreille.

5892 Détestez le chien, mais ne dites pas qu'il a les dents noires. [F] *(562)*
Ne calomniez pas un ennemi.

LA FEMME ET LA FAMILLE

5893 Si tu n'as pas levé la robe de la mariée, tu ignores ce qu'elle porte en-dessous. [F]

5894 Ce n'est pas tout d'être marié, c'est le ménage qui compte. [F]

5895 Le con ne parle pas, c'est le ventre qui est bavard. [F]

5896 Si ton jupon te va bien, ne cherche pas à mettre le pantalon de ton mari. [F]

5897 Seins dressés ne durent qu'un temps. [F]

5898 Femme sans sortilèges, c'est paquet de persil sans épices. [F]
Sortilèges signifie ici colifichets.

5899 La bouche d'une femme ne prend jamais de vacances.

5900 Ce n'est pas le jour où tu es bien habillé que tu rencontres ta belle-mère. [F]

5901 Petit qui n'écoute pas sa maman meurt au grand soleil du midi. [F]

5902 Les enfants tètent leur mère quand ils sont petits, leur père quand ils sont grands.

LA SAGESSE

5903 Quand le ventre est plein, les mâchoires doivent s'arrêter.

5904 Tu jettes le bonheur avec la main, tu ramasses le malheur avec tes deux pieds. [F] *(667)*

5905 Il y a un temps pour le diable et un temps pour le Bon Dieu. [F]

5906 Quand la vache perd sa queue, Dieu balaie les mouches. *(1951)*

5907 Quand vous trouvez un os sur le chemin, souvenez-vous qu'un jour de la viande le recouvrait. [F]

5908 Ce que tu ne sais pas est plus grand que toi. [F]

5909 La queue du bœuf dit : « Le temps s'en va, le temps revient. » [F]

BIBLIOGRAPHIE

Les proverbes créoles d'origine française ont été choisis dans les recueils suivants :
Georges Haurigot, « Littérature orale de la Guyane française », *Revue des Traditions populaires*, 1883, pp. 164-173 (68 proverbes en créole et en français).
Loys Brueyre, « Proverbes créoles de la Guyane française », *Almanach des Traditions populaires*, 1883 (10 proverbes en créole et en français).
Mille Proverbes créoles de la Caraïbe francophone, Éd. Caribbéennes, 1987.
Zagaya, *Proverbes créoles en Guadeloupe*, Madrid, 1965.
Ormonde McConnell et Eugène Swan, *You can learn creole*, Haïti, 1945, réédition en 1960.
Abbé B. David, « Proverbes créoles », *Notes africaines*, n° 116, octobre 1967 (proverbes de Haïti, Sainte-Lucie, Guadeloupe, Dominique, Trinidad, Guyane française, Louisiane).
Les proverbes d'origines anglaise et espagnole figurent dans le recueil de Champion*. Le chapitre intitulé « Negro » (pp. 620-635) présente 603 proverbes en traduction anglaise du Sud des États-Unis, ainsi que de Haïti, Jamaïque, Surinam, Trinidad, etc. On trouvera aussi dans cet ouvrage des indications bibliographiques.

LECTURES SUR LES PROVERBES

BIBLIOGRAPHIE GÉNÉRALE

1. OUVRAGES BIBLIOGRAPHIQUES

Ouvrages du XIXe siècle

C. C. Nopitsch, *Literatur der Sprichwörter*, 1812-1833, consacrée surtout aux ouvrages allemands.
P. A. Gratet-Duplessis, *Bibliographie parémiologique*, Paris, 1847.

Outre le fait qu'il s'agit du seul ouvrage français, cette bibliographie offre l'intérêt de publier des listes de proverbes connus par des livres anciens (notamment anglais et surtout russes).

[Ignace Bernstein], *Catalogue des livres parémiologiques composant la bibliothèque d'Ignace Bernstein*, Varsovie, 1900. (Ce grand collectionneur a aussi publié un recueil fondamental sur les proverbes yiddish, voir le chapitre « Monde juif ».)

Dans ces deux magnifiques volumes, 4761 ouvrages, présentés par ordre alphabétique des auteurs, sont décrits avec les références dans la langue originale et des notes en polonais. On trouve aussi une introduction en français et en polonais, des reproductions de frontispices superbes et une table des langues (une centaine y figure).

Ouvrages modernes

On dispose de deux ouvrages sérieusement documentés, l'un en anglais, l'autre en allemand.

Bonser-Stephens, *Proverb literature, A Bibliography of works relating to proverbs*, Londres, 1930.

Otto E. Moll, *Sprichwörterbibliographie*, Frankfurt, 1958.

Ce dernier ouvrage reprend bien entendu toutes les données de ses devanciers. Bien qu'il compte 6 000 numéros, il est cependant incomplet. Par exemple, de nombreux travaux soviétiques en sont absents, ainsi que des recueils de proverbes dans les langues d'Asie et d'Afrique.

Dans les bibliographies qui suivent les chapitres consacrés à chaque langue, nous avons mis l'accent sur les ouvrages parus depuis la publication de cette bibliographie générale.

* *
*

À propos de l'usage des proverbes dans la littérature, il existe une bibliographie générale :

Wolfgang Mieder, *Proverbs in literature : an international bibliography,* Peter Lang, Berne, 1978.

* *
*

Pour la classification des langues du monde, l'ouvrage de base, quoiqu'un peu vieilli, reste :

A. Meillet et M. Cohen, *Les Langues du monde,* Paris, 1952.

*

2. RECUEILS GÉNÉRAUX DE PROVERBES

Recueils en traduction française

Le présent ouvrage s'inscrit dans une tradition assez peu fournie. Seulement dix recueils de proverbes du monde ont été publiés en français, le premier date de 1892, le dernier de 1967. On trouvera ci-après leurs principales caractéristiques :

P. Soullié, *Sentences et Proverbes,* Lecoffre, 1892, pp. 260-432, 2 000 proverbes dont les deux-tiers sont français. Les autres sont chinois, turcs, orientaux *(sic),* russes, flamands, italiens, espagnols, grecs, persans, indiens, nègres *(sic),* écossais, anglais, danois et fribourgeois. Les traductions, agréables sans être très fidèles, sont versifiées.

1 192 proverbes de France, de partout et d'ailleurs, Kieffer, 1928. L'auteur n'est pas mentionné, l'illustrateur est Alfred Le Petit. Les proverbes étrangers (russes, chinois, indiens, arabes, juifs, turcs, italiens, espagnols, flamands, allemands, anglais et écossais) sont au nombre d'environ 700. On ne trouve ni explications, ni indications bibliographiques.

Marcel Asceaux, *Ah ! Ces Proverbes...,* Subervie, Rodez, 1955, 50 pp. Ce petit ouvrage donne un panorama agréable des proverbes du monde.

Claire Vervin et Claude Roy, *La Sagesse des nations,* Club des Libraires de France, 1959. Sélection de 2 000 proverbes, parmi les plus subtils, d'une soixantaine de pays, précédée d'une longue et excellente préface de Claude Roy qui a aussi donné des brefs commentaires d'humeur avant chaque chapitre. Les proverbes sont présentés sans classification particulière, dans une mise en page aérée avec des dessins et des jeux typographiques. C'est certainement l'ouvrage le plus plaisant à feuilleter.

Gérard Ilg, *Proverbes français suivis des équivalents en allemand, anglais, espagnol, italien, néerlandais,* Elsevier, 1960 (607 proverbes classés par rubriques, sans notes ni bibliographie). Ouvrage de base pour les traducteurs.

Maurice Maloux, *Dictionnaire des proverbes, sentences et maximes,* Larousse, 1960, 628 pages. Ce dictionnaire, réédité depuis sa première publication, est un excellent instrument de travail. Il comprend une préface qui distingue le proverbe de la sentence et de la maxime ; une bibliographie assez fournie et un index des mots caractéristiques. Les citations et proverbes sont classés par idées avec mention de la langue d'origine ; les références sont données avec précision. Après chaque idée, on trouve un renvoi à des idées voisines.

Les citations et proverbes français sont bien représentés, ainsi que les traits de la culture classique, grecque et latine. On trouve, sous l'indication « Proverbe général », dans certaines rubriques, les proverbes qui sont en effet les plus répandus dans le monde.

L'ensemble, sérieusement documenté et assez complet, souffre parfois de la confusion que produit le rapprochement de citations littéraires et de proverbes, par essences populaires. Par ailleurs, le classement faisant alterner mots-clés et idées, est hybride.

Maurice Kalma, *Trésor des proverbes et locutions du monde*, Le Prat, 1961, 240 pages.
On peut appliquer le même reproche à cet ouvrage, très imprégné de culture classique et qui donne des listes de proverbes sans explications, avec quelques indications bibliographiques anglaises.

Les citations et proverbes sont d'abord classés par ordre alphabétique du mot-clef, puis les proverbes sont présentés par pays, avec le texte original et le proverbe équivalent français.

G. Illberg, *Proverbes et Vieux Dictons*, Bonne, 1962.

800 proverbes classés sommairement (par exemple Afrique noire, arabe, latin et italien) et présentés sans notes ni bibliographie.

Elian J. Finbert, *Dictionnaire des proverbes du monde*, Laffont, 1965, 450 pages, 6 000 proverbes sont présentés d'après le mot-clef, et à l'intérieur de chaque rubrique, par pays (dont la dénomination est parfois imprécise, comme « Afrique noire »). Le choix manque de rigueur et est inégal en quantité selon les pays.

Fabien Jouniaux-Dufresnoy, *Grains de bon sens*, Ligel, 1967, 144 pages, 1 400 proverbes, maximes, dictons et citations, classés par idées, sans notes ni bibliographie.

Recueils généraux étrangers de proverbes du monde

Nous ne décrivons que les ouvrages fondamentaux.

EN ALLEMAND

Ida von Düringsfeld et Baron Otto von Reinsberg-Düringsfeld, *Sprichwörter der germanischen und romarischen Sprachen vergleichend zusammengestellt*, Leipzig, 1872 et 1875, 522 et 638 pages.
Cet ouvrage, connu comme « le Düringsfeld », appartient à la catégorie de ces magnifiques livres édités par de riches amateurs du siècle dernier, comme celui du Polonais Ignace Bernstein (voir plus haut).

Il présente 1 725 proverbes allemands avec leurs équivalents dans les langues germaniques et romanes, dans l'ordre alphabétique du premier mot-clef. On trouve aussi des listes de proverbes en langue orientale avec la traduction allemande et un index en six langues. Le Düringsfeld reste un ouvrage de référence et un excellent instrument de travail.

Walter Gottschalk, *Die Bildhaften Sprichwörter der Romanen*, Heidelberg, 1935, 1936, 1938. En trois volumes, très sérieusement documentés, ce linguiste allemand examine le thème de la nature dans les proverbes des langues romanes, puis celui de l'homme, et donne une excellente étude comparée à travers les langues romanes et l'allemand. L'ouvrage comprend une liste des proverbes et une bibliographie.

EN ANGLAIS

Selwyn Gurney Champion, *Racial Proverbes*, Londres, 1938, 768 pages de proverbes et CXXX pages d'introductions. C'est le recueil qui, à ce jour, fournit le plus grand nombre de proverbes provenant du plus grand nombre de langues : 26 000 proverbes de 186 langues.

Le premier chiffre doit être tempéré par le fait qu'on trouve beaucoup de proverbes identiques, communs à de très nombreuses langues.

Les proverbes sont classés par langues, d'après l'ordre alphabétique du premier mot-clef. On trouve aussi des présentations des principales collections des index linguistique, géographique, thématique et une bibliographie. Les proverbes sont accompagnés de quelques explications.

L'ouvrage reste d'une grande utilité, car il est le plus complet qui soit et sa consultation est aisée. Mais on peut lui reprocher la monotonie de sa présentation et la répétition fastidieuse de proverbes identiques.

EN RUSSE

Iou. E. Breguel, *Proverbes et Dictons des peuples de l'Orient*, Moscou, 1961, 750 pages.
Se limitant à l'Afrique et à l'Asie, cet ouvrage est plus extensif que le précédent, puisqu'on y dénombre 24 515 proverbes, provenant de 49 pays et classés par ordre alphabétique de la traduction russe. C'est le recueil le plus scientifique de tous ceux que nous avons consultés, en ce qui concerne la documentation. Tous les ouvrages utilisés étaient dans la langue originale et Breguel et ses collaborateurs n'ont pas fait appel à des traductions dans les langues européennes, comme c'est le cas de tous les autres dictionnaires de proverbes. On y trouve une excellente préface générale, des bibliographies par langue très complètes et un index thématique.

C'est en prenant pour base ce recueil que Permiakov s'est livré à l'application de sa théorie taxonomique (voir ci-après).

T.S.B. Boudaev, *Proverbes et Dictons équivalents de divers peuples*, Oulan-Oudé, 1962, 216 pages.
Cet excellent instrument de travail fournit 4 000 proverbes classés par thèmes.

AUTRES RECUEILS

Citons un ouvrage curieux qui peut rendre des services : Lt-colonel V.S.M. de Guinzbourg, *Wit and Wisdom of the United Nations*, sans lieu ni date, 516 pages. Cet ouvrage, publié par des moyens de fortune, vers 1962, avait sans doute pour but le plaisir de l'auteur qui, non content d'avoir dépouillé 4 000 volumes de proverbes (affirme-t-il sans en donner la liste), s'est adressé à tous les délégués à l'O.N.U. en leur demandant de lui communiquer des proverbes de leur pays. Il était lui-même fonctionnaire de cette organisation et s'intéressait particulièrement aux proverbes sur la paix, la guerre et la diplomatie.

Dans une première partie, il publie toutes les réponses des délégués, qui sont parfois savoureuses et ont le mérite de la variété et de l'authenticité. Puis, il donne le résultat de ses lectures : les proverbes figurent dans la langue originale et, éventuellement, avec la traduction anglaise ou française. L'ouvrage comprend au total 7 400 proverbes, parmi lesquels se glissent aussi des citations.

Lazar Blankstein, *A collection of hebrew proverbs and their origin with parallels from other languages*, Jérusalem, 1964, 1 000 pages. Cet ouvrage en hébreu donne 30 000 proverbes et citations avec des équivalents dans les principales langues.

LANGUES AFRICAINES

Matti Kuusi, *Ovambo Proverbs with african parallels.* Ce travail, dont on trouvera la description dans la bibliographie des proverbes africains, au paragraphe « ovambo », est un modèle du genre.

3. LES ÉTUDES SUR LES PROVERBES

EN FRANÇAIS

Études générales

On ne peut que déplorer le manque d'intérêt des chercheurs français pour l'étude des proverbes. Les grands parémiologues de notre époque sont américains, allemands, russes ou finlandais. Pourtant les livres de proverbes français, avec toutes les nuances régionales, sont les plus nombreux dans les bibliographies. Mais on ne peut citer que quelques rares travaux dus à des Français et concernant les proverbes du monde ou le problème de leur classification.

Dans un petit livre à tirage confidentiel, *Expérience du proverbe*, Paris, Hors Commerce, 1925, Jean Paulhan décrit avec sensibilité et intelligence, sans aucune visée scientifique, son apprentissage de l'utilisation des proverbes malgaches au fur et à mesure qu'il se familiarise avec la langue. Ce récit subtil permet d'apprécier le rôle des proverbes dans la psychologie individuelle et dans la culture d'un peuple.

La seule étude générale en français sur les proverbes est due à un Anglais : George B. Milner, « De l'armature des locutions proverbiales. Essai de taxonomie sémantique », *L'Homme*, 1969, t. 9, pp. 49-70.

L'auteur fournit des éléments de définition de la nature du proverbe et étudie l'une des configurations les plus caractéristiques : l'énoncé quadripartite. Il affecte chacun des quatre éléments, placés en relation d'équilibre structurel (tant sous le rapport du fond que sous celui de la forme), d'un signe positif ou négatif et il construit une classification où chaque proverbe, selon le signe de ses éléments, a une place.

Avec des exemples tirés du français, de l'anglais et du samoanais, il explique ensuite que les proverbes de structure bipartite ne sont souvent que la moitié d'un proverbe ancien érodé par l'usage.

Études figurant dans des recueils de proverbes

Les recueils de proverbes d'une langue particulière comportent souvent une préface qui analyse la fonction du proverbe dans une culture donnée (voir les bibliographies qui figurent après chaque chapitre). Par exemple, certains recueils de proverbes africains, notamment ceux dus à des ethnologues belges, contiennent des éléments de réflexion.
Un des ouvrages les plus intéressants à cet égard est : F. M. Rodegem, *Anthologie rundi*, Colin, 1973.

Dans un chapitre intitulé « Prose lapidaire », l'auteur décrit quelques particularités du discours folklorique, notamment les procédés rythmiques qui sont les mêmes que ceux de la poésie. Il constate, lui aussi, que la structure des proverbes est généralement quadripartite. Il conclut de l'étude des variantes qu'elle permet de comprendre l'essentiel du message du proverbe.

On trouve aussi une étude fort bien faite dans Van Roy, *Proverbes kongo,* Tervuren, 1963.
Claude Carey, *Les Proverbes érotiques russes,* Mouton, 1972.

Cet ouvrage est le seul, de ceux que nous avons consultés, à aborder le sujet des proverbes érotiques ou scatologiques, et d'une manière générale de l'arrière-fond obscène du discours folklorique. (On trouvera, dans la bibliographie du chapitre russe, une analyse de ce livre.) Tout en apportant des éléments précieux sur un aspect méconnu des proverbes russes, cette étude permet de réfléchir au caractère uniquement oral de la transmission de la tradition obscène et donc à l'état obligatoirement incomplet de notre documentation sur les proverbes.

Par exemple, il arrive que les proverbes se composent de deux propositions : la seconde idée renforce la première avec une image empruntée à un autre registre et qui peut être scabreuse. L'érosion de l'usage et la censure que s'imposent les personnes qui utilisent les proverbes et les auteurs de recueils ont pour conséquence que seule la partie « convenable » s'est conservée. De même, les allusions obscènes de certaines métaphores se sont perdues.

Travaux de parémiologues étrangers

Des chercheurs appartenant à trois pays ont donné à la parémiologie moderne ses bases théoriques. Il s'agit des États-Unis, de l'U.R.S.S. et de la Finlande.

États-Unis

Nous avons évoqué, dans la bibliographie américaine, les travaux du grand érudit et folkloriste Archer Taylor. Citons aussi à nouveau Bartlett Jere Whitting qui a publié une des premières réflexions sur la nature du proverbe : B.J. Whitting, « The Nature of the proverb », *Harvard Studies and notes in philology and literature,* t. XIV, 1932, pp. 273-308.

Il existe dans ce pays un centre de recherches spécialisé : The Proverb Committee, à l'Université de Californie.

Russie

Les titres russes sont les plus nombreux dans la bibliographie récente. Les Russes font preuve d'un grand intérêt pour les langues de la Russie et pour celles d'Afrique et d'Asie.

C'est un chercheur russe, G. L. Permiakov, qui a poussé le plus loin l'application d'une théorie de classification des proverbes. À ce problème, auquel les spécialistes se sont trouvés confrontés de tout temps, sont traditionnellement apportés trois types de solutions.

La classification alphabétique, très utile pour les instruments de travail.
La classification par mots-clefs. Les proverbes sont alors présentés dans l'ordre alphabétique du premier mot-clef.

La classification thématique. Les thèmes sont soit disposés par ordre alphabétique, soit présentés en chapitres (c'est cette dernière solution que nous avons adoptée pour les proverbes du monde).

Permiakov, considérant que ce problème est la pierre d'achoppement de la parémiologie, propose dans son livre *Choix de proverbes et dictons des*

peuples d'Orient, Moscou, 1968, une double classification, structurelle et sémantique. Elle se compose :
a) d'une classification linguistique reposant sur l'analyse des structures et répartissant les proverbes en différentes classes, selon leur formulation (métaphorique ou non), l'existence d'une opposition binaire, la nature grammaticale du mot-clef, le type syntaxique (proposition simple ou complexe) et enfin le sens (positif, négatif ou intermédiaire) du proverbe ;
b) d'une classification logico-thématique. Permiakov postule que les millions de proverbes recueillis ne sont que des variantes d'un nombre limité de situations, une centaine au total.
Celles-ci peuvent être classées selon quatre invariants, qualifiés de logico-sémiotiques et schématisés ainsi :
S'il y a A, il y a B.
Si A a la qualité x, il a la qualité y.
Si B dépend de A et si A a la qualité x, B aura la qualité x.
Si A a une qualité positive et si B ne l'a pas, A est meilleur que B.

Selon les cas, ces invariants peuvent prendre une valeur neutre, positive, négative ou mixte.

Si l'on juxtapose les deux classifications, on s'aperçoit que les proverbes qui ont à la fois la même structure linguistique et sémantique sont en très petit nombre. Pour les différencier davantage, il faudrait, propose Permiakov, procéder à une troisième opération qui distinguerait les proverbes selon le registre auquel appartient l'image employée. Ce serait alors une approche ethnologique qui ferait la part de la spécificité des proverbes selon les pays et les cultures.

Placée en tête de l'ouvrage, cette étude d'une cinquantaine de pages, comprenant de nombreux exemples et des schémas, constitue la première tentative pour résoudre d'une manière scientifique le problème de la classification des proverbes.

Permiakov donne ensuite l'application de sa théorie en utilisant comme matériau 7 000 proverbes du recueil de Breguel (voir plus haut). Chaque proverbe trouve aisément sa place dans l'une et l'autre classifications. Pour faciliter la consultation, un index des groupes logico-thématiques (deuxième classification) est donné en annexe.

La démarche de Permiakov a le mérite d'une grande rigueur. Son ouvrage est d'un abord austère et il est un peu compliqué à consulter, vu l'absence d'un index alphabétique général, si l'on n'est pas familier de la théorie de base.

Permiakov a été un des collaborateurs de *Proverbium* et on trouve dans cette revue des appréciations (en anglais) sur ses travaux. Kuusi, par exemple, tout en lui reprochant l'hétérogénéité de certains de ses groupes et la difficulté à retrouver un proverbe donné, reconnaît que Permiakov a pleinement réussi à élaborer une classification applicable aux proverbes de toutes les langues.

FINLANDE

Les travaux du grand folkloriste finlandais Matti Kuusi ont connu une diffusion moins restreinte que ceux de Permiakov, car certains d'entre eux ont été publiés en anglais ou en allemand.

L'ouvrage de base est :
« Parömiologische Betrachtungen » (Considérations parémiologiques), *Folklore Fellows Communications*, n° 172, Helsinki, 1957 (en allemand).
Nous avons déjà cité son remarquable travail sur les proverbes africains.

L'action de Kuusi est inséparable de la revue *Proverbium* (voir ci-dessous). Il y a publié plusieurs articles en anglais. Signalons, sur le problème de la classification des proverbes, deux articles intéressants :
« How can a type-index of international proverbs be outlined? » *Proverbium*, n° 15, 1970, pp. 473-476.
« Towards an International Type-system of proverbs », *Proverbium*, n° 19, 1972, pp. 708-715.

Dans ce dernier article, Kuusi donne la liste des schémas sémantiques fondamentaux des proverbes. Il en dénombre vingt-et-un, répartis selon la distinction suivante :
– un opposé à deux ou à beaucoup,
– un opposé à tous (ou la partie opposé au tout).

Autour de Kuusi, s'est rassemblée une équipe de parémiologues finlandais de valeur, dont les travaux approfondis sur les proverbes finnois ne sont malheureusement pas accessibles en traduction.

4. LA REVUE « PROVERBIUM »

Autour du noyau constitué par l'équipe de Kuusi, se sont joints des folkloristes éminents de plusieurs pays qui ont décidé de mettre en commun leurs recherches en matière de proverbes. Sous l'égide de la Société de littérature finnoise, ils ont créé la revue *Proverbium* [Adresse : Hallituskatu I, Helsinki 17, Finlande], qui a paru de 1965 à 1976.

Les articles de *Proverbium* sont en français, en anglais ou en allemand. Les articles en russe sont suivis d'un résumé dans une ou deux des langues précédentes. Une table analytique figure à la fin du n° 20 et du n° 25.

Les articles de *Proverbium* sont de différents genres :
– bibliographie des recueils de proverbes dans une langue donnée,
– étude comparée d'un proverbe dans différentes langues,
– liste de proverbes dans une langue ou sur un thème,
– réflexions théoriques, notamment sur le problème de la classification des proverbes,
– études générales,
– recherches historiques et iconographiques,
– revue bibliographique.

La revue *Proverbium* nous a été d'une utilité considérable pendant toute la préparation de ce dictionnaire et de nombreux articles nous ont fourni des éléments précieux : on les trouvera cités dans les bibliographies qui suivent chaque chapitre.

Parmi bien d'autres exemples dignes d'intérêt, citons deux articles généraux :
Anna Birgitta Rooth, « Domestic animals and wild animals as symbols and referents in the proverbs », *Proverbium*, n° 11, 1968, pp. 286-288.

Cette étude, portant sur la fréquence des images d'animaux dans 1 800 proverbes du Sud de la Suède, a montré que les animaux domestiques y figuraient beaucoup plus souvent que les animaux sauvages, les plus utilisés étant, dans l'ordre, la vache, le chien, le cheval, le chat et le cochon.

On observe le phénomène opposé si l'on examine les fables et les contes. Ceci s'explique par le fait que ces derniers se réfèrent à un système économique fondé sur la chasse et la pêche, tandis que les proverbes ont un arrière-fond agricole et utilisent de préférence des symboles familiers dans ce milieu.

L'auteur en déduit l'existence de zones d'utilisation différente des proverbes. L'Europe et l'Asie avaient été terres d'élection pour les proverbes et ceux-ci se seraient répandus en Afrique et en Amérique à la faveur de la colonisation. Si cette hypothèse apparaît correcte dans le cas de l'Amérique, il n'en va pas de même pour l'Afrique.

Heda Jason, « Proverb in Society; the Problem of Meaning and Function », *Proverbium*, n° 17, 1971, pp. 617-623.

L'auteur analyse d'abord l'utilisation du proverbe par les membres du groupe : il joue le rôle de l'huile dans les rouages de la machine sociale; c'est un excellent véhicule de transmission avec lequel il n'y a pas de risque d'incompréhension.

Elle étudie ensuite la manière dont on s'adresse à l'auditeur. Le proverbe joue alors un rôle pédagogique : il critique une conduite, il prévient d'un danger. L'utilisateur peut soit s'adresser directement à quelqu'un, en lui indiquant avec un proverbe la manière de se comporter, soit lui apporter une expérience de la vie, en laissant l'auditeur conclure.

Elle examine enfin le message contenu, la fonction du proverbe. Soulignant que l'utilisation d'une métaphore s'adapte à un contexte social défini, elle conclut que l'idée contenue est la médiatrice entre la multiplicité des contextes particuliers de la vie sociale et la symbolisation poétique du proverbe.

D'une manière générale, étant donné la différence d'utilisation du proverbe selon le contexte social, on peut dire que son message sert d'intermédiaire entre un système social donné et le système de valeurs de la culture en question.

*

Avec plus d'un millier de pages publiées (soit 25 numéros), la revue *Proverbium* est une somme d'études parémiologiques et constitue un ouvrage de référence pour toute personne qui s'intéresse à l'étude des proverbes.

5. REVUES DIVERSES

On ne peut évidemment faire figurer ici toutes les revues savantes, d'histoire, de linguistique, d'anthropologie, etc., où des articles sur les proverbes ont été publiés. Plusieurs ont été signalées dans le cours de cet ouvrage. Signalons cependant la *Revue des sciences humaines* de l'université de Lille pour son numéro 163 (1976/3) sur la rhétorique du proverbe et, par exemple, l'article de Marie-Louise Ollier sur « Proverbe et sentence; le discours d'autorité chez Chrétien de Troyes », lequel illustre, à propos de l'ancien français, les rapports entre proverbe et discours littéraire.

INDEX ET TABLES

TABLE ALPHABÉTIQUE DES LANGUES

Certaines langues étant regroupées, l'indication du groupe figure entre parenthèses.

	page
abé (Afrique)	399
akan (Afrique)	399
albanais	274
allemand	229
alsacien	236
amharique	388
andorran (catalan)	206
anglais	220
anglais des États-Unis	227
arabe (Monde)	378
arménien	278
ashanti (Afrique)	399
assamais (Inde)	291
avikam (Afrique)	399
bambara (Afrique)	399
bamileké (Afrique)	399
banen (Afrique)	399
baoulé (Afrique)	399
basque	319
bassouto (Afrique)	399
bengali (Inde)	291
berbère	393
birman	351
brésilien	216
breton	248
bulgare	268
cambodgien	347
catalan	206
chinois	357
chittagong [dialecte de] (Inde)	291
cinghalais (avec les langues de l'Inde)	291
coréen	332
corse	203

	page
créoles français	421
créoles anglais	421
créoles espagnols	421
danois (scandinave)	247
espagnol	207
espagnol d'Amérique latine	213
estonien	309
ewé (Afrique)	399
finnois	307
foulfouldé ou peul (Afrique)	399
français [1re partie]	7 à 102
gaélique	249
géorgien	313
gikuyu (Afrique)	399
grec	275
guitchi (Indiens d'Amérique du Nord)	417
haoussa	395
hébreu (Monde juif)	371
hindi (Inde)	291
hongrois	305
islandais (scandinave)	247
italien	199
japonais	334
judéo-alsacien (Monde juif)	371
judéo-arabe (Monde juif)	371
kashimiri (Inde)	291
kirghiz	328
kongo (Afrique)	399
kumauni (Inde)	291
kundu (Afrique)	399
kurde	286
ladino (Monde juif)	371
lituanien	271

page

luxembourgeois 237
mahrate (Inde) 291
malais 339
malayalam (Inde) 291
malgache 341
malinké (Afrique) 399
maltais 204
mandchou (mongol) 330
maori 343
maure (arabe) 378
mbédé (Afrique) 399
mentonnais 203
mongo (Afrique) 399
mongol 330
mossi (Afrique) 399
néerlandais 237
ngbaka (Afrique) 399
niçois 203
norvégien (scandinave) 247
nyanga (Afrique) 399
occitan 204
oubykh 316
ovambo (Afrique) 399
pendjab (Inde) 291
persan 280
peul (Afrique) 399
polonais 261
popo (Afrique) 399
portugais 215
pushtû (Inde) 288
romani 300

page

roumain 217
rundi (Afrique) 399
russe 252
rwanda (Afrique) 399
sango (Afrique) 399
serbo-croate 266
sessouto (Afrique) 399
slovaque 266
slovène (serbo-croate) 266
suédois (scandinave) 247
suisse-allemand 237
swahili (Afrique) 399
tadjik 289
tagalog 341
tamil (Inde) 291
tchèque 264
telugu (Inde) 291
thaï 353
tibétain 351
touareg (berbère) 397
tsimshian (Indiens d'Amérique du Nord) 417
turc 323
urdû (Inde) 291
vêpse *ou* tchoude du Nord 308
viet-namien 348
wolof (Afrique) 399
yiddish (Monde juif) 371
yoruba (Afrique) 399
zoulou (Afrique) 399

INDEX
DES MOTS-CLÉS FIGURANT DANS LES PROVERBES

établi par Isabelle Châtelet

Chaque **entrée** correspond à un mot concret : nom commun, nom propre, rarement verbe, à partir desquels le sens du proverbe se construit et se diversifie. Ce répertoire réunit toutes les variantes culturelles d'expression proverbiale.

La référence comprend l'abréviation de la série concernée (F = *français,* c'est-à-dire la 1re partie de ce dictionnaire : « Proverbes de langue française » ; M = *monde entier,* c'est-à-dire dans la 3e partie : « Proverbes du monde ») et un chiffre correspondant au numéro du proverbe dans sa série. Le lecteur se repèrera grâce aux titres courants en haut des pages de gauche.

La flèche → suivie d'un ou plusieurs mots en PETITES CAPITALES invite à se reporter aux synonymes ou à d'autres mots du même champ sémantique, par exemple : **chas** → TROU (d'une aiguille) : **sépulcre** → TOMBE, TOMBEAU.

On notera que les dictons, ayant un sens concret, n'impliquent pas d'images ; mais ils évoquent souvent les mêmes réalités que les proverbes : bêtes, plantes, météores, astres, dont les noms sont classés alphabétiquement par domaine (2e partie : « Dictons », chap. II, p. 155).

A

abbaye : F 1994 ; → COUVENT
abbé : F 1990 à 1993 ; F 1995 à 1997 ; M 403
abcès : M 3920
abeille : F 239 à 242 ; M 227 ; M 589 ; M 1668 ; M 2095 ; M 2462 ; M 2840 ; M 3559 ; M 3990 ; M 4465 ; M 4989 ; M 5054 ; M 5096
piqûre d'– : M 3052
abîme : M 3123 ; → FOSSÉ
aboiement : M 2402
aboyer : F 558, 559 ; M 1963
abreuvoir : M 2697
abricot : F 79 ; M 4659
absinthe : M 2624
accouchement : M 3341 ; M 4160
accoucher : F 2096 ; M 3818 ; M 4051 ; → ENFANTER
acier : M 2866 ; M 5286
acoma : F 57 ; M 5875
agneau : F 149 ; F 481 ; F 485 à 487 ; F 489 ; M 1958 ; M 2115 ; M 2557 ; M 2703 ; M 4388 ; M 4508 ; M 4950 ; M 5055
aigle : F 189 ; M 1453 ; M 2032 ; M 3261 ; M 3741 ; M 3756 – royal : M 4949
aiglon : M 1704
aiguille : F 1095 ; F 1338 ; F 1485 ; M 608 ; M 2090 ; M 2750 ; M 2837 ; M 2909 ; M 3280 ; M 3576 ; M 3639 ; M 3668 ; M 3673 ; M 4296 ; M 4715 ; M 5197 ; M 5286 ; M 5112 ; M 5452 ; M 5667
aiguillée (de soie) : M 5278
aiguillon : M 589
ail : F 1085 ; F 1203 ; M 5300
aile : F 186 ; F 985 ; M 2245 ; M 2438 ; M 2931 ; M 5233 ; M 5114
airain : F 1223
aire : M 1850 ; M 5131
alcool : M 1058
alène : M 2176
algue : M 4108
Allah : M 5308 ; M 4950 ; M 5744
allaiter : M 3585 ; → SEIN (le)
almanach : M 453 ; M 1365
alouette : F 192 à 194 ; F 581 ; M 280
amande : F 80 ; M 306
amont : M 5700
amphore : M 3567
ampoule : M 5518
ancre : F 1809 ; M 2048 ; M 4161
âne : F 315 ; F 360, 361 ; F 363 à 373 ; F 376 à 405 ; M 20 ; M 85 ; M 318 ; M 319 ; M 393 ; M 408 ; M 411 ; M 414 ; M 481 ; M 198 ; M 199 ; M 210 et 211 ; M 225 ; M 226 ; M 237 ; M 1064 ; M 1082 ; M 1122 ; M 1154 ; M 1221 ; M 1243 ; M 1264 ; M 1503 ; M 1717 ; M 2006 ; M 2060 ; M 2069 ; M 2446 ; M 2468 ; M 2642 ; M 2721 ; M 2733 ; M 2801 ; M 2827 ; M 2828 ; M 3061 ; M 3075 ; M 3129 ; M 3133 ; M 3264 ; M 3671 ; M 1833 ; M 3767 ; M 3783 ; M 3834 ; M 3905 ; M 3915 ; M 4499 ; M 4500 ; M 4748 ; M 4789 ; M 4935 ; M 4969 ; M 5020 ; M 5074 ; M 5079 ; M 5135 ; M 5775 ; M 5867

ânesse : M 237; M 4957
ange : F 1336; M 1059; M 2064; M 3577; M 5207
– de la mort : M 4859
angle (de la maison) : M 2348
anguille : F 232 à 235; M 461; M 479; M 1110; M 1758; M 4112; M 4297
animal : M 3809; M 5382
anneau : M 1695
– d'or : M 5341
anoli : F 130, 131
ânon : M 1279; → ÂNE
anse : M 2383; M 5786
antilope : M 5531, M 5532; M 5566
apôtre M 1541
appât : M 3902; M 4057; M 5845
appétit : M 1443; M 3701; M 4687
apprenti : F 1463
archide : M 5354; M 5712
arbre : F 54; F 56; F 58 à 61; F 63, 64; F 67; F 1404; F 1486; M 130; M 312; M 313; M 381; M 652; M 1127; M 1137; M 1150; M 1289; M 1390; M 1410; M 1603; M 2046; M 2303; M 2460; M 2548; M 2638; M 2823; M 2846; M 2851; M 2940; M 3017; M 3111; M 3167; M 3238; M 3387; M 3411; M 3435; M 3603; M 3705; M 3719; M 3740; M 4048; M 4084; M 4121; M 4180; M 4183; M 4247; M 4269; M 4283; M 4289; M 4325; M 4344; M 4466; M 4620; M 4646; M 5194; M 5240; M 4890; M 5324; M 5325; M 5327; M 5348; M 5357; M 5486; M 5504; M 5557; M 5574; M 5801
grand – : M 3970
– de Noël : M 1771
– mort : M 4061
arc : F 1929 à 1931; M 3214; M 3377; M 3408; M 4393M 4583; M 5332; M 5402; M 5403; M 5484; M 5541
archer : M 1236; M 5332; M 5404
archet : M 2499
arête : M 1822
argent *(métal)* : F 1060; F 1505; M 3485; M 3491; M 5099
argile : M 582; M 3146; M 4453; M 5287; M 5501
arme : F 1927, 1928; M 3098; M 3620; M 3733
armer : M 3780
arroser : M 3387
artisan : F 1451; M 1339; M 4711; → OUVRIER
assaisonnement : M 5753; → HERBE
assiette : F 958; F 1034
– d'or : M 3564; M 3938
asticot : M 5371; → VER
astre : F 1667; M 1794; → ÉTOILE
Athéna : M 2755
âtre : M 2289; M 4613
aube : M 5741; → AURORE
auberge : M 164; M 4327
aubergine : M 2941; M 3742
auge : M 1468
aune : F 1210; M 3853
aurore : M 1043; M 1782; M 3094; → AUBE
autel : F 2015; M 340; M 2373; M 2613; M 4674
autobus : M 559
autour : M 1563; M 5492
aval : M 5700
avaler : M 2679; M 3310; M 5216; M 5086
averse : M 5785; M 5834; → PLUIE
aveugles : F 708, 709; M 78; M 145; M 1066; M 1094; M 1980; M 2110; M 2575; M 2685; M 2852; M 2963; M 3155; M 3192; M 3597; M 3598; M 3599; M 3778; M 3985; M 3986; M 4119; M 4216; M 4270; M 4515; M 4816; M 4897; M 5030; M 5031; M 5032; M 5052; M 5509
amour – : M 643
haine – : M 1314
avoine : F 381; M 1122; M 1894; M 2286; M 2378; M 4748; M 4760; M 4869
avorter : M 4806

B

babouche : M 3719
baguette : M 4156; M 5467; → BÂTON
baiser *(n.)* : M 82; M 4787
baiser *(v.)* : M 3680; → EMBRASSER
bal : M 177
baladin : M 3797
balai : M 486; M 1606; M 1816; M 2186; M 3805
balance : F 1876; M 1725; M 2882; M 3573; M 4434
balayure : M 2074; M 3717
baleine : M 1110; M 1549; M 3941
balle (d'une arme à feu) : M 5157
balle : F 1564
ballet : M 5745
bambou : M 4174; M 4454
banane : F 597; M 5588
bananier : M 5366
banc (de sable) : M 3304
banquet : F 1655
bannière : F 1746
baobab : M 5483
barbe : F 546; F 636 à 639; F 820; F 1878; M 1063; M 1570; M 1961; M 2668; M 2709; M 2830; M 3049; M 3552; M 3793; M 3846; M 4681; M 4764; M 4875; M 4926; M 5344; M 5856
barbier : F 1447 à 1449; M 3750; M 5059
baril : M 2517
baron : F 1711
barque : F 1807; M 287; M 4200; M 4239; M 4405; M 4675; M 4784; → CANOT
barrique : M 121; M 4813

bas : M 5854
bât : F 369; F 402; M 199; M 3287; M 3679; M 3710
bataille : M 44; → CHAMP (–)
bateau : M 278; M 591; M 1095; M 1226; M 1586; M 1618; M 1874; M 2047; M 3983; M 4000; M 4328; M 5072; M 5852; → NAVIRE
batelier : M 4000
bâtimemt : F 744
bâtir : M 3897
bâton : F 1248, 1249; F 1492; M 2127; M 2294; M 2399; M 2947; M 3423; M 4334; M 5223; M 5075; M 5471; M 5491; M 5496; M 5498; M 5594; → BAGUETTE
battant *(n.)* : M 4346
baudet : F 400; M 1469; → ÂNE
beau-parent : M 5212
beau-père : M 4309
bébé : M 3606
bec : M 1136
bécasse : M 3998
belette : F 121
bélier : M 5358
belle-fille : M 4608
béquille : F 1581
berceau : M 1086; M 1138
berceuse : M 3136
berge : M 2306
berger : F 150 à 152; F 921; M 87; M 2096; M 3137; M 5201; M 5070; → PÂTRE
bergerie : M 1209; M 1710; M 3497
besace : F 1771 à 1773; M 3534
bétail : M 4279
betterave : M 2916
beurre : F 998 à 1000; M 1460; M 1466; M 1599; M 1863; M 1917; M 2045; M 3220; M 3575; M 5218
bière : M 1543
bijou : M 5276
bile : M 1681
biscuit : F 1806
blanchir : F 1652
blanchisseuse : M 3282
blatte : M 5877
blé : F 282; F 299; F 1425; M 426; M 300; M 1182; M 1210; M 1324; M 1496; M 1685; M 1693; M 2424; M 2806; M 3108; M 3749; M 3874; M 4401; M 4689; M 4694; M 4779; M 5255; M 4869; M 4976; M 5056
blessure : M 5266; → PLAIE
bœuf : F 448 à 461; F 463; F 533 à 535; F 1494; F 1758; M 360; M 293; M 534; M 1517; M 2108; M 2276; M 2347; M 2487; M 2540; M 2547; M 2731; M 2733; M 3110; M 3157; M 3553; M 3598; M 3625; M 3768; M 3984; M 4175; M 4237; M 4401; M 4777; M 5203; M 5270; M 4905; M 5484; M 5578; M 5579; M 5581; M 5796; M 5821; M 5870
viande de – : F 389
vieux – : M 4282
boire : F 1614
bois *(forêt)* : F 51 à 53; F 155; M 1952; M 3690
bois *(matière)* : F 90 à 92; F 1696; F 1932; F 2020; M 119; M 452; M 567; M 658; M 2052; M 2071; M 2073; M 2779; M 3153; M 3709; M 4004; M 4202; M 4333; M 4896; M 4999; M 5703; M 5828; M 5860
– de chauffage : M 4436
– de santal : M 3240
– vert : M 1140
morceau de – : M 5350
boisseau : F 1105; M 3399; M 4434
boisson : F 359; M 3352
boîte : F 1103
boiter : M 1691
boiteux : F 706, 707; F 1582; M 1273; M 1972; M 84
bol : F 1182
bonnet : F 609; F 1129; M 1249; M 1386; M 1573; M 1827; M 2445; → CAPUCHE
borgne : F 708; F 1181; M 4515; M 1253; M 1281
bosquet : M 1951; → BUISSON
bosse : M 5033; M 5516; M 5583
bossu : F 702 à 705; M 2483
botte : M 1034; M 3899
boubou : M 5650
bouc : M 384; M 1132; M 1570; M 3467; M 5490; M 5641; M 5809
bouche : F 421; F 641 à 647; F 1418, 1419; F 1497; F 1529; F 1653; M 176; M 641; M 1335; M 1722; M 1900; M 2135; M 3649; M 3650; M 3830; M 4293; M 4354; M 4541; M 4542; M 4764; M 4794; M 5215; M 5290; M 4883; M 5361; M 5612; M 5688; M 5846; M 5888
bouchée : M 2435
boucher *(n.)* : M 3110
boucherie : F 990
boucler : M 5046
bouclier : M 3856; M 4083; M 5378
Bouddha : M 4205
boue : F 1826; M 1102; M 2601; M 2622; M 3171; M 3292; M 3614; M 3968; M 4297; M 4457; M 4797; M 4971
bougeoir : M 1285
bougie : M 529; M 2903; M 3922; M 4326; M 5826
boulanger *(v.)* : M 2683
bouillie : M 633; M 1259; M 1401; M 1504; M 1578; M 1884; M 2596; M 2643; M 3286; M 4039; M 4206
– de pois : M 3089
bouillir : F 1056, 1057
bouilloire (à thé) : M 4013
bouillon : M 2276; M 4932
bourbier : F 1827; M 417
bourdon : M 2230
bourse : M 42; M 190; M 322; M 325; M 570; M 3225; M 4697; M 5254
bouse : F 849; M 5550
boussole : M 4625
bout : F 1100; M 2294
bouteille : F 1067 à 1070; M 4697
boutique : M 2374
bouton : M 1897
bracelet : M 5512
braire : F 388; M 5020
braise : M 2396; M 4879
bran : F 1357
branche : M 299; M 2303; M 3638; M 4344; M 5349; M 5384
– fleurie : M 4584

branler : F 719
bras : F 763 ; M 1341 ; M 1699 ; M 3026
brebis : F 113 ; F 157 ; F 473 à 484 ; F 485 ; F 1951 ; M 68 ; M 310 ; M 231 ; M 623 ; M 1047 ; M 1209 ; M 1841 ; M 2085 ; M 2084 ; M 2096 ; M 2703 ; M 3456 ; M 3777 ; M 5055
bride : F 414 ; F 446 ; F 1829 ; M 107 ; M 2502 ; M 4464 ; M 4967 ; M 5010
brin (de paille) : M 2944
brindille : M 3355
broche : M 637 ; M 1602
brochet : F 1306 ; M 2089
brouillard : M 2636 ; M 3779 ; M 3995 ; M 5424
broyer : M 5179
brûler : M 2403 ; M 3817 ; M 5287 ; M 5104
brûlure : M 3977
brume : M 1938
bûche : M 3162 ; M 4305 ; M 5560
buffle : M 3166 ; M 3250 ; M 3287 ; M 4069 ; M 4072 ; M 4207 ; M 4209 ; M 4227 ; M 4237 ; M 4244 ; M 4302
vieux — : M 4308
buisson : F 65 ; M 240 ; M 1246 ; M 2126 ; M 3156 ; M 3466 ; M 4485 ; → BOSQUET
bureau *(étoffe)* : F 1121
busard : F 203
buveur : F 1067

C

cabane : M 1535
cabri : F 488 ; F 500 ; F 1738 ; M 5483 ; M 5812 ; M 5844
cadavre : M 316 ; M 4136 ; M 5391 ; M 5747
cafard : M 2040
caftan : M 3755
cage : F 175 à 177 ; M 9 ; M 69 ; M 73 ; M 1951 ; M 2301 ; M 2835 ; M 3584 ; M 3957 ; M 4338
caïd : M 5001
caille : F 212
caillou : M 5058 ; M 5527
caillé : M 2710 ; → LAIT
caïman : M 4112 ; M 4118 ; M 4145 ; M 4146
caisse : M 5042
calebasse : M 3237 ; M 5480 ; M 5481 ; M 5662 ; M 5832
calendrier : M 1053
calice : M 1630
camelot : F 1120
canapé : M 2666
canard : M 3900 ; M 4040 ; M 4106 ; M 4451 ; M 5797 ; M 5803
canari : F 196 ; M 2292
canif : M 5667 ; → COUTEAU
canne à sucre : M 4122 ; M 4261
canon : M 1397 ; M 2789
canot : M 4161 ; → BARQUE
cape : M 292
capitaine : M 1586 ; M 4784
capuche : M 1446 ; → BONNET
carassin : M 2089
caravane : M 2645 ; M 2942 ; M 3262 ; M 5176
caravansérail : M 3001 ; M 5176
carbonnade : M 233
carcasse : M 4776
cardinal : F 2023
carie : M 4757
carotte : M 1998
carquois : M 1236 ; M 3705
carte (à jouer) : M 1083
cascade : M 2698
case : M 5411 ; M 5412 ; M 5464 ; M 5488 ; M 5760
casquette : M 2598
casserole : M 327 ; M 402 ; M 4012 ; M 4755
cavalier : M 553 ; M 3047 ; M 3068 ; M 3823 ; M 4327
ceinture : M 4127
cendre : F 110 ; M 66 ; M 3689 ; M 4079 ; M 4333 ; M 5246 ; M 4879 ; M 5161 ; M 5575 ; M 5559 ; M 5838
cent : F 1422
cercle : M 1068 ; M 1108
cercueil : M 3014 ; M 4423 ; M 4655
cerf : F 259 ; F 387 ; M 2589 ; M 3587
cerise : F 210 ; M 1133 ; M 1700 ; M 1915 ; M 3561
cerisier : M 3949
chacal : M 2935 ; M 2949 ; M 3164 ; M 5209 ; M 5445
chaîne : M 555 ; M 1377 ; M 1695 ; M 2117 ; M 3809
chair : F 979, 980 ; F 982 ; F 991 ; F 1152 ; M 34 ; M 3011 ; M 3886
chaise : F 841 ; M 5632
chambre : F 862
chameau : F 1775 ; M 1946 ; M 2708 ; M 2881 ; M 2904 ; M 3048 ; M 3061 ; M 3104 ; M 3131 ; M 3186 ; M 3767 ; M 3867 ; M 3877 ; M 4922 ; M 5033 ; M 5036 ; M 5037 ; M 5516
marche à — : M 5130
chamelier : M 2550 ; M 4924 ; M 5036 ; M 5037
chamelle : M 5257
champ : F 51 ; F 272 ; F 278, 279 ; F 282 ; M 498 ; M 1685 ; M 1990 ; M 2205 ; M 3023 ; M 3335 ; M 3511 ; M 3539 ; M 3610 ; M 5141 ; M 5587 ; M 5665 ; M 5705 ; → PRÉ, PÂTURAGE
— commun : M 3605
— de bataille : M 4160
champignon : M 5473
chandelier : M 1459 ; M 2291
chandelle : F 1104 ; F 1555 ; M 1638 ; M 1980 ; M 2121 ; M 2291 ; M 4734
changeur : M 3751
chanson : F 1567, 1568 ; F 1572 ; M 1168 ; M 1234 ; M 1943 ; M 2297 ; M 2730 ; → CHANT

chant : F 187; F 1493; M 1147; → CHANSON
chanter : F 1566; F 1569; M 2652
chapeau : F 608; M 326; M 1065; M 1386; M 1559; M 1827; M 2860
chapelet : F 2044; M 323; M 5344
chapelle : M 1796; M 2397; M 2611
chapon : M 230
char : F 1832; M 4655
charbon : F 1096; M 83; M 3175; M 3218; M 3513; M 4212; M 4332; M 5559
– de bois : M 4079
charbonnée : F 1725
chardon : M 211; M 1028; M 1122; M 1308; M 3170
chariot : F 1834; M 1985
– à bœufs : M 3766
charge : M 3877; → FARDEAU
charogne : M 1276; M 2604; M 3110
charpentier : M 1161; M 1461; M 3259; M 4451
charretté : M 1922; M 2430
charrette : F 1833; M 3556; M 5870
charrue : F 459; M 3379; M 4423; M 4715
chas : M 4296; M 5085; → TROU (d'aiguille)
chasse : M 443
chasser : F 2132
chasseur : M 3173; M 5472; M 5473; M 5526
chat : F 538 à 543; F 547 à 555; F 577; M 402; M 412; M 469; M 496; M 215; M 221; M 547; M 561; M 611; M 1415; M 1449; M 1459; M 1610; M 1634; M 1673; M 1689; M 1836; M 1901; M 1908; M 1986; M 2053; M 2056; M 2106; M 2210; M 2541; M 2621; M 2640; M 2854; M 2884; M 2912; M 2934; M 2947; M 3138; M 3252; M 3279; M 3296; M 3428; M 3484; M 3583; M 3595; M 3641; M 3674; M 3967; M 4034; M 4086; M 4107; M 4111; M 4117; M 4233; M 4268; M 4775; M 4776; M 4815; M 5191; M 4867; M 5039; M 5343; M 5407; M 5524; M 5552; M 5553; M 5673; M 5850; → MATOU
château : F 1915; M 1535; M 1848; M 1871; M 2017; M 2155; M 3525; M 3639
chaton : F 544
chatte : F 545; M 3007
chaudron : F 1031; F 1040; F 1043 à 1045; M 1501; M 2256; M 2792; M 4342; M 5874; → MARMITE
chaume : M 5412
chaumière : M 4316
chausse : F 1141; F 1146; → SOULIER, CHAUSSURE
chaussure : F 1147; M 1701; M 1839; M 2298; M 2751; M 2795; M 2860; M 3090; M 3695; → CHAUSSE, SOULIER
crotte de – : F 1435
chauve : M 2873; M 3056; M 5046
chemin : F 569; F 1768; F 1784; F 1812 à 1816; M 640; M 1014; M 1158; M 1506; M 3076; M 3769; M 4198; M 4327; M 4407; M 4623; M 5751; M 5772; → VOIE
cheminée : M 359; M 3560; M 3838
chemise : F 1148 à 1152; F 1856; M 510; M 605; M 1462; M 1926; M 2066; M 2069; M 2315; M 2372; M 2389; M 2682; M 3033; M 3829; M 5103
– de la mort : M 1389; → LINCEUL, SUAIRE
– de feu : M 3699
chêne : F 62; F 1508; M 1641
chenille : M 1587
cheval : F 375; F 397; F 406 à 410; F 412 à 415; F 417 à 421; F 426; F 428, 429; F 31, 434, 435, 437; F 439, 441, 442; F 444, 445; F 461; F 1674; F 1829, 1831; M 107; M 167; M 175; M 318; M 363; M 388; M 408; M 465; M 213; M 530; M 544; M 553; M 647; M 1084; M 1154; M 1191; M 1204; M 1256; M 1403; M 1435; M 1518; M 1530; M 1542; M 1592; M 1631; M 1648; M 1709; M 1714; M 1773; M 1780; M 1881; M 1894; M 1949; M 2012; M 2051; M 2057; M 2069; M 2118; M 2179; M 2307; M 2378; M 2380; M 2441; M 2451; M 2466; M 2474; M 2502; M 2503; M 2530; M 2593; M 2594; M 2610; M 2615; M 2785; M 2842; M 2970; M 3006; M 3068; M 3177; M 3234; M 3271; M 3432; M 3443; M 3452; M 3507; M 3508; M 3574; M 3592; M 3598; M 3607; M 3626; M 3644; M 3671; M 3703; M 3726; M 3736; M 3762; M 3823; M 3873; M 3905; M 3909; M 3926; M 3931; M 4327; M 4441; M 4464; M 4478; M 4500; M 4501; M 4534; M 4597; M 4760; M 5196; M 5304; M 4909; M 4967; M 5009; M 5010
à – : F 751
– de guerre : M 4362
vieux - : M 3973
chevaucher : M 3824
cheveu : F 630; F 634; F 1979; M 293; M 1435; M 1517; M 1580; M 1719; M 1946; M 2011; M 3218; M 3384; M 3750; M 4011; M 4029
chèvre : F 490 à 499; M 46; M 222; M 621; M 1063; M 1851; M 2528; M 2533; M 2606; M 2694; M 2702; M 2946; M 3210; M 3530; M 3786; M 5335; M 5395; M 5383; M 5641; M 5655; M 5835; M 5849
chevreau : M 1851; M 2437; M 2702
chevrotain : M 4070
chicot : M 5828
chien : F 158, 159; F 265; F 557 à 578; F 579 à 597; F 2021; M 66; M 165; M 387; M 418; M 214; M 558; M 591; M 1229; M 1287; M 1323; M 1415; M 1437; M 1491; M 1683; M 1826; M 1880; M 1905; M 2088; M 2101, 2102, 2103; M 2117; M 2124; M 2147; M 2293; M 2399; M 2402; M 2407; M 2450; M 2635; M 2644; M 2645; M 2726; M 2780; M 2856; M 2905; M 2913; M 2942; M 2943; M 3005; M 3096; M 3102; M 3131; M 3140; M 3163; M 3177; M 3185; M 3266; M 3262; M 3423; M 3518; M 3520; M 3523; M 3583; M 3593; M 3677; M 3763; M 3774; M 3775; M 3876; M 3884; M 3889; M 3937; M 3971; M 4047; M 4089; M 4095; M 4103; M 4185; M 4232; M 4299; M 4330; M 4431; M 4483; M 4491; M 4587; M 4720; M 4825; M 5273; M 4861; M 4955; M 4959; M 4990; M 5022; M 5043; M 5057; M 5375; M 5386; M 5418; M 5438; M 5461; M 5468; M 5525; M 5526; M 5555; M 5575; M 5605; M 5825; M 5892
chienne : M 2565
chier : M 3881; → DÉFÉQUER
chiffre : M 5447
chiot : M 3924; M 3933
chirurgien : M 5219

chou : F 1014, 1015; F 1077; M 46; M 71; M 1535; M 1536; M 1716
trognon de – : M 2400
choucas : M 2637
chouette : M 1219; M 1453; M 1508; M 1584
Christ : M 5235
chute : M 3195; M 3196; M 4909; M 4929; → CULBUTE
cible : M 2878
ciboule : F 1351
ciel : M 85; M 185; M 1425; M 1639; M 2189; M 2423; M 2521; M 2765; M 3121; M 3364; M 3509; M 3691; M 4171; M 4313; M 4387; M 4639; M 4641; M 4642; M 5195; M 5228
– de mars : M 5275
cierge : M 59; M 2542; M 3458; M 4993
cigale : M 4090
cigogne : M 1247; M 1668; M 2605
cil : M 2852
ciment : M 2079
cimeterre : M 3006
cimetière : M 1383; M 3351; M 4886
– bossu : F 779
circoncire : M 4034
cire : M 610; M 1833; M 2405
ciseau : F 1079; M 4985; M 5862
citadelle : M 5237; → FORTERESSE
cité : M 4574; → VILLE
citerne : M 2955
civette : M 5400
civière : F 1746
claie : M 5379
clair (de lune) : M 3430
clairon : M 1814
clapier : M 5853
clef : F 1106, 1107; F 1437; M 351; M 609; M 1180; M 1853; M 3027; M 3270; M 5042; M 5165
– des champs : F 1797
clerc : F 2126 à 2128; F 2130
cloche : F 1641; F 2006 à 2009; M 65; M 1243; M 1398; M 2452; M 2577; M 3182; M 3496; M 4251; M 5810
clocher : F 706; F 2003 à 2005; F 2013, 2014; M 1348
clochette : M 3898
clôture : M 5213
clou : F 1108; M 363; M 2689; M 3991; M 5827
clystère : M 4763
coassement : M 3233
cocher : M 1556
cochon : F 502, 503; F 505, 509; F 1004; M 165; M 536; M 1278; M 1396; M 1447; M 1496; M 1884; M 1915; M 2600; M 2612; M 3457; M 3600; M 5872; → PORC
– de lait : M 1626
cocotier : M 4077
cœur : F 645, 646; F 678 à 684; F 1653; F 2082; M 101; M 565; M 1457; M 3085; M 3654; M 4456; M 4528; M 4529; M 5092
coffre : M 14; M 1568; M 1853
cognée : F 1487; M 2081; M 3512; M 4932; → MANCHE (de la –)
coiffeur : M 413; M 2961
colimaçon : M 1653; → ESCARGOT
collet : F 1137
collier : M 2012
– d'or : M 3967
colline : M 3095
colombe : F 191; M 1202; M 1275; M 4949
comédie : M 156
compagnon (de route) : M 3119
– de table : M 4301
con : M 5895
concevoir (un enfant) : M 3818; M 4806
concombre : M 3210
consumer : M 1791
copeau : M 1161; M 1461; M 2214; → ÉCLAT
coq : F 519 à 523; F 858; M 122; M 183; M 197; M 239; M 1427; M 1520; M 1708; M 2476; M 2563; M 2674; M 2716; M 2747; M 2748; M 2825; M 3045; M 3071; M 3073; M 3094; M 3448; M 3717; M 3798; M 3950; M 4060; M 4277; M 4281; M 4704; M 4771; M 4871; M 5000; M 5333; M 5334; M 5393; M 5396; M 5546; M 5659; M 5660; M 5782
– ivre : M 537; M 1849
coque : M 2112; → COQUILLE, ÉCAILLE
coquillage : M 3994
coquille : M 1248; M 1406; → COQUE, ÉCAILLE
cor : M 3173
corbeau : F 195 à 198; F 729; M 1275; M 1276; M 1494; M 1516; M 1774; M 1950; M 2067; M 2137; M 2394; M 2604; M 2701; M 3053; M 3174; M 3276; M 3284; M 3548; M 3697; M 3900; M 3928; M 4295; M 4956
corbeille : F 1455
corde : F 46; F 462; F 1099; F 1396; F 1499; M 286; M 234; M 621; M 1287; M 1336; M 1783; M 1809; M 2601; M 2925; M 3107; M 3797; M 4038; M 4049; M 4072; M 4493; M 4762; M 5272; M 5039; M 5065; M 5107; M 5335; M 5345; M 5484
– de sable : M 3116
cordeau : M 1382; M 4339
cordelier : F 113; F 1498
cordonnier : F 1456; M 1502; M 1582; M 2298
corne : F 455; F 1494; F 1965; M 1132; M 2528; M 3129; M 3166; M 4078; M 5192; M 4876; M 5808
corneille : F 199, 200; M 1218; M 2075; M 2126; M 2129; M 2547; M 2556; M 3756; M 4336
cornemuse : F 675; F 1573; M 1286
cornichon : F 1061
corp : F 677
corsaire : F 1240; M 4489; → PIRATE
cosaque : M 1987
cosse : M 4068
côte *(os)* : M 3257
coteau : M 4115
cotillon : F 1128
cou : M 1457; M 2204; M 4939; M 5156; M 5451
couche : F 1668
coucher : F 739
coucou : F 201, 202
couleur : M 3985
couleuvre : F 128; M 171; M 5829
coup : M 281
– de langue : M 2992
– de pied : M 3220

coupe : F 1075
couper : M 1984
coupole : M 2932
cour (du roi) : F 1702 à 1705; M 4565
courant : M 2119; M 3935
courant (d'air) : M 4326
courber (se) : M 3963; M 4719
courge : M 3919
courir : F 1599; M 4941
courlis : M 2063
couronne : M 1573; M 2258; M 2817
courroie : F 1134, 1135; F 1636; M 51; M 357; M 2031; M 2100
coursier *(cheval)* : M 4665
couscous : M 5433
coussin (coup de) : F 735; → OREILLER
couteau : F 661; F 1076, 1077; F 1935 à 1938; M 34; M 548; M 576; M 2584; M 3340; M 3887; M 3940; M 4054; M 4073; M 4777; be 302; M 5064; M 5590; M 5621; M 5855; → CANIF
couture : F 1119
couvée : M 2043
couvent : F 1990, 1991; → ABBAYE
couvercle : F 1039; F 1043; F 1050; M 1413; M 1593; M 2595; M 2700; M 3782; M 4220; M 5891
bol à — : F 905
couverture : M 3425
— de lit : M 1166; M 1224 ; M 2537; M 4821; M 5252; M 5646; M 5800
crabe : F 236 à 238; M 70; M 4065; M 4092; M 5819; M 5885
crachat : F 2083; M 3691
cracher : F 713; M 2765
crapaud : F 122 à 124; M 2540; M 3275; M 5547; M 5755
craquelin : M 2608
crédit : M 1890
crasse : F 606; → SALETÉ
crème : M 5425
— glacée : M 3722
crêpe : F 1026; M 1983; M 2236
crête (d'un mur) : M 4365
creuser : M 3897
crevette : M 3941
crible : F 47; M 4972
crinière : M 2143; M 2380; M 2474; M 3804
cristal : M 3861
crocheteur : M 3211
crocodile : M 4058; M 4146; M 4312; M 5319; M 5350; M 5414; M 5485; M 5573; M 5857
croix : F 2043, 2044; M 149; M 324; M 658; M 1347; M 1363; M 1855; M 2426; M 3545
croupe : F 843; F 2066
croûte : M 54
croûton : M 298
cruche : F 1049; M 419; M 286; M 2383; M 2822; M 2902; M 2955; M 3547; M 3789; M 4145; M 4746; M 5202; M 5786
cuiller : M 4875; M 1401; M 1578; M 1891; M 2256; M 2597; M 2792; M 3555; M 3739; M 3869; M 4039; M 5798
cuillerée : M 4266
cuir : F 1134, 1135; F 1636; M 51; M 322; M 357; M 1407
— de bœuf : M 2353
cuire : F 1038
cuisine : F 1849 : M 1544; M 3903; M 5313
cuisinier : M 77; M 1233; M 1259; M 1716; M 2371; M 2956; M 4495; M 4686
cuisinière : M 221
cuisse : F 985; M 5397
cuivre : M 3570
cul : F 596; F 1576; M 115; M 342; M 1513; M 3881; → DERRIÈRE
— pailleux : F 349
culbute : F 1821; M 3196; → CHUTE
culotte : M 1418; M 1897; M 3515; M 4807
cultivateur : M 4372
cultiver : M 5460; M 5706
culture *(des champs)* : M 1990
cuvette : M 2768
curé : F 2013; M 285; M 1392; M 2300; M 3552; M 5189
curry : M 3360
cygne : F 21; M 1704; M 3174

D

dame : M 3635
dame *(jeu)* : F 1575, 1576
damoiselle : M 3683
danse : F 672; M 2504; M 2730; M 4944; M 5804
danser : F 1569 à 1571; M 40; M 1224; M 4041; M 5556
danseur : M 3066; M 3196; M 3672; M 5507
dard : M 3248; M 4042
dartre : M 2099
datte : M 4354; M 4951
débarcadère : M 5774
débauché : M 3317
début : M 5309
décanter : M 5359
découdre : M 333
découvrir : F 1140
déesse : M 4257
défaite : M 3964, 3965
déféquer : M 5524; → CHIER
déjeuuer : M 3067
demain : M 337
dent : F 628; F 647 à 653; M 3; M 306; M 1675; M 1913; M 2627; M 2629; M 3051; M 3109;

M 3241; M 3404; M 3406; M 3730; M 3736; M 3774; M 4067; M 4473; M 4474; M 4773; M 4781; M 5290; M 4891; M 5522; M 5562; M 5789; M 5806; M 5883
dentelle : M 250
dépecer : M 5405
dépiquage : M 5241
derrière : M 5698; M 5863; → CUL
derviche : M 3274
descendre : F 722, 723
désert : F 1285; M 2795; M 3022; M 3893; M 4386
devin : M 4769
diable, (le) démon, Satan : F 875; F 886; F 914; F 927; F 1336; F 1959 à 1980; F 2019; M 22; M 67; M 138; M 178; M 182; M 323; M 324; M 348; M 364; M 420; M 421; M 451; M 490; M 491; M 495; M 508; M 204; M 216; M 235; M 264; M 267; M 554; M 659; M 661; M 664; M 1032; M 1035; M 1059; M 1139; M 1235; M 1292; M 1320; M 1325; M 1359; M 1417; M 1418; M 1426; M 1440; M 1446; M 1456; M 1540; M 1541; M 1705; M 1749; M 1759; M 1788; M 1796; M 1877; M 1890; M 1891; M 1956; M 2116; M 2185; M 2186; M 2288; M 2291; M 2330; M 2331; M 2332; M 2356; M 2373; M 2406; M 2410; M 2411; M 2484; M 2500; M 2542; M 2553; M 2562; M 2564; M 2613; M 2623; M 2694; M 2734; M 2763; M 2898; M 3074; M 3243; M 3311; M 3329; M 3331; M 3347; M 3368; M 3394; M 3433; M 3449; M 3458; M 3609; M 3621; M 3715; M 4205; M 4616; M 4725; M 4782; M 5207; M 4942; M 5038; M 5793; M 5905
diadème : M 1145
diamant : M 431; M 3158; M 3565
diarrhée : M 5330
Dieu : M 151; M 155; M 451; M 506; M 267; M 549; M 580; M 655; M 1179; M 1347; M 1349; M 1481; M 1783; M 1787; M 1796; M 1802; M 1816; M 1877; M 1927; M 1956; M 2077; M 2118; M 2184; M 2191; M 2237; M 2242; M 2243; M 2250; M 2251; M 2252; M 2260; M 2261; M 2262; M 2270; M 2291; M 2388; M 2432; M 2438; M 2461; M 2475; M 2484; M 2542; M 2566; M 2616; M 2657; M 2754; M 2773; M 2781; M 2795; M 2824; M 2884; M 2886; M 2987; M 3018; M 3022; M 3040; M 3120; M 3124; M 3395; M 3399; M 3421; M 3481; M 3579; M 3859; M 3860; M 3891; M 3892; M 3972; M 4141; M 4153; M 4778; M 4819; M 4844; M 4845; M 5233; M 5238; M 5284; M 5285; M 4911; M 4928; M 4943; M 4947; M 5012; M 5013; M 5016; M 5172; M 5174; M 5180; M 5695; M 5711; M 5743; M 5749; M 5750; M 5751; M 5752; M 5753; M 5754; M 5755; M 5756; M 5757; M 5758; M 5905
dieu : M 2384; M 3403; M 4315; M 4462; M 4485; M 4643; → DIVINITÉ
dindon : F 988; M 5837
dîner *(n.)* : F 1030; M 2498; M 5637
divinité : M 3362; → DIEU
doigt : F 668 à 670; M 1225; M 1348; M 1706; M 2116; M 2651; M 2824; M 2986; M 3105; M 3109; M 4421; M 4884; M 5513; M 5515; M 5540; M 5551
dormir : F 1715; M 4404; M 4418; M 5848
dos : F 1048; M 3499; M 5791; M 5793; M 5846; M 5878
dot : M 125
douane : M 1807; M 2497; M 4736; → IMPÔT
doublure : M 3544
dragon : M 4502
drap : F 737; F 1111 à 1114; F 1117, 1118; F 2000; M 366; M 540; M 597; M 1724; M 3544; M 3656
drisse : M 4064
duchesse : M 588
duvet : M 1745

E

eau : F 38 à 45; F 548; F 1049; F 1654; M 439; M 465; M 600; M 1016; M 1191; M 1229; M 1445; M 1611; M 1613; M 1614; M 1619; M 2068; M 2076; M 2080; M 2119; M 2132; M 2149; M 2154; M 2284; M 2306; M 2341; M 2464; M 2496; M 2507; M 2625; M 2654; M 2698; M 2749; M 2902; M 3088; M 3102; M 3149; M 3381; M 3409; M 3412; M 3437; M 3469; M 3524; M 3594; M 3612; M 3646; M 3723; M 3738; M 3785; M 3892; M 3908; M 3914; M 3935; M 3942; M 3981; M 3982; M 3983; M 4058; M 4173; M 4219; M 4264; M 4303; M 4358; M 4387; M 4709; M 4723; M 4912; M 4972; M 5183; M 5342; M 5359; M 5478; M 5485; M 5479; M 5521; M 5672; M 5805; M 5821; M 5861; M 5871
– du bain : M 1771
– du ciel : M 499
– du corps : M 3381
– courante : M 3389; M 4356
– de mer : M 4060
– passée : M 4721
– profonde : M 3269
– du puits : M 3792; M 4370; M 4472
– répandue : M 4616
– de rose : M 3206
– sale : M 3907
– de source : M 4472
– trouble : F 224; M 41; M 207; M 3784; M 4209
– de vaisselle : M 1447
écaille : M 1594; M 3248; → COQUE, COQUILLE
écharpe : F 734
échec *(jeu)* : F 1577; M 3315
échelle : M 2189; M 2568; M 5299; M 5720
éclair : M 4547
éclat : M 2073; → COPEAU

école : M 1250
écrevisse : M 1999 ; M 2087
Écritures : M 4759 ; M 4851
écueil : M 1858 ; M 3191
écuelle : F 1028 à 1031 ; F 1036 ; M 1271
écume : M 2132 ; M 4258
écumoire : M 2948
écureuil : M 5454 ; M 5493 ; M 5494
écurie : F 420 ; F 441 ; M 1256 ; M 1648 ; M 3185 ; M 3726
édredon : M 3334
églantier : M 3550
église : F 2010 à 2012 ; F 2014 ; M 19 ; M 340 ; M 1458 ; M 1591 ; M 1756 ; M 1796 ; M 1902 ; M 2289 ; M 2422 ; M 2463 ; M 2501 ; M 2611 ; M 2613 ; M 2616 ; M 3609
éléphant : M 2719 ; M 3101 ; M 3138 ; M 3154 ; M 3168 ; M 3231 ; M 3307 ; M 3398 ; M 4011 ; M 4070 ; M 4180 ; M 4181 ; M 4207 ; M 4226 ; M 4234 ; M 4300 ; M 4306 ; M 5321 ; M 5357 ; M 5458 ; M 5482 ; M 5503 ; M 5524 ; M 5563 ; M 5564 ; M 5581 ; M 5585 ; M 5682
embauchoir : M 1582
embaumer : M 1441
embrasser : M 4781 ; → BAISER *(v.)*
empereur : M 3896 ; M 3906 ; M 4565
fils de l'— : M 3894
emplâtre : F 765
encens : M 4036 ; M 4484 ; M 4674
encensoir : M 2470
enclos : M 5602 ; M 5614
enclume : F 1480 à 1483 ; M 15 ; M 1245 ; M 5152
encolure : M 2503
encre : M 4340 ; M 4902 ; M 4903
enfant : M 380 ; M 2957 ; M 3253 ; M 3328 ; M 3755 ; M 4668 ; M 5392 ; M 5783
— de chœur : M 285
enfanter : M 5155 ; → ACCOUCHER
enfer : F 270 ; F 2055 ; M 505 ; M 508 ; M 599 ; M 1178 ; M 1263 ; M 1357 ; M 1548 ; M 1555 ; M 2248 ; M 2312 ; M 2391 ; M 2411 ; M 2428 ; M 2910 ; M 2939 ; M 3346 ; M 3534 ; M 3540 ; M 4390 ; M 4836 ; M 5122
enfourner : M 1842
engrener : F 312, 313
euseigne : M 3451
entraille : M 4295
épaule : F 654, 655 ; M 1703 ; M 2267 ; M 5878
épée : F 1933, 1934 ; M 483 ; M 1444 ; M 1692 ; M 1729 ; M 1768 ; M 2356 ; M 2727 ; M 2745 ; M 2764 ; M 2788 ; M 2815 ; M 2921 ; M 3091 ; M 3120 ; M 3188 ; M 3229 ; M 3273 ; M 3447 ; M 3650 ; M 3913 ; M 3930 ; M 4256 ; M 4413 ; M 4545 ; M 4578
éperon : F 412, 413 ; F 446 ; M 108 ; M 1631 ; M 2051 ; M 3762
épervier : F 203 ; M 5320
épice : F 1093
épine : F 86, 88 ; M 1374 ; M 1688 ; M 2062 ; M 2758 ; M 3003 ; M 3048 ; M 3112 ; M 3546 ; M 3794 ; M 3821 ; M 4298 ; M 4514 ; M 5243 ; M 5469 ; M 5582 ; M 5880
épingle : F 1786 ; M 243
épis : M 3491 ; M 5204
épluchure : F 1022
éponge : F 1698
épouse : M 4382
escalier : M 4579
escargot : M 1403 ; M 5367 ; M 5585 ; → COLIMAÇON
esclave : M 2634 ; M 3383 ; M 3771
espadrille : M 295
estomac : F 673 ; F 682 ; → VENTRE
esence : M 1058
étable : F 422 ; M 1756 ; M 1871 ; M 1954 ; M 1991 ; M 3157
été : M 1942
éther : F 1415
étagère : M 5865
étalon : F 427 ; M 1473 ; M 3688 ; M 5073 ; M 5347
étang : M 2723 ; M 3275 ; M 4139 ; M 4502
étendard : F 1944, 1945
étoffe : M 3822
éteindre : M 2403
étincelle : F 18 ; M 1269 ; M 1270 ; M 1484 ; M 1658 ; M 2382 ; M 2429 ; M 2962 ; M 3462
étiquette : F 1094
étoile : M 185 ; M 1654 ; M 2281 ; M 3578 ; M 5298 ; M 5864 ; → ASTRE
étoupe : M 473 ; M 235 ; M 242 ; M 3329 ; M 3687
étourneau : F 204 ; M 228
étrier : M 3816 ; M 5362
étrille : M 3271
étuve : M 2614 ; M 3488 ; M 3725
Évangile : F 1515
évêque : F 2021
éventail : M 3995 ; M 4580
marchande d'— : M 4437
excrément : M 4720 ; → MERDE

F

fable : M 5517
fagot : F 94, 95 ; F 1102
faim : F 941 ; F 1163 ; M 3956 ; M 4953
faisan : M 229
famine : M 270 ; M 4711
fantôme : M 4235 ; M 4270
fard : M 1094
fardeau : F 1819 ; M 411 ; M 1865 ; M 3133 ; M 3165 ; M 3730 ; M 5725 ; → CHARGE

farine : F 300 ; F 314 ; F 324 ; F 1096 ; F 1357 ; F 1960 ; F 1964 ; M 66 ; M 138 ; M 266 ; M 1571 ; M 1883 ; M 1956 ; M 2004 ; M 2070 ; M 2596 ; M 3376 ; M 5255 ; M 5089
faucille : M 2358 ; M 3491
faucon : M 1219 ; M 1508 ; M 1538 ; M 1708 ; M 1948 ; M 2129 ; M 2887 ; M 3477 ; M 3776
femelle : M 1845
femme (enceinte) : M 3039 ; M 3850 ; M 5388
fenêtre : F 2000 ; M 153 ; M 1313 ; M 1591 ; M 1953 ; M 3423
fente : M 2202 ; M 4328 ; M 4414
fer : F 1439 ; F 1478, 1479 ; F 1484 ; M 1655 ; M 1976 ; M 2313 ; M 2372 ; M 2560 ; M 2689 ; M 4399 ; M 4470 ; M 5050 ; M 5570 ; M 5790
– de hache : M 2190
fermenter : M 5026
ferré *(adj.)* : F 430
fesse : M 5657
fête : F 1644 ; M 514
feu : F 98 à 102 ; F 105 à 108 ; F 110 ; F 998 ; M 48 ; M 152 ; M 459 ; M 235 ; M 600 ; M 1026 ; M 1230 ; M 1267 ; M 1269 ; M 1529 ; M 1657 ; M 1684 ; M 1697 ; M 1904 ; M 2341 ; M 2382 ; M 2436 ; M 2572 ; M 2727 ; M 2749 ; M 2930 ; M 2953 ; M 2954 ; M 3097 ; M 3329 ; M 3675
grand – : M 3355 ; M 3465
petit – : M 4779
– de paille : M 471
feuille : F 52 ; M 1857 ; M 4071 ; M 4646 ; M 5351 ; M 5811
– de lotus : M 4240
– de menthe : M 2342
– de mûrier : M 4361
fève : M 2737 ; M 3938 ; M 4068
fiancée : M 413
ficelle : F 1101
fiel : F 646 ; F 1017 ; M 1176 ; M 1979 ; M 4751
fiente (de poule) : M 5841
fifre : M 3746
figue : M 467 ; M 2650 ; M 3170
fil : F 1115 ; M 608 ; M 1823 ; M 2090 ; M 2208 ; M 2269 ; M 2506 ; M 2973 ; M 3632 ; M 3673 ; M 5112 ; M 5452
filer : M 1487 ; M 1765
filet : M 644 ; M 2023 ; M 3802 ; M 4369
– d'eau : M 5322
fileuse : M 1462
fille : F 2118
filtre : M 3147
fin : M 5309
flambeau : M 4504
flambée : M 5690
flamme : F 831 ; M 473 ; M 3162 ; M 5048 ; M 5161
flaque : M 2524
fléau : M 1850
flèche : F 1932 ; M 1136 ; M 2032 ; M 2142 ; M 2164 ; M 2165 ; M 2992 ; M 3031 ; M 3091 ; M 3214 ; M 3377 ; M 3408 ; M 3729 ; M 3741 ; M 3844 ; M 3856 ; M 4580 ; M 5094 ; → TRAIT
fleur : M 568 ; M 1410 ; M 1589 ; M 2993 ; M 3291 ; M 3704 ; M 3794 ; M 3852 ; M 3947 ; M 3952 ; M 3992 ; M 4001 ; M 4026 ; M 4032 ; M 4169 ; M 4249 ; M 4343 ; M 5222 ; M 5011 ; M 5325
– de lotus : M 3968
– de pommier : M 1143
– tombée : M 4465
fleurir : M 317 ; M 3660 ; M 5239
fleuve : M 332 ; M 3801 ; M 4428 ; M 4427 ; M 4458 ; M 5043 ; M 5058 ; M 5109 ; M 5381 ; M 5414 ; M 5675 ; M 5717
florin : M 1189
flot : M 1859
flotter : M 2144
flûte : F 1074 ; F 1574
flux : M 1380 ; → MARÉE, JUSANT
fœtus : M 5727
foin : F 378 ; F 411 ; F 415 ; M 3553
foire : F 470 ; F 1365 ; M 123 ; M 369
fond : M 1593
– du cœur : M 4322
– du puits : F 1531
fontaine : F 49 ; F 50 ; M 4145 ; M 5481 ; M 5665
forêt : M 655 ; M 1567 ; M 2398 ; M 2464 ; M 2527 ; M 2953 ; M 3494 ; M 3580 ; M 4167 ; M 4168 ; M 4292 ; M 4896 ; M 5510 ; M 5544 ; → BOIS
forge : M 3462 ; M 3940
forger : F 1477
forgeron : F 1477 ; M 637 ; M 1270 ; M 1463 ; M 1484 ; M 1658 ; M 2305 ; M 3470 ; M 3622 ; M 5487
forteresse : M 526 ; M 604 ; M 2519 ; M 2662 ; M 3554 ; → CITADELLE
fosse : M 1291 ; M 1497 ; → TOMBE, TROU
fossé : F 387 ; F 1821 à 1824 ; M 1222 ; M 2555 ; M 3597 ; M 4139
fossoyeur : M 2675
foudre : M 382 ; M 441 ; M 2485 ; M 3468 ; M 5545 ; M 5616 ; M 5710
fouet : M 1394 ; M 2593 ; M 2726 ; M 2987 ; M 3574 ; M 5622
foulure : M 5218
fourbir : M 5047
four : F 311 ; F 320 à 322 ; F 325 ; F 1757 ; M 1174 ; M 1466 ; M 1599 ; M 2907 ; M 4212 ; M 5131
fourchette : F 1980 ; M 633
fourgon : F 1110
fourmi : M 1081 ; M 2058 ; M 2059 ; M 2938 ; M 3154 ; M 3170 ; M 3398 ; M 3603 ; M 4056 ; M 4091 ; M 4094 ; M 4181 ; M 4182 ; M 4303 ; M 5041 ; M 5172
fournée (de pain) : M 3538
fourrage : M 2904
fourreau : F 1934 ; F 1936 ; M 1692 ; M 2958 ; M 3055 ; M 3887 ; M 4256
fourreur : M 3278
foyer : M 1927
fraise (de veau) : F 464
francolin : M 5190
frein : F 405
frelon : F 248
froc : M 1139 ; M 1960
fromage : F 551 ; F 1011 ; F 1012 ; M 1112 ; M 2649 ; M 2694 ; M 3723
– mou : M 2714
froment : F 24 ; F 194 ; M 269
front : F 893 ; M 1973 ; M 2366

frontière : M 4362
frotter : F 1234
fruit : F 61; F 67 à 71; M 21; M 312; M 313; M 1071; M 1127; M 2846; M 2916; M 2940; M 2993; M 3017; M 3167; M 3291; M 3352; M 3952; M 4071; M 4084; M 4169; M 4183; M 4247; M 4289; M 4343; M 5222; M 5325
– mûr : M 4406
Fuji : M 3955
fumée : F 100 à 102; F 104; F 1173; M 459; M 255; M 1267; M 1306; M 1755; M 1938; M 2382; M 2470; M 2572; M 2797; M 3125; M 4885; M 5096; M 5161; M 5537; M 5823; M 5868
fumer : M 5690
fumier : M 3448; M 3608; M 3852; M 4885; M 4923; M 5000
fuseau : F 854; M 617; M 1823; M 1967
fusil : M 3472; M 4126; M 4400

G

gaine : M 5621
gale : F 844; M 2099; M 5043; M 5539
galeux : F 695
galette : M 1654; M 5279; → CRÊPE
galop : F 1199; M 533; M 1357; M 2521
gamelle : F 1769; M 1891
gantelet : F 659
garde-manger : M 4086
gardien (d'oies) : M 1393
garreau : F 854
gâteau : M 1527; M 1595; M 2370; M 2431; M 4053; M 4186; M 4403; M 5292
gaufre : F 1026
gazelle : M 3087; M 4868; M 5554
géant : M 1439; M 5765
gel : M 2408
gelée : F 917
geler : F 18; M 1212; M 3959
gélinotte : M 3495
géline : F 524; → POULE
gencive : M 5883
gendre : M 4309
général : M 4324
génisse : M 5640
genou : M 1795; M 2351; M 3104; M 5311; M 5549
gésir : F 719
gibet : M 360; M 1702
gibier : F 256; M 3580; M 5472; M 5533
gifle : M 4787
gingembre : M 3706
giroflée : F 1203
givre : M 4466; M 4670
glace : M 1073; M 2001; M 2158; M 2771
glaise : M 2704
glaive : M 5047
gland (de soie) : M 3265
– du chêne : F 62; M 3696
glaner : M 202
glissade : M 3203
glouton : F 958
glu : M 5528
glycine : M 4009
godet : M 3400
gombo : F 271
gond : M 1225; M 3035
gong : M 1092
gorgerin : F 659
goudron : M 2576
gourdin : M 613; M 4491
gousse (d'ail) : M 4265
– d'oignon : M 5738
goût (amer) : M 4846
goutte (d'eau) : M 2658; M 3557; M 3721; M 4240
– d'or : M 4258
gouttière : M 5884
gouvernail : M 482; M 1095; M 1858; M 2484; M 4239; M 4625
grain : F 303 à 305; F 307, 308; F 1089; M 1988; M 2137; M 3399; M 3556; M 4460; M 5204; M 5108
– de beauté : M 1089
– de maïs : M 5568
– de riz : M 4091
– de sable : M 4348
bon – : M 4372
graine : F 1098; M 317; M 2024; M 3160; M 3874
– d'éleusine : M 5310
– de lin : M 2682
– de sésame : M 4274
grainer : M 3660
graisse : M 1459; M 1535; M 4498; M 5417
grange : M 1400; M 1426
gratte-cul : M 1579
gratter : F 1500
grêle : M 2148; M 3732
grelot : M 3014
grelotter : F 700
grenier : F 297; F 832; M 4231; M 5665
– à mil : M 5535
– à orge : M 3698
grenouille : F 124 à 126; M 1247; M 1448; M 2082; M 2524; M 2605; M 2723; M 3607; M 3878; M 3921; M 3996; M 4106; M 5474; M 5479; M 5807
grésil : F 917
griffe : M 3046
grignoter : M 4252
gril : M 2039
grille : M 1496
grillon : M 2125; M 5360

grimper : M 3386
grison : M 1442
grive : F 987
grossesse : M 5733
gruau : M 2867
grue : F 217; M 2042
gué : F 425; M 1992; M 3658; M 3785; M 4145; M 5717; M 5771; M 5857
guenille : F 1080
guerre : M 44; M 3188; M 5674
gueux : F 1771
guide : M 3413
guitariste : M 538

H

habit : F 1122 à 1127; F 2101; M 62; M 1153; M 1197; M 2083; M 2893; M 3829; M 3882; M 3889; M 4323; M 4402; M 4520; M 4599; M 4703; M 4772; M 5289; M 5013; M 5708
bel — : M 4245
— d'or : M 3619
— de soie : M 3531
hache : M 1603; M 3240; M 3298; M 3533; M 3740; M 4113; M 5396; M 5484; M 5504; M 5574; → TRANCHANT (d'une —)
haie : F 1825; M 1211; M 1672; M 2606; M 3602
haleter : M 2103; M 5268
hamac : M 5817
hameçon : M 346; M 1623; M 2714; M 3902; M 4225
hangar : M 5387
hareng : F 227; F 1356; M 1465
haridelle : M 1600; M 1828
harnois : F 1941
harpe : F 1571
haubergeon : F 1942
hennir : M 3443
herbe : F 325; F 1814; M 426; M 1474; M 1892; M 4302; M 4466; M 4622; lM 5382
— *(plante)* : M 1353; M 1811; M 1912; M 2631
— *(assaisonnement)* : M 1537
mauvaise — : F 83; M 3874; M 4085; M 4372
— tendre : M 4282; M 4308
hérisson : F 127; M 5500
héron : M 2826
hetman : M 1987
heurter : F 720
hibou : M 1539; M 3477
hirondelle : F 205; F 451; M 2008
hiver : M 2271; M 2459; M 2632
homard : M 1709
horion : F 1901
horloge : M 1575
hospice : M 1929
hôte : M 3082; M 4098; M 4829
huile : M 4354; M 2867; M 4274; M 5443
huître : M 1594
hydromel : M 2154
hyène : M 5532; M 5566; M 5567
crotte d'— : M 5634

I

idole : M 3283
igname : M 5644; M 5855; M 5873
île : M 4076
imagé : F 602
impôt : M 1381; M 1807; M 4152; → DOUANE
impuissant : M 4936
incendie : M 3907; M 4644
incendier : M 4254
inscription : M 3412
insecte : M 4003
ivraie : M 4488
ivresse : M 3020
ivrogne : F 349; M 4479
izba : M 2074; M 2215

J

jade : M 4382
jambe : F 1146; M 43; M 1309; M 2316; M 2409; M 3988; M 4800; M 5194; M 5754
jambon : F 1012
jardin : F 211; F 283; M 1326; M 2472; M 3132; M 3504; M 4908
jardinier : M 2911; M 3467; M 3821
jarre : M 3720; M 5197; M 5202; M 4997
– à lait : M 5328
jars : M 253; M 2139
jaunisse : F 752
Jérusalem : M 4718
Jésus-Christ : M 2064; M 2828; M 3577
jeu : F 1555 à 1561
jeûne : M 514
jonque : M 4197
jouer : M 5508
joueur : F 1562, 1563; F 1565
joug : M 4905
jour : M 1825; M 5780; M 5781; M 5782
Judas : M 5235
jujube : M 200
jument : F 417; F 422 à 424; M 474; M 2107; M 2201; M 2419; M 3688; M 3824
jupon : F 857; M 5896
jus (de poisson) : M 5477
jusant : M 1859; → MARÉE, FLUX, RELUX

K

kashmir : M 3083
kebab : M 3125
kimono : M 3974
kopec : M 2121
Kyrie Eleison : M 2717

L

labour : F 458; M 498
labourer : M 2433; M 2523; M 3189; M 3526; M 4639; M 5228; M 4907
laboureur : F 276; F 278; M 232; M 2731
lac : M 3557; M 3721
lacet : M 383
laine : M 61; M 1303; M 2847; M 4439; M 4950; M 4980
laisse : M 2856
lait : F 198; M 1240; M 1596 et M 1644; M 1836; M 1896; M 1954; M 2108; M 2287; M 2541; M 2926; M 3216; M 3220; M 3722; M 4750; M 5257; M 5425
– caillé : M 2643; M 5328
– frais : M 5737
petit – : M 2926
lame : M 3065; M 5607
lampe : F 1105; M 1258; M 2804; M 2908; M 2928; M 2952; M 2994; M 3034; M 3825; M 4341; M 5090
lance : F 1923; F 1939; M 3576; M 5198
langue : F 648, 649; F 664; F 1497; F 1503; M 101; M 1231; M 1733; M 1913; M 2173; M 2977; M 3241; M 3807; M 3811; M 3812; M 4067; M 4294; M 4474; M 4737; M 4793; M 5219; M 5092; M 5562; M 5612; M 5652
lanière : M 1407
lanterne : M 1521; M 4753
lapidaire *(n.)* : M 4052
lapin : M 218; M 4252; M 5853
lard : F 1004 à 1008; M 1536; M 1214; M 2934
larme : M 173; M 1358; M 1875; M 3388; M 3420; M 3760; M 5691
larron : F 286; F 1389 à 1397; M 3682
laurier : M 382
lavandière : M 330
laver (se) : M 3885
laver : F 385
laveur (de morts) : M 2910
lécher : M 392; M 5385
lendemain : M 4729
lentille : F 1013; M 2772; M 5836
léopard : M 5211; M 5319; M 5369; M 5544
lettre : M 571
lessive : M 1926
lépreux : M 395
leurre : M 3242
levain : M 187; M 3727; M 5026
lever (se) : F 726, 727; F 731; F 1601
lèpre : F 1075

lézard : M 2482; M 5474
liane : M 3237; M 4253; M 5488
liard : M 1188
licou : M 4446
lien : F 1102
lierre : F 84
lièvre : F 260 à 269; M 218; M 1323; M 1450; M 1834; M 1843; M 2082; M 2400; M 2401; M 2407; M 2416; M 2724; M 3096; M 3294; M 3365; M 3520; M 3766; M 3925; M 4330; M 5454; M 5563; M 5564
lilas (blanc) : M 3440
lime : F 1484
linceul : M 1384; M 5635; → SUAIRE, CHEMISE (de la mort)
linge : M 5125
– sale : F 822; M 4761
lion : F 118 à 120; F 138; F 272; F 592; M 88; M 481; M 1905; M 2058; M 2072; M 2125; M 2640; M 2913; M 3046; M 3417; M 3775; M 3804; M 5271; M 5273; M 4861; M 4990
lionceau : M 5406; M 5673
liqueur : M 1241
lis : M 1746
lisière (du tissu) : M 3822
lit : F 733; M 1; M 465; M 477; M 1111; M 1562; M 2386; M 2677; M 4404; M 5730; M 5787
– de plumes : M 3718
livre : F 2126; M 1155; M 1888
livre (mesure) : F 1343
logis : F 2125
longe : M 1542
loquet : F 1562
louche *(n. f.)* : M 3516
loucher : M 2098; M 3155
loup : F 113; F 139 à 161; F 267; F 478 à 480; M 18; M 68; M 87; M 320; M 386; M 407; M 222; M 1116; M 1220; M 1280; M 1281; M 1288; M 1516; M 1679; M 1952; M 2005; M 2047; M 2050; M 2071; M 2084; M 2091; M 2107; M 2122; M 2464; M 2526; M 2557; M 2602; M 2636; M 2639; M 2644; M 2667; M 2712; M 2905; M 2949; M 2950; M 3062; M 3137; M 3297; M 3456; M 3648; M 3690; M 3777; M 3883; M 3895; M 4508
louveteau : M 2115
luciole : F 250
lumière : F 2134; M 145; M 556; M 1521; M 2793; M 2804; M 2903; M 2994; M 4025
lune : F 594; M 109; M 618; M 1102; M 1682; M 2281; M 2402; M 2567; M 2943; M 3578; M 3613; M 3932; M 3934; M 4027; M 4032; M 4255; M 5298; M 4970; M 5126; M 5318; M 5364; M 5540; M 5699
– de miel : M 5644
lunettes : F 629 à 631; M 1285
lutte : M 5376; M 5627
lutter : M 4144
lynx : M 4524
lys : F 1701

M

macaque : F 136; → SINGE
mâcher : M 5216
mâchoire : M 5903
maçon : F 1450, 1451; M 1483
Mahomet : M 5007
main : F 640; F 654 à 657; F 660 à 668; F 1695; F 1726; M 583; M 1318; M 1346; M 1621; M 1643; M 1722; M 2055; M 2116; M 2257; M 2651; M 2696; M 2875; M 3026; M 3295; M 3374; M 3590; M 3770; M 4294; M 4599; M 4783; M 4802; M 5269; M 5283; M 4863; M 4884; M 4947; M 5017; M 5500; M 5511; M 5645; M 5687; M 5693; M 5904
– gauche : M 3127
– vide : M 4857
maire : M 1393
maison : F 815; F 832; M 47; M 398; M 289; M 550; M 1263; M 1266; M 1411; M 1534; M 1652; M 1684; M 1715; M 1781; M 1789; M 2027; M 2148; M 2802; M 2861; M 2928; M 2995; M 3050; M 3151; M 3190; M 3259; M 3459; M 3506; M 3532; M 3655; M 3675; M 3893; M 4190; M 4619; M 4752; M 4963; M 5316; M 5387; M 5649; M 5716; M 5884
– exiguë : M 4195
maïs : F 308
maître : M 3771
mal (de tête) : M 3201
– d'estomac : M 3702
malade : M 5747
maladie : M 5208
mâle : M 1845
mamelle : M 5155; M 5655
manche : F 1487; M 638; M 5484; M 5518; M 5790
– à balai : M 3265
– d'un cernoir : F 1486
– de la cognée : M 4121
mangeoire : M 224; M 2594
manger : M 410; M 447; M 3025
manioc : M 5753
mante : M 4820
manteau : F 1139; M 1585; M 1697; M 1738; M 2389; M 3436; M 3528; M 4063
– d'épines : M 5307
marabout : M 5344; M 5623
marais : M 2063
marcassin : M 1696
marchand : F 1348 à 1351
– de chandelles : M 585
marchandise : M 4615

marché : F 485; F 1358 à 1361; F 1365; M 4376; M 5520; M 5887
marcher : M 4929
mare : M 208; M 1099; M 1448; M 2182
maréchal : M 1993
– ferrant : F 1376
marée : M 1366; M 4549; → FLUX, REFLUX, JUSANT
mari : M 2891
marin : M 163; M 4943; M 5062
marmite : F 1037 à 1042; M 1; M 176; M 181; M 238; M 1978; M 2052; M 2700; M 2779; M 2945; M 3078; M 4116; M 4149; M 4220; M 4509; M 4608; M 5874; → CHAUDRON
vieille – : M 3442
marron : M 3696
marteau : F 1480 à 1483; M 15; M 3470; M 3662; M 5152; M 5570
masque : M 4702
massue : F 1581; M 1431
matin : M 1982; M 5231; M 5413
matou : M 1277; → CHAT
matrone : M 2957
mèche : M 529
Mecque (la) : M 2828
médaille : F 2061
médecin : F 767 à 771; F 773 à 782; M 2961; M 4228; M 4276
médicament : M 5208
melon : F 78; F 879; F 1345; M 315; M 478; M 3702; M 4345; M 4435
– d'eau : M 4874
membre : M 5329
mendiant : F 1770; M 1578; M 2581; M 2871; M 2872; M 4954
ménétrier : M 3672
menu : M 5536
mer : F 27; F 28; F 1805; F 1808; M 6; M 98; M 456; M 1134; M 1586; M 1847; M 2247; M 2418; M 2728; M 2944; M 3172; M 3206; M 3251; M 3380; M 3523; M 3566; M 3738; M 3748; M 3753; M 3843; M 4055; M 4059; M 4075; M 4076; M 4248; M 4428; M 4458; M 4650; M 4651; M 4680; M 4780; M 5381; M 5428; M 5825; → OCÉAN
mercier : F 1452 à 1454
merde : M 2729; F 505, 506; F 698, 699; → EXCRÉMENT
mère : M 5184; M 5571
merle : F 201; F 206; F 987
mésange : M 2042
messager : F 1794
messe (basse) : M 1458
mesurer : M 1984
métal : M 4420; M 5487
métier à tisser : M 4666
meule : F 314; M 1515; M 5179
meunier : F 846; M 226; M 1572; M 1997
miche (de pain) : M 3249
miel : F 239 à 241; F 246; F 390; F 646; F 1017 à 1021; M 395; M 397; M 227; M 1176; M 1417; M 1681; M 2479; M 2573; M 2624; M 2681; M 2840; M 2929; M 3052; M 3170; M 3277; M 3581; M 3659; M 3735; M 3743; M 3752; M 3764; M 3765; M 3792; M 3830; M 4042; M 4751; M 5054; M 5094; M 5385
miette : M 1552; M 2029; M 3249
migraine : M 2443; → MAL (tête)
mil : M 3831; M 5587
milan : M 5617
milieu : M 5309
mille-pattes : M 5576
minaret : M 2849; M 5059
ministre : M 3268; M 3924
minuit : M 4287
miroir : F 617; F 1109; F 1633; M 424; M 207; M 1075; M 1975; M 2363; M 2575; M 2812; M 2969; M 2996; M 3301; M 3761; M 4031; M 4559; M 4785; M 4786
misère : M 4850
mitaine : M 1723
moine : F 165; F 1993 à 1999; F 2001; M 1832; M 1960; M 2646; M 5191
moineau : F 214; M 1202; M 1689; M 2041; M 2292; M 2414; M 2589; M 2887; M 3453; M 3831; M 5584
vieux – : M 2061
moinillon : M 1832
moisson : F 286 à 288; M 4; M 498; M 1493; M 1840; M 2504; M 3812; M 4159; M 4602; M 5435; M 5785; → RÉCOLTE
moissonner : M 202
moissonneur : M 527; M 1054
monarque : M 4030; → ROI
monastère : F 912; M 3937
monnaie : M 2899; M 4433
fausse – : M 3813; M 4442
montagne : F 7 et 8; M 1892; M 1923; M 2059; M 2267; M 2448; M 2627; M 2706; M 2837; M 3099; M 3105; M 3179; M 3284; M 3667; M 3779; M 3808; M 4021; M 4029; M 4080; M 4358; M 4638; M 4945; M 5007; M 5618
monter : F 722, 723
monture : F 1828; F 1831
mordre : F 416; M 392; M 1963; M 4773; M 5457; M 5522
mors : F 445
morsure : F 567, 568; M 310
mortier : F 1083 à 1085; M 49
morue : F 230; F 987, 988; M 5837
morve : M 4827
morveux : F 693, 694; F 908
mosquée : M 2928; M 3728; M 4931; M 4966; M 5119; M 5313
motte : M 2965
mouche : F 189; F 244 à 247; F 404; F 408; F 641; F 1230; M 327; M 397; M 1070; M 1235; M 1656; M 2230; M 2929; M 3261; M 3277; M 3559; M 3581; M 4237; M 4989; M 5406; M 5497; M 5709; M 5906
moucher : M 1706; M 3765
– une chandelle : M 2903
mouchoir : M 3430
mouiller (se) : M 345
moule *(n. f.)* : F 229; M 582; M 3998
moule *(n. m.)* : M 4053
moulin : F 315 à 322; F 771; M 169; M 290; M 1487; M 1694; M 1016; M 1572; M 2070; M 2086; M 2198; M 2385; M 2919; M 3069; M 3135; M 3376; M 3481; M 3854; M 3959; M 4721; M 4975; M 4976

– à grain : M 5056
– à huile : M 3263
mousse : F 9; M 2678; M 3519
moustache : M 206; M 4883
moustique : M 641; M 2719; M 3168; M 3930; M 4237; M 5589; M 5832
moutarde : F 1003
mouton : F 477; F 500; F 989; M 87; M 535; M 1280; M 1288; M 1451; M 61; M 1710; M 1711; M 2047; M 2134; M 2964; M 3297; M 3497; M 3601; M 3786; M 3895; M 4101; M 4497; M 5209; M 4895; M 4946; M 4980; M 5417; M 5565; M 5567; M 5579; M 5844
muet *(n.)* : M 4419
mugir : M 2287
mulâtre : F 1738
mule : F 405; M 307; M 468; M 2017; M 3679
mulet : M 167; M 3061
mur : M 2079; M 2092; M 2685; M 2743; M 3100; M 3342; M 3532; M 3610; M 4743
muraille : M 4003
mûre : F 82
mûrir : M 92
musc : M 2883; M 2906; M 4971
musicien : M 282
musique : F 391; M 4385

N

nager : F 33 à 35; M 1613
nageur : M 3409
nain : M 1439
nappe : F 970; M 217; M 3685; M 4747
natte : M 2933; M 3342; M 4966; → TAPIS, TATAMI
naufrage : M 1874; M 4943
naufragé : M 5065
navet : M 1297; M 3514
navette : M 4666
navire : M 5; M 331; M 482; M 1858; M 2467; M 4651; → BATEAU
nèfle : M 1824
neige : F 19 à 21; M 1964; M 2284; M 2459; M 2706; M 2803; M 3819; M 3975; M 4032; M 5788
nerf : F 1401
nez : F 616; F 627; F 692; M 1475; M 5293
nid : F 178 à 181; F 819; M 136; M 339; M 1123; M 1867; M 2599; M 3079; M 3405; M 3776; M 3859; M 4360; M 5394
nielle : M 2424
noce : F 940
nœud : M 1913; M 2816; M 2973; M 3109; M 4132
– du bois : M 119
double – : M 5269
Noir : M 2553
noiraud : M 1442
noix : M 1248; M 2157; M 2831; M 2932; M 3572; M 4934; M 5493
– de coco : M 3406
noisette : M 3630
nourrice : M 2097; M 3036; M 3606
nourrir : M 1791
nourriture : M 4450
noyau : F 80, 81; M 1700
noyer (se) : F 583; M 287; M 1611; M 2585; M 3299; M 3678; M 3855; M 5409; M 5572; M 5663
noyer *(v.)* : F 36; F 578; M 1804
nuage : M 1044; M 1485; M 1868; M 2133; M 2927; M 3140; M 3957; M 4223; M 4582; M 5221; M 4906; M 5057; M 5545; → NUÉE
nudité : M 5642
nuée : F 1637; → NUAGE
nuit : M 1825; M 3124; M 3927; M 4139; M 4664; M 5643; M 5664; M 5721; M 5780; M 5781
nuque : M 4044

O

obscurité : M 4443; → TÉNÈBRE
océan : M 1619; M 2149; M 2211; M 2653; M 3994; M 3996; M 4021; M 4238; → MER
odeur : F 1203; F 1428
œil (yeux) : F 271; F 418; F 618 à 628; M 175; M 334; M 416; M 1285; M 1341; M 1597; M 1643; M 1676; M 1728; M 1807; M 1835; M 2002; M 2065; M 2097; M 2552; M 2633; M 2915; M 3187; M 3234; M 3654; M 3795; M 3841; M 3857; M 3864; M 3891; M 4294; M 4798; M 5214; M 4940; M 5489; M 5502; M 5542; M 5718; M 5888
– de chat : M 4016
œuf : F 188; F 463; F 526 à 537; F 1758; M 360; M 375; M 464; M 659; M 1200; M 1255; M 1283; M 1304; M 1130; M 1488; M 1498; M 1595; M 1636; M 1660; M 1759; M 1873; M 2054; M 2112; M 2113; M 2322; M 2648; M 2674; M 2693; M 2881; M 3045; M 3126; M 3548;

M 3569; M 3642; M 3757; M 4078; M 4125; M 5200; M 5217; M 4871; M 4981; M 5333; M 5334; M 5365; M 5370; M 5448; M 5561; M 5831; M 5841; M 5869
officier : F 1920
offrande : M 645; M 2373
oie : F 1699; M 1135; M 1254; M 1281; M 1564; M 1602; M 1732; M 2105; M 2329; M 2937; M 3457; M 3758; M 3791; M 4040; M 5025
– sauvage : M 4670
oignon : M 1107; M 1272; M 1755; M 3360; M 5300; M 4882; M 4946; → GOUSSE
oindre : M 5515
oiseau : F 175 à 188; F 213; F 216; F 218; F 829; F 1493; M 9; M 73; M 170; M 339; M 192; M 193; M 642; M 1013; M 1136; M 1431; M 1533; M 1563; M 1565; M 1617; M 1635; M 1712; M 2023; M 2024; M 2245; M 2246; M 2301; M 2368; M 2599; M 2835; M 3029; M 3242; M 3296; M 3313; M 3377; M 3463; M 3536; M 3584; M 3729; M 3776; M 3835; M 3859; M 3929; M 3957; M 4093; M 4142; M 4226; M 4258; M 4300; M 4338; M 4360; M 4388; M 4881; M 4944; M 5317; M 5394; M 5527; M 5528; M 5529; M 5840; M 5879
– aveugle : M 3405
– de proie : M 558; M 606; M 1123; M 1156; M 1947; M 1948; M 2438; M 2888
ombrage : M 3156
ombre : F 254; F 598; F 635; M 381; M 1151; M 1169; M 1246; M 1432; M 1615; M 1698; M 2046; M 2638; M 3232; M 3238; M 3411; M 3440; M 3441; M 3970; M 4272; M 4381; M 4459; M 4516; M 4743; M 4890; M 4911
– du soleil : M 3122
omelette : F 1024
oncle : M 3359; M 4832
ongle : M 3011; M 3298
onguent : F 1103
or : F 851; F 1436 à 1441; F 1505; F 1777; F 2020; M 1335; M 1402; M 1436; M 1448; M 1511; M 1655; M 2175; M 2249; M 2313; M 2436; M 2454; M 2576; M 2622; M 2739; M 2742; M 2866; M 3142; M 3147; M 3378; M 3414; M 3444; M 3485; M 3491; M 3570; M 3751; M 3962; M 4288; M 4291; M 4426; M 4453; M 4696; M 4797; M 4969; M 5099; M 5113
pont d'– : F 1195
orage : F 14; M 4
orange : M 632
oreille : F 615; F 674; F 1086; M 1264; M 1728; M 1731; M 1733; M 1973; M 3781; M 3988; M 4798; M 5092; M 5437; M 5620; M 5888
oreiller : F 736; M 1788; M 4603; → COUSSIN
orge : M 2806; M 3703; M 3749; M 4935
ormeau : M 321
ortie : M 1604; M 1746; M 2358; M 2408; M 2485; M 3504
os : F 584, 585; F 589 à 591; M 2345; M 3200; M 3763; M 3811; M 3886; M 4028; M 4498; M 4757; M 4856; M 5153; M 5497; M 5555; M 5594; M 5907
ouïe : M 1465
ours : F 255; M 2303; M 3057; M 3498; M 3605; M 3611
outarde : M 3453
outre : M 5120
outremer : M 3510
ouvrier : F 1451; F 1467 à 1470; → ARTISAN

P

pacha : M 5001
pagne : M 5355; M 5373; M 5697
pagode : M 4477
paille : F 214; F 411; F 851; F 1818; M 1745; M 1801; M 1824; M 2057; M 2454; M 2612; M 3768; M 3874; M 4320; M 5222; M 5234; M 4969; M 5866
– de riz : M 3217
pain : F 307; F 651; F 942, 943; F 959 à 977; F 1304; F 1723; M 3; M 54; M 55; M 302; M 268; M 270; M 273; M 298; M 1042; M 1174; M 1181; M 1192; M 1234; M 1387; M 1437; M 1527; M 1552; M 1566; M 1633; M 1677; M 1842; M 1939; M 1994; M 2029; M 2151; M 2431; M 2465; M 2661; M 2796; M 2907; M 3205; M 3404; M 3479; M 3701; M 3727; M 3730; M 4730; M 4802; M 4866; M 4953
– bénit : F 2045
– blanc : F 658; M 4722
– sec : M 3148; M 3438
palais : M 4316; M 4376; M 4717; M 4963; M 5087
palanquin : M 3289
paletot : M 3193
palme : M 1048
palmier : M 5443; M 5511; M 5710
panier : F 536; F 1455; M 1988; M 439; M 4304; M 5822; M 5858
panse : F 672
panser : M 3645
pantalon : F 857; M 5896
panthère : M 2964; M 5475; M 5565
paon : M 481; M 1969
pape : F 2022 à 2025; M 519
papier : F 1542, 1543, 1544; M 3923
papillon : F 251; M 1385; M 1587; M 4400
paquet : F 1101
paradis : M 1555; M 2910; M 3540; M 4390; M 4836; M 5013; M 5018; M 5075; M 5820
parapluie : M 3989
parasite : M 2941
parfum : M 1260; M 1569; M 2470; M 3704
parfumeur : F 1203
Paris : F 726; M 2286

paroi : F 833
paroisse : F 2005; F 2016; M 1838; M 2300
parure : M 5668
pas : F 460; F 1779 à 1781; M 33; M 656; M 4250
faux – : M 3203
passereau : M 4949
passoire : M 2948; M 4823
pastèque : M 2535
pâte : F 1757; M 187; M 5502; M 5654
pâté : M 2152
– de riz : M 3575
pâtre : M 201; → BERGER
patte : M 1105; M 1204; M 2181; M 3313; M 4124; M 4657; M 4895; M 5426; M 5578
pâturage : M 5203
paupière : M 4347; M 5182
pavé (haut du) : M 4461
pays : M 5188; M 5310
peau : F 467, 468; F 487; F 1146; M 605; M 2134; M 2526; M 3057; M 3647; M 4244; M 4439; M 4497
– du dos : M 3492
pêche : M 4369
pêcher : F 1654
pêcheur : F 224; M 377; M 2080; M 3469; M 3594; M 3784; M 3998; M 4224
peigne : M 2668; M 4262; M 4875
peigner : F 1979
pèlerin : F 16
pèlerinage : M 3279
pelisse : M 2174; M 2200
pelle : F 1110; M 2750
– à fumier : M 3545; M 3705
pelletée de terre : M 4848
pelure : M 4882; → ÉPLUCHURE
pendre : M 1804; M 3480; M 3490; M 3657; M 3855
pénis : M 4814; → VERGE, PHALLUS
pénitence : M 5189
pépin : M 5832
– de figue : M 3716
perdrix : F 113; F 207; M 280; M 4949
perle : M 2936; M 3142; M 3181; M 3421
perroquet : M 69; M 649; M 3284; M 3365; M 5506
perruche : M 649
persil : M 5898
péter : F 11; F 711; F 1206; M 3783
pétrir : M 1883
peuplier : M 4889
phallus : M 4936; → PÉNIS, VERGE
phare : M 3978
philtre : M 2268
piastre : F 1422
pic vert : F 208; M 4061
pie : F 209; M 136; M 460; M 229; M 1494
pièce (de tissu) : M 1388
pied : F 666, 667; F 687; M 103; M 1205; M 1701; M 2908; M 3085; M 3090; M 3769; M 4293; M 4366; M 4397; M 4599; M 5261; M 5514; M 5657; M 5688; M 5698; M 5904
à – : F 751; M 1592
piédestal : M 4359
piège : M 4142; M 5418; M 5494; M 5533
pierre : F 9; F 38; M 49; M 415; M 419; M 273; M 1192; M 1440; M 1483; M 1514; M 1529; M 1659; M 2001; M 2092; M 2142; M 2465; M 2561; M 2678; M 2728; M 2771; M 2855; M 2940; M 2965; M 3053; M 3158; M 3247; M 3295; M 3292; M 3403; M 3429; M 3479; M 3519; M 3787; M 4081; M 4104; M 4174; M 4219; M 4638; M 5229; M 5232; M 4933; M 4934; M 4958; M 4997; M 5024; M 5081; M 5561
– à aiguiser : M 3161
– précieuse : M 3264; M 4052
pigeon : F 210; M 2414; M 3130
pilier : M 5778
pilon : M 5861
pilote : F 1810; M 1476; M 2467; M 2715; M 3191
piment : F 1002; M 3285; M 3568; M 5851
pin : M 200; M 4009
pince : M 1993
pinceau : M 4543
pintade : M 5530; M 5670
pinte : F 1071
piocher : M 5268
pipe : M 3793
piquer : F 1234
piquet : F 456
piqûre : M 1028
pirate : M 4055; → CORSAIRE
pirogue : M 4120; M 4143; M 5346; M 5398; M 5453
piroguier : M 5374; M 5399
pirouette : F 1403
pis : F 469; M 2477; M 3153O
pisser : F 11; F 1167; M 4035
piste : M 5260
place (grand-) : M 47
plaie : F 1230; M 434; M 5583; → BLESSURE
plancher : F 1790; M 1606
plante : M 1260; M 3160
– grimpante : M 3325
planter : M 3025; M 3387
plat : F 1032 à 1034; F 1233; M 1217; M 4496; M 4755; M 4680O4; M 5274; M 5117
– de viande : M 4163
pleurer : M 2722; M 3759; M 3795; M 4774
pleuvoir : M 3106; M 3720; M 5794
pli : F 1120
plongeur : M 2936
ployer : F 721
pluie : F 15 à 17; F 1002; M 1485; M 1646; M 2076; M 2927; M 2991; M 3260; M 3335; M 3509; M 3732; M 3989; M 4062; M 4223; M 4313; M 4906; M 5336; M 5366; M 5534; M 5851 → AVERSE
– du matin : M 2417
– du printemps : M 4678
plumage : M 1920
plume : F 182 à 185; F 1493; F 1699; M 252; M 1387; M 1729; M 1969; M 2139; M 3229; M 3463; M 3472; M 3741; M 4242; M 5280; M 4994; M 5143; M 5315
plumer : F 511, 512; M 30
plomb : F 1777; M 1205; M 1436; M 1511; M 2249; M 4696; M 5280; M 5143

poche : F 1292; M 1199; M 1429; M 2030; M 3747; M 4858; M 4961; M 4974
poêle *(n. f.)* : F 1045 à 1048; M 1501; M 2558; M 5712
poêle *(n. m.)* : M 1321; M 2396; M 3145; M 3235
poignard : M 4586
poignée : M 1922; M 4342
– de terre : M 3863; M 3864
poil : F 568; F 660; M 5737
poing : M 1430; M 4647; M 5500
pointe : M 5094
pointu *(adj.)* : F 1078
poire : F 74, 75; F 987; F 1011; F 1719; M 321; M 1297
poirier : M 2511; M 3928
pois (chiche) : M 4891
poison : M 2479; M 3330; M 3451; M 5577
poisson : F 219 à 223; F 991; M 118; M 496; M 208; M 644; M 1201; M 1549; M 1623; M 1779; M 1822; M 2039; M 2040; M 2182; M 2246; M 2319; M 2464; M 2558; M 2664; M 2826; M 3087; M 3285; M 3300; M 3484; M 3524; M 3748; M 3753; M 3799; M 3802; M 3843; M 3902; M 3908; M 3982; M 4057; M 4105; M 4224; M 4303; M 4304; M 4436; M 4557; M 5295; M 4917; M 5071; M 5339; M 5342; M 5349; M 5434; M 5446; M 5478; M 5521; M 5580; M 5845; M 5871
poitrine : F 685
poivre : M 3919; M 5296; M 5474
poivron : M 566
poix : M 1274
pomme : F 76, 77; F 132; M 1137; M 1854; M 2375; M 2548; M 3435; M 5081
– de terre : M 5802
pommier : F 77; M 2375
pondre : M 2686
pont : M 1012; M 2858; M 4022; M 4229; M 4839; M 5109; → OR (pont d'–)
pope : M 2709
porc : M 1451; M 1468; M 2578; M 4236; M 4511 → COCHON, POURCEAU
porcelet : M 1775; M 3489; → POURCEAU
port : F 1807; M 1874
porte : F 821; F 823, 824; F 1437; F 1770; M 154; M 359; M 361; M 452; M 609; M 1180; M 1184; M 1225; M 1313; M 1322; M 1547; M 1789; M 1880; M 1909; M 1953; M 2428; M 2658; M 2874; M 2917; M 2988; M 3035; M 3095; M 3100; M 3101; M 3270; M 3346; M 3662; M 3838; M 3867; M 3944; M 4103; M 4386; M 4452; M 4613; M 4754; M 4924; M 5113; M 5174; M 5890
porto : M 587
pot : F 1050 à 1059; F 1061; M 546; M 1061; M 1413; M 1583; M 2577; M 2595; M 3235; M 3782; M 4266; M 4496; M 5262; M 4977; M 5748
– de chambre : F 1060; M 1978
– de terre : M 2187
– de bois : M 2930; M 3293
poteau : M 5195
potée : F 1023
poterie : M 2146; M 4982
potier : F 1458; M 2924; M 3146; M 4977; M 5449
pou : M 3913; M 4594; M 5513
pouce : F 670; M 1463
poudre (à canon) : M 5476
poulailler : M 2124; M 3072
poulain : F 424; F 432 à 434; M 307; M 1473
poule : F 168, 169; F 463; F 510 à 518; F 522; F 525, 527, 529, 530; F 597; F 729; F 858; M 53; M 122; M 168; M 183; M 308; M 329; M 375 et 376; M 219; M 223; M 230; M 239; M 245; M 262; M 560; M 1200; M 1215; M 1255; M 1488; M 1493; M 1520; M 1604; M 1636; M 1660; M 1849; M 1873; M 1894; M 1970; M 2054; M 2104; M 2113; M 2322; M 2563; M 2580; M 2637; M 2648; M 2686; M 2693; M 2747; M 2748; M 2937; M 3072; M 3073; M 3126; M 3354; M 3601; M 3642; M 3676; M 3698; M 3757; M 3791; M 4117; M 4118; M 4281; M 4553; M 4587; M 4704; M 5025; M 5326; M 5377; M 5426; M 5431; M 5448; M 5505; M 5555; M 5568; M 5569; M 5629; M 5659; M 5660; M 5797; M 5869; → GÉLINE
– d'eau : M 2041
poulet : F 532; F 987; F 1016; M 3569; M 3754; M 3758; M 4113; M 4981; M 5519; M 5877
poulie : M 4064
pourceau : F 501; F 504; → PORCELET, PORC, COCHON
pourpoint : F 1137
pourrir : M 577; M 5352
pousser : M 4082
poussière : M 1029; M 1694; M 3260
poussin : M 2843; M 2889; M 3354; M 4460; M 5315; M 5448; M 5492; M 5670
poutre : F 1485
pré : F 270; F 275; F 280; F 401; M 3290; → CHAMP, PÂTURAGE
prêcher : M 2397
pressoir : F 1486
prêt : M 5163
prêtre : F 2015; F 2017, 2018; M 1690; M 2022; M 2078; M 4463
prier : M 2288; M 4931
prière : M 4930
prince : M 5066
printemps : M 1945; M 2459; M 2632
prison : M 335
procession : F 2008; M 97
prophète : F 2056
prostituée : M 3317; M 3367; M 5116; → PUTAIN, PUTE
proxénète : M 5116
psaume : M 4273
puce : F 572; F 669; F 732; M 406; M 666; M 2013; M 2101; M 2102; M 3531; M 5605
puer : M 3300; M 5352
puits : M 1257; M 1389; M 1612; M 2145; M 2392; M 2554; M 2849; lM 2863; M 3190; M 3356; M 3381; M 3396; M 3400; M 3996; M 4493; M 4709; M 4933; M 4958; M 5623; M 5704
purée : M 2710; M 5798
purgatoire : M 3540
pus : M 3920
putain : M 406; → PROSTITUÉE, PUTE
fils de – : F 1336
pute : F 286 → PROSTITUÉE, PUTAIN

Q - R

queue : F 115; F 156; F 166; F 174; F 454; F 472; F 576; F 593; F 596; F 1047, 1048; F 1414; F 2098; M 39; M 348; M 461; M 1264; M 1749; M 1989; M 2012; M 2143; M 2474; M 2607; M 1112; M 3139; M 4047; M 4306; M 5432
quenouille : F 1643; M 483; M 617
quintal : M 4893
rabbin : M 4770; M 4851
raccommodage : M 5193
raccourci : M 279
racine : M 2846; M 4037; M 4048; M 4345; M 5240
radeau : M 4454
râgout : M 1831
raisin : M 2525; M 2935; M 3737; M 5244; M 4878
rame : M 501
ramée : M 1289
ramer : M 1464; M 2243
rapiécer : M 4402
raser (se) : M 5408
rasoir : M 2585
rat : F 276; F 538; F 543; F 1227; M 269; M 277; M 215; M 232; M 1112; M 1182; M 1572; M 3108; M 3252; M 3267; M 3279; M 3929; M 4107; M 4233; M 5552; M 5850; M 5866
ravet : F 518
ravin : M 4665
rayure : M 4290
récolte : F 1504; M 299; M 3267; M 3796; M 3939; M 3943; M 4368; M 4412; M 5241; M 5436; M 5834; → MOISSON
récolter : M 5460
reine : F 2136; M 588; M 2095; M 3288
reflux : M 1380; → MARÉE, JUSANT
regard : M 4920
régime (de bananes) : M 5588
relique : F 2017, 2018
renard : F 162 à 174; F 513; M 39; M 394; M 407; M 500; M 245; M 564; M 1049; M 1253; M 1617; M 1830; M 1989; M 2050; M 2062; M 2082; M 2105; M 2124; M 2639; M 2705; M 2780; M 2950; M 3058; M 3139; M 3278; M 3601; M 3676
renne : M 1625; M 3493
requin : F 221; M 2936
revenant : M 5355
rezzou : M 4996
rhubarbe : F 1212
rire : M 3257; M 3759; M 4774
rivage : M 2653; M 4650
rive : M 3327; M 4200; M 4447; M 4680
rivière : F 30 à 32; F 1722; M 38; M 377; M 1084; M 1134; M 1506; M 1647; M 2144; M 2858; M 3171; M 3172; M 3327; M 3336; M 3380; M 3429; M 3658; M 3899; M 4104; M 4173; M 4366; M 5340; M 5372; M 5573; M 5664; M 5696
riz : F 1013; M 2286; M 3149; M 3317; M 3276; M 3302; M 3903; M 4050; M 4206; M 4268; M 4310; M 4430; M 4546; M 5302; M 5313; M 5836
– durci : M 4192
premier – : M 4128
rizière : M 4187
robe : F 1133; M 131; M 195; M 2862; M 5893
roc : M 2310; M 2698; M 4549; → PIERRE
roi : M 1533; M 2880; M 3213; M 3268; M 3372; M 3383; M 3502; M 3525; M 3622; M 5305; M 5543; → MONARQUE
Rome : F 1597; F 1803; F 2024
ronce : M 477; M 2666; M 4878; M 5582
ronde : M 3066
rose : F 86; F 87; F 504, 506; M 1338; M 1569; M 1579; M 1688; M 2758; M 3003; M 3081; M 3112; M 3236; M 3821; M 4514; M 5175
rosée : M 1746; M 2624; M 2938; M 3251; M 4024; M 4622; M 5041; M 5414; M 5503; M 5599
rosier : M 3550
rosse : F 403; M 2419; M 2434; M 2839; → ROUSSIN, CHEVAL
rossignol : M 1539; M 1870; M 1943; M 1951; M 3132; M 3236; M 3697
rôti : M 4495
rotin : M 4037
rouble : M 1955; M 2025
roue : F 1832, 1833; M 1977; M 2753; M 3724
rouge-gorge : F 211
rouille : M 1976
rouiller : M 577; M 1747; M 2617; M 5047
roussin : M 474; M 205; → CHEVAL, ROSSE
route : M 279; M 1296; M 3246; M 4408; M 5095; M 5758; → VOIE
– droite : M 3390
vieille – : M 4203
royaume : M 3896
ruade : M 5775
rubis : M 4457
ruche : M 2095; M 2462
rue : F 821; M 4538
ruer : F 416
ruisseau : M 1647; M 4620

S

sable : F 1223; M 2310; M 3336; M 3612; M 4768
sabot : F 1167; M 5444
sabre : M 2958; M 3055; M 3065; M 3588; M 5015; M 5159; → CIMETERRE
sac : F 370; F 1086 à 1098; F 1960; M 479; M 300; M 561; M 603; M 616; M 656; M 1265; M 1286; M 1626; M 1634; M 1821; M 1955 et1956; M 2176; M 2416; M 3196; M 3954; M 4815; M 5108; M 5734
– vide : M 5337
– à provisions : M 4250; → PANIER
sacristain : M 403; M 497; M 519; M 1630; M 1690
sage-femme : M 309; M 4051
saignée : F 763
saint : F 1981 à 1989; M 19; M 58; M 59; M 80; M 361; M 288; M 650; M 1642; M 1838; M 2388; M 2463
saké : M 3953
saler : F 961; M 648
saleté : M 3389; → CRASSE
salière : M 2877; M 4046
salive : F 1491; M 2783; M 2798
sampan : M 4197
sanctuaire : M 5171
sang : F 1690; M 654; M 1358; M 1376; M 1409; M 1819; M 2654; M 3117; M 3615; M 4449; M 4790; M 5263; M 5267; M 4903; M 5606
sanglier : M 1696; M 5801
saugsue : M 75; M 3369
sapèque : M 4648
sapin : M 1939
sardine : M 444
satin : M 2827; M 4361
sauce : F 980; F 993 à 995; M 303; M 1443; M 5433
saucisse : M 2660
saucisson : M 1550; M 1551
saule : M 2525; M 3975
saumon : F 226; M 346; M 1486
saumure : M 4210
saut : M 4259
sauter : M 4153
sauterelle : M 4115; M 4669
savetier : M 3184; M 2923; M 4735
savon : M 1959; M 3773
scorpion : M 2725; M 2939
seau : F 1615; M 4038; M 5253
seigle : F 194; M 4689
Seigneur : M 1350; M 2676; → DIEU
seigneur : M 1691; M 2634
sein : F 685; M 1860; M 4818; M 5539; M 5656; M 5783; M 5897
donner le – : M 2722; M 3788; → ALLAITER
sel : M 104; M 305; M 259; M 1776; M 2151; M 2868; M 2877; M 4002; M 4046; M 4421; M 4723; M 5117; M 5338
minot de – : F 1001
– de contrebande : M 4614
selle (de cheval) : F 447; F 843; M 1154; M 2060; M 2468; M 2551; M 2642; M 2721; M 3314; M 3592; M 3644; M 3865; M 3909; M 4501; M 4599; M 4789; M 5196; M 5362
seller : M 409; M 2307
semaille : M 157; M 2244; M 4368
semence : M 4076; M 5226
– de pois : M 3197
semer : F 287 à 293; M 92; M 1617; M 3526; M 5284; M 4907; M 5706
semis : M 4188
semoule : M 2045
séné : F 1212
sénéchal : F 1711
sentier : F 1817; M 3099; M 5514; → CHEMIN
sépulcre : M 2456; → TOMBE, TOMBEAU
sermon : M 2422
serpe : M 4073; M 5435
serpent : F 129; M 2033; M 2127; M 2482; M 2549; M 2829; M 2925; M 2939; M 3060; M 3107; M 3116; M 3169; M 3184; M 3330; M 3367; M 3551; M 3764; M 3801; M 3912; M 3986; M 4762; M 5272; M 5039; M 5345; M 5471; M 5491; M 5576
– à sonnettes : M 5784
serrure : M 351; M 3211; M 4728
serrurier : M 2305
servante : M 233; M 3635; M 3683
serviette : F 1082; M 5818
seuil : M 1909; M 2448; M 3145
siège : F 716; M 2423
sifflet : M 5525
silhouette : M 5762
sillon : F 457; M 3511
singe : F 132 à 135; M 383; M 3176; M 3340; M 4166; M 4262; M 5327; M 5432; M 5496; M 5523; M 5682; → MACAQUE
skier : M 3483
soc : M 1860
soie : F 1079; M 1265; M 2013
soierie : M 2933; → SOIE
soif : M 1879; M 3088; M 4316; M 4868
soir : M 1982
soldat : F 1919 à 1921; M 4324
sole : F 1356
soleil : F 1 à 5; F 1916; M 152; M 265; M 583; M 626; M 1072; M 1427; M 1868; M 1917; M 2133; M 2259; M 2459; M 2469; M 2791; M 3033; M 3180; M 3232; M 3582; M 3613; M 3614; M 3820; M 3866; M 3934; M 3945; M 4255; M 4516; M 4734; M 5699; M 5742; M 5901
rayon de – : M 4678
sommet : M 5181
son : F 300; M 138; M 194; M 1278; M 4268; M 4399; M 5089; M 5495
son *(acoustique)* : F 2006, 2007
sonnaille : M 201
sortilège : M 3426
souche : M 4169
souffler : M 2679

soufflet : M 3208
souillon : M 1831
soulier : F 737; F 1143 à 1145; M 1227; M 1502; M 2439; M 4366; M 5854; → CHAUSSE, CHAUSSURE
soupe : F 972; F 1160; F 1919; M 77; M 336; M 648; M 1114; M 1869; M 2619; M 2956; M 3529; M 5027
souper *(v.)* : M 2498; M 5637
soupir : M 3858; M 5767
source : M 2820; M 3566; M 5356
sourcil : M 2110; M 4940
sourd : F 710; M 2720; M 4215; M 4816; M 5336
– muet : M 5509
souris : F 137, 138; F 539 à 541; M 412; M 564; M 660; M 1214; M 1266; M 1277; M 1673; M 1829; M 1908; M 2004; M 2056; M 2072; M 2106; M 2640; M 2884; M 2912; M 3134; M 3135; M 3417; M 3428; M 3549; M 3595; M 3641; M 3674; M 3828; M 4086; M 4231; M 4278; M 4775; M 4867; M 5407; M 5553; M 5806; M 5865
statue : M 4359
suaire : M 4858; → LINCEUL, CHEMISE (mort)
sucre : M 1328; M 1467; M 3048; M 3198; M 3568; M 4056; M 4182; M 4922
suer : F 700
sueur : M 654; M 1567; M 3494; M 5606
suie : M 4116
sultan : M 3875; M 4763
synagogue : F 2057

T

table : M 3685
tablier : M 4822
tache : M 597
taël : M 4648
tailleur : M 1152; M 2609
tambour : F 263; F 1574; F 1946; M 1843; M 3395; M 4156; M 5467; M 5804; M 5863
tamis : M 266; M 3280
tamiser : M 2683
tam-tam : M 5462
tapis : M 2536; M 2820; M 2847; M 2959; M 3274; M 4914; → NATTE, TATAMI
tarte : M 1467
tarterelle : F 213
tartine : M 1038; M 4705
tatami : M 4012; → TAPIS, NATTE
tatouage : M 5263
taureau : M 534; M 2026; M 3934; M 3960; M 4876; M 5064; M 5580, 5670; M 5808; M 5809
tavernier : F 1461
tempête : F 292; M 163; M 591; M 1175; M 1646; M 4048; M 5510
temps (mauvais) : M 2647
– chaud : M 4062
ténèbre : M 4443; M 4809; → OBSCURITÉ
tente : M 5281; M 5120
ternir (se) : M 4288
tesson : M 5449
testament : M 1544; M 3558
terre : F 273; F 776; F 849; F 1812; M 1052; M 1210; M 1566; M 1787; M 1964; M 2790; M 3121; M 3378; M 3410; M 3500; M 3505; M 3510; M 4165; M 4416; M 5226; M 5139; M 5521; M 5731
– saline : M 2991
– noire : M 4694
têtard : M 3921
tête : F 1672; F 2135 : M 42; M 1665; M 1703; M 1731; M 2204; M 2443; M 2664; M 3681; M 3799; M 3812; M 3846; M 5071; M 5451; M 5489; M 5549; M 5791
– bouclée : M 3056
– sale : M 1665
téter : M 2049; M 5902
texte (sacré) : M 4583
thaler : M 1188; M 1189
thé : M 3976; M 4526; M 4598; M 5138
tige : M 4345
tigre : M 2912; M 3163; M 3250; M 3252; M 3925; M 3933; M 4066; M 4167; M 4168; M 4221; M 4279; M 4280; M 4312; M 4506; M 4563; M 5233; M 5833
tille : M 2031
tir (à l'arc) : M 2878
tirer : M 435
tison : F 96, 97; F 103; M 291; M 1671; M 3687
– relevé : F 901
tocsin : M 328
toile : F 1115; M 3853; M 5862
– d'araignée : r 293 : M 4123
toit : M 415; M 599; M 1411; M 1715; M 1781; M 1902; M 2123; M 3186; M 2658; M 2803; M 3130; M 3506; M 3910; M 4556; M 5393; M 5713
tombe : M 629; M 3128; M 4045; M 5671; → TOMBEAU, SÉPULCRE, FOSSE
tombeau : M 450; M 1138; M 2155; M 3062; M 5087; → TOMBE, SÉPULCRE
tomber : M 3047; M 3386
tondre : M 1841
tonneau : F 1062; M 166; M 275; M 1543
tonner : M 3106
tonnerre : F 11; F 13; M 2138; M 3468; M 4185; M 5336; M 5389
toque : F 889
torchon : F 1080 à 1082; M 5818
torrent : M 3519
tortue : M 2666; M 3248; M 5347; M 5368; M 5558
tour : M 1151; M 1848; M 1150

tourbillon : M 3833
tourte : F 1025
trace : M 5382
traîneau : M 1985
traire : M 1409; M 1500
trait : M 3319; → FLÈCHE
tranchant (d'une hache) : M 3616
– d'un couteau : F 1078
transplanter : M 4325
travée : M 4229
trésor : M 3362
tripe : M 4870
trique : M 658
trogne : F 349
trompe : M 5321
trompette : F 1238; F 1742
tronc : F 1077; M 2081
– galeux : M 4584
trot : M 533; M 1357
trou : M 603; M 660; M 1388; M 1829; M 3888; M 4725; M 5193; M 5792; → FOSSE
– d'aiguille : F 1775; M 4791; M 4893; → CHAS
troupeau : F 477; M 384; M 244; M 1711; M 2091; M 2946; M 3137; M 4285; M 5070; M 5073
truie : M 194
truite : F 228; F 231; M 345; M 466; M 1070
tuile : M 4371
tulipier : M 3414
turban : M 3049; M 3773; M 4927
turquoise : M 3565

V-Z

vache : F 465, 466 à 472; F 846; F 1443; M 1126; M 1240; M 1244; M 1336; M 1528; M 1596; M 1644; M 1783; M 1871; M 1896; M 1900; M 1914; M 1932; M 1954; M 1991; M 2122; M 2287; M 2347; M 2401; M 2477; M 2515; M 2579; M 2607; M 2615; M 2575; M 3215; M 3220; M 3290; M 3461; M 3587; M 3596; M 3625; M 3651; M 3664; M 3966; M 4097; M 4100; M 4553; M 4750; M 5192; M 5201; M 5297; M 5005; M 5422; M 5423; M 5456; M 5470; M 5709; M 5839; M 5906
vacher : F 1747
vague : M 5062; M 5399
vairon : F 226; M 1486
vaisseau : M 1329; M 2673; M 2715; → BATEAU, NAVIRE
vaisseau *(récipient)* : F 1064 à 1066
valet : M 1691
– de pied : M 1556
vau : M 5495
vannage : M 3244
vanner : M 3245
vannure : M 2061
vase : M 1149; M 3250; M 3712; M 3981; M 4877; M 5672
vautour : M 647; M 1215; M 2104; M 3787; M 5584
veau : F 462, 463; F 464 à 467; F 1016; M 1497; M 1528; M 2026; M 2049; M 2122; M 2515; M 2584; M 3150; M 3586; M 3651; M 3664; M 3665; M 3966; M 4017
veiller : F 1715
veilleuse : M 4341
velours : M 1460
venaison : F 982
vendange : F 327 à 329
vendeur (de fèves) : M 5256; → MARCHAND
venin : F 115; F 880; M 3060; M 3272
vent : F 22 à 26; F 292; F 1808; F 1810, 1811; F 1880; M 5; M 367; M 455; M 458; M 501; M 509; M 1861; M 1872; M 1921; M 1925; M 1938; M 2147; M 2538; M 2625; M 2763; M 2766; M 3019; M 3077; M 3111; M 3244; M 3245; M 3246; M 3466; M 3571; M 3661; M 3833; M 3888; M 3948; M 4025; M 4033; M 4061; M 4110; M 4222; M 4251; M 4344; M 4566; M 5303; M 4925; M 5062; M 5713
– favorable : M 4675
ventre : F 671; F 674, 675; F 678; M 74; M 195; M 1069; M 1113; M 1865; M 3059; M 3891; M 4194; M 5251; M 4864; M 4865; M 4901; M 5105; M 5312; M 5693; M 5793; M 5895; M 5903; → ESTOMAC
ver : M 305; M 1013; M 2823; M 3709; M 4004; M 4999
verge : M 5647; → PHALLUS, PÉNIS
verger : M 463; M 2205; M 3539
vermillon : M 3999
vermine : M 3307
vernis : M 1144
verre *(matière)* : M 415; M 622
verre *(à boire)* : F 1072, 1073; M 1120; M 1806; M 4828
vesse : M 3661
vêtement : M 4241; M 5390; M 5827; → HABIT
viande : M 1776; M 1830; M 1920; M 2053; M 2854; M 3051; M 3089; M 3438; M 3648; M 4054; M 4149; M 4509; M 5294; M 4870; M 5419; M 5465; M 5577; M 5907
victoire : M 3964; M 3965
vierge : M 5105
vigne : F 330 à 332; M 274; M 1326; M 2713; M 3737
vilain : F 1724
village : F 564; F 613; M 2532; M 4292; M 5742
ville : F 613; F 814, 815; F 1913, 1914; M 2532; → CITÉ
vin : F 333 à 341; F 343, 345, 347, 350; F 351 à 355; F 880; F 975; F 1064; M 17; M 166; M 587; M 1080; M 1191; M 1310 et 1311; M 1833; M 2009; M 3103; M 4398; M 4526; M 5480
vinaigre : F 335; M 17; M 1306; M 1656; M 3712; M 3735; M 3765

violon : M 40; M 1315
violoneux : M 2499
vipère : M 479; M 3272; → SERPENT
visage : F 610; M 1475
viser : M 435; M 5401
vizir : M 4763
voie : M 4749; → ROUTE, RUE, CHEMIN
voile *(n. f.)* : F 1811; M 1464; M 1618; M 2484; M 5258
voilier : M 4780; M 4925
voiture : F 1830; M 2131; M 2297; M 2784
voix : M 3781; M 4528
voler *(v. intr.)* : M 5410
voleur : M 1491; M 4752; M 4769
– de cloches : M 3960
vomir : M 3310
voyage : M 4157; M 4367; M 4383
vulve : M 4840
whisky : M 1863
yourte : M 3888
zébu : M 4094; M 4124

INDEX
DES THÈMES ET DES NOTIONS

établi par Florence Montreynaud

Chaque **entrée** correspond au thème général du proverbe. On a quelquefois rappelé; sous le thème évoqué; un proverbe très caractéristique; pour guider la consultation. Ainsi le thème **acceptation des conséquences** correspond à des proverbes tels que *À la guerre comme à la guerre* ou *Comme on fait son lit; on se couche*; dont le rappel corrige le caractère un peu abstrait de la notion.

Les renvois aux proverbes sont donnés dans l'ordre où ils figurent dans l'ouvrage; en commençant par les «Proverbes de langue française» (F); c'est-à-dire la 1re partie de l'ouvrage. Les dictons (2e partie) ne relèvent pas de ce classement et n'ont donc pas été indexés. La lettre M renvoie à la 3e partie : «Proverbes du monde».

A

abnégation : M 866; M 1055; M 2908; M 2909; M 3025; M 3668; M 3922; M 3978; M 4077; M 4993; M 5356; M 5458-5459

abondance → BIENS ABONDANTS (avantages des)

– (inconvénients de l') : F 953; M 4092; M 4412; M 4760

– (vie dans l') : F 34

absence *(Loin des yeux; loin du cœur)* : F 623; F 1865; F 1866; M 2215; M 3105; M 3980; M 5019

absurdité → COMPARAISON (absurdité de la); SUPPOSITION (absurdité d'une)

acceptation → INCONVÉNIENT limite (acceptation d'un); SORT (acceptation de son)

– des conséquences *(À la guerre comme à la guerre!; Comme on fait son lit; on se couche)* : F 102; F 733; F 940; F 1898; M 177; M 2668; M 2677; M 3723; M 3783; M 3784; M 4265; M 4387; M 4402; M 4485; M 5547; M 5680; M 5835; M 5868

– des règles : F 1557; F 1558; M 3281

– du monde : F 1398; F 2002; M 1364; M 1933; M 3148; M 4313; M 5725

accouchement : M 1760; M 3008; M 3009; M 3341; M 3624; M 3625; M 4160

accoutumance : M 1272; M 2808; M 5206; M 5518; → aussi HABITUDE

accueil : (importance de l') : M 864; M 4988

achat : F 1355; F 1369; F 1370; F 1646; F 1889; M 1195; M 1499; M 2415; M 2516; M 1228

achèvement : F 454; F 1005; F 1077; F 1596; F 1606; M 340; M 1456

action → PAROLE À L'ACTION (opposition de la); TARDIVE (inutilité de l'action)

– avant l'appel à l'aide (incitation à l') *(Aide-toi; le ciel t'aidera)* : F 332; F 455; F 1115; F 1947; M 499; M 653; M 1336; M 1504; M 1783; M 1784; M 1785; M 2242; M 2243; M 2523; M 2754; M 2755; M 3263; M 3377; M 3834; M 3835; M 4639; M 5284; M 5695

– (efficacité de l') : F 131; F 207; M 32; M 1076; M 1077; M 1158; M 1162; M 3189; M 3382; M 3409; M 3519; M 3673; M 4258

– en son temps (encouragement à l') *(Il ne faut pas remettre au lendemain)* : F 287; F 319; F 730; F 1595; F 1600-1601; F 2030; M 779; M 808; M 1157; M 1174; M 1647; M 1912; M 1991-1992; M 2474; M 2683; M 3188; M 3406; M 3720; M 4097; M 4156; M 4187; M 4368 à 4371; M 4373-4374; M 4618; M 4721; M 4930; M 4966; M 5198; M 5253; M 5374 à 5379; M 5701; → aussi OCCASION (invitation à profiter de); TARDIVE (action)

– (homme; d') : M 1062

– (inefficacité de l') : F 186; F 213; F 263; M 383; M 810; M 3244; M 3787; M 4093

– (irréversibilité de l') : M 3031; M 3646; M 3844

– isolée (efficacité de l') : M 36

– isolée (inefficacité de l') : F 212; F 669; F 687; M 291; M 811; M 1603; M 2092; M 2093; M 4274; M 4305; M 4454; M 5017; M 5269; M 5511 à M 5515

actions simultanées : F 321; F 427; M 5381

action stupide : F 47; F 1083; M 1915; M 2007; M 2011; M 2108; M 2142; M 2861; M 3109; M 3216; M 3217; M 3218; M 3898; M 4066; M 5195-5196; M 5390; M 5397; M 5538; M 5787; M 5861

activité (avantages de l') : F 42; F 407; F 737; M 135; M 1855; M 1972; M 2753; M 3389; M 3959; M 4356; M 4636; M 4990; M 5007; M 5230; M 5694; M 5698; M 5805

– (inconvénient de l'excès d') *(Pierre qui roule n'amasse pas mousse)* : F 9; F 64; F 1792; F 1793; F 1934

adaptation → ENNEMI (adaptation à l')

– aux circonstances : F 651; F 759; F 980; F 1067; F 1146; F 1387; F 1811; M 33; M 34; M 1265; M 2079; M 2597; M 2598; M 2714; M 135; M 19; M 3946; M 3981; M 4053; M 4222; M 4296; M 4359; M 4924-4925; M 5598

– aux moyens : F 443 ; F 463 ; F 763 ; F 1067 ; F 1117 ; F 1419 ; F 1454 ; M 540 ; M 802 ; M 804 ; M 1136 ; M 2536 ; M 2933 ; M 5249 ; M 5384 ; M 5822 ; DÉSIR aux moyens (adaptation du)
– dans les relations : F 154 ; F 171 ; F 360 ; F 413 ; F 1724 ; F 1725 ; F 1742 ; F 1983 ; F 2024 ; M 552 ; M 683 ; M 1247 ; M 2081 ; M 2550 ; M 3265 ; M 3727 ; M 4749 ; M 4918 ; M 5004 ; M 5009 ; → aussi PERSONNES (ressemblance entre deux)
admiration : F 2118 ; M 3194
adolescent (amour d') : M 439
adoption (inconvénients de l') : M 651
adultère : M 1417 ; M 2194 ; M 2203 ; M 3330 ; M 3689 ; M 4591 ; M 4592 ; M 4597 ; M 5124
affaires : F 999 ; F 1019 ; F 1348-1349 ; F 1358 ; F 1367 ; F 1379 ; F 1384 ; F 1385 ; F 1386 ; F 1394 ; F 1974 ; M 341 ; M 367-368 ; M 831 ; M 852 ; M 1627 ; M 1692 ; M 2681 ; M 3215 ; M 3745 ; M 4376 ; M 5385 ; M 5843 ; → COMPTES ; CONCLUSION d'une affaire sans vérification ; MARCHANDISES ; RISQUES dans les affaires au loin
– d'autrui (non-immixtion dans les) *(Il ne faut pas mettre le doigt entre l'arbre et l'écorce)* : F 63 ; al 116
– et famille : M 371 ; M 372 ; M 1074 ; M 1199 ; M 2649 ; M 2691 ; M 2777 ; M 2885 ; M 3747 ; M 4973
– (invitation à s'occuper de ses) *(Chacun son métier et les vaches seront bien gardées)* : F 821 ; F 1038 ; F 1443 ; M 406 ; M 421 ; M 803 ; M 1502 ; M 1582 ; M 1659 ; M 2123 ; M 2403 ; M 2713 ; M 3906 ; M 4234 ; M 4488 ; M 5461 ; M 5464 ; M 5844
Afghan : M 3367
aggravation → MAL (aggravation impossible du)
– de la situation (risque d') : F 374 ; F 699 ; M 2729 ; M 3608 ; M 3732 ; M 4506 ; M 5212 ; M 5509
agressivité : F 561 ; F 566 ; F 1940 ; M 214 ; M 3733
aide → ACTION avant l'appel à l'aide (incitation à l') ; TARDIVE (action)
– (inutilité de l') : M 3678
alcool (effets de l') : F 341 ; F 343 ; F 351 à 357 ; F 975-976 ; F 1068 ; F 1086 ; M 304 ; M 537 ; M 1058 ; M 1120 ; M 1163 ; M 1310 ; M 1311 ; M 2009 ; M 2279 ; M 2663 ; M 2799 ; M 3436 ; M 3953 ; M 4208 ; M 4330 ; M 4396 ; M 5396
Allah → DIEU
Allemagne : M 2325 ; M 2327
Allemand ; Allemande : M 2420 ; M 2218 ; M 2326
allusion (concerné par une) *(Qui se sent morveux se mouche)* : F 694 ; F 695 ; F 1129 ; al 56
alouettes *(Les alouettes rôties ne tombent pas dans la cheminée)* → SUCCÈS sans effort (pas de)
altruisme : c 153 ; → aussi ABNÉGATION
amabilité : F 1503 ; M 90 ; M 959 ; M 1899 ; M 2161 ; M 2976 ; M 4529
ambition : F 1138 ; F 1800 ; F 2023 ; M 1554 ; M 2036 ; M 3863 ; M 4349
amende : F 1895
amendement : F 434 ; M 38 ; M 1024 ; M 1345 ; M 1445 ; M 5116
amertume : M 2302 ; M 4751
amis → FAMILLE sur les amis (préférence à la)
ami (nouvel) : M 2158 ; M 4521
– (rareté des) : M 950 ; M 4519
– (relations avec les) : F 1177 ; F 1178 ; F 1180 ; F 1181 ; F 1182 ; M 425 ; M 426 ; M 428 ; M 867 ; M 954 ; M 1211 ; M 1661 ; M 1687 ; M 2971 ; M 2972 ; M 2973 ; M 3024 ; M 3114 ; M 3115 ; M3303 ; M 4787 à 4972 ; M 5081 ; M 5085-5086 ; M 5088 ; M 5214 ; M 5608
ami (vieil) : F 1171 ; M 64 ; M 424 ; M 2970 ; M 3666 ; M 4520 ; M 4786
amitié → AMOUR et amitié
– (conséquences de l') : F 1179 ; M 1123 ; M 5605
– (danger de l') : F 1186 ; F 1190 ; F 1904 ; M 429 ; M 5607 ; M 5609 ; M 5611
– (épreuve de l') : F 1174 ; F 1185 ; M 562 ; M 601 ; M 951 ; M 1212 ; M 1688 ; M 2156 ; M 2157 ; M 2320 ; M 2392 ; M 2488 ; M 2489 ; M 4071 ; M 4159 ; M 4301 ; M 4522-4523 ; M 5080 ; M 5084
– (limites de l') : F 1187 ; M 4158 ; M 5082 ; M 5087 ; M 5606
– (nature de l') : M 952 ; M 953 ; M 2711 ; M 2969 ; M 3305 ; M 5082 ; M 5299
– (valeur de l') : F 1169 ; F 1172 ; F 1189 ; M 216 ; M 266 ; M 381 ; M 422 ; M 423 ; M 948 ; M 2153 ; M 2154 ; M 2155 ; M 2391 ; M 2430 ; M 2487 ; M 2648 ; M 2967 ; M 3301 ; M 3302 ; M 3304 ; M 3306 ; M 4099 ; M 5213 ; M 5496 ; M 5604
– (voie de l') : M 949 ; M 3814 ; M 4108
– et dette : F 1335 ; M 757 ; M 4184
amour (aveu de l') : F 1161 ; M 1743 ; M 5130
– (aveuglement de l') : M 1314 ; M 1534 ; M 3327 ; M 4572
– (beauté de l') : F 1153 ; M 3504
– (effets de l') : F 123 ; F 392 ; F 594 ; F 1256 ; F 1748 ; M 108 ; M 120 ; M 234 ; M 349 ; M 441 ; M 449 ; M 1087 ; M 1239 ; M 1312 ; M 1748 ; M 2998 ; M 2999 ; M 3001 ; M 3084 ; M 3085 ; M 3536 ; M 3616 ; M 3617 ; M 3652 ; M 3771 ; M 3819 ; M 3820 ; M 3821 ; M 3987 ; M 4286 ; M 4573 ; M 4808-4809 ; M 4991 ; M 5643 ; M 5644 ; M 5885
– (évolution de l') : F 1154 ; M 113 ; M 618 ; M 972 ; M 1414 ; M 5111
– (fin de l') : F 1162 ; M 112 ; M 700
– (importance de l') : M 973 ; M 1740 ; M 1741 ; M 2997 ; M 3474 ; M 3966 ; M 4163
– (inconstance de l') : M 445 ; M 446
– (mal d') : M 111 ; M 699 ; M 1918
– (premier) : F 1158 ; F 1160 ; M 4161
– (puissance de l') : F 1156 ; F 1164 ; M 442 ; M 443 ; M 698 ; M 1744 ; M 2270 ; M 3326 ; M 3473
– (universalité de l') : M 1745 ; M 1746 ; M 4008
– (vivacité de l'ancien) : F 1155 ; F 1159 ; M 565-566-567 ; M 974 ; M 1747 ; M 2193 ; M 2617
– (voie de l') : M 110 ; M 440 ; M 448 ; M 3324 ; M 5110
– et amitié : M 427 ; M 1315
– et argent : F 1163 ; M 110 ; M 448 ; M 971 ; M 1313 ; M 1523 ; M 2192 ; M 3000
– et crainte : M 447
– et folie : M 444
amour → aussi ADOLESCENT (amour d') ; ÉPOUSE (amour d') ; FEMMES (amour des) ; MARI (amour du)
amour de soi : M 2290
amour non partagé : F 654 ; M 3325 ; M 5878
amoureux platonique : M 975
anarchie : M 1655
ancêtres → HÉRÉDITÉ
Anglais : M 734 ; M 1862 ; M 4035
angoisse : M 4195
animaux : F 111 ; M 1105 ; M 3611

apparence (importance de l') : F 611-612 ; F 1122 ; F 1258 ; F 1605 ; M 318 ; M 550 ; M 1152-1153 ; M 1920 ; M 3882 ; M 3889 ; M 4471 ; M 4479 ; M 4772 ; M 4960
apparence trompeuse (négatif) *(Il n'est pire eau que l'eau qui dort ; L'habit ne fait pas le moine ; Tout ce qui brille n'est point or)* : F 40 ; F 230 ; F 338 ; F 445 ; F 458 ; F 508 ; F 524 ; F 599 ; F 604 F 607 ; F 614 ; F 615 ; F 636 ; F 638 ; F 646 ; F 647 ; F 665 ; F 719 ; F 717 ; F 832 ; F 833 ; F 1036 ; F 1126 ; F 1131 ; F 1133 ; F 1417 ; F 1439 ; F 1440 ; F 1552 ; F 1556 ; F 1663 ; F 1935 ; F 2001 ; F 2020 ; M 19 ; M 79 ; M 332 ; M 750 ; M 753 ; M 766 ; M 767 ; M 920 ; M 1065 ; M 1083 ; M 1164 ; M 1176 ; M 1394 ; M 1570 ; M 1571 ; M 1960 ; M 1961 ; M 1962 ; M 2576 ; M 2818 ; M 2830-2831 ; M 3173 ; M l3184 ; M 3485 ; M 3179 ; M 0 ; M 3515 ; M 3552 ; M 3559 ; M 3560 ; M 3565 ; M 3773 ; M 3919 ; M 3952 ; M 4058 ; M 4456 ; M 5344 ; M 5395 ; M 5809 ; M 5812 ; M 5813 ; M 5814-5815 ; M 5820 ; M 5841
– (neutre et positif) : F 44 ; F 282 ; F 598 ; F 606-607 ; F 678 ; F 1051 ; F 1055 ; F 1094 ; F 1101 ; F 1102 ; F 1132 ; F 1938 ; F 2020 ; M 910 ; M 911 ; M 1566 ; M 1959 ; M 1964 ; M 2083 ; M 3049 ; M 3161 ; M 3919 ; M 3968 ; M 4478 ; M 4694 ; M 4746 ; M 5286 ; M 5809
appariement : F 77 ; F 94 ; F 124 ; F 375 ; F 1043 ; F 1050 ; F 1080 ; M 1413 ; M 1701 ; M 1714 ; M 1839 ; M 2595 ; M 3782 ; M 4220 ; M 4500 ; M 5003
appétit *(L'appétit vient en mangeant)* → ENTRAÎNEMENT (effet d')
– (valeur de l') : F 952 ; M 303
appréciation → BEAUTÉ (appréciation de la)
– de sa propre douleur : F 402 ; F 1143 ; M 3165 ; M 5247
– d'une chose précieuse (incapacité d') : F 390 ; F 391 ; F 504 ; M 393 ; M 820 ; M 2439 ; M 3264
– par les proches (difficulté de l') *(Nul n'est prophète en son pays)* : F 1985 ; F 2056 ; M 288 ; M 650 ; M 1838 ; M 2918 ; M 3181 ; M 3283 ; M 3290 ; M 4462-4463 ; M 5462
– selon la valeur *(Comme on connaît les saints ; on les honore)* : F 1986 ; M 5225
apprenti : F 1463 ; F 1472
Arabe : M 3716 ; M 4768
arbre : *(L'arbre tombe toujours du côté où il penche)* → PENCHANT (fatalité du)
ardeur → TRAVAIL (ardeur au)
argent → AMOUR et argent
– (danger de l') : F 1430 ; F 1433 ; F 1434 ; M 2021 ; M 4214
– (fuite de l') : F 1404 ; F 1405 ; F 1413 ; F 1414 ; F 1415 ; M 836 ; M 4098
– (puissance de l') : F 1366 ; F 1401-1402-1403 ; F 1418 ; F 1428 ; F 1798 ; M 267 ; M 349-350 ; M 448 ; M 835 ; M 1179 ; M 1404 ; M 1618 ; M 1620-1621 ; M1623-1624 ; M 2017-2018-2019 ; M 2023-2024-2025 ; M 2586 ; M 2773 ; M 2866 ; M 3214 ; M 3490 ; M 3662 ; M 3988 ; M 4419 ; M 4420 ; M 5113
arme : M 3733 ; M 5590
armée : F 1917 ; F 1918 ; → GUERRE ; PAIX ; SOLDAT
Arménien : M 2221
art : F 1608
art de vivre : M 1109 ; M 1367
artiste : M 1943
aspiration : M 587 ; M 1110 ; M 1549
assistance (devoir d') : F 1631 ; M 2963
associé : M 187 ; M 685 ; M 2886
assouvissement → FAIM (assouvissement de la)
assurance due à la légitimité *(Charbonnier est maître chez soi)* : F 520 ; F 580 ; F 827 ; M 881 ; M 1880 ; M 2913 ; M 3163 ; M 3448 ; M 3717 ; M 5000 ; M 5486
athée : M 4153 ; → FOI
attaque (incitation à l') : M 1194
attirance → CONTRAIRES (attirance des) ; SEMBLABLES (attirance des)
– pour le même objet : F 589 ; M 3275 à M 3277 ; M 3581 ; M 4055 ; M 4056
audace *(La fortune sourit aux audacieux)* : F 1627 ; M 2366
auditeur : M 2983
aumône : F 1328-1329 ; M 352 ; M 818 ; M 2868 ; M 3203 ; M 3734 ; M 4722 ; M 4723 ; M 4947-4948
autonomie : M 2533 ; M 2931
autosatisfaction : F 600 ; M 800 ; M 1172
autrui → AFFAIRES d'autrui (non-immixtion dans les) ; AVEUGLEMENT dans la critique des défauts d'autrui ; BIEN d'autrui ; CONNAISSANCE d'autrui ; ENFANTS d'autrui ; MALHEUR d'autrui (indifférence pour le) ; TRAVAIL d'autrui ; TRAVAIL pour autrui
– (erreur de compter sur) : F 1030 ; F 1406 ; M 3225 ; M 4765 ; M 5026 ; M 5027
avare (comportement de l') : F 683-684 ; F 1127 ; F 1425-1426 ; F 1734 ; M 365 ; M 821 ; M 822 ; M 823 ; M 1072 ; M 1191 ; M 1408 ; M 1409 ; M 1895 ; M 1897 ; M 2036 ; M 2309 ; M 4861 ; M 5432 ; M 5433
avarice → FEMMES (avarice des) ; RICHESSE (caractère provisoire de la)
– (inconvénients de l') : F 1427 ; M 364 ; M 824 ; M 825 ; M 839 ; M 1190 ; M 1762 ; M 1977 ; 2034-2035 ; M 3092 ; M 3207-3208 ; M 4101 ; M 4426 ; M 4484 ; M 4526
avenir : F 785 ; M 2260 ; M 4033 ; M 4910 ; M 4920 ; M 5158
– (incertitude de l') : M 1055 ; M 753 ; M 3039 ; M 3849 ; M 3850 ; M 5783
avertissement : M 2060 ; M 2210 ; M 2468 ; M 3100 ; M 4106 ; M 4763 ; M 4764 ; M 5336 ; M 5468
aveu → AMOUR (aveu de l') ; PEINE (aveu de la)
aveugle *(Au royaume des aveugles ; les borgnes sont rois)* → RELATIVITÉ des situations
aveuglememt *(Il n'est pire sourd que celui qui ne veut pas entendre)* : F 704 ; F 709-710 ; F 1184 ; M 145 ; M 689 ; M 1066 ; M 1284 ; M 1285 ; M 1881 ; M 2483 ; M 2494 ; M 2685 ; M 2720 ; M 2737 ; M 2953 ; M 3597 ; M 3598 ; M 4119 ; M 4492 ; M 5030 ; M 5033 ; M 5052 ; M 5540 ; M 5542 ; M 5560
aveuglement → AMOUR (aveuglement de l') ; PARENTS (aveuglement des)
– dans la critique des défauts d'autrui *(La paille et la poutre)* : F 322 ; F 693 ; F 707 ; F 1040 ; F 1045 ; F 1110 ; M 100 ; M 102 ; M 1221 ; M 1501 ; M 1706 ; M 2948 ; M 3280 ; M 5559 ; M 5874
avidité : F 419 ; F 619 ; F 1099-1100 ; F 1265 ; F 1731 ; F 1969 ; M 672 ; M 1459 ; M 1500 ; M 1703 ; M 2110 ; M 2116 ; M 2269 ; M 2870-2871 ; M 3128 ; M 3369 ; M 3599 ; M 3632 ; M 3664 ; M 3864 ; M 4224 ; M 4252 ; M 5414 ; M 5864 ; → aussi FEMMES (avidité des) ; PUISSANTS (avidité des)
avis → CHANGEMENT d'avis (justification d'un)
avocat : F 1877 à 1883 ; M 130 ; M 131 ; M 202 ; M 495 ; M 496 ; M 1334 ; M 3374 ; M 4263

B

bâillement : F 696; F 944
baiser : M 109; M 3431; M 3591
bâtard : F 142; F 1740; F 1741; F 2019; M 491
bâtiment : F 744; M 1007
battues → FEMMES battues
bavardage → FEMMES (bavardage des)
bavards (inefficacité des) : F 475; F 529; M 611; M 670; M 965; M 1303; M 1304; M 1914; M 2287; M 2686; M 3520; M 3595; M 4258; M 5302; M 5394
beauté : F 601 à 603; F 605; F 1255; M 668; M 675; M 1033; M 1080; M 1352; M 1404; M 1569; M 1674; M 2111; M 3860; M 4338; M 4657; M 4733; M 5722; → aussi AMOUR (beauté de l'); FEMMES (beauté des); JEUNES FILLES (beauté des)
– (appréciation de la) : M 688; M 3236; M 3955
– (précarité de la) : F 87; M 1579; M 1857; M 3947
belle-mère : F 873; M 485; M 1004; M 1325; M 1418; M 1526; M 3010; M 3350; M 4610; M 4815-4816; M 5900; → aussi BRU
belle-mère au sens de 2e femme du père → MARÂTRE
Bengali : M 3368
besoin : M 1124; M 4380; M 5453; M 5870
– après mépris : F 472; F 2095
bête *(Morte la bête; mort le venin)* → MÉCHANTS (fin de l'activité des)
bien → MIEUX est l'ennemi du bien (le); PERTE due à l'épargne d'un petit bien; PERTE due à la recherche d'un petit bien; PROFIT (sacrifice d'un bien en vue d'un)
– (préférence à son) *(Un petit chez soi vaut mieux qu'un grand chez les autres)* : F 828; F 988; F 1268; M 1508; M 1535; M 2893; M 3759; M 3974; M 4689; M 4963; M 5837
bien commun (inconvénients du) : F 270; F 1252; F 1316; M 1263; M 1649; M 4963
– (négligence du) : F 371; F 1254; F 1444; M 3605
bien d'autrui (comportement avec le) : F 1124; F 1134; F 1288; M 51; M 357; M 544; M 819; M 1407; M 1894; M 2030; M 4957; M 5839
– (envie du) : F 295; F 296; M 219; M 904; M 905; M 1693; M 1840; M 2477; M 2608; M 2937; M 3791; M 3792; M 3938; M 3943; M 3992; M 4602; M 5025
– (inconvénients du) *(Un petit chez soi vaut mieux qu'un grand chez les autres)* : F 828; F 963; F 988; F 1790; M 54; M 1535; M 2893; M 3570; M 3697; M 3759; M 3974; M 4689; M 4756; M 4869; M 5837
bienfait : F 1175; F 1309; F 1311; F 1314; M 3022; M 3206; M 3843; M 4428; M 4637; M 4724; M 4744; M 4843; M 4946; M 4949; M 4950; M 4952; M 5101; M 5143; M 5280; M 5740; → aussi GÉNÉROSITÉ
bien mal acquis ne profite jamais : F 300; F 487; F 1299; F 1574; F 1891; F 1943; F 1963; F 1964; M 138; M 548; M 1031; M 1032; M 1859; M 2249; M 2763; M 3018; M 3571; M 3833; M 4443; M 5716; M 5793
bien perdu (appréciation du) : F 45; F 1276; M 854; M 1197
bien volé (valeur du) : F 953; F 1259; M 1071; M 4730
biens (valeur relative des) : F 498; F 534; F 1435; M 2806; M 3696
– abondants (avantages des) : F 1290-1291; M 2045; M 3575
bienséance *(Il ne faut point parler de corde dans la maison d'un pendu)* : F 1499; A 164; A 240
bière : M 1470
blâme : M 4110
Blanc : M 5597; M 5598
bonheur : F 2088; M 1341; M 1364; M 1793; M 3017; M 3042; M 3862; M 4022; M 4314; M 4630; M 4641-4642; M 4673; M 4679; M 4898; M 5166-5167-5168; M 5714; → aussi ÉPOUSE (bonheur de l')
– (précarité du) : M 515; M 1806; M 3861; M 4675; M 4677-4678; M 5760
– excessif (inconvénients du) : M 142; M 1351; M 4853; M 5083
bon marché (inconvénients de la vente à) : F 1359; F 1361
bonté : g 36; kg 22; be 21; → aussi DIEU (bonté de)
– (excès de) : M 23; M 86; M 2411; M 3795
boulanger : M 1422
brahmane : M 3367; M 3369; M 3370
brièveté → PEINE (brièveté de la)
– de toute chose : F 2073
bru : M 298; M 573; M 2621; M 3350; M 4607; M 4609; M 4815; → aussi BELLE-MÈRE
Bulgare : M 2531
but : F 1592; M 5404

C

cadeau → DON
calomnie : F 1507; M 760; M 2172; M 3319; M 3320; M 3779; M 4549; M 5034; M 5218
campagne : M 732; M 4567
capacité : F 1619; M 3127; M 5492-5493
capitale : M 731
caque *(La caque sent toujours le hareng)* → HÉRÉDITÉ et nature (négatif)
caractère → MAUVAIS CARACTÈRE
caresses → RELATIONS sexuelles
cause → EFFET ET CAUSE (liaison entre)
(insuffisance de la) *(Une hirondelle ne fait pas le printemps)* : F 205; M 2008; M 5785; M 5834

– et effet (disproportion entre) *(La dernière goutte d'eau est celle qui fait déborder le vase; Les petits ruisseaux font les grandes rivières; Petite pluie abat grand vent)* : F 15; F 31; F 41; F 55; F 62; F 93; F 98; F 329; F 404; F 1422; F 1508; F 2006; M 674; M 935; M 1646; M 1665; M 2121; M 2962; M 3462; M 3500; M 3663; M 4090; M 4328; M 4400; M 4779; M 5202
– célibataire : M 21
– (la) : M 5114
– (le) : M 481
cercles : M 1068
cérémonial : F 1173
certitude (danger de l'excès de) : F 240; F 479; M 4408
certitude (préférence à la) *(Un tiens vaut mieux que deux tu l'auras)* : F 217; F 532; F 533; F 1286; F 1327; F 1331; F 1407; M 218; M 280; M 373; M 375; M 642; M 843; M 844; M 845; M 1201; M 1202; M 1227; M 1293; M 1406; M 1488; M 1614; M 1635; M 1636; M 1834; M 1889; M 2041 à 4965; M 2292; M 2414; M 2589; M 2648; M 2693; M 2887; M 3030; M 3438; M 3453; M 3495; M 3569; M 3642; M 3756 à 3758; M 4050; M 4981; M 5388; M 5421; M 5423; M 5430; M 5446; M 5626
chagrin → PEINE
chance *(Aux innocents; les mains pleines)* : F 662; M 501; M 517; M 1045; M 1046; M 1128; M 1370; M 1800; M 1878; M 1957; M 1958; M 2281; M 2388; M 2521; M 2674; M 3026; M 4622; M 4695; M 4703; → aussi MARIAGE et chance; RICHES (chances des)
– et malchance → VICISSITUDES de la vie
chance tardive : F 652; F 922; M 3; M 306; M 3051; M 4891
changement → CHEF (changement de)
– (inconvénients du) : M 4145
changement d'avis (justification d'un) : F 1647; M 433; M 2452
charbonnier *(Charbonnier est maître chez soi)* → ASSURANCE due à la légitimité
charité : F 2052; M 1079; M 1100
– *(Charité bien ordonnée conmence par soi-même)* → INTÉRÊT (soin de son propre)
charrue *(Il ne faut pas mettre la charrue avant les bœufs)* → LOGIQUE (manque de)
chasse *(Qui va à la chasse perd sa place)* → SPÉCULATION sur une espérance
chasseur : M 2440
chasteté : M 1160; M 1473; → aussi FEMMES (chastetédes); JEUNES FILLES (chasteté des)
chat *(À bon chat bon rat)* → ENNEMI (adaptation à l'); – *(Chat échaudé craint l'eau froide)* → PRUDENCE après mauvaise expérience; – *(Il ne faut pas acheter chat en poche)* → CONCLUSION d'une affaire sans vérification; – *(Il ne faut pas réveiller chat qui dort)* → DANGER; – *(Quand le chat n'est pas là; les souris dansent)* → DANGER (insouciance en l'absence de)
châtiment : F 24; F 697; F 1250; F 1251; F 1396; F 1824; F 1893; F 1896; F 1897; F 1937; F 2047-2048; F 2052-2053; M 401; M 1291; M 1358; M 1465; M 1684; M 1697; M 2084; M 2249; M 2358; M 2555; M 2965; M 3246; M 3499; M 3590; M 3889; M 3915; M 3991; M 4442; M 4890; M 5075; M 5594; M 5790; → aussi MÉCHANTS (châtiment des)
– (injustice dans le) : F 249; F 359; F 490; F 1070; F 1739; F 1766; F 1894; M 575; M 576; M 649; M 663; M 1194; M 1696; M 2020; M 2230; M 2305; M 2408; M 2485; M 2782; M 3178; M 3492; M 3682; M 3962; M 4111; M 4112; M 4432; M 4633; M 4726; M 5059; M 5881-5882.
chef → aussi MAÎTRE; TRAVAIL COLLECTIF
– (changement de) : F 1693; M 697; M 1489; M 5467
– (importance du) : F 1467; M 1668; M 2094-2095-2096; M 2467; M 2664; M 3609; M 4324; M 5070; M 5071
– (préférence à être) : M 161; M 588; M 729-730
chefs (impossibilité d'obéissance à deux) : F 1707; M 396; M 3909; M 4501
– (inconvénients des) : M 3681; M 3799
cheval : M 531; M 2466
cheveu blanc : M 2811
chèvre *(On ne peut ménager la chèvre et le chou)* → INTÉRÊTS contradictoires (impossibilité de ménager des)
chez soi *(Un petit chez soi vaut mieux qu'un grand chez les autres)* → BIEN (préférence à son); BIEN d'autrui (inconvénients du)
chien *(Qui veut noyer son chien l'accuse de la rage)* → MAUVAISE foi
chinois : M 4035
choix *(Il faut qu'une porte soit ouverte ou fermée)* : F 823; F 1481; M 121; M 1125; M 3221; 4938; → aussi ÉPOUSE (choix d'une); MAL (choix du moindre); MARI (choix d'un)
chute → ENTRAÎNEMENT dans la chute
ciel *(Aide-toi; le ciel t'aidera)* → ACTION avant l'appel à l'aide (incitation à l')
circonstances → ADAPTATION aux circonstances
clergé → BRAHMANE; CURÉ; ÉVÊQUE; MOINE; POPE; PRÊTRE; RABBIN
cloche *(Qui n'entend qu'une cloche n'entend qu'un son)* → PARTIALITÉ
clou *(Un clou chasse l'autre)* → PRÉOCCUPATIONS (succession des)
cochon *(On n'engraisse pas les cochons avec de l'eau claire)* → PROFIT (sacrifice d'un bien en vue d'un)
coexistence (impossibilité de) : F 236; F 590; F 958; F 1770; M 561; M 888; M 1492; M 1515; M 2429; M 2958-2959; M 3273; M 3274; M 3525; M 3797; M 3798; M 4114; 4502; M 4954; M 5073; M 5544-5545; M 5546
coïncidence *(Quand on parle du loup; on en voit la queue)* : F 3; F 156; F 1202; c 337
colère : F 1198; F 1619; M 1061; M 1175; M 2833; M 3446; M 3904; M 4277; M 4697; M 4927; M 5245; M 5415; M 5527; → aussi FAIBLE (colère du); FEMMES (colère des)
collectif → TRAVAIL collectif (inefficacité du)
comédie : M 1798
commencement : F 206; F 279; F 310; F 313; F 459; F 1475; F 1488; F 1584; M 133; M 1168; M 1842; M 1869; M 2012; M 3669
commencement (difficulté du) *(Il n'y a que le premier pas qui compte)* : F 1071; F 1780; M 2448; M 5362
commun → BIEN commun (inconvénients du); BIEN commun (négligence du)
compagnie : F 1204; F 1206; M 1669; M 3247; M 4217; M 5008; M 5018
comparaison (absurdité de la) : F 79; F 1021; F 1524; F 1525; M 1664; M 2719

compassion : M 687
compétence : F 1351 ; F 1632 ; M 2910 ; M 2961 ; M 4556 ; M 5293 ; M 5300 ; M 5322 ; M 5391 ; M 5448 ; M 5489 ; M 5521
complicité : F 656 ; F 1076 ; M 2055 ; M 2696
compliment : p 191 ; p 192 ; → aussi FEMMES (aux)
comportement → DANGER (comportement dans le) ; NATURE (comportement selon la)
comptes : F 1377 ; F 1380
conclusion d'une affaire sans vérification *(Il ne faut pas acheter chat en poche)* : F 550 ; M 847 ; M 1634 ; M 2416 ; M 5444
condition humaine : F 406 ; M 523 ; M 582 ; M 3121 ; M 4149 ; → aussi ÊTRE HUMAIN ; NATURE HUMAINE
– (identité de la) : F 1 ; F 1121 ; M 626 ; M 627 ; M 1135 ; M 1583 ; M 3033 ; M 3894 ; M 4143 ; M 4335 ; M 4384 ; M 5742
confiance : M 4452 ; M 5487 : → aussi ÉPOUSE (l')
confirmation (nécessité de la) : F 1582
connaissance d'autrui : F 1001 ; F 1122 ; F 1210 ; M 581 ; M 1675 ; M 4075 ; M 4347 ; M 4661-4662 ; M 4742 ; M 4063 ; M 5310 ; M 5342 ; M 5466 ; M 5848 ; M 5855 ; M 5858 ; M 5884
– de soi : F 1037 ; M 162 ; M 1557 ; M 2797 ; M 2920 ; M 3186 ; M 3761 ; M 4322 ; M 4469 ; M 4662 ; M 4663 ; M 4692 ; M 4785 ; M 4899-4900 ; M 4923 ; M 5338 ; M 5361 ; M 5801
– de soi (impossibilité de la) : F 625 ; F 1109 ; M 737 ; M 2552
– de son domaine : F 200 ; F 237 ; F 456 ; M 2524 ; M 3670
conscience : F 2116 ; M 1019 ; M 2250 ; M 3391 ; M 4625
conseil : F 773 ; F 1621 ; M 1300 ; M 2776 ; M 2991 ; M 3136 ; M 3314 ; M 4530 ; M 5613 ; → aussi FEMMES (conseil des) ; MARIAGE (conseils de)
– (inutilité du) : F 1616 ; M 104 ; M 105 ; M 1732 ; M 1915 ; M 5303
– (valeur du) : F 618 ; F 1375 ; F 1620 ; F 1641 ; M 431 ; M 2493 ; M 3808
conséquences → ACCEPTATION des conséquences
consolation : F 239 ; F 965 ; F 1263 ; F 1789 ; M 111 ; M 220 ; M 577 ; M 891 ; M 1240 ; M 2571 ; M 4038 ; M 4701 ; M 5054 ; M 5582-5583 → aussi PERTE (consolation d'une)
contamination du groupe par le mauvais individu : F 477 ; M 1711 ; M 2946 ; M 3600 ; M 4069 ; M 4304 ; M 4509 ; M 5588
contemplation : M 3654
contentement : F 492 ; F 671 ; F 675 ; F 686 ; F 973 ; F 1026-1027 ; F 1125 ; F 1753 ; M 270 ; M 3089 ; M 4681 ; M 4684 ; M 5316 ; M 5903
contradictoires → INTÉRÊTS contradictoires (impossibilité de ménager des)
contrainte (inefficacité de la) : F 449 ; M 227 ; M 776 ; M 906 ; M 1260 ; M 1503 ; M 4499 ; M 5867
– (nécessité d'une) : F 414
contraires (attirance des) : F 539 ; F 545 ; F 1577 ; M 3112 ; M 4584
contraires (répulsion des) : M 1494
contrat : M 3223
conversion : F 1955
convoitise *(La faim fait sortir le loup du bois)* : F 112-113 ; F 155 ; F 396 ; F 490 ; F 1135 ; F 1753 ; M 1116 ; M 4862
coquetterie : F 1752 ; M 115 ; M 144 ; → aussi FEMMES (coquetterie des) ; JEUNES FILLES (coquetterie des)
corde *(Il faut avoir deux cordes à son arc)* → RESSOURCES (nécessité de diversifier les) ; *(Il ne faut pas parler de corde dans la maison d'un pendu)* → BIENSÉANCE
cordonnier *(Les cordonniers sont toujours les plus mal chaussés)* → PROFIT du produit de son travail (absence de)
corps → FEMMES (corps des)
correction → AMENDEMENT ; SOTTISE (impossibilité de corriger la)
corruption : M 4421 ; M 4568
coupable : F 149 ; F 1008 ; M 2053 ; M 3932 ; M 4415 ; M 4752 ; M 5593
courage : F 1628 ; F 1933 ; M 164 ; M 2815 ; M 3447
coutume → LOI
crainte : p 17 ; a 178 ; A 166 ; → aussi AMOUR crainte ; DIEU (crainte de)
– et prudence : F 52 ; F 1805 ; F 1901 ; F 1924 ; M 892 ; M 928 ; M 2071 ; M 3831 ; M 5365
créateur : M 2364
crédit : M 63 ; M 1075 ; M 2457 ; M 4444 ; M 5847 ; → aussi DETTES
Crétois : M 2735
critique : M 1975 ; M 3936 ; M 5727 ; → aussi AVEUGLEMENT dans la critique des défauts d'autrui
cruche *(Tant va la cruche à l'eau qu'à la fin elle se brise)* → RISQUES et punition
cuisinier : M 738
cul *(Il ne faut pas péter plus haut que son cul)* → PRÉTENTION
culture : M 4384 ; M 4390
curé : M 564 ; M 2338
curiosité : → FEMMES (curiositédes)

D

danger *(Il ne faut pas réveiller le chat qui dort)* : F 115 ; F 145 ; F 552 ; F 554 ; M 3983 ; M 4945 ; M 5876 ; → aussi ARGENT (danger de l') ; FEMMES (danger des) : LENTEUR (danger de la)
– (comportement dans le) : F 1615 ; M 328 ; M 1049 ; M 2905 ; M 3120 ; M 4365 ; M 4934
– (insouciance en l'absence de) *(Quand le chat n'est pas là ; les souris dansent)* : F 540 ; F 1946 ; M 1645 ;

M 2056; M 3641; M 4797; M 5552 à 5555; M 5850
Danoise : M 1763; M 1764
déchéance : F 87; F 431; F 1144; M 2128; M 5355; M 5907; → aussi PUISSANT déchu
décision : F 1816; M 2850
découragement (condamnation du) *(Il ne faut pas jeter le manche après la cognée)* : F 1487; M 3679; M 5399
dédain : F 667; M 85; M 1682; M 1683; M 2147; M 2402; M 2645; M 2723; M 2942; M 2943; M 3140; M 3262; M 4460; M 5058; M 5904; → aussi PUISSANTS (dédain des)
– de l'un et désir de l'autre : F 597; M 229; M 4040
défaite : F 1915; M 2407; M 3964; M 3965
défaut : F 588; F 703; F 1157; F 1772; M 1467; M 1975; → aussi AVEUGLEMENT dans la critique des défauts d'autrui
défi : M 5271
dégoût → SATIÉTÉ et dégoût
demande (humiliation de la) : M 353
– (nécessité de) : M 276; M 2722; M 3258; M 3585; M 3788
déménagement : F 825; F 826; M 4424
dénonciation : M 3521
dépense : F 342; F 834; F 1023; F 1416; M 168; M 359; M 4268
dépit (comportement dû au) : F 369; M 1237; M 2642; M 2721; M 2854; M 3592; M 3644; M 4231; M 5056; M 5128; M 5274; M 5400; M 5481
dépouillememt (limites du) : F 1294; F 1892; M 2427; M 3780
désespoir (solution de) : F 36; M 231; M 287; M 2132; M 2585; M 3801; M 4405; M 4932; M 5065
désintéressement : M 4922
désir → CONVOITISE; DÉDAIN de l'un et désir de l'autre; SOUHAITS (inefficacité des)
– (effets du) *(Ventre affamé n'a pas d'oreilles)* : F 426; F 674; F 1354; M 586; M 1133; M 2580; M 2805; M 3088; M 4388; M 4514; M 4868; M 5802; M 5879
– (nature du) : F 673; F 1261; F 1262; F 1664; F 2036; M 1113; M 2796; M 3408; M 3954; M 4320; M 4379; M 4863
– aux moyens (adaptation du) : F 1118; F 1420; M 325; M 1166; M 1883; M 3193; M 4250; M 4914
– excessif (condamnation du) : F 622; F 1116; M 503; M 3148; M 3397
– selon nature : F 679; F 750; F 1072; M 194; M 1111; M 1447; M 3698; M 3957; M 4319; M 4866-4867
– sexuel : F 862; F 991; M 182; M 235; M 465; M 473; M 1749; M 1751; M 3329; M 3687; M 4282; M 4308; M 4690; → aussi FEMMES (désir sexuel des)
désobéissance (punition de la) : M 1858; M 2353; M 5791; M 5901
destin : F 294; F 466; M 153-154; M 186; M 301; M 585; M 1041; M 1804; M 2256; M 2263; M 2520; M 2625; M 2792; M 2825-2826; M 3133; M 3172; M 3401; M 3855 à 3857; M 3883; M 3893; M 4079; M 4145-4146; M 4303; M 4312; M 4671; M 4673; M 4855; M 5155 à 5157; M 5237-5238; M 5283; M 5352; M 5731; M 5765; M 5794; M 5819; → aussi SORT; VICISSITUDES de la vie
– (maîtrise de son) : M 135; M 4360
dettes : F 1310; F 1335 à 1346; F 1368; F 1376; F 1409; M 173; M 284; M 4391 à 4393; M 551; M 614; M 857 à 860; M 1206-1207; M 1480; M 1898; M 2044; M 2590; M 2695; M 2891-2892; M 2894; M 3224; M 3454; M 3759-3760; M 4102-4103; M 4445; M 4739 à 4741; M 4985 à 4987; M 5450; → aussi AMITIÉ et dettes
devin : M 4769
devoir : F 1623; M 1023; M 1344; M 3390; M 3877; M 4198; M 4381; M 4623; M 4624; M 4841; M 5067; → aussi ASSISTANCE (devoir d')
dictature : M 1655
Dieu : F 1809; M 155; M 1802; M 2432; M 2475; M 2657; M 3040; M 3634; M 3892; M 4943; M 5170; M 5172; M 5173; M 5308; M 5749; M 5757; → aussi JUSTICE distributive; PROVIDENCE divine
– (bonté de) : M 1012; M 1787; M 3129; M 3399; M 4731; M 5285; M 5752
– (crainte de) : M 1350; M 3018; M 5148
– (sollicitude de) : F 1114; F 1807; F 1951; M 1047; M 1347; M 2251; M 2438; M 3405; M 3859; M 3891; M 4044; M 5174; M 5755; M 5906
– (volonté de) : F 1954; F 1955; F 1956; M 151; M 584; M 1349; M 1786; M 3633
dieux : M 4643
difficulté → COMMENCEMENT (difficulté du)
diffusion : M 4273
dignité : M 878; M 932; M 1558; M 2434; M 5051; → aussi PAUVRETÉ et dignité
dimanche → TRAVAIL du dimanche
dîner tardif : F 938
dire *(Qui ne dit mot consent)* → SILENCE
discrétion : M 1346; M 1903; M 5614
discussion → FEMMES (discussion des)
– (avantages de la) : F 2134
dissimulation : F 174; F 1105; F 1560; F 1988; F 2049; M 2890; M 2906; M 4883
dissipation → JEUNES FILLES (dissipation des)
divergences → MAÎTRE et serviteur (divergences entre)
diversification → RESSOURCES (nécessité de diversifier les); RISQUES (diversification des)
diversité : F 631; F 668; F 2135; M 658; M 3459; M 3545; M 3704-3705
divorce : M 4586
docilité : M 2473; M 2708; → aussi FEMMES (docilitédes)
doigt *(Il ne faut pas mettre le doigt entre l'arbre et l'écorce)* → AFFAIRES d'autrui (non-immixtion dans les)
dommages *(On ne fait pas d'omelette sans casser d'œufs)* : F 1024; M 1438; M 1595; M 2076; M 5476
don → FEMMES (cadeaux aux); FEMMES (cadeaux de)
– (avantages du) : F 531; F 1306; F 1317; F 1324; F 1804; F 1890; M 52; M 353-354; M 3199; M 4951
– (inconvénients du) : F 1321; F 1322; F 1326; M 53; M 842; M 3202; M 3455
– et relations humaines : F 421; F 1323; M 356; M 608; M 684; M 1625; M 3197; M 3493; M 3572; M 3736; M 3737; M 4176; M 5431; M 5433
donjuanisme : M 475; → aussi RELATIONS femmes
dormir : *(Qui dort dîne)* → PARESSE
dot : F 926; M 477; M 1007; M 3339
doucement *(Qui va doucement, va sûrement)* → PRUDENCE (efficacité de la)
douceur (avantages de la) *(On prend plus de mouches avec du miel...)* : F 246; F 1237; M 310; M 752; M 1209; M 1214; M 1656; M 2049; M 2119;

M 2306; M 2560; M 2703; M 2919; M 3298; M 3410; M 3586-3587; M 3764-3765; M 4447-4448; M 4473-4474; M 4751; M 5005
– (danger de la) : M 397; M 1841; M 2302; M 2557; M 5044
douleur : F 2101; M 2087; M 4944; → aussi APPRÉCIATION de sa propre douleur; PEINE
doute : F 1612; F 1670; M 2360; M 3027; M 5165
duplicité : F 613; M 4882; M 5106; M 5738

E

eau *(Il n'est pire eau que l'eau qui dort)* → APPARENCE trompeuse (négatif)
échec (leçon de l') : M 3769; M 3842; M 3964; M 4412; M 4929
Écossais : M 1862
écrit : F 1540-1541; F 1543; F 1545-1546; M 184; M 4543
éducation : F 218; F 902-903; M 869; M 1327; M 2543; M 2903; M 2932; M 4065; M 4833 à 4835; → aussi ÉPOUSE (éducation de l')
– (danger dans l') : F 911; M 1329; M 1775; M 1776
– (habitude de l') : F 432; F 797; M 1138; M 1968; M 2574; M 3546
effet et cause (lien entre) *(Il n'y a pas de fumée sans feu)* : F 30; F 76; F 101-102; F 384; M 1137; M 1514; M 1671; M 2375; M 3097; M 3167; M 3466; M 3488; M 3928; M 4223; M 4289; M 4441
efficacité : M 408; M 533; M 1129; M 3098; M 3671; M 3881; M 4076; M 5129; M 5358 à 5360; M 5491
effort : F 54; F 80-81-82; F 1479; M 657; M 913; M 1010; M 1248; M 1594; M 1660; M 2548; M 4406; → aussi SUCCÈS sans effort (inexistence du)
effusion → PAROLE et effusion
égalité : F 1033; M 1376; M 1451; M 2259; M 2362; M 2437; M 2673; M 2824; M 3052; M 4144; → aussi MORT (égalité des hommes devant la); CONDITION HUMAINE (identité de la)
– (inconvénients de l') : M 2086; M 2600; M 3288; M 3289; M 5074; M 5150; M 5556
égoïsme : F 168; F 528; F 682; F 752; M 74; M 409-410; M 1099; M 1628; M 2661; M 2769; M 3059; M 3299; M 3643; M 3695; M 3715; M 3903; M 4429; M 4430; M 4468; M 4504; M 5252; M 5817; M 5869
éloge : F 1215 à 1218; → aussi LOUANGE PRUDENCE dans l'éloge
éloignement (prestige de l') : F 469; M 288; M 1848; M 4463; M 5629
embrasser *(Qui trop embrasse mal étreint)* → OBJECTIFS (poursuite de trop d')
émigration : M 747; M 4325
empereur → PUISSANTS
emprunt → DETTES
enclume *(Entre l'enclume et le marteau; il ne faut pas mettre le doigt)* → PRUDENCE (incitation à la)
enfant (mort de l') : M 3358; M 3542; M 5672
– dernier-né : F 907
– de vieux : M 3014
– du premier lit : M 5674
– unique : F 913; M 1773
enfants : F 910; F 1044; M 272; M 717; M 1005-1006; M 1330, M 1545; M 1772; M 1777; M 1852; M 2843; M 3012; M 3074; M 3146; M 3351 à 3353; M 3419; M 3478; M 3640; M 4019-4020; M 4242; M 4425; M 4824 à M4826; M 4828; M 5132; M 5262; M 5314-5315; M 5388; M 5668 à 5671; M 5678; M 5680-5681; M 5683; M 5902; → aussi PAROLE d'enfant : PAUVRETÉ et enfants
– (ingratitude des) : F 904; F 1183; M 1420; M 1778; M 2354; M 3541
– d'autrui : M 4823
enfer *(L'enfer est pavé de bonnes intentions)* → INTENTIONS
engagement → PAROLE (engagement par la)
– (imprudence de l') *(Il ne faut jamais dire : «Fontaine; je ne boirai pas de ton eau»)* : F 50; F 2084; M 5557
– (nécessité de l') : M 5508
ennemi : F 1193; F 1196; F 1909 à 1912; M 564; M 943; M 1213; M 2082; M 2490; M 2559; M 2738; M 3184; M 3652; M 3777; M 4256; M 5855
– (adaptation à l') *(À bon chat bon rat)* : F 159; F 538; M 1908; M 2639; M 3096; M 3271; M 3311; M 4107
– (danger d'un petit) : F 65; F 547; F 635; M 563; M 1246; M 1432; M 1837; M 3060; M 3272; M 3307; M 5806
– (mort de l') : F 1192; M 1215; M 3038; M 3456
– (prudence avec l') : F 248; F 564; F 1194; F 1911; M 3116; M 3138; M 5573
– de soi : M 769; M 3712; M 3714; M 5248
ennemis (relations avec les) : F 562; F 1195; M 955; M 956; M 3024; M 3114; M 3115; M 3428; M 4524; M 4787; M 4788; M 4791; M 4792; M 5085 à 5088; M 5610; M 5892
ennui : M 1177
entente → ÉPOUX (entente entre)
enterrement : M 127
entêtement : M 1243; M 1469
entraînement → MAL (effet d'entraînement du); SUCCÈS (effet d'entraînement du); VOLEUR (entraînement du)
– (effet d') *(L'appétit vient en mangeant)* : F 951; M 2301; M 2800; M 2808
– dans la chute : F 709; M 4119; M 4492
entremetteur : M 4582
envie : F 61; F 1225-1226; F 1458-1459; M 5040; M 1681; M 2412; M 2940; M 3064; M 3308; M 4227; M 4255; M 4310; M 4348; M 4757; M 5460
épanchement : M 1875; M 2797; M 2981; M 3885; M 4528; → aussi PAROLE et effusion
épargne : F 1416; F 1421; F 1424; M 363; M 549; M 840; M 841; M 1081; M 4939; M 1610; M 2455;

M 3219; M 4411; M 5440; → aussi PERTE due à l'épargne d'un petit bien
épouse → RELATIONS entre époux; 1re épouse : M 486; M 2343; 2e épouse : M 486; M 2343; 3e épouse : M 2343
– (amour de l') : M 4589
– (bonheur de l') : M 5127
– (bonne) : M 712
– (choix d'une) : M 979; M 2195; M 2504; M 2785; M 3430; M 4839
– (confiance en l') : M 4593
– (éducation de l') : M 4603
– (mort de l') : F 864; M 3626; M 4599
– (prudence avec l') : M 4190; M 5651
– (prudence dans l'éloge de l') : M 470; M 3507; M 4284; M 4581
– (valeur de l') : M 1001; M 1003; M 2206; M 4241
– (vertu de l') : M 4590
époux → RELATIONS entre époux
– (entente entre) : M 2207; M 2208; M 2653; M 4238; M 4585; M 5126; M 5645
– (mort d'un) : M 3358
– (valeur de l') : M 4241
épreuve : F 16; F 23; F 627; F 791; F 1020; M 591; M 721; M 896; M 1868; M 2426; M 3047; M 3090; M 4048; M 4995; M 5243; → aussi AMITIÉ (épreuve de l'); NATURE (épreuve de la)
erreur : F 460; M 4628; M 5447
esclavage : M 170; M 1377; M 5506; → aussi FEMMES (esclavage des)
Espagnol : M 493
espagnole (langue) : M 492
espérance → SPÉCULATION sur une espérance
espoir : F 788; F 1589; F 1977; F 2086; M 150; M 577; M 1607; M 2271; M 2632; M 2767; M 3099; M 3124; M 3693; M 3868; M 4080; M 4287; M 5187; M 5778; M 5780
– (illusion de l') : F 2042; M 139; M 578; M 815; M 2766; M 3832; M 4847
esprit : M 3396; M 4350
essentiel : F 970; M 1114; M 2040; M 2835; M 3414; M 3874; M 4046; M 4316; M 4476-4477; M 4640; M 4659; M 4746; M 4851; M 5290
étranger : M 1676; M 5599 à 5601
être humain → CONDITION humaine; INDIVIDU; NATURE humaine; VALEUR de l'être humain
– (limites de la liberté de l') : F 1954; M 151; M 3633
étude (valeur de l') : F 2126; M 2844; M 4382; M 4391; M 4392; M 4503; M 4693; M 5795
Européen : M 3366
évêque : F 2020
évidence : M 2914; M 5824
exception *(Une fois n'est pas coutume)* : F 1843; F 1851
excès → ACTIVITÉ (inconvénients de l'excès d'); BONHEUR excessif (inconvénients du); BONTÉ (succès de); CERTITUDE (danger de l'excès de); DÉSIR excessif (condamnation du); OFFRE excessive; PAROLE (excès de); PRÉCAUTION excessive; PROFIT excessif (inconvénients du); PRUDENCE (excès de); RÉFLEXION (excès de); RISQUES excessifs; SOINS (inconvénients de l'excès de); ZÈLE excessif
– (inconvénients de l') : F 1078; M 141
excuse : F 766; M 1395; M 2966; M 5102
exigence (limite de l') : F 389; F 1528; F 2045; M 817; M 3562; M 3956; M 4505; M 4755
exil : M 1945; M 2767; M 3132; M 5282
expérience → HABILETÉ; PRUDENCE après mauvaise expérience
– (avantages de l') : F 132; F 170; F 208; F 399; F 435; F 457; F 575; F 795; F 1079; F 1136; F 1139; F 1502; F 1950; F 2114; F 2133; M 331; M 553; M 2062; M 2280; M 2699; M 3961; M 4201; M 4203; M 4309; M 4323; M 5079; M 5326-5327
– (homme d') *(Ce n'est pas à un vieux singe qu'on apprend à faire des grimaces)* : F 133; F 219; F 1462; F 1464; F 1466; F 1498; F 1997; F 2128; M 271; M 873; M 1241; M 2075; M 3191; M 3470; M 3658; M 3751; M 4051-4052; M 4324; M 5523; M 5574; M 5807; M 5853; M 5857; → aussi faillibilité de l'homme d'expérience
– (inutilité de l') : M 790; M 5409; M 5529
– et méfiance : F 185; F 214; F 215; F 216; F 247; M 874-875; M 2061
expert : M 1067
expression (limites de l') : M 2635; M 3185
– (nécessité de l') : M 2722; M 2904

F

facilité → MENSONGE facile; RÉUSSITE facile
faible (colère du) : F 191; F 480; M 17; M 761; M 5045
faiblesse : F 481; F 718; M 535; M 901; M 1297; M 1707; M 1974; M 2551; M 3554; M 3789
faillibilité de l'homme d'expérience : F 35; F 235; F 429; F 1835; M 213; M 1463; M 4909
faim : F 946; M 302; M 699; M 742; M 743; M 1115; M 1286; M 1444; M 2275; M 2662; M 2805; M 3775; M 3776; M 4205; M 4686; M 4690; M 4758; M 4864; M 5312; M 5331
faim *(La faim fait sortir le loup du bois)* → CONVOITISE
– (assouvissement de la) : F 653; F 677; F 941à 943; F 945; F 949; M 12; M 2435; M 2573; M 2594; M 4205; M 4865; M 5313
– (avantages de la) : M 1537; M 2371; M 2447
– (inconvénients de la) : F 1087; M 1865; M 5337
– et mécontentement : F 379; F 415; M 1468
familiarité (conséquence de la) : F 1221; M 5022
famille → AFFAIRES et famille
– (importance secondaire de la) : M 678; M 679
– (querelles de) *(Il faut laver son linge sale en famille)* : F 822; M 2074; M 4067; M 5690

– (relations de) : F 1039 ; F 2014 ; M 176 ; M 266 ; M 2654 ; M 3117 ; M 3555 ; M 4766 ; M 5307 ; M 5688 ; M 5854
– (solidarité dans la) : F 178 ; F 1149 ; M 506 ; M 2066 ; M 2389 ; M 4071 ; M 4996
– sur les amis (préférence à la) : F 1149 ; M 2066 ; M 2389 ; M 3829
fard (inefficacité du) : F 887
fatalité → INÉLUCTABLE ; MORT (caractère inéluctable de la) ; PEINE (fatalité de la)
fatigue : F 498 ; F 1818-1819 ; M 2380 ; M 3798 ; M 5804
fécondité → ACCOUCHEMENT ; ENFANTS ; GROSSESSE
fécondité (importance de la) : M 5115
femme → ADULTÈRE ; DÉSIR sexuel ; DOT ; ÉPOUSE ; FÉCONDITÉ ; MARIAGE ; MARIÉS (jeunes) ; RELATIONS sexuelles
– (choix d'un homme par une) : M 1921
– (consolation de la perte d'une) : M 258
– (esclavage de la) : M 620
– (maison sans) : M 707 ; M 3331
femmes (amour des) ; durée : M 469
– (apparence trompeuse des) : F 1576
– (avarice des) : F 888
– (avidité des) : M 572 ; M 2341 ; M 2512 ; M 4017
– (bavardage des) : F 860 ; M 123 ; M 253 ; M 1769 ; M 2329 ; M 2788 ; M 4579 ; M 5661 ; M 5895 ; M 5899
– (beauté des) ; danger : M 180 ; M 2335 ; M 2565 ; M 3540 ; M 3623
– (beauté des) ; inutilité : F 865 ; F 866 ; F 1042 ; M 1 ; M 238 ; M 2619 ; M 3529
– (beauté des) ; précarité : M 5897
– (bonheur des) : M 5133
– (cadeaux aux) : F 885 ; M 117 ; M 568 ; M 1323 ; M 5276
– (cadeaux de) : F 885 ; M 1922
– (caractère incompréhensible des) F 879 ; M 1916
– (caractère indispensable des) : M 3004 ; M 5646 ; M 5649
– (chasteté des) : F 331 ; M 3810 ; M 251 ; M 2510 ; M 3344 ; M 4576 ; M 4803
– (colère des) : M 456 ; M 2187 ; M 4576
– (compliments aux) : F 886
– (conseils des) : F 869 ; F 870 ; M 462 ; M 1324 ; M 3827
– (coquetterie des) : F 861 ; M 982
– (corps des) : M 2198
– (coût des) : M 1091
– (curiosité des) : F 252
– (danger des) : F 859 ; F 880 ; M 3346 ; M 5662-5663
– (désir sexuel des) : F 510 ; M 230 ; M 239 ; M 2202 ; M 2346 ; M 2652 ; M 5647
– (devoirs des) : M 262 ; M 484 ; M 1094 ; M 1321 ; → aussi FEMMES (rôle des)
– (difficulté de vivre avec les) : F 852
– (discussion avec les) : F 867
– (docilité des) : M 1319
– (économies des) : F 1022
– (efficacité des) : M 293 ; M 3144 ; M 3576
– (esprit des) : M 5118
– (fréquentation des) : M 459
– (grosses) : M 3334
– (habileté des) : F 878 ; M 3007
– (hypocrisie des) : M 241 ; M 249 ; M 255 ; M 297 ; M 454 ; M 2188 ; M 3348
– (imperfection des) : F 881 ; M 119 ; M 1518
– (imprudence des) : F 1913
– (inconstance des) : F 877 ; M 252 ; M 455 ; M 646 ; M 703 ; M 986 ; M 2417 ; M 2787 ; M 3345 ; M 4016 ; M 4240
– (inconvénients des) : F 883 ; M 1755 ; M 2749 ; M 4162
– (indiscrétion des) : F 868 ; M 254 ; M 1928 ; M 4807
– (inefficacité des) : M 4281
– (infidélité des) : M 3005 ; M 3006
– (injures des) ; inefficacité : F 417 ; M 237 ; M 474 ; M 3688
– (insolence des) : M 976
– (instruction des) : M 3340
– (intelligence des) : M 4804 ; M 5656
– (intérêt passager des) : M 453 ; M 981
– (ivresse des) : M 1322 ; M 1846 ; M 4813
– (larmes des) : F 854 ; M 241 ; M 248 ; M 255 ; M 454 ; M 574 ; M 624-625 ; M 985 ; M 2188 ; M 2199 ; M 2340 ; M 2417 ; M 3348 ; M 3620 ; M 3826
– (mauvaises) : M 3884
– (mauvaise foi des) : M 991 ; M 5665
– (méchanceté des) : M 256 ; M 261
– (médisance des) : M 704 ; M 4578
– (méfiance envers les) : M 5275 ; M 5664
– (mensonge des) : M 124 ; M 3342
– (modération des) : F 872
– (moquerie des) : F 857 ; M 5666
– (nature des) : M 114 ; M 451-452 ; M 701 ; M 1766 ; M 2184 ; M 2191 ; M 3004 ; M 3621 ; M 4802 ; M 4805 ; M 5655
– (obéissance aux) : F 1643 ; M 5122
– (pardon des) : M 4577
– (paroles des) : M 992 ; M 2186 ; M 4580 ; → voir aussi FEMMES (bavardages des) ; FEMMES (discussion avec les) ; FEMMES (indiscrétion des) ; FEMMES (injures des) ; FEMMES (médisance des) ; FEMMES (mensonge des) ; FEMMES (répartie des) ; FEMMES (silence des)
– (parure des) : M 4804 ; M 5898
– (patience avec les) : M 1317 ; M 1771
– (patience des) : F 863
– (perfidie des) : M 1847
– (prodigalité des) : F 846 ; M 570 ; M 1519 ; M 2750 ; M 3343 ; M 5658
– (prudence dans l'éloge des) : M 2349
– (prudence avec les) : F 882 ; M 295 ; M 457 ; M 461 ; M 621 ; M 622 ; M 623 ; M 4191 ; M 4812 ; M 5653
– (pudeur des) : M 5117
– (puissance des) : F 874 à 876 ; M 267 ; M 990 ; M 1086 ; M 1320 ; M 1435 ; M 1517 ; M 2185 ; M 2330 ; M 2331 ; M 2500 ; M 3347 ; M 3475 ; M 4011 ; M 5224
– (relations entre) : M 181 ; M 1093 ; M 2190 ; M 4575
– (relations entre hommes et) → RELATIONS
– (répartie des) : M 2418
– (résignation à l'égard des) : M 993
– (résistance des) : M 1919
– (rôle des) : F 850 ; F 853-854 ; M 463 ; M 625 ; M 1415 ; M 1525 ; M 2508 ; M 2618 ; M 2748 ; M 2996 ; M 3072 ; M 3145 ; M 4239 ; M 5119 ; M 5657 ; M 5660 ; M 5669-5670 ; M 5896
– (ruse des) : M 5305

– (silence des) : M 988
– (sort des) : F 892 ; M 617 ; M 2199 ; M 2507 ; M 2747 ; M 3071 ; M 3823
– (sottise des) : M 702 ; M 1767 ; M 3878
– (souplesse des) : M 294
– (statut des) : F 1081
– (valeur des) : M 1756-1757 ; M 2348 ; M 3332 ; M 4581
– (vertus des) → FEMMES (chasteté des)
– (vigilance des) : M 716
– battues : F 856 ; M 464 ; M 706 ; M 983 ; M 1092 ; M 1761 ; M 2200 ; M 2511 ; M 2564 ; M 4587 ; M 5123
– bonnes (avantages des) : F 871
– écartées du trône : F 1701
– jeunes : M 4012
– laides : M 4015 ; M 4803
– pauvres (valeur des) : F 1165 ; M 2205 ; M 3539
– riches : M 257
– sans hommes : M 482 ; M 705 ; M 1411 ; M 1926 ; M 2502 ; M 3335-3336 ; M 5226
– savantes : F 916 ; M 569 ; M 1846 ; M 4574
– vieilles : F 311 ; F 1052 ; M 1854 ; M 2332 ; M 3433 ; M 4013 ; M 5667

fer *(Il faut battre le fer tandis qu'il est chaud)* → OCCASION (invitation à profiter de l')
fête : F 2026 ; F 2028 ; F 2029 ; M 1036 ; M 1833 ; M 3851 ; M 4761
fiancé : M 481
fidélité : M 475 ; M 4624 ; M 5112
fierté : M 5406
fille : F 921 ; M 242 ; M 244-245 ; M 489-490 ; M 718 ; M 719 ; M 1326 ; M 1930 ; M 2212 ; M 2213 ; M 2350 ; M 3015-3016 ; M 3355 ; M 3629 ; M 3942 ; M 3944 ; M 4285 ; M 4551 à 4616 ; M 4836-4837
fille *(La plus belle fille du monde ne peut donner que ce qu'elle a)* → LIMITES
fille (observation de la mère avant d'épouser la) : F 891 ; M 709 ; M 1412 ; M 2503 ; M 3476 ; M 3822 ; M 4306 ; M 5277
– (prudence dans l'éloge de sa) : M 1780 ; M 3508
fils : M 720 ; M 1930 ; M 2516 ; M 3357 ; M 3629 ; M 4603 ; M 4606 ; M 4611 ; M 4613 ; M 5136
fils (prudence dans l'éloge de son) : M 3508 ; M 4604
fin : F 1006 ; F 1111 ; F 1559 ; F 1594 ; F 2057 ; F 2071 ; M 156 ; M 1872
flatterie : F 228 ; F 584 ; F 910 ; M 391 ; M 1103 ; M 1698 ; M 3464 ; M 4179 ; M 5297 ; M 5630
foi : M 522 ; M 1049 ; M 1372 ; M 2360 ; M 2361 ; M 3120 ; M 3124 ; M 3403 ; M 4260 ; M 4674 ; M 5147 ; M 5171 ; M 5744 ; M 5751
fois *(Une fois n'est pas coutume)* → EXCEPTION
folie → AMOUR et folie
fontaine *(Il ne faut jamais dire : «Fontaine ; je ne boirai pas de ton eau»)* → ENGAGEMENT (imprudence de l')
force : F 172 ; F 1232 ; F 1236 ; F 1845 ; F 1871 ; M 2125 ; M 2921 ; M 3229 ; M 3472 ; → aussi UNION (force de l')
forêt : M 655
fortune *(Faire contre fortune ; bon cœur)* → SORT (acceptation de son)
– *(La fortune sourit aux plus audacieux)* → AUDACE
fou : F 1645 ; F 1660 ; M 757 ; M 801 ; M 1368 ; M 1585 ; M 1810 ; M 1971 ; M 2010 ; M 5463 ; → aussi SOT
– (relations avec le) : F 1635 ; M 509 ; M 927
– pour le sage (utilité du) : F 1654 ; F 1655 ; F 1656 ; F 1657 ; M 916 ; M 5720
foule (méfiance de la) : M 4482
four *(On ne peut être ensemble au four et au moulin)* → OBJECTIFS (poursuite de trop d')
foyer : M 1927
française (langue) : M 492
Français : M 2216 ; M 2326
Française : M 2420
France : M 2327
fraude : M 4736
fréquentation → FEMMES (fréquentation des) ; MÉCHANTS (fréquentation des) ; PUISSANTS (fréquentation des)
– (habitudes dues à la) : F 316 ; F 51684 ; M 385 ; M 386 ; M 690 ; M 889 ; M 1275 ; M 1673 ; M 1694 ; M 2103 ; M 2896 ; M 3884 ; M 3999 ; M 4953 ; M 5020 ; M 5205
– des sots (inconvénients de la) : F 572 ; M 2102
fréquentations (danger des mauvaises) : F 380 ; M 83 ; M 1029 ; M 1274 ; M 2945
– (résistance aux mauvaises) : M 2469
frères : F 927 ; M 604 ; M 1249 ; M 2518 ; M 3630 ; M 3631 ; M 4241 ; M 4599 ; M 4600
frivolité : F 1569
frotter *(Qui s'y frotte s'y pique)* → RISQUES et punition
fruits (efficacité des) : F 770
fuite (inconvénients de la) : F 257
– (justification de la) : F 1588 ; M 1906
fumée *(Il n'y a pas de fumée sans feu)* → EFFET et cause (lien entre)

G

gaieté : M 2365
gaucho : M 529 ; M 530
gendre : F 924-925 ; M 265 ; M 3065 ; M 4309 ; M 5135
général → PARTICULIER et général
générosité : F 1104 ; F 1152 ; M 826 ; M 839 ; M 1638 ; M 1640 ; M 1870 ; M 1893 ; M 2869 ; M 2874-2875 ; M 3238 ; M 4216 ; M 4630 ; M 4722 ; → aussi BIENFAIT
gloire : M 1014 ; M 4199 ; M 4376 ; M 4714

gourmandise : M 344 ; M 1882 ; M 2275 ; M 2400
– (danger de la) : F 956 ; F 957 ; M 46 ; M 740 ; M 741 ; M 1118 ; M 1119 ; M 1544 ; M 4413
goûts (diversité des) : F 947 ; F 948 ; M 5323
– (relativité des) : F 395 ; M 3706 ; M 4870
goutte d'eau *(La dernière goutte est celle qui fait déborder le vase)* → CAUSE et effet (disproportion entre)
gouvernement : C 243
grâce : M 1797
grafitti (condamnation des) : F 1649
grands → RELATIONS entre petits et grands
grand homme *(Il n'y a point de grand homme pour son valet de chambre)* → NATURE (épreuve de la)
gratuité (avantages de la) : M 2031 ; M 3200-3201 ; M 3568 ; M 3735
– (inconvénients de la) : M 3426
grives *(Faute de grives ; on mange des merles)* → SATISFACTION limitée
Grec : M 190 ; M 2651 ; M 2736
grossesse : F 798 ; M 4817 ; M 5733
grossièreté : M 669 ; M 2112 ; M 3813
groupe → CONTAMINATION du groupe par le mauvais individu
guérison → MAL (guérison du mal par le) ; → MALADIE (processus de la)
guerre : F 1899 à 1908 ; M 507 ; M 508 ; M 946 ; M 1035 ; M 2261 ; M 2312-2313 ; M 2337 ; M 2431 ; M 3341 ; M 3438 ; M 3471 ; M 3576 ; M 4144 ; M 4160 ; M 4653 ; M 5592 ; → aussi ARMÉE ; PAIX ; SOLDAT
guerre *(À la guerre comme à la guerre)* → ACCEPTATION des conséquences

H

habileté : F 33 ; F 608 ; F 838 ; F 1477 ; F 1608 ; M 37 ; M 1159 ; M 1198 ; M 1946 ; M 4201 ; M 5332-5333 ; M 5531 ; → aussi FEMMES (habileté des)
habillement : F 950 ; F 1127-1128 ; F 1130 ; M 2897 ; M 5002
habit *(L'habit ne fait pas le moine)* → APPARENCE trompeuse
habitude : F 1120 ; F 1260 ; F 1815 ; F 1842 ; M 268 ; M 1484 ; M 1658 ; M 2372 ; M 2706 ; M 5328 ; → aussi ACCOUTUMANCE ; ÉDUCATION (habitudes de l') : pérennité
haine : F 1191 ; M 398 ; M 1314 ; M 1680 ; M 2290 ; M 4468 ; M 4518 ; M 5728
harmonie : M 5259
hasard : F 1606-1607 ; M 2760 ; M 3848 ; M 4355
hâte (inconvénients de la) : F 1599 ; F 1783 ; F 1784-1785 ; M 532 ; M 559 ; M 809 ; M 1357 ; M 2684 ; M 2857 ; M 4172 ; M 4176 ; M 4395 ; M 5536
hérédité : M 3435 ; M 3918 ; M 4620
hérédité et nature (négatif) *(La caque sent toujours le hareng)* : F 188 ; F 195 ; F 227 ; F 307 ; F 335 ; F 1065 ; F 1085 ; F 1203 ; M 313 ; M 659 ; M 1685 ; M 3170 ; M 3548 ; M 4878 ; M 5048
– (neutre) *(Tel père ; tel fils)* : F 67 ; F 190 ; F 196 ; F 201 ; F 209 ; F 339-340 ; F 378 ; F 515 ; F 577 ; F 917-918 ; F 972 ; F 1064 ; F 1315 ; M 166 ; M 168 ; M 677 ; M 749 ; M 2080 ; M 2596 ; M 2702 ; M 3160 ; M 3549 ; M 3636 ; M 3672 ; M 3942 ; M 4838 ; M 5240
– (positif) : F 68-69 ; F 308 ; F 574 ; M 1127 ; M 3550 ; M 4451
– opposées : F 919-920 ; M 200 ; M 321 ; M 912 ; M 1873 ; M 2525 ; M 3637 ; M 3852 ; M 5246
héros : F 6 ; M 3946 ; M 4280 ; M 4706
hésitation : F 1527 ; M 336 ; M 917 ; M 961-962 ; M 1296 ; M 2449 ; M 2687 ; M 2853 ; M 3728 ; M 4718 ; M 4931
hirondelle *(Une hirondelle ne fait pas le printemps)* → CAUSE (insuffisance de la)
homme → CÉLIBATAIRE ; DÉSIR sexuel ; DONJUANISME ; ÊTRE HUMAIN ; FEMME sans homme ; RELATIONS entre hommes et femmes ; RELATIONS sexuelles ; VIRILITÉ
– (rôle de l') : M 2376 ; M 5657
– sans femme : M 1410 ; M 3333
hommes (ardeur sexuelle des) : F 519 ; M 197
– (comportement sexuel des) : M 2563 ; M 5648
– (égoïsme des) : M 5654
– (inefficacité des) : M 3144
– (mensonges des) : M 3342
– (relations entre) : M 2190 ; M 4575
– (relations entre femmes et) → RELATIONS entre hommes et femmes
– (rigidité des) : M 294
– (supériorité des) : F 637 ; F 851
– (valeur des) : F 78 ; M 315
– (vantardise des) : M 3073
– (vieillesse des) : F 629 ; F 630
– et enfants : M 3343
Hongrie : M 2325
honnêteté : F 1382-1383 ; M 171 ; M 785 ; M 1242 ; M 2882 ; M 3573 ; M 3951 ; M 4433-4434 ; → aussi PAUVRETÉ et honnêteté
honneur : M 316 ; M 389 ; M 590 ; M 1020 ; M 1343 ; M 1597 ; M 1720 ; M 1790 ; M 1995 ; M 2655 ; M 3318 ; M 4246 ; M 4455 ; M 5740
honte : F 2051 ; M 1556 ; M 5242 ; M 5329
hôte : M 2150 ; M 2151 ; M 2318 ; M 2974 ; M 4525 ; M 5603 ; M 5887
– (inconvénients de l') : F 1207-1208 ; M 430 ; M 2319 ; M 2975 ; M 3161 ; M 3300
huile *(Il ne faut pas jeter de l'huile sur le feu)* → QUERELLES
hypocrisie : F 1554 ; F 2010 ; M 81-82 ; M 323 ; M 392 ; M 783 ; M 933 ; M 1299 ; M 1398 ; M 1575 ; M 1713 ;

M 1902 ; M 2288 ; M 2479 ; M 2616 ; M 3093 ; M 3254 ; M 3279 ; M 3317 ; M 3451 ; M 3676-3677 ; M 3794 ; M 3873 ; M 4042-4043 ; M 4290 ; M 5209 ; → aussi FEMMES (hypocrisie des)

I

ignorance : F 624 ; M 762 ; M 2289 ; M 2839 ; M 3028 ; M 3315 ; M 3532 ; M 3985 ; M 3996 ; M 4007 ; M 4267 ; M 4270 ; M 4390 ; F 349-350 ; M 4692 ; M 5340 ; M 5721 ; M 5908
– (avantages de l') : M 1130 ; M 1561 ; M 1562 ; M 3407
illusion → ESPOIR (illusion de l') ; NUIT (illusion de la)
illusions : M 579 ; M 814 ; M 2538 ; M 3077 ; M 4417-4418.
imagination : F 2125 ; M 5734
imitation : F 595 ; F 1465 ; F 1554 ; M 384 ; M 1254-1255 ; M 1691 ; M 1710 ; M 2607 ; M 3176 ; M 3177 ; M 3497 ; M 3900 ; M 3984 ; M 5524
impatience : F 442 ; M 333 ; M 4157 ; M 4897
imperfection de toute chose : F 428 ; F 430 ; F 1850 ; F 1961 ; F 2054 ; M 205 ; M 597 ; M 759 ; M 765 ; M 934 ; M 1098 ; M 1104 ; M 1604 ; M 1670 ; M 2146 ; M 2527 ; M 2566M 3180 ; M 3440 ; M 3790 ; M 3892 ; M 4337 ; M 4342 ; M 5726 ; M 5737 ; → aussi FEMMES (imperfection des)
impertinence : M 4513
impossible : F 1626 ; F 1628
impossibilité : F 634 ; F 1979 ; M 775 ; M 1073 ; M 2579 ; M 2728 ; M 3182 ; M 3441 ; M 3483 ; M 4032 ; M 4225 ; M 4394 ; M 4813 ; M 4874 ; M 5292 ; M 5398 ; M 5810
imprévoyance (critique de l') : F 323 ; M 2682 ; M 5788
improductivité : M 2840 ; M 4906-4907
imprudence : F 66 ; M 1258 ; M 1496 ; M 1498 ; M 2122 ; M 2930 ; M 2951 ; M 2952 ; M 3293 ; M 3295 ; M 4118 ; M 4486 ; M 5211 ; M 5408 ; M 5410 ; M 5766 ; M 5789 ; → aussi ENGAGEMENT (imprudence de l') ; FEMMES (imprudence des)
impudence : M 2476 ; M 2613 ; M 4233
impudeur : F 596 ; M 342
impuissance : F 518 ; F 1228 ; F 1808
incertitude : F 416 ; F 803 ; F 1345 ; → aussi AVENIR (incertitude de l')
incompétence : M 3063
inconnu (peur de l') : M 554 ; M 791 ; M 1121 ; M 5207
inconscience : M 3986
inconstance → HUMOUR (inconstance de l') ; FEMMES (inconstance des) ; PUISSANTS (inconstance des)
inconvénient de toute chose : F 303-304 ; F 306 ; F 336 ; F 1289 ; F 1812 ; F 1813 ; F 2044 ; F 2061 ; M 1266 ; M 1822 ; M 2101 ; M 2424 ; M 2470 ; M 2758 ; M 2823 ; M 3032 ; M 3135 ; M 3220 ; M 3555 ; M 3656 ; M 3779 ; M 4345 ; M 5263 ; M 5866
– limité (acceptation d'un) : F 91 ; F 908 ; F 1994-1995 ; M 666 ; M 2057 ; M 3102 ; M 3162 ; M 3523 ; M 3767-3768 ; M 3907-3908 ; M 4099 ; M 4699 ; M 5043 ; M 5539 ; M 5852
inconvénients → FEMMES (inconvénients des)
indifférence → MALHEUR d'autrui (indifférence pour le)
du support : F 484 ; F 1542
indiscrétion : e 136 ; A 196 ; → aussi FEMMES (indiscrédes)
indispensable (caractère) : F 1388 ; M 4886 ; → aussi FEMMES (caractère indispensable des)
individu → AMOUR de soi ; CONNAISSANCE de soi ; ENNEMI de soi ; INDULGENCE pour soi-même ; MAÎTRISE de soi
individualisme : F 1640 ; M 1386 ; M 3392
indulgence → MÉCHANTS (indulgence avec les) ; MÈRE (indulgenge avec la vieille)
– pour soi-même : F 698 ; 14 ; M 2669 ; M 2798
inefficacité : F 542 ; M 4059 ; M 5504 ; M 5528 ; M 5535 ; M 5537
inégalité des situations : F 221 ; F 264 ; F 370 ; F 397 ; F 410 ; F 411 ; F 496 ; F 1920 ; M 3 ; M 199 ; M 388 ; M 582 ; M 1126 ; M 2650 ; M 3125 ; M 3178 ; M 3398 ; M 3701 ; M 3702 ; M 4045 ; M 4088 ; M 4401 ; M 4687 ; M 5268 ; M 5294 ; M 5419 ; M 5474 ; M 5711-5712 ; M 5797-5798 ; M 5816
inéluctable : F 523 ; F 2037 ; M 1427 ; M 3094 ; M 5782 ; MORT (caractère inéluctable de la)
inexpérience : F 53 ; F 1875 ; M 3594 ; M 5828
infidélité : → FEMMES (infidélitédes)
infirmes (méfiance envers les) : F 701
ingratitude : F 381 ; F 509 ; F 1223 ; F 1313 ; F 1729-1730 ; F 1989 ; F 2092 ; M 55 à 59 ; M 399 ; M 830 ; M 1632 ; M 1686 ; M 2033 ; M 2118 ; M 2310 ; M 2556 ; M 2712 ; M 2877-2878 ; M 3205-3206 ; M 3259-3260 ; M 3739 ; M 3989 ; M 4068 ; M 4120 ; M 4228-4229 ; M 4512 ; M 4768 ; M 4955 à 4959 ; M 5437 ; M 5439 ; M 5480 ; M 5883
injures : F 1224 ; F 1509 ; F 1826 ; M 647 ; → aussi FEMMES (injures des) ; PAROLE (inconvénients de la)
– (pardon des) : M 179 ; M 557 ; M 3615 ; M 3890 ; M 4299 ; M 4358
– (pérennité des) : F 1223 ; M 2310 ; M 4512 ; M 5622
injustice : M 147 ; M 2148 ; M 3017 ; M 5715 ; M 5738 ; → aussi CHÂTIMENT (injustice dans le)
innocents *(Aux innocents les mains pleines)* → CHANCE
insistance (danger de l') : M 2143
– (inefficacité de l') : F 1869
insolence : M 686 ; M 1283 ; → aussi FEMMES (des)
insouciance : M 1171 ; → aussi DANGER (insouciance en l'absence de)
instruction : M 1969 ; M 2633 ; M 3388 ; M 5077-5078 ; → aussi FEMMES (instruction des)
intelligence : M 4177 ; M 4389 ; M 4804 ; M 5169 ; M 5722-5723 ; → aussi FEMMES (intelligence des)
intention *(L'enfer est pavé de bonnes intentions)* : F 1624 ; F 2055 ; F 2124

intérêt (comportement par) : M 2307; M 2308; M 3267; M 5438; → aussi PRUDENCE avec les gens intéressés
– (soin de son propre) *(Charité bien ordonnée commence par soi-même)* F 250; F 312; F 318; F 453; F 500; F 507; F 727; F 807-808; F 1046; F 1150; F 1187; F 1330; F 1442; F 1453; F 1703; F 1866; F 1928; F 1948; F 2016-2017; M 39; M 169; M 290; M 330; M 369; M 376; M 605; M 678-679; M 865; M 880; M 915; M 1167; M 1487; M 1493; M 1532; M 1666; M 1836; M 1885; M 1986; M 1989; M 2052; M 2054; M 2063; M 2395-2396; M 2450; M 2537; M 2547; M 2581; M 2709; M 2779; M 2911; M 3452; M 3489; M 4175; M 4385; M 4507; M 4974; M 5317; M 5389; M 5435; M 5479; M 5821; → aussi MARIAGE et intérêt
– contradictoires (impossibilité de ménager des) *(On ne peut ménager la chèvre et le chou)* : F 449; M 2047; M 4315
intermédiaires : F 1794; F 1987; M 60; M 691; M 850; M 925; M 2064; M 2226; M 3577; M 3578; M 5060
intimité : M 3282; M 5029; M 5642
inutilité : F 328; F 765; F 1832-1833; M 945; M 1980; M 2575; M 3748; M 4262; M 4890; M 5050; M 5380; M 5517
Irlandais : M 1862
irrémédiable → MORT (caractère irrémédiable de la)
irresponsabilité : M 5412
irréversibilité : M 3928; → aussi ACTION (irréversibilité l'); PAROLE (irréversibilité de la)
isolée (action) → ACTION isolée (efficacité de l'); ACTION isolée (inefficacité de l')
Italie : M 2325
Italien : M 2326
ivresse → FEMMES (ivresse des)
ivrogne → ALCOOL (effets de l')
italienne (langue) : M 492

J-K

jalousie : F 1168; M 263; M 2334; M 2915; M 3613; M 4272
jeu : F 1562-1563; F 1565; M 2283; M 4391; → *(Le jeu ne vaut pas la chandelle)* → RISQUES excessifs
jeûne : F 2029; F 2031; F 2032
jeune fille vierge : M 2344; → aussi CÉLIBATAIRE; RELATIONS sexuelles
– (beauté des) : F 893; F 897; M 125; M 994; M 3338; M 5278
– (chasteté des) : M 1090
– (coquetterie des) : F 898
– (dissipation des) : F 899; F 900; M 246-247-248; M 720; M 977-978
– (mariage des) : M 243; M 1779; M 3356; M 4839
– (relations avec les) : M 298; M 989; M 1917
– (réputation des) : F 895; F 896
jeunes → MORT des jeunes (consolation de la)
jeunesse : F 90; F 485; F 792-793; F 796; F 1970; M 204; M 664; M 1008; M 1112; M 1140-1141; M 1146; M 1454; M 1588; M 1793; M 2001; M 2771; M 3933; M 5703; → aussi OISIVETÉ de la jeunesse (conséquence de l')
joie : F 2063; M 13; M 735; M 1060; M 1805; M 2459; M 3147; M 4047; M 4691; M 5239
jouissance → PLAISIR
journaux (caractère diabolique des) : F 1457
juge : M 494; M 694; M 2231; M 2232; M 2233; M 2404; M 2922; M 3103; M 3104; M 3501; M 4984; M 5223
jugement : M 312; M 3840; M 5520
Juifs : M 947; M 1333; M 2221; M 2222; M 2223; M 2324; M 3416; M 4680-4681; M 4767
justice : F 1847 à 1849; F 1874; M 147; M 1354; M 1490; M 2707; M 2901; M 3228; M 3604; M 3836; M 3837; M 3839; M 4081; M 4911-4912; M 4992; M 5015
justice distributive *(Le malheur des uns fait le bonheur des autres)* : F 326; F 1031; F 1297; F 1876; F 2043; F 2069; M 4844
– légale : M 132; M 174; M 882; M 1622; M 2321; M 2322; M 2405; M 3472; M 3522
Khmers : M 4166

L

lâcheté : F 715; F 1944; M 43-44; M 1397; M 1513; M 4083; M 4280
lâcheté (justification de la) : F 1613; F 1614; M 1478; M 3021
laideur : M 1033; → aussi FEMMES laides
langues → ESPAGNOLE (langue); FRANÇAISE (langue); ITALIENNE (langue)
lard (innocuité du) : F 1007

larmes → FEMMES (larmes des); PLEURS
leçon → échec (leçon de l')
légitimité → ASSURANCE due à la légitimité
lendemain *(Il ne faut pas remettre au lendemain...)* → ACTION en son temps (encouragement à l')
lenteur (danger de la) : F 146; M 418; M 1082; M 1277; M 1278; M 1279
libération : F 409; M 1027
liberté : F 166; F 259; F 576; F 1797; M 193; M 1807; M 4691; M 4926; M 5314; M 5525; → aussi RICHESSE et liberté
– (préférence à la) : F 177; F 1762; M 9; M 1534; M 1951; M 1952; M 4861
lieux publics (recueil d'informations dans les) : F 320
lièvre *(Il ne faut pas courir deux lièvres à la fois)* → OBJECTIFS (poursuite de trop d')
limites *(La plus belle fille du monde ne peut donner que ce qu'elle a)* : F 894; F 1088; M 210; M 1360; M 1864; M 3582; M 4889; → aussi AMITIÉ (limites de l'); MÉCHANTS (limites des); PROFIT (limites du); RICHESSE (limites de la); SAGESSE (limites de la)
linge sale *(Il faut laver son linge sale en famille)* → FAMILLE (querelles de)
lit *(Comme on fait son lit; on se couche)* → ACCEPTATION des conséquences
livre : M 140; M 4544
locataire : M 2802
logique (manque de) *(Il ne faut pas mettre la charrue avant les bœufs)* : F 459; M 2012
loi : F 1836 à 1844; M 1331; M 2278; M 3535; M 4570; M 4571; M 4843; → aussi JUGE; JUSTICE légale
loin → MARIAGE au loin (condamnation du); RISQUES dans les affaires au loin
loisirs : M 4649
Londres : M 731
longévité : → MÉCHANTS (longévité des)
louanges (inconvénients des) : M 2317; M 4006; M 5633; → aussi ÉLOGES
loup *(Les loups ne se mangent pas entre eux)* → MÉCHANTS (solidarité des)
– *(Quand on parle du loup; on en voit la queue)* → COÏNCIDENCE
lumière (inconvénients de l'absence de) : M 2379
luxe : M 2808

M

maires : M 1393; M 1423
maison : F 181; F 816; F 830-831; M 734; M 1123; M 2348; M 3235; M 4688; → aussi FEMMES (maison sans)
maître → CHEF
– (efficacité de la surveillance du) *(L'œil du maître)* : F 271; F 418; M 175; M 1643; M 1835; M 3234; M 3533; M 5055; M 5502; M 5849
– et serviteur (divergences entre) : F 365; F 366; M 226; M 897; M 2471; M 2731; M 5036
– et serviteur (relations entre) : F 437; M 1233; M 1251; M 1644; M 1667; M 3879; M 4218; M 4480-4481; M 4771; M 4965; M 5037; M 5069; M 5076; M 5188; M 5490
maîtresse (situation de la) : M 620
maîtrise → DESTIN (maîtrise de son)
– de soi : F 446; M 4363-4364; M 4378; M 4626; M 4706
mal → AMOUR (mal d')
– (aggravation impossible du) : F 1054; M 3251; M 3468
– (choix du moindre) : F 2094; M 3155; M 3157; M 3158
– (effet d'entraînement du) : M 1356; M 2385; M 4716; M 4782
– (guérison du mal par le) : F 568; M 1252; M 1253; M 2410; M 2954; M 4298; M 4470
– (justification du) : F 1978; M 2248
– (penser à) : F 2104
– (réparation trop tardive du) : F 766; F 1929
– (séduction du) : F 2091; M 673; M 1034; M 5143; M 5280
– (universalité du) : F 1702; M 148; M 1148; M 2791; M 3171; M 3394; M 5145-5146
malades (résistance des personnes) : F 1055; M 753
maladie : F 749; M 594; M 1863; M 2274; M 2814; M 3692; M 5208
– (processus de la) : F 751; F 762; F 2097; M 1403; M 1592; M 2770; M 3154; M 3556; M 4893; M 5347
malchance : F 398; F 2083; M 4; M 300; M 1038; M 1039; M 1956; M 2675; M 3514; M 3626; M 4705; M 5569; M 5709-5710; M 5830
– des malheureux : F 18; F 408; F 565; F 962; F 1750; F 1757; F 1766; F 2105; M 5; M 305; M 575; M 632; M 633; M 1401; M 1577; M 1578; M 1954; M 1955; M 2020; M 2272; M 3131; M 3169; M 3803; M 3990; M 4232; M 5417; M 5418; M 5589; M 5713
malheur : F 394; F 624; F 1763; F 1764; F 1765; F 2106; M 6; M 612; M 792; M 1040; M 2478; M 2756; M 2762; M 3845; M 3862; M 3914; M 3997; M 4631; M 4674; M 5168; M 5758-5759; M 5799
malheur *(Le malheur des uns fait le bonheur des autres)* → JUSTICE distributive; → aussi MARIAGE et malheur; PEINE
– (avantages du) : F 2108; M 505; M 2545; M 4022; M 4260; M 4708
– (persistance du) : F 841; M 7; M 8; M 2254; M 2623
– d'autrui (indifférence pour le) : F 461; F 583; F 2103; M 1509; M 1911; M 2136; M 3793; M 4774; M 4894; M 5251; M 5469; M 5654; M 5886
– du voisin et prudence : F 820; M 289; M 1652; M 2614; M 3675; M 5454; M 5856
malheureux → PAUVRES; → aussi MALCHANCE des malheureux
malhonnêteté : F 43; F 1429; F 1827
– (punition de la) : F 1300; F 1301; M 3450

manche *(Il ne faut pas jeter le manche après la cognée)* → DÉCOURAGEMENT (condamnation au)
marâtre : M 264 ; M 2514
marchandise (dépréciation d'une) : F 364 ; F 1350 ; F 1450 ; F 2018 ; M 1483 ; M 4978
– (inutilité de vanter une bonne) : F 337 ; F 420 ; F 470 ; M 366 ; M 2413 ; M 2419 ; M 2883
– (mauvaise) : F 405 ; F 993 ; F 995 ; F 1360 ; M 1203-1204 ; M 2941 ; M 3742 ; M 3749 ; M 4983
– (méfiance lors d'une ruée sur une) : F 1642
maréchal-ferrant : F 775
mari : M 481 ; → RELATIONS époux ;
– (premier) : M 4596 ; (deuxième) : M 4596
– (amour du) : M 4589
– (choix d'un) : M 2333 ; M 2505 ; M 3337
– (art de garder son) : M 5125
– (mauvais) : M 1002 ; → aussi FEMMES battues
– (recherche d'un) : F 420
mariage : F 1959 ; M 127 ; M 713 ; M 714 ; M 980 ; M 1089 ; M 1758 ; M 2337 ; M 2338 ; M 2339 ; M 2432 ; M 2700 ; M 2752 ; M 4010 ; M 4583 ; M 4810-4811 ; M 5306 ; M 5650 ; M 5668 ; → aussi JEUNES FILLES (mariage des)
– (premier) : M 2513 ; (deuxième) : M 715 ; M 2513 ; (troisième) : M 2513
– (conseils de) : M 480
– (inconvénients du) : F 844 ; F 845 ; M 126 ; M 479 ; M 3504 ; M 3538
– (refus de) : F 901
– au loin (condamnation du) : F 847 ; F 1407 ; M 711 ; M 2751
– de vieux : M 2345
– entre parents : M 1924
– et chance : M 478 ; M 619
– et différence d'âge : M 2421
– et intérêt : F 848-849 ; M 259 ; M 476 ; M 710 ; M 998 ; M 1000 ; M 1316 ; M 1524 ; M 1752 ; M 1759 ; M 3607
– et malheur : F 842 ; M 2340
– et milieu : M 995-996 ; M 1923
– précoce : M 2336
– rapide (repentir d'un) : F 843 ; M 2197
mariée (jeune) : M 3537
marraine : M 2209
maturité : F 71 ; F 73 ; F 89 ; F 352 ; F 1652 ; M 21
mauvais caractère : F 334 ; F 914 ; M 3712
mauvaise foi *(Qui veut noyer son chien l'accuse de la rage)* : F 452 ; F 553 ; F 578 ; M 900 ; M 907 ; M 1287-1288 ; M 1999 ; M 2088 ; M 2399 ; M 4404 ; M 5470 ; → aussi FEMMES (mauvaise foi des) ; PAROLE et mauvaise foi ; PUISSANTS (mauvaise foi des)
méchanceté → FEMMES (méchanceté des)
méchants → CONTAMINATION du groupe par le mauvais individu
– (châtiment des) : F 164 ; F 292 ; F 494 ; F 702 ; F 805 ; F 1231 ; F 1771 ; F 2089 ; F 2090 ; M 518 ; M 851 ; M 1028 ; M 1156 ; M 3058 ; M 3278 ; M 3796 ; M 5792
– (comportememt des) : F 103 ; F 144 ; F 358 ; F 1230 ; F 1962 ; F 1973 ; M 75 ; M 407 ; M 416-417 ; M 558 ; M 606 ; M 903 ; M 1156 ; M 1276 ; M 1584 ; M 1677 ; M 1910 ; M 2005 ; M 2104 ; M 2105 ; M 2107 ; M 2137 ; M 2602 ; M 2604 ; M 2605 ; M 2636 ; M 2780 ; M 2947 à 2950 ; M 3266 ; M 3418 ; M 3498 ; M 3774 ; M 4221 ; M 4885 ; M 5586
– (fin de l'activité des) *(Morte la bête ; mort le venin)* : F 114 ; F 165 ; F 1903 ; M 886 ; M 2264 ; M 2530
– (danger de la fréquentation des) : M 944 ; M 1704 ; M 1712 ; M 2106 ; M 3255
– (indulgence avec les) : F 150 ; M 87 ; M 147 ; M 1679 ; M 2964 ; M 3601
– (limites des) : M 394 ; M 1563 ; M 1717 ; M 2705 ; M 4489 ; M 5587
– (longévité des) : F 70 ; F 83 ; F 88 ; F 141 ; F 305 ; M 222 ; M 931 ; M 4085
– (prudence avec les) : F 121 ; F 1980 ; M 899 ; M 1877 ; M 1890 ; M 1891 ; M 2291 ; M 2542 ; M 2615 ; M 3458 ; M 5047
– (solidarité des) *(Les loups ne se mangent pas entre eux)* : F 143 ; F 197 ; M 1218 ; M 1219-1220 ; M 2067 ; M 2293 ; M 2701 ; M 2949
mécontentement → FAIM et mécontentement
médaille *(Toute médaille a son revers)* : REVERS chose
médecin : F 753 ; F 768 à 782 ; F 1449 ; M 202 ; M 497 ; M 593 ; M 1334 ; M 1421 ; M 2323 ; M 2699 ; M 2961 ; M 3063 ; M 3371 ; M 3372 ; M 3373 ; M 4263 ; M 4555
médiateur : M 4551 ; M 5728
médisance : M 101 ; M 102 ; M 1768 ; M 2496 ; M 2740 ; M 2745 ; M 2940 ; M 3319 ; M 3321 ; M 3465 ; M 4177 ; M 4178 ; M 4459 ; M 4541 ; M 5222 ; → aussi FEMMES (médisance des)
méfiance : F 732 ; M 609 ; M 2065 ; M 3269 ; M 3270 ; M 4781 ; → aussi FEMMES (méfiance envers les)
– de l'apparence → APPARENCE trompeuse
mémoire : M 2387 ; M 2665 ; M 2820 ; M 5597
menaces (efficacité des) : F 8 ; F 25 ; F 559 ; F 1248 ; F 1939 ; M 2138 ; M 3053 ; M 3509 ; M 5049 ; M 5264
– (inefficacité des) : F 12 ; F 13 ; F 558 ; F 650 ; M 968 ; M 1485 ; M 1963 ; M 2855 ; M 2927 ; M 3106 ; M 3065 ; M 3588 ; M 3593 ; M 3684 ; M 4095 ; M 4185 ; M 4491 ; M 4773 ; M 5498-5499 ; M 5522 ; M 5784 ; M 5859-5860
ménagement → INTÉRÊTS contradictoires (impossibilité de ménager des)
mendiants → PAUVRES ; PAUVRETÉ
mensonge : F 1534 ; F 1536 ; F 1537 ; M 671 ; M 693 ; M 2183 ; M 1737 ; M 2497 ; M 2746 ; M 3323 ; M 3327 ; M 3425 ; M 3887-3888 ; M 4127 ; M 4259 ; M 5105 ; M 5637-5638 ; → aussi FEMMES (mensonge des)
– (efficacité du) : F 1535 ; M 106 ; M 1734 ; M 2178
– (inefficacité du) : M 1308-1309 ; M 1735 ; M 2181 ; M 2182 ; M 2316 ; M 2409 ; M 2498 ; M 2993 à M 2995 ; M 3067 ; M 3817 ; M 4128 ; M 4550 ; M 4800-4801 ; M 5107-5108
– et précaution : F 1538 ; M 2180 ; M 3322
– facile : F 1520 ; M 1848 ; M 3596 ; M 3648 ; M 3683 ; M 5628
mépris : F 1013 ; F 1222 ; M 2481 ; M 3248 ; M 4196 ; M 5836 ; → aussi BESOIN après mépris
mer : M 1818 ; M 1937 ; M 2337
mère : F 208 ; F 424 ; F 905-906 ; M 128 ; M 488 ; M 1527 ; M 1860 ; M 1928 ; M 2211 ; M 2351-2352 ; M 2515 ; M 3146 ; M 3362-3363-3364 ; M 3627-3628 ; M 3651 ; M 4021 ; M 4193 ; M 4605 ; M 4818 à 4822 ; M 4830 ; M 5134 ; M 5229 ; M 5675-5676-5677 ; M 5679 ; M 5681 ; → aussi PARENTS
– (indulgence avec la vieille) : M 1528
mérite : F 591 ; M 590 ; M 2848 ; M 5140
mesquinerie : M 4414

messager : M 5053; M 5615
meunier : F 1884; M 203; M 1422; M 1423
mieux est l'ennemi du bien (le) : F 109; F 997; F 2113; M 4884
milieu (juste) : F 2109; F 2110; F 2111; M 868
– naturel : M 2464; M 5319; M 5485; → MARIAGE et milieu
mode : F 1751; M 5318
modération (avantages de la) : M 31; M 656
modestie : M 751; M 1663; M 3249; M 4461; M 5334
moine : F 1993 à 2001; M 495; M 1832; M 2733
monde : M 1104; M 1861; M 1938; M 2792; M 3123; M 3481; M 3853; M 4149; M 4164-4165; M 4249; M 4650; M 4843; M 5141; M 5175-5176; M 5178-5179; M 5738; → aussi ACCEPTATION du monde
monture *(Qui veut voyager loin ménage sa monture)* → PRUDENCE
mort : F 800; F 801; F 804; F 806; F 811; M 156; M 442; M 524; M 525; M 726; M 728; M 1053; M 1054; M 1206; M 1428; M 1812; M 1813; M 1814; M 1815; M 1816; M 1935; M 1936; M 2266; M 2267; M 2364; M 2629; M 2659; M 3082; M 3543; M 3864; M 3866; M 4029; M 4147; M 4152; M 4645; M 4655; M 4660; M 4859-4860; M 4915; M 5182; M 5184-5185; M 5763; M 5768; M 5770; M 5774 à 5777; → aussi ENNEMI (mort de l'); ÉPOUSE (mort de l'); ÉPOUX (mort de l'); VIE et mort
– (caractère inéluctable de la) : M 1934; M 2658; M 3036; M 3038; M 3402; M 3867; M 4556; M 5162; M 5183; M 5726; M 5762; M 5767; M 5771-5773
– (caractère irrémédiable de la) : F 761; M 525; M 526; M 527; M 1051; M 1811; M 2268; M 2631; M 3510; M 3949
– (égalité des hommes devant la) : M 519; M 629; M 1052; M 1383; M 2265; M 2630; M 4030; M 4333; M 5180
– des jeunes (consolation de la) : M 1050
morts : F 718; F 812; F 1867; M 1531; M 3413; M 4087
morveux *(Qui se sent morveux se mouche)* → ILLUSION (concerné par une)
mouches *(On prend plus de mouches avec du miel qu'avec du vinaigre)* → DOUCEUR (avantages de la)
moyens → ADAPTATION aux moyens; DÉSIR aux moyens (adaptation du); RÉSULTAT et moyens (disproportion entre)
– (justification des) : F 1590; M 3242; M 4297
musique : M 4658

N

naissance : F 800; F 801
naïveté : F 1639; F 1965; M 936; M 937; M 4668
nature → DÉSIR selon nature; FEMMES (nature des)
– (comportement selon la) : F 153; F 505; F 506; M 165; M 201; M 1565
– (épreuve de la nature) *(Il n'y a pas de grand homme pour son valet de chambre)* : F 349; F 387; F 889; F 1634; F 1714; F 1966; F 2119; M 3496; M 3743; M 4084; M 4344; M 5190
– (épreuves de la nature – neutre et positif) : F 95; F 187; F 309; F 464; F 530; F 1012; F 1092; F 1137; F 1197; F 1441; F 1451; F 1622; F 1677; F 1926; F 1984; F 2127; M 163; M 312; M 538; M 1096; M 1821; M 1947; M 1948; M 2083; M 2436; M 2528; M 2822; M 2832-2833; M 2968; M 2977; M 3091; M 3496; M 3547; M 4327; M 4329; M 4471; M 4697; M 4877; M 4880; M 4999; M 5010; M 5042; M 5204; M 5296; M 5596; M 5708
– (permanence de la) neutre et positif *(Chassez le naturel; il revient au galop)* : F 21; F 474; F 541; F 802; F 1053; F 1199; F 1690; M 1491; M 1949; M 1953; M 1966; M 2068; M 2666; M 1510; M 4060; M 4332; M 4457; M 4508; M 4652; M 5343; M 5349; M 5350
– (permanence de la) négatif : F 129; F 134; F 139; F 140; F 162; F 163; F 198; F 203; F 348; F 386; F 388; F 436; F 557; F 571; F 573; F 1002; F 1074; F 1096; F 1727; F 1803; F 1932; M 18; M 167; M 319; M 320; M 1064; M 1122; M 1154; M 1264; M 1448-1449; M 1564; M 1827; M 1871; M 1950; M 1967; M 4491; M 2286; M 2526; M 2667; M 2827; M 2828; M 2829; M 2872; M 3176; M 3551; M 3635; M 3895; M 3900; M 4336; M 5089; M 5191; M 5851
– bien faite : F 685; M 1689; M 3166; M 4458; M 4876; M 5192; M 5321; M 5808
– humaine : F 111; F 2054; M 314; M 1105; M 1108; M 1970; M 2245-2246-2247; M 3041; M 3393; M 3611; M 4261; M 4334; M 4650; M 4845; M 4881; M 4898; M 5188; M 5311; M 5726
– humaine → aussi CONDITION humaine; ÊTRE humain
naturel *(Chassez le naturel; il revient au galop)* → NATURE (permanence de la nature) neutre
nécessité : F 74; F 100; F 108; F 1838; M 798; M 1235; M 1353; M 1765; M 2446; M 2451; M 2836; M 3437; M 3583; M 3680; M 3724; M 3725; M 3982; M 4054; M 4115; M 4116; M 4423; M 4646; M 4720; M 4975-4976; M 5325; M 5330; M 5519; M 5823
nez (importance du) : F 616; M 1475
noblesse : F 1688; F 1691; M 755
nom (personnes portant le même) : F 383; M 5689
nombre (avantages du) : F 1650
notaire : F 1884
nourrice : M 1527
nourricier (affection pour le) : F 915
nourriture : F 836; F 929; F 930; F 932; F 950; F 1127-1128; F 1130; M 1387; M 1886; M 1994; M 2390; M 2634; M 2897; M 3087; M 3149; M 3553; M 4542; M 4685; M 4747; M 5002; → aussi PAROLE à table; PAUVRETÉ et nourriture; TRAVAIL selon la nourriture
– (avantages de la) : F 839; F 840; F 1041; F 1572; F 1573; F 1769; F 1919; M 11; M 195; M 1271; M 1939; M 2152; M 4173
nouveauté : F 954; F 1257; F 1817; M 861; M 1147; M 2902; M 3976

nouveaux → RICHES (nouveaux)
nouvelles (diffusion des) : M 1510
nuit : M 1018; M 3095
– (illusion de la) *(La nuit; tous les chats sont gris)* : F 493; F 549; M 250; M 883; M 1244; M 3461; M 3825; M 4014; M 5121; M 5455-5456

O

obéissance : F 1554; M 773-774; M 2090; M 3879; M 5260; M 5525; CHEFS (impossibilité d'obéissance à deux); FEMMES (obéissance aux)
objectifs (poursuite de trop d') *(Il ne faut pas courir deux lièvres à la fois. – On ne peut être ensemble au four et au moulin. – Qui trop embrasse mal étreint)* : F 260; F 293; F 569; F 1004; F 1113; F 1266; F 1267; F 2009; M 855; M 922; M 1340; M 1396; M 1896; M 2535; M 2679; M 2724; M 3076; M 3130; M 3729; M 3937; M 4403; M 4937; M 5194; M 5386; M 5393; M 5532; M 5724; M 5825
objectivité (nécessité de l') : M 65
obstacles (victoire des) : M 3099; M 4080
occasion *(L'occasion fait le larron)* → TENTATION
– (invitation à profiter de l') *(Il faut battre le fer tandis qu'il est chaud)* : F 46; F 511; F 1478; F 1564; M 134; M 870-871; M 2907; M 3245; M 4264; M 4354; M 4450; M 5501; M 5696; → aussi ACTION en son temps (incitation à l')
– perdue : F 265; F 824; F 1598; F 1960; F 2096; M 339; M 1016; M 599
œil *(L'œil du maître)* → MAÎTRE (efficacité de la surveillance du)
œufs *(Il ne faut pas mettre tous ses œufs dans le même panier)* → RISQUES (diversification des)
– *(Qui vole un œuf vole un bœuf)* → VOLEUR (entraînement du)
offre excessive : F 1320; M 355
oiseau *(Petit à petit; l'oiseau fait son nid)* → PERSÉVÉRANCE (efficacité de la)
oisiveté : F 441; F 657; F 1471; F 1968; M 278; M 770; M 1355; M 1929; M 2539; M 2852; M 3449; M 4942; M 5697
– de la jeunesse (conséquence de l') : F 790; M 42; M 1009; M 2381
omelette *(On ne fait pas d'omelette sans casser d'œufs)* → DOMMAGES
opinion publique : F 2136; M 2170
opportunisme : F 1578; M 768; M 3770; M 5063
optimisme : M 513; M 5149
or : M 1799
– *(Tout ce qui brille n'est point or)* → APPARENCE trompeuse (négatif)
ordre (conséquences de l'absence d') : F 1229
orgueil : F 120; F 621; F 1625; M 47; M 771-772; M 806; M 1479; M 1572; M 2837; M 3991; M 4171; M 4702; M 4712-4713; M 4758; M 5035; → aussi PAUVRETÉ et orgueil
origine : RICHESSE (la)
orphelin : M 2423; M 3359; M 3360; M 3361; M 3421; M 4831; M 5279; M 5684 à 5687
oubli : M 652; M 722; M 1015; M 2688; M 4806
ouvrier : M 359

P

paiement : F 1371; F 1373-1374; F 1399-1400; M 283; M 856; M 1208; M 1633; M 2456; M 2884; M 3746; M 3750; M 3752; M 4439-4440; M 5846-5847
paiement d'avance (inconvénients du) : M 282; M 358; M 1205
paille *(La paille et la poutre)* → AVEUGLEMENT dans la critique des défauts d'autrui
pain : F 771; F 975; M 1471; M 2277
paix : F 931; F 1905 à 1908; M 1791; M 2261; M 613; M 627; M 2431; M 3256; M 3438; M 3778; M 3781; M 5061; M 5178; M 5592; → aussi ARMÉE; GUERRE; SOLDAT
pardon : F 460; F 2046; M 1232; M 2900; M 3239; M 3240; M 3479; M 4848; M 4928; M 5011 à 5014; M 5236; → aussi FEMMES (pardon des); INJURES (pardon des)
parents : F 1183; M 1851; M 3118; M 4617; M 4618; M 4829; M 5138; M 5682; → aussi MARIAGE (entre parents); MÈRE; PÈRE
– (aveuglement des) : M 1774; M 3477; M 3507; M 4827
paresse *(Qui dort dîne)* : F 128; F 151; F 167; F 276; F 660; F 936; F 660; F 936; M 22; M 232; M 236; M 337-338; M 344; M 500; M 665; M 777; M 812; M 1173; M 1359; M 1474; M 1788; M 1830; M 3564; M 1888; M 1981; M 2582; M 2851; M 4096; M 5460; M 5691 à 5693
Paris : M 1057; M 2286
parole *(La parole est d'argent; mais le silence est d'or)* → PAROLE (efficacité de la); SILENCE (avantages du); → aussi FEMMES (paroles des); SOUHAITS (inefficacité des)

parole (conséquences de la) : F 1504 ; M 92 ; M 2980 ; M 2992 ; M 3649
– (efficacité de la) : F 1490 ; F 1491 ; F 1505 ; F 1508 ; F 1511 ; F 1798 ; M 2286 ; M 958 ; M 1721 ; M 1722 ; M 2160 ; M 2162 ; M 2165 ; M 2171 ; M 2295 ; M 2314 ; M 2587 ; M 2641 ; M 3142 ; M 3309 ; M 3588 ; M 3806 ; M 3885 ; M 4074 ; M 4117 ; M 4122 ; M 4123 ; M 4126 ; M 4174 ; M 4257 ; M 4531 ; M 5091-5093 ; M 5099 ; M 5612
– (engagement par la) : F 1494 ; M 2166 ; M 3313 ; M 3809 ; M 4072 ; M 4124 ; M 4446
– (inconvénient des excès de) : F 238 ; F 473 ; F 1500 ; F 1516 ; M 436 ; M 2744 ; M 4542 ; M 5621 ; → aussi BAVARDS (inefficacité des)
– (fugacité de la) : F 1541 ; M 943-964 ; M 1723-1724
– (inconvénients de la) : F 1243 ; F 1492 ; M 184 ; M 435 ; M 966 ; M 1512 ; M 1729 ; M 1913 ; M 2173,M 3650 ; M 3811 ; M 3812 ; M 3813 ; M 3886 ; M 4073 ; M 4123 ; M 4293 ; M 4793 ; M 4794 ; M 5219 ; M 5266 ; M 5619-5620
– (inefficacité de la) : F 664 ; F 1489 ; F 1514 ; F 1550 ; F 1551 ; M 648 ; M 967 ; M 1305 ; M 1439 ; M 1511 ; M 1725 à 1728 ; M 2588 ; M 2425 ; M 2743 ; M 2986 ; M 4294 ; M 4543 ; M 4544-4546 ; M 4564 ; M 4770 ; M 4798 ; M 5097 ; M 5103-5104 ; M 5405 ; M 5623
– (infatigabilité de la) : F 643 ; M 960 ; M 2988
– (irréversibilité de la) : F 51 ; M 2164 ; M 2561 ; M 2989 ; M 3134 ; M 3610 ; M 3781 ; M 3929 ; M 4125 ; M 4534 ; M 4538 ; M 4970 ; M 5217 ; M 5618 ; M 5890-5891
– à l'action (opposition de la) : F 1547 à 1549 ; F 1553 ; M 98 ; M 964 ; M 1845 ; M 4357
– à table : M 217 ; M 1302 ; M 3685
– d'enfant : F 642 ; F 912
– et effusion : F 644 ; M 957 ; M 1391 ; M 5215 ; → aussi ÉPANCHEMENT
– et mauvaise foi : M 99 ; M 3810
– et prudence : F 1497 ; M 1719 ; M 1733 ; M 2315 ; M 3807 ; M 4535-4536 ; M 4795 ; M 4797 ; M 5216 ; M 5889
partage : F 211 ; F 350 ; F 586 ; F 828 ; M 2480 ; → aussi SECRET (partage du)
partialité *(Qui n'entend qu'une cloche n'entend qu'un son)* : F 2007 ; M 5877
particulier et général : F 815 ; M 67 ; M 807
parure : F 125 ; F 182 ; F 251 ; M 144 ; M 3967 ; M 4202 ; → aussi FEMMES (parure des)
pas *(Il n'y a que le premier pas qui coûte)* → COMMENCEMENT (difficulté du)
passion : F 106 ; F 325 ; M 45 ; M 876 ; M 1026
passivité (avantages de la) : M 15
patience : F 393 ; M 26 ; M 1600 ; M 2846 ; M 3227 ; M 3366 ; M 5370 ; → aussi FEMMES (patience avec les) ; FEMMES (patience des)
– (efficacité de la) : F 72 ; F 1480 ; F 1585 ; F 1586 ; F 1587 ; F 2115 ; M 25 ; M 27 ; M 1011 ; M 1824 ; M 1987 ; M 2841 ; M 4291 ; M 4361 ; M 5831-5832
patrie : F 813 ; F 1945 ; M 789 ; M 1944 ; M 2433 ; M 2572 ; M 3083 ; M 3875 ; M 3876
pauvres (sort des) : F 372 ; F 1735 ; M 631 ; M 1481 ; M 2014 ; M 2253 ; M 2262
pauvreté : F 964 ; F 1063 ; F 1754 ; F 1758 ; F 1767 ; M 24 ; M 322 ; M 546 ; M 598 ; M 630 ; M 744 ; M 746 ; M 795 ; M 797 ; M 1185-1186 ; M 1546 ; M 2300 ; M 2660 ; M 2670 ; M 2757 ; M 2772 ; M 2807 ; M 3159 ; M 3528 ; M 3563 ; M 3634 ; M 4039 ; M 4089 ; M 4737 ; M 4961-4962 ; M 5842 ; → aussi FEMMES pauvre (valeur des) ; MALCHANCE des malheureux
– (avantages de la) : F 1293 ; F 1749 ; F 1853 ; M 309 ; M 1606 ; M 1931 ; M 2273 ; M 2801 ; M 3150 ; M 3153 ; M 3700 ; M 3872 ; M 4316
– (cercle vicieux de la) : F 663 ; F 1281 ; F 1282 ; M 62 ; M 1056 ; M 4892
– (inconvénients de la) : F 302 ; F 961 ; F 1756 ; M 1184 ; M 1540 ; M 2022 ; M 2276 ; M 2804 ; M 3699 ; M 3869-3870 ; M 3987 ; M 4738 ; M 5301
– et dignité : F 827 ; M 326 ; M 634 ; M 638 ; M 796 ; M 1388 ; M 4386 ; M 5193
– et enfants : F 1759 ; M 1056 ; M 4317
– et honnêteté : F 1755 ; M 1629 ; M 2671 ; M 3422
– et nourriture : M 635 ; M 1608-1609
– et orgueil : M 2 ; M 348 ; M 1940
paysan : M 2816 ; M 4154 ; M 4715
peau *(Il ne faut pas vendre la peau de l'ours avant qu'on ne l'ait mis à terre)* → SPÉCULATION sur une espérance
péché : F 2046 à 2054 ; M 2864 ; → aussi REPENTIR
pêcheur : M 2440
peine : F 649 ; F 655 ; F 680 ; F 681 ; F 2070 ; F 2100 ; M 149 ; M 596 ; M 1363 ; M 1373 ; M 1605 ; M 1795 ; M 1976 ; M 2834 ; M 3420 ; M 3709 ; M 3858 ; M 4632 ; M 4680 ; M 4700 ; M 4850 ; M 5040 ; M 5154 ; → aussi PLAISIR et peine
– (aveu de la) : F 1140 ; M 1228 ; M 1477 ; M 2492 ; M 4109
– (brièveté de la) : F 690 ; M 1856 ; M 727 ; M 813 ; M 3977
– (fatalité de la) : F 720 ; M 639 ; M 3708 ; M 3714
penchant (fatalité du) *(L'arbre tombe toujours du côté où il penche)* : F 59 ; M 5348
pensée : M 152 ; M 1381 ; M 1530 ; M 1808 ; M 1809 ; M 3086 ; M 3480 ; M 3916 ; M 5736
père : M 128 ; M 2351 ; M 3013 ; M 3362 ; M 3363 ; M 4021 ; M 4604 ; M 4606 ; M 4830 ; M 4835 ; M 5137 ; M 5227-5228 ; → aussi PARENTS
– *(Tel père ; tel fils)* → HÉRÉDITÉ et NATURE
perfectionnisme : F 1486 ; M 1170
permanence : F 2 ; cam 35 ; → aussi NATURE (la)
persévérance (efficacité de la) *(Petit à petit ; l'oiseau fait son nid)* : F 27 ; F 38 ; F 104 ; F 180 ; F 301 ; F 1484-1485 ; F 1799 ; F 1942 ; M 29-30 ; M 275 ; M 329 ; M 781-782 ; M 1823 ; M 1988 ; M 2059 ; M 2070 ; M 2697-2698 ; M 2847-2848 ; M 3557 ; M 3721 ; M 4052 ; M 4291 ; M 4638 ; M 5364 ; M 5371 à 5373
– (nécessité de la) *(Quand le vin est tiré ; il faut le boire)* : F 317 ; F 345 ; F 1597 ; F 1820 ; M 28 ; M 1084 ; M 2000 ; M 2006 ; M 3387 ; M 4307 ; M 4407 ; M 4450 ; M 5403 ; M 5833
personne et objet – ou action (ressemblance entre) : F 829 ; F 1636 ; F 1676 ; F 1678 ; F 1743 ; F 1837 ; F 1872 ; F 1923 ; F 1982 ; F 2033 ; F 2131 ; M 1250 ; M 2374 ; M 2599 ; M 3439 ; M 3580 ; M 4061 ; M 4427 ; M 5189
personnes (attitudes à l'égard de deux personnes) : F 579 ; F 582 ; M 895
– (comparaison entre deux) : F 1112 ; F 1711
– (ressemblance entre deux) : F 1708-1709 ; F 1712-1713 ; F 1921 ; F 1936 ; F 1993 ; F 1996 ; F 2005 ; F 2120 ; M 285-286 ; M 403 ; M 1690 ; M 2078 ; M 2238 ; M 3268 ; M 3544 ; M 4560 ; M 4565 ; M 4588 ; M 4763

perspicacité : M 2915; M 4524
perte : F 110; F 256; F 266; F 273; M 547; M 660; M 1874; M 4142; M 5838; → aussi BIEN perdu (appréciation du); PROFIT de l'un et perte de l'autre
– (consolation d'une) : F 467; F 1295-1296; F 1298; M 61; M 595; M 606; M 2373
– d'argent (gravité relative d'une) *(Plaie d'argent n'est pas mortelle)* : F 1432; M 281
– due à la recherche d'un petit bien : F 368; F 581; M 926; M 1399
– due à l'épargne d'un petit bien : F 543; F 556; M 215; M 4431
pessimisme : M 2680; M 3187; M 5149
petits → ENNEMI (inconvénients d'un petit); RELATIONS (entre petits et grands)
– (avantages des) : F 1093; F 1103; M 1131; M 1642; M 1654; M 2058
peuple : F 1745; F 1958; M 2789; M 3395; M 4559; M 4562
peur : F 714; F 1781; M 1615; M 2002; M 2069; M 2444; M 2656; M 3062; M 3095; M 3243; M 3777; M 3849; M 5769; → aussi INCONNU (peur de l')
pierre *(Pierre qui roule n'amasse pas mousse)* → ACTIVITÉ (inconvénients de l'excès d')
pitié : M 4243; M 4848
plaie *(Plaie d'argent...)* → PERTE d'argent (gravité relative d'une)
plaintes (inutilité des) : M 941
plaisanterie : F 1648
plaisir : F 672; F 688; F 2087; M 1; M 1942; M 2285; M 2794; M 2982; M 3092; M 3141; M 3328; M 4700; M 5093
– et peine (liaison de) : F 86; F 1017; F 2062; F 2064; F 2066; F 2068-2069; M 1374; M 1375; M 2386; M 3020; M 3487; M 3713
pleurs : M 5416; → FEMMES (des)
pluie *(Après la pluie; le beau temps)* → VICISSITUDES de la vie
– *(Petite pluie abat grand vent)* → CAUSE et effet (disproportion entre)
poésie : M 1870
politesse : M 2899
politique : F 2022; M 2003
Pologne : M 2219; M 2325; M 2327; M 2328
Polonais : M 2326; M 2334
polygamie : M 2563; M 5652
pope : M 2223; M 2233; M 2234; M 2235; M 2236; M 2237; M 2544; M 2734
porte *(Il faut qu'une porte soit ouverte ou fermée)* → CHOIX
possession : F 361; F 423; F 521; F 959; F 1148; F 1675; F 1822; F 1902; M 72; M 4951; M 1452; M 1678; M 2026; M 2803; M 3896; M 4310; M 4386; M 4732; M 5289; M 5426
précarité : F 223; F 447; M 374; M 1932; M 2802; → aussi BEAUTÉ (précarité de la); BONHEUR (précarité du); RICHESSE (précarité de la); VIE (précarité de la)
précaution excessive : M 178; M 938; M 4266
précautions : F 137; F 758; F 1610; F 1786; F 1787; F 1806; M 1216; M 1295; M 1801; M 1829; M 1879; M 1984; M 1993; M 2048; M 2369; M 2534; M 2549; M 2845; M 2917; M 3719; M 3897; M 4210; M 4367; M 5602; → aussi MENSONGE et précaution
précocité : M 3045; M 4871
préoccupations (succession des) *(Un clou chasse l'autre)* : F 1108
présence (efficacité de la) : F 610
prestige → ÉLOIGNEMENT (prestige de l')
prêt (inconvénients du) : F 1338; M 2458; M 3226; → aussi DETTES
prétention *(Il ne faut pas péter plus haut que son cul)* : F 711; M 1709; M 2112; M 2113
→ aussi SOTTISE et prétention
prêtre : F 2015 à 2019; M 129; M 3534
prévoyance : F 26; F 75; F 1084; M 2145; M 2554; M 2849; M 3190; M 3845; M 4362; M 4366; M 4483; M 4487; M 5287-5288; M 5558; M 5703-5704; M 5826
prévoyance → aussi ACTION en son temps (incitation à l')
prière : M 541; M 1797
prince → PUISSANTS
prison : M 69; M 4204; M 5595
prison dorée (inconvénients de la) : F 175; M 73
privilèges : F 1674; F 1687
prix : M 2692; M 4733
procès : F 1853 à 1883; M 1405; M 2486; M 2591; M 4552 à 4554; → aussi JUGE; JUSTICE légale
proches → APPRÉCIATION par les proches (difficulté de l')
prodigalité : F 1098; F 1410 à 1412; M 822; M 1187; M 2309; M 4411; → aussi BIEN d'autrui (comportement avec le); FEMMES (prodigalité des)
profit : F 267; F 299; F 305; F 1352; F 1654 à 1656; F 1814; F 2013; M 370; M 377; M 616; M 1542-1543; M 2453-2454; M 4170; M 4226; M 4750; M 4971; M 5436; → aussi BIEN mal acquis ne profite jamais; RISQUES et profit; TRAVAIL et profit
– (commodité du) : F 48-49; F 324; F 1032; F 1057; F 1825; M 1672; M 2606; M 3602
– (limites du) : F 373; F 482; F 483; M 884; M 2134; M 2144; M 3057; M 3647; M 4105; M 4496-4497-4498
– (condamnation du sacrifice d'un bien en vue d'une condamnation) : F 526; F 593; M 1596; M 2611; M 2689; M 3126; M 3291; M 4183; M 4399; M 4717; M 4734; M 5845
– (recommandation du sacrifice d'un bien en vue d'un) *(On n'engraisse pas les cochons avec de l'eau claire)* : F 226; F 231; F 288; F 503; F 585; F 1283; F 1319; F 1423; M 346; M 894; M 1070; M 1437; M 1486; M 1900; M 3674; M 3846; M 4057; M 5497; M 5500
– de l'un et perte de l'autre : F 184; M 407; M 543; M 1677
– du produit de son travail (absence de) *(Les cordonniers sont les plus mal chaussés)* : F 176; F 179; F 1456; M 136; M 637; M 914; M 2298; M 2609; M 2923; M 2924; M 3940; M 4437; M 4735; M 4977; M 5449
– excessif (inconvénient du) : F 58; F 1292; M 14; M 299; M 3703
progression (nécessité de la) : F 1788; M 1097
proie *(Il ne faut pas lâcher la proie pour l'ombre)* → SPÉCULATION sur une espérance
promesse : F 1331 à 1334; F 1637; M 292; M 1598; M 2174; M 4475
prophète *(Nul n'est prophète en son pays)* → APPRÉCIATION par les proches (difficulté de l')

propreté : M 2672
propriétaire → POSSESSION
propriété → PROTECTION de la propriété (nécessité de la)
prostituée : M 216; M 297; M 471-472; M 1521; M 3432; M 3505
protection : F 1941; F 2012
– de la propriété (nécessité de la) : F 289; F 330; M 274
proverbes : M 1385; M 1817; M 2239; M 4527; M 5090
providence divine : F 495; F 764; F 1949; M 1639; M 2252; M 3404; M 5754
provisoire (pérennité du) : F 1583
prudence *(Qui veut voyager loin ménage sa monture)* : F 66; F 157; F 169; F 546; F 1638; F 1828; M 327; M 101; M 401; M 458; M 460; M 602-603; M 1224; M 1901; M 2465; M 3192; M 4155; M 4251; M 4362; M 4464; M 5366; M 5368; M 5561 à 5565; M 5567; M 5570-5572; M 5829; → aussi CRAINTE et prudence; ENNEMI (prudence avec l'); ÉPOUSE (prudence avec l'); FEMMES (prudence avec les); MALHEUR du voisin et prudence; MÉCHANTS (prudence avec les); PAROLE et prudence; TRIOMPHE (prudence dans le)
– (efficacité de la) *(Qui va doucement; va sûrement)* : F 1609; F 1611; F 1782; M 35; M 2541; M 2842; M 3445; M 5200; M 5291; M 5367
– (excès de) : M 939
– après mauvaise expérience *(Chat échaudé craint l'eau froide)* : F 548; M 66; M 221; M 872; M 1229; M 1230; M 1231; M 1657; M 1826; M 2126; M 2127; M 2482; M 2643; M 2710; M 2925; M 2926; M 3107; M 3722; M 3934; M 3993; M 4762; M 5039; M 5272; M 5575-5576
– (incitation à la) *(Entre l'enclume et le marteau; il ne faut pas mettre le doigt)* : F 258; F 739; F 1483; M 334; M 445; M 887; M 1794; M 2089; M 2725 à 2728
– avec les gens intéressés : F 152; F 173F 478; F 486; F 1244; F 1976; M 80; M 362; M 1280; M 2037; M 3296-3297; M 3467; M 4182; M 4295; M 4754; M 4814; M 5465; M 5566; M 5568
– dans l'éloge : M 3035; M 1825; M 2349; M 2620; M 3482; M 3507; M 3508; M 3772; M 5042; M 5507; → aussi ÉPOUSE (prudence dans l'éloge de l'); FEMMES (prudence dans l'éloge des); FILLES (prudence dans l'éloge des); FILS (prudence dans l'éloge du)
pudeur → FEMME (pudeur des)
puissance → ARGENT (puissance de l'); FEMMES (puissance des); RICHESSE et puissance
– (inconvénients de la) : F 717; M 1150; M 1268; M 2443; M 2764; M 2819; M 4082; M 4180
– (limites de la) : F 5; F 135; F 517; F 1683; F 1714; M 20; M 206; M 583; M 589; M 756; M 1169; M 1298; M 1495; M 1699; M 1731; M 2133; M 2257; M 2258; M 2401; M 2442; M 3111; M 3905; M 3947; M 4027; M 4331; M 4558; M 4792; M 4911-4912; M 5320; M 5346; M 5543; M 5729-5730; M 5779; M 5819
puissants déchus : F 56-57; F 158; M 1289; M 1516; M 2129; M 2644; M 3603; M 3804; M 4278; M 4777; M 5064; M 5270; M 5483; M 5875
– (avidité des) : F 1695; F 1990-1991; F 1999; M 4212
– (dédain des) : F 189; M 2072; M 3261
– (fréquentation des); avantages : F 4; F 60; F 2011; M 2638; M 3970; M 4269; M 4466; M 4743; M 5503; M 5550; inconvénients : F 1682; F 1692; F 1698-1699; F 1706; F 1719; F 2003; M 88; M 560; M 902; M 1506; M 1700; M 1702; M 1909; M 2228; M 2732; M 3257; M 3502; M 3622; M 4563; M 5880
– (inconstance des) : F 1684; F 1685; F 1704; M 240; M 692; M 1507; M 4566
– (inutilité de la lutte contre les) → SACRILÈGE (punition du)
– (mauvaise foi des) : M 2099; M 3195; M 3196; M 4561
– (querelles des); conséquences : F 1738; M 3061; M 3941; M 4070; M 4181; M 4237; M 4302; M 4780; M 5062; M 5482
– (relations avec les) : F 11; F 220; F 1679-1680; F 1697; F 1705; F 1776; F 1981; M 390; M 793; M 1223; M 2227; M 2303; M 2324; M 2592; M 3665; M 4020; M 4213; M 4567; M 5066; M 5068; M 5548; M 5631; M 5632
punition → CHÂTIMENT; DÉSOBÉISSANCE (punition de la); MALHONNÊTETÉ (punition de la); RISQUES et punition; SACRILÈGE (punition du)
putain → PROSTITUÉE

Q

qualité : F 982; F 1364; F 1468; F 1689
qualité; à quantité (préférence de) : F 242; F 978; F 1273; M 3050; M 3566-3567; M 4341; M 4989; M 5673
quantité : QUALITÉ à quantité (préférence de)
querelles *(Il ne faut pas jeter de l'huile sur le feu)* : F 14; F 105; F 563; F 1726; F 1870; F 1905; M 1282; M 1292; M 1426; M 1440; M 2304; M 2495; M 3998; M 5591; → aussi FAMILLE (querelles de); PUISSANTS (conséquences des querelles des)
question stupide : F 1510

R

rabbin : M 4770
railleur (châtiment du) : M 1684
ramoneur : M 1472
rancune : M 57; M 5273
rapidité (avantages de la) : M 2676
rapidité (dangers de la) : hâte
rareté → VALEUR et rareté
rébellion (condamnation de la) : F 438; → aussi RÉVOLUTION
receleur : F 1097; M 829
réciprocité : F 497; F 1211-1212; F 1307-1308; F 1318; M 2311; M 5001; M 5051
réconciliation : F 587; M 71; M 1271; M 4086M 4745; M 4776; → aussi MÉDIATEUR
reconnaissance : M 356; M 684; M 1210; M 1641; M 2046; M 2876; M 2629; M 4724
réflexion (avantages de la) : F 736; F 2121; M 16; M 1982; M 2367; M 3841
– (excès de) : F 2122
réforme (inconvénients de la) : M 1261
refus : F 971; F 1506; M 545; M 4271; M 4475
regard : F 2021; M 885; M 4656
règles → ACCEPTATION des règles
regrets : M 3056; M 4026; M 5046; M 5261; TEMPS passé (du)
régularité : M 4422
relations → ADAPTATION dans les relations; AMIS (relations avec les); ENNEMIS (relations entre); MAÎTRE et serviteur (relations entre); PERSONNES; PUISSANTS (relations avec les); RICHES (relations avec les); VOISINS (relations avec le)
– entre époux : M 2422; M 4589; M 5136; M 5894
– entre hommes et femmes : F 522; F 852; F 858; M 107; M 122; M 183; M 483; M 708; M 987; M 1520; M 1753; M 1770; M 1849; M 1916; M 2204; M 2219; M 2347; M 2509; M 2786; M 4009; M 5109; M 5641; M 5659; M 5660
– entre hommes et femmes → ADULTÈRE; FEMMES; FIANCÉ; JEUNES FILLES; RELATIONS sexuelles
– entre petits et grands : F 220; F 1213; M 89; M 400; M 419; M 4997
– humaines → DON et relations humaines
– sexuelles : F 232; F 362; F 417; F 985; M 118; M 236; M 237; M 260; M 296; M 466; M 467; M 468; M 474; M 4274; M 1088; M 1750; M 1850; M 2240; M 2342; M 3003; M 3070; M 3503; M 3688; M 3824; M 4188; M 4425; M 5131; M 5539-5540
relativité des situations *(Au royaume des aveugles; les borgnes sont rois)* : F 708; F 1818-1819; M 78; M 1273; M 1450; M 1601; M 2149; M 2463; M 2553; M 2640; M 2795; M 2912; M 2938-2939; M 3164; M 3168; M 3232-3233; M 3252-3253; M 3460; M 3785-3786; M 3925; M 3939; M 4091; M 4515; M 5032; M 5041; M 5298; M 5577 à 5581
religion : M 4843; → aussi CLERGÉ; FOI
remariage : M 4597; M 4598; M 4832
remords : M 2862
rencontre : M 3979
repentir : F 1971; F 2098; M 2863-2865; M 4353; M 4375; M 5245; M 5905
répétition : F 1568
répit : M 5351; M 5811
réponse : M 3312
repos : F 734; F 735; M 137; M 4913; M 4915
répulsion → CONTRAIRES (répulsion des)
réputation : F 731; M 208; M 387; M 434; M 3411; M 3865; M 4244; M 4670; → aussi JEUNES filles (réputation des)
– (bonne) : M 1342; M 1792; M 1820; M 2168; M 2169; M 4245; M 5719
– (mauvaise) : M 794; M 2169; M 2987; M 5719
résignation : F 1630; M 2085; M 2100
résistance : F 93; F 262; F 723; M 3237
responsabilité : F 1073; M 2910; M 3901; M 3935; M 4113; M 4397; M 4398; M 4493; M 5053; M 5070; M 5264; M 5382; M 5615; M 5682
ressources (nécessité de diversifier les) *(Il faut avoir plusieurs cordes à son arc)* : F 1930
résultat et moyen (disproportion entre) : F 99; F 809; M 919; M 2783; M 3298; M 3766; M 3913; M 3930; M 3994; M 3995; M 5197
retard (préférence au) : F 1799
retour des choses : F 1249; M 97; M 2294; M 2398; M 3023; M 3653; M 4526
réussite facile : F 1810; M 40; M 799; M 1392; M 1464; M 1586; M 1637
revers de toute chose *(Toute médaille a son revers)* : F 7; M 758; M 853; M 1025; M 1379-1380; M 3847; M 3945; → aussi PLAISIR et peine
révolution : M 1069; M 4569; → aussi RÉVOLUTION
riches (chance des) : F 1750; M 307; M 661, M 662
– (comportement des) : F 1086; F 1089; F 1265; M 1568; M 1607; M 1629; M 1866; M 2015; M 2027; M 2109; M 2869; M 4215; M 4409; M 4410; M 5429
– (nouveaux) : F 1733; F 1761; M 2583; M 4351
– (relations avec les) : F 1325; M 50; M 2028; M 2029; M 4517; M 4725
– (salut des) : F 1775
– (avantages de la) : F 1048; F 1694; M 1965; M 2013; M 3531; M 3870; M 3871; M 4683; M 5800
richesse → FEMMES riches
– (circuit fermé de la) : F 28; F 298; F 327; F 525; F 984; M 838; M 1056; M 1134; M 1181; M 1619; M 2774; M 2867; M 3491; M 4972; M 5255; M 5425; M 5427-5428
– (inconvénients de la) : F 1028; F 1438; M 1182; M 2775; M 2803; M 2817; M 2856; M 3108; M 3139; M 5865
– (limites de la) : F 1060; F 1280; F 1774; M 110; M 212; M 1022; M 1145; M 1402; M 1436; M 1573; M 1608; M 2016; M 2768; M 3152; M 3153; M 3564; M 3639; M 4601; M 5820
– (origine de la) : F 30; M 41; M 2790; M 3183; M 4441
– (précarité de la) : F 746; F 968; F 1777-1778; M 1384; M 1429; M 2570; M 3345; M 4647; M 4648; M 4857-4858; M 5163-5164; M 5424; M 5756
– (préférence à la) : F 700; F 1673
– et liberté : F 1047; F 1063; M 834
– et puissance : F 1164; F 1275; F 1436; F 1437; M 351; M 1180; M 5254
rigidité : M 5044

riposte : M 3230; M 5457
rire : M 4532
– *(Rira bien qui rira le dernier)* → TRIOMPHE (prudence dans le)
– (méfiance envers le) : F 1242
risquer *(Qui ne risque rien n'a rien)* → RISQUES et profits
risques (diversification des) *(Il ne faut pas mettre tous ses œufs dans le même panier)* : F 536; M 48; M 805; M 921; M 2120; M 5827
– (nécessité de prendre des) : F 241; F 290; F 537; M 345; M 536; M 837; M 893; M 1270; M 1617; M 2936; M 3384; M 3469; M 3484; M 3518
– dans les affaires au loin : F 1365; M 49
– et profit *(Qui ne risque rien n'a rien)* : F 1284; F 1830; F 1831; M 832; M 3385; M 3386
risques et punition *(Qui s'y frotte s'y pique. – Tant va la cruche à l'eau...)* : F 253; F 1049; F 1234; F 1821; F 1823; M 833; M 2383; M 5786
– et sécurité : F 1829; M 1226
– excessifs *(Le jeu ne vaut pas la chandelle)* : F 998; F 1555; M 1102; M 1466; M 1599; M 1611; M 2135; M 4235; M 4442
rivalité inutile : F 706
roi → PUISSANTS
rôle → FEMMES (rôle des)
ruisseau *(Les petits ruisseaux font les grandes rivières)* → CAUSE et effet (disproportion entre)
rupture (violence d'une) : F 1119
ruse : F 172; F 633; F 1235; F 1238-1239; F 1241; F 1245 à 1247; F 1666; M 2050; M 2125; M 5006; → aussi FEMMES (ruse des)
Russe : M 2218
Russie : M 2328

S

sacrifice → PROFIT (sacrifice d'un bien en vue d'un)
sacrilège (punition du) : F 713; M 1030; M 1169; M 1425; M 2382; M 2765; M 3292; M 3614; M 3691; M 5232
sage (comportement du) : F 645; F 1658-1659; F 1661; F 1668; F 1672; M 91; M 157; M 511; M 1021; M 1996; M 2010; M 2167; M 2244; M 2895; M 3310; M 3392; M 3815; M 4379; M 4383; M 4389; M 4653; M 4672
– (mécontentement de son) : F 2081; M 5796
sots : F 376; F 382; F 609; F 1657; F 1873; M 404; M 414; M 432; M 1453; M 2384; M 2966; M 3815; M 3911; M 3960; M 4510; M 4511; M 4577; M 4933; M 5221; M 5234; M 5540
sottise → FEMMES (sottise des)
– (abondance de la) : F 116-117; F 1061; M 3526
sottise (danger de la) : F 147; M 347; M 2612
– (impossibilité de corriger la) : F 385; M 764; M 2141
– et prétention : F 1062; M 343; M 1149; M 2577
soucis : F 670; M 1589; M 4629; M 5239
souffrance : F 626; F 1482; F 2099; F 2102; M 379; M 512; M 628; M 1803; M 2522; M 2546; M 3645; M 3659; M 4849; M 5747; → aussi PEINE
souhaits (inefficacité des) : F 1090; F 1312; F 1744; M 745; M 2813; M 3316; M 4315
souper : M 1117
souplesse : F 721; M 3963; M 3975
sourd *(Il n'est pire sourd que celui qui ne veut pas entendre)* → AVEUGLEMENT
sourire : M 1078
spéculateur : M 3222
spéculation sur une espérance *(Il ne faut pas lâcher la proie pour l'ombre – Il ne faut pas vendre la peau de l'ours avant... – Qui va à la chasse perd sa place)* : F 229; F 254-255; F 261; F 347; F 462; F 527; F 1075; F 1145; F 1287; F 2027; M 846; M 1626; M 2039; M 2558; M 2584; M 2718; M 2888-2889; M 3285-3286; M 3584; M 3753 à 3755; M 3899; M 4436; M 4966-4967; M 4980; M 5241; M 5392; M 5434; M 5445
stabilité (avantages de la) : M 2678
statut social (distinction selon le) : F 1082
stérilité : M 1419
stimulation : F 412; F 444
– (inutilité de la) : M 924; M 2593; M 3574; M 3762; M 3931
stupidité → ACTION stupide
subjectivité (inconvénients de la) : M 4339; M 4340
succès (effet d'entraînement du) : F 1591
– sans effort (inexistence du) *(Les alouettes rôties ne tombent pas dans la cheminée)* : F 192; M 848; M 5840
supposition (absurdité d'une) : F 160; F 193; F 223; F 555; F 1526; M 4034
surplus (inutilité d'un) : F 37; F 501; M 3738
surprise : M 828; M 2472; M 5471-5472
surveillance (nécessité de la) : F 1029; → aussi MAÎTRE (efficacité de la surveillance du)

T

tailleur : M 203
talent inné : M 2377
tard → ACTION en son temps (encouragement à l'); CHANCE tardive; DÎNER tardif; MAL (réparation trop tardive du); → aussi TARDIVE (action)
tardive (action) *(Mieux vaut tard que jamais)* : F 1603-1604; inconvénients : F 782; F 1003; F 1602; F 1617-1618; F 2035; M 615; M 942; M 1290; M 1616; M 4209; inutilité : F 422; F 551; M 68; M 940; M 1256-1257; M 1497; M 1612-1613; M 2610; M 3726; M 3926; M 5533
– (aide) : M 2130-2131; M 2784; M 5534
– (sagesse) : F 1671; M 1876; M 3802
Tatar : M 2326
Tchèque : M 2420
téléphone : M 636
témoin : F 1862 à 1864; F 1868
temps qu'il fait : F 1517; M 1365-1366
temps → ACTION en son temps (encouragement à l')
– (fuite du) : F 32; F 784; M 580; M 1017; M 1382; M 1937; M 3080; M 3527; M 3657; M 3851; M 3947; M 5159-5160; M 5909
– (importance du) : F 786; F 1579 à 1581; M 1337; M 1378; M 1512; M 2519; M 2627; M 4707
– passé (regret du) : F 740; F 2079-2075; M 2759; M 4676; M 4920
tension (inconvénients de l'excès de) : F 234; F 1931; M 4393; M 4888; M 5402; M 5541
tentation *(L'occasion fait le larron)* : F 401; F 450; F 1264; F 1391-1392; F 1562-1563; F 1565; M 324; M 361; M 786; M 1139; M 1301; M 1446; M 1541; M 1547-1548; M 1705; M 1789; M 1796; M 2357; M 2406; M 2428; M 3211; M 3212; M 3902
– (danger de céder à la) : F 244-245; F 666; M 277; M 1178; M 1602; M 2929
tentative : M 1983
terre : M 4164-4165; M 4416
testament : M 2363; M 3558
théologiens : M 1334
tiens *(Un « tiens » vaut mieux que deux « tu l'auras »)* → CERTITUDE *(préférence à la)*
timidité : F 588; F 1157; M 335; M 1730; M 2935; M 4188; M 5295
tisserand : M 203
tôt (avantages de se lever) : F 726; F 728-729; F 1469; M 1013; M 1335; M 1782; M 2355; M 2368; M 3444
Toungouze : M 2220
tradition : M 4921
traducteur : M 763
trahison : F 502; F 1188; M 1085; M 1905; M 2032; M 3740-3741; M 4121; M 4895-4896; M 5235; M 5477-5478; M 5871 à 5873
travail → PROFIT du produit de son travail (absence de)
– (ardeur au) : F 403; F 1473; M 273; M 4271; M 1460; M 2162; M 4887
– (inefficacité du) : F 277; F 314; F 1408; M 542; M 543; M 1843
– (nécessité du) : F 285; F 433; M 188; M 723; M 1055; M 1338; M 2634; M 3512; M 3830; M 4416; M 4913; M 4964; M 5142; M 5707
– collectif (inéfficacité du) : F 204; M 76; M 77; M 228; M 233; M 411; M 413; M 923; M 1259; M 1715-1716; M 2097; M 2715; M 2716; M 2955 à 2957; M 3110; M 3137; M 3606; M 3910; M 4000; M 4186; M 4276; M 4490; M 4494-4495; M 4608; M 4783-4784; M 5072; M 5120; M 5526
– d'autrui (inefficacité du) : F 107; F 1303
– d'autrui (profit du) : F 202; F 315; F 1654 à 1656; M 70; M 3912
– du dimanche : M 137
– et profit : F 272; F 274-275; F 278; F 280-281; F 291; F 514; F 960; F 966; F 1445-1446; F 1452; F 1461; F 1773; F 1802; F 2015; M 196; M 498; M 1011; M 1529; M 1566; M 1567; M 1648; M 1787; M 1860; M 1990; M 1997; M 2370; M 2704; M 3078; M 3119; M 3376; M 3378 à 3381; M 3383; M 3494; M 3513; M 3517; M 3522; M 3524; M 3746; M 4036; M 4100; M 4194; M 4311; M 4709 à 4711; M 4719; M 4916-4917; M 4982; M 5139; M 5141; M 5201; M 5324; M 5357; M 5495; M 5691; M 5699; M 5705-5706
– pour autrui : M 929; M 930
– selon la nourriture : F 439-440; M 222-223; M 2378; M 4748
travailleur (bon) : F 425; F 544; F 1468-1469; M 676; M 862-863; M 1161; M 1173; M 1196; M 1339; M 1434; M 1461-1462; M 2051; M 2462; M 3048; M 4465; M 4842
– (mauvais) : F 1448; F 1470; M 1581; M 1831; M 2051; M 2124; M 2441; M 2578; M 3936; M 4041; M 4372; M 5862
triomphe (prudence dans le) *(Rira bien qui rira le dernier)* : F 689; F 2039; M 1222; M 4211; M 4407; M 5250; M 5702
tristesse : M 1590; M 4360
trois (chiffre) : F 2085; M 2077
tromperie → DUPLICITÉ; MÉNSONGES
tsar → PUISSANTS
Tsigane : M 2222; M 3415-3416; M 3424
Turc : M 191; M 2531; M 3044; M 3365
tuteur : M 2423

U

union (force de l') : F 1214; M 1238; M 1482; M 2091; M 3457; M 3516; M 3923; M 4049; M 4453; M 4994; M 4998; M 5484; M 5488; M 5500
universalité → AMOUR (universalité de l'); MAL (universalité du)
urgence et absence de choix : F 286

usage : F 1106; F 1495; F 1885
usure due à l'utilisation : F 400
utilisation : M 2397

V-Z

vache *(Chacun son métier et les vaches seront bien gardées)* → AFFAIRES (invitation à s'occuper de ses)
valeur → APPRÉCIATION d'une chose précieuse (incapacité d'); APPRÉCIATION selon la valeur
– (épreuve de la) : M 879; M 3231; M 2821; M 4288; M 4438; M 4459; M 4654; M 5144; M 5203; M 5257; M 5341; M 5551
– (reconnaissance de la) : F 118; M 1390; M 1441; M 2622; M 3046; M 4202; M 4733
– de chaque chose : F 1363; M 4696
– de l'être humain : M 3958; M 4698; M 5735
– et rareté : F 119; F 130
vanité : F 523; F 1141; F 1633; F 1832; M 317; M 395; M 1427; M 1587; M 1663; M 1973; M 1978; M 2445; M 2540; M 2838; M 2944; M 3094; M 3607; M 3660-3661; M 3921; M 4094; M 4230; M 4343; M 4516; M 4634; M 4759; M 4936; M 4939-4940; M 5244; M 5616-5617; M 5782
vantardise : M 667; M 1476; M 2730; M 3066; M 3068; M 3069; M 3294; M 4292; M 4715; M 5627; M 5717
vengeance : F 628; F 1233; F 1556; F 1715; M 1217; M 1262; M 1554; M 2900; M 4778
vente : F 1353; M 2038; M 3054; M 4435; M 4978; M 5256; M 5443
– aux enchères : F 1357
ventre *(Ventre affamé n'a pas d'oreilles)* → DÉSIRS (effets du)
vérité : F 1095; F 1175; F 1530; F 1531; F 1532; F 1533; F 1561; M 143; M 145; M 510; M 520; M 969; M 1306; M 1307; M 1736; M 1737; M 1738; M 2175; M 2176; M 2177; M 2178; M 2179; M 2255; M 2359; M 2499; M 2742; M 2978; M 3425; M 3816; M 4540; M 4799-4800; M 4846; M 5094; M 5231; M 5304; M 5634 à 5636
vertu : M 504; M 4352; M 4377; M 4621; → aussi ÉPOUSE (vertu de l'); FEMMES (chasteté des); JEUNES filles (dissipation des)
veuf : M 1781; M 3506; M 4283; M 4594
veuve : M 487; M 574; M 624; M 1095; M 1781; M 1853; M 2214; M 2344; M 3506; M 3828; M 4192; M 4594-4595
viande : F 979; F 981; F 983
vice (prix d'un) : M 272
vicissitudes de la vie *(Après la pluie; le beau temps)* : F 17; F 22; F 344; F 722; F 1081; F 1746; F 1747; F 1927; F 2058-2059; F 2065; F 2067; F 2072; M 502; M 514; M 1037; M 1371; M 2567-2568; M 3034-3035; M 3037; M 3400; M 3434; M 3854; M 4704; M 5177; M 5309; M 5818
victoire : M 405; M 3964-3965; M 4079; M 4644; → aussi OBSTACLES (victoire des)
vie → ART de vivre; VICISSITUDES de la vie
– (brièveté de la) : F 799; M 521; M 3122; M 3412; M 4024; M 4028; M 4148; M 4200; M 4665; M 4667; M 4669
– (précarité de la) : M 3036; M 4025; M 4078; M 4666; M 4879; M 5764
– (sens de la) : F 1227; M 1048; M 1107; M 1362; M 1419; M 2569; M 2624; M 3081; M 4147; M 4660; M 5161; M 5175-5176; M 5179; M 5741; M 5745; M 5748; M 5750; M 5753; M 5781; M 5795
– (valeur de la) : F 592; F 788; F 1736; F 2129; M 198; M 730; M 3924; M 4023; M 4249; M 4852; M 5181; M 5732
– et mort : M 1106; M 2628; M 4852
vieillards : F 1053; M 778; M 2183; M 2196; M 2506; M 2603; M 3419; M 3543; M 4282; M 4308; M 4326; M 4619; M 4872-4873; M 5353; M 5634; M 5667; → aussi ENFANTS de vieux; FEMMES vieilles; MARIAGE de vieux
vieillesse : F 783; F 1972; M 1008; M 1059; M 1142-1143; M 1206; M 1400; M 1454-1455; M 1580; M 1591; M 2001; M 2117; M 2529; M 2771; M 3443; M 3638; M 3805; M 5354; M 5703; M 5746
– (avantages de la) : F 20; F 794; M 754; M 1389; M 1559; M 1560; M 3442; M 3973
– (inconvénients de la) : F 19; F 629-630; F 760; F 792-793; F 887; M 450; M 696; M 725; M 1132; M 1144; M 1574; M 1669; M 1708; M 2601; M 2811-2812; M 3486
vierge → JEUNE FILLE vierge
Viêt-namiens : M 4166
vigilance : M 5369
ville : F 748; F 1515; M 308; M 732-733; M 2532; M 4753
vin → ALCOOL (effets de l')
– *(Quand le vin est tiré; il faut le boire)* → PERSÉVÉRANCE (nécessité de la)
violence : M 3838; M 5510
virilité : M 534; M 1442; M 3002; M 3511
voisin → MALHEUR du voisin et prudence
voisin (relations avec le) : F 818-819; F 1176; M 908; M 1505; M 1650-1651; M 1653; M 2393; M 3883; M 4010; M 4968; M 5024; M 5028; M 5281
voleur : F 512; F 724; F 817; F 1123; F 1389; F 1390; F 1393; F 1395; F 1397; M 695; M 1192; M 1630; M 2299; M 2406; M 2690; M 2778; M 2879-2880; M 2952; M 3209; M 3213; M 3423; M 3744; M 3839; M 3880; M 4251; M 4727 à 4729; M 5210; M 5441-5442; → aussi BIEN volé; RECELEUR
voleur (entraînement du) *(Qui vole un œuf vole un bœuf)* : F 535; M 360; M 827; M 2881; M 3210
volonté : M 1555; → aussi DIEU (volontéde)
voyage : F 1029; F 1172; F 1519; F 1791; F 1795-1796; F 1818-1819; M 185; M 787-788; M 1183; M 2832; M 2951; M 4157; M 4919; M 5363; M 5411
whisky : M 1863
yeux *(Loin des yeux; loin du cœur)* → ABSENCE
– et vérité de l'être : F 617
zèle excessif : F 1700; M 610; M 645; M 2717; M 5401

TABLE GÉNÉRALE

Note pratique VI
PRÉFACE, par Alain REY VII
BIBLIOGRAPHIE sur les proverbes et dictons de langue française (pour la première et la deuxième partie) XVII

Première partie :

Proverbes de langue française

PRÉSENTATION par François SUZZONI 1

I. **La nature** 7
1. Le soleil 7
2. La terre et les monts 7
3. Les météores et les intempéries 8
4. L'eau 8
5. Le bois, la forêt, l'arbre et le fruit 9
6. Le bois et le feu 11

II. **Le bestiaire** 13
1. Les bêtes : proverbes généraux 13
2. Les animaux sauvages 14
3. Le loup et le renard 14
4. Les oiseaux 16
5. Les poissons et la pêche 18
6. Les crustacés 19
7. Les insectes 19
8. La chasse 19

III. **Le travail de la terre** 21
1. L'homme et la terre 22
2. Semer, moissonner et glaner 22
3. La paille et le grain 23
4. Le four et le moulin 23
5. La vigne, les vendanges et le vin 23

IV. **Les animaux domestiques** 25
1. L'âne 25
2. Le cheval 27
3. Les bovins 28
4. Les moutons et les brebis 29
5. La chèvre et le cochon 30
6. L'œuf et la poule 31
7. Le chat 32
8. Le chien 33

V. **L'homme : le corps, les actes, la vie** 35
1. Le corps 35
2. Activités physiologiques 38
3. Les infirmités 38
4. Gestes, attitudes, mouvements 39
5. La santé et la maladie 40
6. Les âges de la vie ; la mort 42

VI. **La vie domestique** 43
1. L'habitat 43
2. La vie domestique 44
3. La femme 45
4. Les enfants, les relations de famille 46

VII. **La nourriture, la table** 48

VIII. **Les objets usuels** 52

IX. **Le drap et l'habit** 56

X. **Les relations humaines** 59
1. L'amour 59
2. L'amitié 59
3. La compagnie, les rencontres, les échanges 60
4. Les rapports de force et de ruse 61

XI. **Les échanges et les biens** 63
1. Les biens et leur possession 63
2. Les échanges 64
3. Le commerce 66
4. Le larron 67
5. L'argent 67

XII. **Les métiers et le monde du travail** 70

XIII. **La communication** 73
1. Le langage 73
2. La parole et l'action 75
3. Le jeu 75

XIV. **Logique des actions** 77
Le sage et le fou 79

XV. **Conditions et milieux sociaux** 81

XVI. **Voyages** 85
1. Les pas du voyageur 85
2. Les obstacles 86
3. La monture 87
4. Les véhicules 87

XVII. **Le droit et la justice** 88

XVIII. **La guerre et les armes** 91
1. La guerre 91
2. Les armes 92

XIX. **La religion** 93
1. Dieu et le diable 93
2. Les saints 94
3. L'abbaye et la paroisse 95
4. L'église 95
5. La liturgie 96
6. Le péché et l'enfer 97
7. Religions non chrétiennes 97

XX. **Morale et vision du monde** 98

XXI. **Activités intellectuelles** 101

Deuxième partie :

Dictons de langue française

Présentation par Agnès Pierron . 105

I. **Dictons météorologiques** 111
Le Calendrier grégorien......... 113
- Tableau des principales fêtes mobiles........................ 114
- Anciennes dates des fêtes des saints 115
Dictons classés par mois 119
Janvier (et les Rois) 119
Février (et la Chandeleur, Lundi gras, Mardi gras, Carnaval, Carême, Quadragésime) 121
Mars (et les Quatre-Temps, le printemps, l'Annonciation)....... 126
Avril (et les Rameaux, Jeudi saint, Vendredi saint, Pâques) 128
Mai (et les Saints de glace, Rogations, Ascension, Pentecôte)...... 132
Juin (et la Trinité, la Fête-Dieu, l'été, la Saint-Jean).............. 136
Juillet.......................... 140
Août (et l'Assomption)........... 142
Septembre (et l'automne)........ 144
Octobre 146
Novembre (et la Toussaint, la Saint-Martin).................. 147
Décembre (et l'Avent, la Sainte-Luce, l'hiver, Noël) 149

II. **Dictons de la croyance** 153
La faune et la flore 153
1. Le bestiaire.................. 153
2. L'herbier 158
Les astres, les météores, les éléments et les intempéries......... 161

III. **Proverbes locaux et historiques** .. 171

Troisième partie :

Proverbes du monde

Présentation par Florence Montreynaud........................ 185

1. Famille indo-européenne

I. **Langues romanes**.............. 199
Italien, p. 199; Dialectes italiques : Niçois, Mentonnais, Corse, Maltais, Occitan, p. 203; Catalan, p. 206; Espagnol, p. 207; Amérique latine hispanophone, p. 213; Portugais, p. 215; Brésilien, p. 216; Roumain, p. 217.

II. **Langues germaniques** 220
Anglais, p. 220; Américain, p. 227; Allemand, p. 229; Dialectes germaniques : Alsacien, Luxembourgeois, Suisse-Allemand, p. 236; Néerlandais, p. 237; Scandinave : Danois, Islandais, Norvégien, Suédois, p. 240.

III. **Langues celtiques** 248
Breton, p. 248; Gaélique, p. 249.

IV. **Langues slaves** 252
Russe (et Ukrainien, Biélorusse), p. 252; Polonais, p. 261; Tchèque, p. 264; Slovaque, p. 266; Serbo-croate, p. 266; Bulgare, p. 268.

V. **Langues baltes** 271
Lituanien, p. 271.

VI. **Albanais, grec, arménien**........ 274
Albanais, p. 274; Grec, p. 275; Arménien, p. 270.

VII. **Groupe iranien**................. 280
Persan, p. 280; Kurde, p. 286; Afghanistan : Pushtû, p. 288; Tadjik, p. 289.

VIII. **Langues indiennes et dravidiennes**....................... 291
Hindi, Bengali, Bihari, dialecte de Chittatong, Assanais, Kashmir, Kumauni, Mahrate, Panjabi, Cingalais; Tamil, Telugu, Malayam.

IX. **Romani** (langue des Tsiganes) ... 300

2. Famille finno-ougrienne

X. **Hongrois** (ou magyar)........... 305

XI. **Groupe finnois** 307
Finnois, p. 307; Vêpse ou Tchoude du Nord, p. 308; Estonien, p. 309.

3. Famille caucasienne

XII. **Géorgien** 313

XIII. **Oubykh**........................ 316

4. Langue basque

XIV. **Basque** 319

5. Famille altaïque

XV. **Turc**.......................... 323

XVI. **Langues d'Asie centrale** (Kirghiz) 328

XVII. **Mongol et Mandchou** 330

XVIII. **Coréen** 332

XIX. **Japonais**...................... 334

6. Famille malayo-polynésienne

XX. **Groupe malais** 339
Malais, p. 339 ; Tagalog (Philippines), p. 341 ; Malgache, p. 341 ; Maoris, p. 343.

7. Langues de l'Asie du Sud-Est

XI. **Groupe australo-asiatique** 347
Cambodgien, p. 347 ; Viet-namien, p. 348.

XXII. **Groupe tibéto-birman** 351
Tibétain, p. 351 ; Birman, p. 351.

XXXIII. **Famille Thaï** 353

8. Langues chinoises

XXIV. **Chinois** 357

9. Famille chamito-sémitique

XXV. **Monde juif** (yiddish, ladino,...) 371

XXVI. **Monde arabe** (Syrie, Liban, Iraq,...) 378

XXVII. **Groupe éthiopien** (Amharique) ... 388

10. Famille afro-asiatique

XXVIII. **Berbère** 393

XXIX. **Haoussa** 395

11. Langues d'Afrique noire

XXX. **Proverbes africains** 399

12. Langues indiennes d'Amérique

XXXI. **Proverbes indiens** 417

13. Parlers créoles

XXXII. **Proverbes créoles** 421

LECTURES SUR LES PROVERBES ÉTRANGERS
(bibliographie pour la troisième partie) 425

Index et tables

TABLE ALPHABÉTIQUE DES LANGUES 437
INDEX DES MOTS CONTENUS DANS LES PROVERBES 439
INDEX DES THÈMES ET DES NOTIONS 463

N° d'éditeur : 10135720
Imprimé en Italie par « LTV La Tipografica Varese S.p.A. »
Dépôt légal : Août 2006